HET GROTE TWEELINGENBOEK

Beste meerlingouder,

De Nederlandse Vereniging voor Ouders van Meerlingen is al bijna 25 jaar dé club voor meerlingouders. We behartigen uw belangen, verbinden en informeren u. We zijn dan ook blij *Het grote tweelingenboek* – de beste informatiebron voor (aanstaande) meerlingouders – aan al onze leden aan te kunnen bieden.

Deze editie is geheel herzien en voorzien van de laatste inzichten over de bijzondere kanten van tweelingen. Ook ouders van drie- en meerlingen kunnen op tal van vragen antwoorden vinden in *Het grote tweelingenboek*.

Dit bijzonder waardevolle cadeau was niet mogelijk geweest zonder u, onze leden. Dankzij uw bijdrage zijn wij in staat kennis te verzamelen en met u te delen. Ook zetten we de lobby voor bijvoorbeeld een langer zwangerschapsverlof voor meerlingmoeders voort.

Elke dag zijn er ouders die ontdekken dat hun zwangerschap extra bijzonder is. U kunt zich die grote verrassing en misschien wel lichte paniek vast nog herinneren. Help ons al die aanstaande meerlingouders een goede start te maken door ze te wijzen op de NVOM. Ook nieuwe leden krijgen, zo lang de voorraad strekt, dit informatieve boek cadeau. Onze achterban is al zo'n 6500 leden groot, maar een nog grotere vertegenwoordiging van al die meerlingouders is van harte welkom.

Ook de komende 25 jaar zullen er nog talloze meerlingen geboren worden. De NVOM zet haar werk dan ook onverminderd voort.

Veel leesplezier met *Het grote tweelingenboek*!

Het bestuur van de NVOM

Coks Feenstra

Het grote tweelingenboek

Opvoeding van meerlingen vanaf zwangerschap tot volwassenheid

AD. DONKER – ROTTERDAM

Opgedragen aan Fred, Ramón, Thomas en Helena

1ᵉ druk 2009; 2ᵉ, gewijzigde druk 2014
© 2009 Uitgeversmaatschappij Ad. Donker bv, Rotterdam
Oorspronkelijke titel: *El gran libro de los gemelos*
© 1999 Coks Feenstra, Benavites (Valencia)
Vertaald uit het Spaans en bewerkt voor Nederland door Coks Feenstra
Tekeningen: Marián de la Chica
Boekverzorging: Studio FOLIO

Niets uit deze uitgave mag op enigerlei wijze worden verveelvoudigd en/of openbaar gemaakt zonder voorafgaande schriftelijke toestemming van de uitgever.

Verspreiding in België: Uitgeverij C. de Vries-Brouwers bvba, Antwerpen

ISBN 978 90 6100 692 3
NUR 850

Inhoud

Inhoud	5
Voorwoord	15
Woord van dank	16
Inleiding	17

DEEL 1 ZWANGERSCHAP   19

1. Steeds meer meerlingen   21

De tweelingzwangerschap	22
Hoe ontstaat een eeneiige tweeling?	22
Hoe ontstaat een twee-eiige tweeling?	23
Een- of twee-eiig?	23
De drielingzwangerschap	26
Een-, twee- of drie-eiig?	27
De vierlingzwangerschap	28
De vijf- en zeslingzwangerschap	29
De invloed van de erfelijkheid	29

2. De meerlingzwangerschap   31

Een unieke ervaring	31
Het verwerken van het grote nieuws	32
De tweelingzwangerschap	34
De drielingzwangerschap	35
De frequentie van de medische controles	36
Gewichtstoename	37
Zwangerschapscursussen	38
Prenataal onderzoek	39
Screeningsmethoden	39
Prenatale diagnostiek	40

3. Vruchtbaarheidsbehandelingen en meerlingzwangerschap   44

Hormoonbehandelingen	44

	Andere vruchtbaarheidsbehandelingen	45
	Hoe kan een meerlingzwangerschap vermeden worden?	46
	De embryoreductie	46
	Hoe kom je tot een beslissing?	49
4.	**Het eerste trimester van de meerlingzwangerschap (week 2-14)**	**51**
	Misselijkheid	51
	Vermoeidheid	52
	De groei van de baarmoeder	53
	Bekkenpijn en bekkeninstabiliteit	53
	Bloedverlies	55
	Gespannen borsten	56
	Druk op de blaas	56
	Duizeligheid en flauwvallen	56
	Obstipatie	57
	Het belang van een goede voeding	57
	Zwangerschapskleding	58
5.	**Het tweede trimester van de meerlingzwangerschap (week 14-26)**	**60**
	Bloedarmoede	61
	Rugpijn	61
	Bandenpijn	62
	Bloedverlies	63
	Hoge bloeddruk	63
	Pre-eclampsie en het HELLP-syndroom	64
	Oedeem	65
	Eiwit in de urine	66
	Zwangerschapsdiabetes	66
	Carpale-tunnelsyndroom	67
	Maagzuur	67
	Striae	68
	Het tweelingtransfusiesyndroom (TTS)	68
	Selectieve groeivertraging	71
6.	**Het derde trimester van de meerlingzwangerschap (week 26-37)**	**73**
	Aambeien	73
	Spataderen	74
	Slapeloosheid	74
	Kortademigheid	75
	Hartkloppingen	75
	Beenkrampen	76
	Jeuk	76

Bedrust	77
Harde buiken	78
Kenmerken van een voorwee	79
Kan ik nog een vliegreis maken?	80
De seksualiteit tijdens de zwangerschap	80

7. Vader in blijde verwachting — 82
Het contact met de baby's	84
De veranderingen in je partner	84

8. Het contact met de ongeboren baby's — 87
De bewegingen van de baby's	88
Hormonale uitwisseling tussen het meisje en de jongen in de baarmoeder	89
Het contact tussen de baby's in de baarmoeder	90

DEEL 2 BEVALLING — 93

9. De tweelingbevalling — 95
De optimale duur van de zwangerschap	95
Waar moet de bevalling plaatsvinden?	95
De ligging van de baby's	96
Speciale situaties	98
Wie zijn er bij de bevalling aanwezig?	98
Is de bevalling begonnen?	98
Opname in het ziekenhuis	99
De fasen van de bevalling	99
De keizersnee	104
Het herstel na een keizersnee	106

10. De drielingbevalling — 108
De vaginale bevalling	108
De keizersnee	111
Wie is wie?	113
De kraamtijd van een drielingmoeder	114

11. Het herstel na een meerlingbevalling — 116
De grootste veranderingen in je lichaam	117

12. Vroeggeboorte — 120
Zwangerschapsweken	121

Symptomen van een mogelijke vroeggeboorte	121
De couveuseafdeling	122
De couveuse en haar functie	123
Een couveuse voor twee	124
Medische problemen bij couveusekinderen	125
Ademhalingsproblemen	126
Apnoe-aanvallen	127
Voedingsproblemen	127
De relatie met de baby's	129
Hoe verloopt het proces van bonding met een meerling?	130
De gevoelens van de ouders	132
Wanneer mogen ze uit het ziekenhuis?	133
En dan komen ze thuis!	134
De ontwikkeling van een te vroeg geboren baby	135
Is het goed om de baby's te stimuleren?	136

13. De voeding van de baby's 138

Borstvoeding	139
Voor- en nadelen van borstvoeding	139
Een persoonlijke beslissing	141
Het stimuleren van de borstvoeding	143
Drinken ze wel genoeg?	145
De nachtvoedingen	146
Houdingen om de baby's tegelijk te voeden	146
Borstvoeding van een drieling	147
Het nut van de kolf bij borstvoeding	148
Het belang van goede voeding	151
Problemen bij borstvoeding	151
Borstvoeding na een keizersnee	154
Borstvoeding van een vierling	155
Stoppen met de borstvoeding	155
Flesvoeding	156
Voedingsschema	158

14. Weer thuis 160

Hoe stress te verminderen	160
Het ontwikkelen van een band met elke baby	162
'Ik schiet tekort'	163
Hulp in huis en het gebrek aan privacy	165
Postnatale depressie	166

DEEL 3 DE EERSTE ZES JAAR — 169

15. Nul-zes maanden — 171
- Hun slaap — 171
- Waar slapen de baby's? — 174
- Wel of niet samen slapen? — 175
- Wiegje of ledikant? — 176
- Wiegendood — 177
- Het ritme van de baby's — 178
- Het huilen van de baby's — 179
- Wie troost je het eerst? — 182
- Het RS-virus — 183
- Met de baby's naar buiten — 184
- De meerling in de auto — 187
- Hoe beleven ouders deze periode? — 188
- Het fysieke herstel van de moeder — 189

16. Zes-twaalf maanden — 191
- De voeding — 191
- Het kruipen en de veiligheid in huis — 192
- Hun taalontwikkeling — 194
- Meerling en tweetaligheid — 197
- De jongen-meisjetweeling — 198
- Het consultatiebureau — 200
- Eenkennigheid — 200
- Kinderopvang — 201
- Samen of apart in de crèche? — 202
- Het slapen — 203
- Hoe voorkom je uitputting? — 204
- De relatie tussen de tweeling — 206
- Je relatie als echtpaar — 207

17. Een-twee jaar — 210
- De motorische ontwikkeling — 210
- De spraakontwikkeling — 212
- De ontdekking van het eigen 'ik' — 214
- Leren delen — 216
- Kusjes geven en bijten — 217
- Driftbuien — 220
- Het tweelingescalatiesyndroom (TES) — 221
- Veiligheid binnens- en buitenshuis — 223
- Beginnend normbesef — 224

Wel of niet hetzelfde speelgoed?	225
Het belang van regelmaat	226
Eten	227
Ziek zijn	228
Elk kind zijn eigen benadering	230
De grootouders	231

18. Twee-vier jaar 233

De nee-fase	233
De motorische ontwikkeling	234
De identiteit van elk kind	235
Empathie en telepathie	237
Het bijbrengen van regels	237
Solidariteit versus strijd	239
Dat is van mij!	244
Wij zijn een tweeling	245
Speentjes en andere troostvoorwerpen	246
De taalontwikkeling	247
De peuterspeelzaal	248
Het onzichtbare vriendje	249
Elkaar nadoen	250
Jaloezie	251
Zindelijk worden	253
De ontdekking van de seksualiteit	254
Slaapproblemen	255
Verschillende slaappatronen	257
Je aandacht verdelen	258

19. Vier-zes jaar 261

Hun relatie: uniek en speciaal	261
Als het er drie zijn	263
Één blok tegen de ouders	265
Ze hebben ons niet nodig	266
Wat voor type relatie heeft de tweeling?	267
Het primadonna-effect	269
Dominantie in de tweelingrelatie	269
Samen in de klas of niet?	273
Hun taal	281
Competitie bij meerlingen	282
Agressief gedrag	283
Hyperactiviteit	284
Behandeling van ADHD	285

Tweelingen hebben meer concentratieproblemen 285
Hulp bij opvoedingsproblemen 286
Een relatie onder druk 287
Speciale situaties die zich alleen bij tweelingen voordoen 288
Heeft de volgorde van geboorte invloed? 290
Samen op één kamer 292
Verjaardagen 292
Contacten buiten het gezin 293

DEEL 4 KINDERTIJD EN JEUGD 295

20. Zes-twaalf jaar 297
Tweelingtypes 297
Drielingtypes 301
Onafhankelijkheid 302
Verzorger versus verzorgde 303
De mythe van een gelijke opvoeding 304
Samen in de klas of niet? 305
Drielingen en school 310
Verlegenheid 311
Competitie 313
Je houdt meer van hem! 314
Ruzies 316
Ruzies bij drielingen 318
Grapjes en beledigingen 319
Nature of nurture 319
De relatie met elk kind afzonderlijk 321
Andere problemen 323
Verjaardagspartijtjes 324
Intellectuele ontwikkeling 325
Lichamelijke ontwikkeling 326
Hobby's 326

21. Twaalf-achttien jaar 328
Lichamelijke veranderingen 329
Veranderingen in de relatie met de ouders 330
De relatie tussen hen beiden 332
Tweelingpubers en hun sociale contacten 336
Problemen in het dagelijks leven 337
Wie ben ik? 338
Liefdesrelaties 339

De middelbare school 340
Huiswerk, proefwerken en cijfers 342

DEEL 5 ACHTTIEN JAAR EN OUDER 345

22. Achttien jaar en … 347
Een eigen weg zoeken 347
Het tweelingeffect 348
Jezelf vinden 348
Zonder elkaar 350
Het kiezen van een beroep 351
Hun liefdesleven 352
Hun relatie als volwassenen 356
Afhankelijkheid en strijd 358
Concurrentie 359
Zwanger zijn en ouderschap 360
Positieve en negatieve kanten van het meerling zijn 361
Tweelingen die het niet met elkaar kunnen vinden 362
Soms komt het nog goed 364
Zijn we eeneiig? 367
Veranderingen in het DNA 368
Bestaat telepathie? 370
Onverklaarbare gebeurtenissen 372
Hebben we het goed gedaan? 372
Samen oud worden 373

DEEL 6 LEVEN MET TWEELINGEN 375

23. De meerling in het gezin 377
Het oudste kind en de tweeling 377
De komst van de baby's 378
Het oudste kind en de drieling 380
De meerling en een jonger kind 381
Hoe voelt een eenling zich in een gezin met een meerling? 382

24. Dagritmes van verschillende gezinnen 385
Stephanie en Markus met Paul en Lukas 385
Michiel en Janet met Mart en Johan 387
Ed en Natalie met Cherelle, Daniël en Jason 388
Leendert en Willeke, ouders van Fenne, Luuk en Noah 389

25. Moeilijke situaties	392
Als een van de tweeling gehandicapt is	392
Eenoudergezinnen	393
Echtscheiding van ouders en de tweeling	394
26. De dood van een van de tweeling	396
Tijdens de zwangerschap of rondom de geboorte	396
De invloed van de dood van een van de tweeling op het andere kind	398
De dood van een van de tweeling in de jeugdjaren	401
De dood van een van de tweeling in de adolescentie	403
Het verlies van een van de tweeling op volwassen leeftijd	405
27. Studies over tweelingen	408
Studies van sir Francis Galton	408
Verschillende omgeving, maar gelijke persoonlijkheden	410
Een derde factor	411
De studies gaan door	412

DEEL 7 BIJLAGEN   415

Verklarende woordenlijst	417
Literatuur	419
Geraadpleegde boeken	419
Romans waarin tweelingen voorkomen	420
Aanbeloven literatuur	420
Literatuur voor kinderen	421
Nuttige adressen	423
Uitzet voor tweeling en drieling	426
Register	429

Voorwoord

Een verrassing! Voor de meeste ouders is de ontdekking van een meerlingzwangerschap een grote en onverwachte verrassing. Sommigen zijn wat meer voorbereid op de kans op een tweeling, bijvoorbeeld na IVF of andere medische hulp bij het tot stand komen van de zwangerschap. Bij anderen komt het in de familie vaker voor. Bij een meerderheid is de mededeling van de echoscopist, of het zelf zien van twee vruchtzakjes of embryo's op het echoscherm, toch onverwacht. De rest van het leven van die ouders verandert hierdoor op slag.

Uiteraard is een eenlingzwangerschap ook bijzonder, en een grote verandering in het leven van ouders, maar een tweeling is iets heel speciaals. In dit bijzonder complete boek over meerlingen worden alle aspecten, medische maar vooral ook alle andere zaken waarin een twee- of drieling zich onderscheidt van 'een kind tegelijk', helder, informatief en op een heel betrokken wijze beschreven.

Na de verrassing van de eerste vaststelling volgt voor de aanstaande ouders vaak een periode van gemengde gevoelens. Vaak blijdschap, verwondering, 'hoe kan ons dit nou overkomen?', maar ook bezorgdheid over allerlei complicaties van zwangerschap en bevalling, en heel veel praktische vragen over hoe moet dat straks, hoe regelen we ons nieuwe extra drukke leven, hoe voedt je een tweeling op? Dit boek kan belangrijk bijdragen aan kennis, begrip en steun bij al deze vragen, niet alleen bij ouders van meerlingen, maar ook van alle familie, kennissen, buren en zeker ook van alle zorgverleners en andere professionals die gezinnen met meerlingen in hun praktijk tegenkomen.)

Prof. dr. Dick Oepkes
hoogleraar Verloskunde en Foetale Therapie van het
Leids Universitair Medisch Centrum

Woord van dank

Bij het tot stand komen van dit boek is de samenwerking met Nederlandse ouders en deskundigen heel belangrijk geweest. Zo kon ik met mijn vragen en twijfels altijd terecht bij Daan Jonkers, tweelingmoeder, en Leonie van de Zalm en Nelleke Bloem, drielingmoeders. Deze laatsten brachten mij via hun facebookpagina in contact met veel andere drielingmoeders, van wie velen een vragenlijst invulden. Op die manier kon ik me beter verdiepen in de specifieke situatie van deze groep ouders. Ook wil ik nog twee andere drielingmoeders bedanken voor hun medewerking, namelijk Meriam Zeubring en Willeke Vooijs.

Op medisch gebied kreeg ik advies van Dick Oepkes, hoogleraar verloskunde van het Leids Universitair Medisch Centrum. Ook huisarts en schoonzus Annet Stokroos en verloskundige Beatrijs Smulders lazen een deel van mijn teksten. Bij Anja Vermaas kon ik altijd terecht voor vragen over de Nederlandse spelling.

En tot slot gaat mijn dank uit naar Fred, mijn man, die het hele proces van schrijven en informatie verzamelen van dichtbij heeft gevolgd.

Inleiding

Tweeling zijn is een unieke situatie. Nog voor je geboren bent, ben je al samen. Het eerste vage bewustzijn is een 'wij' in plaats van een 'ik'. Het kan niet anders dan dat dit invloed heeft op het basisgevoel van hen die een tweeling zijn.

Het is de relatie tussen een tweeling, die me al jong boeide. Als kind had ik mijn tweelingpoppen, en niet omdat ik die gekregen had. Ik had daar zelf voor gezorgd. Toen ik bij een buurmeisje precies dezelfde pop zag als de mijne ontfutselde ik haar de pop, ervan overtuigd dat die bij de mijne hoorde. Het was toch overduidelijk een tweeling? Gelukkig was zij niet een toegewijde poppenmoeder en merkte ze het gemis niet op. Toen ze later verhuisde, kon ik zonder schuldgevoel van 'mijn tweeling' genieten. Het thema heeft me altijd geboeid, hoewel ik zelf geen tweeling ben en ook geen tweeling heb (mijn kinderen zijn gewone broers en zus van elkaar).

Toen ik vele jaren later ontdekte dat er in Spanje, waar ik sinds mijn vierendertigste jaar woon, geen boek over de opvoeding van tweelingen bestond, was de beslissing snel gemaakt. Ik ging me er als ontwikkelingspychologe aan wijden. Als redactrice van het opvoedkundige blad *Crecer feliz* kreeg ik regelmatig vragen van moeders met een meerling. Hun situatie is anders dan die van ouders met kinderen van verschillende leeftijden. Hen houden specifieke vragen bezig, zoals: Kan ik borstvoeding geven? Hoe troost ik twee of drie baby's tegelijk? Hoe doen we het met de school? En hoe zorgen we dat het twee (of drie) onafhankelijke personen worden?

Om inzicht te krijgen in het opvoeden van een meerling startte ik een onderzoek onder de lezers van mijn blad. Een totaal van 70 moeders, zowel van twee- als van drielingen, beantwoordde een vragenlijst, evenals 20 gezinnen van vierlingen, 3 van vijflingen en 1 van een zesling. Hun antwoorden hielpen me om een beeld te krijgen van hun situatie en de meest voorkomende problemen te analyseren. Ook bracht ik enkele weekenden door in een gezin van een peutertweeling. Daarnaast interviewde ik tweelingen van allerlei leeftijden, vanaf adolescenten tot aan bejaarde tweelingen. Hun bijdrage is heel waardevol. Ze kunnen terugkijken op hun jeugd en de aandachtspunten aangeven voor ouders bij het opvoeden van een meerling.

Dit boek is gebaseerd op het oorspronkelijke boek dat ik in het Spaans schreef. Als ik het over mijn onderzoeksgegevens heb, refereer ik aan de Spaanse groep moeders. Ik denk echter dat hun ervaringen niet wezenlijk afwijken van die van de moeders in Nederland. Ter verduidelijking: ik pretendeer niet een wetenschappelijk onderzoek te hebben verricht. Tenslotte waren de moeders verworven uit een beperkte groep, namelijk de lezers van *Crecer feliz,* die zelf op mijn oproep reageerden. De onderzoeksgegevens die ik aan het eind van elk hoofdstuk vermeld, zijn afkomstig uit allerlei soorten onderzoek en verwijzen dus niet uitsluitend naar mijn eigen onderzoeksresultaten. In deze vernieuwde uitgave heb ik veel ervaringsverhalen opgenomen van Nederlandse meerlingmoeders en het boek aan de Nederlandse cultuur nog weer verder aangepast dan in de eerste Nederlandse uitgave.

Ik richt me voornamelijk tot de moeders, niet omdat ik de vaders niet belangrijk vind, maar vanwege praktische redenen en om de tekst zo vloeiend mogelijk te laten zijn. Ik weet dat vaders van twee- en meerlingen erg betrokken zijn bij de opvoeding van hun kinderen. Hun hulp is vanaf de eerste dag (en tijdens de zwangerschap) hard nodig! Ik hoop het enigszins goed te maken met een hoofdstuk dat ik speciaal aan de vader wijd die meer dan één baby tegelijk verwacht (hoofdstuk 7). Ook gebruik ik vaak de term 'hij', terwijl er ook 'zij' had kunnen staan, eveneens om de leesbaarheid van het boek te bevorderen.

In deze versie heb ik de termen MZ en DZ opgenomen, die ik in de lijst van moeilijke woorden uitleg.

Met de term 'meerlingzwangerschap' refereer ik zowel aan de zwangerschap van een tweeling als van een drieling. De hoofdstukken 14 tot 22, gewijd aan de opvoeding, kunnen in etappes gelezen worden. Soms behandel ik hetzelfde thema, zoals de school of de wedijver tussen de kinderen, omdat elke fase een eigen aanpak vereist. Hierdoor worden soms bepaalde suggesties herhaald. Het hoofdstuk 22 over de volwassen leeftijd is zowel bedoeld voor de ouders als voor de twee- en drielingen zelf. Zo kunnen ze zelf lezen over aspecten in hun leven die zij als meerling tegen zullen komen.

Een meerling opvoeden is niet alleen maar leuk, het is ook zwaar en uitputtend. Toch beschrijft 70 procent van de meerlingouders het als een unieke ervaring. Of zoals de slogan van de Spaanse vereniging van meerlingouders het uitdrukt: een verrukkelijke gekte.

Ik hoop dat het boek een steun is voor ouders bij de opvoeding van hun kinderen. En dat het de twee- en drielingen zelf helpt om te genieten van hun meerling zijn, zodat zij hetzelfde kunnen ervaren als een tweeling van zestig jaar eens tegen mij zei: 'Tweeling zijn betekent voor ons dubbel zoveel blijdschap en de helft minder pijn.'

Coks Feenstra
Valencia, 2014

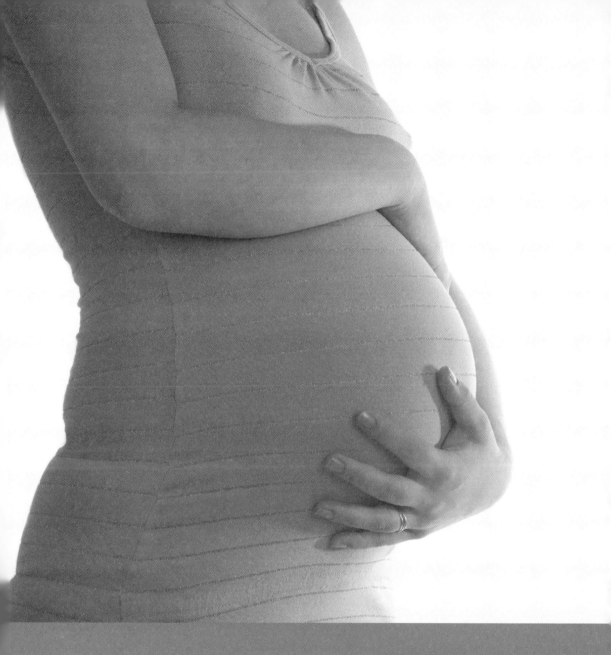

DEEL 1

ZWANGERSCHAP

DEEL 1 ZWANGERSCHAP

1	Steeds meer meerlingen	21
2	De meerlingzwangerschap	31
3	Vruchtbaarheidsbehandelingen en meerlingzwangerschap	44
4	Het eerste trimester van de meerlingzwangerschap	51
5	Het tweede trimester van de meerlingzwangerschap	60
6	Het derde trimester van de meerlingzwangerschap	73
7	Vader in blijde verwachting	82
8	Het contact met de ongeboren baby's	87

1. Steeds meer meerlingen

Het is tegenwoordig niet meer ongewoon om ouders te zien met een tweeling- of zelfs een drielingwagen. Het aantal meerlingbevallingen is de laatste twintig jaar enorm toegenomen. Op natuurlijke wijze betreft één op de 80 zwangerschappen een tweelingzwangerschap, één op de 6000 is een drieling en één op de 500.000 is een vierling. Deze cijfers zijn relatief en verschillen per continent. In enkele landen van Afrika, zoals Nigeria, is bijna één op de 40 zwangerschappen een tweeling, terwijl tweelingzwangerschappen in Azië een uitzondering zijn.

De toename van het aantal meerlingzwangerschappen wordt beïnvloed door een aantal factoren:
- Tegenwoordig worden vrouwen steeds later moeder. Werden ze het vroeger zo rond hun twintigste, tegenwoordig ligt de gemiddelde leeftijd rond de dertig. Op hogere leeftijd neemt de kans op een dubbele eisprong toe. Een zekere ontregeling van de eisprong komt dan vaker voor, je kunt beschouwen als een verlate bloei. De natuur heeft haast! Uitgedrukt in cijfers heeft een vrouw tussen haar dertigste en vijfendertigste jaar drie keer zoveel kans op een tweelingzwangerschap als een vrouw van twintig. Ook het aantal vorige bevallingen heeft invloed: hoe groter het aantal eerdere kinderen hoe hoger de kans op een tweelingzwangerschap.
- Aan de andere kant neemt de vruchtbaarheid van de vrouw met de leeftijd af. Om deze reden moet een aantal vrouwen vruchtbaarheidsbehandelingen ondergaan om alsnog zwanger te raken, zoals bijvoorbeeld hormoonbehandelingen of reageerbuisbevruchting. Het aantal stellen met vruchtbaarheidsproblemen is in de laatste tientallen jaren enorm toegenomen. Eén op de 10 paren heeft problemen met zwanger worden. Behalve de leeftijd van de vrouw spelen andere factoren mee, zoals roken, alcoholgebruik, de vervuiling van het milieu, stress en overgewicht. Een groot aantal stellen neemt hun toevlucht tot de vruchtbaarheidsbehandelingen, wat de kans op een meerling verhoogt, omdat hierbij

vaak meer dan één eitje groeit. Vroeger plaatste men drie, vier of vijf bevruchte eicellen terug om zo de kans op een zwangerschap te verhogen. Dit leidde tot een toename van drie- en vierlingen. Tegenwoordig wordt meestal besloten om slechts één of twee bevruchte eicellen terug te plaatsen om zo een zwangerschap van drie- en vierlingen te voorkomen. Een nog hoger aantal foetussen, zoals vijf- of zeslingen, is meestal het gevolg van hormoonbehandelingen, waarbij de ovulatie gestimuleerd wordt. Dit komt in het Westen gelukkig niet meer voor.

Kortom, we kunnen concluderen dat bij het tot stand komen van een meerlingzwangerschap vele factoren meespelen: de leeftijd van de vrouw, de vruchtbaarheidsbehandelingen, het ras en een genetische factor waar ik later op terugkom. Tegenwoordig is, vanwege de vruchtbaarheidstechnieken, één op de 60 zwangerschappen een meerling!

De tweelingzwangerschap

Er zijn twee types tweelingen: de eeneiige en de twee-eiige. In medische termen: monozygoot en dizygoot. 'Mono' betekent één, 'di' staat voor twee en zygoot is de medische term voor een bevruchte eicel. In het algemeen spreekt men van 'tweelingen', waaronder beide types vallen. Ook ik zal het vaak over tweelingen hebben, behalve wanneer het nodig is om een onderscheid te maken. Dan zal ik de termen 'eeneiig' en 'twee-eiig' gebruiken.

Een eeneiige tweeling ontstaat uit één eicel die, na de bevruchting door één zaadcel, zich deelt in twee gelijke delen. Elk deel bevat hetzelfde genetische materiaal. De oorzaak van de splitsing is tot nog toe niet bekend. Ook weten we niet of erfelijkheid een rol speelt. Omdat de baby's genetisch identiek zijn, hebben ze altijd hetzelfde geslacht, lijken ze heel veel op elkaar: dezelfde kleur haar en ogen, dezelfde gelaatstrekken en identieke bloedgroep. Ook tonen hun karakters veel overeenkomsten. Een derde van alle tweelingen is eeneiig en twee derde is twee-eiig. Vreemd genoeg is het aantal eeneiige tweelingen over de hele wereld constant, ongeveer 3,5 op 1000 geboortes. Daarentegen zorgen de schommelingen in het aantal twee-eiige tweelinggeboortes ervoor dat er in sommige landen meer meerlingen worden geboren dan in andere.

Hoe ontstaat een eeneiige tweeling?

Één eicel en één zaadcel versmelten en vormen een zygoot oftewel een bevruchte eicel. Deze splitst zich in twee delen, wat leidt tot twee baby's die erfelijk exact gelijk zijn. Ongeveer een kwart van de eeneiige tweelingen is 'gespiegeld': ze hebben dezelfde fysieke eigenschappen, maar ieder aan een verschillende kant. Bijvoorbeeld, beiden hebben een moedervlek, de een boven zijn rechterwenkbrauw, de ander boven zijn linkerwenkbrauw. Of een van de twee is links en de ander is rechts. Zelfs de interne organen, zoals de blindedarm, kunnen aan verschillende kanten zitten. Deze verschillen zijn te verklaren door een latere splitsing van de bevruchte eicel.

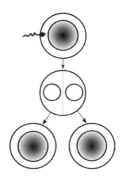

Ook kunnen er bij eeneiige tweelingen zekere verschillen zijn, zoals het feit dat de een een moedervlek heeft en de ander niet, of één van hen een bepaalde ziekte, zoals astma of ADHD. Deze verschillen bij twee genetisch identieke mensen zijn te verklaren op grond van factoren als bepaalde mutaties na de deling (copy number-variaties), de verschillende plaats in de baarmoeder (de een een gunstiger positie dan de ander), de verschillende prenatale ervaringen, de bewegingsruimte in de baarmoeder, de ervaring van de bevalling en de ontwikkeling na de geboorte. Toch blijven deze verschillen reden tot verbazing (meer hierover in hoofdstuk 22).

Hoe ontstaat een twee-eiige tweeling?

Twee eicellen worden ieder bevrucht door twee verschillende zaadcellen, wat leidt tot twee baby's die op elkaar lijken als broertjes en zusjes. Ze delen de helft van het genetisch materiaal. De kans dat er bij de eisprong twee eitjes vrijkomen is bij sommige vrouwen groter dan bij andere. Hierin speelt de erfelijkheid een rol: de kans op een dubbele eisprong is gebonden aan een bepaald gen dat moeders aan hun dochters doorgeven (zie ook 'De invloed van 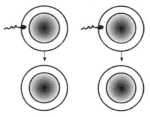 de erfelijkheid' in dit hoofdstuk). Ook de leeftijd van de vrouw heeft invloed: op hogere leeftijd, met name tussen de 30 en 35 jaar, neemt de kans op een dubbele ovulatie toe. Ook het aantal eerdere bevallingen verhoogt de mogelijkheid tot een dubbele eisprong. Bovendien verhogen de behandelingen met hormonen en de reageerbuisbevruchting de kans op een meerlingzwangerschap. Naar schatting is 30 tot 40 procent van de twee-eiige zwangerschappen te danken aan de invloed van vruchtbaarheidsbehandelingen.

Een- of twee-eiig?

Het is niet altijd makkelijk te achterhalen of de baby's een- of twee-eiig zijn. Een veelvoorkomende fout is ervan uit te gaan dat de baby's twee-eiig zijn als er twee placenta's of twee vruchtzakken zijn. Het kan een eeneiige tweeling zijn.

Dit zijn de mogelijkheden:
Bij de twee-eiige tweeling heeft iedere baby zijn eigen vruchtzakken: het buitenste (chorion) en het binnenste vruchtvlies (amnion) en een eigen placenta (tekening *a*). De placenta's kunnen echter vergroeien als ze dicht bij elkaar liggen, waardoor er bij de bevalling één grote placenta wordt gezien (tekening *b*). Situatie *a* en *b* worden een dichoriaal diamniotische zwangerschap genoemd.

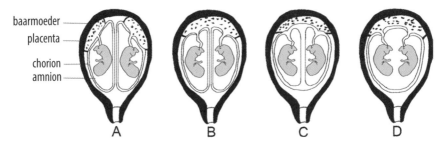

bron: *Tweelingenonderzoek*, VU Uitgeverij o.l.v. D. Boomsma

Bij de eeneiige tweeling hangt het aantal vruchtzakken af van het moment waarop de bevruchte eicel zich heeft gesplitst. Als de splitsing vlak na de bevruchting heeft plaatsgevonden en vóór de derde dag, dan heeft elke baby zijn eigen vruchtvliezen en placenta (tekening *a*). De placenta's kunnen echter met elkaar vergroeien zoals bij de twee-eiige tweeling (tekening *b*). Ook deze zwangerschap wordt dichoriaal diamniotisch genoemd.

Als de splitsing zich later voordoet, tussen de derde en achtste dag, dan zijn de placenta en de buitenste vruchtzak al gevormd en delen de baby's beide. Maar ieder heeft wel zijn eigen binnenste vruchtzak, het amnion (tekening *c*). Dit is de meest voorkomende situatie bij de eeneiigen. Het wordt een monochoriale diamniotische zwangerschap genoemd. Er bestaat het risico op het tweelingtransfusiesyndroom (zie hoofdstuk 5).

Als de splitsing nog later optreedt, tussen de achtste en twaalfde dag, dan delen de baby's zowel de vruchtzakken als de placenta. In dit geval bevinden de baby's zich in hetzelfde vruchtwater, wat behalve het gevaar van het tweelingtransfusie- syndroom het risico op verstrengeling van de navelstrengen met zich meebrengt. Hierdoor overlijdt soms één van de baby's in de baarmoeder, maar meestal beide. Dit is situatie *d*, die gelukkig slechts bij 3 procent van de eeneiige tweelingen voor- komt. Het wordt een monochoriale monoamniotische zwangerschap genoemd. Deze situatie vereist dat de baby's via een keizersnee geboren worden vanwege het risico op verstrengeling van de navelstrengen.

Een nog latere splitsing leidt tot een Siamese tweeling. Zij delen enkele lichaams- delen of organen. De term stamt af van de eeneiige tweeling Chang en Eng Bunker, afkomstig uit Siam, het tegenwoordige Thailand. Ze werden in 1811 geboren en zaten vanaf hun borst aan elkaar vast. Tegenwoordig zou het niet moeilijk zijn om hen te splitsen, maar zij leefden hun hele leven verstrengeld. Dit weerhield hen er niet van om actieve levens te leiden, te trouwen en kinderen te krijgen, waarbij ze afwisselend in elkaars huis woonden. Het verschijnsel van een Siamese tweeling is zeldzaam: naar schatting komt het bij één op de 50.000 à 100.000 zwangerschappen voor.

Zoals te zien is in de tekeningen *a* en *b*, kunnen zowel de een- als twee-eiige tweelingen twee buitenste en binnenste vruchtvliezen hebben, twee placenta's of één vergroeide placenta die in oorsprong uit twee bestond. Dit betekent dat noch het aantal vruchtvliezen noch het aantal placenta's een antwoord geeft op de vraag over de biologische afkomst van de tweeling. Oftewel over hun 'eiigheid', ook wel zygositeit genoemd.

Het echoscopisch onderzoek in de 6e week kan uitwijzen of de baby's het buitenste vruchtvlies delen. Is dit het geval, dan weten we met zekerheid dat het om een eeneiige tweelingzwangerschap gaat. In alle andere gevallen kan de oorsprong van de baby's niet met zekerheid vastgesteld worden. Het gebeurt niet zelden dat de diagnose verandert naarmate de zwangerschap vordert. In de eerste echo's kan de gynaecoloog bijvoorbeeld denken dat het een monochoriale zwangerschap is, terwijl hij in later echoscopisch onderzoek ontdekt dat het dichoriaal is. Soms zal de geboorte afgewacht moeten worden ofwel het moment waarop het geslacht op de echo te zien is, rond de 20^e week.

Als de baby's van verschillend geslacht zijn, dan is er geen twijfel mogelijk: ze zijn twee-eiig. Als ze van hetzelfde geslacht zijn, kan hun biologische oorsprong nog niet vastgesteld worden. Ze kunnen eeneiig zijn of niet. Een microscopisch onderzoek van de placenta en de vruchtvliezen, vlak na de geboorte, bepaalt de oorsprong van de baby's, maar dit gebeurt niet overal. Daarom zijn er veel ouders met twijfels over de zygositeit van hun kinderen. Soms is de informatie die ze vlak na de geboorte kregen, onjuist. Helaas is het idee dat twee placenta's of twee vruchtvliezen een twee-eiige tweeling betekent, wijd verbreid. Zoals we al gezien hebben, kan het net zo goed een eeneiige tweeling zijn. Het komt vaker voor dat ouders hun monozygotische tweeling voor twee-eiig houden dan omgekeerd. Een DNA-onderzoek geeft dan uitsluitsel. Deze methode wordt steeds vaker toegepast (zie Nuttige adressen). Een eeneiige tweeling heeft een identiek DNA, de twee-eiige niet. Naarmate de baby's opgroeien, is het ook mogelijk hun zygositeit te bepalen op grond van hun uiterlijk en hun ontwikkeling (zie hoofdstuk 17).

Het is belangrijk om de zygositeit van de tweeling te weten, zowel met het oog op hun opvoeding (zoals later zal blijken), als wat betreft hun gezondheid en fysieke gesteldheid. Stel dat een van de twee zich veel sneller ontwikkelt (loopt en praat al terwijl de ander dat niet doet), dan hoeft dat voor een twee-eiige tweeling geen reden tot ongerustheid te zijn, maar wel als het een eeneiige tweeling betreft. De achterstand van de een kan op een medisch probleem wijzen. En in het geval dat het ene kind een erfelijk bepaalde ziekte krijgt, dan is de kans groter dat de ander die ook ontwikkelt bij een eeneiige tweeling. In dit geval helpt de informatie over de zygositeit van de tweeling de ouders om alert te zijn. Bovendien zijn eeneiige tweelingen ideale donoren van bloed en organen voor hun tweelingbroer of -zus.

De drielingzwangerschap

Bij een drieling gaat het meestal om drie eicellen die in dezelfde cyclus bevrucht worden. In dit geval spreekt men van een trizygotische zwangerschap (er is immers sprake van drie zygoten).

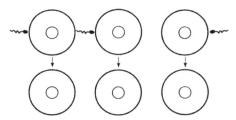

Dit kan zich spontaan voordoen, met name in families waarin twee-eiige tweelingen voorkomen. Het gen dat verantwoordelijk is voor een dubbele eisprong, kan ook een driedubbele ovulatie veroorzaken. De rest van de gevallen is te danken aan de vruchtbaarheidsbehandelingen, zoals hormoonpreparaten en reageerbuisbevruchtingen. Deze percentages verschillen echter per land, afhankelijk van het gevoerde beleid wat betreft de vruchtbaarheidsbehandelingen.

Er kunnen zich nog twee andere types drielingzwangerschappen voordoen. Het betreft niet altijd drie bevruchte eicellen. Het is mogelijk dat er in het begin twee zijn, waarvan één zich splitst. In dat geval spreken we van een dizygotische drielingzwangerschap.

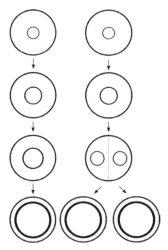

Dit gebeurt soms onder invloed van de hormonale behandelingen of het manipuleren van de embryo's in geval van in-vitrofertilisatie. Deze situatie leidt ertoe dat twee van de kinderen een eeneiige tweeling zijn. Het derde kind is dan de twee-eiige broer of zus.

Tot slot is het ook mogelijk dat de bevruchte eicel zich twee keer splitst, wat een eeneiige drieling tot gevolg heeft, een monozygotische drielingzwangerschap. Dit gebeurt zowel onder invloed van vruchtbaarheidstechnieken als spontaan, hoewel het niet veel voorkomt (ongeveer 5 procent van de drielingen).

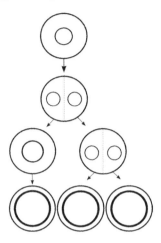

Een-, twee- of drie-eiig?

Ook bij een drieling is het niet altijd makkelijk te achterhalen wat hun zygositeit is. Ook hier kan ervan uitgegaan worden dat drie verschillende placenta's betekent dat ze drie-eiig zijn. Ze kunnen echter eeneiig zijn. Er zijn de volgende verschillende mogelijkheden:

Drie-eiig (trizygotisch)
Elke baby heeft zijn eigen binnen- en buitenvlies en placenta, hoewel deze vaak ook met elkaar vergroeien. Alleen microscopisch onderzoek kan dan uitwijzen of het om verschillende placenta's gaat. Dit wordt een trichoriale triamniotische zwangerschap genoemd (tekening A).

Twee-eiig (dizygotisch)
De drieling bestaat in dit geval uit een eeneiige tweeling en hun tweelingbroertje of -zusje. Als de deling van de zygoot vlak na de bevruchting plaatsvond, heeft ook hier elke baby zijn eigen vruchtzakken. Deze zwangerschap heet ook een trichoriale triamniotische zwangerschap (tekening A). In dit geval kan de gynaecoloog aan de echografie niet afleiden dat dit een twee-eiige drieling betreft.

Het kan ook zijn dat de baby's, afkomstig uit één zygoot, het chorion delen. In dit geval spreken we van een dichoriale triamniotische zwangerschap (tekening B).

Eeneiig (monozygotisch)
Als de deling vlak na de bevruchting plaatsvindt, dan heeft iedere baby zijn eigen vruchtvliezen en placenta. Dit noemen we opnieuw een trichoriale triamniotische zwangerschap (tekening A). Ook hier is deze niet de onderscheiden van een drie-eiige zwangerschap en zal het moment van de geboorte afgewacht moeten worden om de zygositeit van de baby's te kennen. Als de baby's van hetzelfde geslacht zijn, kan ook dan de eiigheid van de baby's nog niet duidelijk zijn. Dan zal een DNA-onderzoek uitsluitsel geven.

De baby's kunnen ook het buitenste vlies delen, terwijl ieder zijn eigen amnion heeft (tekening C). Dit wordt een monochoriale triamniotische zwangerschap genoemd. Het komt zelden voor. Ook kan de situatie zich voordoen dat twee baby's het binnenste vlies delen en dus samen in één amnion zitten. Daarbij delen ze met zijn drieën het chorion. Dit heet een monochoriale diamniotische zwangerschap. Ook dit komt niet vaak voor.

Tot slot is nog mogelijk dat de drieling zowel het binnen- als buitenvlies deelt. Dit heet een monochoriale monoamniotische zwangerschap. Hierbij bestaat het gevaar dat de navelstrengen met elkaar verstrengeld raken. Gelukkig is dit type drielingzwangerschap heel zeldzaam.

Bij alle monochoriale zwangerschappen bestaat er een kans op het tweelingtransfusiesyndroom (TTS). De gynaecoloog zal daarom dit type zwangerschap nauwlettend in de gaten houden door middel van frequente controles (meer over TTS in hoofdstuk 5).

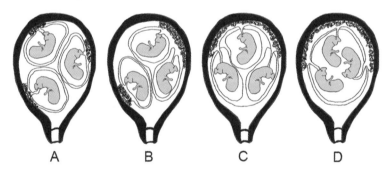

A   B   C   D

De vierlingzwangerschap

Een vierlingzwangerschap is ongewoon, naar berekening één op de 500.000. Waarschijnlijk is 90 procent van de vierlingen te danken aan de vruchtbaarheidsbehandelingen. Tot mijn onderzoeksgroep behoren twintig families met vierlingen, waarvan er één een natuurlijke zwangerschap was. De artsen proberen een dergelijke zwangerschap te voorkomen vanweg risico voor de baby's. Daarom wordt vaak embryoeicelreductie aangeraden (zie ook hoofdstuk 3). Het aantal mannelijke embryo's neemt af naarmate het aantal stijgt. Het mannelijke embryo is namelijk kwetsbaarder dan het vrouwelijke. Dit betekent dat in een meerlingbevalling van een groot aantal baby's er meer meisjes geboren worden dan jongens.

De volgende situaties kunnen zich voordoen:
- Er komen vier eicellen vrij die allemaal bevrucht worden in eenzelfde cyclus. Het betreft een vier-zygotische zwangerschap.
- Er komen drie eicellen vrij, die alle drie bevrucht worden. Een van de zygoten splitst zich. In dit geval zijn er een eeneiige én een twee-eiige tweeling.
- Er komen twee eicellen vrij en beide worden bevrucht. Elke zygoot deelt zich. In dit geval zijn er twee één-eiige tweelingen, die ten opzichte van elkaar twee-eiig zijn.
- Er komen twee eicellen vrij die allebei bevrucht worden. Een van de zygoten splitst zich twee keer. In dit geval is er een eeneiige drieling en een twee-eiig broertje (of zusje).
- Een eicel mengt zich met een zaadcel en splitst zich na de bevruchting drie keer. In dit geval is er een eeneiige vierling. Deze kans is heel klein. Het wordt een monozygotische vierling genoemd.

De vijf- en zeslingzwangerschap

Dit soort zwangerschap is nog ongewoner, volgens berekening één op de 50.000.000 zwangerschappen. In tegenstelling tot wat men denkt, kan het zich spontaan voordoen. Dit overkwam een eenvoudige familie in Ottawa (Canada) in 1934. De moeder beviel thuis en tot grote verbazing (en schrik) van de arts werd er niet één baby geboren, maar vijf identieke meisjes. Ze wikkelden hen in watten, want er bestonden nog geen couveuses en hoewel ze samen niet meer wogen dan vijf kilo, overleefden ze allemaal. Ook in mijn onderzoeksgroep is er een vijfling die zich spontaan voordeed zonder enige behandeling. Er werden vijf jongens geboren, allemaal gezond, van wie er twee een eeneiige tweeling zijn. In mijn groep is ook een zesling, vier jongens en twee meisjes, alle zes verrassend gezond. Een zwangerschap van een zo groot aantal baby's brengt veel risico's met zich mee. Er is geen zesling bekend die spontaan ontstaan is. Bijna al dit soort zwangerschappen is te danken aan de invloed van vruchtbaarheidsbehandelingen. De baby's zijn meestal meereiig, hoewel zich combinaties kunnen voordoen van één- en twee-eiige zwangerschappen.

De invloed van de erfelijkheid

Het is algemeen bekend dat in sommige families meer tweelingen voorkomen dan in andere en dat de erfelijkheid hierin een rol speelt. Om dit te begrijpen moeten we opnieuw een onderscheid maken tussen de twee types tweelingen: de eeneiige en de twee-eiige (monozygoot en dizygoot).

Bij het eerste type weten we niet precies wat de invloed van de erfelijkheid is en zelfs óf die er is. We weten nog steeds niet waarom een bevruchte eicel zich splitst. Vroeger dacht men dat de erfelijkheid geen rol speelde. Recente studies tonen echter aan dat in sommige families meer eeneiige tweelingen voorkomen dan in andere. Mijn eigen onderzoek bevestigt dit gegeven, want in enkele families deed zich twee keer een eeneiige zwangerschap voor. Er kan dus een genetische component meespelen, al weten we nog niet welke. Een ander verrassend gegeven is dat er in een groot aantal families zowel een- als twee-eiige tweelingen geboren worden. Dit doet veronderstellen dat er een bepaalde relatie bestaat tussen beide processen. Werd dit vroeger volledig uitgesloten, tegenwoordig denkt men daar anders over, al weten we nog niet hoe het zit.

De situatie wat betreft de twee-eiige tweelingen is anders. Zoals ik al eerder uitlegde, is het het gevolg van een dubbele eisprong. De kans dat er twee eitjes vrijkomen in eenzelfde cyclus, is bij sommige vrouwen groter. Daarin speelt de erfelijkheid een rol. De kans op een dubbele eisprong heeft te maken met een bepaald gen dat van moeder op dochter wordt doorgegeven. Dit betekent dat de dochters van moeders die de helft van een twee-eiige tweeling zijn of een twee-eiige tweeling hebben, meer kans maken op een tweelingzwangerschap.

Moeders kunnen het gen ook aan hun zonen doorgeven en hoewel dit geen invloed zal hebben op hún nageslacht, kan het wel van invloed zijn op de volgende generatie. Deze zoons geven het gen door aan hun dochters. Zo kunnen de mannen, bijvoorbeeld zonen van een twee-eiige tweelingmoeder, ook het gen doorgeven aan hun zoons en dochters. In al deze gevallen slaat de tweelingzwangerschap één of meer generaties over. De genetische factor verklaart zowel waarom er in sommige families meer tweelingen zijn dan in andere, alsook het verschijnsel dat een vrouw een tweede twee-eiige tweelingzwangerschap heeft. Deze kans is veel kleiner bij een eeneiige zwangerschap, maar niet uitgesloten.

> **Uit onderzoek**
> Baby's van een meerlingbevalling worden niet altijd op dezelfde dag geboren. Het kan zijn dat één van de baby's iets voor middernacht geboren wordt en de andere enkele uren later. In zo'n geval verschuift de arts het uur van de geboorte enigszins, zodat de data samenvallen. Ook kan het volgende gebeuren, hoewel zeer ongewoon: een vrouw, zwanger van een twee-eiige tweeling, beviel in de 25e week van een dochtertje. De andere baby, een jongen, gaf geen teken geboren te willen worden en de weeën stopten. Hij groeide verder tot de 33^e week. Het meisje overwon de problemen van de vroeggeboorte en op tweeënhalfjarige leeftijd was het verschil tussen de kinderen niet meer zichtbaar. Ze worden als een gewone tweeling beschouwd.

2. De meerlingzwangerschap

Dankzij de echoscopie wordt tegenwoordig een twee- of drielingzwangerschap al vroeg ontdekt. Al vanaf de 6e week is er op de echoscopie te zien of er twee of meer embryo's zijn. In de tijd dat er nog geen echoscopieën gemaakt werden, beleefden sommige ouders in de negende maand de verrassing van hun leven. In plaats van ouders te worden van één baby, werd hun gezin met twee kinderen uitgebreid. Vlak na de geboorte van de eerste, merkte de arts dat er nog een baby was.

Dat komt tegenwoordig niet meer voor. In mijn onderzoeksgroep van de drielingen was er één vrouw van wie de gynaecoloog slechts twee baby's had opgemerkt. Het derde kindje, dat zich achter haar zusje bevond, was in geen enkele echoscopie te zien geweest. Maar dit is een uitzondering. Het is een voordeel dat de ouders tegenwoordig al in het begin van de zwangerschap horen dat er twee of meer baby's op komst zijn. Tegelijkertijd is het raadzaam om nog tot de derde maand te wachten met het veronderstellen van de meerlingzwangerschap, want het komt niet zelden voor dat één van de embryo's verdwijnt zonder dat dit een negatief effect heeft op de andere, het zogeheten 'verdwijnende-tweelingsyndroom' (VTS) oftewel 'the vanishing twin' in het Engels. In dat geval zien de ouders en arts in een volgende echoscopie nog maar één embryo. Er wordt aangenomen dat dit in 21 tot 30 procent van de zwangerschappen gebeurt, vaak zonder dat de vrouw het merkt. Maar er kunnen ook symptomen zijn, zoals bloedverlies, buikkrampen en pijn in het bekken. Er is nog weinig bekend over de oorzaak van VTS.

Een unieke ervaring

Zoals de statistieken aantonen, groeit het aantal echtparen dat het spannende avontuur van een meerling opvoeden meemaakt. Het bericht van een meerlingzwangerschap zorgt altijd voor veel opschudding bij de toekomstige ouders. Ze kampen met twijfels ('Kunnen we het wel aan?', 'Verdienen we wel genoeg?'), terwijl er ook blijdschap en ontroering is.

Marianne, moeder van een tweeling van twee jaar: '*Ik was helemaal verbluft. Nooit had ik rekening gehouden met deze mogelijkheid. Na de eerste schok begon ik me de toekomst voor te stellen: twee baby's die samen alle fasen zouden doormaken. Ik zag me al wandelen met de baby's en ik begon van ontroering te huilen.*'

Er kunnen ook andere gevoelens zijn: Esther, moeder van een tweeling van twaalf maanden: '*De gynaecoloog tuurde ingespannen naar het scherm en toen hij eindelijk mijn vermoeden bevestigde, zei ik huilend: "Ik wil maar één baby." Ondanks de vruchtbaarheidsbehandeling had ik me altijd voorgesteld zwanger van één baby te zijn. Het kostte me een paar weken om me aan de situatie aan te passen.*'

Karina, moeder van een drieling: '*In het begin zei de gynaecoloog dat het een tweeling was. Ik was erg blij en dankbaar. Maar bij de volgende controle en een nieuwe echoscopie constateerde hij dat het een drieling was. Ik voelde me heel onzeker over een zwangerschap van drie baby's, maar ook blij.*'

Het verwerken van het grote nieuws

Zoals te lezen valt uit deze verhalen, heeft het bericht van een meerlingzwangerschap grote impact op de ouders. Elke zwangerschap brengt altijd een zekere stress met zich mee, zoals alle onbekende situaties, maar een meerlingzwangerschap nog meer. De meeste toekomstige ouders hebben ambivalente gevoelens waarbij blijdschap vergezeld gaat van angst, onzekerheid en twi

Echtparen die een vruchtbaarheidsbehand dankbaarheid als ongeloof. Na jaren van vru gen, zijn ze opeens de toekomstige ouders va zich zorgen om economische of praktische za 'Moeten we verhuizen?'). De toekomstige r periode mee met ups en downs. Daarbij vo die bij een zwangerschap horen en bij een n zoals moeheid, misselijkheid en gewichtst

Suggesties
- Neem de tijd om het grote nieuws te ver nele van je hele leven. De natuur is wijs maanden voor je om aan het idee van j mate de eerste veranderingen in je lich gaan accepteren en zullen jullie beiden je aan de toekoms
- Deel met je partner of iemand anders die je vertrouwt je gevoelens, zowel de positieve als de negatieve. Dit zal een grote steun voor je zijn en het vermindert de spanning. Veel aanstaande ouders voelen zich schuldig als ze zich niet uitbun-

dig blij voelen, maar er is niets om je over te verontschuldigen. Het is volstrekt normaal want je staat tenslotte tegenover een groot en totaal onbekend avontuur. Als je je erg angstig voelt, is het goed een psycholoog te raadplegen. Een situatie van continue stress kan de groei van de baby's benadelen want het vermindert de bloeddoorstroming naar de baarmoeder. Een depressie of een angststoornis kan ook tijdens een zwangerschap behandeld worden. Zoek informatie en lees zo veel mogelijk over de meerlingzwangerschap en -bevalling. Misschien vind je het moeilijk om over vroeggeboren baby's of het tweelingtransfusiesyndroom te lezen, maar het geïnformeerd zijn en het kennen van de symptomen kan juist de angst verminderen. Het tegenovergestelde, niets willen weten van mogelijke complicaties, doet juist de angst toenemen!

- Zoek een gynaecoloog bij wie je je op je gemak voelt en die je vragen serieus neemt. Merk je dat het contact tussen jullie niet lekker loopt, zoek dan op tijd een andere. Zo voorkom je frustraties en teleurstellingen.
- Neem actief deel aan de zwangerschapscontroles. Vraag aan je arts uitleg over de onderzoeken en vertel hem wat je voelt. Je gynaecoloog heeft deze informatie nodig, want een goede begeleiding van je zwangerschap is een zaak van allebei. Wees niet bang om te veel tijd in beslag te nemen. Het gaat tenslotte om de gezondheid van je baby's.
- Zoek contact met ouders die hetzelfde hebben meegemaakt, bijvoorbeeld via de Nederlandse Vereniging voor Ouders van Meerlingen (NVOM). Deze vereniging organiseert jaarlijks een Landelijke Meerlingendag en geeft vier keer per jaar een tijdschrift uit. Ook zijn er regionale afdelingen (kijk bij Nuttige adressen).
- Denk vast na over het soort hulp dat je wilt. Alle meerlingouders hebben tijdens de eerste jaren hulp nodig. En hoewel je er waarschijnlijk nu nog geen behoefte aan hebt, zal het straks heel belangrijk zijn. Iemand die je tijdens je zwangerschap met huishoudelijke klussen helpt, kan straks met de baby's zeer waardevol voor je zijn want ze kent tenslotte je huis, je spullen en je gewoontes. Een au pair kan ook een goede oplossing zijn, als je over een extra kamer beschikt en je het niet bezwaarlijk vindt een zekere mate van privacy te verliezen. Praat al tijdens de zwangerschap met je partner over deze kwesties.
- Praat ook samen over de economische aspecten. De kosten zullen toenemen, terwijl de inkomsten vaak verminderen, omdat je minder gaat werken of helemaal stopt met werken, althans in de eerste jaren. Dit onderwerp zorgt vaak voor de nodige stress en het is raadzaam om eventuele problemen op te lossen. Informeer naar de kinderbijslag en eventuele extra toelagen voor meerlingfamilies. Er bestaan in Nederland geen standaardvoorzieningen voor ouders van grotere meerlingen. Het verschilt per gemeente in hoeverre er professionele hulp wordt gegeven, zoals bijvoorbeeld thuiszorg. Zoek dit vast nu al uit, want het regelen hiervan vraagt veel tijd. Misschien komt je gezin in aanmerking als stageplek voor een student van een sociale opleiding. Dit kan ook een belangrijke steun zijn in de eerste hectische periode met de baby's.

- Schrijf in een dagboek je ervaringen, twijfels en vreugden. Dit zal je helpen om de situatie aan te kunnen en is straks een leuke herinnering aan deze speciale tijd.

- Beschouw je zwangerschap als iets unieks en niet als abnormaal. Je hebt alle reden om je trots te voelen op jezelf en je lichaam.
- Je draagt twee of drie baby's en je lichaam doet zijn best om hun de allerbeste zorg te geven, zo goed mogelijk te voeden en het hen naar de zin te maken. Dat is werkelijk wonderbaarlijk.

De tweelingzwangerschap

De tweelingzwangerschap is een speciale zwangerschap, maar niet noodzakelijkerwijs een problematische. Volgens mijn gegevens van de bestudeerde tweelingengroep had een 60 procent van de vrouwen een goede zwangerschap. En dit percentage was tijdens het tweede trimester nog hoger, namelijk 74 procent.

Desalniettemin moet je er rekening mee houden dat een tweelingzwangerschap meer van een vrouw vraagt dan een eenlingzwangerschap. De gewichtstoename zal tussen de twaalf en achttien kilo liggen, in plaats van de elf à vijftien kilo die normaal is voor een eenlingzwangerschap. Vanaf het begin van je zwangerschap draag je meer gewicht met je mee dan een zwangere die een eenling verwacht. Tot week 30 is de ontwikkeling van de baby's hetzelfde als bij een eenlingzwangerschap. Vanaf dat moment gaat de groei minder snel. Als aanstaande tweelingmoeder zul je de typische zwangerschapskwaaltjes eerder en heftiger meemaken, zoals misselijkheid.

Een tweelingzwangerschap vereist meer controles en heeft altijd een medische indicatie. De controles zullen door een gynaecoloog gedaan worden en in het ziekenhuis plaatsvinden. Daar zijn namelijk de technische mogelijkheden om de groei van de baby's te controleren groter. De kans op een keizersnee ligt hoger bij een tweelingzwangerschap.

De meest voorkomende problemen van een tweelingzwangerschap zijn:
- vasthouden van vocht (oedeem);
- hoge bloeddruk (hypertensie);
- eiwit in de urine (kan op een infectie wijzen);
- een van de baby's groeit te weinig;
- het tweelingtransfusiesyndroom bij monochoriale tweelingen (eeneiige tweelingen die de placenta delen);
- vroeggeboorte.

Misschien schrik je hiervan, maar bedenk wel dat je eigen houding, zoals goed voor jezelf zorgen, voldoende rust nemen, de aanbevelingen van je gynaecoloog opvolgen, enzovoorts, meehelpen om een goede zwangerschap te hebben. Wees er ook gerust op dat de artsen alles zullen doen opdat je zwangerschap goed verloopt. Je zult met zorg omringd worden. In mijn onderzoeksgroep was 88 procent van de vrouwen heel tevreden met de begeleiding van hun gynaecoloog.

Een tweelingzwangerschap duurt gemiddeld 37 weken. Van mijn onderzoeksgroep werd 34 procent vóór of tijdens week 35 geboren, 13 procent in week 36, 42 procent kwam in week 37 of 38 ter wereld en 11 procent in week 39 of 40. Met andere woorden: meer dan de helft van de baby's, namelijk 53 procent, kwam na 37 weken ter wereld, oftewel iets later dan de gemiddelde duur van een tweelingzwangerschap. Inmiddels hebben recente onderzoeken uitgewezen dat het niet wenselijk is dat een tweeling na 37 weken geboren wordt omdat de placenta's (of placenta) niet langer optimaal de baby's van voeding kunnen voorzien. Hier kom ik in hoofdstuk 9 op terug.

Het gewicht van de baby's is gemiddeld 2,5 kg. De baby's wegen zo'n 600 gram minder dan een eenlingbaby. Van mijn onderzoeksgroep hoefde 56 procent niet in de couveuse; bij 6 procent was het alleen nodig voor een van de twee. Voor 38 procent was de couveuse wel noodzaak. De duur van het verblijf in de couveuse varieerde van enkele dagen tot een maximum van twee weken in 53 procent van de gevallen, terwijl de rest een langere periode nodig had. De vroeggeboren baby's halen in de meeste gevallen hun achterstand in de loop van de jaren in. Toch blijven alle tweelingen in hun jeugd altijd iets lichter ten opzichte van eenlingen, waarschijnlijk door hun lagere geboortegewicht.

De drielingzwangerschap

Hoewel de meeste zwangeren zich gelukkig voelen met het nieuws dat er een drieling op komst is, ontvangt de gynaecoloog het bericht met een zekere behoedzaamheid. Zijn bezorgdheid neemt toe naarmate er meer baby's onderweg zijn. Desalniettemin voelde een 53 procent van de vrouwen van mijn drielingonderzoek zich goed tijdens het eerste trimester; 61 procent had een goed tweede trimester en voor 34 procent was het laatste trimester goed te doen. Toch gebiedt de eerlijkheid te vermelden dat een drielingzwangerschap pittig is en dan met name vanaf week 20.

Een drielingzwangerschap lijkt in niets op dat van een eenling, zoals verschillende moeders met ervaring in beide situaties me vertelden. De typische zwangerschapsklachten beginnen niet alleen heel vroeg in de zwangerschap, maar ook meteen heel heftig. De gewichtstoename schommelt tussen 17 en 21 kilo, hoewel er grote verschillen tussen de vrouwen zijn: in mijn onderzoeksgroep werd een vrouw slechts 10 kilo zwaarder en een andere maar liefst 30.

Een drielingzwangerschap duurt 33 à 34 weken. Het gewicht van de baby's is rond de 1,8 kilo. Drielingmeisjes zijn iets lichter dan drielingjongetjes.

De problemen die zich vaak voordoen in een drielingzwangerschap zijn voor een deel dezelfde als van een tweelingzwangerschap:
- vocht vasthouden (oedeem);
- hoge bloeddruk en een verhoogd risico op pre-eclampsie;
- eiwit in de urine;
- een van de baby's groeit niet goed;
- vroeggeboorte;
- keizersnee;
- risico op het tweelingtransfusiesyndroom bij een monochoriale zwangerschap (drie of twee baby's delen de placenta);
- een verhoogd risico op hart- en vaatziektes.

Van mijn onderzoeksgroep hoefde een 15,5 procent van de drielingen niet in de couveuse dankzij hun goede gewicht en blakende gezondheid. Dat gaat om 33 baby's van de in totaal 210. Ze wogen twee kilo of meer bij hun geboorte. De rest, 84,5 procent moest wel de couveuse in. Van deze baby's bracht 18,5 procent er enkele dagen tot twee weken in door, 35,5 procent tussen de twee en vier weken en 30,5 procent moest gedurende een maand of langer in de couveuse verblijven. De langste periode was drie maanden voor een baby die in week 30 met een gewicht van 680 gram geboren werd.

De frequentie van de medische controles

De controles van een tweelingzwangerschap vinden frequenter plaats dan bij een eenlingzwangerschap. In het algemeen komt de tweelingzwangere bij een ongecompliceerde zwangerschap tot 26 weken elke maand bij de gynaecoloog. Vanaf 26 tot 32 weken om de twee weken en vanaf 32 weken elke week. Als er problemen zijn of als het een monochoriale zwangerschap betreft, waarbij de baby's de placenta delen, dan zijn de controles frequenter. Bijvoorbeeld, als er een monochoriale zwangerschap is vastgesteld (meestal rond 12 à 14 weken), dan worden de controles vanaf dat moment tweewekelijks.

Je bloeddruk zal bij elke controle gemeten worden. Urine-onderzoek wordt echter alleen op medische indicatie gedaan. De gynaecoloog zal verschillende keren in je zwangerschap echo's laten maken om de groei van de baby's te controleren. Bij dichoriale diamnotische tweelingen wordt dit meestal elke vier weken gedaan. Bij monochoriale tweelingen is het belangrijk om minstens elke twee weken echoscopisch onderzoek te doen, om tijdig problemen zoals TTS op te sporen. Ook hierbij hangt het totaal aantal echo's af van de individuele situatie van de zwangere.

De bezoeken aan de gynaecoloog bij een drielingzwangerschap zijn over het algemeen tijdens het eerste trimester elke maand (tot 16 weken), tijdens het tweede trimester elke twee weken (tot 28 weken) en vanaf week 28 elke week. Maar ook hier hangt de frequentie af van het type zwangerschap. Als de baby's de placenta delen (monochoriale zwangerschap), zullen de controles vaker zijn. Bewaking van de conditie van de babys met cardiotocografie (CTG) wordt in Nederland alleen op indicatie gedaan, bijvoorbeeld als er groeiproblemen zijn, te weinig vruchtwater of minder kindsbewegingen.

Gewichtstoename

Vroeger werd de zwangere vrouw bij elke controle gewogen. Dat is tegenwoordig niet meer gebruikelijk, ook niet bij een meerlingzwangerschap. Alleen in geval van oedeem of hoge bloeddruk is er een medische reden om het gewicht in de gaten te houden. Toch vinden de vrouwen het zelf vaak leuk om hun gewicht bij te houden.

Wat betreft de toename van gewicht worden deze gemiddelden aangehouden:

TYPE ZWANGERSCHAP	GEWICHT
Eenling	11-15 kilo
Tweeling	12-18 kilo
Drieling	16-21 kilo
Vierling of meer	Gelijk aan drieling plus 5 kilo voor elke extra baby

Slanke vrouwen zouden in verhouding meer moeten aankomen dan vrouwen met overgewicht. Voor een tweelingzwangere met een normaal gewicht wordt een toename van 15 tot 18 kilo als gunstig beschouwd; voor een vrouw met een laag gewicht een toename van 20 tot 22 kilo en voor een vrouw met overgewicht is een toename van 12 tot 15 het meest ideale. Toch zijn dit slechts indicaties. Er bestaan grote onderlinge verschillen tussen vrouwen wat betreft de toename van hun gewicht. Ook heeft het gewicht van de moeder geen directe relatie met het gewicht van haar kinderen. De gewichtstoename komt niet alleen van de baby's, zoals het volgende tabel van een tweelingzwangerschap laat zien.

Toegenomen gewicht van de borsten	400 gram
Toename gewicht van de baarmoeder	1000 gram
Placenta('s)	1000 gram
Toename bloedvolume	1200 gram
Vruchtwater	1400 gram
Twee baby's, elk van 2,5 kilo	5000 gram
Extra vet en vochtophoping	5000 gram
Totaal	15.000 gram

In het geval dat je echt te veel aankomt, zal de gynaecoloog je een dieet voorschrijven. Dat is niet prettig, maar bedenk dat het voor je gezondheid heel belangrijk is. Overgewicht kan je problemen bezorgen, zoals hoge bloeddruk, spataderen en rugklachten.

Veel vrouwen vragen zich af of ze ooit dat gewicht kwijt zullen raken. Onderzoek wijst uit dat de vrouw het extra gewicht ten gevolge van de zwangerschap binnen een periode van twee jaar verliest en meestal eerder. Het drukke leven met de baby's zorgt daar wel voor!

Zwangerschapscursussen

De 'lessen' ter voorbereiding van de bevalling zijn ook belangrijk in een meerlingzwangerschap. En misschien zelfs nog wel belangrijker dan bij een eenlingzwangerschap. Je leert bij deze cursussen wat de lichamelijke verschijnselen betekenen die je in de loop van je zwangerschap ervaart. Ook leer je onderscheid te maken tussen klachten die pijnlijk kunnen zijn, maar onschuldig van aard, en andere die misschien wel pijnloos zijn, maar niet geheel onschuldig en daarom van belang om aan je gynaecoloog te melden.

Bij meerlingzwangerschappen zijn er meer voorweeën en ook op een eerder moment in je zwangerschap. Als je deze herkent en weet tot welk aantal als normaal beschouwd wordt, dan is dat een gerust gevoel en beleef je je zwangerschap met meer vertrouwen. Bovendien ben je dan in staat om je levenswijze aan te passen aan de behoeftes van je baarmoeder en zal je op elk moment weten wanneer je je gynaecoloog moet waarschuwen. Een zwangerschapscursus is dus zeker aan te raden. In jouw geval moet je er wel eerder mee beginnen dan de vrouwen van een eenlingzwangerschap. Verwacht je een tweeling, begin dan met de cursus in het tweede trimester.

In geval van een drieling, kun je het beste in het eerste trimester beginnen. In de eerste plaats raad ik dit aan omdat het later waarschijnlijk moeilijker wordt om je te verplaatsen (je moet misschien rust houden) en ten tweede omdat de zwangerschapsklachten in jouw situatie zich in een eerder stadium en heftiger zullen voordoen. In de cursus zal hier aandacht aan besteed worden. Het is ook de plek om ervaringen uit te wisselen met andere vrouwen en om wekelijks even stil te staan bij deze bijzondere periode in je leven. Er is een ruim aanbod van allerlei soorten cursussen. Zoek een cursus die bij je past en niet te ver van huis is.

Prenataal onderzoek

Tegenwoordig zijn er, dankzij de vooruitgang van de medische technieken, vele manieren om een meerlingzwangerschap te controleren. Prenataal onderzoek geeft belangrijke informatie over de gezondheid van de baby's.

Volgens een Amerikaans onderzoek komen jaar 18 procent meer aangeboren gebreken voor bij meerlingen dan bij eenlingen. Hierbij spelen verschillende factoren een rol, zoals de zygositeit van de baby's en de leeftijd van de moeder. Bij twee-eiige tweelingen heeft elke baby een kans op een of andere aangeboren afwijking die slechts één van de twee kan treffen. De eeneiigen lopen een groter risico op aangeboren afwijkingen en afhankelijk van de oorzaak kan het ze allebei treffen. Vooral bij een monochoriale zwangerschap is er een risico op complicaties.

In overleg met je gynaecoloog zal een afweging worden gemaakt over de prenatale onderzoeken die voor jou belangrijk zijn. Er zijn verschillende mogelijkheden, waarbij een onderscheid gemaakt moet worden tussen prenatale screening en prenatale diagnostiek. Prenatale screening wordt aan alle zwangeren aangeboden en prenatale diagnostiek wordt alleen in bepaalde gevallen verricht, zoals bij een verhoogd risico op afwijkingen.

Screeningsmethoden zijn onder andere bloedonderzoek, de combinatietest (nekplooimeting plus bloedonderzoek), de nieuwe bloedtest die de Non-Invasive Prenatale Test (NIPT) wordt genoemd en de 20-weken echo. Prenatale diagnostiek bestaat uit de vruchtwaterpunctie, de vlokkentest en het geavanceerde ultrageluidonderzoek (een zeer uitgebreid echoscopisch onderzoek).

Screeningsmethoden

De combinatietest
Dit is een screenende test op chromosoomafwijkingen en met name het downsyndroom, maar niet op aangeboren afwijkingen (hiervoor is de 20-weken echo).

De test bestaat uit een combinatie van twee onderzoeken: een bloedonderzoek tussen 9 en 14 weken zwangerschap en een nekplooimeting. Dat gebeurt via een echo die gemaakt wordt tussen 11 en 14 weken zwangerschap. Met de gecombineerde uitslagen van deze twee onderzoeken, de leeftijd van de moeder en de duur van de zwangerschap, wordt bepaald hoe hoog de kans is op een kind met downsyndroom. Als deze kans hoger is dan 1 op 200 of als er bij de nekplooimeting een nekplooi wordt gemeten van meer dan 3,5 millimeter, dan wordt je vervolgonderzoek aangeboden. Vrouwen ouder dan 36 jaar mogen ook voor vervolgonderzoek kiezen als de combinatietest normaal is.

Non-invasieve Prenatale test (NIPT)

In april 2014 werd op proef de NIPT toegestaan door de minister van VWS. Uit een buisje bloed van de zwangere kan DNA onderzoek van het ongeboren kind worden gedaan. Hiermee kan de kans op downsyndroom (trisomie 21), en op twee zeldzamer afwijkingen (Edwards syndroom, trisomie 18 en Patau syndroom, trisomie 13) zeer nauwkeurig worden bepaald. Als de NIPT, bij een eenling, niet afwijkend is, is de kans op een baby met trisomie 21, 18 of 13 zeer klein, en zullen de meeste vrouwen afzien van een vruchtwaterpunctie of vlokkentest. Als de NIPT een hoge kans op een afwijking laat zien, is bevestiging met een punctie wel nodig, in elk geval als de zwangere overweegt de zwangerschap af te breken.

Voor tweelingen is de NIPT nog niet voldoende onderzocht. In principe is bij eeneiige tweelingen de test even goed als bij eenlingen, maar goede studies ontbreken vooralsnog (2014). Er worden snelle ontwikkelingen op dit terrein verwacht. De gynaecoloog zal alle testmogelijkheden, inclusief NIPT in het begin van de zwangerschap bespreken en de keuzes voorleggen.

20-weken echo

Dit wordt ook wel structureel echoscopisch onderzoek genoemd (SEO) en vindt plaats tussen de 18^e en 22^e week van de zwangerschap. Bij deze echo wordt gekeken naar de ontwikkeling van de organen van de baby's. Ook wordt gekeken of de kindjes goed groeien en of er voldoende vruchtwater is.

Het echoscopisch onderzoek kan de meeste ernstige afwijkingen opsporen, zoals die van het zenuwstelsel, van het spier- en skeletstelsel of het urinewegenstelsel. Ook kunnen afwijkingen aan de darmen, het middenrif en de buikwand opgespoord worden, alsmede hartafwijkingen. Toch kunnen niet alle hartproblemen ontdekt worden, zoals problemen in de bloedcirculatie, omdat het hart er normaal uitziet. Kleinere of voorbijgaande afwijkingen kunnen wel opgemerkt worden, zoals een enigszins verwijd nierbekken.

Prenatale diagnostiek

Niet alle aangeboren aandoeningen kunnen met prenatale diagnostiek worden opgespoord, maar er kan worden gezocht naar chromosoomafwijkingen (zoals het downsyndroom), erfelijke aandoeningen (zoals de taaislijmziekte en spierdystrofie van Duchenne) en ernstige lichamelijke aandoeningen (zoals open ruggetje, waterhoofd, hartafwijkingen en afwijking van de nieren of urinewegen).

Het grote voordeel van de prenatale diagnostiek is dat wordt vastgesteld of het ongeboren kind een bepaalde aandoening wel of niet heeft, terwijl bij prenatale screening alleen wordt berekend hoe groot de kans is dat het ongeboren kind een aangeboren aandoening zal hebben.

In sommige gevallen hebben ouders de mogelijkheid om enkele onderzoeken te laten doen om zeker te zijn van de gezondheid van hun baby's. Dit is het geval als:
- de moeder ouder is dan 36 of de vader ouder dan 55 jaar;
- er erfelijke ziektes bij de ouders of families voorkomen;
- de ouders al eerder een kind kregen met een chromosoomafwijking;
- de uitslag van de combinatietest een verhoogde kans op een chromosoomafwijkingen aangeeft en/of bij de 20-weken echo afwijkende bevindingen zijn geconstateerd.

Er zijn twee prenatale onderzoeken, de vlokkentest en vruchtwaterpunctie, die de chromosomen van de foetus bestuderen.

Vlokkentest
Door middel van een naald wordt er een monster van de placenta opgezogen, ofwel via de vagina of via de buikwand. Hierbij wordt tegelijkertijd een echoscopie gemaakt, zodat de gynaecoloog zijn eigen handelingen kan volgen. Het wordt vanaf week 11 gedaan en de uitslag volgt binnen twee weken, met een sneltest vaak na drie a vijf dagen. Het nadeel is dat het moeilijk vast te stellen is of er monsters van beide placenta's zijn genomen. Het is dus mogelijk dat alleen de chromosomen van een van de baby's onderzocht worden. Deze test houdt een zeker risico in op een miskraam (1 à 3 procent in geval van een meerlingzwangerschap tegenover minder dan 1 procent bij een eenling). Er bestaat bovendien een kleine kans dat als het resultaat van de vlokkentest niet eenduidig is, er alsnog een vruchtwaterpunctie gedaan moet worden.

Vruchtwaterpunctie
Deze bestaat uit het opzuigen van een kleine hoeveelheid vruchtwater door middel van een naald via de buikwand van de moeder. Dit wordt gedaan tijdens een echoscopie zodat de arts precies kan zien wat hij doet. De test wordt tussen de 16e en 18e week gedaan, want op dat moment is er voldoende vruchtwater aanwezig en zijn er voldoende cellen van de foetus. Vruchtwaterpuncties voor 16 weken hebben een verhoogd risico op een miskraam en op klompvoetjes. Bij eeneiige tweelingen zou één punctie voldoende moeten zijn, maar als de tweeling dichoriaal is, kan met echo niet worden gezien of het een eeneiige of twee-eiige tweeling is. Daarom

wordt meestal twee keer geprikt, in elke vruchtzak één keer. Alleen bij monochoriale tweelingen, die altijd eeneiig zijn, wordt meestal maar één keer geprikt. In zeldzame gevallen komt toch een verschillend chromosomenpatroon voor bij eeneiige tweelingen. De uitslag met de sneltest is meestal na 3-5 dagen bekend. Soms wordt ook een uitgebreider onderzoek gedaan (karyotypering of microarray), die uitslag laat zo'n twee à drie weken op zich wachten. De gynaecoloog kan vertellen wat in zijn/haar centrum de gebruikelijke werkwijze is.

Na de vruchtwaterpunctie kun je last hebben van krampen, omdat de baarmoeder en de weefsels aan het herstellen zijn, ofwel een beetje vruchtwater verliezen. In dat laatste geval moet je direct je gynaecoloog inlichten. Ook bestaat het risico op een infectie. Verder bestaat er een klein risico op een miskraam, namelijk 0,3 procent kans bij een eenlingzwangerschap en het dubbele voor een tweelingzwangerschap. Bij een drieling ligt het risico hoger.

Uitgebreid echoscopisch onderzoek

Dit uitgebreide echoscopisch onderzoek (officieel: geavanceerd ultrageluidonderzoek) wordt gedaan als er bij de 20-weken echo afwijkende bevindingen zijn opgemerkt of als in de familie bepaalde erfelijke, met echo zichtbare afwijkingen voorkomen. Het wordt verricht door de gynaecoloog of een speciaal opgeleide echoscopist. Zo'n echo wordt vaak geadviseerd bij een eeneiige zwangerschap waarbij de baby's de placenta delen (monochoriale zwangerschap), vanwege een verhoogd risico op aangeboren afwijkingen en het tweelingtransfusiesyndroom. Deze echo kan de afwijkingen, gezien op de SEO, bevestigen en inschatten of de baby's een vergelijkbare groei hebben. Ook kan het uitsluitsel geven over een aanlegstoornis in hersenen, hart, nieren en ledematen. Als er bij dit onderzoek geen afwijkingen zijn gevonden, is dat geen garantie dat de kinderen helemaal geen afwijkingen hebben. Lang niet alle afwijkingen zijn zichtbaar bij de echoscopie. In tegenstelling tot de andere vormen van prenatale diagnostiek is er bij dit onderzoek geen risico op een miskraam.

In het geval dat er een ernstige aangeboren afwijking wordt gevonden, kan de zwangere kiezen voor afbreking van de zwangerschap binnen de tijdsmarge die de wet aangeeft, namelijk voor de 24e week. Als de afwijking alleen bij één van de foetussen voorkomt, dan staan de ouders voor een moeilijke keuze. Technisch gezien is het mogelijk om de zwangerschap van de zieke foetus te onderbreken door het toedienen van een bepaalde stof. Dan overlijdt hij. Deze ingreep houdt echter het risico van een vroeggeboorte van de andere baby in. Het is belangrijk dat jullie bijgestaan worden door een medisch team dat jullie bij deze moeilijke beslissing ondersteunt.

> **Uit onderzoek**
> Bij de eeneiige tweelingzwangerschap worden evenveel meisjes als jongens geboren. De ouders hebben dus 50 procent kans om of twee jongens of twee meisjes te krijgen. Bij een twee-eiige tweelingzwangerschap is er 50 procent kans om een jongen-meisjetweeling te krijgen en 25 procent op twee jongens of twee meisjes. Bij een drieling doen zich de volgende mogelijkheden voor: er is 12,5 procent op het krijgen van drie jongens of drie meisjes; 37,5 procent op twee jongens en een meisje en 37,5 procent op twee meisjes en een jongen.

3. Vruchtbaarheidsbehandelingen en meerlingzwangerschap

Ongeveer één op de zes paren krijgt te maken met vruchtbaarheidsproblemen. Dit percentage neemt toe, wat betekent dat een steeds groter aantal echtparen medische behandelingen ondergaat om ouders te worden. De oorzaak kan zowel bij de man als bij de vrouw liggen; in een derde van de gevallen zijn er vruchtbaarheidsproblemen bij de man, in een derde bij de vrouw en een derde bij hen samen.

Er zijn verschillende oorzaken van de onvruchtbaarheid. De meest in het oog springende is het uitstel van het ouderschap. Tegenwoordig wordt de vrouw rond haar dertigste moeder, terwijl dit vroeger rond haar vierentwintigste jaar lag. Ook de leeftijd van de man speelt een rol. Hij heeft, net als de vrouw, een biologische klok: als de vader tussen de 30 en 34 jaar is, is het risico op een miskraam 16,7 procent; tussen 35 en 39 jaar is dit 19,5 procent en wanneer hij ouder is dan 40, stijgt dit risico tot 33 procent.

Er bestaan verschillende vruchtbaarheidsbehandelingen, met daarbij kans op een meerlingzwangerschap.

Hormoonbehandelingen

Om zwanger te worden zijn een regelmatige eisprong en voldoende rijping van de eicellen heel belangrijk. Hormonen spelen hierbij een grote rol. Als bij de vrouw de hormoonspiegel uit balans is, kan zij behandeld worden met hormonen om de cyclus te reguleren en een eisprong op te wekken. Bij elk gebruik van dit soort middelen bestaat er een kans op een meerling, omdat er meer dan één eitje vrijkomt. Door een goede controle van de eicelrijping probeert de arts dit risico zo klein mogelijk te houden. Een ander nadeel is het gevaar op overstimulatie, het ovariële hyperstimulatiesyndroom OHSS. Onder invloed van de medicijnen ontwikkelen zich cystes in de eileiders, wat voor de vrouw heel pijnlijk kan zijn en veel klachten kan geven, zoals misselijkheid, kortademigheid en een opgezette buik.

Andere vruchtbaarheidsbehandelingen

Er zijn verschillende methodes:
- Ki (kunstmatige inseminatie): bij de vrouw wordt het zaad van haar partner zo hoog mogelijk in haar vagina ingebracht.
- IUI (intra-uteriene inseminatie): de zaadcellen worden uit het sperma geïsoleerd zodat de concentratie goede zaadcellen toeneemt. En deze worden rond de eisprong via een injectie in de baarmoederholte ingebracht. De zaadcellen hoeven dan alleen nog de daadwerkelijke bevruchting te doen. De vrouw kan een lichte dosering hormonen toegediend krijgen, zodat er niet één, maar twee of drie eitjes vrijkomen. Dat verhoogt de zwangerschapskans en ook de mogelijkheid van een meerling.
- Ivf (in-vitrofertilisatie), de reageerbuisbevruchting: de vrouw ondergaat een hormoonkuur om haar eierstokken te stimuleren. De rijpe eicellen worden met een naald door de vaginawand heen opgezogen uit de eierstokken en samengebracht met het zaad van de man. De bevruchting vindt dus in een petrischaaltje plaats. Na twee of drie dagen worden er één of twee embryo's in de baarmoeder teruggeplaatst.
- ICSI (intracytoplasmatische sperma-injectie): de procedure is hetzelfde als bij ivf, behalve dat hier maar één zaadcel genomen wordt, die direct in het cytoplasma van de eicel geïnjecteerd wordt in plaats van hen samen in een reageerbuisje bijeen te brengen.
- GIFT ('gamete intrafallopian transfer'): ei- en zaadcellen worden tegelijkertijd ingebracht in de eileiders, de plek van het lichaam waar de bevruchting plaatsvindt. Daarvoor moet een laparoscopische operatie plaatsvinden, oftewel een operatie met een kijkbuisje. Dit gebeurt in de regel onder algehele verdoving in de operatiekamer. Net als bij ivf ondergaat de vrouw een hormoonbehandeling om de eicellen te stimuleren. In de operatiekamer worden deze opgezogen en in de eileiders aangebracht tezamen met het sperma, in de hoop dat de natuur zijn gang gaat.

De mogelijkheid om meerlingzwangerschappen te vermijden is iets groter bij deze behandelingen vergeleken met de hormoonbehandeling, omdat het aantal embryo's dat teruggeplaatst wordt, gecontroleerd wordt.

Desalniettemin lijken zowel de medicijnen om de ovulatie te stimuleren als de manipulatie van de eicellen in behandelingen zoals de ivf, invloed te hebben op het splitsen van het embryo! Dat betekent een eeneiige tweeling. Deze kans is weliswaar klein, zo'n 3 procent, maar reëel. Op deze manier kan één teruggeplaatste embryo tot twee baby's leiden, of twee tot drie.

In mijn onderzoeksgroep van drielingen (een totaal van zeventig moeders) zijn er acht aan wie dit overkwam. Ze hebben dus een eeneiige tweeling plus een eenling. Deze drieling is dizygotisch, twee-eiig. De echtparen die een vruchtbaarheidsbehandeling ondergaan, moeten wel met deze mogelijkheid rekening houden.

Hoe kan een meerlingzwangerschap vermeden worden?

De gynaecologen zijn zich bewust van de risico's van een meerlingzwangerschap en proberen de kans erop zo veel mogelijk te beperken. Bij de hormoonbehandeling wordt via de echoscopie het aantal beschikbare eicellen in de gaten gehouden. Als er een groot aantal eicellen zichtbaar is, dan wordt het echtpaar aangeraden om af te zien van gemeenschap en een volgende cyclus af te wachten. Ook werken de artsen met een zo laag mogelijke dosering om overstimulatie en meerlingen te voorkomen.

Wat betreft ivf kan het aantal embryo's dat teruggeplaatst wordt, beperkt worden. Helaas vermindert daarmee ook de kans op een zwangerschap. Hierbij spelen de leeftijd van de vrouw en haar moeilijkheden om zwanger te worden mee. Bij vrouwen onder de 38 jaar worden over het algemeen nooit meer dan twee embryo's geplaatst. Maar zelfs zo is de kans niet uitgesloten dat zich er een drielingzwangerschap voordoet, als een van de embryo's 'besluit' om zich te delen.

De embryoreductie

Wanneer er door toedoen van de vruchtbaarheidsbehandeling een zwangerschap van drie of meer eitjes is ontstaan, wordt met de ouders soms een embryoreductie besproken. Hierbij reduceert men het aantal foetussen tot twee (soms tot één) om daarmee de kans op gezonde kinderen te vergroten. Dit vindt tussen de 10e en 13e week van de zwangerschap plaats. Met hulp van de echoscopie introduceert de gynaecoloog een naald in de buik van de vrouw tot hij het lichaam van een van de foetussen bereikt. Hij injecteert een vloeistof (kaliumchloride), wat direct de dood tot gevolg heeft. Men kan kiezen voor een selectieve reductie: men kiest voor de foetus (of foetussen) die het minst ontwikkeld is of bij wie men een aangeboren afwijking vermoedt. Ook kan de keuze voor het laten overlijden van een embryo bepaald worden door de positie ervan in de baarmoeder.

Deze ingreep wordt gedaan om de overlevende baby's een betere start te geven en de kans op vroeggeboorte te beperken, maar is niet zonder risico's: de vrouw en de foetussen kunnen een infectie oplopen. Ook bestaat een risico van 6 à 7 procent op een spontane abortus na de ingreep, waarbij alle baby's overlijden. Over het algemeen, hoe groter het aantal foetussen, hoe meer kans op een miskraam.

Er bestaat de kans dat een gezonde foetus verwijderd wordt en de foetus met een aangeboren probleem blijft leven. Het is geen gewoonte om voor de reductie een test te doen die erfelijke afwijkingen opspoort. Als er verbindingen zijn tussen de bloedvaten van de baby's in geval van een monochoriale zwangerschap, dan kan inspuiten van kalium in een foetus door de vaatverbindingen ook sterfte van de ander veroorzaken. Bij reductie van monochoriale meerlingen moet een andere, meer risicovolle techniek worden gebruikt. Dit kan het best met een hierin gespecialiseerde gynaecoloog worden besproken.

De embryoreductie is een omstreden thema en uiteraard stressvol voor de echtparen. Ze krijgen er in een vroeg stadium van de zwangerschap mee te maken, als ze amper het nieuws van een zo gewenste zwangerschap verwerkt hebben. Gelukkig komt het niet vaak voor, vanwege het strenge beleid over het aantal terug te plaatsen eitjes, maar tegelijkertijd is dit niet altijd een garantie. De volgende moeders vertellen hierover.

Elsa, moeder van een drieling (een eeneiige meisjestweeling en een zoontje): '*Toen de gynaecoloog me bevestigde dat ik zwanger van een drieling was, stelde hij mij reductie voor. Hij vertelde me niet waarom, dus ik dacht dat er iets mis was. Hij stelde me voor om de derde baby (het jongetje) te laten verdwijnen, omdat de meisjes, een tweeling die de placenta deelde, samen moesten blijven (een dichoriale triamniotische zwangerschap). Helemaal confuus verliet ik zijn spreekkamer en reed ik naar huis; ik moest op een gegeven moment de auto aan de kant zetten, want ik kreeg een enorme huilbui. Normaal huil ik niet snel, maar op dat moment was ik totaal van de kaart. Vanaf toen ben ik via internet contact gaan zoeken met andere drielingmoeders. Hun verhalen en ervaringen hielpen me. Ook vroeg ik een second opinion aan bij een andere gynaecoloog, een vrouw. Ze zei me zonder omhaal het volgende: "Als arts zie ik geen reden voor een selectieve abortus en als moeder nog minder." Haar woorden steunden me om door te gaan met mijn zwangerschap.*'

Wendelien, dertig weken zwanger van een drieling: '*Een aantal maanden geleden besloten mijn man en ik voor de tweede te gaan. Ons eerste kind is geboren dankzij in-vitrofertilisatie. Van die behandeling zijn er nog twee bevruchte eicellen bewaard. Ze worden beide ingebracht. We houden dus rekening met een tweeling. Ik ben meteen zwanger. De gynaecoloog maakt een echografie en ontdekt twee... nee, drie foetussen. Eentje heeft zich gesplitst. We kunnen het niet geloven, maar de gynaecoloog bevestigt dat het echt zo is. Ze noemt de risico's, die we amper horen en vraagt ons om over twee weken terug te komen. Op weg naar huis, een autorit van twee uur, bellen we familie en vrienden. We moeten het delen, alleen zo dringt het echt tot ons door. Een paar dagen lang zweef ik op een wolk tot ik het echt besef. Ik accepteer het en dan begin ik me blij te voelen. In het volgende bezoek aan de gynaecoloog stelt ze ons een embryoreductie voor. En wel voor de foetussen die het buitenvlies delen vanwege het risico op TTS (ik heb een dichoriale triamniotische zwangerschap). Het bericht slaat ons totaal uit het lood. Hier hadden we nooit aan gedacht. Als zombies verlaten we het ziekenhuis. We praten met andere ouders en besluiten om een andere gynaecoloog te raadplegen. Ook hij noemt dezelfde gevaren, maar heel neutraal: dit zijn de opties, dit zijn in beide gevallen de risico's (ook embryoreductie is op zich een risico) en wat jullie ook kiezen, wij gaan daarin mee. Dan hebben we het duidelijk. We gaan ervoor. Het akelige gevoel in dat bewuste gesprek blijft me nog een tijd achtervolgen, maar inmiddels – dertig weken zwanger – heb ik er vertrouwen in. We verwachten drie meisjes en ze groeien goed.*'

Bij veel ouders constateerde ik gevoelens van frustratie en boosheid vanwege de manier waarop het thema embryoreductie ter sprake wordt gebracht. De reactie van ouders (en dan met name de moeders) op de drielingzwangerschap wijkt heel veel af van die van de gynaecoloog. Waar zij enkel verwondering, blijdschap en iets van angst voelen, is hij vooral bezorgd om de gezondheid van moeder en kinderen.

Maria: '*Hij praatte over risico's, gewichten onder de kilo, groeicurves, terwijl ik voor het eerst in mijn leven een kindje in mijn buik droeg, zelfs drie. Voor hem was dit het resultaat van een slecht verlopen in-vitrofertilisatie, voor mij was dit de weg naar het moederschap. Alles was beter dan nooit moeder te worden.*'

Zowel de reactie van deze moeder als die van de gynaecoloog zijn te begrijpen. De kans op een drie- of vierling moet duidelijk ter sprake komen voordat een stel aan de vruchtbaarheidsbehandelingen begint. Daarbij moet ook het thema van embryoreductie worden genoemd. Dan komt het minder hard aan dan wanneer de gynaecoloog het noemt, vlak na het goede bericht van een meerlingzwangerschap. Op deze manier hebben de toekomstige ouders tijd om erover na te denken en zijn ze erop voorbereid dat ze mogelijkerwijs voor deze keuze komen te staan. Nu overvalt het hen op het moment dat ze blij zijn dat de behandeling gelukt is.

Ouders kunnen met een schuldgevoel blijven kampen als ze besluiten voor hun meerling te gaan, terwijl er later problemen ontstaan. Bij ouders die besloten hebben tot reductie kunnen schuldgevoelens leven, maar ze kunnen ook tevreden zijn met hun keuze.

Elfi: '*Na een vruchtbaarheidsbehandeling bleek ik in verwachting te zijn van een vierling. De gynaecoloog zei dat de kans klein was dat ze alle vier gezond ter wereld zouden komen. Hij stelde voor om naar het UMC te gaan voor een gesprek over selectieve embryoreductie. Daar konden we terecht toen ik elf weken zwanger was. Deze gynaecoloog had hetzelfde advies. We besloten om er twee weg te laten halen. Dat gebeurde toen ik twaalf weken zwanger was. Er werd eerst een uitgebreide echo gemaakt, inclusief nekplooimeting. Als er "slechte" vruchtjes ontdekt zouden worden, werden die geselecteerd en anders zouden de bovenste twee vruchtjes worden ingespoten. Omdat deze het verst van de baarmoedermond lagen, was de kans op een miskraam kleiner. Ik werd volledig onder narcose gebracht. Toen ik bijkwam, zei de gynaecoloog dat de behandeling goed was verlopen. Ik was bang dat ik de andere vruchtjes alsnog zou verliezen, maar gelukkig is alles goed gegaan. Na ruim 34 weken kwamen onze jongens gezond ter wereld. We hebben geen spijt gehad van onze beslissing. We bekijken het positief: we hebben er twee gered. Als de jongens wat ouder zijn, willen we het hun wel vertellen.*'

Bij een zwangerschap van een hoog aantal foetussen (vier of meer) lijkt de reductie meer op zijn plaats dan bij een drielingzwangerschap. Bij een drielingzwangerschap moeten de risico's van de ingreep afgewogen worden tegen de psychologische gevolgen voor de ouders. Ook de gynaecologen zelf verschillen van mening. Sommigen raden de selectieve abortus aan bij een drieling, anderen alleen vanaf een vierling.

Er bestaat ook de mogelijkheid dat een van de foetussen spontaan verdwijnt, meestal ten gevolge van een chromosoomafwijking (het zogenoemde verschijnsel van de 'vanishing twin'). Een van de tweeling, drieling of meer verdwijnt in het eerste trimester zonder dat het invloed heeft op de andere baby's. Bij drielingen is de kans daarop 45 procent.

Hoe kom je tot een beslissing?

De ouders bevinden zich in een zeer moeilijke situatie; vele houden al van hun baby's en weten niet wat ze moeten doen. Is het egocentrisch om alle baby's te willen houden? Breng je door die beslissing het leven van de baby's in gevaar? Hoe beslissen we wie van de foetussen geëlimineerd wordt? Dit zijn enkele van de vragen waar de ouders mee worstelen. Soms is het voor hen moeilijk om hierover met vrienden en familie te praten uit angst voor kritiek of onbegrip. Het echtpaar kan zich ook onder druk van hun gynaecoloog voelen staan om een bepaalde beslissing te nemen.

Het is een goed idee om met een neonatoloog te praten. Hij/zij is de arts met de meeste ervaring wat betreft de overlevingskansen van premature baby's. Ook kan het goed zijn om een second opinion aan te vragen bij een andere gynaecoloog.

Jullie kunnen ook informatie opvragen bij de ziekenhuizen over het aantal premature bevallingen, de gemiddelde verblijfsduur in de couveuse, de meest voorkomende problemen en het sterfteaantal. Dit zal jullie helpen om een beter beeld te krijgen van wat een meerlingzwangerschap inhoudt. En de ervaringen van andere meerlingouders zijn heel belangrijk, want zij praten vanuit hun eigen ervaringen. Daarom is het zeer raadzaam om al snel contact te zoeken met ouders via de Nederlandse Vereniging voor Ouders van Meerlingen (NVOM).

Tot slot: elk aanstaand ouderpaar moet zijn eigen beslissing nemen op grond van gevoelens, geloof en principes, zonder dwang van buitenaf.

Luis, vader van een zoon van vijf jaar en een drieling van twee: *'Toen we de ICSI begonnen uit verlangen naar een tweede kind, overwogen we serieus tot reductie in het geval dat we meer dan twee baby's tegelijk zouden krijgen. We hoopten echter ook vurig niet voor deze keuze te komen staan. Maar dat was wel het geval en we bleken niet in staat om tot embryoreductie te besluiten. We hebben geen spijt van onze beslissing, maar het is ook waar dat je psychologisch sterk in je schoenen moet staan en een goed team moet vormen met zijn tweeën om de opvoeding van een drieling en een ouder kind aan te kunnen. Je leven als echtpaar raakt volledig op de achtergrond voor een niet bepaald korte periode.'*

Uit onderzoek
Naar schatting is 30 procent van de zwangerschappen die met vruchtbaarheidstechnieken tot stand zijn gekomen, een meerling. De meeste daarvan zijn tweelingen.

4. Het eerste trimester van de meerlingzwangerschap (week 2-14)

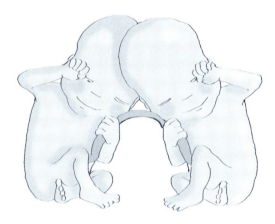

De zwangerschap bestaat uit drie periodes: de eerste drie maanden is het eerste trimester; de vierde, vijfde en zesde maand het tweede en de zevende, achtste en negende maand vormen het derde. Bij een drieling is het mogelijk dat je het laatste trimester niet afmaakt. Elk trimester heeft zijn eigen bijzonderheden en klachten, die variëren van periode tot periode.

De hormoonveranderingen zijn het grootst in het eerste trimester. Je lichaam moet nog wennen aan zijn nieuwe staat. Er doen zich klachten voor die heel kenmerkend zijn voor deze eerste periode, zoals misselijkheid, braken, pijn in de borsten, vermoeidheid, aambeien, verstopping en vaginale afscheiding. Sommige vrouwen hebben nergens last van, andere hebben niet hetzelfde geluk. Over het algemeen hebben tweelingzwangeren meer last van deze klachten dan vrouwen die een eenling verwachten. Gelukkig zijn veel van deze klachten van voorbijgaande aard en kunnen simpele huismiddeltjes soms helpen om ze te verminderen. Van mijn tweelingonderzoeksgroep had 54 procent een goede eerste drie maanden, 33 procent beleefde het als redelijk goed en 13 procent als slecht. Voor de drielingengroep waren de percentages respectievelijk 53, 33 en 14 procent.

De meest voorkomende klachten tijdens het eerste trimester van de meerlingzwangerschap zijn:

Misselijkheid

De aanstaande tweeling- of drielingmoeder heeft een grotere kans om hiervan last te hebben, omdat er meer van het zwangerschapshormoon HCG (humaan chorion gonadotropine) aangemaakt wordt. Met andere woorden: jij hebt veel meer van dit hormoon in je bloed dan een eenlingzwangere. De meeste vrouwen zijn alleen 's morgens misselijk, maar enkele de hele dag. Gelukkig verdwijnt de misselijkheid meestal tussen de 14^e en 16^e week, wanneer het lichaam zich aan zijn nieuwe status heeft aangepast. In het geval dat de misselijkheid voortduurt, is het verstandig om je gynaecoloog te raadplegen. Soms kan een vitaminecomplex zoals B1 en B6 helpen.

Tips
→ Probeer te voorkomen dat je met een lege maag opstaat. Ik raad je aan om eerst iets te eten, zoals een cracker, die goed te kauwen en nog even in bed te blijven. Het eerste wat je 's morgens eet, kan beter geen vocht of fruit bevatten, want het eerste veroorzaakt nog meer misselijkheid en fruit bevat veel vocht.
→ Eet de rest van de dag steeds iets na elke één of twee uur (fruit, yoghurt, kaas, noten). De hoofdmaaltijd moet licht zijn, want tijdens de zwangerschap is de spijsvertering langzamer.
→ Als de geuren je tegenstaan, vraag dan of anderen voor je willen koken.
→ Gember (dagelijks 0,35 gram) helpt tegen misselijkheid en braken. Je kunt een thee maken op basis van gemberwortel.
→ Wees voorzichtig met medicijnen tegen misselijkheid, want de inname ervan kan schadelijk zijn voor de ontwikkeling van de baby's. Overleg altijd met je gynaecoloog.
→ Bij enkele vrouwen – één uit mijn drielingengroep – is het zwangerschapsbraken extreem heftig. Men spreekt dn van de ziekte 'hyiperemesis gravidarum'. In dit geval kan de vrouw helemaal geen vocht en voedsel binnenhouden, waardoor ze het gevaar loopt uit te drogen. Als je merkt dat je veel overgeeft en minder plast dan normaal, moet je je gynaecoloog waarschuwen. Misschien moet je worden opgenomen. Ook in dit geval worden de klachten meestal minder in de vierde maand.

Vermoeidheid

Vermoeidheid is een andere veelvoorkomende klacht van het eerste trimester. Als je buitenshuis werkt, is het mogelijk dat je na je werk direct naar bed gaat. Dat is volstrekt normaal! Het komt door de hormonale veranderingen in je lichaam die in deze periode enorm groot zijn. Er vinden dagelijks miljoenen celdelingen in je lichaam plaats die extra energie van je vragen. Misschien overvalt de moeheid je op vaste momenten van de dag of misschien heb je de hele dag door een onbedwingbare behoefte om te slapen. Deze moeheid komt vooral in het eerste trimester voor, waarna je een vernieuwde energie krijgt in de tweede periode. Rondom de 25^e week bij een tweelingzwangerschap zal waarschijnlijk moeheid weer de kop opsteken en eerder bij een drielingzwangerschap.

Tips
→ Luister zo veel mogelijk naar je lichaam en slaap zoveel als je kunt. Voor elke zwangere is het goed dat ze een middagslaapje doet en eerder dan anders naar

bed gaat, maar voor de meerlingzwangere is het bijna een must. Als je je tijd goed indeelt en alles rustig aan doet, heb je een betere zwangerschap en zul je minder last hebben van klachten. Een middagslaapje op de bank zorgt voor een betere middag en avond. Als je buitenshuis werkt, kun je misschien vermindering van je werkuren vragen of ander werk dat fysiek minder vermoeiend is. De vermoeidheid kan heel lastig en deprimerend zijn, maar bedenk dat je baby's zich in je buik aan het ontwikkelen zijn. Die gedachte houdt de moed erin! En bovendien zal de moeheid waarschijnlijk in het tweede trimester verdwijnen.

→ Bekijk het positief: terwijl je op de bank of in je bed rust, heb je tijd om te lezen (bijvoorbeeld over de ontwikkeling van foetus tot kind), naar muziek te luisteren, een dagboek te beginnen of de tijd al mijmerend door te brengen. Deze rust, ook al is hij min of meer verplicht, zal je meer van je zwangerschap laten genieten. En heel belangrijk: het komt je baby's ten goede. Tijdens het rusten is de doorbloeding naar de baarmoeder beter, waardoor zij beter groeien.

De groei van de baarmoeder

Om plaats te maken voor de baby's groeit in een meerlingzwangerschap de baarmoeder heel hard. Bij 8 weken van een tweelingzwangerschap is de baarmoeder al twee keer zo groot als die van een vrouw die een eenling verwacht. Vroeger, toen er nog geen echo's gemaakt werden, was de grootte van de baarmoeder vaak het eerste teken dat op een mogelijke tweelingzwangerschap wees. Deze 'expansie' is een goed signaal. Het betekent dat de baby's ook groeien. De baarmoeder kan gelijkmatig groeien of met sprongen. Hoe het groeipatroon ook is, het is verrassend hoe je lichaam deze veranderingen opvangt.

Bekkenpijn en bekkeninstabiliteit

Het bekken bestaat uit een ring die gevormd wordt door drie botstukken: de linkeren rechterbekkenhelft met aan de achterzijde het heiligbeen (stuit) ertussen ingeklemd. Er zijn daardoor drie gewrichten: het schaambeen (symfyse) middenvoor en twee aan beide kanten van het heiligbeen (de SI-gewrichten). Door invloed van de zwangerschapshormonen verslappen de banden die deze botstukken bij elkaar houden. Daardoor komen de botten in het bekken verder uit elkaar te liggen, waardoor er extra ruimte ontstaat om de baby's geboren te laten worden. De verslapping heeft dus een functie. Maar helaas geeft het ook klachten, zoals bekkenpijn. Deze wordt veroorzaakt door de instabiliteit van het bekken (deze twee termen worden door elkaar heen gebruikt). Naarmate het bekken instabieler is kunnen de pijnklachten en de functiebeperking ernstiger zijn.

Bekkenpijn doet zich in verschillende gradaties voor. We maken een onderscheid tussen normale bekkenongemakken en bekkenpijn. Normale rug- en bekkenongemakken horen bij de zwangerschap en gaan vanzelf over, vaak door rustiger aan te doen. Bij bekkenpijn worden de dagelijkse bezigheden min of meer door de pijn beperkt en gaan de klachten niet over. De eerste bekkenklachten zijn het best te omschrijven als een pijnlijk, beurs en moe gevoel in het kruis, rond de heupen, of laag in de rug of bij de liezen. Dit gevoel dat zich af en toe voordoet kan veranderen in een zeurende pijn, afgewisseld door pijnscheuten, vooral tijdens plotselinge bewegingen. Je kunt er ook 's nachts wakker van worden als je je omdraait in bed. Vaak is er pijn bij het begin van een beweging, zoals opstaan uit een stoel.

In een meerlingzwangerschap komen bekkenklachten meer voor. Een moeder uit mijn drielingengroep had er vanaf het allereerste begin last van. De klachten waren soms wat minder, maar kwamen altijd terug. Veel vrouwen hebben moeite met staan, met name op één been. Lopen en traplopen is daarom een probleem, evenals bukken, omdraaien in bed, uit bed stappen, autorijden, enzovoort. Vanwege de pijn en de beweeglijkheid in het bekken verandert de manier van lopen vaak in een waggelende eendengang.

Bekkenpijn kan zich wisselend op verschillende plekken voordoen: rond het schaambeen, uitstralend naar het gebied rond het kruis en de bovenbenen; in de liezen en onderbuik met een uitstraling naar de onderbenen; in de lage rug, vaak asymmetrisch links of rechts van de stuit en in het staartbeentje; op de heupen, in lighouding en op de zitbeenknobbels tijdens het zitten, met een uitstraling vanuit de billen tot in de knieholte.

Tips
- → Streef naar een goed evenwicht tussen beweging en rust. Bewegen is nodig om spieren op sterkte te houden en spierzwakte te voorkomen. Rust is van belang om de banden te sparen en zo verergering van klachten te voorkomen.
- → Rol je op je zij bij het opstaan uit bed en kom steunend op je armen tot zitstand. Zet dan je benen op de grond.
- → Til zo weinig mogelijk. Als het wel nodig is, doe het dan met gebogen knieën en je benen iets uit elkaar.
- → Probeer het traplopen zo veel mogelijk te vermijden. Als het echt moet, loop dan achterstevoren de trap af of doe het zittend.

- → Vermijd het om op één been te staan en probeer zo recht mogelijk te zitten. Vermijd ook draaiende bewegingen met je rug. Stilstaan is vaak pijnlijk. Ga dan even zitten of lopen.
- → Doe je boodschappen op de fiets en niet lopend.
- → Vermijd een eenzijdige belasting. Gebruik een rugtas of verdeel je spullen over twee lichtere tassen.
- → Bij het slapen is een kussen tussen knieën en enkels een steun. De zijligging is vaak het prettigst. Vrijen kan pijn doen door de druk op je schaambeen. Zoek een andere houding, zoals de zijligging of andere vormen van seks.
- → Een bekkenband kan verlichting geven. Overleg dit met je fysiotherapeut.
- → Bij veel pijn en ongemak is fysiotherapie aan te raden. De fysiotherapeut leert je hoe je het beste kan bewegen en wat je moet doen om je bekken te ontzien. Inzicht in hoe het bekken functioneert, helpt om klachten te verminderen. Ook bepaalde oefeningen zijn zeer nuttig.

Bekkenpijn en bekkeninstabiliteit zijn een zeer vervelende bijkomstigheid van je zwangerschap. Het maakt ook dat je hulp moet vragen bij dagelijkse bezigheden (boodschappen doen, koken, stofzuigen, de oudste van school halen, enzovoort). Probeer het te accepteren en ga niet over je pijngrenzen heen. Zoek activiteiten die je wel kunt doen, zoals zwemmen en fietsen. En bedenk dat het bijna altijd een tijdelijke kwestie is. Na de bevalling treedt het herstel op. Het varieert van vrouw tot vrouw hoe snel dit gebeurt.

Bloedverlies

Bloedverlies komt bij een meerlingzwangerschap meer voor, al weet men niet precies waarom. Natuurlijk schrik je als je bloed verliest. Toch hoeft het niet altijd een miskraam te betekenen. Het bloedverlies kan bijvoorbeeld ontstaan door het snelle oprekken van de baarmoeder in het eerste trimester. Als het bloedverlies niet vergezeld gaat met krampen of menstruatieachtige pijnen, dan volgt er meestal geen miskraam. Het is niet altijd mogelijk de oorzaak te achterhalen, maar het is verstandig om je gynaecoloog erover te vertellen. Een bruinachtige bloedvlek is geen reden tot bezorgdheid. Is het bloed rood van kleur en bloed je weinig, dan is het verstandig om rust te houden en af te wachten. Als het later bruin van kleur wordt, kun je in een rustig tempo je normale leven weer oppakken. Als je bloed verliest als bij een ongesteldheid of meer, gepaard gaande met pijn in je buik, dan moet je direct je gynaecoloog inschakelen.

Gespannen borsten

Gevoelige borsten kunnen het eerste teken van de zwangerschap zijn. De pijn wordt veroorzaakt door een grotere doorbloeding. Behalve pijn kun je ook jeuk of steken voelen. De tepels worden onder invloed van de hormonen en de betere doorbloeding donkerder van kleur en de aderen worden zichtbaar. De borsten kunnen vanaf de 16^e week vocht afscheiden, het colostrum.

Tip
→ Draag een beha die goed zit en steun geeft. Zonder beha kunnen de borsten doordat ze zwaarder worden, bij het maken van bepaalde bewegingen pijn veroorzaken.

Druk op de blaas

Omdat de organen in het kleine bekken beter doorbloed zijn en de baarmoeder groeit, wordt je blaas vanaf de eerste zwangerschapsweek meer geprikkeld. Dit geeft je een gevoel dat je voortdurend moet plassen. Het is lastig, maar totaal onschuldig. Alleen als het plassen pijn doet, moet je je gynaecoloog waarschuwen, want dan kan er sprake zijn van een blaasontsteking. Het risico daarop is bij een meerlingzwangerschap iets groter. Deze aandrang tot plassen verdwijnt in de vierde maand, want de baarmoeder is dan groter en de baby's liggen iets hoger. Maar in de laatste maanden drukt de tweeling, die flink gegroeid is, weer tegen de blaas, zodat je opnieuw last krijgt van dit kwaaltje. In een drielingzwangerschap kun je bijna je hele zwangerschap er last van hebben vanwege de enorme groei van je baarmoeder.

Tips
→ Drink vanaf het eind van de middag en tijdens de avond minder. Zo zul je minder aandrang voelen tijdens je nachtrust. Zorg er wel voor dat je overdag veel drinkt, omdat je daarmee het gevaar op een blaasontsteking vermindert.
→ Het is belangrijk dat je je goed ontspant tijdens het plassen. Op die manier is de kans groter dat je je blaas helemaal leegt.

Duizeligheid en flauwvallen

De bloeddoorstroming wordt langzamer vanaf het moment dat je zwanger bent. Dit gebeurt omdat de spieren in de wanden van de bloedvaten slapper worden. Als je plotseling opstaat, zal het bloed uit het onderste deel van je lichaam er langer over doen om naar je hoofd te stromen. Hierdoor kan duizeligheid ontstaan. Heel lang staan kan hetzelfde effect hebben: er komt niet genoeg zuurstof naar je hoofd. Dit zijn de typische duizelingen onder invloed van een verlaging van de bloeddruk, die gepaard gaan met heftig transpireren, hartkloppingen en, in mindere of meerdere mate, het verliezen van je bewustzijn.

Tips
→ Probeer zo veel mogelijk plotselinge veranderingen van houding of heel lang staan, te vermijden. Het is beter om langzaam overeind te komen of op je tenen te gaan staan. Als je duizelig wordt in een winkel, ga dan naar buiten en ga met je hoofd tussen je knieën zitten. Als je thuis bent, ga dan met je voeten omhoog liggen en je hoofd lager dan je lichaam. Het bloed zal weer naar je hoofd stromen en je zult je snel weer beter voelen.
→ Ga eerst zitten voordat je uit bed opstaat en doe wat bewegingen met je armen en benen om de bloedtoevoer te bevorderen. Dit is ook aan te raden als je uit een stoel opstaat. Op deze manier voorkom je duizeligheid.

Obstipatie

Dit is een andere veelvoorkomende zwangerschapskwaal. Dit wordt veroorzaakt doordat de spijsvertering onder invloed van de hormoonveranderingen langzamer gaat (en wel speciaal door het hormoon progesteron). Ook de ijzersupplementen die de gynaecoloog voorschrijft, spelen daarbij een rol.

Tips
→ Drink veel water, een à twee liter per dag.
→ Eet veel fruit, rauwkost, volkorenproducten (zoals volkorenbrood, rijst, macaroni) en zemelen, vermijd wit brood en bananen.

Het belang van een goede voeding

Vanaf de eerste maand van de zwangerschap en liefst nog voordat je in verwachting raakt, is het belangrijk om aandacht te besteden aan wat je eet. Het voedsel moet veel ijzer, kalk en vitaminen bevatten, waaronder foliumzuur. Vooral dit laatste, dat in veel groenten zit, is belangrijk, want de inname ervan in een lage dosis in de eerste weken van de zwangerschap –en zelfs ervóór- verlaagt de kans op sommige aangeboren afwijkingen aan de neurale buis, zoals het open ruggetje. Je gynaecoloog zal het je zeker voorschrijven.

In de eerste maanden heeft de vrouw die een tweeling verwacht zo'n 2800 calorieën per dag nodig (500 meer dan bij een eenlingzwangerschap) en in de laatste maanden zo'n 3300. Bij de drielingzwangerschap zijn de hoeveelheden respectievelijk 3000 en 3500.

Veel vrouwen merken dat hun lichaam zelf vraagt om wat het het meest nodig heeft en afwijst wat slecht is, zoals tabak of alcohol. Als dit bij jou zo is, kun je rustig op je eigen voorkeuren vertrouwen. Als dit niet zo is, zul je het op je wilskracht moeten doen en alcohol en tabak laten staan. Drink ook niet te veel koffie.

Roken is, zoals bekend, heel slecht voor de gezondheid van de baby's. Elke keer als jij nicotine inhaleert, bereikt hen minder zuurstof. Dit is nadelig voor de ontwikkeling van hun hersenen en ook voor hun groei, waardoor ze bij de geboorte minder wegen. Dit is gevaarlijk, aangezien baby's van een meerlingzwangerschap sowieso lichter zijn dan een gewone baby (zo'n zeshonderd gram bij tweelingen en een nog groter verschil bij drielingen). Als het je niet lukt om het roken of het drinken van alcohol te laten, zoek dan professionele hulp.

Om goed te kunnen groeien, hebben de baby's de volgende bouwstoffen nodig:
- mineralen en vitaminen. Deze bevinden zich voornamelijk in verse groenten en fruit;
- kalk voor de ontwikkeling van hun botten. Dit bevindt zich vooral in melkproducten. Neem minstens een halve liter melk (of yoghurt) per dag tijdens de eerste zes maanden en 0,75 liter tijdens het laatste trimester. Ook kaas en eieren bevatten veel kalk;
- eiwit voor de lichaamsbouw. Dit bevindt zich in vette vis, vlees, eieren, peulvruchten, gedroogde vruchten en noten. Vette vis is goed voor de ontwikkeling van de hersenen van de baby's en hieronder vallen makreel, haring, zalm, sardien, forel, zeewolf en zeeduivel. Noten zijn prima tussendoortjes en bevatten veel proteïnes en plantaardige vetten. Je kunt het beste hazelnoten, walnoten en amandelen eten. Een vegetarische eiwitbron, zoals tofu of tempé, is ook aan te raden;
- koolhydraten voor het verbruik van je energie, zoals brood, pasta's, aardappels, rijst. Kies voor volkoren graanproducten, zoals bruine rijst, volkorenbrood, enzovoort. Ze bevatten meer voeding en vezels, wat weer goed is voor de stoelgang;
- plantaardige vetten zijn het beste voor de zwangere vrouw: olijfolie, gedroogde vruchten, noten en vruchten als avocado. Vermijd gefrituurd eten, zeer vet vlees en worst.

Zwangerschapskleding

Jij zult eerder zwangerschapskleding nodig hebben dan een eenlingzwangere. Er is volop keuze, houd rekening met deze tips:

- Bedenk wel dat wat je nu goed past, niet groot genoeg zal zijn voor de laatste maanden.
- Vermijd knellende kleding, met name rond enkels, benen en je onderlichaam. Het bevordert namelijk het vasthouden van vocht en oedeem.
- Bedenk dat niet alleen je buik groeit, maar ook je borsten en je taille.
- Als je nette kleding voor je werk nodig hebt, kijk dan eens in winkels waar ze gespecialiseerd zijn in grote maten.
- Kies voor je ondergoed, T-shirts en pyjama's katoen.
- Een goede beha is belangrijk want die helpt je om het gewicht van je borsten te dragen en kan rugklachten voorkomen. Koop niet meer dan één of twee tegelijk, want je lichaam verandert snel. Een voedingsbeha kun je het beste op het einde van je zwangerschap kopen en dan een maat groter.
- Het is zeer waarschijnlijk dat je een grotere maat schoenen nodig hebt vanwege het opzetten van je voeten. Kies voor schoenen zonder hak, want die belasten je rug te veel. Het meest praktisch zijn instappers. Aan het eind van je zwangerschap zal het namelijk lastig zijn om je schoenen vast te maken.

Uit onderzoek

In dit trimester stelt de gynaecoloog de meerlingzwangerschap vast. De zygositeit van de baby's is niet altijd met volledige zekerheid vast te stellen; 25 procent van de tweelingen is eeneiig en 75 procent twee-eiig. Bij een drielingzwangerschap is ongeveer 5 procent eeneiig, ongeveer 25 procent twee-eiig en 75 procent drie-eiig.

5. Het tweede trimester van de meerlingzwangerschap (week 14-26)

Voor de meeste zwangeren is dit de beste periode, zowel voor de aanstaande tweelingmoeder als voor haar die een drieling verwacht. Voor de laatste duurt deze periode van vernieuwde energie wel minder lang.

Je lichaam is inmiddels gewend aan zijn nieuwe status, het gewicht van de baby's is nog goed te dragen – zeker aan het begin van dit trimester – en emotioneel is er een zekere rust. Het nieuws dat er twee (of drie) baby's op komst zijn, is verwerkt en de twijfels, wellicht nog wel aanwezig, zijn minder heftig. Vele toekomstige moeders blaken van gezondheid en stralen, behalve welzijn, ook een zekere trots uit. De angst voor een miskraam, die zeker aanwezig is in het eerste trimester, raakt op de achtergrond.

Dit is de beste periode om de uitzet voor de baby's in orde te maken en zwangerschapsgym te volgen. De eenlingzwangeren kunnen met deze activiteiten wachten tot het laatste trimester, maar in jouw geval is dat niet aan te raden. Je gewicht in de zesde maand kan namelijk hetzelfde zijn als dat van een eenlingzwangere in haar laatste maand! Daarom is het verstandig om dit soort zaken tijdig te doen, voordat het gewicht van je buik je in de weg zit.

Rond de 20^e week zal er een uitgebreide echo worden gemaakt. De baby's zijn nu helemaal 'af' en dankzij de echo kunnen hun organen worden bekeken. In deze tijd zul je de baby's voor het eerst voelen bewegen. Als je al eerder zwanger bent geweest, zul je je baby's eerder voelen. Dit is ongetwijfeld een speciaal en ontroerend moment. Sommige moeders herkennen hun baby's aan de bewegingen en weten precies wie wie is.

De meest voorkomende klachten van het tweede trimester:

Bloedarmoede

De bloedarmoede is een logisch gevolg van het feit dat zowel bij de moeder als bij de baby's de vraag naar ijzer toeneemt. Tijdens je zwangerschap produceert je lichaam één tot anderhalve liter meer bloed, zodat het meer verdund is en beter door de placenta('s) heen dringt. De gynaecoloog ontdekt de bloedarmoede door middel van een bloedonderzoek waarbij het hemoglobinegehalte (Hb) gemeten wordt. Hb bevindt zich in de rode bloedlichaampjes en bestaat voornamelijk uit ijzermoleculen. De hemoglobine trekt zuurstof aan en vervoert het naar belangrijke organen, zoals het hart en de hersenen.

Hemoglobine wordt opgebouwd uit het ijzer dat we via de voeding binnenkrijgen. Als er een tekort is in de aanlevering van ijzer, dan wordt er minder hemoglobine gevormd en ontstaat er bloedarmoede. Bovendien moet het hart harder werken om een grotere hoeveelheid bloed door het lichaam te pompen. Deze inspanning veroorzaakt vermoeidheid, duizelingen, hartkloppingen, een moeizame ademhaling en sloomheid.

Tips
→ Zorg voor een goede voeding en eet vooral producten die veel ijzer bevatten, zoals groentes (speciaal de groene bladgroenten en tuinbonen), granen, gedroogde vruchten (abrikozen, pruimen, vijgen), peulvruchten, noten en volkorenproducten.
→ Heel belangrijk is het foliumzuur, vitamine 11, dat voornamelijk in groente zit. Omdat foliumzuur belangrijk is voor de productie van de rode bloedlichaampjes, schrijven de meeste gynaecologen het automatisch aan de meerlingzwangere voor om op die manier ijzertekort te vermijden.

Rugpijn

Vanwege de toename van het gewicht van je buik komt rugpijn veel voor. Het zwaartepunt komt anders te liggen, waardoor de kromming van je rug toeneemt. Ook verandert het evenwichtsgevoel. Hierdoor loop je meer kans om te vallen. Rugpijn is meestal een van de gewone zwangerschapskwalen, maar kan ook het begin van een (te vroege) geboorte betekenen. Daarom moet je extra alert zijn, als de pijn anders voelt dan gewoonlijk, als de pijn komt en gaat en vergezeld gaat van toename van de vaginale afscheiding. In dat geval moet je je gynaecoloog waarschuwen.

Tips
→ Krom je rug niet te veel, noch bij het staan noch bij het lopen. Steun, enigszins wijdbeens, goed op je twee voeten, met het gewicht verdeeld over beide.
→ Als je iets moet tillen, zoals een boodschappentas, buig dan niet naar voren,

maar buk door je knieën en kom vervolgens met een rechte rug omhoog. Op die manier tillen de beenspieren het gewicht en niet de rug- en buikspieren. Als je al een kind hebt en het op wilt tillen, doe dat dan op dezelfde manier of laat het op een krukje klimmen, zodat jij hem van daaraf in je armen kunt nemen.
→ Probeer te voorkomen dat je je moet strekken, bijvoorbeeld door iets van een hoge plank te pakken. Die beweging geeft een grote druk op je middenrif. Het is ook niet verstandig om op een krukje of stoel te gaan staan. Vanwege je gewicht verlies je nu namelijk snel je evenwicht. Je lichaam draagt van voren meer gewicht dan van achteren, wat je instabiel maakt. Het handigste is om alles wat je nodig hebt op planken te zetten waar je makkelijk bij kunt. Let ook op je waslijnen!
→ Het is verstandig om op een stevig matras te slapen. Als je op je zij ligt, leg dan een kussen onder je buik of slaap met je knieën opgetrokken. Op die manier vermindert de rug- en buikpijn.
→ Speciale bekkenoefeningen kunnen de pijn verminderen. Ga op je handen en knieën staan en trek langzaam en zachtjes je buikspieren aan, zodat je rug plat wordt. Rust even uit maar zorg dat je rug niet hol wordt. Herhaal vervolgens verschillende keren de oefening. Je kunt het ook staande doen.

→ Ook een warme douche of een massage verlicht de pijn. In de laatste maanden van je zwangerschap is het, vanwege je veiligheid, raadzaam om onder de douche op een stoel te gaan zitten.

Bandenpijn

Pijn in de onderbuik aan de zijkanten van de baarmoeder ontstaat door het groeien van de baarmoeder. Dit noemen we bandenpijn. De baarmoeder hangt namelijk als een trampoline met banden (ligamenten) aan het bekken. Deze banden zorgen er samen met de bekkenbodemspieren voor dat de baarmoeder op zijn plaats blijft en niet verzakt. Door het grote gewicht dat de baarmoeder moet dragen bij een meerlingzwangerschap, krijgen de baarmoederbanden heel wat te torsen. Naarmate de zwangerschap vordert, rekken de buikspieren meer uit en geven niet veel steun meer aan de baarmoeder. Het is dan ook niet vreemd dat de banden pijn kunnen gaan doen. Het is een heftige pijn die soms opkomt, als je veel gelopen hebt of als je in bed van houding verandert. Sommige vrouwen worden er zelfs wakker van. Je hoeft je geen zorgen te maken over deze pijn. De drielingzwangeren kunnen al in het eerste trimester last hebben van deze kwaal. Gelukkig is het geen constante pijn; hij trekt snel weer weg.

Tips
→ Een steunband, die de buik helpt met het dragen van het gewicht zonder deze af te knellen, kan verlichting brengen. Ook een heel grote doek, een zogeheten buikdoek, waarmee je je buik omwikkelt, kan hiervoor dienstdoen. Dit is een gewoonte in Indonesië, waar de vrouwen nog tot vlak voor de geboorte op het land werken. Deze buikdoek moet je alleen overdag gebruiken. Bij rust, zoals een middagslaapje of 's nachts, moet hij af om de bloedtoevoer te bevorderen.
→ Rust is het beste advies. Doe minder huishoudelijke taken en maak geen grote uitstapjes zoals lang winkelen.
→ Probeer bukken en tillen te vermijden.
→ Een warm bad of een warme kruik tegen de pijnlijke plek helpt ook om de pijn te verzachten.

Bloedverlies

Als je bloed verliest, moet je direct je gynaecoloog waarschuwen. Deze zal een echo maken om de gezondheid van de baby's te controleren. Vanaf de 16^e week kan bloedverlies wijzen op een wond in de baarmoedermond of op een poliep. Het kan ook komen door het vrijen en wel doordat de penis de baarmoedermond raakt, de zogeheten contactbloedingen. Al deze oorzaken zijn onschuldig en het bloeden zal snel ophouden.

Als er echter ook weeën optreden, is het bloedverlies een teken van een naderende (vroeg)geboorte. In dat geval zal de gynaecoloog je medicijnen voorschrijven om de weeën te doen stoppen.

Als het bloedverlies niet gepaard gaat met pijn, kan de oorzaak een voorliggende placenta zijn. De placenta heeft zich gedeeltelijk of helemaal over de opening van de baarmoederhals geplaatst. De gynaecoloog kan dit op de echo zien. In dit geval komt het bloedverlies van de placenta en niet van de baby's. Meestal zal dan de bevalling via een keizersnee plaatsvinden. Het is alleen mogelijk om vaginaal te bevallen als de placenta maar een heel klein deel van de baarmoedermond afsluit. Vaak schuift de placenta, dankzij het groeien van de baarmoeder, spontaan voor de geboorte nog wat op, zodat de bevalling op gewone wijze kan plaatsvinden.

Hoge bloeddruk

Bij elke zwangerschapscontrole zal de gynaecoloog je bloeddruk meten. Als meerlingzwangere loop je een grotere kans op een hoge bloeddruk om fysieke redenen ofwel door stress en bezorgdheid. Er worden altijd twee waarden gemeten: de bovendruk (systolische bloeddruk) en de onderdruk (diastolische bloeddruk). Waarden als 120/70 zijn normaal. De bovendruk is zeer variabel en hangt sterk af van fysieke inspanningen of nervositeit. De onderdruk verschilt van persoon tot persoon en geeft meer informatie dan de bovendruk. Een onderdruk van 95 is te hoog. Dan spreekt men van te hoge bloeddruk (hypertensie).

Het is normaal dat in de loop van de zwangerschap de bloeddruk hoger wordt, want op die manier wordt de toenemende weerstand van de placenta, die hij uitoefent in zijn functie van filter, overwonnen. Hierdoor worden goede voeding en zuurstof voor de baby's veiliggesteld. In de laatste maanden is een onderdruk van 80/85 normaal en zelfs gunstig, zolang het niet gepaard gaat met andere symptomen zoals hoofdpijn of eiwit in de urine (dit laatste kan een nierfunctiestoornis inhouden).

Een zeer hoge bloeddruk geeft aan dat de bloedvaten zich vernauwd hebben en dat daardoor de placenta('s) minder doorbloed worden. De baby's ontvangen dientengevolge minder voeding en minder zuurstof dan ze nodig hebben en lopen daardoor een groeiachterstand op. Men weet niet precies waarom de bloeddruk tijdens de zwangerschap oploopt, maar het is duidelijk dat de zwangerschap zelf met al zijn hormonale veranderingen er een belangrijke rol in speelt.

Tips
→ Het is niet helemaal zeker of er een relatie bestaat tussen een hoge bloeddruk en het overmatig gebruik van zout. Toch is het verstandig om matig met zout te zijn of het te vervangen door kruiden.
→ Rust zo veel mogelijk uit. Vermoeidheid en stress verhogen ook de bloeddruk.
→ Als je een hoge bloeddruk hebt en de baby's groeien niet genoeg, ga dan elke dag een paar uurtjes op je linkerzij liggen in bed of op de bank. Deze houding bevordert de doorbloeding van de placenta('s) waardoor de baby's beter van zuurstof en voeding worden voorzien.

Pre-eclampsie en het HELLP-syndroom

Als hoge bloeddruk gepaard gaat met oedeem en eiwit in de urine, kan er sprake zijn van een ziekte die we pre-eclampsie noemen. Men weet niet precies de oorzaak ervan, maar het is gevaarlijk, zowel voor de vrouw als voor de baby's. Een hoog eiwitgehalte in de urine betekent dat de nieren niet optimaal functioneren en er bestaat het risico dat de placenta('s) haar taak niet goed uitvoert. De pre-eclampsie kan daarnaast hoofdpijn geven, een tinteling in de vingers, buikpijn, misselijkheid en problemen bij het zien. In enkele gevallen kan de pre-eclampsie ontaarden in eclampsie, een soort epilepsie oftewel stuipen.

Er bestaat een zeer ernstige vorm van pre-eclampsie, het zogeheten HELLP-syndroom. Het komt weinig voor, maar het is raadzaam de symptomen te kennen. In dit geval zijn niet alleen de nieren aangetast, maar ook andere organen, zoals de lever, de hersenen of de longen. De naam is een afkorting van de Engelse termen:

'hemolysis [afbraak van de rode bloedcellen] elevated liver enzymes [verhoogde leverenzymen] and low platelets [een laag aantal bloedplaatjes]'. Het kan dodelijk zijn als deze ziekte niet op tijd ontdekt wordt.

De symptomen zijn:
- hoofdpijn en problemen bij het zien (last van licht);
- maagpijn of pijn in de bovenbuik;
- een strak gevoel om het middenrif (als een riem die te strak zit);
- misselijkheid, braken en een algeheel gevoel van niet lekker zijn;
- vocht vasthouden, in handen, voeten, enkels en gezicht (dikke oogleden en opgezwollen gezicht);
- tinteling in de vingers;
- steeds minder plassen.

Als je, naast oedeem en een hoge bloeddruk, ook een van deze klachten hebt, neem dan direct contact op met je gynaecoloog. In geval van een zeer hoge bloeddruk, pre-eclampsie of HELLP-syndroom, wordt tot opname in het ziekenhuis besloten. Ook kan er besloten worden de bevalling op te wekken of een keizersnee te doen omdat de baby's buiten de baarmoeder meer kans op overleven hebben dan in de baarmoeder.

Oedeem

Oedeem is het vasthouden van vocht en is tijdens de zwangerschap heel normaal. Het heeft zelfs een functie: het lichaam heeft vocht nodig voor de verslapping en de rek van de weefsels. Het hormoon progesteron zorgt daarvoor. Dit kwaaltje komt veel voor bij eerste zwangerschappen, bij vrouwen ouder dan 30 jaar en bij meerlingzwangeren. Als het niet gepaard gaat met hoge bloeddruk noch met eiwit in de urine, kun je gerust zijn. Je loopt geen risico.

Tips
→ Vroeger dacht men dat het vocht vasthouden te maken had met een inname van te veel zout, maar dat is onjuist gebleken. Je kunt zout nemen, zij het met mate.
→ Weinig drinken helpt niet om het oedeem te verminderen. Het werkt juist andersom: veel water drinken zorgt ervoor dat de nieren goed werken en helpt om het extra vocht af te scheiden.
→ Probeer niet te lang te staan. Zie ook af van warme baden en rust altijd met je voeten omhoog. Ook 's nachts is het verstandig om met je voeten iets hoger te liggen dan je hoofd. Je kunt bijvoorbeeld je bed verhogen door er aan het voeteneind blokken van vijf à zes cm onder te zetten.
→ Doe je ringen af, zodra je merkt dat je vocht vasthoudt. Later zullen ze gaan knellen en zal het moeilijk worden ze af te doen.

→ Een koud voetenbadje vermindert het oedeem.
→ Steunkousen speciaal voor zwangeren, zijn handig als je veel moet staan. Oedeem en de kans op spataderen nemen daardoor af.

Eiwit in de urine

Door middel van urineonderzoek wordt het eiwitgehalte bepaald. Als dit heel hoog is, kan dat wijzen op een urineweginfectie of op pre-eclampsie als het gepaard gaat met hoge bloeddruk en oedeem. Vanwege de vochttoename tijdens de zwangerschap werken de nieren zeer hard. Deze extra inspanning maakt het urinewegstelsel zeer gevoelig voor infecties, zoals een blaasontsteking. De symptomen daarvan zijn veel aandrang tot plassen, vergezeld van pijn. De urineleiders worden onder invloed van de hormonen slapper en de blaas wordt minder goed geleegd.

Tip
→ Zorg dat je veel drinkt (water, sap, kruidenthee), dat helpt infecties te voorkomen.

Zwangerschapsdiabetes

De kans op zwangerschapsdiabetes (diabetes gravidarum) is, volgens enkele onderzoeken, hoger bij een meerlingzwangerschap. Het komt in 2 tot 7 procent voor bij moeders die een tweeling verwachten, in 9 procent bij drielingzwangerschappen en bij 11 procent van moeders die een vierling verwachten. Als er in de familie suikerziekte voorkomt, heb je meer kans op deze complicatie. Het houdt in dat de alvleesklier te weinig insuline aanmaakt. Dit hormoon zorgt ervoor dat de glucose in het bloed snel wordt opgenomen door de lichaamscellen en de lever. Bij een tekort aan insuline heb je regelmatig te veel glucose. Dit bereikt via de placenta('s) ook de baby's. Die krijgen te veel suiker binnen, die ze omzetten in vet. Daardoor groeien ze te hard. Ook de hoeveelheid vruchtwater neemt toe waardoor de kans op vroeggeboorte toeneemt.

Zwangerschapsdiabetes wordt ontdekt via een bloedtest. Meestal controleert de gynaecoloog het bloedsuikerniveau tussen week 24 en 28.

Wordt de suikerziekte bevestigd, dan wordt er een dieet voorgeschreven zonder suiker, rijk aan zetmeel en beperkt in calorieën. Daarmee wordt de hoeveelheid glucose in het bloed zo constant mogelijk gehouden. Van tijd tot tijd wordt het suikergehalte in het bloed gecontroleerd. Blijft het ondanks het dieet te hoog, dan zul je wellicht injecties met insuline krijgen.

De baby's hebben bij de geboorte meer kans op hypoglycemie (lage bloedsuikerspiegel) en ademhalingsproblemen. Zwangerschapsdiabetes verdwijnt na de geboorte.

Carpale-tunnelsyndroom

Het extra vocht dat je lichaam tijdens de zwangerschap vasthoudt onder invloed van het hormoon progesteron, kan druk uitoefenen op je armzenuwen die aan de binnenzijde van je onderarm door een soort tunnel in je pols naar je hand lopen. Hierdoor raken de zenuwen bekneld waardoor je een tintelend gevoel in je vingers krijgt. Hier kun je vooral 's nachts last van hebben, omdat je zenuwen en bloedvaten in sommige slaaphoudingen worden afgekneld. Je wordt dan met slapende handen wakker of zelfs met totaal gevoelloze armen en handen. Dit kan je bang maken, omdat je half verlamd lijkt. Dit verschijnsel, het carpale-tunnelsyndroom geheten, is echter onschuldig.

Tips
→ Als de tinteling je 's nachts overvalt, ga dan rechtop in je bed zitten met je armen omhoog. Beweeg ze alsof je boven je hoofd een lamp in een fitting draait. Op die manier zullen het bloed en het vocht uit je armen stromen. Beweeg daarna nog een poosje je armen en handen om de bloedcirculatie te stimuleren.
→ Spoel na elke douche of wasbeurt je handen en benen met koud water na. Dit bevordert de bloedcirculatie.
→ Sommige vrouwen vinden ontspanning en verlichting door te borduren. Deze activiteit houdt hun vingers in beweging. Een vrouw uit mijn drielingenonderzoeksgroep ging 's nachts borduren als de pijn in haar vingers haar het slapen onmogelijk maakte. Het resultaat was een prachtig wandkleed voor de babykamer!

Maagzuur

Dit is een veelvoorkomende zwangerschapskwaal. Van de vrouwen uit mijn tweelingengroep had 39 procent er last van en 33 procent van de aanstaande drielingmoeders. Het laat zich gemakkelijk verklaren: door de zwangerschapshormonen verslapt de kringspier die de maag van de slokdarm afsluit waardoor het zuur makkelijker naar boven komt. Dit geeft een akelig, branderig gevoel. Het gewicht van de baby's en de druk die de baarmoeder uitoefent op de maag, vererгеren de situatie, vooral in de laatste maanden van de zwangerschap. Bovendien gaat de spijsvertering tijdens de zwangerschap langzamer.

Tips
→ Vermijd voedsel dat brandend maagzuur veroorzaakt, zoals koffie, sinaasappelsap en vette, zoete of gekruide maaltijden. Wees zuinig met kruiden. Eet minder, maar vaker, zo'n vijf à zes keer per dag. Het is beter niet te drinken tijdens de maaltijden, want dat stimuleert het maagzuur. Daarentegen is het raadzaam om melk en melkproducten te nemen, want meestal verdraagt de maag die goed.

→ Gebruik een dik kussen zodat je hoofd hoger ligt dan je lichaam. Dit voorkomt oprispingen.
→ Door een groot glas water te drinken wordt het branderige gevoel minder. Ook het eten van een handjevol hazelnoten kan helpen. Als dit niet zo is, kun je zuurbindende medicijnen nemen. Deze bevatten magnesiumhydroxide en aluminiumhydroxide, stoffen die niet schadelijk zijn bevonden voor de ongeboren baby.

Striae

De snelle groei van de buik, het uitrekken van de huid en de zwangerschapshormonen, spelen een rol bij het ontstaan van striae, oftewel zwangerschapsstrepen. Meestal verschijnen ze bij een meerlingzwangerschap op een vroeger moment dan bij een eenlingzwangerschap. Het gaat om lange, verticale strepen die op de huid verschijnen als die de spanning die erop komt te staan, niet meer aankan. Niet alle meerlingzwangeren krijgen ze. Erfelijkheid speelt een rol en de snelheid waarmee de buik in omvang toeneemt. Als dat geleidelijk verloopt, hoeven er geen striae te verschijnen. Daarentegen, als de vrouw opeens veel aankomt, is het waarschijnlijk dat ze ontstaan want de groei gaat sneller dan de huid kan bijhouden.

Tips
→ Bescherm je huid tijdens een periode van snelle groei door een steunband of buikdoek, een goede beha en elastische panty.
→ Crèmes kunnen de striae niet voorkomen, maar ze houden je huid wel zacht en elastisch. Het enige dat helpt om ze te voorkomen is massage van de huid. Deze massage bestaat uit het oprekken van de huid en het onderhuidse bindweefsel om zo het scheuren van de huid vóór te zijn. Vraag je partner of hij je wil masseren en breng daarna een willekeurige crème aan.

Het tweelingtransfusiesyndroom (TTS)

De eeneiige tweeling die de placenta deelt (tekening C en D van hoofdstuk 1) loopt het risico op een aandoening die het tweelingtransfusiesyndroom wordt genoemd (in het Engels 'twin-to-twin transfusion syndrome'). Dit gevaar loopt 10 procent van de monochoriale zwangerschappen. Dat betekent dat het zich zowel bij een tweeling- als bij een drielingzwangerschap kan voordoen.

Wat is precies het probleem? Om goed te kunnen groeien, hebben de baby's ieder hun eigen bloedsomloop nodig, die onafhankelijk van elkaar verlopen. Doordat de navelstrengen in situatie C en D bij dezelfde placenta uitkomen, kunnen er verbindingen ontstaan tussen de bloedvaten (zowel slagaders als aders) van de ene baby naar de andere. Het ene kind stuurt bloed naar het andere kind. Als dat bloed weer teruggepompt wordt, ontstaat er een evenwicht en is er geen gevaar. Maar wanneer het ontvangende kind (figuur a in de tekening) het bloed niet terugpompt of slechts een klein deel, zal het andere kind, de 'donor', figuur b, te weinig bloed krijgen.

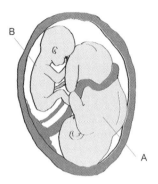

Dit laatste kind, de donor, reageert op het tekort aan bloed door minder te plassen, met als gevolg minder vruchtwater. Het kan overlijden door tekort aan bloed, oftewel gebrek aan zuurstof. De ontvanger krijgt te veel bloed. Hij plast veel en heeft heel veel vruchtwater. Hij kan overlijden door een hartprobleem. Zijn hart wordt te veel belast door de overvloed aan bloed. De grote hoeveelheid vruchtwater van de ontvanger kan pijn, weeën en gebroken vliezen veroorzaken, met te vroege geboorte tot gevolg. Soms is de donor kleiner dan de ontvanger maar TTS kan ook optreden zonder groeiverschil.

De situatie is voor beide baby's dus heel gevaarlijk. Er kunnen zich verschillende verbindingen voordoen: tussen de slagader van de gever en de ader van de ontvanger; ook bestaan er verbindingen tussen slagaders. Het gevaarlijkste is een verbinding tussen een slagader van een baby en een ader van de ander. De verbinding tussen slagaders is minder gevaarlijk, vooral als deze in beide richtingen gaat (zowel van de gever naar de ontvanger en andersom). In dat geval compenseren ze elkaar. Bijna altijd zijn de twee bloedsomlopen van de baby's met elkaar verbonden via bloedvatverbindingen van de placenta. De aard van deze verbindingen bepaalt of de zwangerschap ongecompliceerd verloopt of dat het tweelingtransfusiesyndroom optreedt. In dit geval moet er altijd ingegrepen worden.

Behandeling van TTS
Er zijn twee soorten behandelingen.
1. Het overmatige vruchtwater bij de ontvanger wordt afgetapt om zo een vroeggeboorte te vermijden en de druk op de buik te verminderen. Dit gebeurt met een smalle, holle naald die door de buik en de baarmoeder heen wordt gepuncteerd. Eén of meerdere liters worden op die manier weggenomen. In feite is dit symptoombestrijding, want het lost niet het onderliggende probleem op. De gever blijft bloed naar de ander pompen. Daarom moet deze behandeling een

aantal keren herhaald worden, vaak wekelijks. Deze behandeling, amniodrainage genoemd, was vroeger de enige mogelijkheid. In die tijd werden kinderen met TTS gemiddeld rond 29 weken geboren. Een groot deel van de overlevende kinderen hield aan deze vroeggeboorte in combinatie met de verschijnselen van TTS wel schade over, vooral aan de hersenen.

2. Door middel van een prenatale kijkoperatie worden de verbindingen tussen de bloedvaten van de baby's met laserlicht dichtgeschroeid. Een zeer fijne kijkbuis met een diameter van 2 a 3 millimeter wordt door de buikwand en de baarmoederwand in de vruchtzak van de ontvanger gebracht, met daarin een camera en een laserdraadje. Dit gebeurt onder lokale verdoving via een sneetje in de buik. Deze techniek lijkt op een laparoscopie. Het vereist een enorme deskundigheid van de gynaecoloog en vindt daarom plaats in gespecialiseerde centra. Alle zichtbare verbindingen worden dichtgeschroeid. Hierdoor krijgt elke baby zijn eigen onafhankelijke bloedsomloop en bestaat het tweeling transfusie-syndroom niet meer. Direct aansluitend aan de laser behandeling wordt het teveel aan vruchtwater eenmalig afgetapt. Deze ingreep is echter niet zonder risico's. In 10 procent van de gevallen treden complicaties op zoals gebroken vliezen, met een hoge kans op vroeggeboorte. Door de acute bloeddrukveranderingen kunnen een of beide baby's kort na de behandeling overlijden. Ook latere complicaties zoals vroeggeboorte zonder duidelijke oorzaak, of acute sterfte van een baby, komen voor. Voor de moeder is de behandeling niet gevaarlijk, maar soms kan het inbrengen van het instrument wel bloedingen veroorzaken. Tegenwoordig wordt als eerste keuze de laserbehandeling gedaan bij TTS. De kans dat de ouders met twee overlevende kinderen naar huis gaan is 60-65%. Minstens een overlevend kind is te verwachten bij 85% van de zwangerschappen met TTS. Gemiddeld worden deze kinderen bij 32-33 weken geboren. Vooral in de groep die tussen 24 en 28 weken geboren wordt bestaat er een aanzienlijke kans op blijvende schade aan longen, ogen of hersenen. In Nederland vindt de laserbehandeling plaats in het Leids Universitair Medisch Centrum (LUMC).

Symptomen van TTS

De gynaecoloog zal een monochoriale meerlingzwangerschap altijd extra goed controleren, vanwege het risico van het tweelingtransfusiesyndroom. De medische controles zijn dan ook frequenter. Ook is het goed dat, als je een monochoriale zwangerschap hebt, je zelf de volgende symptomen in de gaten houdt:
- Een plotselinge groei van je buik en een snelle gewichtstoename. Dit kan wijzen op een verdachte toename van vruchtwater. In dit geval voelt je buik zeer strakgespannen en ongemakkelijk aan. De omvang van je buik komt niet overeen met die van een normale tweelingzwangere en is overdreven groot en opgezwollen. Bovendien gaat het om een zeer plotselinge toename, die vanaf week 16 (of eerder) kan optreden.
- Pijn, krampen of weeën.

- De baarmoeder zit heel hoog.
- Vocht- of bloedverlies
- Je voelt je baby's of één van hen niet meer bewegen: de kleinste, doordat hij nog nauwelijks vruchtwater heeft, zit 'ingeklemd' en de ander heeft zoveel vruchtwater dat je zijn bewegingen niet meer voelt. Het kan ook zijn dat je deze baby juist als heel druk en onrustig beleeft. Kindsbewegingen worden meestal vanaf 18-20 weken gevoeld.

Bij 11 tot 14 weken van de zwangerschap kan door middel van een echo een gedeelde placenta vastgesteld worden. Het tweelingtransfusiesyndroom komt niet voor bij tekening B (hoofdstuk 1), blz. 24 waar de placenta's vergroeid zijn, want hier gaat het om twee systemen die vanaf het begin onafhankelijk waren (dit betreft de tweelingzwangerschap). Bij een drielingzwangerschap kan TTS zich wel voordoen bij tekening B, blz. 28 evenals bij tekening C en D.

Als er een gezamenlijke placenta vastgesteld is, wordt elke week of om de twee weken de hoeveelheid vruchtwater en de grootte van de baby's gemeten via een echoscopie. De periode tussen week 14 en 25 is heel belangrijk omdat dan meestal blijkt of het syndroom gaat ontstaan. Bij een duidelijk verschil in vruchtwater is nader onderzoek door een gespecialiseerde gynaecoloog belangrijk. TTS kan ook optreden bij baby's die beide goed groeien.

Marian, moeder van een eeneiige jongenstweeling vertelt haar ervaring: '*In week 17 begon mijn buik opeens enorm te groeien en ik kreeg mijn eerste contracties. Ik ging direct naar het ziekenhuis, ik voelde me ongerust. De gynaecoloog wist nog niet goed wat er aan de hand was en vroeg me om de week erna terug te komen. In week 21 zag hij dat het ene kindje minder groeide dan het andere. Hij stelde nu TTS vast. Drie dagen later werd ik geopereerd. De operatie duurde anderhalf uur en was onder lokale verdoving. Ik was zenuwachtig, maar eigenlijk viel het mee. De verbindingen tussen de bloedvaten van de baby's werden dichtgeschroeid. Na de operatie werd er nog twee liter vruchtwater afgetapt. Ik kreeg medicijnen toegediend om een vroeggeboorte te voorkomen. De dag na de operatie kreeg ik een echografie waarop duidelijk te zien was dat beide baby's het goed maakten. Na vijf dagen mocht ik naar huis. De controles bleven frequent, om de twee weken. In week 35 werden de baby's geboren. Mark, de "donor" woog 3140 gram en Alex, de "ontvanger" 3070 gram. Het zijn twee gezonde kinderen die niets over hebben gehouden van deze prenatale operatie. Beter gezegd, dankzij deze interventie zijn ze helemaal gezond.*'

Selectieve groeivertraging

Net als bij eenlingen kan een slecht werkende placenta de groei van een of beide baby's van een tweeling veroorzaken. Als een baby goed groeit en de ander achterblijft in groei wordt gesproken van selectieve groeivertraging. Behandeling hiervan is meestal niet mogelijk. Belangrijk is goede bewaking van de conditie van vooral het kleine kind. Als de conditie niet goed is, kan besloten worden de kinderen geboren te laten worden. Of dit mogelijk is, en wat dan de gevolgen voor de gezondheid van de kinderen is, hangt vooral af van de zwangerschapsduur bij de geboorte.

Een speciaal probleem doet zich voor bij monochoriale tweelingen met selectieve groeivertraging. Door de altijd aanwezige vaatverbindingen kan het kleine kind, als het in conditie achteruit gaat, ook de bloeddruk van het andere kind verlagen. Acute, tijdelijke bloeddrukdalingen kunnen hersenschade veroorzaken. Als de groei al vroeg in de zwangerschap slecht is, kan het zelfs leiden tot sterfte van het kleine kind in de baarmoeder, voordat de zwangerschapsduur ver genoeg gevorderd is om de kinderen geboren te laten worden. Door de aanwezigheid van de vaatverbindingen kan sterfte van een kind leiden tot ernstige bloeddrukdaling, met sterfte of hersenschade van het andere kind tot gevolg.

Als bij een monochoriale tweeling al vroegtijdig een groeiverschil wordt gezien, is nader onderzoek door een gespecialiseerde gynaecoloog aan te raden. Het beeld bij echoscopisch onderzoek kan soms lijken op TTS, omdat de baby die slecht groeit vaak ook minder vruchtwater heeft. Het verschil met TTS is echter dat het grotere kind niet veel te veel vruchtwater heeft, zoals bij TTS. De gynaecoloog kan met behulp van bloedstroom onderzoek (Doppler) bij selectieve groeivertraging een inschatting maken over de ernst, en de kansen op een goede afloop. Een goede behandeling bestaat helaas nog niet.

Uit onderzoek
Tijdens dit trimester is het mogelijk om het geslacht van de baby's te bepalen. Over het algemeen willen de meerlingzwangeren het geslacht vaker weten dan zij die een eenling verwachten.

6. Het derde trimester van de meerlingzwangerschap (week 26-37)

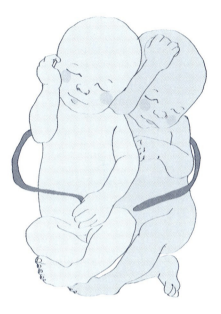

De zwangerschap lijkt inmiddels eindeloos te duren! Van mijn tweelingonderzoeksgroep had 46 procent van de aanstaande moeders een prettig laatste trimester; bij de drielingengroep was dit 34 procent. Over het algemeen kijken de zwangeren die een meerling verwachten, meer uit naar de bevalling dan de eenlingmoeders. Dit is logisch: de buik heeft een enorme omvang en elke beweging of activiteit zoals lopen, gaan liggen en boodschappen tillen is een opgave.

Een tweelingzwangerschap duurt 37 weken in plaats van 40; een drielingzwangerschap 34 à 35 weken en die van een vierling 31 à 32 weken. Net als bij een eenlingzwangerschap is het onmogelijk om precies aan te geven wanneer de bevalling zal beginnen, tenzij het om een geplande keizersnee gaat. Vanaf week 24 kunnen de baby's buiten de baarmoeder overleven. Maar hoe langer ze blijven zitten, des te beter ze zich zullen ontwikkelen en beter voorbereid zijn voor het leven buiten de baarmoeder.

De vrouwen die werken kunnen hun zwangerschapsverlof opnemen. Veel gynaecologen zijn er voorstander van om meerlingzwangeren eerder verlof te geven. Dit komt haar en de baby's immers alleen maar ten goede! Hieronder een overzicht van de meest voorkomende klachten in deze periode.

Aambeien

Dit is een veelvoorkomende kwaal in dit trimester, net als in het vorige. Het hormoon progesteron heeft een verslappend effect op de vaatwanden van de aderen en ook op de aderen rond de anus. Daarnaast neemt de druk van de groeiende baarmoeder op de aderen in je onderlichaam toe. Tijdens de laatste weken van je zwangerschap dalen de hoofdjes van de baby's (of van een van hen) in het bekken, wat nog een grotere druk op de aderen geeft. Ook obstipatie draagt bij tot het ontstaan van aambeien. Het geeft niet alleen veel pijn, maar ook jeuk.

Tips
- → Neem rustig de tijd om naar het toilet te gaan en wacht tot de anus zich volledig ontsluit. Hard persen maakt het alleen maar erger, omdat de aambeien door de druk groter worden.
- → Spoel je anus schoon met koud water in plaats van papier te gebruiken. Een fles hierbij is heel handig. Daardoor krimpen de aambeien. Gebruik daarna een aambeienzalf.
- → Een koud kompres, bijvoorbeeld ijsklontjes in een washandje, verzacht de pijn.

Spataderen

Halverwege de zwangerschap of tegen het einde kunnen er spataderen ontstaan. Een spatader is een uitgezet bloedvat in benen of knieholtes. Ze ontstaan doordat er nu meer bloed dan normaal door de aderen stroomt en in een langzamer tempo. De druk op de aders neemt toe, waardoor de bloedvaten uitzetten.

Tips
- → Draag steunkousen zodra je een zwaar gevoel in je kuiten hebt of last hebt van krampen en pijn. Steunkousen geven een lichte druk op je benen waardoor het bloed van de aderen makkelijker doorstroomt. Doe ze direct 's morgens aan, liggend in bed, voordat het bloed naar de bloedvaten is gezakt.
- → Probeer lang staan of zitten te vermijden. Ga niet met je benen gekruist zitten, want dat bemoeilijkt de bloedstroom in je benen. Ga met je benen iets omhoog zitten; gebruik daarvoor een krukje of een kussen.
- → Zwemmen is zeer aan te bevelen en ook lopen is goed, zolang het gewicht van je buik het toestaat.

Slapeloosheid

Bijna alle aanstaande meerlingmoeders hebben moeite met slapen in hun laatste zwangerschapsweken. Er zijn verschillende oorzaken, onder meer de moeilijkheid om een prettige houding te vinden, de 'onrust' van de baby's, die vaak actief worden zodra jij ontspant, de voortdurende aandrang tot plassen, maagzuur of krampen in je benen. Het is dan ook niet vreemd dat je in deze periode vaak moe bent.

Tips
- → Neem een beker warme melk met honing voor je gaat slapen. Melk maakt slaperig en honing ontspant de spieren.
- → Leg een kussen onder je knieën of buik om een goede houding te vinden. Het is verstandig om op je linkerzij te gaan liggen. De rechterzij bevat namelijk meer

bloedvaten, wat de bloedtoevoer naar de baby's bevordert en daarmee hun groei. Je kunt deze houding afwisselen met de rechterzij, maar vermijd het om rechtstreeks op je rug te gaan liggen. De druk van je baarmoeder kan de bloedvaten van de buik afknellen, waardoor de bloeddruk plotseling daalt als je gaat staan. Bovendien vermindert daardoor de bloedtoevoer naar de placenta('s). Als dit echter de enige houding is waarin je je prettig voelt, doe dan extra kussens tegen je rug waardoor je wat schuiner ligt.
→ Gebruik een dik hoofdkussen als je last hebt van maagzuur. Het is belangrijk dat je hoofd hoger ligt dan je benen. Sommige vrouwen slapen het liefst leunend tegen grote kussens. In deze houding drukt de baarmoeder minder tegen het middenrif en heb je minder last van deze kwaal. Mocht dat niet helpen, vraag dan je arts om zuurbindende medicijnen.
→ Als je ondanks al deze adviezen niet kunt slapen, probeer dan rustig te blijven. Bedenk dat deze 'nachtelijke rust' de baby's in ieder geval goeddoet, want de bloedcirculatie is in horizontale positie beter. Probeer de tijd zo prettig mogelijk door te komen met een boek of een tijdschrift en haal overdag wat slaap in.

Kortademigheid

Naarmate de baarmoeder groeit, is er steeds minder plek voor de longen, wat het ademen bemoeilijkt. In een eenlingzwangerschap schuift het middenrif zo'n 4 centimeter omhoog. Bij een meerlingzwangerschap is dit meer. De zwangerschap op zich vereist extra zuurstof en om dat te compenseren, gaat je ademhaling sneller. Het is mogelijk dat je kortademig bent bij de meest normale taken. In een tweelingzwangerschap verschijnt deze kwaal in de laatste weken, maar bij een drielingzwangerschap kan het zich al rond week 29 voordoen.

Tips
→ Deel je activiteiten op in kleine stapjes. Zo eist het minder energie van je.
→ Zoek houdingen waarin het ademhalen beter gaat, bijvoorbeeld door op een rechte stoel te zitten. Probeer bij het slapen tegen kussens te leunen zonder op je rug te liggen.
→ Heb je heel veel moeite met ademen of pijn, bel dan je gynaecoloog. Het kan betekenen dat er een complicatie is.

Hartkloppingen

Tijdens de zwangerschap wordt er zo'n anderhalve liter meer bloed door het lichaam gepompt. Het hart moet daardoor harder pompen. Het maakt zo'n tien slagen per minuut meer en bij elke hartslag circuleert er ongeveer 40 procent meer bloed dan anders door het lichaam. Een snelle of onregelmatige hartslag is daarom niet ongewoon. Je hoeft je er geen zorgen om te maken.

Beenkrampen

Er bestaan verschillende theorieën over de oorzaak. Waarschijnlijk wordt kramp zowel veroorzaakt door de druk van de baarmoeder op de zenuwen van de benen als door de veranderingen in de bloedcirculatie en een groter verlies van potassium omdat je meer transpireert. Hoe dan ook, het is een onaangenaam gevoel.

Tips
→ Strek je benen en steek je tenen naar boven. Je moet de tegenovergestelde beweging van de kramp maken. In de zomer worden krampen erger vanwege de hitte. Bananen en zogenaamde isotonische sportdranken helpen ter voorkoming. Je arts kan je ook een potassiumsupplement voorschrijven.

Jeuk

Sommige vrouwen hebben over hun hele lichaam jeuk. De oorzaak is niet precies bekend. Het kan te maken hebben met de functie van de gal of met transpiratie. Het is lastig, maar het gaat altijd over. Bij enkele drielingzwangeren verscheen deze kwaal al in het tweede trimester, zo rond de 21^e week.

Tips
→ Neem vaak een koude douche en poeder je daarna in met talkpoeder. Draag wijde katoenen kleding zodat je huid kan ademen.
→ Houd je huid zacht en goed gehydrateerd.
→ Zorg dat je zo weinig mogelijk verzadigde vetten binnenkrijgt om de gal de sparen.

De jeuk kan ook ernstiger zijn. Dan spreken we van zwangerschapsuitslag. Er verschijnen kleine jeukende blaartjes die steeds groter worden en ten slotte opengaan. Meestal verschijnt het op handen en voeten, maar het kan zich verspreiden over armen, benen en buik. De jeuk kan onverdraaglijk zijn en je nachtrust helemaal verstoren. In dit geval zal je gynaecoloog je een corticosteroïdenzalf voorschrijven, maar altijd voor een korte periode vanwege de bijverschijnselen.

Bedrust

27 procent van de vrouwen uit mijn tweelingonderzoeksgroep moest rust houden. Bij de drielingmoeders was dit 86 procent, hoewel vele alleen in het laatste trimester. De gynaecoloog schrijft rust voor omdat fysieke activiteiten zoals lopen en tillen druk uitoefenen op de baarmoederhals, wat een vroeggeboorte kan veroorzaken. De verplichte rust kan dan meehelpen om de zwangerschap langer te laten duren.

Rust hoeft niet bij alle meerlingzwangerschappen voorgeschreven te worden. In mijn onderzoeksgroep zijn er zowel tweeling- als drielingmoeders die een actief leven volhielden tijdens hun zwangerschap en wier baby's met fantastische gewichten zijn geboren; bij de tweelingen was dat gemiddeld 2,5 kilo en bij de drielingen ruim 2 kilo. Daarentegen kregen andere vrouwen al in het eerste trimester rust voorgeschreven van hun gynaecoloog vanwege een dreigende vroeggeboorte. Enkelen van hen, de minderheid, moesten rust blijven houden tot aan het einde van hun zwangerschap.

Studies over dit thema geven niet een eenduidig beeld over de positieve effecten van bedrust. Het levert namelijk lang niet altijd het gewenste effect op: een goed gewicht van de baby's en een acceptabele zwangerschapsduur. Daarnaast heeft bedrust ook nadelen. De vrouw verliest in rust spier- en botgewicht. Ook kan verplichte rust haar gestrest maken. Ze raakt in sociaal opzicht geïsoleerd en kan niet werken waardoor er financiële zorgen kunnen ontstaan. Dit alles is niet bevorderlijk voor haar emotionele toestand. Stress is sowieso een factor die tot een laag geboortegewicht en/of een vroeggeboorte kan leiden.

Toch lijken bij een zwangerschap van een groot aantal baby's de voordelen wel degelijk aanwezig. De beste raad is om goed naar je eigen lichaam te luisteren en te doen wat jou goed lijkt, in overleg met je gynaecoloog. Hij kan je gedeeltelijke rust adviseren (in huis blijven en een paar keer per dag rusten) of volledige rust. Dat laatste betekent dat je echt in bed blijft en zo weinig mogelijk opstaat, bijvoorbeeld alleen om naar het toilet en de medische controles te gaan.

Suggesties voor het geval bedrust nodig is
→ Probeer te vermijden dat je rechtop in bed zit. Deze houding oefent namelijk druk uit op de baarmoederhals, wat net zo slecht is als heel lang staan. Kies, indien mogelijk, voor een bed met een verstelbare ruggensteun.
→ Zoek een manier om de tijd zo plezierig mogelijk door te komen. Aan je baby's denken of wat kleertjes bij je hebben om naar te kijken, verhoogt je moraal. Het is ook goed om vaste gewoontes in je dag in te plannen, zoals oefeningen in de

ochtend, lezen en slapen 's middags en een favoriet televisieprogramma voor 's avonds. Op die manier krijgen je dagen structuur en lijken ze sneller om te gaan.
→ Lees zo veel mogelijk over meerlingen. Ook het contact met andere meerlingouders kan heel positief zijn. Je kunt ook je eigen zwangerschapsblog beginnen en meedoen in forums.
→ Als je behoefte hebt aan bezoek, laat vrienden en familie dat dan weten. Sommige vrouwen maken zelfs een schema of vragen of hun familie dat voor hen doet, zodat ze elke dag bezoek hebben. Het helpt ook om een depressie op afstand te houden.
→ Uit je gevoelens van frustratie, ongeduld, boosheid of wat dan ook. Het is logisch dat je je af en toe radeloos voelt vanwege het lange wachten of dat je overvallen wordt door een enorme onzekerheid. Het is goed om deze gevoelens te luchten.

Harde buiken

Het is mogelijk dat je af en toe een harde buik voelt, vooral als dit je tweede zwangerschap is. Enkele zwangere vrouwen voelen ze zelfs al halverwege het tweede trimester, rond week 18.

Wat is precies een harde buik? De baarmoeder trekt zich samen en je buik wordt gedurende een paar seconden hard. Dit gebeurt omdat in de steeds maar groeiende baarmoeder een toename van spiervezels ontstaat, die steeds verder uitgerekt worden. Deze vezels moeten paraat zijn om goed te kunnen functioneren bij de bevalling, zodat ze als het ware oefenen voor deze klus. Deze oefening vindt plaats door middel van harde buiken onder invloed van het hormoon oestrogeen.

Met andere woorden: harde buiken zijn normaal en noodzakelijk. Harde buiken kunnen zich voordoen na veel lichamelijke activiteit, bij een volle blaas, als een van de baby's zich beweegt of eenvoudigweg door op te staan of je te bukken. Als meerlingzwangere zul je waarschijnlijk meer harde buiken hebben en ook eerder in je zwangerschap dan een eenlingzwangere. Als je vaak een te harde buik hebt, kan dat betekenen dat je leven te druk is. Je lichaam protesteert! Zowel lichamelijke stress, zoals veel staan of fysieke inspanningen, als psychische stress, zoals zorgen en spanningen, kunnen de baarmoeder te veel prikkelen en soms zelfs voorweeën of echte weeën oproepen. Maar ook urineweginfecties, vaginale infecties of andere aandoeningen kunnen daartoe leiden. Daarom is het altijd raadzaam je gynaecoloog in te lichten.

Een harde buik moet je niet verwarren met voorweeën. Voorweeën zijn een normaal verschijnsel en kunnen de laatste vier weken voor de bevalling optreden. Deze weeën bereiden de baarmoeder en de baarmoedermond voor op de bevalling en kunnen uitmonden in echte weeën. Ze kunnen dus ook het signaal zijn van een dreigende vroeggeboorte. Daarom is het belangrijk dat je weet hoe een wee voelt, tot wanneer het nog normaal is en wanneer het een waarschuwing is dat de bevalling inzet.

Kenmerken van een voorwee

- De buik wordt hard. Als je op je buik drukt, voelt deze hard aan en is het onmogelijk om je vingers erin te drukken. Het is belangrijk dat je je baarmoeder weet te vinden als je op je buik drukt: de onderrand van je baarmoeder zit, omstreeks de vierde maand in een tweelingzwangerschap en bij drieënhalve maand bij een drieling, op de hoogte van je navel. Als je vanaf dat moment ergens tussen je navel en het schaamhaar drukt, dan raak je de baarmoeder aan. In een eerder moment van je zwangerschap kun je je vergissen en je darmen aanraken. Deze zijn altijd zacht.
- De hele buik wordt hard en niet alleen een deel. Als het slechts een deel is, dan kan dat een van de baby's zijn. Druk zachtjes. Je zult zien hoe het kind zich beweegt en de bult verdwijnt.
- De weeën zijn meestal regelmatig. Je kunt er enkele na elkaar voelen en dan een paar uur niets.
- De weeën zijn niet pijnlijk, hoewel ze wel een ongemakkelijk gevoel in de onderbuik kunnen geven, maar ze veroorzaken geen rugpijn of druk op het bekken. De last bij voorweeën kun je verminderen door een andere houding aan te nemen, door te ontspannen of door op je zij te gaan liggen.
- Voorweeën nemen niet toe in frequentie. Ze kunnen zo'n vijftien minuten of meer aanhouden. Sommige vrouwen hebben ze vaak, andere minder.

Adviezen
Als je herhaaldelijk voorweeën hebt, kunnen deze suggesties je van pas komen:
→ Probeer te rusten zodra je de eerste signalen voelt. Een warm bad ontspant altijd en vermindert de weeën. Ook een beker warme melk met honing kan werken. Ga op je linkerzij liggen. Je baarmoeder komt zo tot rust en de weeën trekken weg.
→ Luister goed naar de signalen van je lichaam. Zo leer je wat je kunt doen en wat niet. Dit is per vrouw verschillend: sommige kunnen twee uur wandelen zonder enige klacht, terwijl andere alleen al bij het doen van een boodschap hun buik gespannen voelen worden.
→ Trek twee keer per dag een uur uit om de activiteit van je baarmoeder te leren kennen, bijvoorbeeld 's morgens en 's avonds. Ga op je linkerzij liggen en doe iets ontspannends, zoals lezen of naar muziek luisteren. Leg je handen op je buik. Doe de volgende oefening: zoek een plek van je baarmoeder waar je geen lichaamsdelen van de baby's voelt, zoals voeten, handen of ellebogen en druk zachtjes. Een niet samengetrokken baarmoeder is zo zacht als een wang; een samengetrokken baarmoeder voelt zo hard als je voorhoofd. Houd je handen een uur lang op deze plek van je buik en let erop of je een verandering voelt. Je zult waarschijnlijk merken hoe de baby's bewegen en hoe tegelijkertijd de baarmoeder samentrekt. Noteer de frequentie van deze weeën en andere sensaties. Na een paar dagen zul je een patroon herkennen. Het kan bijvoorbeeld zijn dat je 's middags/'s avonds meer weeën voelt dan 's morgens.

Waarschuw je gynaecoloog wanneer:
- de weeën met regelmatige tussenpozen komen en langzaamaan toenemen in frequentie en duur. Dit wijst namelijk op bevallingsweeën die niet met rust of verandering van houding verdwijnen. Ze veroorzaken pijn in de rug en in de onderbuik en soms verlies je slijm en bloed;
- je bij de minste inspanning, zoals je haar kammen, douchen, enzovoort, weeën krijgt.

In het geval dat de gynaecoloog weeënactiviteit vaststelt, zal hij je in het ziekenhuis opnemen en een medicijn voorschrijven, de weeënremmers. Sommige medicijnen hebben bijwerkingen, zoals hoofdpijn hartkloppingen, gepaard gaand met zenuwachtigheid. Als vroeggeboorte voor 34 weken dreigt, geeft de gynaecoloog ook twee injecties, met 24 uur ertussen, om de longen van de baby's sneller te laten geediend.

Kan ik nog een vliegreis maken?

Het idee om nog op reis te gaan voor de drukte losbreekt is verleidelijk. De luchtvaartmaatschappijen staan de zwangere vrouw toe om tot de 30^e week te vliegen, ook de vrouw die een meerling verwacht.

Toch is het reizen per vliegtuig in het laatste trimester niet aan te raden. De fysieke uitputting van de reis en de ongemakkelijke zithouding in het vliegtuig kunnen een vroeggeboorte op gang brengen. Het meest raadzame is om een bestemming vlak bij huis te zoeken waar je met de auto of de trein naartoe kunt.

De seksualiteit tijdens de zwangerschap

Tijdens de zwangerschap is de lichamelijke intimiteit extra belangrijk. Per slot van rekening is dit een periode vol grote lichamelijke en psychische veranderingen waardoor je emotioneel wat onevenwichtiger bent. Daarom is het extra belangrijk om je bemind, geliefd en gesteund te voelen. Het hebben van seks creëert positieve gevoelens en lichamelijk geeft het een aangenaam gevoel van ontspanning, wat ook de baby's voelen.

Veel echtparen vragen zich af of seks niet schadelijk is voor de ongeboren baby's, maar dat is niet zo. Ze zijn goed beschermd door het vruchtwater en de vliezen. De penetratie van de penis kan hen geen kwaad doen, omdat de baarmoeder zich hoger dan de vagina bevindt. Als de zwangerschap goed verloopt, is er geen reden om van seks af te zien of om er bezorgd over te zijn. Geslachtsverkeer brengt nooit een vroeggeboorte op gang, tenzij er al een dreiging voor een vroeggeboorte be-

stond. Desalniettemin is het goed om het volgende in gedachten te houden in het geval van een risicozwangerschap:
- Het orgasme van de vrouw geeft contracties van het bekken en de baarmoeder.
- Door het aanraken van de tepels komt oxytocine vrij. Het lichaam produceert zelf dit hormoon aan het eind van de zwangerschap, waardoor de weeën op gang komen.
- In het zaad bevindt zich het hormoon prostaglandine dat de baarmoedermond zachter helpt te maken en dat weeën op gang kan brengen.

Als je twijfels hebt, is de gynaecoloog de aangewezen persoon om over dit onderwerp te praten. Hij kan aangeven in hoeverre voorzichtigheid geboden is (bijvoorbeeld bij een problematische zwangerschap of een dreigende vroeggeboorte) of dat je juist volop van de seks kunt genieten.

Er bestaan geen vaste regels. Ieder paar moet een manier vinden waarin beiden van de seks kunnen genieten zonder iets te forceren. Het gaat erom creatief te zijn, andere houdingen te proberen en deze aan te passen naargelang de buik groeit.

Ook moeten jullie er rekening mee houden dat de seksuele verlangens van beiden tijdens de zwangerschap kunnen veranderen. In het eerste trimester hebben vele vrouwen weinig tot geen behoefte aan seks omdat ze moe en misselijk zijn. Lekker tegen elkaar aan liggen, knuffelen en praten is dan voor hen veel prettiger.

In het tweede trimester maakt de desinteresse voor seks plaats voor een bevredigende en positieve seksuele relatie. Enkele vrouwen beleven zelfs tijdens deze maanden een veel bevredigender intieme relatie dan ooit tevoren dankzij een betere doorbloeding van de clitoris, schaamlippen en vagina. Dit zorgt ervoor dat orgasmes vlotter komen. Ook kan het niet hoeven denken aan voorbehoedsmiddelen een bevrijd gevoel geven.

Tijdens het laatste trimester kan het gebrek aan libido weer terugkomen. Dit heeft te maken met de bezorgdheid om de baby's en de naderende bevalling. Bovendien hebben veel vrouwen tijdens het vrijen last van harde buiken. Hoewel dit geen gevaar inhoudt voor de baby's, roept het toch het idee van de bevalling op en daarom vermijden deze zwangeren de seks.

De mannen kunnen in deze periode ook bang zijn om de baby's pijn te doen, waardoor ze liever van de seks afzien.

> **Uit onderzoek**
> Het gemiddelde gewicht van een eeneiige tweeling ligt rond de 2,4 kilo. De twee-eiigen wegen meestal iets meer en zijn iets langer dan de eeneiigen. Tweelingen van verschillend geslacht wegen meer dan tweelingen van hetzelfde geslacht. Het verschil tussen de tweelingkinderen schommelt tussen de 200 en 600 gram. Bij twee-eiigen is dat verschil kleiner dan bij de eeneiigen. Het gewicht van een drielingbaby is ongeveer 1,8 kilo en dat van een vierlingbaby rond 1,5 kilo.

7. Vader in blijde verwachting

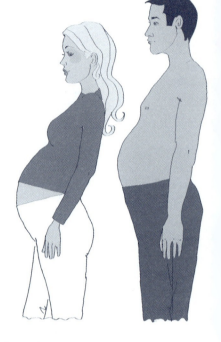

Ook de aanstaande vader van twee (of meer) baby's bevindt zich in een toestand van blijde verwachting! De reacties van mannen op het bericht dat het twee kinderen worden, zijn vergelijkbaar met die van vrouwen: ambivalente gevoelens, zowel van blijdschap als van schrik en bezorgdheid. Bij veel vaders komt daar direct een ander gevoel bij: hoe ga ik mijn gezin onderhouden? Dikwijls besluit de vrouw minder te gaan werken of (tijdelijk) ermee te stoppen. Dat betekent voor veel mannen dat ze meer gaan werken, hun werk reorganiseren of een studie oppakken tijdens de zwangerschap van hun partner.

Veel aanstaande vaders willen betrokken worden bij de ervaring van de zwangerschap en vergezellen hun vrouw trouw bij de medische controles. Het feit dat er twee (of meer) baby's komen, maakt dat de toekomstige vader er vanaf het allereerste begin bij betrokken is. Zijn hulp is vanaf het begin nodig, want een meerlingzwangerschap is zwaarder dan een eenlingzwangerschap. Eigenlijk is dat een voordeel want het kan de relatie van het paar versterken. Geconfronteerd worden met een meervoudige zwangerschap is zonder twijfel een gebeurtenis die beiden aangaat.

Sommige mannen voelen zelfs ook zwangerschapssymptomen, zoals misselijkheid, vermoeidheid en gewichtstoename. Ongetwijfeld gebeurt dat onder invloed van hun onzekerheid en angst die met de zwangerschap gepaard gaan. Twee of meer baby's verwachten blijft een overrompelende ervaring voor hem (en voor haar). De ongemakken van de man duren gewoonlijk niet langer dan de eerste drie maanden. Maar de emoties en twijfels van de mannen kunnen de gehele zwangerschap aanhouden.

Naast het financiële aspect, maken velen zich bezorgd over de gezondheid van hun partner en de baby's en over mogelijke complicaties. Sommigen voelen een sterke drang hun vrouw te beschermen en proberen negatieve of alarmerende informatie achter te houden. In de vragenrubriek van mijn webpagina komen soms vragen binnen van mannen die ze bij de gynaecoloog niet durven stellen omdat ze hun vrouw niet willen verontrusten. Als zij rust moet houden, nemen ze vaak vele taken op zich: ze worden kok, huisman, verzorger van het oudste kind, enzovoort.

Ook piekeren ze over hun leven na de geboorte. Zal er voor mij nog plaats zijn? Hoe gaan we dit bolwerken? Zullen we nog wel tijd hebben voor onszelf? Weinig mannen zijn in staat aan dat soort gevoelens uiting te geven. Ze houden ze voor zichzelf en mogelijkerwijs houden ze zich groot voor hun partner. Maar het is nodig dat zij deze gevoelens ventileren en dat zij praten over hun situatie. Daarom is contact met andere meerlingvaders zeer aan te bevelen (zie Nuttige adressen).

Ferdinand, vader van een drieling van vier jaar: '*Toen het tot me doordrong dat we eindelijk een kind verwachtten, was ik buiten mezelf van vreugde. Maar toen ze me zeiden dat het er drie waren, schrok ik. Ik zocht grondig naar informatie, ik las alles over mogelijke complicaties, zowel bij de baby's als bij de moeder, en dat verhinderde dat ik volledig van de zwangerschap kon genieten. Ik was erg bezorgd maar tegelijk ook in de wolken. Ik deed alles wat in mijn vermogen lag om haar zo veel mogelijk rust te gunnen. Ik bracht haar bed en spulletjes naar beneden, installeerde airco en dergelijke dingen. Het ging prima toen ze absolute rust moest nemen. Ik sprak niet met haar noch met anderen over mijn angsten. Ik zou toekomstige vaders aanraden niet zoveel te lezen maar vertrouwen te stellen in de gynaecoloog. Met 34 weken werden onze dochters geboren. Ze waren uitstekend gezond en hadden een goed gewicht (2050, 2100 en 2150 gram). Ik ben een overgelukkige vader en geniet enorm van mijn drie dochters.*'

Ton, vader van een eeneiige meisjestweeling van twee jaar: '*Ik was te druk met mijn werk om me echt te verdiepen in de zwangerschap, tot mijn vrouw zich opeens in week 20 helemaal niet lekker voelde. Ze was naar mijn idee opeens enorm dik geworden. Ze liep maar op en neer door de huiskamer. Toen pakte ik het boek waar zij al maanden veel in las en zocht de klachten op die bij dit trimester hoorden. Daar las ik over het TTS-syndroom. Ik was meteen gealarmeerd. Mijn vrouw wilde nog wachten, want over twee dagen had ze een afspraak bij de gynaecoloog, maar ik drong erop aan dat we naar het ziekenhuis gingen. Daar ontdekten ze een plotseling groot verschil in gewicht tussen de baby's en een toename van vruchtwater bij een van de vruchtzakken. De meisjes hadden verbindingen tussen hun bloedvaten en verkeerden in levensgevaar. Ze stuurden ons direct door naar het LUMC, waar we al opgewacht werden. Ze werd de volgende dag geopereerd met lasertechniek. Dat verliep goed. Ze is nog drie dagen in het ziekenhuis gebleven. Thuis heeft ze de rest van de zwangerschap veel gerust. Na 35 weken werden de meisjes, in goede gezondheid, geboren. Ik ben nog elke dag blij dat ik net op tijd over de tweelingzwangerschap begon te lezen.*'

Het contact met de baby's

Ongetwijfeld zijn de acht of negen maanden van wachten een speciale tijd in het leven van de toekomstige vader van een meerling. Je vrouw heeft een zeker voordeel dankzij het fysieke contact dat zij heeft met de baby's. Zij voelt zich steeds meer verbonden met hen. Dat helpt haar de aanwezigheid van de baby's te voelen als iets reëels, hoewel nog onvoorstelbaar, en zich voor te bereiden op hun komst. Jij mist deze fysieke ervaring. Maar ondanks dat is het niet nodig tot de geboorte te wachten met vader zijn. Gedurende de zwangerschap is het mogelijk contact met hen te maken en hen te leren kennen. Daar de baby's gewoonlijk hun eigen plekje in de buik innemen en ze vanaf de vierde à vijfde maand niet meer van plaats veranderen, is het niet moeilijk te weten wie wie is. Vanaf het tweede trimester kun je de bewegingen van de baby's waarnemen.

Suggesties
- → Praat zachtjes tegen je baby's, bij voorkeur op een vast moment van de dag, bijvoorbeeld voor het slapengaan. Ze horen de stem van de vader vanaf de zesde maand. Als ze nog maar net geboren zijn, kunnen ze de stem van hun vader al onderscheiden van andere, wat voor hen een kalmerend effect heeft.
- → Streel de buik van je vrouw en, als zij dat prettig vindt, wrijf haar in met antistriae-crème waardoor de huid soepel en zacht blijft. Je zult na enkele dagen merken hoe de baby's, of een van hen, zich bewegen en zich krommen onder je handpalmen om de warmte ervan te voelen. Doe dit elke avond want een ongeboren baby is in staat om te leren. Hij zal deze avondafspraakjes met zijn pappa verwachten! Doe het volgende spelletje met hen: wacht af tot je een van hen onder je handpalmen voelt en verplaats je handen dan beetje voor beetje naar boven of beneden. Let op hoe de baby je bewegingen volgt, steeds op zoek naar de warmte van je handen. Doe dit met iedere baby apart.
- → Luister naar de hartslag van de baby's door een kartonnen kokertje, zoals van een toiletrol, op de buik te zetten en leg je oor aan het andere eind. De gynaecoloog kan je vertellen hoe je de posities van de baby's kunt herkennen zodat je beter weet waar je deze huisgemaakte stethoscoop moet plaatsen om de harttonen van je kinderen op te vangen. Het vergt wel wat geduld, maar het is heel ontroerend hen te kunnen horen. Waarschijnlijk zal de aanstaande moeder dit niet kunnen, dus vertel haar wat je precies hoort!

De veranderingen in je partner

Voor een vrouw is de zwangerschap te verdelen in drie fases, elk met haar eigen karakteristieken. Het zal je begrip voor haar verhogen als je deze kent.

In de eerste drie maanden komen veel fysieke ongemakken voor zoals vermoeidheid, misselijkheid, pijn in de rug, in de nieren, en dergelijke. Ze zijn te wijten aan de enorme hormonale veranderingen die het lichaam te verduren krijgt. Bij een meerlingzwangerschap komt misselijkheid meer voor, doordat het hormoon HCG, dat de misselijkheid veroorzaakt, in veel hogere concentratie aanwezig is dan bij een zwangerschap van één kind. In het algemeen verdwijnen deze klachten als het lichaam zich aan de nieuwe situatie heeft aangepast, zo rond de derde maand. De hormonale veranderingen hebben ook gedragsveranderingen tot gevolg. Het is daarom normaal dat de vrouw gevoeliger is, op de rand van tranen en dat haar humeur van het ene op het andere ogenblik kan omslaan. Probeer haar ogenschijnlijk onverklaarbare reacties te accepteren als behorend bij haar zwangerschap. Het is fijn als je tijd kunt vrijmaken om haar te vertroetelen, samen te zijn en te praten over de toekomst. Het delen van twijfels, zorgen én vreugde versterkt de band tussen jullie. Een andere heerlijke bezigheid is het bedenken van namen voor de kinderen en plannen maken voor de toekomst.

In het tweede trimester zal je partner zich naar alle waarschijnlijkheid zowel lichamelijk als geestelijk een stuk beter voelen doordat de ongemakken verdwijnen. De zwangerschap is meer realiteit geworden, ze ziet haar gewicht toenemen en rond de 20^e week zal zij de eerste bewegingen van de baby's voelen. Doordat de gewichtstoename bij een meerlingzwangerschap sneller gaat, beginnen de moeders al te 'nestelen'. Dat moet ook eerder gebeuren dan bij een gewone zwangerschap, aangezien deze taak haar later zwaar zal vallen omdat zij zich moeilijker beweegt. Bovendien is de kans groot dat de baby's voortijdig geboren worden.

Van deze periode kun je ook gebruikmaken door met haar mee te gaan naar zwangerschapsgymnastiek. Hier leer je hoe de bevalling verloopt, welke ademhalingstechnieken gebruikt worden en andere praktische informatie. Hoewel het hier vooral gaat om de voorbereiding op de bevalling van één kind, is het baringsproces hetzelfde. Als jullie nog een vakantie willen plannen, is deze periode heel geschikt.

In het derde trimester komen de ongemakken weer terug. Het kan zijn dat ze 's nachts geen lekkere slaaphouding kan vinden waardoor ze niet in slaap kan komen. Ze zal ook zeker dikwijlns moeten opstaan vanwege de druk die de baby's op de blaas uitoefenen. Nu is het essentieel dat je haar een handje helpt of hulp van buitenaf zoekt want er zullen nu veel taken zijn die ze niet meer kan doen: boodschappen dragen, de badkamer schoonmaken of haar schoenen dichtmaken.

Enkele speciale suggesties voor als het moment suprême nader komt
→ Houd in de gaten dat ze voldoende rust. Op die manier wordt de kans op een voortijdige bevalling kleiner. Hoe langer de baby's in haar buik blijven, hoe sterker ze zullen zijn bij de geboorte. Elke dag is er één!
→ Houd de auto in gereedheid en prent je de weg van huis naar het ziekenhuis goed in.
→ Sla alle belangrijke telefoonnummers en adressen, zoals de huur van het kolfapparaat, op in je mobiele telefoon.

→ Houd de foto- of videocamera bij de hand. Koop een geschenk voor je vrouw om haar na de geboorte te geven. Dit wordt een topervaring voor jullie beiden, die het verdient gevierd te worden.
→ Zorg ervoor dat je aldoor bereikbaar bent als je veel van huis bent.

> **Uit onderzoek**
> Ook het mnnenlichaam bereidt zich voor, op het vaderschap. De natuur heeft het goed geregeld: bij gehuwde mannen stijgt het prolactineniveau tot 20 procent in de drie weken voor de bevalling. En het testosteronniveau daalt wanneer ze net vader zijn geworden. Deze hormonale veranderingen zorgen ervoor dat de kersverse vaders hun gevoeligheid meer tonen en voorzichtiger en liever met de baby omgaan.

8. Het contact met de ongeboren baby's

Dankzij de echoscopie weten de aanstaande moeders al in een vroeg stadium van hun zwangerschap dat ze een meerling verwachten. Slechts één vrouw uit mijn onderzoeksgroep van drielingen was niet op de hoogte van de derde baby. Haar gynaecoloog had deze baby niet opgemerkt en haar zwangerschap beschouwd als een tweelingzwangerschap. Maar dit betreft een uitzonderlijk geval.

Veel vrouwen herkenden hun baby's in de buik aan hun verschillende bewegingen en gedrag. Ook de uitleg van de gynaecoloog hielp hen om de ligging van elke baby te kennen. De moeders stelden deze informatie op prijs, want het hielp hen om intiem contact met de kinderen te hebben nog voor ze geboren werden. De meeste moeders waren ook op de hoogte van het geslacht van hun baby's (of op zijn minst van één van hen).

Het al vroeg contact maken met de baby's in de buik is heel positief. Dankzij de onderzoeken van de perinatale psychologie (de specialisatie die het leven in de baarmoeder bestudeert) weten we dat de ongeboren baby's gevoelig zijn voor de aandacht van hun ouders. Ze genieten ervan als deze met hen praten en hen aanraken. De aanstaande moeders zijn soms bezorgd dat hun zorgen, die bij elke zwangerschap horen, slecht zijn voor hun baby's. Dit is niet het geval, want zorgen en angsten zijn een deel van het leven, net als positieve gevoelens als blijdschap, illusie, voldoening. Wat wel slecht is voor de baby is een situatie van chronische stress of het ontkennen van zijn aanwezigheid (niet tegen hem praten, niet aan hem denken of niet de buik strelen). Zonder dit contact bevindt een baby zich in een emotioneel vacuüm en wordt hij onrustig. Met zijn bewegingen probeert hij de aandacht van zijn ouders te trekken! Een baby leert zelfs op een gebeurtenis vooruit te lopen. Als je elke avond voor het slapengaan je buik streelt, dan wachten – na een aantal keren – de baby's op dit moment.

Er zijn vele manieren om met de baby's contact te maken en de eigen ideeën en voorkeuren van de moeder zijn daarin het belangrijkste. Dit zijn slechts enkele suggesties:

→ Trek elke dag een moment uit om te ontspannen. Ga in een lage stoel of schommelstoel zitten en vergeet alle taken en plichten. Ontspan je schouders, concentreer je op je buik en streel hem. Vertel jezelf hoe je je voelt: moe, zenuwachtig, blij… Concentreer je op de lichaamsdelen die pijn doen, bijvoorbeeld je schouders of je voeten. Het voelen van de pijn helpt je te ontspannen en misschien doezel je even weg in een verkwikkende slaap. Het is heel waarschijnlijk dat de baby's beginnen te bewegen zodra jij je ontspant. Jouw rust, die zij direct opmerken, doet hen goed.

→ Vanaf de 20^e week ga je je baby's voelen. Van nu af aan zal het contact met hen intiemer worden. Praat met hen, vertel hun over je belevenissen en beantwoord hun bewegingen door je hand op je buik te leggen. Als je je hand zachtjes verplaatst, stukje voor stukje, zul je merken hoe zij met je hand mee bewegen. Probeer dit spelletje met elke baby apart te doen.

→ Je zult merken dat je baby's zich verschillend bewegen. Zo leer je hen kennen: de een is de 'de rust zelve' en de ander een echte 'woelwater'. Sommige moeders noteren deze bevindingen in een zwangerschapsdagboek om het later nog eens na te lezen. Het grappige is dat deze verschillen na de geboorte blijven bestaan. Dankzij het vroege contact met je baby's herken je hen als ze geboren worden.

→ Zwemmen is zeer aan te bevelen voor elke zwangere en zeker voor de aanstaande meerlingmoeder. Het is ontspannend en je kunt het tot het laatst toe blijven doen. Informeer naar de openingstijden voor zwangeren in het dichtstbijzijnde zwembad. De temperatuur van het water is dan hoger. Niet alleen jij zult van het water genieten – het verlicht de pijn en de zwaarte van de buik – maar ook je baby's.

→ Het luisteren naar muziek is zeer ontspannend, want het verlaagt het niveau van het cortisolhormoon, dat verantwoordelijk is voor stress. Baby's ontspannen bij zachte melodieën en hebben zelfs een zekere voorkeur: ze houden van barokmuziek, zoals Bach of Vivaldi, waarvan het ritme lijkt op dat van de harttonen. Vanaf de vijfde maand horen ze de muziek en zullen ze de klanken onthouden. De muziek die je draait tijdens de zwangerschap, is hun favoriet na de geboorte. Het zal hen dan zelfs helpen om rustig te worden als ze huilerig of gespannen zijn.

De bewegingen van de baby's

Een leuke bezigheid is om de bewegingen van de baby's in je buik dagelijks te noteren, bij voorkeur op een vast tijdstip. Een goed moment daarvoor is 's avonds vlak na het eten want dan zijn de baby's meestal actief. Het is ook een goede manier om hun welzijn te controleren, want hun bewegingen en activiteit in de buik geven aan dat alles goed gaat. Ga op je linkerzij liggen en houd pen en papier bij de hand. Noteer elke beweging of schopje. Voor de meeste baby's geldt dat vijf bewegingen per uur en per kind een goed resultaat is. Soms is het moeilijk om te weten wie van de baby's beweegt. Schrijf in dit geval het totaal op, dat voor een tweeling dus tien is en vijftien in geval van een drieling. Vanaf de 32ᵉ week worden de bewegingen minder. De ruimte waarover de baby's beschikken wordt steeds kleiner. Dit is op zich geen reden tot ongerustheid. Alleen in het geval dat je een grote verandering – een toename of een vermindering – in hun bewegingen opmerkt of hen amper voelt bewegen, is het verstandig je gynaecoloog te waarschuwen. Een echoscopie zal dan uitwijzen of er problemen zijn.

Hormonale uitwisseling tussen het meisje en de jongen in de baarmoeder

De onderzoekster Celina Cohen-Bedahan van de Universiteit Utrecht heeft, in 2005, aangetoond dat bij een jongen-meisjetweeling, het meisje beïnvloed wordt door het mannelijke hormoon van haar broertje (testosteron), wat in zekere zin haar toekomstige gedrag bepaalt. Om dit te kunnen begrijpen, moeten we even teruggaan naar hoe het geslacht van het embryo zich vormt.

Tot het eind van de tweede maand van de zwangerschap is het embryo neutraal. Vanaf dat moment zorgt het chromosoom Y voor de vorming van de testikels, waardoor het embryo zich als een jongetje ontwikkelt. Niet alleen zorgt het voor de geslachtsorganen, maar ook voor een  mannelijke structuur van de hersenen, die anders is dan die van het meisje. Het oestrogeen, het geslachtshormoon dat overheerst in haar bloed, zorgt ervoor dat haar hersenen snel groeien. Het is er ook verantwoordelijk voor dat de rechter- en de linkerhelft beter onderling verbonden zijn bij haar dan bij hem. Dit geeft haar een zekere voorsprong bij vaardigheden als praten, lezen, het uiten van gevoelens en problemen oplossen door middel van introspectie. Het jongetje ontwikkelt deze vaardigheden langzamer. Daarentegen ontwikkelt zijn rechterhersenhelft zich meer, wat hem een voorsprong geeft op het gebied van wiskunde en ruimtelijke oriëntatie. Het zorgt er ook voor dat hij meer geboeid wordt door hoe een speeltje gemaakt is. Daarom halen de jongetjes hun speelgoed vaker uit elkaar dan meisjes. Zij ontwikkelt de fijne motoriek en houdt van tekenen, plakken en knippen. Bij hem ontwikkelt zich daarentegen eerder de grove motoriek, zoals rennen en klimmen en hij houdt van beweging. Het verwoorden van gevoelens is moeilijker voor hem. Deze gegevens zijn interessant, want ze verklaren veel van de verschillen die we aantreffen bij jongens en meisjes, die niet te maken hebben met de opvoeding. De verschillen in hun hersenstructuur maakt dat jongens en meisjes ieder een eigen, geslachtsgebonden ontwikkeling doormaken en dientengevolge over verschillende vaardigheden beschikken.

Cohen-Bendahan vergeleek jongen-meisjetweelingen met meisje-meisjetweelingen. Wat betreft agressief gedrag en dominantie scoorden de eersten hoger dan de anderen! De onderzoekster concludeerde dat het meisje dat de baarmoeder met haar broertje deelt, een zekere invloed van het hormoon testosteron ondergaat, wat niet het geval is bij de meisje-meisjetweeling. Door deze invloed is het goed mogelijk dat zij een grotere mate van agressiviteit en dominantie ten toon spreidt, tezamen met ander gedrag dat kenmerkend is voor het 'mannenbrein', zoals een beter ruimtelijk inzicht en een voorkeur voor wiskunde en andere exacte vakken. Er zijn ook aanwijzingen dat de menstruatie en de puberteit bij deze meisjes later optreden.

Ook het jongetje wordt op zijn beurt beïnvloed door het vrouwelijk hormoon van zijn zusje, maar het onderzoek daarover is op dit moment nog beperkt.

Het contact tussen de baby's in de baarmoeder

De baby's leren elkaar al jong kennen. De echoscopieën laten ontroerende beelden zien van hun leven in de baarmoeder. Ze raken elkaar aan, slaan hun armen om elkaar heen, duwen elkaar al vechtend om de beste plek, ze sabbelen op elkaars duim en ze vallen tegen elkaar aan in slaap. Hun sociale leven begint al op een zeer vroeg moment van hun leven. Aan het einde van de 7^e week reageert het embryo op een aanraking en in de 10^e week vindt de eerste interactie tussen hen plaats. Tussen de 12^e en 16^e week is er een toename van contact en spel tussen de baby's. Rond de 16^e week menen de moeders uit de echoscopie op te maken hoe de baby's elkaar helpen. De een biedt de ander zijn duim aan of raakt even zijn wang aan op stressvolle momenten. Rond de 32^e week is er minder activiteit en meer rust, maar wanneer de baby's wakker zijn en zich bewegen, zijn hun activiteiten voelbaarder en ook ongemakkelijker voor de moeder.

Baby's die de placenta delen, lijken meer contact te hebben dan die met individuele placenta's. De baby's passen hun ritme van slaap en wakker zijn aan elkaar aan en ook hun hartslag en hun bewegingen. Als de een zich omdraait, merkt de ander dat en past zich aan bij de beschikbare ruimte. Toch vertellen de moeders ook dat een van de baby's actiever is dan de andere. De baby's kunnen verschillende patronen van activiteit, bewegingen en slaap hebben. Deze verschillen of overeenkomsten worden voor een deel bepaald door de zygositeit. De gedragspatronen van de eeneiigen lijken meer op elkaar dan die van de twee-eiigen. Ook kunnen fysieke factoren hierbij een rol spelen: een groeiachterstand van een van de baby's kan grote verschillen in gedrag veroorzaken, zelfs bij eeneiigen.

Over het algemeen neemt een van de baby's al in een vroeg stadium van de zwangerschap een betere plek in dan de ander, wat zijn groei ten goede komt. Hij wordt de sterkste en weegt meer bij de geboorte. Meestal wordt hij als eerste geboren wat voor de tweede een voordeel is: de eerstgeborene opent het geboortekanaal en zijn broertje of zusje komt vlot en zonder opzienbarende problemen ter wereld.

Samen opgroeien in de baarmoeder is een unieke ervaring en het maakt dat de meerling speciale emotionele behoeftes heeft. Door deze ervaring slapen en groeien veel meerlingen beter als ze samen zijn, bijvoorbeeld samen in de couveuse of het wiegje ('co-bedding' in het Engels). Hun relatie begint al voor de geboorte waardoor deze heel speciaal is en intiemer dan die tussen gewone broers. Het wegvallen van een van de twee, door sterfte tijdens de zwangerschap of rondom de geboorte, heeft een grote invloed op de overlevende (zie hoofdstuk 26).

> **Uit onderzoek**
> Het komt niet vaak voor, maar het is mogelijk dat een twee-eiige tweeling verwekt is op twee verschillende momenten in eenzelfde cyclus. Dit wordt superfecundatie genoemd en is misschien de verklaring voor het feit dat de ene baby met een laag huidsmeer wordt geboren (*vernix caseosa*) en de andere niet.

DEEL 2

BEVALLING

DEEL 2 BEVALLING

9	De tweelingbevalling	95
10	De drielingbevalling	108
11	Het herstel na een meerlingbevalling	116
12	Vroeggeboorte	120
13	De voeding van de baby's	138
14	Weer thuis	160

9. De tweelingbevalling

Voor alle zwangeren is de grote vraag: 'Wanneer worden de baby's geboren?' Rond de 37^e week is de tweeling rijp om geboren te worden.

De optimale duur van de zwangerschap

Jodie Dodd, arts van het Robinson Research Institute van North Adelaide, Australië, bestudeerde gedurende zeven jaar 235 vrouwen die een tweeling verwachtten. Een deel van hen beviel met 37 weken, een ander deel later. Dodd ontdekte dat de kans op complicaties met de helft afnam als de baby's met 37 weken ter wereld kwamen. Ze ontdekte bij deze kinderen geen signalen van vroeggeboorte, zodat ze concludeerde dat tweelingbaby's met deze zwangerschapsduur voldragen zijn zoals een eenlingbaby dat is bij 40 weken. Daarom beschouwen vele gynaecologen tegenwoordig 37 weken als de ideale duur van een tweelingzwangerschap. Geven de baby's nog geen signaal van geboren te willen worden, dan kan er besloten worden om de geboorte op te wekken.

Ook het type zwangerschap heeft invloed: bij een monochoriale diamniotische zwangerschap wordt een duur van 36 weken als ideaal beschouwd, hoogstens 37. De kans op complicaties neemt namelijk toe als de baby's de placenta delen. En bij een monochoriale monoamniotische zwangerschap wordt aangeraden dat de baby's tussen week 32 en 34 geboren worden, altijd met een keizersnee. In deze situatie bestaat er het gevaar van verstrengeling van navelstrengen.

De duur van een drielingzwangerschap is 33 à 34 weken, 31 tot 33 voor een vierling. De zwangere wordt in haar laatste maand vaak aan het CTG-apparaat (cardiotocografie) gelegd om de gezondheid van de baby's te controleren. Als er complicaties worden ontdekt, zal de bevalling ingeleid worden.

Waar moet de bevalling plaatsvinden?

De veiligste plek voor de meerlingbevalling is een ziekenhuis dat over een neonatologische intensive care beschikt (NICU). In het geval dat er verwacht wordt dat de baby's heel klein zijn en minder dan 1500 gram wegen, is het meest ideale dat de vrouw direct naar een ziekenhuis gaat dat de mogelijkheid heeft om zeer premature baby's te verzorgen. Dit is veel beter dan ze na hun geboorte te vervoeren. De overlevingskansen zijn beter en de gevolgen van de vroeggeboorte zijn minder ernstig bij baby's die zich direct in het gewenste ziekenhuis bevinden. Dit kan betekenen dat je ver van huis en je familie wordt opgenomen. Desalniettemin biedt deze keuze de beste kansen voor je kinderen.

De ligging van de baby's

Vanaf de zevende maand nemen de baby's meestal een vaste ligging aan. Het is mogelijk dat ze tussen week 32 en 34 niet meer van houding veranderen. Het kan zijn dat beiden met het hoofd naar beneden liggen. Dat is de beste houding om geboren te worden (tekening A). Maar het kan ook zijn dat één met zijn hoofdje naar beneden ligt en de andere in een stuit, dat wil zeggen met zijn voeten of kontje naar beneden (tekening B en C). In dit geval zal de baby die met het hoofd naar beneden ligt, het eerst geboren worden, waardoor hij de weg vrijmaakt voor de tweede baby (tekening B).

Nu zijn er de volgende mogelijkheden voor deze baby:
- De baby draait zich en neemt de juiste houding aan, dus met het hoofdje naar beneden. Of de gynaecoloog draait de baby met zijn handen.
- De baby wordt vanuit de stuitligging geboren; omdat hij over veel ruimte beschikt, houdt dit geen risico in.
- De tweede baby wordt met een keizersnee geboren.
- Ook is het mogelijk dat er direct tot een keizersnee wordt besloten voor beide baby's.

De baby uit tekening C die in een stuit ligt, is dieper ingedaald dan zijn tweelingbroer en zal waarschijnlijk als eerste geboren worden. Deze situatie is niet geheel zonder risico: het kan zijn dat ze, als ze allebei tegelijk indalen, in het geboortekanaal met hun kinnen tegen elkaar aan vast komen te zitten. Dan kan geen van beiden verder indalen en is een keizersnee de enige oplossing.

De combinatie van een vaginale bevalling voor de eerste baby en een keizersnee voor de tweede, als deze in gevaar verkeert, is voor de vrouw erg onaangenaam. Gelukkig komt dit niet vaak voor.

Een dubbele stuitligging is ook mogelijk (tekening D). In dit geval wordt meestal een keizersnee gedaan. Het kan ook zijn dat één dwars ligt (tekening E en F). Als de eerste dwars ligt, wordt tot een keizersnee besloten. Als de tweede dwars ligt kan deze meestal na de geboorte van de eerste gedraaid worden, waarbij de meeste gynaecologen de voorkeur geven aan draaien naar stuitligging. Vervolgens kan door aan de voetjes trekken de tweede vaginaal geboren worden (versie en extractie). Het is goed als de gynaecoloog ruim voor de bevalling de meest voorkomende

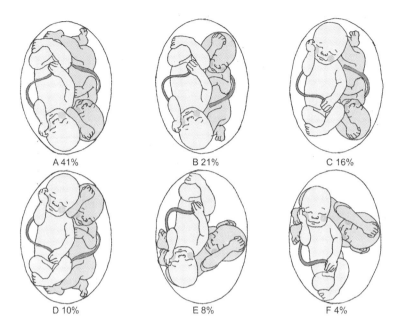

A 41% B 21% C 16%
D 10% E 8% F 4%

scenario's van het verloop van de bevalling bespreekt. Samen met de zwangere kan dan een persoonlijke keuze gemaakt worden. Ook is er dan minder kans op een onverwachte en daardoor vaak onbevredigende keizersnee.

Als de zwangerschap goed verloopt en de baby's in de gewenste positie liggen, zal de geboorte via een normale, vaginale bevalling kunnen plaatsvinden. Dit is een voordeel, want een keizersnee is niet vrij van risico's, zoals een hogere kans op sterfte van de moeder en een langzamer herstel. Ook heeft het emotioneel nadelen. De vrouw mist de verrijkende ervaring van de geboorte van haar baby's en daarmee de enorme bevrediging van hen zelf op de wereld gezet te hebben. Deze ervaring geeft vele vrouwen een enorm vertrouwen in zichzelf. Ook beleeft de vrouw de band met haar baby's minder direct. Het is dan ook niet verwonderlijk dat de postnatale depressie meer voorkomt bij vrouwen die een keizersnee hebben ondergaan dan bij hen die een vaginale bevalling hadden. Ook wordt er nog wel eens van borstvoeding afgezien, hoewel daar absoluut geen reden voor is (zie hoofdstuk 13).

Een thema dat de toekomstige moeders zorgen baart, is de pijn van de bevalling en de eventuele noodzaak van verdoving. Bij een vaginale bevalling is het niet altijd nodig. Een tweelingbevalling is niet pijnlijker dan die van een eenling. Je hoeft de ontsluitingsfase maar één keer te doorstaan. De ademhalingsoefeningen en de ontspanningstechnieken die je op de zwangerschapscursus leert, zullen je helpen om de weeën op te vangen, naast de emotionele steun van je partner en je arts. Als je wel met pijnstillers wilt bevallen, bespreek dit dan vóór de bevalling met je gynaecoloog. Er bestaat onder andere de mogelijkheid van de ruggenprik (epiduraal).

Speciale situaties

Soms moet er toch een keizersnee gedaan worden, ondanks dat de baby's goed liggen. Dit kan het geval zijn bij een eeneiige tweeling die de placenta en het chorion deelt, de monochoriale monoamniotische zwangerschap (zie hoofdstuk 1). En baby's met aangeboren afwijkingen of zij die een deel van hun lichaam delen (Siamese tweelingen) komen met de keizersnee ter wereld. Bovendien worden baby's met een gewicht van onder de 1500 gram meestal met de keizersnee gehaald, omdat de stress van een vaginale bevalling te zwaar voor hen is. Als de tweede baby het grootste is van de twee en naar schatting zo'n 500 gram meer weegt, dan kan er ook tot een keizersnee besloten worden, omdat in dit geval deze baby er moeilijker uitkomt dan de eerste, wat hem in gevaar kan brengen.

Wie zijn er bij de bevalling aanwezig?

Een tweelingbevalling vereist meer toezicht dan de geboorte van een eenling. Behalve je partner, zullen de volgende personen aanwezig zijn:
- je gynaecoloog (één of meer);
- twee verpleegkundigen (voor elk kind één);
- een verloskundige van het ziekenhuis of een arts in opleiding in grotere ziekenhuizen;
- een kinderarts en een neonatoloog op oproep vlakbij, vooral als de bevalling te vroeg is begonnen;
- in geval van verdoving met een ruggenprik een anesthesist tijdens de ontsluitingsfase;
- in een opleidingsziekenhuis en een academisch ziekenhuis een aantal coassistenten of student-verloskundigen.

Is de bevalling begonnen?

De onderstaande symptomen kunnen de bevalling inluiden. Deze zijn niet anders dan die van een eenlingbevalling:
- Weeën die anders zijn dan de voorweeën. Ze komen regelmatig en nemen toe in intensiteit. Ook zijn ze pijnlijker.
- Het breken van de vruchtvliezen van één of beide baby's. Plotseling verlies je vocht of komt het druppelsgewijs zonder het te kunnen bedwingen. Het vocht is helder van kleur en ruikt niet. Het breken van de vliezen gebeurt vaak 's nachts. Het is dus raadzaam om je matras met een plastic zeil te beschermen.
- Het verliezen van de slijmprop. Deze hield tijdens de zwangerschap de baarmoedermond gesloten en wordt opeens afgescheiden. Het is een slijmachtige massa vergezeld van een beetje bloed.
- Een plotselinge en onbedwingbare behoefte om het 'nest' klaar te hebben. Som-

mige vrouwen worden opeens heel energiek en maken het huis van boven tot onder schoon. Dit wordt veroorzaakt door hormonale veranderingen.

Wanneer je één van deze symptomen opmerkt, dan kun je er zeker van zijn dat de geboorte niet lang meer op zich laat wachten.

Opname in het ziekenhuis

Je zult met je gynaecoloog al wel overlegd hebben wanneer je de verloskamer moet bellen. Omdat de kans op een vroege bevalling groter is dan bij een eenlingzwangerschap moet je altijd tijdig bellen, dus vroeger dan bij een eenling: als je mogelijk vruchtwater verliest of denkt dat het begonnen is. In overleg met de verpleegkundige van de verloskamer wordt dan besloten of je naar het ziekenhuis moet komen of nog kunt wachten. Komen de weeën regelmatig om de vijf minuten, dan is het zeker verstandig je klaar te maken voor het vertrek naar het ziekenhuis.

In het ziekenhuis zullen ze je aan het CTG-apparaat leggen. Hiermee kan de gynaecoloog de harttonen van beide baby's horen. Bij gebroken vliezen of bij een ontsluiting van twee centimeter wordt een van de baby's waarschijnlijk gecontroleerd via een inwendige elektrode, die via de vagina op zijn hoofdje wordt geplaatst. De andere baby wordt via een uitwendige elektrode gecontroleerd. De elektroden geven het aantal hartslagen per minuut door aan het CTG-apparaat. Daarnaast meet deze monitor ook de weeënsterkte van de moeder. Er wordt meestal ook een echoscopie gemaakt om de ligging van de baby's, hun placenta('s) en de hoeveelheid vruchtwater vast te stellen.

Als bij 38 weken de bevalling nog niet op gang is gekomen, wordt er bijna altijd besloten de bevalling op te wekken. Dit geldt voor twee-eiige tweelingen (dichoriaal diamniotisch). Als er sprake is van een eeneiige tweeling (monochoriaal diamniotisch) is 36 à 37 weken de uiterste termijn voor inleiding. Een langer verblijf in de baarmoeder is niet verstandig. Bij een eeneiige tweeling die in dezelfde vruchtzak liggen (monochoriaal monoamniotisch), wordt altijd een keizersnee gedaan en is het raadzaam dat de bevalling rond de 32 à 34 weken plaatsvindt. Bij een drielingzwangerschap ligt de grens ook rond de 37 weken.

De fasen van de bevalling

Net als bij een normale bevalling bestaat de tweelingbevalling uit vier verschillende fases:
→ Fase 1: het begin van de weeën en een ontsluiting van nul tot acht centimeter.
→ Fase 2: ontsluiting van acht tot tien centimeter.
→ Fase 3: uitdrijving en geboorte van de baby's.
→ Fase 4: de geboorte van de placenta('s).

Een tweelingbevalling hoeft niet langer te duren dan een normale bevalling. Soms gaat het zelfs sneller, omdat de baby's minder wegen en hun hoofdjes kleiner zijn. Alleen de uitdrijvingsfase duurt langer vanwege de dubbele geboorte.

De ontsluitingsfase

Deze fase is vaak iets korter dan bij een eenlingbevalling, soms wel twee uur. Dit kan komen doordat de voorweeën al een ontsluiting tot gevolg hebben zonder dat je het merkt. De meeste meerlingmoeders hebben al een ontsluiting van drie centimeter als ze naar het ziekenhuis gaan.

De weeën zijn in het begin nog goed te verdragen. De wee heeft een aanloop, een hoogtepunt en een uitloop. Als de wee begint, is de pijn goed op te vangen. Op het hoogtepunt is de druk op de baarmoedermond het grootst en daarmee de pijn het hevigst. Daarna ebt de wee weg en neemt de pijn af. Dit alles neemt gemiddeld zo'n anderhalve minuut in beslag. Dan volgt er een pauze waarin je even tot rust kunt komen en de pijn vergeet tot de volgende wee zich aandient. Weeën zijn nodig om de baarmoeder te openen. Dit proces van opengaan wordt de ontsluiting genoemd. Naarmate de ontsluiting vordert, nemen de weeën in heftigheid, frequentie en duur toe. Ze worden dus pijnlijker, langer en komen sneller na elkaar.

De natuurlijke neiging van de mens bij pijn is om de adem in te houden en de spieren aan te spannen. Bij een bevalling moet je deze neiging onderdrukken en je met lichaam en ziel aan de pijn overgeven. Het lichaam produceert bepaalde hormonen die een natuurlijke pijnstillende werking hebben, de zogeheten endorfinen. Hoe meer je de pijn accepteert, hoe meer endorfinen er aangemaakt worden. Omdat de baarmoeder erg uitgerekt is, is de wand heel dun geworden; hierdoor kunnen de spieren minder goed samentrekken. De weeën zijn daardoor minder krachtig en het is zeer goed mogelijk dat je een infuus met het hormoon oxytocine toegediend krijgt. Dit hormoon zorgt dat de weeën sterker worden.

Ook de ligging van de baby's beïnvloedt de ontsluiting. Als de baby die vooraan ligt niet goed is ingedaald, oefent hij niet voldoende druk uit op de baarmoedermond zodat deze niet voldoende opengaat. Soms kan dan een andere houding van de vrouw helpen, waardoor de ligging van de baby gunstiger wordt. Zo niet, dan kan er tot een keizersnee besloten worden.

Eenderde deel van de vrouwen heeft rugweeën en daardoor veel pijn in hun rug. Als ze hun houding veranderen, bijvoorbeeld voorovergebogen zitten of op hun zij liggen, kan deze pijn minder worden. Ook zachtjes heen en weer schommelen kan helpen. In deze situatie moet je niet op je rug liggen!

Adviezen

→ Als je merkt dat de volgende wee in aankomst is, verwelkom hem dan. Iedere wee helpt om je baarmoeder open te maken en na elke wee is de geboorte van je baby's dichterbij.

→ Rust goed uit tussen de weeën. Probeer de pijn even te vergeten. De natuur doet

haar werk, jij hoeft haar alleen maar te volgen. Sommige vrouwen zien zelfs kans om hazenslaapjes te doen tussen de ene wee en de volgende.
→ Denk aan iets moois of visualiseer een lievelingsbeeld, zoals je oudste zoon, een dierbare vakantieplek en dergelijke. Dit helpt je om de moeilijke momenten door te komen. Bevallen is een enorme fysieke inspanning, te vergelijken met het beklimmen van een berg. De weg ernaartoe is lang en zeer pijnlijk, maar de beloning staat in verhouding met de geleverde inspanning!

De gynaecoloog zal je een paar keer inwendig onderzoeken om te controleren hoe ver de ontsluiting is gevorderd. Ook zal hij de gezondheid van de baby's in de gaten houden door middel van zijn stethoscoop of het CTG-apparaat. Het nadeel van een constante registratie is dat je je niet vrij kunt bewegen en niet de houding kunt aannemen die je het prettigst vindt. Daarom gebruiken veel gynaecologen het met tussenpozen. Als de bevalling spoedig verloopt, is een continue registratie met het CTG-apparaat niet nodig, zelfs niet bij een tweelingbevalling.

De overgangsfase
Bij acht centimeter ontsluiting begint de overgangsfase. Voor veel vrouwen is dit het moeilijkste moment van de bevalling. De weeën zijn sterk en pijnlijk en ze volgen elkaar snel op. Bovendien kun je last krijgen van andere verschijnselen, zoals misselijkheid, overgeven, krampen, pijn in je onderrug en plotselinge veranderingen van temperatuur. Het ene moment ril je van de koud, het andere breekt het zweet je uit. Dit komt ook na de bevalling veel voor onder invloed van het hormoon oxytocine. Veel vrouwen willen op dit moment alleen nog maar dat de pijn ophoudt en 'vergeten' dat ze bezig zijn twee kinderen te krijgen. Ze voelen zich alleen, want niemand kan hen van deze pijn verlossen. De aanwezigheid van de partner of een andere vertrouwenspersoon is meer dan ooit onontbeerlijk.

De uitdrijvingsfase: de geboorte van de baby's
Als de ontsluiting volledig is, dat wil zeggen zo'n tien centimeter, begint de uitdrijvingsfase. De sfeer in de verloskamer verandert. Er is meer activiteit en er is een zeker opwinding voelbaar: de eerste baby komt eraan. Er worden kleertjes klaargelegd om hem warm te houden en iedereen is in staat van paraatheid.

Veel vrouwen voelen zich tijdens deze fase anders, omdat ze nu actief mee kunnen werken door te persen. Anderen hebben moeite met de omschakeling en hen overvalt een angst voor het onbekende. De weeën zijn over het algemeen minder pijnlijk en komen met grotere tussenpozen. De kracht van deze weeën verschilt sterk van vrouw tot vrouw. Sommigen voelen ze nauwelijks en persen volgens de aanwijzingen van de gynaecoloog. Anderen voelen een soort oerdrang om te persen die ze absoluut niet kunnen onderdrukken.

De gang van de baby door het geboortekanaal geeft een enorme druk op het perineum, de huid tussen vagina en anus. Dit is een gevoel dat nergens mee te vergelijken is. Met behulp van een spiegel kun je op dit moment het hoofdje of de haartjes van je eerste baby zien. Voor veel vrouwen is dit een enorme stimulans om door te gaan. Er komt echt een baby aan! In sommige gevallen geeft de gynaecoloog nu een knip (episiotomie) om de bevalling te vergemakkelijken en inscheuren te voorkomen. Nu zal het hoofdje snel zichtbaar zijn. Een of twee weeën later volgt het lichaam. De gynaecoloog zal het kindje zachtjes aanpakken en op je borst leggen met de navelstreng nog intact.

Een van je baby's is geboren! Dit is de oudste van de twee. In 65 procent van de gevallen is deze baby de zwaarste van de twee. Als alles goed is, zul je eindelijk kunnen doen waar je maanden naar uit hebt gekeken: je baby vasthouden, bekijken en knuffelen. De vader of de gynaecoloog knipt de navelstreng door zodra die ophoudt met kloppen.

De spanning in de verloskamer verdwijnt niet helemaal: er is nog een baby die geboren wil worden. Normaal gesproken laat deze niet lang op zich wachten; binnen 3 tot 45 minuten wordt de tweede baby geboren. De gynaecoloog controleert de ligging van de baby in de baarmoeder via inwendig onderzoek of een echoscopie.

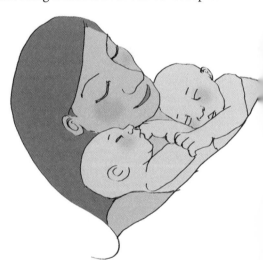

De weeën kunnen een poos wegblijven. Wanneer ze weer komen, pers dan mee om de tweede baby geboren te laten worden. Niet alle vrouwen hebben opnieuw weeën. Als jij ze niet hebt, moet je op eigen initiatief persen. Omdat de eerste baby de weg al heeft vrijgemaakt, wordt de tweede meestal vlot geboren. Even later sluit je je tweede baby in je armen. Nu ben je moeder van twee kinderen.

Voor veel ouders is dit het meest ingrijpende moment van hun leven. Voor het eerst dringt het pas volledig tot hen door dat ze ouders zijn van een tweeling.

De geboorte van de placenta('s)

Hoewel de baby's al geboren zijn, is de bevalling nog niet helemaal voorbij. De placenta('s) moet nog geboren worden. Het kan zijn dat de eerste placenta zich losmaakt van de baarmoederwand na de geboorte van de eerste baby en de tweede placenta na de tweede baby. Of beide placenta's maken zich los na de geboorte van het tweede kind.

Weer krijg je weeën, dit keer om de placenta('s) geboren te laten worden. Dit is een moeilijk moment: na uren van vele en pijnlijke weeën en de dubbele geboorte moet je opnieuw weeën doorstaan. Gelukkig zijn ze bij een eerste bevalling niet erg pijnlijk. De pijn neemt toe bij elke volgende bevalling. En net als bij de bevalling, is ook hier de pijn niet zonder nut. Dankzij deze weeën laten de placenta's los en trekt de baarmoeder zich samen. Dit is extra belangrijk. Een veelvoorkomende complicatie bij een tweelingbevalling zijn de nabloedingen. Met twee placenta's, of één heel grote, is de kans groter dat de baarmoederwand bloedt ten gevolge van de wondjes die ontstaan bij het loslaten. Het kan zijn dat je medicijnen toegediend krijgt om de bloedingen tegen te gaan. Soms is het nodig een bloedtransfusie toe te dienen in geval van veel bloedverlies.

Het is nu een ideaal moment om de borstvoeding te beginnen. Het stimuleren van de borsten zorgt ervoor dat de baarmoeder zich samentrekt, wat op een natuurlijke manier de kans op bloedingen vermindert. Daarom is het aan te raden dat de baby's vlak na de geboorte bij je zijn. Aan je borst herstellen ze zich het snelst van de bevalling. Dit geldt ook voor jou! Bovendien zorgt hun nabijheid ervoor dat je lichaam oxytocine produceert, waardoor je baarmoeder zich samentrekt en de borstvoeding gestimuleerd wordt. Tussen jou en de baby's bestaat een perfect fysiek en psychologisch evenwicht. Als de baby's van hun moeder gescheiden worden, omdat ze bijvoorbeeld medische zorg nodig hebben, wordt dit evenwicht verstoord. Dan kan het nodig zijn om de moeder oxytocine via een infuus toe te dienen om te zorgen dat haar baarmoeder samentrekt.

De gynaecoloog bekijkt de placenta('s) zorgvuldig en wel om verschillende redenen. Net als bij een eenlingbevalling levert de placenta belangrijke informatie over de gezondheid van de baby. Als hij in goede staat verkeert, betekent dat dat de baby goed gevoed is geweest gedurende de zwangerschap. De gynaecoloog controleert ook of de placenta er helemaal uit is gekomen en er geen resten in de baarmoeder zijn achtergebleven.

Bij een tweelingbevalling is de placenta ook belangrijk in verband met de zygositeit van de baby's. Hiermee kan de brandende vraag of de tweeling twee- of eeneiig is beantwoord worden, althans gedeeltelijk. De aanwezigheid van twee placenta's betekent niet dat het om een twee-eiige tweeling gaat, hoewel dit wel vaak gedacht wordt. Ook een eeneiige tweeling kan twee placenta's hebben, afhankelijk van het moment waarop de bevruchte eicel zich deelde. Aan de placenta('s) is te zien of de tweeling een gezamenlijk buitenvlies had of niet. Als dit zo was, dan zijn ze zonder twijfel eeneiig. Is er geen gemeenschappelijk buitenvlies, dan is er nog geen zekerheid over hun 'eiigheid' en zullen er andere onderzoeken gedaan moeten worden (zie hoofdstuk 1).

Verhaal van Miranda over haar tweelingbevalling: *'Vanaf de 30^e week liggen de baby's beiden in een stuit. In de 37^e week is dat niet veranderd. De gynaecoloog vertelt me dat het een keizersnee zal worden en legt de datum al vast. Over een week zullen de kinderen gehaald worden! Ik ben teleurgesteld; ik had veel liever een gewone bevalling gehad.*

Op een nacht, drie dagen voor de geplande keizersnee, word ik wakker van flinke pijnscheuten in mijn buik. Het lijken weeën, want de pijn komt en gaat. Ik maak mijn man wakker en we haasten ons naar het ziekenhuis. In de auto gil ik het uit, want de pijn wordt steeds erger. Ik ben zenuwachtig en ik vraag me af of ze me nog kunnen klaarmaken voor een keizersnee, want dit lijkt snel te gaan.

In het ziekenhuis word ik direct aan het CTG-apparaat gelegd. De gynaecoloog zegt dat alles prima is. Hij probeert me inwendig te onderzoeken om te kijken hoe ver de ontsluiting is, maar dat lukt niet. Ik kan niet meer stilliggen en beweeg te veel. Ik voel aandrang om te persen. De gynaecoloog doet een tweede poging en zegt plotseling dat ik zachtjes mee moet persen. En de keizersnee? denk ik bij mezelf. Maar ik heb geen tijd om het vragen. De eerste baby komt eraan, eerst met zijn voetjes en daarna al snel zijn hele lijfje. Hij wordt op mijn borst gelegd en ik staar verwonderd en verrukt naar hem. Ik hoor de gynaecoloog tegen mijn man zeggen dat hij de baby moet pakken, want de tweede komt eraan. Deze heeft zich gedraaid en ligt in de juiste houding, met zijn hoofdje naar beneden. Twee weeën later wordt ook deze baby geboren. Het is een meisje! Ik ben helemaal ondersteboven, twee baby's, wat een rijkdom! Ik voel me heel blij en ontzettend trots dat ik hen zelf op de wereld heb gezet!'

De keizersnee

Bij een keizersnee wordt de baby via een snee in de buik van de moeder geboren. Als tweelingzwangere heb je een iets hogere kans op een keizersnee. Het risico op complicaties is namelijk hoger. Sommige zijn te voorzien, zodat de keizersnee gepland wordt. Andere doen zich tijdens de bevalling voor, die dan plotseling in een keizersnee eindigt.

De geplande keizersnee

We spreken van een geplande keizersnee als zich tijdens de zwangerschap complicaties voordoen die een vaginale bevalling uitsluiten. Dankzij de medische vooruitgang kan de gezondheidstoestand van de baby's goed in de gaten gehouden worden en is het mogelijk om afwijkingen op tijd te ontdekken, zoals een groeiachterstand van de baby's. De volgende omstandigheden zijn aanleiding tot een keizersnee:
- een nauw bekken;
- eerdere operaties aan de baarmoeder of blaas waardoor de moeder niet mag persen;
- de baby's (of een van hen) liggen overdwars of in een stuit;
- placenta praevia: de placenta ligt zodanig dat (een deel van) de baarmoedermond wordt afgesloten;
- het hoofd van een van de baby's (of beide) is zo groot dat hij niet door het bekken kan;
- een van de baby's heeft een groeiachterstand waardoor een normale bevalling té belastend voor hem zou zijn;
- een toxoplasmose (zwangerschapsvergiftiging);
- een monochoriale monoamniotische zwangerschap;
- de tweede baby is groter dan de baby die het dichtst bij het geboortekanaal ligt.

Het kan een teleurstelling voor je zijn als de gynaecoloog je vertelt dat de bevalling via een keizersnee moet plaatsvinden. Het is belangrijk dat je de reden weet, want als de gezondheid van de baby's op het spel staat, is de beslissing makkelijker te accepteren.

Judith: *'Vanaf week 28 lagen mijn baby's overdwars. De gynaecoloog zei dat ze nog van houding konden veranderen. Ik hoopte het vurig, want ik wilde graag een vaginale bevalling. Helaas bleven ze in dezelfde houding liggen. Ze zijn dus met de keizersnee geboren.'*

Een voordeel van de geplande keizersnee boven een onverwachte ingreep is dat je tijd hebt om je erop in te stellen. Ook kun je je gynaecoloog alles vragen wat je wilt. Het is, onder andere, belangrijk om over de mogelijkheid van plaatselijke verdoving te praten, de ruggenprik, in plaats van algehele verdoving.

Bij een ongeplande keizersnee bestaat deze mogelijkheid niet, want de ruggenprik vergt een zekere voorbereiding waarvoor geen tijd is. De ruggenprik bestaat uit een injectie met verdovende vloeistof tussen twee wervels ter hoogte van je middel. Hierdoor wordt het onderste gedeelte van je lichaam gevoelloos. Daardoor kun je de bevalling bewust meemaken. Je kunt je baby's na de geboorte bij je hebben en van deze eerste momenten genieten. Dit bevordert de borstvoeding en ook is je herstel, zowel lichamelijk als psychisch, sneller dan na een algehele verdoving.

De ongeplande keizersnee
De ongeplande keizersnee komt minder vaak voor dan een geplande ingreep. Bij de volgende omstandigheden wordt tot een keizersnee besloten:
- De hartslag van de baby's, of van één van hen, daalt, wat betekent dat ze het moeilijk hebben.
- De vliezen zijn al vierentwintig uur gebroken zonder dat de bevalling op gang komt.
- De placenta laat geheel of gedeeltelijk los, wat ernstig bloedverlies geeft.
- Een van de navelstrengen is uitgezakt.
- De bevalling vordert niet en de moeder is uitgeput.

Bij een onverwachte keizersnee wordt er altijd algehele verdoving toegepast. Voor de moeder kan het een grote teleurstelling zijn dat de bevalling in een operatie eindigt: na uren weeën opvangen beleeft ze niet de geboorte van haar baby's. Maar voor sommige vrouwen is het een opluchting. Ze zijn uitgeput en moedeloos, de operatie brengt dan schot in de zaak.

De ingreep gaat snel en de baby's worden vlak na elkaar geboren. Zodra ze toegedekt zijn, mag de vader ze vaak even vasthouden. Hij is dus de eerste die zijn kinderen kan bewonderen en knuffelen. De moeder is nog onder invloed van de narcose. Haar wond moet nog gehecht worden en ze zal langzamaan uit de narcose ontwaken. De vrouwen voelen zich vaak wazig en soms misselijk vanwege de narcose. Ook kunnen ze last hebben van pijnlijke naweeën.

Janet vertelt: '*Ik vond de keizersnee minder erg dan ik had verwacht. Er stonden acht personen rond mijn bed die allemaal over me waakten en zeer vriendelijk waren. De vroedvrouw hield mijn hand vast. Mijn man stond vlak bij mijn bed. Ik voelde me niet alleen. Ze gaven me een ruggenprik zodat ik de baby's direct na hun geboorte in mijn armen kon sluiten.*'

Het herstel na een keizersnee

Het herstel van een onverwachte keizersnee duurt langer dan na een geplande ingreep. Dit heeft te maken met de algehele verdoving én met het feit dat de vrouw geen tijd heeft gehad om zich voor te bereiden. De kinderen niet zelf ter wereld te hebben gebracht, geeft veel vrouwen het gevoel van falen, naast een sensatie van teleurstelling. Aan de andere kant zijn ze blij dat de bevalling goed is verlopen. Ze kampen dus met ambivalente gevoelens en daarnaast met lichamelijke ongemakken, zoals moeheid, pijn, misselijkheid. Sommige vrouwen missen het contact met hun baby's als deze in de couveuse liggen of ter observatie apart liggen. Dit alles beïnvloedt de emotionele gesteldheid van de vrouw en verklaart waarom de postnatale depressie vaker bij vrouwen voorkomt die een onverwachte keizersnee ondergingen (zie ook hoofdstuk 14).

Suggesties
- → Praat over de bevalling en uit je gevoelens. Waarschijnlijk moet je er steeds weer aan denken en beleef je in gedachten het hele proces weer opnieuw. Dit is goed want zo verwerk je het. Als je verdrietig bent omdat je baby's niet via een normale bevalling zijn geboren, praat er dan over. Waarschijnlijk voel je je verward; aan de ene kant dankbaar dat je baby's gezond zijn, maar aan de andere kant teleurgesteld omdat je verwachtingen zo anders waren.
- → Als je vragen hebt over het waarom van de operatie of over het verloop ervan, praat dan met je gynaecoloog of een verpleegster die bij de bevalling was. Het is belangrijk je twijfels uit te spreken voor je naar huis gaat.
- → Als je baby's in de couveuse liggen, vraag dan regelmatig of ze je erheen brengen. Hoe eerder je contact met je kinderen maakt, hoe sneller je herstelt.
- → Ondanks de keizersnee of een verblijf in de couveuse kun je je baby's borstvoeding geven. Borstvoeding is het allerbeste voor je kinderen en ook voor jou (zie hoofdstuk 13).
- → Omdat het herstel na een keizersnee langer duurt dan na een gewone bevalling, is het belangrijk dat je hulp hebt voor thuis. Het meest ideale is dat je je 'alleen maar' bezig hoeft te houden met de voeding van de kleintjes. Op die manier herstel je

zelf het snelst. Bedenk dat je in deze periode gevoeliger bent voor een depressie dan in een ander moment van je leven. Door goed voor jezelf te zorgen en hulp te vragen aan de mensen uit je directe omgeving, houd je deze op een afstand.

Adviezen om je buik te beschermen
- In de eerste dagen na de ingreep helpt een schommelstoel om de werking van je darmen te herstellen.
- Een ondersteuningsbroekje is onontbeerlijk. Het is een soort beha voor de baarmoeder ter ondersteuning van de banden (verkrijgbaar in speciaalzaken).
- Leg bij de borstvoeding een kussen over je buik om zo de wond te beschermen. Er zijn tegenwoordig hiervoor speciale kussens te koop.

Uit onderzoek
De naam 'keizersnee' stamt af van een Romeinse wet van Julius Caesar, die bepaalde dat, als de moeder tijdens de bevalling overleed, haar baby via een snee in de buik gehaald moest worden.

10. De drielingbevalling

Ook voor deze zwangerschap geldt een maximale zwangerschapsduur. Er is namelijk aangetoond dat de kans op complicaties na 37 weken zwangerschap toeneemt. De gemiddelde duur is echter 34 weken.

Ongeveer in week 26 nemen de baby's een vaste plek in. De baby's kunnen op vele verschillende manieren liggen, maar het meest voorkomende zijn deze: hoofdligging, stuit en stuit, óf hoofdligging, hoofdligging en stuit. Ook komt het nogal eens voor dat de tweede en derde baby overdwars liggen.

Een drielingbevalling moet plaatsvinden in een ziekenhuis dat over een afdeling neonatologie en neonatale intensivecare-unit (NICU) beschikt. Hoewel een drielingbevalling meer risico's met zich meebrengt dan een eenlingbevalling, zowel voor de moeder als voor de baby's, verlopen de meeste meerlingbevallingen voorspoedig. De vooruitgang in de medische zorg draagt daar ongetwijfeld toe bij.

De geboorte van een drieling gebeurt meestal via een keizersnee. Toch wordt ongeveer 30 procent van de drielingen in Nederland op natuurlijke manier geboren.

De vaginale bevalling

De vaginale bevalling van een drieling verloopt op dezelfde wijze als die van een eenling. De ontsluiting is niet gecompliceerder al is er wel één verschil: omdat de baarmoeder opgerekt is door het grote aantal baby's, zijn de weeën minder sterk. Daarom moet er vaak een weeënversterkend middel met een infuus toegediend worden. De hartslag van de baby's wordt tijdens de bevalling met het CTG-apparaat gecontroleerd. De conditie van het voorste kindje wordt meestal gecontroleerd via een schedelelectrode. Na de geboorte van de eerste baby, moet de tweede baby indalen. Soms duurt het een tijd voor de persweeën terugkomen. Je zult dan op je gevoel moeten persen of je krijgt een infuus met oxytocine, het weeënstimulerende middel.

De volgende baby's worden met tussenpozen van vijf tot dertig minuten geboren. Dit is belangrijk want de uitdrijvingsfase is belastend voor de baby's in de buik. Na de bevalling komen de placenta's los. Dat kunnen er drie, twee of één zijn. Ze laten een grote wond na in de baarmoederwand, wat vaak tot bloedingen leidt. Daarom wordt er vaak een middel toegediend om de baarmoeder te laten samentrekken. En soms is het nodig om de vrouw een bloedtransfusie toe te dienen, zowel na de natuurlijke bevalling als de keizersnee.

Een natuurlijke bevalling is mogelijk als aan deze voorwaarden wordt voldaan:
- De zwangerschap duurt minimaal al 32 weken.
- De eerste baby ligt met het hoofdje naar beneden.
- Het gewicht van de baby's mag niet onder de 1500 gram zijn. Het gewicht van de kleinste baby geeft de doorslag.
- De vrouw is al eerder bevallen.

Toch wordt in elk individueel geval apart bekeken of een natuurlijke bevalling mogelijk is. Daarbij telt uiteraard ook de wens van de moeder mee.

Nöelle, moeder van een drieling en een zoon van zeven en een dochtertje van een jaar: *'Met 32 wvier dagen.4 weken braken mijn vliezen. Ik ging naar het AMC. 's Nachts werd de longrijping gestart en omdat de weeën begonnen, kreeg ik weeënremmers totdat de longrijping ingewerkt was. Alles werd in gereedheid gebracht voor de bevalling, maar de weeën stopten. Van de verloskamer ging ik over naar een gewone kamer. De dagen verstreken. Elke dag kreeg ik een CTG. Ik mocht af en toe wat lopen en zelfs met een rolstoel naar beneden. Er werd me beloofd dat als de bevalling na het weekend nog niet was begonnen, ik naar huis mocht. Zover zou het niet komen. Vrijdagmorgen voelde ik voortdurend aandrang tot plassen. Ik stuurde mijn man een sms'je dat ik waarschijnlijk een blaasontsteking had. Ook lichtte ik mijn zus in, zij is verloskundige. Ik besloot de verpleging te informeren over dit vele plassen. Deze schakelde de gynaecoloog in. Vanwege het breken van de vliezen wilde hij niet toucheren. Dus naar het CTG-apparaat, dat geen weeën registreerde. De afspraak was dat als het zover was, ik een ruggenprik zou krijgen voor het geval er toch een keizersnee gedaan moest worden. Ik moest wel goed aangeven wanneer ik weeën had. Dat is voor mij niet zo eenvoudig, ook bij mijn laatste bevalling ging alles razendsnel. De gynaecoloog keek om 9 uur even naar de ligging van de baby's. Baby 1 lag in hoofdligging, dus mocht het nu gaan gebeuren, dan mocht ik het op de natuurlijke manier proberen. Om 9.15 begon het op weeën te lijken, maar heel pijnlijk was het niet. Ik twijfelde. Waren het niet gewoon harde buiken? Ik belde mijn zus, die na mijn berichtje direct in de auto was gestapt. Ze bleek al bijna in het ziekenhuis te zijn. Het team van kinderartsen en andere specialisten werd alvast opgeroepen. Alles werd weer klaargezet. Zou het dan nu echt gebeuren? Om 9.30 kwam m'n zus binnen. Nu begon het toch echt wel op weeën te lijken. Het werd zelfs pijnlijk. Om 9.40 werd ik vreselijk misselijk. Ik zei tegen mijn zus dat het op de bevalling van mijn dochtertje leek. De gynaecoloog besloot te toucheren en stelde volledige ontsluiting vast! Geen tijd meer voor de ruggenprik.*

Snel werd de ligging van baby 1 gecontroleerd. Die was goed en ik mocht persen. Na één keer persen was, om 9.51, daar mijn eerste baby. Een duidelijk mannetje met een hard stemmetje, dat 2075 gram woog. Ik mocht hem best lang bij me op de borst hebben tot hij helaas met de kinderartsen en papa meeging naar de ruimte ernaast. Een raar gevoel om je kind mee te geven.

De ligging van baby 2 werd bekeken. Ze lag in stuit en ik mocht het gewoon proberen. Ik kreeg geen persweeën, dus werd er een infuus ingebracht met weeënopwekkers. Toen die eenmaal hun werk deden, was bij de eerste wee, om 10.10 onze kleine meid er. Ze woog 2010 gram. Wat huilde ze mooi! Echt een meisje. Ze had vruchtwater binnengekregen en ze moest met papa mee naar de andere ruimte waar ze aan de CPAP ['continuous positive airway pressure'] werd gelegd. Ik heb haar maar even mogen vasthouden. Baby 3 lag overdwars. Dat viel tegen. We waren voorbereid op wat ze nu gingen doen: volledige narcose en draaien of een keizersnede. De gynaecoloog overlegde met de gynaecoloog in opleiding. Ik vroeg wat er was en kreeg een beknopte uitleg. 'Draaien', zei ik. Er was geen tijd voor narcose. De ene gynaecoloog draaide inwendig, de andere uitwendig de baby om naar hoofdligging. Dat was wel pijnlijk, maar viel tenslotte mee. Na nog een perswee werd om 10.15 onze kleine tweede zoon geboren met zijn vliezen nog intact. De gynaecoloog brak ze op mijn buik. Zijn navelstreng bleek vergroeid in de vliezen te zitten (velamenteuze insertie). Als die gebroken waren voor de bevalling, was dat zeer gevaarlijk geweest. Hij mocht even bij me, maar hij was erg klein (1640 gram), dus snel mee met de kinderarts en papa. Daarna, voor de baby's naar de afdeling neonalotogie werden gebracht, lieten ze me om beurten even de couveuses zien met onze prachtige wondertjes erin. Nu moest de nageboorte er nog uit. En dan zou ik naar ze toe mogen. Na dit klusje kreeg ik een extra infuus om de baarmoeder samen te laten trekken. Toch bleef ik bloeden. Weer een infuus, ook zonder resultaat. Toen twee keer zetpillen; nog twee keer een prik, maar ook geen effect. De laatste keuze was naar de operatiekamer, maar mijn zus vroeg of ze eerst nog een massage kon doen omdat dat ook vaak helpt. Na een uur massage werd het bloeden eindelijk minder. Vijf uur nadat de kindjes overgeplaatst waren naar de neonatologie, mocht ik vanuit de verloskamer naar ze toe. Ik kon ze alle drie even vasthouden en met ze buidelen. Daarna naar de afdeling en twee uur later met de rolstoel naar de baby's. Weer twee uur later ben ik gewoon naar beneden gewandeld. De dag erna zou ik overgeplaatst worden samen met de kindjes, maar ik wilde graag naar huis om bij mijn andere twee kinderen te zijn. Dat mocht. De baby's werden alle drie overgeplaatst naar het ziekenhuis in Amstelveen. Uiteindelijk had ik bij de bevalling anderhalve liter bloed verloren. Dat viel wel tegen, maar ik had mijn bevalling niet anders willen doen. Een prachtbevalling, die de ziekenhuisperiode erna – drie weken – heel veel makkelijker heeft gemaakt.'

Willemijn: 'Ik was ervan uitgegaan dat ik wel een keizersnede zou krijgen. De gynaecoloog in het ziekenhuis had immers verteld dat de kans 80 procent was. Met 29 weken kreeg de echoscopist het een beetje benauwd. De baarmoedermond ging wijken *en ik had één cm ontsluiting. De gynaecoloog sprak ineens heel duidelijk: het wordt waarschijnlijk een natuurlijke bevalling. Dat overviel me. Via een verloskundige van het AMC kreeg ik een bevallingscoach (doula) toegewezen die in dienst was van dat ziekenhuis. Na gesprekken thuis en aan de telefoon, had ik al veel meer vertrouwen in het fenomeen bevallen. Zij zou ook meegaan als ik naar bijvoorbeeld Groningen zou moeten; ik was bang dat er geen plek was in het AMC. Maar de bevalling begon nog helemaal niet. Met 32 weken heb ik nog een paar dagen in het ziekenhuis gelogeerd, omdat ik mijn slijmprop kwijt was. En met 35 weken en 5 dagen gingen we op voor de geplande bevalling in het AMC. Voor mij is de bevallingsdoula een enorm grote steun geweest. Iemand die gaat masseren als de weeën beginnen, die meepuft en vertelde dat mijn wil wet was. Dat ik voor mijzelf op kon komen en dat ik zelf invloed had. Dat gaf me een goed gevoel. Ik begon in de ochtend al met 5 cm ontsluiting. En in 3 uur had ik volledige ontsluiting. Ik herinner me niet zó veel pijn. Ik kon, mede door de doula, rustig blijven. Het eerste deel ging voor mijn gevoel best snel. Bij de bevalling van het eerste kindje moesten ze me wel helpen. Ze lag schuin in mijn buik, waardoor het langer duurde. Uiteindelijk kreeg ze een zuignap op haar hoofd en ik ben ingeknipt. Ik heb geen persweeën gehad en ik moest zelf persen. Toen ze geboren was riep ik helemaal verbaasd: "Een kindje, een kindje!" Ik mocht haar gelukkig even vasthouden. Voor mijn gevoel was ik klaar. Ik voelde geen weeën en ik wilde niet meer verder. Ik zei dat ik wel wilde slapen (ik bedoelde volledige narcose, waarbij de andere twee gehaald werden). Drie kwartier na mijn eerste meisje zijn haar twee zusjes geboren, zonder keizersnede. Ze zijn gedraaid en aan hun voetjes naar buiten getrokken.*

Ik vind het wel jammer dat ik de geboorte van baby 2 en 3 voor een deel aan me voorbij zijn gegaan, maar aan de andere kant is het heel goed gegaan. Ik heb wel 48 uur op medium care gelegen. Ik had veel bloed verloren en zwangerschapsvergiftiging opgelopen tijdens de bevalling. Ik ben dankbaar dat de meisjes zo goed en gezond ter wereld zijn gekomen. Ik zie het als een wonder dat de meiden op deze wijze geboren zijn.'

De keizersnee

In zo'n 60 à 70 procent wordt tot een keizersnee besloten. Van mijn (Spaanse) onderzoeksgroep hadden alle zeventig vrouwen een keizersnee (in Nederland is de situatie echter anders vanwege een andere traditie wat betreft natuurlijk bevallen). Slechts in één geval stelde de gynaecoloog een normale bevalling voor, maar de vrouw durfde het niet aan. Met een keizersnee worden de baby's vlak na elkaar geboren. Een uitgebreid medisch team bewaakt het proces. Gewoonlijk zijn er twee gynaecologen aanwezig, een anesthesist, een anesthesiemedewerker, drie kinderartsen en drie verpleegkundigen die gespecialiseerd zijn in neonatologie. In de operatiekamer zijn er bovendien nog twee operatieassistenten en een arts-assistent. Er kunnen in totaal zo'n twaalf tot vijftien personen zijn, tot schrik van de barende vrouw!

Martha: '*De bevalling viel me tegen. Er waren zes kinderartsen, vier vroedvrouwen, twee gynaecologen en alle studenten die op dat moment zich in het ziekenhuis bevonden. Ik had om de ruggenprik gevraagd, omdat ik de bevalling mee wilde maken en er vertrouwen in had. Toen ik zóveel onbekende mensen zag, werd ik helemaal zenuwachtig en moesten ze me algehele verdoving geven.*'

Het is belangrijk dat je met je gynaecoloog bespreekt wie er bij je bevalling zullen zijn. Je hebt recht op een zekere privacy! De aanwezigheid van de partner of een ander vertrouwd persoon is zeer belangrijk want het helpt je om minder bang te zijn. Jane Spillman, hoofd afdeling neonatologie en jarenlang adviseur van TAMBA (Twins and Multiple Births Association) concludeerde na onderzoek dat als de vader niet bij de bevalling is, moeders zich vaak de geboorte van hun tweede en derde kind nauwelijks herinneren omdat ze te bezorgd zijn om hun eerstgeborene. Dit kan zelfs de band met het kind (of kinderen) bemoeilijken. Als vader erbij is, speelt deze angst veel minder.

Een ander belangrijk onderwerp om te bespreken is de verdoving. In mijn onderzoeksgroep kregen van de zeventig vrouwen twintig een gehele verdoving en de rest plaatselijke anesthesie (de ruggenprik). Blijkens mijn gegevens waren de vrouwen van de ruggenprik veel tevredener over hun bevalling dan diegenen die een algehele verdoving hadden gekregen. Het is voor elke vrouw heel belangrijk om de bevalling bewust mee te maken. Omdat in geval van een drieling de bevalling waarschijnlijk gepland zal zijn, is het zeer goed mogelijk om de ruggenprik toegediend te krijgen (lees ook de informatie over de keizersnee, hoofdstuk 9). Gelukkig wordt in Nederland bijna altijd voor de ruggenprik gekozen.

Agnes, moeder van een eeneiige jongensdrieling: '*Met 29 weken en 6 dagen.6 weken zwangerschap ben ik opgenomen in het Erasmus MC-Sophia omdat baby 2 [Bram], vanwege een probleem met zijn navelstreng bewaakt moest worden. Ik kreeg twee keer per dag een CTG en wekelijks een groeiecho. Ik heb vier weken in het ziekenhuis gelegen, de mannen lieten prachtige CTG's zien. Op precies 34 weken stond de keizersnede gepland.*
  Om 10.09 uur werd Huub geboren, hij kwam wat moeilijk op gang waardoor ik hem helaas niet meteen te zien kreeg. Hij had een lage saturatie en lage hartslag. Na het toedienen van zuurstof herstelde hij snel. Bram werd om 10.10 uur geboren. Hij begon meteen te huilen. Ze hielden hem even boven het scherm. "Oh wat klein", was mijn eerste reactie. Luuk werd om 10.12 uur geboren, nog helemaal in z'n vlies. Iedereen was onder de indruk, het was erg mooi om te zien. Voorzichtig werden de vliezen doorgeprikt. Ook hij liet meteen van zich horen, dus kreeg ik hem ook even te zien.
  Na een klein half uurtje kwamen Huub en Luuk samen in de couveuse langs, ik werd nog gehecht. Ik mocht er even in kijken. Ik kon niet geloven dat die twee net nog in m'n buik zaten! Vijf minuten later kwam Bram voorbij. Met zijn drietjes gingen

ze naar de NICU. Mijn bloeddruk bleef, terwijl ik nog op de recovery lag, hoog. Ze dachten dat het door de spanning kwam. Toen ik naar de kraamafdeling mocht, ging ik eerst nog even langs de mannen op de kinderafdeling! Wat was dat bijzonder om drie couveuses op een rijtje te zien én te weten dat dat ónze kinderen waren. Wow, alle drie deden ze het heel goed! Ik mocht 's middags langskomen om te buidelen. Dat werd pas 's avonds, want mijn bloeddruk steeg naar de 200/100 en ik moest met spoed naar de high care unit. Ik kreeg magnesium en cardene-infuus in verband met een zwangerschapsvergiftiging. Gelukkig was het 's avonds weer onder controle en mocht ik met Huub en Bram buidelen. De volgende dag mochten Huub, Luuk en ik al over naar een regulier ziekenhuis. De dag erna kwam ook Bram. De mannen hebben tien dagen in de couveuse gelegen. En nog eens tien dagen erna mochten ze mee naar huis. Na drie weken ziekenhuis en precies op de dag dat we dertien jaar "verkering" hadden. Bijzonder.

Ruim zeven jaar heeft het ons gekost om zwanger te raken. En toen was ik eindelijk zwanger. En hoe! Drie prachtige mannen kwamen in ons leven. Het is geweldig om eindelijk mama te zijn. Op het geboortekaartje staat: "De mooiste dingen zijn het wachten waard". En dat is het zeker.'

Wie is wie?

Wendelien: 'De baby's hadden ieder hun eigen plek vanaf week 28. Vanwege hun verschillende manier van bewegen kon ik ze heel goed van elkaar onderscheiden. De gynaecoloog vroeg me, vlak voor de keizersnee, hoe de eerste zou heten en de andere twee. Ik wees het hem aan. Het kindje onderin was Nuria. Het kindje aan de rechterkant was Angeliek en aan de linkerkant was Lineke. Ik vroeg hem met klem om ervoor te zorgen dat dit zo werd doorgegeven. Ik vertrouw erop dat ze mijn wens hebben ingewilligd.'

Tijdens de zwangerschap worden de baby's herkend aan hun ligging in de baarmoeder, die de echoscopieën laten zien. Bijvoorbeeld de baby rechts, of de baby in het midden. Na de geboorte worden de baby's geïdentificeerd door de volgorde waarin ze geboren zijn: de eerste, tweede en derde. Vraag aan je gynaecoloog wie wie is, want dat zul je zeker willen weten. Als alles goed is, kun je de baby's een voor een even bij je hebben. Maar het meest waarschijnlijke is dat ze direct de couveuse ingaan. Vraag in ieder geval of ze je hen even laten zien voor ze meegenomen worden. Die eerste blik op je kinderen is een onvergetelijk moment.

Raquel, drielingmoeder: 'Het mooiste en meest aangrijpende moment rondom de geboorte van mijn kinderen was toen ik hen voor het eerst zag. Mijn man bracht me in de rolstoel naar hen toe. Toen ik hen zag, verloor ik als het ware al mijn zintuigen, behalve het zicht. Ik viel helemaal stil, ik hoorde niets meer... ik was zo onder *de indruk! Mijn hart klopte heftig en ik kreeg een enorme prop in mijn keel. Pas toen ik mijn kleine hummeltjes achterliet en de tranen rijkelijk begonnen te stromen, verdween dat gevoel.'*

De kraamtijd van een drielingmoeder

Een kraamtijd zoals een moeder van een eenling die meemaakt, is er niet voor een drielingmoeder. De eerste dagen zul je in het ziekenhuis doorbrengen. En als je daarna thuiskomt, zijn je baby's waarschijnlijk nog in het ziekenhuis.

Het herstel van de baarmoeder duurt langer. Deze is tenslotte veel meer uitgerekt dan bij een zwangerschap van één baby. Daardoor zijn de bloedingen heftiger en frequenter, ook omdat de placenta's van een meerlingbevalling een behoorlijke wond in de baarmoederwand achterlaten. De naweeën zorgen ervoor dat de baarmoeder samentrekt, wat de kans op bloedingen vermindert. Je krijgt waarschijnlijk medicijnen toegediend om de naweeën op te roepen. Deze naweeën zijn pijnlijk. Vaak wordt er dan ook een pijnstillend middel gegeven. De bloedingen kunnen zo ernstig zijn of er kan een zo groot tekort aan ijzer zijn ontstaan, dat de moeder bloed toegediend krijgt.

Als je niet te moe bent, is het gunstig om al vroeg met de borstvoeding te beginnen. Je kunt bijvoorbeeld de sterkste baby aan je borst leggen. Het stimuleren van de borst doet de baarmoeder samentrekken en kan dus heftige bloedingen helpen voorkomen. Mocht het niet mogelijk zijn om de baby's (of één van hen) aan te leggen, dan kun je je toevlucht nemen tot de borstvoedingskolf (zie hoofdstuk 13). Op die manier kunnen je baby's het voedzame colostrum krijgen dat hun via een infuus, sonde of flesje wordt toegediend. Het is rijk aan antistoffen.

Het is goed mogelijk dat je je drie baby's niet bij je hebt. Wellicht liggen ze in de couveuse of op de IC-afdeling. Daar lig je dan, wel bevallen maar zonder baby's of met maar één. Bijna alle drielingmoeders voelen zich verscheurd.

Liesbeth: '*Een band opbouwen met mijn drieling was zo anders dan met mijn oudste dochter, een eenling. Het is een vreemde gewaarwording om je aandacht te moeten verdelen. Twee lagen bij mij op de kamer. Soms "vergat" ik het kind dat op de IC lag. Natuurlijk wilde ik bij hem zijn, maar ik had al het gevoel dat ik tijd tekort kwam voor de twee die wel bij me lagen. Het is allemaal heel veel en heel overrompelend, zo vlak na de geboorte. Ik koester wel de momenten waarop ik op de IC lag met de kleinste op mijn borst en de andere twee aan het voeteneind van mijn bed.'*

Voor de meeste moeders breekt er een moeilijke tijd aan als één of twee baby's naar huis mogen en de derde achterblijft.

Simone: *'Ik voelde me de hele dag gehaast. Als ik thuis was, dacht ik aan de baby's in het ziekenhuis. Als ik daar was, dan waren mijn gedachten bij de baby thuis en mijn oudste kind. Ik begon pas te genieten toen ze alle drie thuis waren, hoewel het toen natuurlijk wel gigantisch druk was.'*

Als je lange tijd rust hebt moeten houden tijdens je zwangerschap, is het goed mogelijk dat je je nu erg zwak voelt. Je lichaam heeft tijd nodig om zijn spierkracht weer te herkrijgen. Het is normaal dat je al moe bent van het opstaan uit je bed of het lopen naar het toilet. Dit kan heel frustrerend zijn, vooral ook omdat je drie baby's je volle aandacht vragen (zie volgend hoofdstuk voor meer informatie over herstel en bonding met je baby's).

Karin, moeder van twee jongens en een meisje: *'De gewichten van mijn baby's waren goed, 2351, 2522 en 2870 gram. Dat betekende dat ze na acht dagen thuiskwamen. Vanaf week 20 kon ik niet veel meer en ik had gedacht dat ik na de bevalling wel hersteltijd zou hebben, maar dat was niet zo. De nachtvoedingen begonnen en het continu verzorgen.'*

> **Uit onderzoek**
> De zwaarste baby uit mijn drielingonderzoeksgroep woog 3100 gram en de lichtste 680 gram. Het gemiddelde gewicht van deze 210 baby's was 1840 gram. Drielingmeisjes wegen iets minder dan drielingjongens.

11. Het herstel na een meerlingbevalling

Herstellen van een meerlingbevalling vraagt tijd. De periode van het herstel wordt wel eens het 'vierde trimester' genoemd, de ultieme laatste drie maanden van de zwangerschap. Hoewel je lichaam na ongeveer zes weken hersteld is, kan het nog vele maanden duren voor je je weer de oude voelt. Je gezondheid tijdens de zwangerschap, het type bevalling en eventuele complicaties in de kraamtijd hebben invloed op je herstel. Als je bijvoorbeeld tijdens je zwangerschap rust hebt moeten houden, kunnen je spieren verzwakt zijn en je energieniveau laag.

Een vaginale bevalling is vermoeiend. Meestal vindt een vrouw na een ongecompliceerde natuurlijke bevalling in zo'n drie weken haar kracht weer terug. Een keizersnee houdt in dat zich weefsels moeten herstellen en dit duurt minstens zes weken. Bloedverlies na een bevalling, zowel vaginaal als keizersnee, kan tot bloedarmoede leiden. Het maakt dat je je slap en futloos voelt.

In de eerste uren na de bevalling maakt je lichaam een enorme verandering door. Je lichaam begint meteen te ontzwangeren. Dit houdt hormonale veranderingen in, naast bloed- en vochtverlies. In de eerste uren word je goed in de gaten gehouden vanwege het risico op bloedingen. Ze komen bij 30 procent van de drielingmoeders voor.

Tegenwoordig wordt de net bevallen vrouw, ook de meerlingmoeder, aangemoedigd om snel weer op de been te zijn. Dit is beter voor het herstel. Zelfs na een keizersnee zijn vrouwen vaak al binnen de eerste twaalf uur weer op de been. Het is pittig en je zult zeker iemand naast je moeten hebben die je ondersteunt. Eerst alleen maar even staan naast het bed, dan van bed naar badkamer en tot slot even naar de gang. Het zal elke keer iets beter gaan.

Wendelien, moeder van een drieling: '*Vertwijfeld en krom van de pijn stond ik op de NICU. Vanwege het risico op trombose moest ik het bed uit. Het was lichamelijk allesbehalve een pretje en mentaal ook niet. Ik werd verscheurd door twijfels. Bij wie van de baby's ging ik nu zitten? Kon ik ze überhaupt vasthouden? Ik wilde de baby's zo graag laten weten dat ik van ze hield, maar hoe deed ik dat?*'

Je zult bepaalde lichamelijke ongemakken hebben. Het perineum (de huid tussen de vagina en anus) is gezwollen en gevoelig. Als er een knip is gezet, zul je last hebben van de hechtingen. Ook aambeien zijn een veelvoorkomende kwaal. Tegen al dit ongemak zijn koude kompressen een goede remedie (vul een washandje met ijsblokjes). Het zal de zwelling en de pijn verminderen.

Na een keizersnee zul je pijn hebben. Dit is normaal, je hebt tenslotte een operatie ondergaan. Je zult pijnstillers toegediend krijgen. Dat is absoluut nodig, want als je pijn hebt, kun je niet van je baby's genieten. Ook als je borstvoeding geeft, kun je ze gerust nemen. De arts zal je de pijnstillers geven waarbij het effect op de moedermelk zo klein mogelijk is (dit is per middel verschillend). Een ander veelvoorkomend ongemak is vochtophoping. Veel vrouwen hebben last van dikke voeten, enkels en soms benen. Dit is pijnlijk en bemoeilijkt het bewegen en lopen. In een week tijd scheidt je lichaam dit extra vocht weer af.

De grootste veranderingen in je lichaam

De baarmoeder
Na de bevalling verschijnen de naweeën. Deze kunnen heel pijnlijk zijn, zodat je ze weg moet zuchten net als echte weeën. Je voelt deze pijn ook als je kolft of borstvoeding geeft. De naweeën hebben een functie: ze zorgen dat het bloedverlies na de bevalling beperkt blijft en dat bloed, vocht en eventueel achtergebleven stukjes vlies worden uitgedreven. De baarmoeder slinkt daardoor en houdt grote schoonmaak. Dit helpt infecties voorkomen. Elke dag krimpt je baarmoeder ongeveer een vingerbreedte.

Je zult eindelijk je voeten weer kunnen zien. Na zes weken is de baarmoeder weer terug bij de grootte van voor de zwangerschap. Dan is het bloedverlies ook voorbij. De borstvoeding (of kolven) bevordert het samentrekken van de baarmoeder.

Bloedingen en vaginale afscheiding
Als de placenta's geboren worden, laten ze een open wond in de baarmoederwand achter. Vlak na de geboorte bloedt deze wond en zul je veel bloedstolsels verliezen. In de tweede week na de bevalling is het normaal om nog ruim bloedverlies te hebben, omdat de baarmoeder steeds meer krimpt. Naarmate de wond herstelt, neemt het vloeien af. De afscheiding – ook wel kraamzuivering of lochia genoemd – verandert van kleur, naar donkerrood-bruin en vervolgens naar witgeel. Je zult zo'n drie à zes weken kraamverband moeten gebruiken. Afscheiding met een beetje onaangename geur is in de loop van het kraambed heel normaal. Wees echter bedacht op veranderingen, zoals een toenemende pijn of koorts. Neem in die gevallen altijd contact op met een arts. Het is dan waarschijnlijk nodig om antibiotica te slikken. Er kan namelijk een infectie onstaan als er stukjes van de placenta zijn blijven zitten, de zogeheten baarmoederinfectie. Het is de meest voorkomende oorzaak van koorts.

Borsten
Tijdens de zwangerschap bereiden de borsten zich al voor op hun taak. Je tepels en de tepelhoven zijn groter en donkerder van kleur geworden. Op het einde van de zwangerschap zijn de melkkliertjes gevuld met colostrum, het eerste voedingsvolle vocht dat uit de borsten komt.

Als je meteen na de bevalling de baby's vaak aanlegt brengt dit de melkproductie snel op gang. Je borsten worden na twee tot drie dagen groter en voelen zwaarder aan. Leg je baby's zo'n zeven à acht keer per dag aan. Bij kolven moet dezelfde regelmaaat aangehouden worden. Je zult een verschil in kleur en hoeveelheid zien als het colostrum in moedermelk verandert. De borsten kunnen de eerste dagen zo gespannen en gevuld zijn dat de baby's moeilijk kunnen drinken. Kolf dan met de hand eerst een beetje af. Er bestaat een zekere kans op borstonsteking als de melkkanalen verstopt raken. Je krijgt dan koorts en een ziek gevoel (meer informatie over borstvoeding in hoofdstuk 13).

Bloedcirculatie en de functie van de nieren
Je lichaam begint al het extra vocht dat het tijdens de zwangerschap heeft aangemaakt, uit te scheiden. Je zult veel moeten plassen. Voel je geen aandrang, ga dan toch regelmatig even naar het toilet. Ook verlies je vocht door transpiratie, soms zoveel dat de lakens van je bed doorweekt zijn. Dit heeft ook te maken met de veranderingen in de hormoonhuishouding. Goed blijven drinken is belangrijk voor de doorstroming van de nieren en het afvoeren van de afvalstoffen (water, kruidenthee, bouillon, sinaasappelsap).

Urineweginfecties komen vaker voor na heel lang persen of zware vaginale bevallingen. Symptomen ervan zijn koorts, moeilijk plassen met kleine beetjes donkere urine, pijn en een branderig gevoel. Als je een katheter hebt gehad, bijvoorbeeld na een keizersnee, is de kans op een urineweginfectie relatief groot.

Gewichtsverlies en spierspanning
Door de geboorte van je kinderen verlies je automatisch het gewicht van elke baby, de placenta's, vruchtwater, bloed en lichaamsvocht. De rest van je extra gewicht zul je langzaamaan in de komende maanden verliezen. Als je borstvoeding geeft, zorgt dat aanvankelijk voor extra gewicht.

Ook al verlies je gewicht, je lichaam zal niet direct zijn vorm of gewicht aannemen van vóór de zwangerschap. Het heeft tenslotte gedurende vele maanden je buikspieren en huid opgerekt. Sommige vrouwen herwinnen gemakkelijk hun huid- en spierspanning. Anderen hebben veel loshangende 'bubbelhuid' rond de buik ondanks oefeningen en gewichtsverlies.

Diastasis recti (scheiding van de buikspieren) is een veelvoorkomend probleem na een meerlingbevalling vanwege de enorme druk op de buikspieren. Het kan zich vanzelf herstellen, maar gebeurt niet altijd. Oefeningen kunnen helpen, maar moeten altijd in overleg met een fysiotherapeut gedaan worden.

Na de bevalling is het aan te raden om je buikwand in eerste instantie te ondersteunen met een buikdoek. Je buikspieren en buikhuid zijn zo uitgerekt dan je extra buiksteun nodig hebt bij het lopen. Het helpt om de buikspieren weer in de normale stand te krijgen, waardoor ze weer beter kunnen samentrekken. Hierdoor herstelt de buikwand sneller. Met buikdoek kun je veel beter de oefeningen doen. Je kunt een doek of dunne sjaal om je buik binden of een step-in dragen.

De volgende oefeningen kun je wel vlak na de geboorte doen:
- Bekkenbodemoefeningen: span de spieren van je bekkenbodem gedurende twintig seconden aan en laat los. Doe dit een paar keer per dag. Het helpt goed tegen incontinentie.
- Buikoefeningen: span je buikspieren zo'n vijf tot tien seconden aan terwijl je gewoon ademt. Herhaal dit een paar keer per dag.
- Voet- en beenoefeningen: draai rondjes met je voeten. Buig en strek je enkels door je tenen naar boven en beneden te bewegen.

> **Uit onderzoek**
> In Nederland worden er jaarlijks ongeveer veertig meerlingen geboren. De helft daarvan is spontaan ontstaan en de andere helft na een vruchtbaarheidsbehandeling. De kans op een spontane drieling is ongeveer honderd keer zo klein als de kans op een spontane tweeling.

12. Vroeggeboorte

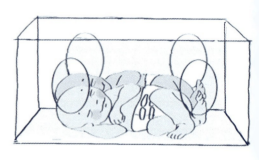

Een van de grootste risico's van een meerlingzwangerschap is de vroeggeboorte. Een baby die voor week 37 wordt geboren, wordt als prematuur beschouwd. Bij een vroeggeboorte is het lichaam van het kind nog niet rijp genoeg om zich aan te passen aan het leven buiten de baarmoeder. Zonder couveuse overleven zulke baby's dan ook niet. Van mijn tweelingonderzoeksgroep moest 44 procent van de baby's in de couveuse; in 5 procent daarvan was het alleen voor één van de baby's nodig. Van de drielingengroep was het aantal hoger, namelijk 79 procent. Van de vierling- en vijflingonderzoeksgroep moesten alle baby's de couveuse in.

De voornaamste oorzaak is dat de ruimte binnen de baarmoeder te klein wordt en dat door de grote omvang van de baarmoeder, het moederlichaam eerder het teken krijgt dat de bevalling moet beginnen. Het uitrekken van de baarmoeder veroorzaakt weeën. Bij vrouwen die al een kind hebben gebaard, is dit risico kleiner, want hun baarmoeder rekt meer mee en heeft meer ruimte voor de baby's. Bovendien veroudert de placenta('s) eerder, wat op zijn beurt ook kan leiden tot een vroeggeboorte.

De gezondheidstoestand van de premature baby hangt niet alleen af van de zwangerschapsduur, maar ook van zijn groei tijdens het verblijf in de baarmoeder. Sommige baby's wegen weinig bij de geboorte en moeten direct de couveuse in, ondanks dat ze de gewenste tijd in de baarmoeder hebben doorgebracht. In dat geval is hun groei minder dan je zou verwachten op grond van het aantal zwangerschapsweken. Men spreekt dan van dysmaturiteit. In zo'n geval is er sprake van een intra-uteriene groeiretardatie (IUGR). De oorzaak is logisch: de baby's delen de bloed- en zuurstofvoorziening; als de toevoer hiervan naar de baby's niet optimaal is, dan groeien ze niet voldoende.

De overlevingskansen zijn niet met zekerheid aan te geven. Tegenwoordig is het geen uitzondering meer dat baby's met een gewicht tussen de 500 en 1000 gram en geboren tussen week 25 en 28 week overleven. De volgende grafiek laat de overlevingskansen van de baby zien afhankelijk van het aantal zwangerschapsweken:

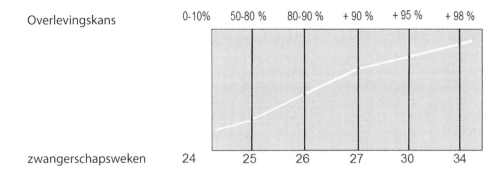

Ongeveer 8 procent van de tweelingen zal na de geboorte behandeld moeten worden op de neonatale intensivecare-unit (NICU) in verband met extreem laag geboortegewicht (minder dan 1500 gram). Bij drielingen is dit 30 procent.

Zwangerschapsweken

De duur van de zwangerschap is het belangrijkste, want daar hangt van af of de organen zich voldoende hebben ontwikkeld.

Bij een zeer premature baby bestaat het risico op een ernstige handicap, zoals gehoorverlies, blindheid, een verlamming of een ander lichamelijk of geestelijk probleem. Ook zijn er gevolgen die tot de schoolleeftijd niet zichtbaar zijn, zoals bijvoorbeeld aandachtsproblemen, hyperactiviteit of een algehele achterstand op school. Een studie van het La Fe-ziekenhuis in Valencia in het jaar 2000 bij vroeggeborenen van minder dan één kilo, toont aan dat deze kinderen drie- tot viermaal vaker blijven zitten dan andere, hoewel hun intelligentie normaal is.

Symptomen van een mogelijke vroeggeboorte

Het is belangrijk om de symptomen te kennen die mogelijkerwijs een vroeggeboorte aankondigen. Wees bedacht op deze verschijnselen:
- verkramping en pijn in de nierstreek;
- een pijn vergelijkbaar met die van de menstruatie;
- darmkramp met of zonder diarree;
- weeën die gepaard gaan met pijn en in frequentie toenemen;
- weinig of veel bloedverlies of verlies van vruchtwater;
- algeheel gevoel van niet lekker zijn.

In al deze gevallen moet je je gynaecoloog waarschuwen. Hij zal de baarmoederhals onderzoeken en een CTG-scan maken om de frequentie en de intensiteit van de weeën vast te stellen en de gezondheid van de baby's te controleren. Hij zal je de meest geschikte behandeling voorschrijven. Deze kan bestaan uit bedrust. Het is ook goed mogelijk dat de gynaecoloog je medicijnen voorschrijft, in de vorm van tabletten of een infuus om de weeën te stoppen. Ook zal er misschien besloten worden je medicijnen toe te dienen voor de longrijping van de baby's.

In geval van een verhoogd risico op een vroeggeboorte zul je in het ziekenhuis opgenomen worden. Alleen op die manier kan de gezondheidstoestand van de baby's op elk moment gecontroleerd worden. Bij het risico van een zeer vroege vroeggeboorte wordt er meestal uitgeweken naar een ziekenhuis dat een gespecialiseerde intensivecare-afdeling voor pasgeborenen heeft. Deze is gespecialiseerd in het verzorgen van zeer premature baby's. Het kan betekenen dat je ver van huis wordt opgenomen, maar het voorkomt dat jij en je baby's vlak na de geboorte vervoerd moeten worden. Toch is dit niet altijd te vermijden. De baby's worden dan in een babylance vervoerd, een ambulance die voorzien is van apparatuur die absoluut vereist is bij het transport voor zeer premature baby's. De baby's kunnen, wanneer ze beginnen op te knappen, naar hun eigen algemene ziekenhuis terug.

De couveuseafdeling

De baby's worden in hun couveuse met behulp van technisch hoogwaardige apparatuur dag en nacht bewaakt en indien nodig behandeld. Ze kunnen een infuus krijgen, als de voeding nog niet via de maag verdragen wordt, extra zuurstof bij ademhalingsproblemen en fototherapie als de baby een geelachtige kleur krijgt.

Dit verschijnsel geeft aan dat de lever nog niet goed functioneert ten gevolge van onrijpheid. Het bilirubinegehalte in zijn bloed is dan hoog. Dit wijst op een ophoping van de galkleurstof. Bilirubine wordt afgebroken als het aan licht wordt blootgesteld. Daarom legt men de baby onder een lamp. Mocht dit niet voldoende zijn, dan kan er tot een wisseltransfusie besloten worden. Het bloed van de baby wordt via een slangetje vervangen door donorbloed.

Ongetwijfeld is het heel akelig om je baby's omringd te zien door zoveel apparatuur. Het kan zijn dat je een gevoel van vervreemding ervaart: je kunt je amper voorstellen dat deze breekbare baby'tjes, die er uitzien als kleine astronauten, jouw kinderen zijn. Ook kan het grote aantal personeelsleden van de afdeling, dat bovendien vaak wisselt, je verwarren.

De personen die voor je baby's zorgen zijn:
- een neonatoloog, kinderarts gespecialiseerd in de behandeling van vroeggeboren baby's;
- een verpleegkundige gespecialiseerd in neonatale zorg;
- een assistent(e) van de verpleegkundige;
- een verpleegkundige gespecialiseerd in ademhalingstechniek;

- een cardioloog (arts gespecialiseerd in problemen van het hart);
- een neuroloog (arts gespecialiseerd in ziektes van de hersenen en het zenuwstelsel);
- een lactatiedeskundige die hulp biedt bij de borstvoeding;
- een fysiotherapeut gespecialiseerd in massage van baby's;
- een sociaal werker, die hulp biedt bij praktische en emotionele problemen van de ouders.

De couveuse en haar functie

De couveuse bootst zo goed mogelijk de omstandigheden van het leven in de baarmoeder na. De couveuse houdt de baby op een constante temperatuur, wat belangrijk is want een premature baby kan nog niet zijn eigen temperatuur regelen.

De couveuse staat in verbinding met een monitor die continu het hartritme en de functie van de longen controleert. De baby wordt gevoed via een sonde, een infuus of – als hij al een zuigreflex heeft – aan de borst of met een flesje.

Toch hangt niet alles af van de medische zorg. In 1979 ontdekte het San Juan de Dios-ziekenhuis in Bogotá (Colombia) iets heel belangrijks met betrekking tot de zorg voor de vroeggeboren baby's. In dat jaar werden heel veel baby's te vroeg geboren. De artsen kwamen couveuses tekort en besloten een aantal moeders met hun baby's naar huis te sturen. Ze adviseerden hun om de baby's bloot tegen hun borst te leggen om hen zo, door contact van huid op huid dag en nacht warm te houden. De artsen volgden de gezondheid van deze baby's nauwkeurig. Tot hun grote verbazing ontwikkelden ze zich fantastisch en groeiden ze hard, zelfs sneller dan de baby's in de couveuses. Ook de sterfte was minder bij deze thuisgroep. Hun ademhaling regelde zich vlotter en er kwamen bij hen minder apneu-aanvallen voor.

De conclusie was duidelijk: de te vroeg geboren baby die zelf kan ademen en een zuigreflex heeft, heeft de couveuse niet nodig als de moeder als zodanig kan fungeren. De moeder biedt de baby haar hartslag, haar stem, een optimale, constante temperatuur en daarnaast de best mogelijke voeding: haar borst. Bovendien geeft ze hem het lichamelijke contact dat hem herinnert aan het leven in de baarmoeder, dat hij zo vroeg moest missen.

De ervaring met de Colombiaanse baby's heeft de zorg rond de te vroeg geborenen veranderd. Wat gedurende dat jaar een noodmaatregel was, werd een nieuwe behandelmethode, 'kangoeroeën' of 'buidelen' genaamd. Artsen moedigen de ouders aan hun kinderen, zodra het mogelijk is, uit de couveuse te nemen en tegen hun borst te houden. Moeder (of vader) en de baby worden met een dekentje bedekt zodat het lekker warm is. Twee of meer keer per dag zo'n huid-op-huidcontact is een ideale manier om de baby te helpen groeien. Kangoeroeën is ook mogelijk als de baby nog met snoertjes en sonde verbonden is of nog aan het bewakingsapparaat ligt. Wel is het belangrijk dat het kindje stabiel is. Deze methode stimuleert ook de borstvoeding, doordat de zogeheten toeschietreflex wordt bevorderd. Studies tonen aan dat de baby's die 'gebuideld' worden, eerder naar huis kunnen en met zes maanden minder huilen dan diegenen die in de couveuse verblijven zonder dit lichamelijke contact.

Paula: 'I*n het ziekenhuis moedigden ze me aan mijn tweeling, die met 34 weken werd geboren, uit de couveuse te halen. In het begin vond ik het doodeng, maar ik wende snel aan hun tengere lichaampjes. Aan hun rustige ademhaling en ontspannen houding zag ik hoe ze genoten. Voor mij waren het de fijnste momenten van de dag. Mijn partner genoot er ook van en we hebben vele keren zo naast elkaar gezeten, ieder met een baby tegen zich aan. Ik ben het ziekenhuis dankbaar dat ze me geleerd hebben te kangoeroeën. Het hielp me ook om me zekerder over mezelf te voelen.*'

Anneke: '*Ik heb mijn drieling heel veel gebuideld, soms wel met twee tegelijk. Het was een zeer goede ervaring en ik ben ervan overtuigd dat het hun groei ten goede kwam en ook onze band.*'

Een couveuse voor twee

In 1995 ontdekte een Amerikaans ziekenhuis dat de vroeggeboren tweelingen sneller groeien en eerder hun achterstand inhalen als ze samen in één couveuse worden gelegd. In dit ziekenhuis werd een meisjestweeling geboren met 28 weken. Kyrie was met 1300 gram de grootste; haar zusje woog 1000 gram. Kyrie groeide goed, maar haar zusje niet. Ze had problemen met de ademhaling en een onregelmatig hartritme. Ook was ze erg gespannen. De artsen vreesden voor haar leven en besloten als laatste redmiddel om haar bij haar zusje te leggen. Brielle nestelde zich direct tegen haar aan. Er was al snel een enorme verbetering zichtbaar: ze ontspande en haar vitale functies werden stabiel. Ze begon te groeien.

Nadat deze gegevens bekend werden, zijn er verschillende studies gedaan over de voordelen van het bij elkaar leggen van tweelingen. De studies leveren steeds dezelfde resultaten op: de hartfunctie verbetert, de ademhaling wordt rustiger en de hoeveelheid zuurstof in het lichaam neemt toe. De baby's zijn minder gespannen, hun motorische ontwikkeling verbetert en hun groei gaat sneller. In veel Amerikaanse ziekenhuizen is het samen leggen van tweelingen in de couveuse een gewoonte geworden, zowel om emotionele, als om praktische en economische redenen: de baby's nemen minder plaats in en bovendien wordt zo voorkomen dat bij gebrek aan couveuses één van de baby's naar een ander ziekenhuis moet.

Er is nog een voordeel: het aantal heropnames is veel lager. Deze baby's hoeven gewoonlijk niet opnieuw opgenomen te worden, in tegenstelling tot andere baby's, bij wie een tweede opname niet ongewoon is.

De tweeling kan samen in de couveuse als aan deze omstandigheden wordt voldaan:
- De toestand van de baby's is stabiel en geen van beiden heeft een infectie (anders zouden ze elkaar kunnen aansteken). De baby's hebben geen kunstmatige ademhaling nodig.
- De snoeren van de baby's zijn goed gescheiden en ze dragen hun identiteitsplaatjes nog om verwarring te voorkomen. Dit is vooral belangrijk bij eeneiige tweelingen.
- De lichaamstemperatuur van de baby's is tussen de 36,6 en 37,2 graden zodat er niet een groot verschil is tussen de ene baby en de andere. De temperatuur van de couveuse wordt aangepast aan de kleinste baby.
- Het ziekenhuispersoneel en de ouders nemen alle hygiënemaatregelen goed in acht, zoals handen wassen vóór en na het contact met de kleintjes. De baby's worden meestal met hun gezichtjes of met hun ruggetjes naar elkaar toe gelegd. Ze worden met één dekentje bedekt zodat ze elkaar kunnen aanraken.

Het is ontroerend om te zien hoe een tweeling samen in de couveuse ligt. Soms heeft de een zijn armpje om de ander geslagen of liggen ze met hun wangetjes tegen elkaar aan. Het is niet verbazingwekkend dat ze genieten van het contact met hun broertje of zusje. Ze zijn immers vanaf het prilste begin van hun leven samen, ze hebben elkaars hart horen kloppen, zijn samen in slaap gevallen en ze hebben elkaar aangeraakt. Deze ervaring heeft een enorme invloed op de kinderen en is groter dan aanvankelijk werd gedacht (zie hoofdstuk 8).

Meestal worden de baby's in één couveuse gelegd die ruim genoeg is voor twee baby's, maar er bestaan inmiddels speciale couveuses voor tweelingen, die in Zweden gemaakt worden.

Drielingen met elkaar in één couveuse leggen, is ingewikkelder. Er kan dan wel besloten worden om er twee bij elkaar te leggen. Vaak is een van de drie niet in goede conditie om ervoor in aanmerking te komen. Mocht dit wel zo zijn, dan wordt er om en om gewisseld zodat ze alle drie van deze tactiek profiteren.

Medische problemen bij couveusekinderen

Hoe vroeger een baby geboren wordt, hoe groter het risico op complicaties. Maar los van de mate van prematuriteit hangen zijn overlevingskansen af van zijn gezondheid bij de geboorte, zijn gewicht en zijn reactie op de behandelingen. Daarom durven de meeste kinderartsen geen uitspraak te doen over de toekomstige gezondheid van de baby's en vragen ze de ouders geduld te hebben. Voor de ouders is het een allesbehalve gemakkelijke situatie. De kansen van een te vroeg geboren baby hangen ook af van de kwaliteit van de neonatale zorg die hij ontvangt. Daarom is het zo belangrijk dat de baby geboren wordt in een ziekenhuis met een neonatale intensivecare-unit.

Er kunnen grote verschillen zijn tussen de baby's. Het ene kind kan een veel lager gewicht hebben dan het andere. Het kleine kindje is dan vaak dysmatuur. Bij een jongen-meisjetweeling heeft het meisje betere overlevingskansen dan haar broertje, ook al zijn de omstandigheden van beiden hetzelfde, zoals de duur van de zwangerschap en het gewicht. Of in geval van een drieling kan het meisje, al is ze de kleinste, sterker zijn en beter voorbereid op het leven buiten de baarmoeder dan haar broertjes. Onderzoek heeft aangetoond dat bij de geboorte meisjes sterker zijn dan jongens.

Ademhalingsproblemen

In de baarmoeder krijgt de baby zuurstof via het bloed van de placenta('s). Als hij te vroeg geboren wordt, zijn zijn organen nog onrijp, waaronder ook zijn longen. Gelukkig blijkt dat veel prematuren met onrijpe longen goed kunnen ademen. Andere hebben een extra ondersteuning nodig om voldoende zuurstof binnen te krijgen. Dit kan op verschillende manieren. De meest eenvoudige is extra zuurstof te geven via het circulatiesysteem van de couveuse.

Extra zuurstof kan ook met een zogeheten snorretje worden toegediend. Dit bestaat uit een plastic slangetje met twee uitstekels voor in de neusgaten. Het slangetje wordt op de wangen vastgeplakt. Deze methode is vooral handig bij langdurige toediening van kleine hoeveelheden zuurstof. Als er meer ondersteuning nodig is, kan de CPAP-methode toegediend worden (continue positieve luchtwegdruk). Hierbij wordt via een of twee slangetjes in de neus zuurstof onder een lichte overdruk aan de baby aangeboden. De baby ademt zelf.

De meest intensieve vorm van ondersteuning is de kunstmatige beademing. De ademhaling wordt in zijn geheel door een beademingsapparaat overgenomen. De zuurstof wordt via een buisje direct in de luchtpijp geblazen. Kunstmatige beademing kan heel intensief worden gegeven, waarbij de baby zelf niets meer hoeft te doen, of heel licht, alleen ter ondersteuning van de eigen ademhaling.

De kunstmatige beademing is een grote aanwinst voor de behandeling van premature baby's, maar heeft ook nadelen: door intensieve en langdurige beademing kunnen de longen beschadigingen oplopen. Er ontstaat dan bijvoorbeeld het ziektebeeld BPD (bronchopulmonale dysplasie). Daarom wordt de beademing ook altijd heel zorgvuldig uitgevoerd en nooit langer dan strikt noodzakelijk.

Een andere ernstige longziekte die bij premature baby's kan optreden, is de hyaliene membranenziekte, ook wel ISRD genoemd (Idiopathic Respiratory Distress Syndrome). Deze wordt veroorzaakt door de onrijpheid van de longen. Er ontbreekt namelijk een bepaalde substantie – surfactant – die belangrijk is voor het openhouden van de longblaasjes. Door het ontbreken van deze stof klappen de longblaasjes na elke ademhaling weer dicht. Iedere volgende ademhaling kost dan weer evenveel inspanning. Je ziet bij de baby een versnelde ademhaling, zijn borstkas gaat heftig op en neer, vergezeld van een kreetje of zucht. Hoe onrijper de baby wordt geboren, hoe groter de kans op deze ziekte. Daarom zal een gynaecoloog bij een dreigende vroeggeboorte aan de moeder het bijnierschorshormoon (corticosteroïden) toedienen om zo de rijping van de longen te versnellen. Het is dan wel belangrijk dat de bevalling nog 24 uur op zich laat wachten, want het hormoon heeft tijd nodig om zijn werk te doen.

Baby's met IRDS hebben een intensieve behandeling nodig. Ze krijgen extra zuurstof of worden beademend. Ze worden meestal met de sonde gevoed zodat ze al hun energie voor het ademen kunnen gebruiken. Ook wordt surfactant toegediend. Deze stof wordt in de beademingsbuis van de baby gedruppeld waardoor het rechtstreeks in de longen komt. Hierdoor vormt zich een laagje, een soort filmpje, op de longen. Dit verlaagt de oppervlaktespanning en zo kunnen de longen zichzelf gemakkelijker opblazen. De baby kan daardoor makkelijker ademen. Dit heeft de kansen voor de premature baby's vergroot, maar toch is ISRD de belangrijkste doodsoorzaak van te vroeg geborenen.

Apnoe-aanvallen

Apnoe is een ander veelvoorkomend probleem bij premature baby's en met name bij hen die vóór week 30 zijn geboren. Het gaat om een tijdelijke onderbreking van de ademhaling ten gevolge van een onrijp zenuwstelsel. Behalve apnoe-aanvallen kunnen zich ook bradycardieën voordoen, periodes van langzame hartslag. De polsslag zakt terug tot onder de zestig per minuut. Deze problemen hebben te maken met de onrijpe hersenen van de baby, waardoor de ademhaling niet goed wordt aangestuurd. De meeste baby's overwinnen dit probleem naarmate ze groeien en sterker worden.

Voedingsproblemen

Veel premature baby's hebben in de eerste periode van hun leven problemen met de voeding. Er kunnen stoornissen in het maag-darmkanaal zijn. Het maagje kan amper voeding verdragen of er zijn te weinig darmsappen. Als de baby nog geen zuigreflex heeft, wordt hij met een maagsonde gevoed (dit noemt men enterale voeding). Als de baby dat ook niet verdraagt, wordt een infuus gegeven (dit heet parenterale voeding). Ook kunnen beide manieren gecombineerd worden.

De te vroeg geboren baby valt in de eerste dagen meer af dan een op tijd geboren zuigeling, doordat hij veel vocht verliest. Moedermelk is de beste voeding voor een premature baby. Het is daarom ook heel belangrijk dat je snel na de bevalling met afkolven begint (zie hoofdstuk 13).

Laura, moeder van een twee-eiige tweeling die in week 30 werd geboren, vertelt: '*Thuis kolfde ik de melk met een elektrische kolf af en bracht dat naar het ziekenhuis. Ze vroren het in en gaven het aan de baby's al naar gelang hun behoeftes. Toen de baby's dan eindelijk naar huis mochten, nam ik ze aan de borst. Omdat ze zo niet veel dronken, gaf ik ze ook nog de fles met mijn melk. Het was zeer omslachtig: eerst de borst geven, daarna afkolven en tot slot de fles. Maar na twee weken dronk mijn dochtertje al goed en na een maand mijn zoontje ook. Ik ben er trots op dat ik heb doorgezet. Het is de moeite waard geweest.*'

Moedermelk is extra belangrijk, want zowel de hoeveelheid als de samenstelling ervan veranderen al naar gelang de behoefte en groei van de pasgeborene. Als de baby's te vroeg geboren worden, produceert de moeder melk die speciaal afgestemd is op hun behoeftes. Moedermelk is zelfs nog belangrijker voor een premature baby dan voor een voldragen zuigeling, omdat het afweerstoffen bevat tegen infecties, waarvoor hij, gezien zijn vroeggeboorte, juist extra vatbaar is. Moedermelk vergroot de kans dat de baby overleeft. Ook worden baby's die de borst krijgen sneller uit het ziekenhuis ontslagen.

Als je geen borstvoeding kunt of wilt geven, dan krijgt de baby een speciale prematurenvoeding. Meestal wordt de premature baby tot week 34 met een maagsonde gevoed. Omstreeks die tijd begint de baby zuigbewegingen te maken. Dat is een goed moment om hem bij je aan de borst te leggen. Zuigen is niet makkelijk voor een kleine baby, want het vergt een grote lichamelijke inspanning. Waarschijnlijk valt je baby al snel in slaap, waardoor hij te weinig binnenkrijgt. Daarom wordt vaak eerst een poosje de fles gegeven, het liefst met afgekolfde moedermelk. Het nadeel hiervan is dat de baby gewend kan raken aan de fles en niet meer aan de borst went. Zuigen aan de borst vergt namelijk meer inspanning. Daarom moet je niet te lang doorgaan met het geven van een flesje.

Het is mogelijk dat één van de tweeling (of drieling) eerder goed drinkt dan de ander. Blijf geduldig, want het is zeker mogelijk om beide kinderen aan de borst te leren drinken. Mocht de borstvoeding niet voldoende zijn, bijvoorbeeld in het geval een drieling, geef dan het zwakste of meest zieke kind uitsluitend de borst en vul de melk van de andere baby's aan met flessenvoeding. Geef in dat geval altijd eerst de borst en daarna de fles. Toch komt het vaak voor dat drielingmoeders prima in staat zijn om hun baby's zonder hulp van flessenvoeding te voeden. De borsten produceren immers de hoeveelheid melk die van ze gevraagd wordt.

Marijke, moeder van een drieling: '*Mijn baby's werden in de 29^e week geboren en wogen 1370, 1260 en 1120 gram. Ik begon zo snel als ik kon met afkolven. De kinderen kregen mijn melk via een maagsonde en groeiden goed. Het gaf me een kick dat ik hieraan kon meewerken. Ik legde de grootste van de drie in de 34^e week aan de borst. Dat ging al snel goed. Na een week volgde de tweede en tot slot was de beurt aan de kleinste. Het is niet altijd makkelijk geweest, maar ik heb mijn kinderen tot vijfenhalve* *maand de borst gegeven zonder flesvoeding! Het zijn nu gezonde kinderen van drie jaar en ik weet zeker dat de borstvoeding hiertoe bijgedragen heeft.'*

De relatie met de baby's

Met de baby's in de couveuse is de start niet makkelijk. Veel ouders maken een moeilijke periode door. Ze zijn bezorgd of hun kinderen het redden en vragen zich af of de vroeggeboorte in hun verdere ontwikkeling te merken zal zijn. 98 procent van de baby's die geboren worden met een gewicht tussen de 1100 en 2500 gram overleeft. Maar al is het mogelijk de meeste prematuren te laten overleven, een deel van hen heeft een handicap of een lichamelijk probleem. Er zijn ook gevolgen die pas later aan het licht komen, met name als het kind op school begint. Problemen zoals hyperactiviteit, concentratiestoornissen of andere leerproblemen kunnen een gevolg zijn van vroeggeboorte.

Het komt soms voor dat ouders het moeilijk vinden om zich aan hun kinderen te binden. Uit angst om hen te verliezen gaan ze het contact uit de weg. Toch is het juist voor de baby's en hun gezondheid zo belangrijk dat de ouders zo vroeg mogelijk deelnemen in de zorg voor hen. Vroeger werden ouders geweerd uit de couveuseafdeling, maar dit is tegenwoordig absoluut niet het geval dankzij onderzoek van de Amerikaanse psychologen Klaus en Kennell. Zij toonden in de jaren zeventig aan, hoe belangrijk het contact met de ouders voor de baby is. Deze voelt de aanwezigheid van de ouder die naast de couveuse zit en herkent zijn stem. Ook wordt hij rustig als hij de handen van zijn moeder op zijn huid voelt.

Tifanny Field, directrice van The Touch Research Institute van de medische faculteit in Miami, bestudeerde in 1998 een groep van veertig premature baby's die de NICU hadden verlaten en op de couveuseafdeling lagen. De helft van de baby's kreeg drie keer per dag massage en babygymnastiek gedurende vijftien minuten, tien dagen lang. Ze werden zachtjes van hoofd tot tenen gemasseerd en de oefeningen waren lichte buigingen van armpjes en beentjes. Deze baby's namen 47 procent meer in gewicht toe dan de andere groep die geen behandeling kreeg, terwijl de voeding voor beide groepen hetzelfde was. Waarschijnlijk zorgt dit lichamelijke contact voor een verbeterde darm- en stofwisselingsfunctie. Ook was het verblijf in het ziekenhuis voor deze groep zo'n zes dagen korter. Field had zelf als moeder ontdekt hoeveel baat haar te vroeg geboren dochtertje had bij haar aanrakingen. Na deze persoonlijke ervaring werd ze een gerenommeerde specialist op dit gebied.

Bij een te vroeg geboren baby is de behoefte aan contact minder zichtbaar is. Een op tijd geboren zuigeling pakt de vinger van zijn ouders stevig vast of opent zijn ogen en kijkt hen aandachtig aan. Deze signalen moeten ouders van premature baby's missen. Hun baby's hebben al hun energie nodig om te groeien. Maar het betekent niet dat ze dat contact niet nodig hebben! Het is absoluut noodzakelijk voor ze. Hoe goed ze ook door het verpleegkundig personeel verzorgd worden, ouders geven aan hun baby's een bepaald soort aandacht zoals niemand anders dat kan. En in tegenstelling tot wat men vroeger dacht: het ongeboren en het pasgeboren kind zijn extreem gevoelig en intuïtief.

Hoe verloopt het proces van bonding met een meerling?

Bonding (Engels woord voor hechting) heeft te maken met hoe ouders en een baby aan elkaar gehecht raken. Er is lang gedacht dat juist de eerste momenten van het leven daarin een doorslaggevende rol spelen, zoals bij vele zoogdieren het geval is. Vaak moeten meerlingbaby's deze momenten missen. Het is dan ook niet vreemd dat ik bij veel moeders, met name van drielingen, een zekere bezorgdheid bespeurde over dit thema. Daarom is het goed om de op waarheid gebaseerde feiten te vermelden.

Er bestaat geen tijdslimiet aan de periode waarin de gehechtheid ontstaat. Deze band begint al tijdens de zwangerschap en wel door middel van de echografieën, de bewegingen van de baby's en de gedachtes die de ouders aan hun kinderen wijden. Deze verbondenheid wordt sterker als de baby's er eenmaal zijn door hen aan te raken, te knuffelen en te buidelen.

Er is niet één exclusieve manier voor bonding. Gehechtheid ontstaat op veel verschillende manieren. Sommige moeders voelen direct een band. Bij andere komt dit langzaamaan op gang. Het kan zijn dat een moeder in het begin niet een heel sterke emotie voelt als ze haar baby's vasthoudt en ziet. Het kan dagen, weken of zelfs maanden duren tot ze een band voelt. Ouders onderling reageren ook weer anders op de baby's. Er zijn biologische verschillen tussen man en vrouw.

Het gescheiden zijn van de baby's staat bonding niet in de weg. Baby's onthouden de stem, aanraking en geur van hun moeder. En ook bij de moeders zijn de herinneringen aan hun kinderen – hun bewegingen, hun reacties op aanrakingen – diep opgeslagen. De kinderen zijn al een deel van haar.

Het basisprincipe van bonding is niet anders dan bij een twee- of drieling. Wel is het zo dat een mens altijd een band smeedt met één persoon tegelijk. Dus bij twee of meer baby's duurt het proces langer. Daarbij komt nog dat de moeder (en vader) mogelijkerwijs in het begin meer in beslag worden genomen door de gezondheidstoestand van hun duo of trio, dan door iedere baby apart.

Om een individuele relatie met elk kind op te bouwen, heb je tijd nodig, ook al zijn het per dag maar korte momenten. Onderzoek wijst uit dat als de kinderen verschillend zijn, er makkelijker een band ontstaat. Dus bij meereiige meerlingen gaat de bonding vlotter dan bij eeneiige. De eerste lijken minder op elkaar en zijn meestal ook verschillend in temperament, reacties en ritmes (slaap, eten, huilen). Bij eeneiige meerlingen is de uitdaging om verschillen te ontdekken, groter. Je zult langer moeten zoeken om de unieke eigenschappen van elk kind op te merken.

Debbie, moeder van een drie-eiige drieling: *'Een band opbouwen met mijn kinderen ging snel en makkelijk. Misschien komt dat ook omdat het echt drie verschillende persoontjes zijn.'*

Leonie, moeder van een eeneiige jongensdrieling: *'Ik ben altijd bang geweest dat de hechting niet goed zou zijn. Ik denk dat er een band is gevormd, doordat het mijn kinderen zijn, door borstvoeding te geven, te buidelen en hen – zo mogelijk – in het ziekenhuis zelf te verzorgen.'*

Adviezen voor bonding in het ziekenhuis:
- Bezoek je baby's zo veel mogelijk. Ook al kun je niet veel meer doen dan naast de couveuse zitten, je aanwezigheid doet hen goed.
- Probeer ontspannen te zijn. Deel je zorgen met de neonatoloog, de verpleging en je partner, zodat die niet het contact met je baby's verstoren.
- Probeer, als het even kan, borstvoeding te geven. Omdat de baby's in het begin nog niet aan de borst kunnen drinken, zul je moeten beginnen met kolven. In de moedermelk zitten moederhormonen die belangrijk zijn voor de wederzijdse hechting.
- Kun je nog niet naar je baby's toe, vraag dan je man of hij een foto van de baby's maakt. Dat maakt hun aanwezigheid reëel voor je.
- Een video-opname van een moment waarin je met je baby's buidelt, is zeer dierbaar voor als je straks weer thuis bent en je baby's nog in het ziekenhuis moeten verblijven. Als je je ver van je baby's voelt, brengt deze opname hen weer bij je. Voor je baby's in het ziekenhuis kun je een cd maken, waarin je tegen de baby's praat. Ook de geluiden van thuis, de stem van hun vader en broertjes of zusjes, wiegeliedjes en klassieke barokmuziek kunnen opgenomen worden. Vraag de verpleegkundigen om deze cd een aantal keren per dag te draaien. Onderzoek heeft aangetoond dat een premature baby dankzij bekende, huiselijke geluiden sneller groeit en rustiger wordt. Ook vergemakkelijkt dit de overgang van ziekenhuis naar thuis.
- Het is mogelijk dat je baby's schrikken als je ze aanraakt. Dat is een logische reactie, want hun ervaringen met aanrakingen zijn vaak pijnlijk: naalden, infuus, sonde, fel licht, enzovoort. Praat tegen hen voor je ze aanraakt. Bij het horen van je stem zullen ze zich ontspannen.
- Een eeneiige tweeling of drieling kan heel moeilijk te onderscheiden zijn. In dit geval is het slim om de nageltjes met een verschillend kleurtje te lakken. Doe dit nog voor de baby's thuiskomen. Wat ook helpt, is voor elk kleintje een aparte kleur te kiezen, bijvoorbeeld blauw voor de een en rood voor de ander. Dit systeem, 'color-coding' genoemd, maakt het voor de helpers op het thuisfront ook makkelijker om de baby's te leren kennen en een persoonlijke band met hen op te bouwen.
- Maak je geen zorgen als je een sterkere band voelt met je ene baby dan met de

andere. De relatie met je kinderen zal altijd verschillend zijn en zal bovendien voortdurend veranderen. Je baby's zijn vanaf het begin verschillende mensjes en het is normaal dat de een andere gevoelens bij je oproept dan de ander. Dit betekent niet dat je meer van de een houdt dan van de ander. Uit deze gevoelens tegenover een vertrouwd iemand. Dat lucht op en vergemakkelijkt je band met je baby's.

De gevoelens van de ouders

Veel ouders voelen zich verdrietig en onmachtig. Sommige moeders beleven de te vroege komst van de baby's als een falen van hun kant en kwellen zichzelf door zich af te vragen wat ze verkeerd hebben gedaan. Ook kunnen ouders zich vervreemd voelen, alsof de situatie niet hen betreft.

Isabel, moeder van een drieling: *'Ik voelde me heel ver weg. Ik was het liefste onder mijn dekbed gekropen om daar niet meer vandaan te komen. Ik voelde de baby's helemaal niet als mijn kinderen en ik ging alleen uit plichtsgevoel op bezoek. Tot op een dag de verpleegkundige mij een van de baby's in mijn armen duwde en me letterlijk dwong om op een stoel te gaan zitten. Toen ik dat kleine breekbare lijfje in mijn handen voelde, brak ik. Ik moest enorm huilen. Vanaf dat moment ging het beter met me.'*

Het komt ook voor dat ouders zich opgejaagd en verscheurd voelen. Als ze met de ene baby bezig zijn, denken ze aan de andere. Als de baby's in verschillende ziekenhuizen liggen of één is al thuis, dan is de situatie nog moeilijker. Of de ouders voelen zich verdrietig om een ouder kind aan wie ze amper aandacht kunnen besteden. Ze hebben voortdurend het gevoel aan alle kanten tekort te schieten. Soms zijn er ambivalente gevoelens ten opzichte van het medisch en verpleegkundig personeel.

Claudia, moeder van een tweeling: *'Ik wilde zelf voor mijn baby's zorgen en ze bij me hebben. Ik vond het vreselijk om ze elke dag weer bij de verpleegkundigen achter te moeten laten, hoewel ik aan de andere kant heel blij was dat ze zo goed voor hen zorgden. Het was heel verwarrend.'*

Wendelien, moeder van een drieling: *'Ik had de neiging om toestemming te vragen om voor mijn baby's te mogen zorgen, alsof ze van de verpleging waren en niet van mij.'*

Suggesties
→ Als je last hebt van schuldgevoelens ten aanzien van de bevalling of de bonding, praat er dan over. Deze zijn heel hinderlijk en leiden tot niets. Heel vaak is het niet duidelijk wat de oorzaak is van de vroeggeboorte. Hoe dan ook, bespreek dit met je gynaecoloog. En wat betreft de bonding, twee of meer baby's tegelijk krijgen is zonder twijfel heel overweldigend.

→ Een van de dingen die je voor je baby's kunt doen, is hun je melk geven. Dit is de allerbeste voeding voor ze. Het doet de meeste moeders goed om melk af te kolven. Ze voelen zich nuttig en betrokken bij de zorg voor hun kleintjes.
→ Houd van iedere baby een dagboekje bij, waarin je zijn vooruitgang en moeilijkheden opschrijft. Het voorkomt dat deze periode in een roes aan je voorbijgaat en het zal je helpen bij het verwerken van deze turbulente periode. Een drielingmoeder uit mijn onderzoeksgroep maakte voor elk kind een boekje over hun geboorte.
→ Neem contact op met de Vereniging van Ouders van Couveusekinderen (zie Nuttige adressen) of met andere meerlingouders. Het zal je goed doen om je ervaringen met lotgenoten te delen.
→ Stel je op de hoogte van de moeilijkheden en vooruitgang van premature baby's. Hoe meer je van het onderwerp afweet, hoe minder je zal schrikken van de behandeling die je baby's krijgen. Daardoor kun je rustiger met je kleintjes omgaan. Er bestaat goede literatuur, niet alleen over de vroeggeboorte, maar ook over babymassage, vroege stimulatie en het vasthouden van bijvoorbeeld een overstrekte baby (zie Literatuur).

Wanneer mogen ze uit het ziekenhuis?

De verblijfsduur van premature baby's is heel verschillend. Veel hangt af van de groei en ontwikkeling van de baby's, afgezien van het aantal zwangerschapsweken. Vroeger was het de gewoonte om premature baby's naar huis te sturen als ze 2500 gram wogen. Tegenwoordig staat men het soms eerder toe, vooral als de ouders hun kindje al goed zelf kunnen verzorgen en het thuis aandurven. Tenslotte is de ouder-kindband zeer belangrijk voor de groei van de baby. Een veel belangrijker maatstaf voor het naar huis gaan is de lichamelijke conditie van het kind. Kan hij goed drinken, heeft hij geen apnoe-aanvallen meer, groeit hij gestaag en kan hij zich goed warmhouden bij een normale kamertemperatuur? Voor baby's die heel lang apnoes houden, kan een thuismonitor een uitkomst zijn. Zo kunnen ze eerder naar huis. Een baby die aan BPD lijdt, kan naar huis met zuurstofondersteuning.

Het is in sommige ziekenhuizen mogelijk je kind alvorens het mee naar huis gaat, zelf gedurende 24 uur te verzorgen (rooming-in). Op die manier kun je alle vragen die je tegenkomt, nog stellen aan de ervaren verpleegkundigen. Voor jullie is het ongetwijfeld een glorieus moment als de tweeling of drieling eindelijk naar huis mag. Soms mag het ene kindje eerder dan het andere of de anderen. In dat geval breekt waarschijnlijk een zenuwslopende en moeilijke periode aan: rennen van thuis naar het ziekenhuis. Altijd verlangen naar je ene kind, terwijl je bij het andere bent.

Jolijn, moeder van een drieling: *'Twee baby's mochten naar huis, terwijl mijn ene zoontje vanwege het RS-virus in het ziekenhuis moest blijven. Het voelde alsof ik op twee plekken tegelijk wilde zijn. Ik kon de baby's die thuis waren niet meenemen, omdat hij in isolatie lag. Om niet te veel te reizen gingen mijn man en ik om de dag naar hem toe. Ik zag hem dus maar een keer per twee dagen, maar dan wel een hele poos. Na vijf weken mocht hij gelukkig ook naar huis.'*

Paula, moeder van een drieling: *'De meisjes werden in de 35^e week geboren met 2040, 2000 en 1850 gram. Ze moesten vijf dagen in de couveuse en daarna nog zes dagen in een warmtebedje. Ik kreeg ze een voor een mee naar huis, niet zozeer om een medische reden, maar meer om te kunnen wennen aan de nieuwe situatie thuis. Ik vond het prettig zo.'*

Voor een meerlingmoeder is het mogelijk om in aanmerking te komen voor (uitgestelde) kraamzorg. Bespreek dit thema eerst met je verzekering en vervolgens met Thuiszorg.

En dan komen ze thuis!

Nu kan eindelijk het leven beginnen zoals je je dat tijdens je zwangerschap had voorgesteld. De meeste ouders zijn heel blij als dit moment aanbreekt, maar ook onzeker. Zal alles goed gaan? Kunnen we het aan zonder de zorg van de verpleegkundigen en de neonatoloog?

De premature baby's vertonen een aantal eigenschappen die anders zijn dan bij voldragen kinderen. Houd deze punten in gedachten:
- Sommige baby's moeten wennen aan de situatie thuis. Ze zijn de eerste dagen prikkelbaar en huilerig. Dat kan komen omdat ze een lawaaierige omgeving missen. In hun couveuse klonk dag en nacht lawaai, zoals het zoemen van de monitor. Soms helpt het om een wekker bij hun bedje te zetten of de radio aan te doen. Ook een lamp vlak bij hun wieg kan helpen. Een huilbaby vindt vaak troost als je hem in een draagzak bij je draagt. Het huid-op-huidcontact doet hem goed.
- Sommige baby's voelen graag een rand waar ze hun hoofdje tegenaan kunnen leggen. Dit bootst de situatie in de baarmoeder na. Zorg daarom dat ze in een niet te grote wieg liggen; een kleine reiswieg of mand kan voor de eerste periode prettiger voor hen zijn. De meeste tweelingen worden rustig als ze bij elkaar in de wieg gelegd worden (zie hoofdstuk 15).
- Het is vaak moeilijk voor de premature baby's om een dag-nachtritme te vinden. In het ziekenhuis was er altijd geluid en licht. Het kan zijn dat je kleintjes vooral 's nachts veel wakker zijn. Zorg voor een schemerachtige sfeer tijdens de nachtvoedingen. Zo ontdekken ze vanzelf het verschil tussen dag en nacht.

- Sommige baby's zijn lichamelijk erg gespannen (dit wordt hypertonie genoemd). Een hangmatje kan uitkomst bieden.
- Als je ze oppakt, strekken ze zich met hun hoofd naar achteren. Pak daarom je baby als volgt uit zijn bedje: draai je kindje half op zijn zij en schuif een arm onder zijn hoofdje en schouders en de andere tussen zijn beentjes. Nu kun je hem optillen en zal hij zich niet overstrekken. Probeer het bij het dragen tegen te gaan: steun zijn billetjes goed, dan buigen zijn beentjes vanzelf enigszins, en houd een hand achter zijn hoofdje. Ook massages en fysiotherapie kunnen goed voor hem zijn.
- Naarmate de oorspronkelijke datum van de geboorte dichterbij komt, zal het huilen van de baby's toenemen. Zolang het niet gepaard gaat met andere verschijnselen, zoals koorts, diarree of huiduitslag, is het niet verontrustend. Integendeel, het betekent dat de baby's sterker worden en zich gaan gedragen als voldragen zuigelingen.
- De premature baby's hebben veel behoefte aan lichamelijk contact en knuffelen. Ga rustig door met het kangoeroeën of neem ze af en toe lekker bij je in bed, bijvoorbeeld om borstvoeding te geven. Zo halen ze het gemis van het lichamelijke contact dat ze zo vroeg verloren, weer in.

Esther, moeder van een tweeling die met 28 weken werd geboren en respectievelijk 1160 en 965 gram woog, vertelt over de periode na de thuiskomst: *'Ik dacht dat alles normaal zou zijn vanaf het moment dat ze thuiskwamen. Maar dat was niet zo. Het eerste halfjaar huilden ze veel. We vroegen ons steeds af wat we verkeerd deden. We waren zó onzeker. De meisjes waren erg vatbaar en waren veel ziek; dan weer verkouden, dan weer koorts of longproblemen. Ik zat steeds bij de kinderarts. Ik dacht dat het nooit zou ophouden, maar in het tweede halfjaar ging het opeens veel beter. Ze huilden minder en ze werden sterker, dus minder vatbaar. Toen pas kon ik me ontspannen en begon het echte genieten.'*

De ontwikkeling van een te vroeg geboren baby

De te vroeg geboren baby wordt medisch zorgvuldig gecontroleerd om zo bepaalde problemen in een vroeg stadium op te kunnen sporen. Als de baby met zuurstof is beademd, krijgt hij nog tijdens zijn ziekenhuisverblijf een oogheelkundig onderzoek. Ook na zijn ontslag zullen zijn ogen verschillende malen gecontroleerd worden.

Om de ontwikkeling van de baby's te kunnen beoordelen, houdt de kinderarts rekening met hun vroeggeboorte. De tijd die de baby te vroeg geboren is, wordt afgetrokken van zijn kalenderleeftijd. Bijvoorbeeld een vijf maanden oude baby die twee maanden te vroeg kwam, is qua ontwikkeling drie maanden oud. Deze leeftijdscorrectie wordt tot twee jaar toegepast. Dan is het zenuwstelsel van de baby volgroeid. Baby's die voor de 32^e week geboren zijn en met een gewicht van minder dan 1500 gram, worden door de kinderarts de eerste twee jaar gevolgd. Het gaat dan om controles die speciaal voor de premature baby zijn ontwikkeld, zowel wat betreft zijn cognitieve als zijn motorische ontwikkeling. Daarnaast zijn er natuurlijk de controles van het consultatiebureau.

Als er een probleem of een achterstand in zijn ontwikkeling wordt ontdekt, dan wordt een VTO-team ingeschakeld (vroegtijdige opsporing van ontwikkelingsstoornissen). Dit team bestaat uit een aantal specialisten, zoals een kinderarts, een kinderpsychiater, een kinderfysiotherapeut, een pedagoog en een maatschappelijk werker. Het VTO-team behandelt zelf niet, maar geeft adviezen en kan doorverwijzen naar andere instanties voor hulp.

Is het goed om de baby's te stimuleren?

Soms vragen ouders zich af of het goed is om hun premature baby's te stimuleren om zo eventuele achterstand in te halen dan wel te beperken. In de eerste periode, als de baby's net thuis zijn, is het allerbelangrijkste de verloren tijd in te halen en heel veel met ze te knuffelen. Het lichamelijke contact is de beste stimulans voor ze. Als ze na een aantal maanden meer wakker zijn, kun je aan bepaalde spelletjes gaan denken.

Deze baby's hebben in de baarmoeder minder sensaties beleefd die de zintuigen stimuleren dan een voldragen kind. Deze profiteert namelijk in de laatste zwangerschapsweken van de volgende ervaringen: de bewegingen van zijn moeder stimuleren zijn evenwichtsgevoel; zijn gehoor wordt gestimuleerd door het geluid van de hartslag van zijn moeder en het tastgevoel ontwikkelt zich door het voelen van de baarmoederwand, de moederkoek en de navelstreng. Premature baby's hebben wél het lichaam van hun broertje of zusje gevoeld, maar alle andere sensaties gemist en daarom is het goed hun spelletjes aan te bieden die daarop gericht zijn.

Suggesties
- → Voor het tastgevoel: raak zijn wangetjes, voetzolen en armpjes aan met iets zachts, zoals een babyhaarborsteltje of een flanellen lapje.
- → Voor zijn gezichtsvermogen en gehoor: hang een mobile in zijn wiegje en zorg voor speeltjes die geluid maken, bewegen of oplichten. Een lamp die afbeeldingen op het plafond projecteert, zal hem helpen zijn blik te richten.
- → Voor zijn motoriek: leg hem op een deken of een speelkleed. Dit stimuleert hem om zich om te draaien of een speeltje dat dicht bij hem ligt, te pakken. Wissel ook regelmatig buik- en rugligging af. Door hem op zijn buik te leggen, worden de rugspieren sterker. Onderzoek van het Nederlands Tweelingen Register van de Vrije Universiteit Amsterdam in 2003 toonde aan dat baby's die veel op hun rug liggen zich motorisch langzamer ontwikkelen.

→ In geval van slappe spieren is babygymnastiek heel geschikt. Dit is het tegenovergestelde van overstrekken, het kind is juist heel slap en heeft een zwakke spierspanning (dit wordt hypotonie genoemd). De gymnastiek bestaat uit het buigen en strekken van zijn beentjes en armpjes. Bij overstrekken is het goed een opgerolde handdoek onder zijn hoofdje te leggen als hij op zijn ruggetje in de box ligt. Bij het aankleden strekt het kind zich ook vaak. Kleed hem dan zittend op je schoot aan.
→ Speel zo veel mogelijk in op wat je kind zelf doet. Zo weet je zeker dat hij aan een bepaalde oefening of beweging toe is. En let goed op de signalen die aangeven dat hij moe is: wegdraaien van zijn hoofdje, gapen, stoppen met spartelen of huilen. Naarmate de baby groeit, zal de babygym steeds iets langer kunnen duren.

Uit onderzoek
Eeneiige tweelingen hebben iets meer kans op een vroeggeboorte. Dit verklaart ten dele waarom hun geboortegewicht vaak minder is dan dat van de twee-eiige. Maar ook het delen van de chorion leidt tot een lager gewicht dan wanneer de baby's het buitenvlies niet delen. De verschillen in gewicht zijn bij de eeneiige tweelingen groter dan bij die van de twee-eiige. Waarschijnlijk heeft dat te maken met het feit dat bij eeneiige tweelingen soms de een beter gevoed wordt dan de ander ten gevolge van het tweelingtransfusiesyndroom. De gemiddelde duur van een tweelingzwangerschap was in 2000 36 weken en 5 dagen, iets lager dan in 1998 toen hij 37 weken besloeg.

13. De voeding van de baby's

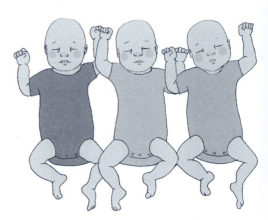

Een van de eerste zorgen van een meerlingmoeder is de voeding. De meest voorkomende vragen zijn: Hoe voed ik twee of drie baby's tegelijk? Kan ik ze wel borstvoeding geven? Ik zal eerst algemene informatie geven en daarna uitgebreid de fles- en borstvoeding bespreken.

Een pasgeborene heeft gedurende de dag en de nacht elke twee of drie uur een voeding nodig. Het gewicht van de baby bepaalt het aantal voedingen: hoe kleiner het kind, hoe groter het aantal voedingen. Bijvoorbeeld: een baby van 2250 gram moet om de twee uur gevoed worden. Dat betekent acht- tot tienmaal per etmaal per baby. Als er flesvoeding wordt gegeven zijn dat minimaal zestien flesjes voor een tweeling en vierentwintig voor een drieling. De moeder van een tweeling zal zes tot acht uur bezig zijn met de voeding van haar kleintjes en de moeder van een drieling het grootste deel van de dag, zeker in de eerste maanden. In het begin slapen de kinderen in de tijd tussen de voedingen. Naarmate ze groeien, kan die tijd steeds langer worden. Als ze zes maanden zijn, 'komen' ze gewoonlijk elke vier uur.

In de eerste dagen verliezen baby's gewicht. Dat is normaal en geen reden tot bezorgdheid. Dan hebben ze ook meestal niet zo'n trek. Ze zijn nog moe van het avontuur van de geboorte en soms zijn ze misselijk van het vruchtwater dat ze tijdens de bevalling hebben binnengekregen. De overgang van het leven in de baarmoeder naar de buitenwereld is heel groot en de baby heeft tijd nodig zich aan te passen. Vanaf de derde of vierde dag na de geboorte gaat het gewicht omhoog. Baby's die borstvoeding krijgen, hebben ongeveer twee weken na de geboorte hun begingewicht terug en vanaf dat moment worden ze 'dikker'. Onder gunstige omstandigheden, bijvoorbeeld als ze zonder beperkingen kunnen eten, kunnen ze al eerder op hun geboortegewicht zijn. De baby's die flesjes krijgen, zijn meestal na een week terug op hun geboortegewicht.

Veel moeders vragen zich af of het handig is hen tegelijk te voeden, of het nu om borst- dan wel flesvoeding gaat. Ongetwijfeld bespaart het tijd. Toch is het goed om hen in het begin een voor een te voeden. Het contact met elke baby apart is nodig om hen te leren kennen. Bovendien zijn ze dikwijls heel slaperig gedurende de eerste dagen of weken. Ze zullen al je aandacht nodig hebben als je ze voedt, wakker maakt, stimuleert, enzovoort. Als het goed gaat met voeden en je hebt er wat ervaring mee opgedaan, kun je ze tegelijk gaan voeden (op de ideale houdingen daarvoor kom ik later terug). Dat is wel makkelijker, zeker voor moeders van een drieling of als er nog een ander kind in het gezin is. Sommige moeders kiezen ervoor de ene voeding samen en de andere apart te geven. Een kind de borst of de fles geven is tenslotte een heerlijke en intieme gebeurtenis en draagt bij aan het contact met elke baby afzonderlijk.

Een andere twijfel van tweelingmoeders is of het handig is hen volgens een tijdschema te voeden of op vraag. Het laatste is het beste, maar wel erg moeilijk met twee of meer baby's met elk hun eigen ritme. Hierdoor krijg je als moeder geen rust meer, omdat je heel de dag met de voedingen bezig bent. Het is daarom beter een min of meer vast schema te hebben, dat ook flexibel kan worden toegepast. Als een van de baby's tussen de voedingen huilt, kan je hem een halve voeding extra geven. Met een week of zes ontwikkelt elke baby gewoonlijk zijn eigen min of meer vaste ritme. Uit mijn onderzoek blijkt 77 procent van de tweelingen binnen drie maanden een vast voedingspatroon te ontwikkelen. Bij drielingen is dit 76 procent.

Borstvoeding

Ook meerlingbaby's kunnen genieten van moedermelk, net zoals eenlingen! In mijn onderzoeksgroep gaf 47 procent van de tweelingmoeders en 48 procent van de drielingmoeders borstvoeding. Ze waren allen heel blij dat ze die beslissing hadden genomen. Het ziekenhuis volgt de keuze van de moeder wat betreft borst- of flesvoeding.

Het is ongetwijfeld waar dat het zelf voeden een grote fysieke inspanning vereist. Je moet jezelf in acht nemen, zo goed mogelijk eten en zo veel mogelijk rusten. Maar de grotere vraag om melk hoeft geen reden te zijn van borstvoeding af te zien. Borstvoeding is een kwestie van vraag en aanbod. Als er veel moedermelk nodig is, wordt er meer aangemaakt dankzij de vraag van de baby's. Vele moeders, zelfs die van drielingen, slagen erin hun baby's te voeden met uitsluitend hun eigen melk. Andere moeten de moedermelk aanvullen met kunstmatige voeding, omdat ze niet aan de vraag kunnen voldoen of omdat ze te moe zijn. Maar ook op deze manier profiteren de baby's van de melk van hun moeder.

Voor- en nadelen van borstvoeding

Het zelf voeden heeft vele voordelen en enkele bezwaren, die ook gelden voor een eenling.

Voordelen
- Het is de meest voedzame voeding voor de baby en bevat de ideale verhouding aan proteïnen, vetten, suikers, mineralen en vitaminen. Aangezien meerlingbaby's dikwijls een lager geboortegewicht hebben dan een eenling, komt deze voeding hun nog extra ten goede.
- Borstvoeding bevat antistoffen die de baby's beschermen tegen ziekten, infecties en allergieën. Deze bescherming is voor meerlingbaby's bijzonder belangrijk gezien hun vaak lagere geboortegewicht of vanwege vroeggeboorte. Borstgevoede kinderen zijn minder vaak ziek.
- Het geeft een intiem lichamelijk contact tussen moeder en kind wat hun relatie ten goede komt. Vanaf hun geboorte moeten meerlingbaby's de aandacht van hun moeder delen. Het zogen heeft als voordeel dat elke baby de exclusieve aandacht van zijn moeder krijgt (als hij alleen gevoed wordt).
- Borstvoeding voorkomt ziekten die men als volwassene kan krijgen, zoals vetzucht, hoge bloeddruk en aderverkalking.
- Het bevordert de intellectuele en psychologische ontwikkeling vanwege de belangrijke aanwezigheid van meervoudig onverzadigde vetzuren in de moedermelk, iets wat andere melksoorten niet hebben.
- De borstvoeding is een verlenging van het fysieke contact dat tussen moeder en baby's tijdens de zwangerschap bestond. Bij meerlingen wordt deze intimiteit eerder verbroken. De borst geven compenseert deze voortijdige fysieke scheiding met de moederborst als een 'nieuwe navelstreng'.
- Moedermelk is de voeding die baby's het beste verteren, ook vroeggeborenen. Verstopping, buikkrampen en diarree komen minder voor bij zuigelingen die de borst krijgen. Bovendien voorkomt het maag- of darmontstekingen.
- Het is altijd voorhanden en altijd op de juiste temperatuur. Je hoeft het niet te bereiden en is goedkoop. Flesvoeding voor meer dan één baby vormt een flinke kostenpost.
- Het drinken aan de borst bevordert de kauwspieren en de ontwikkeling van het gebit, doordat de baby meer kracht moet zetten dan bij het drinken uit een fles.

Factoren die reden kunnen zijn om van borstvoeding af te zien
- Het is wat moeilijker het juiste moment te vinden om ermee te beginnen als je net bevallen bent. Er is immers meer kans op een keizersnede, een vroeggeboorte en het gebruik van anesthesie.
- Het vereist altijd de aanwezigheid van de moeder.
- Als de moeder niet voldoende melk heeft, is de baby niet voldaan en huilerig. Ook is het lastiger de hoeveelheid melk per voeding vast te stellen.
- In het geval dat de moeder ziek is (tuberculose, aids) kan dat een contra-indicatie zijn. Ook het gebruik van bepaalde medicijnen kan zogen onmogelijk of ongewenst maken.

Toch zijn deze argumenten niet geheel overtuigend. Voor de meeste bestaan oplossingen zoals ik verderop zal laten zien.

Een persoonlijke beslissing

Neem een beslissing die voor jou goed voelt en past bij je mogelijkheden. Als het idee van borstvoeding je aanspreekt, aarzel dan niet. Het is ongetwijfeld een prachtige ervaring en ook voor jou mogelijk. Zelfs moeders van drie- en vierlingen slaagden erin, zoals we in hun persoonlijke verhalen zullen lezen. Als je denkt dat het erg moeilijk wordt en dat je het niet kunt, wend je dan tijdens de zwangerschap tot een lactatiedeskundige of een ondersteuningsgroep op dit gebied (zie Nuttige adressen). Het is heel waarschijnlijk dat het je met deze steun wél lukt om borstvoeding te geven. Bijna alle vrouwen kunnen het. Als echter het idee je tegenstaat en de informatie je niet overtuigt, dan is het logisch dat je voor flesvoeding kiest. Voel je niet schuldig over die beslissing, want alleen jij kunt je situatie inschatten en je grenzen bepalen.

Een aantal moeders twijfelt. Als dat bij jou ook het geval is, begin er dan gewoon mee, want het is ongetwijfeld de beste voeding voor je baby's. Misschien is het helemaal niet zo moeilijk als je eerst dacht. Je kunt altijd overstappen op de fles. Andersom is echter niet mogelijk! Als je er niet zeker van bent omdat je algauw weer aan het werk moet, bedenk dan dat het mogelijk is te voeden én te werken. Het is beslist geen onmogelijke combinatie, zoals je kunt lezen in de verhalen van moeders die hun ervaringen vertellen. Maar als het toch niet mogelijk blijkt te zijn, benut dan die eerste maanden van het zwangerschapsverlof en geef ze de borst zodat de baby's de antistoffen tegen ziekten binnenkrijgen. En dat is voor hen die immers met een lager geboortegewicht ter wereld kwamen dan de eenlingen een groot voordeel.

Laura, moeder van een drieling (twee meisjes en een jongen) vertelt haar ervaring: *'Ik slaagde erin hun de borst te geven en ik ben daar erg trots op. Ik had me voorgenomen me er niet over op te winden. Beter een rustige moeder die de fles geeft, dan een hysterische die de borst probeert te geven. In het ziekenhuis kregen de baby's de fles want zo wisten we hoeveel ze namen; ze waren erg klein. De flesjes bevatten mijn melk met een aanvulling van flesvoeding. Ik had meteen volop melk. Ze kregen ongeveer 70 procent moedermelk. Toen ze drie weken waren, nam ik ze aan de borst. Het jongetje klampte zich meteen vast, de meisjes kostte het meer moeite, maar dankzij mijn volharding en vertrouwen leerden zij het ook. Ik had in de keuken een schema opgehangen; bij elke voeding gaf ik één van hen de borst. De anderen kregen dan een flesje met mijn melk of met kunstmatige melk. Met dit systeem kon ik me steeds geheel aan één van de kleintjes wijden, terwijl mijn man en mijn moeder de andere twee voedden. 's Nachts gaven we flesjes omdat dat minder tijd nam: drie kwartier ongeveer. Ik heb ze tot zes maanden gevoed.'*

Rosemarie, moeder van een tweeling: *'Ik wilde ze zelf voeden en zocht informatie tijdens de zwangerschap bij de Vereniging Borstvoeding Natuurlijk, die een enorme steun was. In het ziekenhuis dronken de baby's niet goed vanwege het gebrek aan pri-*

vacy. Toen ik ze echter thuis lekker in mijn armen kon nemen, dronken ze als ware kampioenen. Aanvankelijk gaf ik ze om de twee uur elk gedurende twintig minuten de borst en sliepen ze in totaal vier à vijf uur per dag. De zwaarste periode was toen ze rond de zes weken flink begonnen te groeien en ze ieder om het uur kwamen. Het was uitputtend, maar ik stelde me erop in met een gedachte die ik ook had gehad in de laatste weken van de zwangerschap: volgend jaar omstreeks deze tijd lopen ze hier rond en ben ik deze dag vergeten. Mijn borsten deden zeer, maar ik gebruikte een crème en legde de hongerigste baby aan de minst pijnlijke borst. Ik herstelde snel. Al met drie maanden hadden ze de regelmaat van één voeding per drie uur en met zes maanden per vier uur. Nu zijn ze twaalf maanden en alleen voor het slapen geef ik ze nog de borst. Soms neem ik ze tegelijk en soms apart. Mijn ervaring is heel positief en ik ben ervan overtuigd dat het een kwestie is van zelfvertrouwen en goede informatie.'

Gemma, moeder van twee eeneiige tweelingen: 'Al voor ik kinderen kreeg, wist ik dat ik ze borstvoeding wilde geven en ik had ook geen enkele twijfel toen er niet één, maar twee baby's tegelijk kwamen en nog minder toen we nóg een keer ouders van een tweeling werden! Mijn eerste tweeling, twee jongetjes, waren beiden erg klein vanwege een groeiachterstand. Daarom werden ze direct naar de afdeling neonatologie overgeplaatst.

Naar mijn mening werd te laat met de borstvoeding begonnen (ik begon wel direct met kolven). Ondanks dat accepteerden de kleintjes de borst relatief makkelijk. De eerste nam 36 uur na de geboorte voor het eerst de borst, de andere heel veel later, want ik mocht hem niet uit de couveuse halen vanwege eventueel warmteverlies. Ik zou de kangoeroemethode hebben kunnen toepassen, als ik die toen gekend had. Hij kreeg mijn melk met een flesje tot hij acht dagen later direct aan de borst kon. Ondanks de speen-tepelverwarring, lukte het me, maar makkelijk was het niet. Hij moest nog drie weken langer in het ziekenhuis blijven, terwijl ik thuis was met zijn broertje. Door deze situatie nam hij altijd meer flesjes met mijn melk dan zijn broertje. Het zuigen aan een speen of aan de tepel was verwarrend voor hem, iets waarvan ik niets wist. Vanaf drie maanden gaf ik ze 's avonds als aanvulling een flesvoeding omdat ik, wat naïef, dacht dat ze dan een beetje langer zouden slapen. Uiteindelijk maakte een borstontsteking een einde aan de borstvoeding en ook de verwarring tussen speen en tepel speelde daarin mee. Ik nam alsnog contact op met de La Leche League, want ik was met veel vragen blijven zitten. Van hen leerde ik enorm veel. Ik begon me nog meer te interesseren voor borstvoeding en andere tweelingmoeders te adviseren om ze, indien mogelijk, onnodige moeilijkheden te besparen en de borstvoeding te verbeteren. Ik wist uit eigen ervaring hoe belangrijk dat is.

Tot mijn grote verbazing raakte ik opnieuw zwanger van een eeneiige jongenstweeling! Ik kon deze ervaring nogmaals meemaken en het beter doen. Mijn tweede tweeling, geboren met een geplande keizersnee, kreeg vier uur na de geboorte al de eerste melk. De baby's hadden een prima gewicht, respectievelijk 2900 en 3100 gram. Ik nam ze heel vaak aan de borst, zowel overdag als 's nachts, en ondanks dat ze veel wakker waren, bereikten we dat ze op de derde dag alweer begonnen aan te komen!

Een van de baby's begon geel te worden (icterus) en kreeg daarvoor "fototherapie". Toen ik hem mee naar huis mocht nemen, kreeg de andere het. Tijdens de lichttherapie kregen ook zij een aantal moedermelkvoedingen met de fles. Maar dat duurde slechts enkele dagen en verstoorde de borstvoeding niet. Nu, met dertien maanden, genieten ze er nog steeds van en ze blaken van gezondheid. Dit komt ook door de steun van mijn man en moeder. Zij deden er alles aan om de oudste kinderen op te vangen, terwijl de kleintjes mij opeisten of als ik moest rusten.'

Het stimuleren van de borstvoeding

Het meest geschikte moment om met de borstvoeding te beginnen is direct na de geboorte. Dan is namelijk de zuigreflex van de baby heel sterk, wat het aanleggen vergemakkelijkt. Bovendien, als de kleine bij je drinkt, produceert jouw lichaam het hormoon oxytocine. Dit hormoon heeft twee functies: aan de ene kant zorgt het ervoor dat de baarmoeder zich samentrekt. Die samentrekkingen voel je tijdens het voeden. Voor meerlingmoeders is dit van levensbelang, want door de samentrekking worden bloedingen van de baarmoeder voorkomen. Bij meerlingbevallingen is de kans daarop iets groter. Bovendien bevordert dit hormoon de productie van colostrum, een vloeistof die rijk is aan beschermende antistoffen en die voorafgaat aan de eigenlijke melkproductie, én het stimuleert de werking van de melkklieren waar deze eerste voeding immers vandaan moet komen. Op het moment dat je je baby aan de borst legt, wordt als reactie op het zuigen het hormoon prolactine geactiveerd en dit brengt de melkproductie op gang. De 'samenwerking' van deze twee hormonen, oxytocine en prolactine, maakt dat de melkproductie binnen enkele dagen op gang komt.

Daarom is het van het grootste belang dat moeder en kind direct na de geboorte bij elkaar zijn. Behalve dat dat het meest natuurlijke is en iets waar de moeder gedurende de lange maanden van haar zwangerschap naar heeft verlangd, helpt het dus om bloedingen te voorkomen en vergemakkelijkt het de borstvoeding. Als één van de baby's in de couveuse moet, kan de ander op de borst van de moeder worden gelegd om zo van die eerste belangrijke momenten te profiteren.

Het is niet altijd mogelijk dat pasgeborenen bij hun moeder zijn. Soms is het nodig dat ze de couveuse ingaan of is de moeder na een keizersnee nog niet helemaal bijgekomen uit de narcose. Hoe dan ook, het is belangrijk om met het voeden te beginnen zodra je de baby's bij je hebt, ook al is het de dag na de bevalling. Als de kinderen te vroeg zijn geboren en ook nog geen zuigreflex hebben, moet de borstvoeding op gang geholpen worden door af te kolven. Dit is meestal de situatie die de moeders van drielingen meemaken (hierover later meer).

In de eerste dagen wordt alleen colostrum geproduceerd, een heel voedzame substantie die bestaat uit water, koolhydraten, eiwitten, mineralen en antistoffen van de moeder. Het colostrum, gelig van kleur en romig van structuur, is heel belangrijk en gezond voor de kleintjes. Het laxeert en stimuleert de eerste ontlasting van de baby, meconium genaamd. En niet voor niks wordt het wel 'de eerste inenting' van de baby genoemd. Er wordt niet zoveel van aangemaakt, maar de baby kan ermee voort tot de hoeveelheid melk toeneemt. Tussen de derde en de vijfde dag komt de melk op gang. De borsten worden pijnlijk en zijn misschien onaangenaam gespannen. Deze pijn wordt verlicht door de baby's dikwijls aan te leggen. Na enkele dagen zal dan dit nare gevoel verdwenen zijn en rond de zevende dag zullen de borsten niet meer zo vol voelen. Dat wil niet zeggen dat er niet voldoende melk zou zijn, maar dat de borsten zich op hun taak hebben ingesteld.

Suggesties
- Let goed op de signalen waarmee de baby aangeeft dat hij wil drinken: hij maakt kleine zuigbewegingen met de mond, hij zuigt op zijn vuist of vingers, hij likt zijn lippen en begint kort daarna te kwijlen. Deze signalen gaan vooraf aan het huilen van honger. Recente studies hebben aangetoond dat een pasgeborene in staat is de borst van de moeder te vinden als hij op haar buik gelegd wordt. Het is de geur van het vruchtwater die hem naar de tepel leidt. Deze bevat namelijk een olieachtige vloeistof die net zo ruikt. Met kleine bewegingen verplaatst de baby zich en 'kruipt' hij omhoog totdat hij de tepelhof gevonden heeft.
- Kies een makkelijke houding. Heel prettig is een ruime fauteuil of een schommelstoel met armleuningen. Ondersteun eventueel de onderarmen met kussens. Als je erg moe bent, voed ze dan in bed, op je zij liggend, ondersteund door kussens en leg de baby ook op een kussen. Een kussenrol onder je knieën kan ook heel comfortabel zijn. Een speciaal voedingskussen is zeer handig.
- Pijn in je borsten ten gevolge van de stuwing kun je verlichten door er warme doeken op te leggen. Ook een zachte massage tussen de voedingen in is aan te raden en vaak aanleggen van de baby's. En vaak een douche nemen, waarbij je een warme straal water op je borsten afwisselt met koud, helpt. Zowel koud als warm water geven verlichting.
- Bouw de tijd dat je baby's aan de borst liggen, langzaam op: de eerste dag vijf minuten, de tweede dag tien, de derde dag vijftien. En gemiddeld is een tijd van twintig minuten aan te raden. Maar er zijn snelle en wat langzamere baby's. Als de melkproductie eenmaal goed op gang is gekomen, drinkt de baby de eerste vijf minuten bijna alles wat hij nodig heeft. De rest van de tijd dient om zijn zuigbehoefte te bevredigen. In de dagen dat de melkproductie op gang komt, zijn de borsten erg gespannen en dan zal de baby moeite hebben de tepel goed te pakken. Je kunt de druk verlagen door eerst met de hand wat melk eruit te drukken en dan pas de baby aan te leggen.
- In het begin moet je elke baby afzonderlijk voeden. Je zult zien dat ze hun eigen manier van zuigen hebben en zó leer je die kennen. Ook vallen ze vaak in slaap tijdens die eerste voedingen en zul je al je aandacht nodig hebben tijdens het voeden. Als je baby slaapt, streel dan zachtjes over zijn wangetje: dat stimuleert

het zuigen. De eerste dagen zijn om te 'oefenen'. Zowel jij als de baby's moeten de kunst van het voeden nog leren. Als de andere baby wakker is, ga dan naast hem zitten en praat tegen hem terwijl hij op zijn beurt wacht. Neem eerst het kind dat het luidruchtigst zijn honger laat blijken. Je kunt ook proberen ze soms met zijn tweetjes tegelijk te voeden, als je dat tenminste prettig vindt en het niet te zwaar is. Het zal zeker de melkproductie stimuleren doordat er meer wordt afgenomen. Als je een drieling hebt, lees dan de speciale aanbevelingen op de volgende bladzijden.

→ Om pijnlijke borsten en kloven te voorkomen, is het erg belangrijk dat de baby je tepel goed pakt. Streel zijn lippen met de tepel en je zult zien hoe hij zijn mondje naar de tepel beweegt. De baby is goed aangelegd als hij zich met zijn mond goed open vastzuigt. Controleer of zijn mondje bijna de hele tepelhof omvat, zonder dat zijn neusje wordt dichtgedrukt door de borst. Zijn kin moet hem net aanraken. De baby zuigt zodanig dat er een vacuüm ontstaat. Als je hem van de borst wilt halen, kun je dit vacuüm verbreken door je pink even zachtjes in zijn mondhoek te stoppen. Doe het zachtjes zodat hij niet opeens loslaat. Zo voorkom je irritatie van de borsten.

→ Het is het makkelijkste als elke baby slechts aan één borst gevoed wordt. Als je hem wat meer moet geven, geef je hem weer dezelfde. Zo ben je er zeker van dat hij ook het laatste beetje melk binnenkrijgt, dat vetrijk is en heel goed voor zijn groei. Je kunt de baby's afwisselend de ene of de andere borst geven of elk hun 'eigen'. Als je afwisselt, leg dan elke baby bij elke volgende voeding aan de andere borst dan bij de laatste voeding. Je kunt ook per dag afwisselen. Zo worden de borsten op verschillende manieren gestimuleerd doordat elke baby op zijn eigen wijze drinkt. Als de baby's erg verschillende behoeftes hebben en je kiest voor elke baby zijn eigen borst, dan kunnen je borsten wel erg verschillend van grootte worden. In dit geval is het beter om af te wisselen.

→ Zorg dat je borsten goed leeggedronken worden. Je kunt hierbij meehelpen door met de hand op je borst te drukken in de richting van de tepel tijdens de laatste ogenblikken dat de baby's drinken. Dit voorkomt dat zich melk ophoopt in de melkkanaaltjes.

Drinken ze wel genoeg?

Veel moeders vragen zich af of hun baby's wel genoeg drinken. Laat je leiden door de volgende signalen. Als het zó gaat, hoef je je niet ongerust te maken over hun voeding:
- De baby's zijn tevreden en huilen niet overdreven veel. Als ze huilen, zijn ze makkelijk weer rustig te krijgen.
- De kleintjes drinken elke twee of drie uur en ze zuigen krachtig.
- Ze maken zes- tot achtmaal per dag een natte luier.
- De baby's komen met regelmaat elke week aan.

De nachtvoedingen

Zonder uitzondering vragen meerlingen om nachtvoedingen. Vanwege hun wat lagere geboortegewicht, hebben ze die gedurende langere tijd nodig. Het is handig te wachten totdat de eerste zich meldt. Als die is gevoed, maak dan de andere wakker, als die tenminste nog niet vanzelf wakker is geworden. Als je dat niet doet, heb je grote kans dat die komt als je net weer slaapt! Hoe dan ook, na een tijdje kun je proberen of hij misschien toch doorslaapt. Dat zou namelijk best kunnen. Per slot van rekening zijn de behoeften van baby's niet precies hetzelfde, alhoewel eeneiige tweelingen hierin veel meer op elkaar lijken dan twee-eiige.

Suggestie
→ Nachtvoedingen zijn vermoeiend. Wissel daarom enkele nachten eens met je partner, bijvoorbeeld in de weekends. Hij kan ze een fles geven met fles- of moedermelk die je hebt afgekolfd, zodat jij eens kan doorslapen. Sommige families met meerlingen nemen alleen voor de nacht een verpleegster in dienst om zo aan hun nachtrust toe te komen. De ervaringen met deze vorm van hulpverlening zijn heel positief omdat het fysieke uitputting van de ouders voorkomt of vermindert.

Houdingen om de baby's tegelijk te voeden

Als de baby's goed drinken en je hebt de nodige ervaring met het voeden, is het mogelijk ze tegelijk de borst te geven. Het verkort de tijd van het voeden en het is ook een goede oplossing als ze tegelijk huilen van de honger! In het algemeen is het makkelijker eeneiigen tegelijkertijd te voeden omdat hun ritmes meestal gelijk opgaan. Als de een wakker wordt van de honger, zal het niet lang duren of de andere baby zal zich ook melden. Dit komt minder voor bij twee-eiigen. Daarom kiezen sommige moeders ervoor de andere baby te wekken om hen tegelijkertijd te kunnen voeden.

Gebruikelijke houdingen
- Voor de allerkleinsten: ga lekker in bed zitten, of op de bank of in een schommelstoel. Leg twee kussens aan weerszijden van je armen en twee op je bovenbenen. Leg de baby's op de kussens en ondersteun hun hoofdje met je handen. Hun voetjes doe je onder je armen in de richting van je rug. Dit heet de 'rugbyhouding'. Deze is zeer aan te bevelen na een keizersnede.

- Voor de iets ouderen die al zonder probleem drinken: ga lekker in bed zitten, of op de bank of in een schommelstoel en leg twee kussens onder je onderarmen en twee op je schoot. De baby's liggen elk in je gebogen arm, met hun billetjes in je hand en hun benen in de lengte over je dijen uitgestrekt. Dit is ook een erg handige positie als ze het lekker vinden gewiegd te worden. Dit heet de 'wieghouding'.
- Een derde mogelijkheid is een combinatie van de twee vorige: leg twee kussens op je schoot en geef een van de kinderen in de gebruikelijke positie de borst, zoals in het vorige voorbeeld. Leg de ander neer zoals in het eerste voorbeeld is beschreven, ondersteun zijn hoofdje met je hand, zijn lichaam ligt onder je onderarm met de benen in de richting van je rug. Met je onderarm ondersteun je zijn rug. Het hoofdje van de tweede baby bevindt zich in de buurt van de buik van de eerste.

Borstvoeding van een drieling

Logischerwijs is het lastiger drie kinderen met moedermelk te voeden, maar het is niet onmogelijk. Zoals ik al zei, het is een kwestie van vraag en aanbod. In de door mij bestudeerde groep slaagden verschillende moeders erin de kinderen met hun melk te voeden. De meesten deden dat vooral in de eerste maanden, maar er is ook een moeder die hun borstvoeding gaf tot de kinderen acht maanden waren, en één zelfs tot veertien maanden. Andere moeders vulden de borstvoeding aan met flesvoeding door bijvoorbeeld bij elke voeding twee baby's met hun eigen melk te voeden en één met een fles. Op deze manier kregen de kinderen toch ook borstvoeding, met alle voordelen van dien.

Er is echter één probleem: omdat deze baby's meestal te vroeg geboren worden en/of met een te laag gewicht, moet de moeder de borstvoeding zelf stimuleren door te kolven. Sommige ziekenhuizen maken gebruik van deze melk en geven ze aan de baby's met behulp van een sonde of een flesje. Als het erg kleine kindjes zijn of erg prematuur, voegt men nog andere voedingsstoffen toe aan de moedermelk. Zodra het kan, begint de moeder met de sterkste baby aan de borst te nemen. Er zijn echter in mijn onderzoeksgroep verschillende vrouwen die maandenlang hun melk hebben afgekolfd en via de fles aan hun baby's hebben toegediend, omdat die nooit hadden geleerd goed te zuigen. Op die manier kregen ze ook de beste melk ter wereld.

Elsa, moeder van een drieling: '*In de eerste weken kolfde ik melk af en dat kregen ze met een sonde toegediend. Met drie weken begon ik ze de borst te geven want toen wogen ze genoeg om er niet te moe van te worden. In het ziekenhuis boden ze me medicijnen aan om de melkaanmaak af te remmen maar ik was vastbesloten ze zelf te voeden. Ik had heel veel informatie ingewonnen. In feite kon ik de verpleegsters van de neonatologie een heleboel vertellen over de voeding van een drieling. Ze bleken zeer geïnteresseerd en weinig geïnformeerd te zijn.'*

Voor het combineren van moedermelk- en flesvoeding kun je kiezen uit de volgende schema's.
- Per dag zes borstvoedingen geven – of negen, naargelang de behoefte – betekent dat elke baby twee- of driemaal de borst krijgt.
- Bij enkele voedingen, bijvoorbeeld de eerste van de dag, de borst geven aan twee tegelijk. Bij de volgende neem je één kind. Daarna weer twee samen en zo ga je achtereenvolgens door. Om verwarring te voorkomen is het noodzakelijk dat je het bijhoudt (zie voedingsschema). En de moedigsten kunnen proberen bij élke voeding twee baby's tegelijk aan de borst te nemen, terwijl de derde de fles krijgt.
- De borst geven aan één gedurende een hele dag en een nacht. De volgende dag is de beurt aan zijn broertje of zusje. Zo krijgt elke baby eens per drie dagen de borst. Je kunt er ook voor kiezen dit met twee tegelijk te doen.

Het is logisch dat drielingmoeders hulp nodig hebben in deze periode.

Het nut van de kolf bij borstvoeding

Als het niet mogelijk is om vlak na de geboorte met de borstvoeding te beginnen, dan moet je je toevlucht nemen tot de kolf. Bij een te vroeg geboren meerling, is het mogelijk dat de zuigreflex van de baby's nog niet voldoende ontwikkeld is. Het is een kunstmatige, maar wel effectieve manier om de melkproductie op gang te brengen.

Het is verstandig om zo snel mogelijk na de bevalling te beginnen met het afkolven van het colostrum. Elk ziekenhuis beschikt over een elektrische kolf en het verplegend personeel zal je uitleggen hoe je moet kolven en de melk moet bewaren. Een elektrisch kolfapparaat is te verkiezen boven een handkolf. Vaak heeft het ziekenhuis ook een dubbele kolf, heel handig voor tweelingmoeders. De zo verkregen melk kan aan de baby's worden gegeven, zelfs aan te vroeg geborenen, door middel van een sonde of een fles. Het is de meest geschikte voeding, omdat het heel goed wordt opgenomen door nieren en lever en het hen helpt hun afweer op te bouwen, wat zo dringend nodig is voor deze lichtgewicht kinderen.

Adviezen
→ Kolf de eerste dagen niet langer dan ongeveer drie minuten per borst. Bouw langzaam op tot zo'n tien minuten per borst. Als de melkproductie eenmaal goed op gang is, kolf je zo lang totdat de melkvloed afneemt. Alles bij elkaar hoeft dit niet meer dan twintig tot dertig minuten te duren. Als je over een dubbele kolf kunt beschikken, verkort dat de tijd. Bovendien krijg je op die manier handigheid

om twee baby's tegelijk te voeden. Het verkort niet alleen de tijd, maar verhoogt ook de melkproductie.
→ De aanbevelingen om de melktoevoer te stimuleren zijn dezelfde als die waar we het eerder al over hadden (zie vorige pagina). Het is belangrijk dat je er zo snel mogelijk mee begint. De borsten worden geïrriteerd door het afkolven en de pijn die erdoor ontstaat is intenser dan wanneer de baby drinkt. Wees daarom geduldig en laat je niet ontmoedigen! Lees ook het verhaal van Elsa op de volgende pagina.
→ Je moet de kolf net zo vaak gebruiken als je de baby zou voeden en de afnameduur geleidelijk aan verhogen. Het gaat om zo'n acht tot tien keer per dag. Het is prima als je het 's nachts even stopzet, maar niet langer dan vijf uren om te voorkomen dat de hoeveelheid melk vermindert.
→ Je melk is erg belangrijk voor je kinderen. Dring er daarom op aan dat je kleintjes het krijgen. Het is mogelijk dat de moedermelk gemengd wordt met flesvoeding, zoals bijvoorbeeld een speciale prematurenvoeding.
→ Ook als de baby nog in de couveuse is, is het van groot belang hem, zodra het kan, aan de borst te nemen. De melkproductie wordt door het zuigen van de baby veel beter gestimuleerd dan door een kolf en bovendien is het heel bevredigend voor jou en voor het kind.
→ Vers afgenomen moedermelk kun je in de koelkast 24 tot 48 uur bewaren en in de vriezer drie tot zes maanden, afhankelijk van het type. Besteed goed aandacht aan de verpakking. De gesteriliseerde potjes die het verplegend personeel in het ziekenhuis je kan geven, zijn erg handig. En houd in de gaten dat opgewarmde of ontdooide melk niet weer opnieuw gebruikt kan worden. Wat overblijft moet je weggooien.
→ Zorg dat je een kolfapparaat in huis hebt zodra je uit het ziekenhuis ontslagen wordt. Het is handig dat je man dit al de eerste dagen vlak na de geboorte regelt. Kolven zijn te huur bij de Thuiszorg. Het ziekenhuis kan je daarover informeren.

Elsa, moeder van een drieling: '*Al tijdens mijn zwangerschap had ik me vast voorgenomen zelf te voeden niettegenstaande het negatieve commentaar van mijn omgeving. Op de dag dat de kinderen werden geboren, gaf de verpleegster me bij het avondeten een pijnstiller en een andere pil. Gelukkig vroeg ik waar die voor was. "Om de melk te stoppen", antwoordde ze. "Maar ik ga ze zelf voeden", zei ik.*

"Oh sorry, maar omdat het er drie zijn en ze nog in de couveuse liggen, dacht ik…" Drie baby's en in de couveuse ook nog, alsof dat nou juist niet de hoofdmotieven zouden zijn om te proberen ze borstvoeding te geven! Mijn man, die gelukkig op de afdeling neonatologie was om een beetje met onze kleintjes te knuffelen, bracht me een bemoedigender bericht: "De hoofdzuster hier zegt dat als je je een beetje kunt bewegen, je naar de voedingskamer moet komen om te kolven, want de baby's moeten zo snel mogelijk moedermelk krijgen!" Dat monterde me lekker op, zodat ik, meteen nadat ze het infuus hadden verwijderd, naar boven liep om ze te zien. Ze zagen er zó klein

en hulpeloos uit in hun couveuses, hoewel tegelijk ook zo levend en wonderbaarlijk, dat mijn besluit tot borstvoeding er alleen maar door werd versterkt.

En zo ontmoette ik Medela, een veelgebruikt merk melkkolven. Eerlijk gezegd deed het afnemen erg veel pijn. Beetje bij beetje druppelde er wat colostrum in het flesje. Het was nog geen 10 cc, maar ik was er erg trots op! De volgende dag kwam er een beetje meer en zo ging het voort. Om de drie uur noteerde ik de "productie": 30, 50 cc... Ze konden nog steeds niet zuigen en als ik zag hoe de witte vloeistof die kort tevoren nog in mijn borst had gezeten, via een sonde in hun maagjes werd gebracht, voelde ik me heel speciaal. Het was een mengsel van verdriet en trots, van verlangen ze aan mijn borst te voelen en van voldaanheid dat ik ze tóch zelf voedde.

Na de tweede week kregen ze alleen nog mijn melk. Deze situatie sleepte zich vier lange weken voort, maar ze kwamen snel in gewicht aan. Voordat we het ziekenhuis een maand na de geboorte verlieten, waren ze aan de borst. Wat een verschil! Hun warme, natte mondjes zijn zo teer. Dat heeft niets te maken met het trekken van het kolfapparaat!

Thuis echter diende de realiteit zich aan: ik merkte dat het onmogelijk was ze alle drie tegelijk mijn melk te geven. De samenstelling van moedermelk is in het begin van de voeding anders dan aan het eind. Het eerste is heel waterig en dient om de dorst te lessen, dan komt er meer eiwitrijke vloeistof en het laatste is het vetste. Bij een drieling is er altijd eentje die het laatste van de twee borsten krijgt en dus worden ze niet evenwichtig gevoed. Ik had kunnen kiezen voor kunstmatige aanvulling, maar dat wilde ik liever niet. Ik besloot Medela maar weer in te schakelen. Na elke voeding nam zij twintig of dertig minuten lang melk af voor de volgende voeding van het drietal, die ik hun in flesjes gaf. Ik vond het heerlijk om ze de borst te geven en om dat niet te hoeven missen, deden we dat alleen in de middag en de avond. Maar wel slechts steeds één baby tegelijk zodat ze er allemaal van konden genieten.

Maar toen ontstond een nieuw probleem: doordat ze maar één keer per dag direct aan de borst zogen, raakten ze zo gewend aan het gemak van een flesje dat ze begonnen te huilen als ze aangelegd werden. Zo werd na verloop van ongeveer drie maanden Medela de enige die aan de borst was. Maar de kleintjes kregen uitsluitend moedermelk en ik produceerde 1800 tot 1900 cc per dag. Wie beweerde dat een vrouw niet voor drie baby's melk kan hebben?!

Met zeven maanden gaf ik ze nog steeds flesjes met mijn melk, één in de ochtend en één in de avond. Nu kon ik elke vier uur melk afkolven. Wat een opluchting! Met negen maanden ging ik weer aan het werk. Ik besloot ze mijn melk niet te onthouden, want in een kinderdagverblijf heb je toch rekening te houden met zekere risico's als virussen en verkoudheden. Maar voor het avondeten koos ik nu wel voor flesvoeding. Zo hoefde ik slechts twee keer per dag te kolven, wat ik dan thuis kon doen en niet op kantoor. Ik deed het 's morgens vroeg voordat ik opstond en 's avonds rond een uur of tien. Mijn man was mijn steun en toeverlaat: als de wekker ging, bracht hij me het kolfapparaat en 's avonds zette hij de melk in de koelkast. Het was zijn manier om de verantwoordelijkheid te delen. Met wat geduld verkreeg ik in die twee keer samen de 750 cc die nodig waren voor een driepersoonsontbijt.

De truc is dat je elke dag een beetje meer melk afkolft en blijft doorgaan, ook al lijkt het of er niets meer in zit. En zo heb ik het volgehouden tot mijn drieling veertien maanden was. Ze zijn nu vier en blaken van gezondheid. Ze weten gewoon niet wat een verkoudheid is. Ongetwijfeld heeft de borstvoeding daar alles mee te maken.'

Het belang van goede voeding

Je moet als moeder goed en veel eten om in staat te zijn je baby's te voeden. Aanbevolen wordt vijf maaltijden per dag te nemen, twee meer dan gewoonlijk, goed verdeeld over de dag. Dit is beter dan drie overvloedige maaltijden. Je hebt 3300 calorieën per dag nodig en drie liter vloeistof. Het is goed om veel vruchten- en groentesappen, melk en drinkyoghurt te nemen. Neem niet te veel koffie, dat houdt de baby's uit hun slaap.

Volkorenproducten, fruit, groenten en noten bevatten veel vitaminen en ijzer. Het is aan te bevelen bij elke maaltijd een voedingsmiddel te nemen dat rijk is aan vitamine C, omdat het de opname van ijzer bevordert. Dat kan fruit zijn, groente of sinaasappelsap. De melkproductie wordt bevorderd door het eten van bijvoorbeeld pinda's of door drankjes als kruidenthee op basis van anijs, venkel en karwij (te koop in reformwinkels). Ook heb je supplementen nodig van vitamine D en biergist, dat rijk is aan vitamine B.

Vrouwen die zelf voeden, vallen makkelijker af dan vrouwen die flesvoeding geven. Je hoeft je nu dus geen zorgen te maken over de lijn! Het is erg waarschijnlijk dat je vanwege de borstvoeding continu honger en dorst hebt. Voed jezelf goed. Vermijd echter voedingsmiddelen met een hoge calorische waarde maar zonder voedingswaarde, zoals chips, frisdranken en dergelijke.

Problemen bij borstvoeding

Niet voldoende melk
Moeders zijn dikwijls bezorgd dat ze niet voldoende melk hebben voor de baby's. Volgens onderzoek van Elisabeth Damato, van de Case Western Reserve University, Cleveland (2005), zijn tweelingmoeders sneller dan eenlingmoeders geneigd te denken dat ze niet genoeg melk zullen hebben. In mijn onderzoeksgroep had 31 procent van de tweelingmoeders niet genoeg voeding, wat niet zo'n hoog percentage is. Allemaal konden ze hun eigen melk goed combineren met flesvoeding. Het is de moeite waard om voordat je je toevlucht neemt tot flesvoeding, eerst enkele simpele trucjes te proberen om de melkproductie op te voeren.
- Verhoog het aantal voedingen. Als je de baby's vaker aan de borst legt, wordt de productie gestimuleerd. Drink zelf heel veel en binnen 48 uur heb je weer voldoende melk.

- Leg een warmwaterzak op de borsten. De warmte werkt stimulerend op de productie.
- Het kan een goed idee zijn weer te kolven nadat de baby's hebben gedronken. Wanneer ze bijvoorbeeld nog niet krachtig genoeg kunnen zuigen, worden de borsten niet voldoende geprikkeld, wat de melkproductie doet verminderen. Als je afkolft na de voedingen, gaan de borsten meer melk produceren, maar je moet het wel constant doen en minstens een week lang. Het resultaat laat namelijk wel eens op zich wachten.
- Neem voeding die stimulerend is, zoals pinda's. Maak tot je gewoonte om tijdens of direct na het voeden wat te drinken. Ook kruidenthee op basis van anijs, venkel en komijn stimuleert. In sommige gevallen wordt een medicament aangeraden. Zorg ook voor voldoende rust. Te weinig slaap vermindert namelijk de borstvoeding. Het zal niet makkelijk zijn om voldoende te slapen, dus vraag hulp aan je partner.
- Meerlingen hebben zoals alle baby's periodes dat ze veel groeien en dan meer melk vragen. Dat gebeurt rond de tiende dag, met zes weken en met een maand of drie. Ze groeien niet geleidelijk, maar schoksgewijs. Dat veroorzaakt een ontregeling in het voedingsschema en enkele héél drukke dagen wat de voedingen aangaat! Het is dan handiger ze vaker te voeden. Zó reageren de borsten goed op de verhoogde vraag en scheiden meer melk af. De kinderen zullen algauw weer terugkeren naar een vast ritme.

Als de moedermelk niet voldoende is of je bent erg moe, combineer dan met flesvoeding. Je kunt een keus maken uit de volgende schema's:
- wissel borst en fles af: de baby die bij de laatste voeding de borst had, krijgt bij de volgende een flesje, enzovoort. Het is wel handig aantekening ervan te houden zodat er geen verwarring ontstaat. Omdat borstvoeding sneller verteert dan flesvoeding, moet je eerst de baby voeden die voor de fles aan de beurt is. Realiseer je wel dat je borsten nu voor slechts één baby melk produceren;
- geef gedurende een hele dag de een de borst en de ander de fles. Wissel dat de volgende dag om;
- geef eerst beiden de borst en daarna de fles. Dit is de minste van de drie opties want het neemt veel tijd. Als je hiervoor kiest, let er dan op dat je de genoemde volgorde niet verandert. Is die andersom, dus eerst de fles dan de borst, dan stillen de kinderen namelijk hun honger met de fles en doordat het ze meer kracht kost melk uit de borst te krijgen, worden ze te moe en krijgen ze te weinig binnen. Dat veroorzaakt dan weer dat de borsten niet goed gestimuleerd worden en er steeds minder melk komt.

Sommige baby's kunnen slecht overschakelen van fles naar borst. De melk vloeit namelijk makkelijker uit een speen dan uit een borst en dat kost hun minder kracht. (Het merk Medela heeft een fles die de melkdoorvoer dusdanig reguleert dat de benodigde zuigkracht vergelijkbaar is met die voor de borst.) In het algemeen slagen de moeders er met het nodige geduld in de baby's aan beide manieren te laten wennen.

In sommige gevallen gaat het echter niet. Drie moeders uit mijn tweelingonderzoeksgroep gingen door met geven van de borst aan het kind dat hem graag nam, terwijl ze het andere kind, dat de borst niet wilde, de fles gaven. En enkele moeders van drielingen lukte het niet en zij gaven hun eigen melk met een flesje. Hun baby's leerden niet de borst goed beet te pakken.

Om deze reden wordt afgeraden aan baby's die nog leren zuigen aan de borst, een fopspeen te geven. Het kan het leerproces bemoeilijken. Als ze het eenmaal kunnen, dan is er niets meer op tegen. Toch is dit bij te vroeg geboren baby's anders: zij krijgen een speciaal voor hen ontwikkelde fopspeen omdat het hen helpt een zuigreflex te ontwikkelen, die het later mogelijk maakt aan de borst te zuigen.

Tepelkloven
Bij moeders die meer dan één baby voeden, komen tepelkloven in de eerste weken van de borstvoeding vaker voor. Het zijn kleine kloofjes die het zuigen van de baby's erg pijnlijk maken.

Adviezen
→ Vraag of iemand bij de eerste voedingen controleert of de baby's de borst op de goede manier pakken. Zó kun je de kans op wondjes en kloven verminderen. Een correcte manier van aanleggen is daarom uiterst belangrijk: de baby moet zijn mondje goed om de tepel én tepelhof sluiten.
→ Droog de tepels na elke voeding goed af. Ze mogen niet vochtig blijven.
→ Er bestaan verschillende crèmes om de kloven te helen, onder andere ongeparfumeerde lanolinecrème. Ook een effectief middeltje om op je pijnlijke tepel te smeren, is je eigen moedermelk.
→ Leg vóór elke voeding een washandje met ijsblokjes op de pijnlijke tepel. De kou verdooft de pijn.
→ Leg de minst hongerige baby aan de gevoeligste borst: terwijl je die voedt, begint de andere borst al melk af te scheiden en zo doet het minder pijn als de andere baby aangelegd wordt.

Deze ongemakken zijn zelden een reden om met de borstvoeding te stoppen. Als je de houding verbetert en de baby's zuigen op de juiste manier, zal je dat een enorme verlichting geven. Als de kloven erg hinderlijk zijn, kun je afwisselend siliconen tepelhoedjes gebruiken zodat je pijnlijke tepel af en toe met rust gelaten wordt. Ze zijn bij de apotheek te koop.

Borstontsteking
Borstontsteking, mastitis, ontstaat als de melkkanalen verstopt raken. De melk hoopt zich op en/of ziektekiemen dringen binnen. Je ziet een bult of een rode plek

op de borst. Daarom is het erg belangrijk dat de borsten bij elke voeding goed leeggedronken worden en er geen resten in de melkkanaaltjes achterblijven. Je kunt het voorkomen door tijdens het voeden zachtjes met je hand op de borst te drukken in de richting van de tepel. De ontsteking gaat gepaard met koorts, pijn in de borst en een ziek gevoel. Soms moeten er medicijnen worden ingenomen. Het is belangrijk door te gaan met de borstvoeding want anders wordt de pijn erger. Je kunt de pijn verlichten door er een washandje met ijsblokjes of een warmwaterzak op te leggen. Zowel warmte als kou verminderen de pijn. Ook een massage van het tepelgebied kan verlichting geven. Het beste is om dit te doen terwijl je een warme douche neemt, het liefst vlak voor een voeding. Sommige vrouwen vinden verlichting door hun borsten onder te dompelen in een teiltje met warm water.

Een borstontsteking is erg onaangenaam. Je voelt je fysiek slecht en het voeden wordt erg zwaar. Je zult hulp moeten vragen en enkele dagen in bed moeten blijven. Zulke ontstekingen komen vooral in de eerste maanden voor. Er zijn vrouwen die er nooit last van hebben terwijl andere er veel vatbaarder voor zijn. Dit heeft onder andere te maken met de grootte van de melkkanalen.

Melkallergie
Sommige baby's, die allergisch zijn voor koemelk, krijgen problemen als de moeder melkproducten neemt, zoals kaas, yoghurt of melk. De kenmerken zijn buikkrampen en diarree. Als dit soort melkallergie in de familie voorkomt, kan de baby het ook hebben. In zulke gevallen moet de moeder koemelkproducten laten staan en ze vervangen door bijvoorbeeld sojamelk en sojatoetjes. Het is niet nodig om met de borstvoeding te stoppen, want die voorkomt over het algemeen juist allergieën. Gewoonlijk verdwijnt de allergie na verloop van een jaar. Het is aan te raden de baby beetje bij beetje enkele melkproducten te geven om te kijken hoe hij reageert. Overigens is het bij eeneiige tweelingen zeer waarschijnlijk dat ze beiden allergisch zijn.

Borstvoeding na een keizersnee

De melkproductie komt na een keizersnee iets moeilijker op gang. Doordat de vrouw minder weeën heeft gehad, is de concentratie van het hormoon oxytocine lager. Dit hormoon stimuleert niet alleen de weeën maar ook de melkaanmaak. Dus in dat geval moet je meer geduld hebben. Maar er is geen reden om na een keizersnee de baby's niet zelf te voeden. Het lukte 40 procent van de tweelingmoeders in mijn onderzoeksgroep die een keizersnee meemaakten. En 48 procent van de drielingmoeders, die allen met een keizersnee waren bevallen, kon hun baby's de borst geven.

Adviezen
→ Vraag aan de anesthesist wanneer je kunt beginnen met voeden. Het is namelijk zo dat stoffen van de narcose in de moedermelk terechtkomen, wat de baby's suf

kan maken en het zogen bemoeilijkt. Bij verdoving met een ruggenprik kun je echter meteen na de geboorte beginnen.

→ Kies een comfortabele houding die geen pijn doet aan de operatiewond, zoals de rugbyhouding met een paar kussens erop of ga op je zij liggen met enkele kussens lekker in je rug, tussen je knieën en onder je hoofd. Ook de speciale voedingskussens, te koop in babyspeciaalzaken, kunnen je goed van pas komen. Als de baby nog erg klein is, leg je hem ook op zijn zij op een kussen.

Borstvoeding van een vierling

Een vierlingmoeder van mijn onderzoeksgroep voedde haar baby's de eerste twee maanden uitsluitend met haar eigen melk. Dat is absoluut een bewonderenswaardige prestatie! Vanaf de derde maand gebruikte ze flesvoeding als supplement. Eerst gaf ze elke baby de borst en daarna de fles. Hierbij had ze uiteraard wel hulp. Terwijl zij de borst gaf, gaven haar man en (schoon)moeder de flesjes aan de kleintjes die al aan de borst gedronken hadden. Deze volgorde is belangrijk omdat dan de borsten gestimuleerd blijven en de productie niet afneemt.

Andere moeders kozen ervoor bij elke voeding één of twee van de kinderen de borst te geven terwijl de anderen werden gevoed met flesvoeding. Het belangrijkste is dat moeders die in deze situatie verkeren er niet bij voorbaat van uitgaan dat het niet mogelijk zal zijn zelf te voeden. Er zijn vele manieren om het te doen, het is geen kwestie van alles of niets!

Stoppen met de borstvoeding

Volgens de gegevens uit mijn onderzoek was voor de meeste moeders het stoppen met de borstvoeding een natuurlijk proces dat geen problemen gaf. Sommige vulden de voeding aan met flesvoeding omdat de kinderen groter werden en meer nodig hadden. De melkaanmaak nam in zulke gevallen allengs af, want bij verminderde vraag wordt de productie ook minder. Een enkele moeder bleef alleen aan één van de baby's de borst geven omdat de andere niet meer wilde. Zo gaat het spenen niet anders dan bij elke willekeurige andere moeder.

Zo'n 27 procent van de tweelingmoeders uit mijn onderzoek gaf minder dan drie maanden borstvoeding, 49 procent gedurende de eerste vier maanden en 24 procent langer. Bij de twee- of drielingmoeders die uitsluitend zelf voedden totdat de kinderen aan de fruit- en groentehapjes toe waren, ging het afbouwen van de borstvoeding niet gemakkelijk: de borsten raakten pijnlijk gespannen door het verminderde aantal voedingen. Het is logisch dat als je meer dan één kind voedt, de druk groter is dan bij slechts één.

Enkele adviezen, speciaal voor deze situatie
- → Het afbouwen moet heel geleidelijk aan gebeuren, veel langzamer dan bij één kind. Het kan enkele maanden duren voordat dit proces helemaal voltooid is. Om te beginnen schrap je de voeding waarbij de kinderen het minst interesse tonen, bijvoorbeeld die van rond 12 uur 's middags. De spanning op de borsten kan erg hinderlijk zijn. Met de hand of kolf wat melk afnemen, geeft dan verlichting. Het heeft ook effect als je iets minder drinkt of saliethee neemt. Salie is een kruid dat de melkvloed helpt verminderen.
- → In het begin, als je een tussenvoeding laat vervallen, is het handig de tijd tussen de laatste en de volgende wat in te korten. Naarmate de borsten gewend raken aan de verminderde vraag, kun je de tijd tussen twee voedingen weer verlengen.
- → Nadat je een voeding hebt laten vervallen, moet je enkele weken wachten voordat je een volgende overslaat. Zo ga je door tot er nog maar twee voedingen over zijn. Meestal zijn dat die van de ochtend en die van de avond. Nu ga je steeds maar één kind de borst geven: de ene krijgt hem 's morgens en de andere 's avonds. Vervolgens laat je de avondvoeding weg. Ten slotte schrap je die van de ochtend. Dat zal niet moeilijk zijn aangezien de borsten nu veel minder melk geven. Je kunt er ook voor kiezen met deze ene voeding een tijdje door te gaan om nog te kunnen blijven genieten van die intieme ogenblikken. De ochtendvoeding is de beste omdat de melk dan een hogere concentratie vetten bevat dan 's avonds. Daardoor is hij ook dikker. De baby's kunnen deze melk dagelijks delen of elk krijgt om de dag de borst.

Fatima, moeder van een drieling: *'Ik gaf ze tot ruim acht maanden uitsluitend borstvoeding. In de eerste maanden kostte het me soms 17 uur per etmaal! Later gingen de kinderen beter drinken en was ik sneller klaar. Ik had geen problemen met ze van de borst te krijgen; ik deed het langzaam, in vier weken.'*

Flesvoeding

Bijna de helft van de twee- en drielingmoeders kiest voor de fles, zo blijkt uit mijn onderzoek. In het begin is het goed elke baby individueel te voeden. Je moet de manier van zuigen van elk kind leren kennen en ook hun eigenaardigheden. Dat lukt het beste als je ze een voor een voedt. Een van de voordelen van flesvoeding is dat anderen je kunnen helpen. Toch is het wel het beste dat het, indien mogelijk, steeds dezelfde personen zijn. Op die manier is het contact met de baby's intiemer. Het gaat niet alleen om het voeden, maar ook om het geven van liefde en warmte. De kinderen genieten als ze in de armen van een van hun ouders zijn. Ze voelen hun hartslag, nemen hun geur op en horen hun stem.

Omdat het onmogelijk blijkt de kleintjes op vraag te voeden, kiezen de meeste moeders voor een min of meer strak voedingsschema. Eerst nemen ze de baby die al wakker is, terwijl de ander zijn beurt afwacht. De fopspeen kan daarbij helpen. Er zijn moeders die het na de eerste weken alleen afkunnen, maar anderen zorgen ervoor minstens de eerste zes maanden voor dat ze op hulp kunnen rekenen. Moeders van drielingen hebben altijd hulp nodig.

Omdat meerlingbaby's een lager geboortegewicht hebben, worden ze vaker gevoed: elke twee of drie uur en 's nachts twee keer. Als ze de fles goed accepteren, is het mogelijk hen tegelijk te voeden. Er zijn moeders die ze op de drukste momenten van de dag samen voeden of als ze allebei tegelijk honger hebben. Sommige laten een van de baby's zelf drinken terwijl het bij haar ligt met een fles die door een kussen wordt ondersteund. Zo kon een drielingmoeder haar kinderen in haar eentje voeden als ze geen hulp had (zie tekening).

Als ze wat groter zijn, kun je ze in hun wipstoeltje zetten met elk zijn eigen fles. Een andere mogelijkheid is er één op schoot te nemen terwijl je de andere helpt die tegenover je in zijn stoeltje zelf zit te drinken. Bij de volgende voeding draai je het om en zit de ander op schoot. Intiem contact met jou is voor de baby van groot belang. Het voeden is een belangrijk onderdeel van het bindingsproces, dat op zijn beurt weer van invloed is op de sociale en emotionele ontwikkeling. Daarom, als je kinderen zelf drinken, neem dan na het eten de tijd om met ze te knuffelen.

De meest gebruikelijke houdingen:

Suggesties
- Noteer in een schriftje de voedingen van elk apart om verwarring te voorkomen. Of je kunt het schema van de volgende pagina gebruiken.
- Bereid de voeding 's morgens voor de hele dag en bewaar hem in de koelkast. Zo staat hij altijd klaar. Een nadeel kan zijn dat je niet alles opmaakt. Er zijn moeders die daarom alleen het water opwarmen en in een thermosfles op de juiste temperatuur houden. Het is ook handig de nachtvoedingen van tevoren klaar te maken en alles wat je nodig kunt hebben, bij de hand te leggen.
- Geef elke baby zijn eigen flesje. Je kunt flessen van verschillende kleur kopen of ze door middel van een sticker onderscheiden. In de eerste maanden is het nodig de spenen en flessen na elk gebruik te steriliseren. De magnetronsterilisator is daarvoor heel handig. Na de eerste maanden volstaat één keer per week. Let op: gebruik de magnetron niet om de flesjes te verwarmen! In een magnetron wordt de hitte onregelmatig door de melk verspreid waardoor de baby's zich zouden kunnen branden.
- Geef ze tegelijkertijd de fles terwijl ze in hun wipstoeltjes zitten. Ze kunnen zelf drinken als je de flessen ondersteunt met een opgerolde handdoek of als ze al wat groter zijn. Maar: laat ze nooit alleen! Ze kunnen zich verslikken.
- Nachtvoedingen zijn belastend. Als je die met iemand kunt afwisselen, kun je ook eens wat langer lekker doorslapen. Je man zou het bijvoorbeeld in het weekend kunnen doen. Profiteer van de middagslaapjes van de baby's door even te gaan rusten.
- Vergelijk de baby's niet met elkaar, elk heeft zijn eigen ritme en behoeftes. Wat de een drinkt, is geen norm voor de ander(en).

Voedingsschema

Op de volgende pagina volgt het schema van een moeder die haar drieling de borst gaf met tweemaal een flesvoeding, één exclusieve flesvoeding 's nachts, die werd gegeven door haar man en een andere, in combinatie met borstvoeding rond het middaguur, als ze op hulp van haar moeder kon rekenen. Dit schema is ook handig voor moeders van tweelingen en voor hen die alleen borst of fles geven.

Week van ... tot ...

Dag	Naam	0.00	3 u	6 u	9 u	12 u	15 u	18 u	21 u	opm
Maandag	David	BV	90 cc F	BV N	BV	BV+60	BV	BV W	BV	
	Laura	BV	80 cc F	BV N	BV	BV+60	BV	BV	BV	
	Emma	BV	90 cc F	BV	BV W	BV+45 N	BV	BV	BV	
Dinsdag										
Woensdag										
Donderdag										
Vrijdag										
Zaterdag										
Zondag										

Voeding: F = fles, BV = borst, W = water
Ontlasting: N = normaal, D = Dun
Opmerking: vitamines, medicijnen, etc.

Uit onderzoek

Er zijn baby's die bij de overgang van borst naar fles systematisch weigeren te drinken. Ze willen enkel de borst. Hierin kan meespelen dat ze aanvoelen dat hun moeder diep vanbinnen niet met de borstvoeding wil stoppen. Ga goed bij jezelf na of je het zelf echt wilt of door druk van buitenaf tot dit besluit bent gekomen.

14. Weer thuis

Niemand kan voorzien hoe de werkelijke situatie met twee of meer baby's zal zijn totdat je het echt meemaakt. En het is altijd anders dan je had gedacht!

De meeste moeders gaan door een turbulente fase als ze weer thuis zijn. Voor het eerst realiseren ze zich dat hun leven drastisch veranderd is en dat het nooit meer zo wordt als daarvoor. Iedere nieuwe moeder ervaart dit in de eerste maanden van het moederschap, maar de impact is groter bij moeders van meerlingen. Het vergt tijd zich aan te passen aan de nieuwe situatie en afscheid te nemen van het oude leventje met weinig verantwoordelijkheden. Voor sommigen duurt dat het gehele eerste jaar. Bij onervaren moeders zijn deze gevoelens sterker dan bij moeders die al een kind hadden. Die hebben zich al aangepast aan het moederschap en kennen de mooie en minder mooie kanten. Zij hebben niet zo vaak deze eerste schok. In het algemeen hebben ze meer vertrouwen in zichzelf en hun capaciteiten als moeder. Voor de nieuwelingen is de verandering enorm. Niet alleen gaat het om twee of drie keer zoveel werk, maar ze krijgen ook te maken met veel aspecten die hun onbekend zijn of met twijfels. Een drielingmoeder beschreef het zo: 'Je springt in het diepe zonder dat je kunt zwemmen.' Of zoals een vader zei: 'Het is verrukkelijk moeilijk.'

Hoe stress te verminderen

Richtlijnen die je kunnen helpen stress in deze periode te verminderen:
- Accepteer je wisselende emoties. Het is normaal je op het ene moment overstelpt te voelen door een enorm geluk en op het andere uit het lood geslagen door de grote verantwoordelijkheid. Het zijn de twee aspecten van het ouderschap die alle moeders en vaders ervaren. Het kan heel goed helpen als je deze gevoelens uit.
- De hormonale veranderingen en een onmiskenbare moeheid hebben invloed op je gemoedstoestand. Je lichaam is nog bezig zich te herstellen van de enorme inspanning die een meerlinggeboorte vraagt. Het is logisch dat je je zowel lichamelijk als geestelijk nog labiel voelt. Eet goed, rook niet en gebruik geen alcohol.

Het zal moeilijk zijn 's nachts meer dan drie uur achtereen te slapen. Probeer slaap in te halen als de baby's in de loop van de dag een slaapje doen. En laat je door de mensen om je heen maar eens een beetje vertroetelen.
- Stel prioriteiten. Nu is het belangrijkste dat je goed voor de baby's en voor je eigen gezondheid zorgt. De rest kan wachten. Het is ideaal als de moeder zich 'alleen maar' met de kleintjes hoeft bezig te houden en er hulp is voor de andere taken. Moeders die het zó organiseren, komen blijkens mijn onderzoek het beste door deze periode heen.
- Accepteer en benut hulp van familie en vrienden bij huishoudelijke taken. Voor de baby's is het beter als hun eigen ouders hen verzorgen. Zo wordt de onderlinge band versterkt.
- Organiseer je huis zo praktisch mogelijk. Als je de meest noodzakelijke dingen als luiers, doekjes en spenen bij de hand hebt, voorkom je dat je doodmoe wordt van steeds weer de trap op en af te moeten. Sommige moeders richten twee plekken in huis in met spulletjes om de baby's te verzorgen. Dat is erg aan te bevelen als ze overdag op een andere plaats in huis zijn dan 's nachts.
- Plan je dagen een voor een. Het is realistischer dan dagen vooruit te plannen, aangezien de dagen met net geboren kinderen onvoorspelbaar verlopen.
- Noteer in een schrift, behalve de voedingen, de bijzonderheden van elke baby afzonderlijk: koorts, verkoudheid, krampjes en huilen. Dat helpt zowel jou als degene die je helpt.
- Het is niet nodig hen elke dag te baden. Je kunt ze ook de ene dag met een washandje wassen en de andere dag in bad doen. Een moeder van een drieling, die ze ook zelf voedde, organiseerde het zó: elke baby kreeg gedurende een gehele dag de borst én werd gebaad. Zo kwamen ze elk eens in de drie dagen aan de beurt voor de borst en het badje.
- Als een van de baby's de andere wakker maakt met zijn gehuil, leg hem dan in een andere kamer (beschik je daar niet over, kies dan voor de overloop of gang). Dat komt de rust van het hele gezin ten goede. Niettemin zijn er baby's die beter slapen als ze samen zijn, soms zelfs in dezelfde wieg, omdat ze dan eerder in slaap vallen. Kleed ze in dat geval niet te warm. Oververhitting is een risicofactor.
- Een antwoordapparaat is heel praktisch. Als achtergrondgeluid kun je er babygehuil op zetten. Veel moeders zetten het aan als ze bezig zijn met voeden en dergelijke. De telefoon is voor elke moeder een belangrijk middel om het contact met de buitenwereld te onderhouden, maar mag geen belasting worden.
- Zorg ervoor dat je je niet terugtrekt in je huis. Ouders van meerlingen verliezen gewoonlijk het contact met hun vrienden, doordat hun leven draait om de baby's. Maar het contact met andere volwassenen, waaronder andere ouders van meerlingen, blijft belangrijk en noodzakelijk.
- Neem dagelijks een kwartiertje voor jezelf. Dat zal je wellicht een onmogelijke opgave lijken, maar haal die tijd ergens vandaan. Het werk is nooit af en je krijgt er nieuwe energie door, als je wat leest, muziek luistert, mediteert of even surft

op de site van de meerlingvereniging. Ook visualisatie kan je helpen: stel je je baby's voor als peuters die samen gezellig spelen.
- Soms zijn de bezoekjes van familie en vrienden te veel. Vraag aan hen hun bezoek aan te kondigen en rekening te houden met jullie middagdutje. Ook kun je besluiten een kraamfeest te geven als de baby's bijvoorbeeld een maand oud zijn. Zo voorkom je een hele reeks van visites gedurende weken en weken. Sommige moeders vragen aan hun bezoek een handje te helpen: was vouwen, strijken, boodschappen doen of een afhaalmaaltijd ophalen.

Christien, moeder van een tweeling: *'We hielden een kraamfeest toen de tweeling zes weken was. Hierdoor waren de eerste weken heerlijk rustig met alleen naaste familie en vrienden. Het feest zelf was leuk. De grootouders deden de "catering", zodat wij echt met het bezoek konden praten. Het kraambezoekboek waarin iedereen iets persoonlijks schreef, is een leuke herinnering aan deze dag.'*

Het ontwikkelen van een band met elke baby

Elk kind moet zich hechten aan zijn ouders. Baby's beschikken over verschillende mechanismen om zich te verzekeren van deze band. Bijvoorbeeld de grootte van hun pupillen. Die zijn groot, wat hen onweerstaanbaar maakt voor hun ouders. Huilen en lachen zijn nog enkele krachtige wapens waarmee ze hen aantrekken. Elke baby gebruikt deze mechanismen op zijn eigen manier, overeenkomstig zijn karakter. Zijn ouders vangen deze signalen op en reageren erop: ze nemen hem bij zich als hij huilt en als hij lacht, praten met hem of lachen terug. Dit soort aandacht geeft de baby een basis van vertrouwen, die een hechte band verzekert. En die, op zijn beurt, is de basis voor zijn toekomstige relaties buiten het gezin.

Zoals ik al eerder beschreef, verloopt dit proces net zo bij meerlingen, met als enig verschil dat de ouders minder beschikbaar zijn. Ze moeten immers hun aandacht over twee of meer baby's verdelen. Dat verhindert hen overigens niet een innige band met elk kind te smeden. Het is van groot belang dat ze met ieder kind apart een sterke en unieke relatie ontwikkelen en hen niet zien als een eenheid. In dat geval bestaat namelijk het risico dat in hun behoefte aan persoonlijke aandacht niet wordt voorzien en dat zij zich onderling heel sterk hechten: zij zoeken dan bij elkaar wat zij bij de ouders niet vinden.

Een tweelingmeisje van dertien jaar vertelde me dat haar vader haar altijd verwarde met haar tweelingzusje. Als zij hem erop attendeerde, dat ze Laura was en niet Susan, zei hij: 'Maar wat maakt dat nou uit, jullie zijn toch hetzelfde.' Deze opmerking raakte haar erg, want het betekende voor haar dat haar vader geen speciale band met haar had. Ongetwijfeld behandelde deze vader zijn identieke tweeling vanaf hun vroege jeugd als twee dezelfde personen en nam ook niet actief deel aan de verzorging van de kleintjes, waardoor deze toestand voorkomen zou zijn.

Een aantal psychologen heeft onderzoek gedaan naar hoe de band met een tweeling of drieling ontstaat en welke processen zich daarbij afspelen. Jane A. Spillman, hoofd van de afdeling neonatologie en jarenlang adviseur van TAMBA (the Twins and Multiple Births Association), ontdekte dat moeders een zekere voorkeur voelen voor de zwaarste baby. Deze beantwoordt het meest aan het beeld dat de moeders in gedachten hadden tijdens hun zwangerschap. De kleinste baby is daarentegen de personificatie van haar angsten, zoals de angst om het kindje te verliezen. De voorkeur voor de zwaarste doet zich zelfs ook voor als het kleinste kindje gezonder en actiever is dan de zwaardere baby (of baby's).

Moeders, zo ontdekte Spillman, voelen zich schuldig over een verschil in gevoelens ten opzichte van hun baby's. Spillman pleit ervoor dat artsen en verplegend personeel hier oog voor hebben en de moeders geruststellen. Dit bevrijdt hen van hun akelige gevoelens en maakt de weg vrij naar een band met alle twee of drie. Baby's met wie het opbouwen van de band moeilijker verloopt, kunnen dit in hun gedrag laten merken. Zo zijn ze lastiger om te voeden, moeilijker in slaap te wiegen, beginnen ze later met het maken van geluidjes en hebben ze, als peuters, meer driftbuien.

Omdat de baby's meestal niet tegelijkertijd uit het ziekenhuis ontslagen worden, is het onvermijdelijk dat er met het eerste baby'tje dat thuiskomt, sneller een band ontstaat.

Karina, moeder van twee jongens en een meisje: *'Toen ze geboren werden, lieten ze me de baby's een voor een even zien. Ik voelde direct een band, ik herkende ze van hoe ik ze beleefd had in de zwangerschap, elk op zijn eigen plekje. Ik hield op dat moment direct evenveel van ze, zonder onderscheid. Dat kwam later. Het meisje mocht met mij mee naar huis en de band met haar werd steviger, terwijl die met de jongens niet kon groeien. Ik zag ze elke dag eventjes, zonder ze bij me te hebben. Langzaamaan ontstond er een verwijdering tussen hen en mij, dat was afschuwelijk. Ik moest ze me weer helemaal eigen maken toen ze thuiskwamen, wat niet makkelijk was. Ze roken niet vertrouwd, huilden veel en sliepen slecht, misschien omdat ze niet volgroeid waren of omdat ze ook die band met mij misten. Ik voelde me zo'n slechte moeder. Gelukkig ontstond de band toch, maar ik heb me grote zorgen gemaakt. En ik heb er al die tijd met niemand over durven praten.'*

'Ik schiet tekort'

Psychologe, tweelingdeskundige en tweelingzus Joan Friedman beschrijft in haar boek *Emotionally Healthy Twins* hoe ze zelf onder druk kwam te staan toen haar tweeling werd geboren. Ze had al drie kinderen toen haar twee-eiige tweelingjongens geboren werden. Ondanks deze ervaring voelde ze zich enorm tekortschieten. Het dubbele moederschap van twee baby's leek in niets op haar vorige ervaringen. Ze had continu het gevoel elk kind tekort te doen. De ene baby was de rust zelve en de ander was precies het tegenovergestelde; onrustig en huilerig. Toen ze een voorkeur begon te voelen voor de rustige baby, was het moment voor haar aangebroken om naar een oplossing te zoeken. De baby's waren op dat moment zes weken oud. Ze besloot om momenten met elke baby apart te creëren. Ze nam eerst de 'makkelijke' baby mee uit wandelen. Ze praatte tegen hem en vertelde hoe ze zich voelde. Ze genoot van de wandeling. Weg uit de drukte thuis voelde ze voor het eerst een connectie met hem. Ze ontdekte dat ze dit juist zo had gemist, het gevoel zich op elke baby, ieder met zijn eigen temperament en behoeftes, in te kunnen stellen. De fijngevoeligheid die ze zo makkelijk met haar eerste drie kinderen opbouwde, kwam met haar tweeling niet tot stand, omdat ze zich emotioneel overbelast voelde. Ze had er gewoonweg niet de rust voor gehad. Er ging een wereld voor haar open en besloot vanaf die dag voor een-op-eenaandacht te zorgen. Daar regelde ze hulp voor. De onrustige baby nam ze mee in een draagzak waardoor hij heerlijk in slaap viel. En het werd het basisthema van haar eerder genoemde boek. Haar grote advies is dan ook om te zorgen dat je altijd een eenlingbuggy in huis hebt. Na deze ervaring begon ze te genieten van het dubbele moederschap. Ze voelde zich niet langer incompetent en gefrustreerd. Meerlingmoeder zijn verhindert niet dat je van elk kind apart kunt genieten. Je moet er alleen meer voor doen omdat het niet vanzelf gaat.

Friedman pleit ervoor om eventuele voorkeuren voor een van de baby's niet te bekritiseren. Volgens haar mening betekent dit juist dat ouders met elk kind een eigen relatie opbouwen. Soms voelt de moeder of de vader een voorkeur voor het kleinste baby'tje, dat hun moeder- respectievelijk vaderinstinct meer aanspreekt. Of misschien heeft het ene baby'tje iets speciaals, waardoor de karakters van baby en ouders beter harmoniëren. Er zijn veel factoren, tot zelfs de haarkleur toe, die de relatie tussen ouders en baby's beïnvloeden.

Ouders uiten deze gevoelens niet. Het is pijnlijk voor ze. Soms geven ze juist meer aandacht aan de baby die hen eigenlijk minder aantrekt. Dit is intuïtief goed aangevoeld, want juist de extra verzorging en aandacht voor dit kindje zorgt voor een hechtere band.

Zoals Spillman al constateerde en ook Friedman, gaat het om reële gevoelens. Dat speelt ook bij ouders met kinderen van verschillende leeftijden, maar meerlingouders neigen er meer toe hen met elkaar te vergelijken. Hierin zit hem dan ook de kneep! Voel je dus niet schuldig en geniet van elke baby vanwege zijn of haar eigenschappen. In de loop van de maanden ontdek je in elk van hen een eigen persoonlijkheid. De relatie zal met elk kind anders zijn. Dat impliceert niet dat je niet van elk evenveel houdt.

Nelleke, moeder van een eeneiige meisjesdrieling: *'Het duurde wel even voor er een band was, eigenlijk pas nadat ze na zes weken ziekenhuis thuiskwamen. Sowieso had ik in het begin heel veel moeite om mijn aandacht te verdelen. Als ik met één kindje niet kon buidelen, voelde ik me schuldig. Ik heb wel veel gebuideld, soms met twee tegelijk en een enkele keer met alle drie. Ik ging twee keer per dag naar het ziekenhuis. Voor mijn gevoel heb ik gedaan wat ik kon.'*

Hulp in huis en het gebrek aan privacy

Bijna alle gezinnen met meerlingen krijgen hulp van familie of van ingehuurde krachten. Het kan niet anders, alhoewel sommige moeders het wel alleen doen.

Esther, moeder van een tweeling van zeven jaar: *'Ik wilde alleen zijn met mijn baby's en dat deed ik vanaf de derde week. De meisjes vroegen zelden op hetzelfde moment om de fles, zodat ik eerst de een en dan de ander voedde. Maar op een keer verslikte een van de meisjes zich. Ik schrok erg en belde mijn man. Hij werkt dichtbij en was er meteen. Gelukkig liep het goed af. Ik was gewoon het liefst met hen alleen.'*

Karina, moeder van een drieling van zes jaar: *'De eerste twee maanden redde ik het zelf, ik vroeg geen hulp, ik weet ook niet precies waarom. Misschien was het argeloosheid dat ik dacht het alleen af te kunnen. Het was slopend. Ik gaf ze om de drie uur de borst en dat kostte me wel bijna twee uur. Ik sliep niet meer dan drie uur per nacht en dat niet eens achter elkaar. Na twee maanden was ik een echte zombie, niet in staat een zin te vormen. Na twee woorden wist ik al niet meer wat ik wilde zeggen. Ik raad het niemand aan. Vanaf dat moment nam ik een verpleegster in dienst. Ze was van acht uur 's morgens tot vijf uur 's middags bij ons. Daarna was mijn man er. Die planning werkte echt fantastisch.'*

Zonder twijfel is het belangrijk hulp te hebben. Uit studies blijkt dat het de stress bij ouders vermindert. Het heeft niettemin ook een negatief aspect, namelijk het gebrek aan privacy. Aldoor is er de moeder, de schoonmoeder of een andere persoon die een hand komt toesteken. Het is een delicaat onderwerp: aan de ene kant is deze hulp welkom, vooral in het eerste jaar en in het bijzonder voor moeders van drielingen of meer. Maar aan de andere kant is het vervelend. Zo'n 45 procent van de moeders uit mijn onderzoek beleefde het verlies van hun privacy als een belasting. Ze zouden liever meer alleen zijn geweest of met hun partner. Een factor die van grote invloed is op succes of mislukken van de hulp is de verstandhouding met degene die hulp biedt. Als de relatie goed is, blijkt het makkelijker te zijn te praten over wrijvingen die zich onvermijdelijk gaan voordoen. Dat maakt de situatie veel draaglijker. Als de relatie al gespannen is, is er geen vertrouwen in de dialoog en de ergernissen stapelen zich op. Sommige moeders organiseerden het dus alleen of zochten expres iemand van buiten de familie, zoals een kindermeisje of een au pair. In welke vorm je de hulp ook regelt: jíj bent degene die de teugels in handen moet hebben. De moeders die het zó doen, zijn meer tevreden over de ontvangen steun, want de huishoudelijke en de verzorgingstaken worden uitgevoerd zoals zij het willen.

Postnatale depressie

Zoals eerder gezegd is het voor een kraamvrouw een heel normaal fenomeen een storm van emoties over zich heen te krijgen en haar gevoelens maar nauwelijks in bedwang te hebben. Dat geldt nog sterker na de bevalling van een meerling. Bijna alle nieuwe moeders maken kort na de bevalling enkele dagen mee van 'kraamvrouwentranen'. Door de enorme hormonale veranderingen huilen ze snel en maken zich overal zorgen over. Het gaat hier om een normaal verschijnsel dat na enkele dagen of weken weg is. Maar er zijn moeders die getroffen worden door een postnatale depressie. Door de zwaardere lichamelijke en geestelijke belasting, zijn meerlingmoeders er vatbaarder voor. Zij hebben namelijk meer last van vermoeidheid, angst en paniek. En moeders die een van de baby's hebben verloren, zijn er nóg vatbaarder voor.

Het is van belang de symptomen van een postnatale depressie te herkennen. Met adequate behandeling kan het lijden verlicht worden. Het gaat echt niet over door er in stilte onder gebukt te gaan.

De symptomen:
- snel huilen;
- zich wanhopig en angstig voelen;
- extreme vermoeidheid;
- zich schuldig voelen;
- gebrek aan eetlust of overmatig eten;
- gebrek aan libido;
- niet in slaap kunnen komen, ook niet als de baby's slapen;
- geen plezier voelen bij wat je doet noch genieten van de kleintjes.

Als je je herkent in het merendeel van deze symptomen, moet je alert zijn. Het is echter niet erg als je één of twee van deze symptomen hebt. Sommige vrouwen hebben een lichte depressie, terwijl anderen er zo door gehinderd worden dat ze niet hun normale leven kunnen leiden. Ze voelen zich niet in staat de kindjes te verzorgen en sommigen vrezen hun eigen reacties, zoals de neiging hen iets aan te doen. Het is belangrijk de symptomen serieus te nemen, daar ze niet vanzelf verdwijnen en kunnen leiden tot echtelijke problemen of tot mishandeling van de kinderen.

De oorzaken zijn zowel fysiek als psychisch. Men denkt dat een van de lichamelijke oorzaken de verandering in de hormonen is, die plaatsvindt bij de bevalling. De concentratie van progesteron, dat een antidepressief effect heeft, daalt dan aanzienlijk, terwijl tijdens de zwangerschap de toevoer ervan heel erg belangrijk en overvloedig was. Vrouwen die overgevoelig zijn voor hormoonschommelingen en die maandelijks last hebben van het premenstrueel syndroom (PMS) hebben ook meer kans op een depressie. Er zijn ook andere factoren: een tekort aan vitaminen, mineralen en onverzadigde vetten, en bovendien fysieke uitputting.

Aan de andere kant spelen psychische oorzaken een belangrijke rol, zoals de verandering in het bestaan, de verantwoordelijkheid, moeite met het accepteren van het moederschap.

Mogelijkerwijs is een belangrijke oorzaak van deze depressieve toestand het gebrek aan sociale ondersteuning van de moeder als ze het ziekenhuis verlaat en in haar huis terugkeert. Gezinshulp is onontbeerlijk want als de vader weer aan het werk gaat, komen het huishouden en de baby's op haar neer terwijl ze net enkele dagen uit het ziekenhuis is. Dit is vermoedelijk in veel gevallen het begin van de depressie.

Lorena, moeder van een tweeling: *'Ik voelde me overspoeld door werk. Ik was niet in staat van mijn baby's te genieten en daardoor voelde ik me ontevreden over mezelf. Ik gaf ze tegelijk de fles om zo eerder klaar te zijn, waardoor ik ook nooit kon genieten van de voedingen. Uiteindelijk belde ik huilend mijn moeder en zei haar dat ik geen goede moeder was, dat ik ze niet goed kon grootbrengen. Mijn moeder pikte het signaal op en kwam meteen. Ze nam een van de baby's mee naar haar huis. Zo ontdekte ik dat ik best kon genieten van de verzorging van één kind en zo werd een depressie voorkomen. Mijn moeder verzorgde het kind een week lang en daarna ging het allemaal beter.'*

Anna, moeder van een drieling: *'In de maand na de geboorte van mijn drieling was ik doodop en bovendien een beetje in de put. Een nieuwe dag beginnen viel me zwaar. Op een middag belde ik mijn beste vriendin en zei haar dat ze moest komen, en dat ze maar niet op de rommel moest letten. Ze kwam meteen en toen ze de volle mand zag met was om te vouwen en het met afwas afgeladen aanrecht, ging ze aan de gang. Binnen een uur zag alles er totaal anders uit en konden we ook nog lekker even bijkletsen. Ze kwam de volgende dag ongevraagd terug en hield dat zo drie maanden vol. Toen voelde ik me veel sterker en was ik er klaar voor. Zij was mijn beschermengel en ik ben er haar ontzettend dankbaar voor.'*

In landen waar efficiënte hulp in huis na een bevalling voorhanden is vanuit organisaties voor thuishulp, komt de postnatale depressie veel minder voor. Dat voorkomt gezondheidsproblemen in de toekomst, zowel van de vrouw als van de baby's. Dit toont wederom het belang aan van goede ondersteuning in de eerste weken na de geboorte.

Sommige maatregelen helpen zeker bij het voorkomen of op zijn minst verzachten van een postnatale depressie:
- Let op je gezondheid. Goede voeding, vitamines, rust en oefeningen voor na de bevalling verhogen het moreel. Aangezien de baby's zo enorm afhankelijk zijn van jou als moeder, moet je goed voor jezelf zorgen om die taak goed te kunnen uitvoeren.
- Zorg voor voldoende hulp tijdens de eerste maanden, jaar of jaren. Zoek uit,

met hulp van internet en andere meerlingmoeders, waar je recht op hebt, zoals bijvoorbeeld thuishulp. Ook kan een stagiaire van een of andere opleiding een steuntje in je rug zijn. Alle moeders van meerlingen zijn het erover eens dat hulp van anderen onontbeerlijk is. Sommigen spelen het alleen klaar, omdat ze dat zelf zo willen, maar ze vormen een minderheid en het is bovendien niet altijd een positieve ervaring. Soms heb je hulp nodig om bij te kunnen slapen.

- Doe ontspannings- of yogaoefeningen als je gestrest bent, neem een bad, luister naar muziek of ga eens bij de baby's zitten, gewoon om naar ze te kijken. Hierdoor kun je spanningen verminderen.
- Wees niet bang voor je eigen gevoelens. Je beleeft nu een geheel nieuwe situatie en ook deze gevoelens zijn nieuw. Het is heel normaal intense emoties te voelen, die soms zelfs tegenstrijdig zijn. Je hebt tijd nodig om ze te herkennen. Behalve baby's, is er ook een moeder geboren.
- Het kan ook gebeuren dat op zijn beurt je man zich neerslachtig voelt. Het kan namelijk ook vaders treffen, alhoewel bij hen de depressie meestal minder heftig is, want zij zijn minder intens met de baby's verbonden. Het is positief als hij ook zijn gevoelens kan accepteren, ze uit en met jou deelt. Zo worden ze normaal en niet een probleem. Vaders en familieleden die het hele proces van de bevalling en de eerste dagen hebben meebeleefd met de moeder, begrijpen deze emotionele storm beter, want ook zij hebben hun deel gehad van deze emoties.
- Ga meteen naar de dokter als je je erg gedeprimeerd voelt en niet weet hoe je de dagelijkse verzorging van de baby's aan moet pakken. Het is geen teken van zwakte, maar de eerste stap op weg naar een oplossing. Tegenwoordig bestaan er heel goede middelen om een depressie te bestrijden. Het kan zijn dat de dokter je vitamines (B6) voorschrijft, antidepressiva of soms een hormoonpreparaat van progesteron. Naast de medische behandeling is de onvoorwaardelijke steun van je man, je moeder of een goede vriendin erg belangrijk. Er zijn ook moeders die baat hebben bij gesprekken met een psycholoog, het bijhouden van een dagboek of het praten met andere moeders via een meerlingensite.

> **Uit onderzoek**
> Niet alle ouders zijn vanaf de eerste dag in staat hun kinderen uit elkaar te houden. Het is daarom handig het naambandje dat in het ziekenhuis is omgedaan nog enkele dagen om te laten.

DEEL 3

DE EERSTE ZES JAAR

DEEL 3 DE EERSTE ZES JAAR

15	Nul–zes maanden	171
16	Zes–twaalf maanden	191
17	Een–twee jaar	210
18	Twee–vier jaar	233
19	Vier–zes jaar	261

15. Nul-zes maanden

De eerste drie maanden brengen de baby's voornamelijk slapend door. Slapen, eten en de aanwezigheid van hun ouders en hun tweelingbroertje of -zusje is het allerbelangrijkste voor hen.

Beetje bij beetje beginnen ze oog te krijgen voor hun omgeving; ze draaien hun hoofdje om alles goed te bekijken en schenken jullie rond de zesde week hun eerste glimlach. Dit is ongetwijfeld een speciaal en geruststellend moment. Het betekent dat de baby's het goed maken en tevreden zijn. Ongeveer rond dezelfde tijd beginnen ze tegen elkaar te lachen, ook een héél speciaal moment, alleen weggelegd voor ouders van een meerling.

Een baby leert door middel van zijn zintuigen: hij kijkt, voelt, proeft, ruikt en luistert. Tijdens dit eerste halfjaar leert hij te lachen als iemand tegen hem praat, een gezicht of een voorwerp met zijn blik te volgen – ook zijn tweelingbroer of -zus –, zijn hoofd recht te houden, een voorwerp te pakken en in zijn mond te stoppen, en hij leert zich omdraaien. Zijn ontwikkeling is verbazingwekkend.

Julia, moeder van een tweeling van zes maanden: '*Met hun ene handje zwaaien ze in de lucht en met het andere houden ze elkaar vast. Als ik hen zo zie zitten, naast elkaar in hun wipstoeltjes, dan loopt mijn hart over van ontroering. Als ik de kamer opruim en van de ene naar de andere kant loop, dan zie ik hun hoofdjes in dezelfde richting gaan; ze volgen beiden mijn bewegingen. Dan krijg ik weer zo'n gevoel van ontroering. Wat een rijkdom! denk ik dan bij mezelf.*'

Hun slaap

De baby's hebben al tijdens de zwangerschap een eigen slaap-waakritme waarin de gewoontes van de moeder een zekere invloed hebben. Moeders die een ochtendmens zijn, hebben meestal baby's met een vroeg ochtendritme en avondmoeders hebben op hun beurt baby's die 's avonds lang actief zijn. Verschillende moeders vertelden mij dat hun baby's een slaap-waakritme aannamen dat zij zelf ook aanhielden tijdens de laatste periode van hun zwangerschap.

Desalniettemin hebben veel baby's moeite om een vast ritme op te bouwen. Sommigen slapen overdag veel en zijn 's nachts wakker. Zij hebben een omgekeerd dag-nachtritme. En er zijn tweelingen die ieder een verschillend ritme hebben: de een is een echte vroege vogel en de andere een typische nachtuil.

Adviezen
- In de buik bestaat geen verschil tussen dag en nacht. Je baby's moeten dit dus nog leren. Je kunt ze erbij helpen door hen 's nachts in schemerlicht te voeden en alleen zachtjes met ze te praten. Overdag zijn de voedingen anders, met meer interactie. Zo leren de baby's dat de nacht is om te slapen. Met drie maanden zijn de baby's, biologisch gezien, daartoe in staat. In het begin is het het beste om je aan het ritme van je baby's aan te passen en voorzichtig te proberen hen aan een min of meer vast patroon te laten wennen. Verleng daarbij de periode tussen de laatste en eerste voeding steeds een klein beetje.
- Als je baby's heel verschillende ritmes hebben, wat veel voorkomt bij twee-eiige tweelingen, is het het beste om de baby die het eerst wakker is, eerst te voeden. Daarna is de ander aan de beurt. Sommige ouders zijn blij met de verschillende ritmes van hun baby's, want het geeft hun de tijd om aan ieder kind apart aandacht te besteden. Andere ouders proberen juist om de ritmes van hun baby's zo veel mogelijk te laten overeenkomen en maken de baby die het meeste slaapt wakker.
- Bereid de nachtvoedingen zo goed mogelijk voor. In geval van flesvoeding kun je de voedingen van tevoren klaarmaken. Zorg ook dat je alles wat je nodig hebt voor verschoning bij de hand hebt. Zo wordt je nachtrust zo weinig mogelijk onderbroken.
- Leg de baby's wakker in hun bedjes. Dit is na de eerste maanden mogelijk, want dan vallen ze niet meer direct na hun voeding in slaap. Op deze manier wennen ze eraan om zelf in slaap te vallen, wat een voordeel is als ze midden in de nacht wakker worden. Baby's die altijd gewiegd worden om in slaap te vallen, hebben namelijk later moeite om zelf in slaap te komen. Leg eerst de baby in bed die het makkelijkst inslaapt.
- Een vast ritme wat betreft hun voedingen en slaap, doet de baby's goed. Uit een onderzoek van het Wilhelmina Kinderziekenhuis van Utrecht, dat liep van 2001 tot 2003, bleek dat bij huilbaby's het huilen minder wordt als hun een vast ritme wordt aangeboden. Een routine bij het naar bed gaan, zoals het badje, de voeding, daarna een liedje, enzovoort, helpt hen om een ritme te krijgen. Volgens mijn onderzoek heeft 77 procent van de tweelingen en 76 procent van de drielingen bij drie maanden een vast ritme; en respectievelijk 14 procent en 20 procent bij zes maanden.
- Prikkelbare en zenuwachtige baby's hebben moeite met het vinden van een vast ritme. Als dit in jouw geval zo is, noteer dan drie dagen lang het ritme. Daaruit kun je aflezen op welk moment van de dag de baby altijd om een voeding vraagt. Misschien is bijvoorbeeld het enige onveranderlijke moment van een van je ba-

by's (of beide) de voeding van zes uur 's morgens. Neem dit dan als uitgangspunt en bereken de volgende voedingen steeds drie uur later (of tweeënhalf uur, afhankelijk van de behoeftes). Zo help je je prikkelbare baby een ritme te vinden.
→ Er zijn baby's die op elke plek slapen. Andere worden daarentegen makkelijk wakker door harde of vreemde geluiden. Deze laatste hebben er baat bij om zo veel mogelijk in hun eigen, rustige omgeving te slapen.
→ Inbakeren helpt baby's om beter te slapen. Het geeft hun een veilig gevoel en het voorkomt dat ze door hun eigen ongecontroleerde bewegingen wakker schrikken.

Er zijn wakkere baby's en slaapkopjes. Vanaf de vierde week zul je de behoeftes van je baby's herkennen en hun verschillende ritmes leren onderscheiden. Bij eeneiige tweelingen komen deze meer overeen dan bij de twee-eiigen. De baby's slapen zo'n 16 tot 21 uur, maar er zijn grote verschillen. Als de baby's goed eten en tevreden zijn, slapen ze genoeg.

Dit schema laat de grote variatie in het aantal uren slaap zien:

Leeftijd	Aantal uren slaap
0-6 maanden	18-21
6-12 maanden	13-18
1-2 jaar	12-17
2-3 jaar	11-15
3-4 jaar	11-13

De ouders van meerlingen komen zelf meestal veel slaap tekort. Dit is een van de stressfactoren voor hen tijdens de eerste periode met hun baby's. Hier een aantal ouders aan het woord, die ieder op hun beurt de beste oplossing voor hun situatie zochten.

Daniël, vader van een meisjesdrieling: *'Ik nam de nachten op me. Om drie uur 's nachts gaf ik hun de fles. Het ging me goed af: ik gaf twee tegelijk de fles en daarna kreeg hun zusje de fles. Mijn vrouw sliep dan door. 's Morgens vroeg was het haar beurt, waardoor ik iets langer kon doorslapen.'*

Rosanne, moeder van een tweeling en twee oudere kinderen: *'De eerste weken zorgden we samen voor onze baby's. Mijn man had zijn vakantiedagen opgenomen. Maar we zagen in dat het geen slimme regeling was. We waren beiden doodop. We besloten om per nacht te wisselen. Op die manier konden we steeds één nacht goed slapen en hielden we het beter vol. Toen mijn man weer naar zijn werk moest, nam ik de nachten op me. Maar als hij dan uit zijn werk kwam, sliep ik even bij en in de weekenden nam hij ook altijd één nacht voor zijn rekening.'*

Marijke, ook een drielingmoeder: '*We vroegen de familie om, in plaats van kleding en speelgoed, ons te helpen met het betalen van een nachtverpleegster. Zij was de eerste twee maanden bij ons en deed de nachtvoedingen. Op die manier konden we 's nachts weer op krachten komen.*'

Zoals deze persoonlijke verhalen aantonen, is het belangrijk om samen een team te zijn. Zoek de beste oplossing voor jullie situatie.

Waar slapen de baby's?

Ondanks het feit dat een meerling dubbel (of driedubbel) zoveel ruimte in beslag neemt als een eenling, slapen de meeste baby's de eerste periode bij hun ouders op de kamer. De meeste ouders vinden het prettig om hun baby's dicht bij zich te hebben en het is ook makkelijker in verband met de voedingen. Samen met de ouders op één kamer slapen is bovendien veilig in verband met wiegendood. De Spaanse Vereniging van Kinderartsen raadt ouders aan om hun baby's op zijn minst het eerste halfjaar bij hen op de kamer te laten slapen. Samen in één kamer slapen werkt preventief, want ouders zijn ook in hun slaap alert waardoor ze makkelijk eventuele problemen van hun kinderen opmerken. Daarnaast is er hoogstwaarschijnlijk sprake van een synchronisatie van REM-slaap en diepe slaap bij moeder en kind wanneer ze bij elkaar slapen. Dus de nabije aanwezigheid van moeder is van belang voor de preventie van wiegendood. Samen met de baby's in één bed slapen is niet verstandig in de eerste vier maanden. De lichaamswarmte van de ouders verhoogt die van de baby's en ook de kussens en dekbedden zijn een risicofactor.

Als de baby's groter worden, gaan ze meestal nog voor hun eerste verjaardag samen naar een andere kamer. En hoewel ze ooit ieder op een eigen kamer zullen slapen, is het voor de eerste jaren goed dat ze samen zijn. Het vergemakkelijkt de overgang van het leven in de baarmoeder naar het leven erbuiten. Het verhoogt ook hun veiligheid zoals uit het volgende relaas blijkt.

Trijntje: '*Mijn twee-eiige tweeling, zes maanden oud, lag lekker boven in hun kamertje te slapen. Opeens hoor ik een van de twee, Tristan, heel hard krijsen. Ik hol de trap op en ren hun kamer in. Ik zie zijn broertje levenloos onder de dekentjes liggen. Ik til hem op en sla hem hard op zijn billetjes tot hij begint te huilen. Ik ben hier nog steeds beduusd van. Hoe is het mogelijk dat Tristan doorhad dat er iets helemaal fout zat?*'

Een tweeling heeft een unieke, speciale connectie met elkaar. Zoals een moeder kan voelen dat er iets mis is met haar pasgeboren baby, zo voelde deze tweelinghelft dat zijn broertje gevaar liep. Het is een voorbeeld van buitenzintuiglijke waarneming; hierover meer in hoofdstuk 22.

Over het algemeen hebben meerlingen minder slaapproblemen, waarschijnlijk omdat ze samen zijn en minder eenzaamheid ervaren dan eenlingen. Wanneer echter een van de baby's veel huilt en daarmee zijn tweelingbroertje of -zusje wakker maakt, is het beter om hen apart te leggen. Grappig genoeg komt dit weinig voor. De meeste twee- en drielingen delen zonder problemen hun kamer met elkaar.

Als er behalve de tweeling nog een ouder kind is, vragen de ouders zich soms af of het goed is dat ook hij bij de tweeling slaapt. Soms vraagt het kind er zelf om. Het kan een goed idee zijn, dat zelfs de jaloezie op afstand houdt, maar het hangt van de leeftijd van het kind af. Een tweejarige heeft nog geen besef van gevaar en kan de tweeling pijn doen door hen uit de wieg te halen of een gevaarlijk speeltje te geven. Een vierjarige kan echter al een goede 'oppas' zijn, een echte grote broer of zus!

Bij een drieling en een ouder kind kiezen de ouders er soms voor om een van de baby's bij de oudste te laten slapen, niet alleen om praktische redenen zoals de beschikbare ruimte, maar ook opdat hij zich niet buitengesloten voelt.

Wel of niet samen slapen?

Sommige ouders kiezen ervoor om hun tweeling samen in één wieg te leggen, omdat ze merken dat ze op die manier beter slapen. Ook reguleren de baby's, als ze samen liggen, sneller hun lichaamstemperatuur en ontwikkelen makkelijker een slaap-waakritme. Dat is niet zo verwonderlijk, want de baby's zijn tenslotte gewend om samen te zijn en elkaars bewegingen en hartslag te voelen. Drie procent van de eeneiige tweelingen heeft zelfs samen in het binnenste vruchtvlies gezeten. Het maakt voor hen de overgang van het prenatale leven naar het echte leven soepeler. Vooral de eerste maanden, waarin de baby's amper van positie veranderen, is het samen slapen vaak een positieve ervaring, voor de baby's en de ouders. Ook drielingouders kunnen ervoor kiezen om hun drietal in één ledikantje te leggen.

Als één van de baby's huilt, hoeft de ander (of anderen) daar niet wakker van te worden. Meestal gebeurt dat namelijk niet.

Marjolein, tweelingmoeder: *'Ik had twee wiegjes gekocht, maar ik merkte dat de meisjes langer doorsliepen als ik ze samen legde. De eerste maanden heb ik dat dan ook gedaan. Toen ze meer gingen bewegen, ben ik de tweede wieg gaan gebruiken. Ze waren toen ruim vier maanden.'*

Paulien, moeder van een drieling: *'De meisjes sliepen graag samen, maar mijn zoontje huilde als ik hem bij een van hen legde. Vanaf het begin wilde hij alleen liggen. Grappig hoe ze dat zelf, zo klein nog, al aangaven.'*

Christien, moeder van een tweeling van twee maanden: *'Als Jeroen onrustig is, hoef ik zijn zusje maar naast hem neer te leggen en hij valt in een diepe slaap. Nu is de wereld weer zoals het hoort, lijkt hij te denken. En zo klein hij nog maar is, meestal lukt het hem om dicht tegen haar aan te kruipen, met zijn armpje om haar heen.'*

Sommige ouders vragen zich af: is dit wel veilig? Er zijn kinderartsen die het afraden. Maar volgens Helen L. Ball, antropologe en deskundige op het gebied van slaap en wiegendood, Durham University (Engeland), is het voor meerlingen veilig om de eerste drie maanden met elkaar te slapen. Dit verhoogt het risico op wiegendood niet. Het vergemakkelijkt daarentegen hun aanpassing aan het leven buiten de baarmoeder.

Maar er moet op een aantal factoren gelet worden. Uiteraard moeten alle voorzorgsmaatregelen om wiegendood te voorkomen in acht worden genomen. De baby's moeten het niet te warm hebben. Je kunt ze bijvoorbeeld beiden in een omslagdoek wikkelen en met één lakentje of dekentje toedekken. De tweeling moet niet samen in een reiswiegje gelegd worden. Die beperkte ruimte verhoogt de kans op oververhitting. Je kunt de baby's zij aan zij leggen of met de gezichtjes naar elkaar. Na een aantal weken kun je ze ook zo neerleggen dat hun hoofdjes in het midden van de wieg liggen en hun lijfjes tegenovergesteld (hun voetjes raken dan ieder een andere kant van de wieg). Mocht je de ruimte in tweeën willen delen, kies dan voor een tussenschot in plaats van een opgerolde handdoek of kussen. Dergelijke wiegjes zijn te koop.

Mocht je je baby's liever niet samen laten slapen, dan kun je er wel voor kiezen om ze bij elkaar te leggen als ze wakker zijn, zoals bijvoorbeeld samen in de box of op een speelkleed op de grond. Er zijn trouwens ook meerlingbaby's die het liefst alleen liggen. Ze gaan huilen als ze bij elkaar worden gelegd. In dit geval willen ze juist ruimte. Wat ook voorkomt, is dat één het wel prettig vindt, maar zijn broertje of zusje niet.

Wiegje of ledikant?

Veel meerlingouders vragen zich af wat ze het beste kunnen aanschaffen: twee (drie) wiegjes of direct ledikantjes.

Het is goed om te bedenken dat de baby's waarschijnlijk klein zullen zijn. Dan is een ledikant een heel grote ruimte voor zo'n klein hummeltje. Veel ouders zijn daarom blij dat ze de eerste periode over wiegjes beschikten (gekocht of geleend).

Toch zijn er ook ouders die wel direct hun twee- of drieling in een ledikant leggen.

Susan, tweelingmoeder: *'We hebben geen wiegjes gekocht, dat werd ons te duur. We hebben de eerste periode een ledikantje in onze slaapkamer gehad, met hemeltjes erop om het toch op een wiegje te laten lijken. Daar lagen ze dan allebei in, soms naast elkaar en andere keren in tegenovergestelde richting, ieder met de voetjes aan het eind van het bedje. Het andere ledikantje stond in de kinderkamer te wachten tot het ook in gebruik werd genomen.'*

Wendelien, drielingmoeder: *'We legden de baby's met zijn drieën in één ledikant. Toen dat niet meer paste, ging de grootste van de drie in een los ledikantje en twee in een stapelledikant.'*

Ook zijn er ouders die voor de eerste periode de reiswiegjes van de kinderwagen gebruiken en deze eventueel in de ledikantjes zetten. Het is in dat geval belangrijk dat het echte wiegjes zijn die een horizontale houding toestaan en geen 'nestjes' waarin baby's niet in een goede houding liggen.

Wiegendood

Een plotselinge en onverklaarbare dood van de baby wordt wiegendood genoemd. Het komt iets meer voor bij baby's van een meerlingbevalling, waarschijnlijk vanwege de vroeggeboorte en het lagere geboortegewicht. Men weet niet precies de redenen van wiegendood. Waarschijnlijk heeft het te maken met verschillende factoren, waaronder de onrijpheid van het ademhalingsapparaat. Zo'n 86 procent van de gevallen vindt plaats in de eerste zes maanden, voornamelijk tussen de 4^e en 16^e week.

Gelukkig bestaat er een aantal voorzorgsmaatregelen die het risico sterk verlagen.

Adviezen
- Leg de baby's op hun rug te slapen. Vanaf het moment dat deze houding geadviseerd wordt, is het aantal sterfgevallen ten gevolge van wiegendood sterk gedaald. De kans is namelijk kleiner dat een gezonde baby die op zijn rug ligt, stikt. Je kunt de baby ook op zijn zij leggen, maar na een aantal maanden leert hij zich om te draaien. Met een opgerolde handdoek aan de zijkant of door de baby in te wikkelen, verhinder je dat. Vanaf de vijfde of zesde maand is het normaal dat een baby zich omdraait en moet je dit niet tegengaan. Het risico op wiegendood is op deze leeftijd veel minder groot, hoewel het verstandig blijft om hem op zijn rug te leggen. Een baby die zich gemakkelijk omdraait, zal dat waarschijnlijk ook kunnen doen bij ademhalingsproblemen.
- Zie beiden af van roken voor en na de geboorte van de baby's, want het verhoogt de kans op wiegendood. Ook de rook van bijvoorbeeld bezoek is schadelijk voor de baby's en moet vermeden worden. Houd het huis rookvrij!
- Vermijd zowel kou als warmte. Beide zijn namelijk risicofactoren. Om de lichaamstemperatuur van een baby te controleren, moet je je hand in zijn nekje leggen. Als deze bezweet is, betekent dit dat hij te veel is toegedekt. Als zijn voetjes warm zijn, is de baby oké en heeft hij het niet koud. Een baby moet niet aan felle zon blootgesteld worden en niet dicht bij een radiator slapen. Een temperatuur van achttien graden in zijn kamer is goed. Gebruik geen dekbedden en geen kussens. Een dekentje of een babyslaapzakje is het allerbeste.

- → Geef je baby's, indien mogelijk, borstvoeding. De meest recente onderzoeken wijzen uit dat borstvoeding een beschermende factor is, mits de moeder geen slaapverwekkende middelen gebruikt. Ook is het gebruik van een speen aan te raden. Begin daarmee als de baby's goed kunnen drinken.
- → Inbakeren van baby's verlaagt het risico op wiegendood en helpt hen om goed te slapen. Ze zijn gewend aan de nauwe ruimte van de baarmoeder waarin ze stevig ingebakerd zaten. Een omslagdoek om hun kleine lijfje heen gewikkeld, geeft hun datzelfde veilige gevoel. Na ongeveer twee maanden, als de baby's meer gaan bewegen, is het inbakeren niet meer verstandig.
- → Als je pauzes in de ademhaling van de baby('s) ontdekt, bespreek dit dan direct met je arts. Voor baby's met een verhoogd risico op wiegendood stelt het ziekenhuis een monitor ter beschikking, die de hartslag en de ademhaling registreert. Deze geeft een signaal af als een van beide wegvalt.
- → Samen slapen met ouders wordt de eerste vier maanden niet aanbevolen. De lichaamswarmte van de ouders verhoogt die van de baby's en ook kussens en dekbedden zijn een risicofactor. Na vier maanden is het wel mogelijk, mits het matras stevig is en ouders geen alcohol of slaapmiddelen gebruiken. Een heel veilige manier van co-bedding is het bed Babybay. Hierbij wordt een gedeelte voor de baby aan het ouderbed toegevoegd. De baby ligt op zichzelf, maar tegelijkertijd naast zijn ouders (zie Nuttige adressen).

Het ritme van de baby's

Langzaamaan krijgen de baby's een ritme. Er komt regelmaat in hun voedingen. De eerste maanden zullen ze nog nachtvoedingen nodig hebben. Het is het beste om zo veel mogelijk aan hun behoeftes toe te geven en hen niet tot een bepaald ritme te dwingen. Het kan zijn dat slechts één van de baby's om een voeding 's nachts vraagt. In dit geval is het niet nodig om de andere baby ook te voeden. Het is mogelijk dat hij/zij doorslaapt en al zonder nachtvoeding kan. Desalniettemin, als deze baby 's morgens heel vroeg om een voeding komt, is het wel verstandig om hem tegelijk met zijn broertje of zusje te voeden zodat jij 's morgens iets langer kunt slapen.

Er zullen dagen zijn dat de baby's om meer voedingen vragen. Dit zijn de zogenaamde 'regeldagen', een normaal verschijnsel in het eerste jaar. De baby's groeien namelijk niet volgens een gestaag ritme, maar met sprongen. Rond bepaalde periodes in het eerste jaar, zoals rondom de tiende dag, zes weken en drie maanden, heeft de baby meer honger en vraagt hij vaker om de borst of fles. Deze extra voedingen helpen bij borstvoeding om de productie te verhogen. Het gaat om een perfect evenwicht tussen vraag en aanbod.

Het huilen van de baby's

Niets veroorzaakt zoveel stress bij ouders als het huilen van hun baby, of zoals in jullie geval, van hun baby's. Babygehuil maakt vrijwel iedere ouder zenuwachtig.

Toch is het normaal dat een baby huilt. Het is zijn manier om zich te uiten. Een baby huilt gemiddeld zo'n anderhalf tot twee uur per dag tijdens de eerste weken. Rondom de zesde week neemt het toe tot tweeënhalf uur en vanaf drie maanden wordt het huilen minder.

Talrijke studies over dit thema tonen overduidelijk aan dat het goed is om een huilende baby op te pakken en te troosten. Op die manier leert hij dat hij op zijn ouders kan rekenen en die zekerheid alleen al vermindert langzaamaan het huilen. De baby beleeft de wereld als een veilige plek. Onderzoeken bevestigen dit gegeven, want het blijkt dat baby's die iedere keer opgepakt worden als ze huilen, na een jaar minder huilen dan baby's die niet dezelfde aandacht ontvingen. Bij deze laatsten neemt het huilen toe en duurt het voort tijdens het tweede jaar.

Als er twee (of meer) baby's zijn die huilen, dan is het zeker niet makkelijk om hen elke keer op te pakken. Het is dan ook heel belangrijk om de reden van het huilen te achterhalen.

Mogelijke redenen van het huilen zijn:
- Het huilen van de eerste dagen kan te maken hebben met de onwennigheid van het leven buiten de baarmoeder. De baby mist de fysieke bescherming van de baarmoederwand. Het kan daarom helpen hem in een doek te wikkelen of hem in te bakeren. Dit geeft hem het veilige baarmoedergevoel terug. Bovendien voorkomt het ook de ongecontroleerde bewegingen die een baby vaak met zijn armen en benen maakt en die hem wakker doen schrikken. Leg hem ook zo veel mogelijk naast zijn broertje of zusje.

- De baby heeft honger. Tijdens de eerste weken als de baby nog geen vast ritme heeft, is het goed om flexibel met de voedingen te zijn. Of misschien wil de baby alleen maar zuigen. Dat is een basisbehoefte van hem. Als dat zo is, zal hij zich tevreden stellen met een speen.
- Hij heeft dorst. Vooral in de zomermaanden is het mogelijk dat hij moet drinken. Geef hem gesteriliseerd water.
- De baby heeft krampjes. Het spijsverteringssysteem is nog onrijp en veel baby's hebben daarom last van buikkrampen. In dat geval tilt hij zijn beentjes hoog op en beweegt hij zich onrustig, terwijl hij heel zielig huilt, soms tijdens een voeding of vlak erna. Zachtjes over zijn buik wrijven verlicht de pijn. Ook een speentje kan helpen, waar hij verwoed op zuigt, ofwel met hem rondlopen in een draagzak. Bij sommige baby's lijkt het inbakeren de krampjes te verminderen. Ook kun je je baby een beetje venkelthee voor de voeding geven. Een echt afdoend middel bestaat er niet, maar de krampjes gaan meestal na zo'n drie maanden over. Bij sommige baby's worden krampen veroorzaakt door een melkallergie (zie hoofdstuk 13).
- De baby heeft pijn. Zijn huilen is anders, het klinkt alarmerend en schril. Er is iets wat hem pijn doet of hij wordt ziek. Als hij zijn oortjes aanraakt, heeft hij daar waarschijnlijk last van en moet je even langs je arts gaan.
- Hij verveelt zich: een actieve baby die weinig slaapt, heeft prikkels nodig, want hij verveelt zich in zijn wiegje. Leg hem in de box of in zijn wipstoeltje met veel speeltjes om zich heen.
- Hij wil gezelschap. Hij wordt stil zodra je hem oppakt en begint opnieuw te huilen als je hem teruglegt. Het is een goed idee om hem bij je te houden, bijvoorbeeld in een draagzak. Het is ook mogelijk dat hij zijn broertje of zusje mist. Leg in dat geval de baby's bij elkaar.
- De baby is heel gevoelig voor harde geluiden en fel licht. Sommige baby's zijn snel van streek en licht prikkelbaar. Het is verstandig om tegen je baby te praten voor je hem oppakt, zo voorkom je dat hij schrikt. Ook is het belangrijk om voor een rustige omgeving te zorgen met zo weinig mogelijk prikkels. Een vast ritme wat betreft zijn voedingen en slaap doet hem goed.
- De baby heeft slaap. Sommige baby's raken makkelijk over hun toeren en vallen pas in slaap na een poosje te huilen. In dit geval is het goed hen even te laten, want huilen helpt hen te ontspannen en in slaap te vallen.
- De baby lijdt aan het Kiss-syndroom (Kopfgelenk Induzierte Symmetrie Störungen in het Duits). Tijdens de zwangerschap of de bevalling heeft de druk op de nek van de baby ertoe geleid dat de twee bovenste wervels lichtelijk ontwricht zijn. De ledematen hebben daarom geen symmetrie. Dit veroorzaakt ongenoegen bij de baby waardoor deze veel huilt. Als hij opgepakt wordt, overstrekt hij zich. De baby heeft moeite met zuigen en slikken, heeft last van reflux (het teruglopen van voeding uit maag) en zijn voeten en handen zijn meestal koud. Zijn motorische ontwikkeling loopt enigszins achter en de baby heeft voorkeur

voor een bepaalde houding. Als je vermoedt dat jouw baby aan dit syndroom lijdt, moet je contact opnemen met een kinderarts. Soms biedt een gespecialiseerde manueel therapeut of fysiotherapeut uitkomst. Ook een zware bevalling kan ertoe leiden dat de baby de eerste weken veel huilt. Dat is zijn manier om de pijnlijke ervaring te verwerken.

Over het algemeen wordt het huilen na de eerste drie maanden minder. Het hebben van één of twee huilbaby's is voor ouders een zware beproeving.

Monika, moeder van een twee-eiige tweeling van twee maanden: *'Een van mijn baby's huilt veel. Hoe we ook proberen om hem te troosten, het lijkt wel of niets echt helpt. Hij blijft onrustig bewegen en huilen en geen enkele houding brengt verlichting. Het enige dat helpt, is met hem wandelen in de kinderwagen. Dan valt hij direct urenlang in slaap. Maar zodra ik thuiskom, begint het huilen opnieuw. Het is om moedeloos van te worden.'*

Suggesties
→ Met twee huilbaby's is het onmogelijk om hen steeds te troosten. Bedenk dat hun samenzijn ook een zekere troost biedt. Eis niet het onmogelijke van jezelf.
→ Veel moeders vragen zich af wat ze verkeerd doen. Maar er zijn nu eenmaal baby's die meer huilen dan andere en meestal heeft dat niets met de houding van de moeder te maken. Probeer creatief te zijn en bedenk oplossingen voor deze situatie zonder jezelf als schuldige te beschouwen. Het beste is om één strategie te kiezen en die steeds toe te passen. Het steeds veranderen van tactiek verwart de baby's en verhoogt hun onbehagen, terwijl steeds dezelfde reactie van jouw kant en een vast ritme hen rustig maakt.
→ Noteer het ritme van je baby's: de voedingen, hun slaapjes en de huilmomenten. Misschien ontdek je een bepaald patroon in hun gedrag waardoor je makkelijker de oorzaak ziet. Noteer ook hoe lang het huilen duurt. Het zal je eindeloos lijken, terwijl dat waarschijnlijk in werkelijkheid niet zo is.
→ Zorg dat je hulp hebt zodat je af en toe even bevrijd bent van de zorg voor de baby's. Het is goed om nu en dan je huis te ontvluchten en geen babygehuil te horen. Op die manier 'vergeet' je de moeilijke situatie. Als je weer thuiskomt, zul je meer ontspannen zijn, wat een positief effect op de baby's heeft. Baby's voelen haarscherp de emoties van hun ouders aan, wat het huilen kan verergeren. Probeer zo ontspannen en optimistisch mogelijk te zijn.
→ Vertrouw op je intuïtie. Je zult veel goedbedoelde adviezen krijgen, maar allemaal verschillend. Jij als moeder weet uiteindelijk het beste wat goed is voor de baby's en voor jou.

Naarmate de baby's groeien, zal het huilen afnemen en uiteindelijk helemaal ophouden, soms zonder te weten wat de oorzaak was. Het is geen gemakkelijk begin.

Ouders met één of meer huilbaby's hebben het ongetwijfeld heel zwaar, maar kunnen zich troosten met de gedachte dat deze baby's geen grotere kans lopen om moeilijke kinderen te worden. Uit onderzoek blijkt dat ze op een gegeven moment minder gaan huilen en gezellige peuters worden. Ze onderscheiden zich dan helemaal niet meer van andere kinderen. Langzaamaan zul je de verschillende huiltjes leren onderscheiden (honger, pijn, eenzaamheid). Dit maakt het makkelijker om te weten wat je moet doen. Hoe dan ook, de baby oppakken en troosten als het mogelijk is, kan nooit kwaad. Tot ongeveer het eerste jaar kun je een baby niet te veel verwennen, want tot die tijd ziet hij niet het verband tussen zijn gedrag (huilen) en jouw reactie (aandacht geven). Vanaf die tijd (en bij sommige kinderen vanaf negen maanden) is het goed om iets 'strenger' te zijn, want dan krijgt de baby door hoe het werkt.

Jan, vader van een twee-eiige tweeling van elf maanden: *'Een van de jongens was gevallen en huilde hartverscheurend. Ik tilde hem op en troostte hem. Al snel werd hij rustig. Toen ik hem weer op de grond zette, begon zijn broer, die al die tijd naast mij had gestaan, ook hartverscheurend te huilen. Nu vond hij het zijn beurt om geknuffeld te worden!'*

Wie troost je het eerst?

Als beide baby's huilen of tegelijk om een voeding vragen, bevindt de moeder zich in een moeilijke situatie. Ze zou het liefst hen allebei tegelijk willen troosten of voeden, maar dat is bijna onmogelijk. Veel moeders voelen zich daardoor ongelukkig; ze hebben het gevoel altijd tekort te schieten. Menige moeder vertelde me dat ze het miste dat zij niet meer tijd aan haar baby's kon besteden. Het gevoel altijd tijd tekort te komen, geeft haar een opgejaagd gevoel. Niet alleen zij, maar ook hij voelt dit zo.

Adviezen
- → Troost eerst de baby die het hardste huilt. Omdat de baby's verschillende karakters hebben, is er altijd één die geduldiger is dan de ander. Op deze manier keert de rust in huis sneller terug. Praat ondertussen tegen de andere baby; op die manier voelt hij zich ook gehoord. Als het om een voeding gaat, kun je de baby die moet wachten een speentje geven en hem in zijn wipstoeltje bij je zetten. Jouw aanwezigheid troost hem ook. Over het algemeen leren tweelingen al jong om op hun beurt te wachten. Misschien maak je je zorgen omdat steeds hetzelfde kind als eerste je aandacht krijgt. Toch is dit niet belangrijk. Het gaat erom dat elk kind krijgt wat hij nodig heeft. Het is bovendien mogelijk dat dit tijdens hun eerste jaren verandert, omdat de baby's zelf veranderen en daarmee ook hun behoeftes.
- → Als beide baby's honger hebben, is het verstandig om hen tegelijk te voeden. Op een ander moment van de dag kun je hun ieder apart de voeding geven. Hetzelfde geldt voor als beiden gewiegd willen worden, iets dat vaak voorkomt als ze

moe zijn of ziek. Zoek een houding waarbij je hen allebei kunt wiegen. Een veel toegepaste houding is die waarbij elke baby op een van je ellebogen rust, met jouw hand onder hun bips en hun beentjes gestrekt over jouw bovenbenen (de wieghouding). Voor drielingmoeders bestaat er een houding waarin de baby's tegelijk gevoed kunnen worden, hoewel het eerlijk gezegd niet echt makkelijk is (zie voor deze houdingen hoofdstuk 13).

Moniek, moeder van een drieling: '*Ik vond het best lastig om te beslissen wie ik het eerste oppakte als ze alle drie huilden. Maar ten slotte vond ik hierin toch een weg. De wijkverpleegkundige die bij ons aan huis kwam, hielp me hierbij. Ze leerde me in te zien dat het wassen, verschonen en de voeding geven, ook momenten zijn waarin de baby's apart aandacht krijgen. Dat hielp me om het gevoel dat er altijd één tekortkwam, te relativeren.*'

Alicia, moeder van een drieling: '*Ik kwam altijd een paar handen tekort, maar gelukkig boden de wipstoeltjes uitkomst. Ik deed ze alle drie in hun eigen stoeltje en ging dan voor hen zitten. Ik wiegde ze, zong liedjes en streelde ze. Ze werden er rustig van en vielen vaak in slaap. Toen de tandjes begonnen door te breken, werkte dit systeem ook goed en voor de momenten waarin ze moeilijk in slaap kwamen.*'

Het RS-virus

Het RS-virus (het respiratoir syncyteel virus) veroorzaakt een acute infectie van de luchtwegen, waardoor het kind het benauwd krijgt. Het lijkt erg op een verkoudheid. Je baby heeft een verstopte neus en slijm in zijn longen. Het kan piepgeluidjes maken bij het ademen. Verder kan hij last hebben van hoestbuien waarbij hij slijm opgeeft. Soms is het hoesten zo hevig dat het kind ervan moet braken. Het drinkt meestal slecht en daardoor bestaat er een kans dat het kindje uitdroogt.

Zuigelingen en baby's onder de zes maanden lopen kans op dit virus. Jonge kinderen lopen zelfs risico op een ernstig verloop van deze infectie. Bij oudere kinderen verloopt het vaak als een gewone infectie van de bovenste luchtwegen. De te vroeg geborenen, kinderen met een longbeschadiging en kinderen met een aangeboren hartafwijking vormen een risicogroep voor een ernstiger verloop. Het virus treedt vooral in de herfst en de winter op en wordt verspreid door de lucht en via aanraking. Het is dan ook belangrijk om de baby's die tot de risico groep behoren, weg te houden van mogelijke infectiebronnen, zoals crèche, rokerige ruimtes of verkouden bezoek.

In de ernstige gevallen wordt het kind in het ziekenhuis opgenomen en met de monitor bewaakt. Soms zal het extra zuurstof toegediend krijgen en soms zal het kind beademd moeten worden. De voeding wordt zo nodig via sondevoeding of een infuus gegeven.

Het vaststellen van het virus is eenvoudig: door middel van wat slijm uit de neus kan binnen anderhalf uur de aanwezigheid van het virus in de cellen vastgesteld worden.

Tegenwoordig worden baby's uit de risicogroep, zoals prematuren of baby's met een aangeboren hartgebrek, ingeënt tegen het virus.

Met de baby's naar buiten

Tweelingwagens

Op het consultatiebureau zal je verteld worden wanneer je met je baby's voor het eerst naar buiten kunt. Dat is altijd een speciaal moment!

Waarin ga je je tweeling vervoeren? Je kunt kiezen voor een combitweelingkinderwagen die eerst dienstdoet om de baby's liggend te vervoeren en later als wandelwagen. Op het onderstel passen namelijk twee losse zitjes. Er zijn modellen waarbij op het onderstel zowel de reiswiegjes passen als de maxi-cosi's en later de zitjes.

Daarnaast kun je ook voor een andere mogelijkheid kiezen: voor de eerste periode gebruik je een eenlingwagen in combinatie met een draagzak. Vooral voor een huilbaby is een draagzak ideaal, want meestal valt hij dan tevreden in slaap. Als de baby's zo'n vijf maanden zijn, kun je overgaan op een tweelingwagen met verstelbare rugleuningen. Zo voorkom je de aanschaf van een kinderwagen, die je tenslotte maar een korte periode nodig hebt. De wiegjes van de kinderwagens zijn smaller dan die van een eenlingwagen, dus de baby's kunnen er minder lang in.

Wat de wandelwagens betreft kun je kiezen uit twee modellen: die van een tandem (de kinderen zitten achter elkaar of tegenover elkaar) en die van twee zitjes naast elkaar. Als ze naast elkaar zitten, hebben ze beter uitzicht en heb jij als duwer ook beter zicht op hen. Je kunt ze naar je toe zetten (dit is fijn in de eerste maanden) ofwel van je af, zodat zij de wijde wereld in kijken. Het tandemmodel heeft als voordeel dat het niet breder is dan een gewone wandelwagen, daarentegen weegt het meer dan het andere model. De breedte van de wagen waarin de tweeling naast elkaar zit, is wel verschillend per merk. Er zijn brede en minder brede wagens.

Er is volop keus. Misschien zoek je een model waar de maxi-cosi's op passen (handig voor de auto en thuis), wil je een tweeling-babyjogger voor in de stad, of juist een stevige wandelwagen voor strand en bos, type bolderwagen.

Ten slotte zijn er ook tweelingbuggy's. De buggy is veel lichter dan een wandelwagen, maar heeft wel een minder goede vering. Vaak hebben ouders een buggy erbij. Handig voor in de stad als je even snel een boodschap wilt doen (hij kan mee op de fiets als je een haak ervoor hebt).

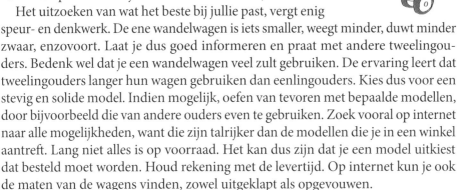

Het uitzoeken van wat het beste bij jullie past, vergt enig speur- en denkwerk. De ene wandelwagen is iets smaller, weegt minder, duwt minder zwaar, enzovoort. Laat je dus goed informeren en praat met andere tweelingouders. Bedenk wel dat je een wandelwagen veel zult gebruiken. De ervaring leert dat tweelingouders langer hun wagen gebruiken dan eenlingouders. Kies dus voor een stevig en solide model. Indien mogelijk, oefen van tevoren met bepaalde modellen, door bijvoorbeeld die van andere ouders even te gebruiken. Zoek vooral op internet naar alle mogelijkheden, want die zijn talrijker dan de modellen die je in een winkel aantreft. Lang niet alles is op voorraad. Het kan dus zijn dat je een model uitkiest dat besteld moet worden. Houd rekening met de levertijd. Op internet kun je ook de maten van de wagens vinden, zowel uitgeklapt als opgevouwen.

Heb je nog een ouder kind, onderzoek dan de mogelijkheden van een opzetstoeltje voor de kinderwagenbak of – bij een iets ouder kind – een meerijdplankje waar je kind op kan staan.

Kinder- en wandelwagens worden vaak tweedehands gekocht. Als ze in goede staat verkeren, is dat zeker aan te raden. Kijk bij advertenties van huis-aan-huisbladen, in het *Tweelingen Magazine* van de Nederlandse Vereniging voor Ouders van Meerlingen en op de sites van tweedehands meerlingenproducten (zie Nuttige adressen).

Drielingwagens
Voor de drielingouders zijn er verschillende mogelijkheden waarvan ik hier enkele noem: er is een model van de fabrikant Urban Jungle met een chassis voor drie zitjes die geheel verstelbaar zijn en waar drie reiswiegjes op passen, de zogeheten Urban Jungle Trio. De zitjes bevinden zich naast elkaar, wat het model erg breed maakt. Het kan tot ongeveer drie jaar gebruikt worden. Het grote voordeel is dat deze kinderwagen direct vanaf het begin te gebruiken is, ook voor de auto.

Dan is er nog een ander model, van het merk Inglesina, ook met drie zitjes waarbij echter alleen één zitje verstelbaar is, de zogeheten Inglesina Trio-drielingwagen. Er is slechts plek voor twee reiswiegjes. Dit model is pas te gebruiken als de baby's al kunnen zitten, vanaf ongeveer zes maanden. Het voordeel is echter dat deze wagen minder breed is, aangezien de zitjes zich achter elkaar bevinden. Ook kan deze wagen langer gebruikt worden.

Een ander model is de Peg Peregro Triplette. Ook hier gaat het om drie zitjes achter elkaar, die echter wel in verschillende richtingen geplaatst worden al naar gelang de voorkeur van de ouders (voor-, achteruit of twee naar elkaar toe). Je kunt autostoeltjes (maxi-cosi's) kopen van hetzelfde merk die op het onderstel geplaatst kunnen worden. Als de baby's groter worden, plaats je de buggy's op het onderstel. Deze wagen rijdt licht en heeft ook het voordeel smal te zijn.

Een ander model is de ABC Adventure Buggy waar twee kinderen naast elkaar zitten en eentje, in de tegenovergestelde richting, bovenop. Deze wagen is niet breder dan een tweelingwagen en rijdt makkelijk.

Drielingouders twijfelen soms tussen een drielingwagen of een tweelingwagen in combinatie met een eenlingwagen. Sommige ouders leggen de drielingbaby's in de reiswieg van de tweelingwagen, waar ze in de eerste maanden nog goed in passen. Het voordeel van een drielingwagen is dat je zonder hulp van derden altijd met je baby's naar buiten kunt. Dit is voor veel moeders heel belangrijk. Wandelen met de baby's is ontspannend, zowel voor hen als voor jou en het voorkomt dat je je afgesloten voelt van de buitenwereld. Het kan zelfs een depressie voorkomen.

Let bij aanschaf van zowel de tweeling- als drielingwagen op de volgende punten:
- → De breedte van de wagen. Hij moet door je voordeur kunnen en eventueel in de lift passen.
- → Kies een model dat niet te zwaar is. Tenslotte zullen de baby's snel in gewicht toenemen, zodat het totale gewicht algauw (te) veel is.
- → Het model moet zo opvouwbaar zijn dat het makkelijk in de kofferbak van je auto past. Let goed op de wielen. Vaak moet er wel een wiel (of wielen) af om het passend te maken.
- → Overweeg eventueel een model waarbij de zitjes als autostoeltjes dienst kunnen doen. Dat voorkomt extra kosten.
- → Bedenk of je de wagen vooral nodig hebt voor in de stad of op ruw terrein, zoals strand, bos, weiland. In het laatste geval zijn er grotere wielen nodig en dus een ander soort wagen.
- → Kies altijd voor een stevige wagen. De ervaring leert dat tweelingouders de wagen langer gebruiken dan ouders van een eenling.
- → Let op de hoogte van de duwstang. Ben je zelf lang, dan heb je een wagen nodig met een hoge duwstang.

→ Kijk op internet naar de verschillende types wagens, zodat je een idee krijgt van wat er te koop is. In de winkels zijn namelijk lang niet alle soorten aanwezig. Houd er dus rekening mee dat jouw model eventueel besteld moet worden.
→ Kom je er niet uit, besluit dan eerst te huren tot je een keuze kunt maken.
→ Schaf ook een eenlingbuggy aan. Het is heel plezierig om af en toe even met één kind naar buiten te gaan. Veel ouders genieten ervan om aandacht aan een van hun meerling te kunnen geven en ook om zelf eens een keer niet in de belangstelling te staan. Dit is met een twee- of drielingwagen onmogelijk.

Enkele ervaringen:
Willeke: *'Wij hebben de Peg Perego Triplette. Daar zitten geen reiswiegjes bij maar de zitjes van de wagen kunnen bijna plat. Ik legde ze daar dus in. Je kunt dan een voetenzak of een babynestje gebruiken om ze lekker in te kunnen stoppen en het wat kleiner te maken. Ik had zelfgemaakte matrasjes die ik erin deed met een dekentje en later een voetenzak. Verder kun je ze ook al vanaf het begin vervoeren in de maxi-cosi's die erbij horen. Ik ben vanaf het begin met ze op stap geweest.'*

Anneke: *'Ik gebruikte de eerste maanden een tweedehands Urban Junglo Duo want mijn drieling paste goed in de tweelingbak. Daarna ging ik over op de ABC Adventure, waar ze tot tweeënhalf jaar in konden. Als we de duwstang er afhaalden, paste hij goed in onze auto. De beentjes van het kind dat bovenin zit, bungelen een beetje, maar voor de rest was dit een goede ervaring.'*

De meerling in de auto

Een tweeling in de auto vervoeren is goed te doen, al bezet het wel je hele achterbank. Een drieling in de auto vervoeren geeft weer andere moeilijkheden. Om drie zitjes te plaatsen, heb je een auto van een speciaal merk nodig. Niet in alle auto's passen namelijk drie kinderzitjes! Houd hier rekening mee als je een nieuwe auto koopt. Kijk ook of je auto met het Isofix-systeem is uitgerust. Met dit systeem worden de kinderstoeltjes vastgezet wat veiliger is dan het gebruiken van de gordels. Een model met vijf deuren vergemakkelijkt het plaatsen van de kinderen in hun zitjes. En de achterbak moet ruim genoeg zijn om de drielingwagen in op te bergen.

Een drielingmoeder loste het als volgt op: in de babytijd gebruikte ze drie autostoeltjes, type 'maxi-cosi' die ook dienstdeden als wipstoeltjes in huis. Ze plaatste ze op de achterbank in tegenovergestelde rijrichting. Toen de baby's eruit groeiden, kocht ze drie autozitjes. En nu met vijf jaar zit de drieling op verhoogde zitjes.

Vierlingouders kiezen meestal voor twee tweelingwagens. Om hun kinderen per auto te vervoeren, zijn ze aangewezen op een auto type bestelbus.

De meerlingwagens zijn te koop in speciaalzaken en moeten ruim van tevoren besteld worden (zie Nuttige adressen).

Hoe beleven ouders deze periode?

Ongetwijfeld is deze periode met twee (of meer) baby's uitputtend voor de ouders. De baby's moeten bijna voortdurend gevoed worden en er is geen tijd om uit te rusten of iets te doen wat niet met de baby's te maken heeft. Het leven van de ouders draait om hen. Volgens mijn onderzoek kon 48 procent van de tweelingmoeders deze periode goed aan (41 procent van de drielingmoeders); 30 procent vond het zwaar (41 procent van de drielingmoeders) en respectievelijk 22 procent en 18 procent had een slechte start.

Het gebrek aan slaap door de nachtvoedingen beïnvloedt de gemoedstoestand van de ouders. Oververmoeidheid ligt altijd op de loer. Een andere moeilijkheid voor de moeders is het gebrek aan contact met de buitenwereld. De moeders komen door hun nooit aflatende werk nauwelijks het huis uit. Bovendien is het niet altijd makkelijk om met twee of drie baby's naar buiten te gaan, zeker niet voor moeders die op een flat wonen. Ze zien tegen het gedoe met de lift op en zien daardoor af van een wandeling in de buitenlucht, die voor hen en de baby's juist zo positief kan zijn.

Sommige moeders leven het eerste jaar opgesloten in hun huis en raken depressief. Dit is, gezien hun situatie, niet vreemd. Een Engels onderzoek onder drielingouders wijst uit dat een groot aantal moeders tijdens het eerste jaar met gezondheidsproblemen kampt, net als enkele vaders.

De ervaringen zijn heel verschillend, zoals deze verhalen laten zien:

Roos, moeder van een drieling van negen maanden en twee oudere kinderen van negen en zeven jaar: *'Mijn man en ik waren vanaf het begin blij met de zwangerschap. Het is hetzelfde soort blijdschap als wanneer je één kind verwacht, maar dan verdrievoudigd. Tijdens de zwangerschap maakte ik me wel zorgen of ik de situatie die me stond te wachten aan zou kunnen, maar eenmaal zover, viel het me mee. Natuurlijk is er veel te doen, maar het is geen last. Ik doe het allemaal graag. Hoewel niet veel, heb ik toch een beetje tijd voor mezelf als de baby's slapen. Ik heb nu vijf fantastische kinderen, wat zonder de drieling nooit gebeurd zou zijn!'*

Karina, ook een drielingmoeder, vertelt haar ervaring: *'De eerste periode is een echte uitputtingsslag. Eigenlijk merk je dat pas als je erop terugkijkt. Het is verbazingwekkend over hoeveel energie je beschikt om het te redden, maar het is absoluut nodig om tijdens het eerste jaar over extra hulp te beschikken. Als je twee of meer baby's hebt, begeef je je in een tunnel waarvan je het einde niet ziet.'*

Sommige meerlingmoeders vertelden me dat ze hun werk weer oppakten vanwege hun behoefte aan sociaal contact. Het kan vreemd lijken, maar iedere moeder zoekt de oplossing die het beste bij haar past. Anderen daarentegen, gaan minder werken, zodat ze de zorg thuis beter kunnen combineren met hun werk. Het is vaak even zoeken naar het beste evenwicht.

Sommige moeders hebben er moeite mee dat ze twee of drie baby's tegelijk hebben gekregen. Ze hadden liever één kind gehad en voelen zich overrompeld door een enorme verantwoordelijkheid. Weinig vrouwen wensen tenslotte om zwanger te worden van een meerling. Ook vaders kunnen met deze gevoelens kampen. Of ze voelen een enorme jaloezie als ze zien met welke toewijding hun partner zich aan de baby's wijdt. Het is belangrijk om deze gevoelens uit te spreken. Dat lucht niet alleen op, maar vermindert ook het schuldgevoel en het helpt om de situatie te accepteren. En het voorkomt dat je als ouders uit elkaar groeit.

Vele moeders van mijn onderzoeksgroep vertelden me dat de kwetsbaarheid van hun baby's hun zorgen baart. Als mij iets overkomt, hoe moet het dan met de baby's?, is een gedachte die hen af en toe kwelt. Ook deze zorg moet uitgesproken worden. Sommige moeders besloten om familieleden of vrienden als voogd aan te wijzen in geval hun iets zou overkomen, want alleen op die manier voelden ze zich gerust.

Adviezen
→ Maak tijd vrij om alleen met je partner te zijn. Jullie relatie heeft ook aandacht nodig! Samen uiteten en gevoelens uitwisselen is een prima middel tegen de verwijdering en het gebrek aan begrip dat altijd na een eerste kind op de loer ligt. Daarom is dit ook de periode met de meeste kans op een scheiding. Een weekendje weg zonder de baby's kan je als onmogelijk of misschien zelfs wreed voorkomen, maar het is goed voor de ouders en daarmee dus voor de kinderen.
→ Voor moeders die niet buitenshuis werken, is het belangrijk om contact met de buitenwereld te houden. Ontmoetingen met andere moeders of een hobby er op na houden, is zeer aan te bevelen. Als meerlingmoeder moet je goed voor jezelf zorgen en je niet wegcijferen, want alleen op die manier kun je goed voor je kinderen zorgen. Ook is het zeer stimulerend om met andere tweelingouders te praten en ideeën, trucjes en ervaringen uit te wisselen.
→ Gebruik de momenten waarop de kleintjes slapen om zelf uit te rusten. Deze eerste periode is zeer uitputtend en het is verstandig om elke kans om slaap in te halen te benutten. Zorg eventueel voor hulp om zelf te kunnen slapen, zoals een oppas die over de baby's waakt zodat jij rustig kunt slapen.
→ Stel prioriteiten. Met meer dan één baby is het onmogelijk om het huis op orde te houden. De meeste meerlingouders veranderen hun idealen en stellen het belang van hun kinderen boven alles. In plaats van je te laten deprimeren door de rommel, ga op je bank zitten en kijk naar je baby's: zijn zij niet het mooiste ter wereld?

Het fysieke herstel van de moeder

Iedere net bevallen moeder heeft tijd nodig om zich weer lekker in haar lichaam te voelen en haar krachten te hervinden. Voor jou geldt dit extra, want de fysieke belasting van je lichaam was veel zwaarder. Daarnaast loop je een grotere kans op nabloedingen, vermoeidheid en pijn na een keizersnee. Reken er daarom op dat je tijd nodig hebt om je weer de oude te voelen. Heb geduld en wees positief.

Het is verstandig om bekkenbodemoefeningen te doen. Veel meerlingmoeders verliezen namelijk een beetje urine als ze hoesten, lachen of gapen ten gevolge van de verslapping van deze spieren. Dit kun je tegengaan door de spieren van het perineum te oefenen, die zich rond de schede en de anus bevinden. Span deze een paar keer per dag aan, bijvoorbeeld tijdens het plassen. Op die manier krijgen de spieren hun kracht terug.

Sommige moeders van mijn onderzoeksgroep, zowel van tweelingen als van drielingen, voelden zich ongelukkig met hun lichaam. Door het uitrekken van hun buikspieren bleef er een enorme buik over, zelfs bij vrouwen die hun oorspronkelijke gewicht weer terugkregen. Bovendien hebben de buikspieren ook een deel van hun capaciteit om steun te geven verloren, waardoor de rug te veel belast wordt. Dit veroorzaakt pijn in de rug. Vanwege deze klachten besloten enkele moeders tot een operatie, uitgevoerd door een plastisch chirurg. Over het algemeen hadden ze geen spijt van deze beslissing, hoewel ze toegaven dat ze door de ingreep niet hun vroegere figuur terug hebben gekregen. Ook moesten ze voor de periode na de operatie voor hulp thuis zorgen, want dan is het verboden om gewicht te tillen en zwaar lichamelijk werk te doen. Ze waren dus een tijdlang op hulp van derden aangewezen voor de zorg van hun baby's.

Het is verstandig je goed te laten voorlichten voor je tot een chirurgische ingreep besluit. Het is sowieso aan te raden te wachten tot een jaar na de bevalling, want soms herstelt het lichaam zich spontaan.

> **Uit onderzoek**
> De motorische ontwikkeling van tweelingen verschilt niet van die van eenlingen, zoals een onderzoek van de Vrije Universiteit, in 2007, aantoont. De motorische mijlpalen, zoals rollen, zitten, kruipen en staan worden door beide groepen op vergelijkbare momenten bereikt.

16. Zes-twaalf maanden

De ontwikkeling van de tweede helft van het eerste jaar is heel anders dan die van de eerste zes maanden. De baby's leren zitten, eerst nog met hulp en later zonder. Ook beginnen ze gezichten te onderscheiden. Ze begroeten nu hun ouders met een brede glimlach, maar schrikken als ze vreemden zien. Met ongeveer acht maanden pakken ze met duim en wijsvinger kleine voorwerpen op en ze beginnen te kruipen. Al schuifelend over de grond gaan ze niet alleen op zoek naar hun moeder, maar ook naar elkaar. Met negen maanden gaan ze staan, zich optrekkend aan een rand of stoel en rond hun eerste verjaardag zeggen ze hun eerste woord. Hun ontwikkeling is niet anders dan die van andere kinderen behalve wat betreft hun sociale ontwikkeling: ze zijn al vanaf het moment van de conceptie samen met hun tweelingbroer of -zus. Voor de ouders is het een voorrecht te zien hoe ze met elkaar omgaan en elkaar leren kennen.

De voeding

In deze periode verandert hun voeding: ze nemen naast de melk nu ook de eerste fruit- en groentehapjes.

Het is verstandig om hen in het begin apart te voeren. Ze moeten immers nog wennen aan het eten met een lepel en aan de nieuwe smaken. Als ze eenmaal gewend zijn, kun je ze tegelijk voeren. Gezeten in hun babyzitjes geef je de kleintjes om beurten een lepeltje pap. Borden met twee vakken zijn nu handig, want zo controleer je hoeveel elke baby eet. Het is geen probleem om de kinderen met hetzelfde lepeltje te voeren, want door het nauwe contact delen ze hoe dan ook altijd bacteriën.

Als ze goed kunnen zitten, zo rond de negen maanden, zijn kinderstoelen handig. Het is verstandig om riempjes te gebruiken, want het is niet makkelijk om voortdurend twee baby's in de gaten te houden. Ze vinden het nu ook fijn om het eten aan te raken. Rond de achtste maand kunnen ze al kleine stukjes brood zelf eten. Dit is goed voor hun motorische ontwikkeling, speciaal in verband met de oog-mondcoördinatie. Een zekere 'troep' is niet te vermijden. Grote slabben en plastic op de grond zijn zeker aan te raden!

Adviezen
- → De tweeling kan zeer verschillende smaken hebben. De een went direct aan alles, de ander is kieskeurig. Of de een is een goede eter, de ander niet. Het beste is om hun verschillende smaken en behoeftes te respecteren en niet de een als voorbeeld voor de ander te nemen. Dit zorgt alleen maar voor rivaliteit.
- → Het kan zijn dat ze elkaar positief beïnvloeden: wat de een met smaak eet, probeert de ander ook! Maar het kan ook negatief uitpakken: als de een een hap weigert, doet de ander hem na. In dit geval is het verstandig om ze apart te voeren.

Het kruipen en de veiligheid in huis

Kruipen gaat vooraf aan het lopen. Rondom de achtste maand begint de baby te kruipen, maar er zijn grote verschillen tussen de kinderen, iets dat je ook bij tweelingen ziet. Het kan voorkomen dat een van hen al met zes maanden kruipt, terwijl de ander pas met tien maanden begint. Er zijn ook kinderen die de fase van het kruipen overslaan en direct van zitten naar lopen overgaan.

Over het algemeen is het verschil in ontwikkeling van twee- en meerlingen geen reden tot ongerustheid; zoals het schema van hoofdstuk 17 aantoont, kunnen zich grote verschillen tussen de kinderen voordoen. Dit komt vooral voor bij twee-eiige tweelingen. De verschillen bij de eeneiige zijn veel kleiner en soms praktisch nihil.

Voor of tijdens de kruipfase is het heel belangrijk het huis aan te passen aan de behoeftes van de kinderen. De voorzorgsmaatregelen moeten zelfs rigoureuzer zijn dan in het geval van slechts één baby. Het is namelijk moeilijker om twee baby's in de gaten te houden, maar ook speelt mee dat het risico op ongelukken groter is bij meerlingen: de baby's stimuleren elkaar om 'kattenkwaad' uit te halen. Ze helpen elkaar bijvoorbeeld om uit hun bed of box te klimmen, op tafel te kruipen, de kasten open te maken of de deur naar buiten… De zin om de wereld te verkennen is tenslotte dubbel aanwezig!

Suggesties
- Scherm trappen, ramen, stopcontacten en het balkon af. Verberg de elektriciteitskabels. Pas ook op voor wankele stoelen die om kunnen vallen als de kinderen er alleen of samen opklimmen.
- Zolang de kinderen niet kruipen, is een zacht en dik kleed op de grond heel praktisch. Naast elkaar liggend raken ze elkaar aan, pakken ze elkaars handen vast en volgen ze elkaars bewegingen. Er zijn speciale babykleden te koop die voorzien zijn van muziek, geluid en speeltjes. Het is raadzaam om de baby's veel op hun buik te leggen, want deze houding versterkt hun rugspieren. Dit is extra belangrijk, omdat de baby's tegenwoordig meer tijd in babyzitjes en maxi-cosi's doorbrengen en op hun rug slapen. Onderzoek van de Vrije Universiteit Amsterdam in 2007 toont aan dat hierdoor de motorische ontwikkeling van de kinderen van nu enigszins achterloopt bij die van vorige generaties.
- Een box is zeer aan te raden. Er zijn speciale grote boxen te koop, handig voor tweelingen. Een spiegel, geplaatst achter de box, maakt hem nog aantrekkelijker: de baby's kijken naar elkaar en naar zichzelf. In plaats van een grote box kun je ook kiezen voor twee normale boxen. Dit is handig als de baby's wat groter zijn en elkaar in de weg zitten. Zet de boxen wel dicht bij elkaar, zodat ze met elkaar kunnen communiceren, maar ver af van gordijnen, planten en stopcontacten. Voor drielingouders zijn twee boxen vaak een goede optie, want drie nemen te veel ruimte in beslag.
- Een box garandeert de veiligheid van de kinderen niet volledig. Het is mogelijk dat een eruit klimt via de rug van de ander, die als trap fungeert! Laat de kinderen dus nooit alleen.
- De tweeling kan elkaar ook in de weg zitten of elkaar pijn doen, wanneer ze het speelgoed gebruiken om elkaar te slaan. Dit is geen opzet. Op deze leeftijd hebben ze nog geen besef van het 'ik' noch van de ander. Een oplossing is om hun alleen zacht speelgoed te geven als ze samen zijn en harde speeltjes als ze apart zijn, bijvoorbeeld een in de box en de ander in de kinderstoel.
- In plaats van een box kun je er ook voor kiezen een deel van de woonkamer af te scheiden door middel van een hekje. Er zijn zeer handige, verstelbare hekjes te koop. Op deze manier hebben de kinderen meer ruimte tot hun beschikking. Veel drielingouders kiezen hiervoor. Binnen de 'box' moeten dan de scherpe randen bedekt worden. Er mag absoluut niets zijn wat een gevaar voor de baby's kan opleveren.

Anne, moeder van een tweeling: *'Ik kocht de grootste box die ik kon vinden. In het begin was het ideaal voor beide baby's. Al spelend vielen ze vaak in slaap. Toen ze groter werden, ruzieden ze veel en trokken ze elkaar aan de haren. Ik gebruikte de box toen steeds voor één kind en ook dat was handig. 's Zomers heb ik hem vaak in de tuin gezet. Dat beviel ons prima.'*

Marijke, moeder van een drieling: '*Ik koos voor een hele grote box, zo'n soort die je groter of kleiner kunt maken door middel van uitneembare delen. Het was een zeshoek, zonder bodem, maar heel stevig. Daarin leerden ze zich op te trekken. Gedurende een periode voldeed het heel goed.*'

Karina, moeder van een drieling: '*Onze huiskamer was helemaal ingericht voor de kinderen. Alle hoeken en scherpe randen had ik bedekt met een laag schuimrubber, met daaroverheen een mooie stof. Het lage salontafeltje heb ik tijdelijk opgeruimd. Er was werkelijk geen enkel gevaar. Dit gaf me een enorm rustig gevoel, omdat ik niet de hele dag 'NEE' hoefde te roepen. De kamer leek wel een peuterspeelzaal, maar het was tenslotte de ruimte waar we de meeste tijd doorbrachten en waar ook de meeste zon binnenkwam. Al hun speelgoed was daar en zelfs de commode om hen te verschonen. Dat vond ik heel handig, want ik hoefde de kinderen niet alleen te laten als ik er een verschoonde.*'

Ton, vader van een drieling, twee jongens en een meisje van 30 maanden: '*We kochten twee boxen en dat bevalt ons goed. Toen de kinderen kleiner waren, leerden ze zich aan de randen op te trekken. En nu doen de boxen dienst tijdens moeilijke momenten, bijvoorbeeld als we moeten koken of telefoneren. Hoe we de kinderen dan verdelen is een kwestie van diplomatie: als de jongens ruziën, dan haal ik hen uit elkaar en zet ik het meisje bij een van hen. En soms als een van de drie iets rustigs wil doen en de anderen vallen hem hierbij lastig, dan neem ik ook mijn toevlucht tot de box. Daar kan rustig gespeeld worden zonder inmenging van de andere twee. Zij vragen er soms zelf om.*'

Hun taalontwikkeling

Over het algemeen verschilt de ontwikkeling van een tweeling niet van die van andere kinderen. Ze leren zitten, kruipen, staan, enzovoort op ongeveer dezelfde leeftijd. Maar hun ontwikkeling is wel anders wat betreft de taal. Tweelingen beginnen later met praten. Dit zijn de meest opvallende verschillen:
- de fase van het brabbelen duurt langer;
- hun eerste woord komt later;
- allebei of alle drie maken ze dezelfde fouten en het is moeilijker om hen te corrigeren, want ze imiteren elkaar;
- hun zinnen zijn korter;
- de constructie van hun zinnen is eenvoudiger;
- hun woordenschat is beperkter;
- het gebruik van persoonlijke voornaamwoorden komt later; ze beginnen met 'wij' en leren pas later de begrippen 'ik' en 'jij';
- ze gebruiken telegramstijl als ze samen zijn.

Hun taalontwikkeling loopt ongeveer een half jaar achter bij niet-tweelingen. Maar het gaat slechts om een tijdelijke achterstand en niet om een wezenlijk probleem. Hun capaciteit om de taal te begrijpen en te leren verschilt niet van die van andere kinderen. Drielingen maken een soortgelijke ontwikkeling door, hoewel de studies over hen beperkt zijn.

Wat veroorzaakt nu deze achterstand? De belangrijkste factor is dat ouders minder tijd hebben om aan elk kind apart aandacht te geven. Het grootste deel van de conversatie is gericht op twee of drie baby's tegelijk. En deze beschikken op hun beurt weer over minder mogelijkheden om een gesprek met de ouder alléén in alle rust aan te gaan. Er is altijd een broertje of zusje in de buurt dat de aandacht van hem afpakt. De tweeling (en drieling) is voortdurend in strijd om te zien wie de ouderlijke aandacht kan vasthouden.

Volgens een onderzoek van de psycholoog P. Mittler in 1972 lopen tweelingen vóór wat betreft de snelheid van reactie: als geen ander hebben zij ervaring in het zich mengen in een gesprek en winnen ze het daarom van andere kinderen. Er speelt nog iets mee dat de taalontwikkeling bemoeilijkt. Het grootste deel van de tijd voert de ouder meer dan één activiteit tegelijk uit: de ouder voedt of verschoont het ene kind, terwijl zij (of hij) het andere, dat op zijn beurt wacht, al pratende bezighoudt. Dat betekent dat haar woorden niet overeenkomen met haar gebaren en dat de momenten van oogcontact kort en diffuus zijn. Dit zijn wel twee belangrijke voorwaarden voor het aanleren van nieuwe woorden.

Er spelen ook andere factoren mee bij deze taalachterstand, zoals vroeggeboorte, laag geboortegewicht en een grotere vatbaarheid voor oorinfecties bij meerlingen. Oorinfecties kunnen vochtophoping in de oren veroorzaken, waardoor het kind minder goed hoort. Dat kan weer leiden tot een slechtere uitspraak.

De achterstand in taal komt meer voor bij jongens dan bij meisjes en ook meer bij de eeneiigen dan bij de twee-eiigen. René Zazzo, een Franse psycholoog en tweelingdeskundige (1910-1995), beschrijft een interessant geval van een Russische jongenstweeling die tot hun derde jaar een eigen taal gebruikte. Ze praatten nauwelijks met andere personen. Met toestemming van de ouders besloten de geraadpleegde deskundigen om de kinderen tijdelijk te scheiden zodat ze de taal zouden leren. Een van de kinderen kreeg taalles. Beiden boekten al snel vooruitgang, maar niet alleen in taal, ook in ander opzicht: terwijl ze ervóór amper met blokken speelden, begonnen ze allebei na de scheiding bouwwerken te maken die een grote creativiteit aantoonden. Zazzo concludeerde dat het verwerven van taal een belangrijke steun is voor de intellectuele ontwikkeling. Dit zou het gemiddeld iets lagere IQ van tweelingen kunnen verklaren.

Maar taalachterstand komt niet bij alle tweelingen voor. In mijn onderzoeksgroep heb ik een jongen-meisjetweeling gekend, die beiden met twintig maanden goed spraken, zelfs beter dan menig ander kind van die leeftijd. Hun goede taalontwikkeling was ongetwijfeld te danken aan het feit dat ze de ochtenden met hun vader waren, een leraar taal, en 's middags met hun moeder, een fervente liefhebster van het vertellen van verhalen. Ook ken ik een drieling met een heel hoog taalniveau. Hun moeder werkt parttime bij een uitgever van kinderboeken, wat zeker een positieve invloed heeft op de kinderen. De conclusie is duidelijk: hoe meer tijd er besteed wordt aan de twee- of drieling, hoe beter hun taalontwikkeling zal zijn.

Niet alle ouders beschikken over de mogelijkheid om parttime te werken en de zorg voor hun kinderen te delen. Over het algemeen is de factor tijd juist een moeilijk punt voor de ouders, vooral de beschikbare tijd voor elk van de kinderen. Een moeder vertelde me dat ze wel met één van haar tweeling tijd alleen doorbrengt, maar dat ze juist die momenten met haar andere kind mist. Dat komt doordat de een meer slaapt dan de ander. Regelmatig iets ondernemen met ieder kind apart is belangrijk al vanaf dat ze klein zijn. Het stimuleert hun taal en individualiteit (dit laatste thema zal ik uitgebreid in de volgende hoofdstukken bespreken). Bovendien genieten de meeste ouders van het individuele contact met elk kind. Het maakt de relatie bevredigender.

Suggesties
→ Kleine verschillen in de ontwikkeling van de taal zijn normaal. Het komt vaak voor dat het ene kind eerder praat dan het andere. Bij de jongen-meisjetweeling is meestal het meisje degene die het eerst praat en zich het snelst ontwikkelt wat de taal betreft.
→ Elk kind apart een verhaaltje voorlezen voor het slapengaan is een goede gewoonte: een met pappa en het andere met mamma. Overdag voorlezen aan beide kinderen is ook aan te bevelen. Het stimuleert niet alleen de taalontwikkeling, maar creëert ook momenten van rust en ontspanning. Ook bij een drieling is het individuele voorlezen aan te raden, al is het ongetwijfeld moeilijker te organiseren.
→ Probeer ervoor te zorgen dat tijdens activiteiten, zoals het badje, het verschonen, je woorden overeenkomen met je gebaren en maak oogcontact. Dit helpt de kinderen bij het ontwikkelen van taal.

De taalontwikkeling in een schema:

0-6 maanden	brabbelen, geluidjes, met drie maanden begint de tweeling tegen elkaar te 'praten'
6-12 maanden	de eerste woordjes (mamma, papa, poes...)
12-18 maanden	een woordenschat van 25 woorden, waarvan er 8 goed uitgesproken worden
18-24 maanden	een woordenschat van 200 à 300 woorden, zinnen van twee woorden, gebruik van 'ik' en 'mij'
2-3 jaar	zinnen van drie of meer woorden, met werkwoorden en voorzetsels
3-4 jaar	hele verhalen met gebruik van verschillende tijden (tegenwoordige tijd, verleden tijd en toekomst)

Ik beschik niet over gegevens van studies wat betreft de taalontwikkeling van drielingen. Er is enkel aangetoond dat drielingen ten opzichte van tweelingen later zijn met praten, ook weer vanwege de beschikbare tijd van de ouders om individueel met elk kind te kunnen praten en vroeggeboorte. Bij mijn onderzoeksgroep van drielingen hadden meer kinderen gedurende een periode logopedie nodig dan tweelingen. Het ging in de meeste gevallen niet om ernstige problemen zoals de uitspraak van sommige letters of klanken, en de moeilijkheden werden bijna altijd overwonnen.

Meerling en tweetaligheid

In steeds meer gezinnen worden twee (of drie) talen gesproken, bijvoorbeeld wanneer de ouders een verschillende nationaliteit hebben, zoals in geval van een Nederlandse moeder en een Engelse vader. Dit noemen we het OPOL-model: one parent, one language. Of in het gezin spreekt men de taal van de provincie, zoals het Fries, of van hun afkomst zoals Arabisch, en Nederlands buitenshuis. Dit noemen we het OSOL-model: one situation, one language.

In het eerste geval spreken we van kinderen die 'simultaan tweetalig' opgroeien. Het kind hoort vanaf de wieg andere klanken van pappa dan van mamma. In de andere twee gevallen spreken we van kinderen die 'successief tweetalig' opgroeien. Het leren van de tweede taal komt vaak pas als het kind naar de peuterzaal of kleuterschool gaat.

In de eerste twee jaar van zijn leven is het kind heel gevoelig voor het leren van klanken. Simultaan tweetalig opgroeien heeft dan ook een aantal voordelen boven het successief tweetalig leren. Hoe dan ook, in de eerste vijf à zes jaar van zijn leven leert een kind heel gemakkelijk twee of meer talen. Hij associeert elke taal met een van zijn ouders of met de situatie.

Dit proces kent verschillende fasen:
- Tot vóór het tweede jaar gebruikt het kind beide talen door elkaar. Hij weet nog niet dat het om twee verschillende taalsystemen gaat. In één zin mengt hij allebei, bijvoorbeeld: 'Ik wil my doll' of 'I want mijn pop'.
- Tussen het tweede en derde jaar begint het kind te begrijpen dat er twee verschillende talen zijn en dat elk een eigen referentiekader heeft. Zo begint hij meer Engels te praten tegen zijn vader en meer Nederlands met zijn moeder. Tijdens deze fase komt het vaak voor dat het kind een woord in beide talen zegt, zoals: pop-doll of fles-bottle.
- Tussen het vierde en zesde jaar leert het kind onderscheid te maken tussen beide talen en gebruikt hij de juiste bij de desbetreffende ouder of situatie. Het kind spreekt beide talen zonder accent en is nu echt tweetalig (de definitie van tweetaligheid is dat de persoon over twee talen beschikt en deze allebei frequent gebruikt).

Het tweetalige kind begint over het algemeen iets later met spreken, omdat het zich twee taalsystemen eigen moet maken. Toch is er nooit wetenschappelijk bewijs gevonden dat tweetaligheid voor een kind verwarrend is. Van tweelingen is ook bekend dat ze over het algemeen iets later beginnen met praten, omdat ze minder een-op-een-gesprekken met hun ouders voeren. Daarom vragen tweelingouders zich soms af of tweetaligheid voor hun kinderen wel wenselijk is. Er is geen specifiek onderzoek naar gedaan. Zelf ben ik van mening dat tweetaligheid zoveel voordelen heeft, dat een eventuele tijdelijke achterstand geen reden is om hun deze ervaring te onthouden.

Tweetalig opgroeien heeft veel voordelen. Hersenscans tonen aan dat de hersenen van tweetalige kinderen bij de meeste taken minder activiteit vertonen en dus efficiënter werken.

Het tweetalige kind kan beter focussen, omdat het van jongs af aan gewend is om te switchen en voortdurend de taal die niet relevant is, weg te filteren. Hierdoor beschikt het over een betere 'ruisonderdrukking', wat zijn concentratievermogen en algemene werkgeheugen ten goede komt. Ook heeft het meertalige kind een opener blik en een ruimere geest, want twee talen betekent twee manieren van denken en zijn. Elke taal vertegenwoordigt een eigen cultuur. Het kind groeit daardoor met minder vooroordelen op en kent een grotere tolerantie ten opzichte van andere mensen. Bovendien leert een tweetalig kind sneller een nieuwe taal.

Er is dus absoluut geen reden om je tweeling niet tweetalig op te voeden. Integendeel!

Suggesties
→ Begin zo vroeg mogelijk – liefst al tijdens de zwangerschap – met het praten tegen je tweeling in je eigen taal.
→ Vermijd het vermengen van beide talen. Praat altijd tegen je kind in je eigen taal, ook als er bezoek is dat jouw taal niet begrijpt. Op die manier leert het kind dat een bepaalde taal bij zijn moeder hoort en een andere bij zijn vader, of de ene bij het gezin en de andere bij situaties buitenshuis.

De jongen-meisjetweeling

De helft van de twee-eiige tweelingen is van verschillend geslacht; voor 25 procent zijn het twee jongens en voor 25 procent twee meisjes. Ouders van een jongen-meisjetweeling kunnen als geen ander het verschil in gedrag observeren, dat beïnvloed wordt door het geslacht en niet door een verschillende opvoeding. Dankzij onderzoek weten we inmiddels steeds meer over de verschillen tussen jongens en meisjes, die niet veroorzaakt worden door de maatschappij, maar door het sekseverschil.

In de eerste plaats zijn de hersenen verschillend. Het hormoon testosteron beïnvloedt niet alleen het ontstaan van de mannelijke geslachtsorganen, maar ook van een mannelijke hersenstructuur, die anders is dan die van meisjes. Dit gebeurt tegen het einde van de tweede maand van de zwangerschap. Oestrogeen, het vrouwelijke hormoon, zorgt er op zijn beurt voor dat de hersenen van het meisje zich sneller ontwikkelen en ook dat de twee delen van de hersenen, de linker- en de rechterhelft, beter met elkaar verbonden zijn. Dit geeft haar een voorsprong bij vaardigheden zoals lezen, spreken en problemen oplossen via introspectie. Voor het jongetje is het moeilijker om deze vaardigheden onder de knie te krijgen. Daartegenover ontwikkelt zich bij hem meer het rechter hersendeel, wat hem een voorsprong geeft bij vaardigheden zoals wiskunde en oriëntatievermogen.

Tijdens het eerste jaar kunnen de ouders al zekere verschillen opmerken, ook bij een drieling van verschillend geslacht. Bijvoorbeeld, het meisje neemt beter gezichten in zich op en onderscheidt deze eerder, wat op te merken valt aan haar reactie. Het jongetje is daarentegen actiever. Fysiek is hij sterker omdat hij meer spiermassa heeft, maar emotioneel is hij kwetsbaarder en heeft hij meer moeite met gescheiden zijn van zijn moeder. Hij houdt meer van onbekend speelgoed, terwijl het bij haar juist omgekeerd is. Op tweejarige leeftijd houdt zij meer van verhaaltjes en liedjes en luistert er langer naar, terwijl haar broertje opstaat en gaat spelen.

We kunnen concluderen dat het jongetje en het meisje elk verschillende manieren van leren hebben, zoals het volgende schema aangeeft.

Zij	Hij
Zit het liefst op schoot met haar gezicht tegenover een ander gezicht om contact te zoeken.	Zit het liefst op schoot met zijn rug tegen mamma aan om de omgeving te kunnen bekijken.
Verkiest bekend speelgoed boven onbekend.	Verkiest onbekend speelgoed boven bekend.
Leert eerder praten.	Heeft een betere ruimtelijke oriëntatie.
Is eerder zindelijk en beheerst zichzelf sneller, heeft minder driftbuien.	Het kost hem meer moeite om zijn impulsen te beheersen en zijn gevoelens uit te leggen, zoals boosheid, affectie.
Ontwikkelt sneller de fijne motoriek (knippen, tekenen).	Ontwikkelt sneller de grove motoriek (rennen, springen).
Leert eerder om samen te werken en te spelen in een groep.	Neigt in zijn spel meer tot competitie en rivaliteit.
Is minder geneigd om de omgeving te verkennen. Is meer in personen geïnteresseerd dan in voorwerpen.	Is meer geneigd om de omgeving te verkennen. Is even geïnteresseerd in personen als in voorwerpen.
Neigt er meer toe om oplossingen toe te passen die haar geleerd zijn.	Neigt sneller tot het zoeken van zelfbedachte oplossingen.

Lineke, moeder van een jongen en meisje van vier jaar: *'Sinterklaas bracht hun allebei een pop toen ze vijftien maanden waren. Onze dochter nam haar direct in haar armen en begon haar te wiegen. Haar broertje sleepte zijn pop aan de voeten mee naar zijn speelhoek en gebruikte hem soms om mee te slaan. Hun reactie op hetzelfde stuk speelgoed was totaal verschillend.'*

Het consultatiebureau

De bezoeken aan het consultatiebureau zijn een belangrijk facet van je leven met de baby's. Het is prettig om te weten of de kleintjes het goed doen. Ook kun je er terecht met je vragen en onzekerheden. Het is raadzaam om altijd iemand mee te vragen. De baby's uit- en aankleden, hen geruststellen na een prik en luisteren naar de adviezen van de arts is niet in je eentje te doen.

Zijn de baby's te vroeg geboren, dan zullen hun controles in de eerste maanden in het ziekenhuis plaatsvinden. Dit garandeert een goede nazorg door, onder andere, een kinderarts, verpleegkundige, diëtiste en fysiotherapeut. De inentingen worden echter wel door het consultatiebureau gedaan.

Adviezen
→ Maak de afspraak op een tijd die jou goed uitkomt in verband met de voedingen van de baby's.
→ Als de baby's tegelijk ingeënt worden, kan dat inhouden dat ze ook tegelijk ziek worden. Sommige moeders kiezen er daarom voor om de baby's op verschillende dagen te laten inenten.

Karina, moeder van een drieling vertelt: *'Ik ging altijd met één kind tegelijk naar het consultatiebureau. Ik had het idee dat ze deze individuele aandacht nodig hadden. Dat ben ik tot hun vierde jaar zo blijven doen. Thuis was er dan een oppas bij de andere kinderen. Ik maakte er altijd een leuk uitstapje van. We gingen bijvoorbeeld even naar het park of een ijsje eten. Zo werd het bezoek aan de dokter voor hen en voor mij iets gezelligs. Ik genoot bovendien van het contact met elk kind alleen.'*

Eenkennigheid

Bijna alle baby's maken een periode mee waarin ze bang zijn voor vreemden. Het wordt ook wel de 'achtmaandsangst' genoemd, omdat het rond deze maand begint. De baby, die tot nog toe goedlachs en een allemansvriend was, begint voorkeuren te vertonen. Hij straalt als hij zijn ouders ziet en huilt geschrokken als een vreemde op hem afkomt. Dat kunnen zelfs familieleden zijn als hij die niet vaak ziet.

Waar komt deze angst vandaan? Rond de achtste maand kent de baby de gezichten van de mensen uit zijn directe omgeving en onderscheidt die van minder bekende personen. Daarom schrikt hij als een vreemde op hem afkomt. Deze reactie is een teken van neurologische en emotionele rijping en dus positief. Het betekent dat de relatie met jullie zich heeft verdiept. Wel ontstaat er nu een sterkere afhankelijkheid en een nieuwe angst: die van de scheiding. De baby huilt als moeder even uit zicht is. Hij weet nog niet dat ze vlakbij is, want wat hij niet ziet, bestaat niet meer. Hij voelt zich verlaten. Als één van de baby's begint te huilen, is de kans groot dat de ander ook in huilen uitbarst, want een tweeling ontwikkelt al jong een empathisch vermogen en voelt het verdriet van de ander als dat van hemzelf. Veel moeders voelen zich in deze periode opgejaagd. Ze kunnen de kamer niet uitlopen zonder dat een van de baby's begint te huilen.

Suggesties
→ Houd de deuren open en plaats er hekjes voor. Zo kunnen de baby's je blijven zien, ook al ben je niet in dezelfde ruimte. Blijf tegen hen praten als je naar een ander vertrek loopt. Door je stem te horen, begrijpen de baby's dat je er nog bent.
→ Speel met je kleintjes 'kiekeboe'. Je legt bijvoorbeeld een theedoek over je gezicht en je moedigt hen aan om je te zoeken. Op deze manier leren ze begrijpen dat wat niet zichtbaar is, toch blijft bestaan.
→ Door rekening te houden met deze angst en begrip te tonen, help je je kind deze angst te boven te komen. Hij leert dat hij op je kan vertrouwen en beetje bij beetje overwint hij deze fase. Van afhankelijk wordt hij langzamaan onafhankelijk en leert hij zich te binden aan mensen buiten het gezin.

Hanneke, moeder van een twee-eiige tweeling van elf maanden: '*Een van de tweeling is behoorlijk zelfstandig, maar zijn broertje lijkt elke keer dat we even de huiskamer uitgaan te denken dat we hem achterlaten. Dan pakt hij ons stevig bij de benen vast. Soms speelt hij zelfs zo om zich er maar van te verzekeren dat we niet weglopen.*'

Er zijn ook tweelingen die nauwelijks last hebben van scheidingsangst. Waarschijnlijk speelt hierbij de aanwezigheid van het tweelingbroertje of -zusje mee. Een tweeling is immers zelden alleen.

Naast de scheidingsangst van moeder kent een tweeling, in tegenstelling tot eenlingen, tweelingscheidingsangst. Dit is de angst die ze kunnen ervaren als ze zonder hun tweelingbroertje of -zusje zijn. Hier kom ik later op terug.

Kinderopvang

Je kunt kiezen voor een oppas/gastouder aan huis of voor opvang bij een gastouder of kinderdagverblijf. Voor een drieling is het echter niet mogelijk om een gastouder aan huis in te schakelen, aangezien deze niet voor meer dan twee baby's mag zorgen. Sommige gemeenten maken hier echter wel een uitzondering op.

Opvang voor je meerling thuis in hun eerste levensjaar heeft grote voordelen. De baby's blijven in hun eigen vertrouwde omgeving, hoeven niet wakker gemaakt te worden om weggebracht te worden, komen minder in contact met vreemde bacteriën en worden niet aan overprikkeling blootgesteld. Een onderzoek van orthopedagoge Ester Albers (Radboud Universiteit Nijmegen) in 2010 wees uit dat baby's in de crèche meer stress ervaren dan kinderen die thuisblijven. Ze volgde een grote groep baby's gedurende negen maanden, vanaf het eerste moment dat ze naar de crèche gingen, meestal met drie maanden. Van die groep baby's onderzocht ze maandelijks hun cortisolwaarden. Een verhoogde waarde geeft stress aan. Ze vergeleek deze met die van baby's die thuis bij een oppas waren. Op de crèche waren de cortisolwaarden permanent hoger dan bij de thuisgroep. Volgens Albers heeft dit te maken met het feit dat de omgeving voor de crèchekinderen onrustig en lawaaierig is. Ze worden aan veel prikkels blootgesteld, zowel auditief als visueel. Ook is er minder voorspelbaarheid dan thuis en juist dat is belangrijk voor jonge baby's. Hersenonderzoek wijst uit dat chronische stress voor de hersenen, die nog volop in ontwikkeling zijn, slecht is, zowel voor de hippocampus, het deel dat het geheugen regelt, als voor de prefrontale cortex, het deel dat de emoties reguleert.

Voor een baby onder één jaar is persoonsgebonden opvang, met zo veel mogelijk regelmaat, liefde, rust en vertrouwde gezichten, geuren en stemmen, het beste. Baby's kunnen in een drukke omgeving snel overprikkeld raken omdat ze te veel indrukken te verwerken krijgen. Bij meerlingen speelt daarnaast nog mee dat ze door hun vroeggeboorte extra vatbaar zijn voor ziektekiemen en overprikkeling. Veel zal afhangen van de gezondheid van je baby's, jullie ideeën over dit thema en de financiële mogelijkheden. Kies voor een oplossing waar jullie beiden achterstaan. Dat geeft rust en die brengen jullie weer op je baby's over.

Daan, moeder van een tweeling van 23 maanden: *'Ik koos voor een oppas-oma die ik al kende voordat de meisjes werden geboren. Het is goed bevallen. Binnenkort beginnen de dames met de peuterspeelzaal, maar ik maak nog steeds gebruik van mijn oppas.'*

Agnes, moeder van een drieling van 15 maanden: *'Na een half jaar ben ik weer begonnen met werken, aanvankelijk 20 uur per week. Voorheen werkte ik 24 uur, ik nam 4 uur ouderschapsverlof op. De jongens gingen 1 dag in de week naar het kinderdagverblijf. Na 2 maanden zijn we daarmee gestopt, omdat het te veel was. Nu werk ik 12 uur en heb ik 12 uur ouderschapsverlof. Mijn schoonmoeder past op. Met 12 uur is alles beter in balans.'*

Samen of apart in de crèche?

Kies je voor de crèche, dan doet zich de vraag voor of je baby's in één groep geplaatst moeten worden of apart.

Mijn mening is dat het beter is om de meerling in dezelfde groep te plaatsen. Ze kennen de wereld nog niet anders dan die vanuit het 'wij-gevoel' waarmee ze geboren zijn. Deze gaat vooraf aan het 'ik-gevoel' dat rond de achttien maanden begint te komen. Studies van de pre- en perinatale psychologie leren ons veel over de ervaringen die een baby opdoet voor zijn geboorte. Hij onthoudt deze, wat weer invloed heeft op zijn latere leven. Dankzij de video's die gemaakt zijn van twee- en drielingen in de buik, weten we meer over hun relatie. Vanaf week 10 zijn er al interacties tussen hen. Het is niet uitgesloten dat ze een vaag gevoel ontwikkelen van zichzelf en de ander. Als de tweeling of drieling in aparte groepen wordt geplaatst, maakt ze een dubbele scheiding mee; die van de ouders én van hun tweeling- of drielingbroertjes. Samen zijn in dezelfde groep vergemakkelijkt de aanpassing. Soms wordt er gedacht dat het scheiden van de kinderen positief kan werken voor het ontwikkelen van het 'ik-gevoel'. Hier is tot nog toe geen wetenschappelijk bewijs voor gevonden. Het 'ik-gevoel' is voornamelijk een neurologisch proces, dat je niet kunt versnellen. Toch bestaat over dit thema geen eenduidigheid. Psychologe Joan Friedman, zelf een van een tweeling én tweelingmoeder, pleit wel voor het splitsen van baby's. In haar visie helpt het een tweeling wel om te begrijpen dat ze ieder een eigen persoontje zijn. Hierin verschillen we van mening. Ik pleit ervoor om dit op een andere manier te stimuleren, door bijvoorbeeld af en toe even apart iets met de kinderen te ondernemen. Tweelingen ervaren namelijk angst als ze van elkaar worden gescheiden, de zogeheten tweelingscheidingsangst. Hiermee moet rekening gehouden worden bij de keuze van 'wel of niet samen' en uiteraard is de leeftijd van de tweeling dan een belangrijk gegeven.

Het slapen

De baby's slapen nu langer door en hebben geen nachtvoeding meer nodig. Overdag doen ze één of twee keer een slaapje. Over het algemeen slapen de baby's zo'n dertien tot negentien uur, afhankelijk van hun behoeftes.

Het is nu een goed moment om ze naar een eigen kamer te verhuizen, als ze nog steeds bij jullie slapen. Veel tweelingen babbelen een poosje en houden elkaar bezig door naar elkaar te kijken als ze wakker worden. Pas later gaan ze jullie roepen. Dat betekent dat jullie nachtrust iets langer wordt. De meeste ouders laten de baby's bij elkaar op de kamer slapen, zelfs drielingouders kiezen daarvoor. Het samenzijn helpt hen namelijk bij het inslapen.

Volgens onderzoek van de Vrije Universiteit Amsterdam in 1993 komen slaapproblemen meer voor bij families met kinderen van verschillende leeftijden dan bij tweelingen. Het gaat dan om het niet naar bed willen, 's nachts vaak wakker worden of angstig dromen. Waarschijnlijk helpt het samen slapen tegen angsten en eenzaamheid.

Toch kunnen zich enkele problemen voordoen
- De baby's hebben heel verschillende ritmes en maken elkaar wakker. In dit geval is het beter dat ze apart slapen.
- De baby's worden huilend wakker. Als het vanwege honger is, betekent het dat ze overdag meer vast voedsel nodig hebben. Dit is mogelijk bij baby's die nog borstvoeding krijgen.

- De baby's worden wakker en huilen vanwege de tandjes. Het eerste komt zo rond de zesde maand. Het kan zijn dat de ene baby er meer last van heeft dan de andere. Een bijtring of het masseren van het tandvlees met je vinger kan uitkomst bieden.

Daan, moeder van een twee-eiige meisjestweeling: '*Bij mijn ene dochtertje kwamen de eerste tanden onder met stille trom door. Haar zusje had regelmatig een jengeldagdeel. Dat duurde zo'n twee weken en toen waren ze ook bij haar door.*'

Een goede nachtrust is voor meerlingouders heel belangrijk, want hun dagen zijn drukbezet en zeer vermoeiend. Op deze leeftijd kunnen er makkelijk verkeerde gewoontes insluipen.

Suggesties
→ Als er niets bijzonders aan de hand is (de baby is niet ziek en heeft geen honger of dorst), probeer hem dan te troosten zonder hem uit bed te halen. Hem even over zijn hoofdje aaien en zachtjes toespreken, kan al genoeg zijn. Het is wel goed om naar hem toe te gaan als hij huilt en te proberen hem te kalmeren. Een baby onder een jaar gebruikt het huilen nog niet als een middel om aandacht te krijgen. Hij huilt omdat hij zich niet lekker voelt.
→ De baby's die getroost worden als ze huilen, doen dat na een jaar minder dan de kindjes die daar geen aandacht voor krijgen. Zij huilen na een jaar meer, zoals blijkt uit studies over dit onderwerp. Pas vanaf eenjarige leeftijd en misschien iets eerder bij zeer pientere kinderen, begint hij te ontdekken dat hij met huilen aandacht kan trekken. Vanaf dat moment is het verstandig 'strenger' te zijn.
→ Als je baby moeite heeft met inslapen, bedenk dan een bepaalde tactiek en pas die consequent toe, zoals even bij hem gaan kijken. Dat werkt beter dan elke dag een nieuwe methode uitproberen. Ook is het verstandig om een vast dagritme aan te houden, want dat maakt baby's rustig en daar slapen ze dus beter door.

Anne: '*Mijn twee-eiige tweeling van elf maanden viel altijd direct in slaap. Maar opeens duurde het langer voor ze in slaap vielen. Ze gingen steeds weer in hun bedjes staan. Als één dan eindelijk in slaap viel, maakte de ander hem weer wakker. Zo ging dat maar door. Daarom besloten we om hen in aparte kamers te leggen. Tot onze verbazing protesteerden ze amper. Nu vallen ze beiden weer direct in slaap. Als ze wat ouder zijn, zullen we ze waarschijnlijk weer samen laten slapen.*'

Hoe voorkom je uitputting?

Bijna alle meerlingouders komen op een punt dat ze zich overweldigd voelen door de niet-aflatende zorg voor hun kinderen. Er maakt zich van hen een gevoel van totale moedeloosheid meester. Voor enkele ouders komt dit moment in de eerste maanden vanwege de nachtvoedingen en de darmkrampjes. Voor anderen breekt dit moment aan tijdens het tweede jaar, als de kinderen de wereld ontdekken en ouders hen geen moment uit het oog kunnen verliezen. Dit gevoel van uitputting treft zowel moeders als vaders, zoals we in de volgende brieven, die op mijn site binnenkwamen, kunnen lezen:

Jan, vader van een jongen-meisjetweeling van vijf maanden schreef: '*Ik ben totaal gevloerd, zowel fysiek als psychisch, vanwege de constante zorg voor twee baby's en de slechte nachten. Dit tezamen met een werkdag van acht à tien uur maakt dat de spanningen tussen mijn vrouw en mij makkelijk oplopen. Elk advies is welkom!*'

Rosanne, moeder van een tweeling van vijftien maanden: '*Tot nog toe heb ik het goed aangekund, maar vanaf ongeveer een maand geleden kom ik mijn moeheid niet meer te boven. Ik voel me zowel fysiek als mentaal zeer moe. Ik ben minder gelukkig dan eerst. Ik huil sneller en ik kijk er vaak naar uit dat de baby's in bed liggen. Dat vind ik dan vervolgens weer heel akelig. Ik kan niet meer zo van ze genieten.*'

Suggesties
- → Het is soms goed om een drastische beslissing te nemen. Vraag bijvoorbeeld aan de grootouders om een paar dagen te komen zodat jullie kunnen slapen. Een stel ouders vertrouwde hun tweeling aan hun beste vrienden toe en vertrok naar een hotel, waar ze het grootste deel van de tijd slapend doorbrachten. 's Maandags kwamen ze uitgerust thuis en voelden zich in staat de zorg voor hun kinderen weer op te pakken.
- → Hoewel deze situatie eindeloos lijkt te duren, is dat niet zo. Probeer de dingen in perspectief te zien. Desalniettemin is het nodig om maatregelen te nemen.
- → Probeer totale uitputting te voorkomen. Zorg goed voor jezelf en vraag op tijd om hulp. Onderneem actie, zodra je de eerste signalen van uitputting bij jezelf of je partner ontdekt. Maak tijd vrij voor jezelf en voor elkaar, wijd je aan een hobby of doe aan sport. Een zekere mate van 'egoïsme' op zijn tijd is gerechtvaardigd.

Het zijn vaker vrouwen die onder deze situatie lijden, aangezien zij de meeste zorg op zich nemen. Sommigen zijn niet zozeer uitgeput door het dubbele of driedubbele werk, maar worden er gestrest van dat ze hun leven niet onder controle hebben zoals ze dat gewend waren. Bedenk dat supermamma's niet bestaan en zeker niet in een meerlinggezin. Probeer je verwachtingen bij te stellen en accepteer dat je niet alles perfect kan laten lopen. De opvoeding van een meerling gaat altijd gepaard met chaotische situaties, zeker in de eerste jaren.

De relatie tussen de tweeling

De baby's leren elkaar kennen. Ongeveer zes weken oud begonnen ze tegen elkaar te lachen en nu, rond de zesde maand, beginnen ze tegen elkaar te brabbelen. Op hun manier 'praten' ze tegen elkaar, ze raken elkaar aan, sabbelen op elkaars duim en volgen elkaar met hun blik of al kruipend. Het meest interessante speeltje is hun tweelingbroer of -zus.

Soms ontstaat het contact tussen hen pas laat: Heleen en Susan, een eeneiige tweeling, ontdekten elkaar pas met acht maanden. Tot grote verbazing en zekere bezorgdheid van hun ouders besteedden ze tot die tijd geen aandacht aan elkaar. Pas met acht maanden kwam daar verandering in en werden ze al snel goede maatjes. De manier van contact leggen, zowel met de ouders als met elkaar, wordt voor 20 à 40 procent genetisch bepaald. Voor het overige deel spelen in de jeugd opgedane ervaringen een rol. Daarom hadden deze identieke meisjes eenzelfde manier van contact maken. Beiden waren de eerste periode in hun leven erg in zichzelf gekeerd. Het waren allebei zeer verlegen kinderen, die later onafscheidelijk werden.

De relatie tussen een meerling is heel speciaal en anders dan die tussen gewone broers en zussen. Dit heeft te maken met hun gedeelde ervaring in de baarmoeder. De verhalen van tweelingen die hun tweelinghelft verliezen tijdens of vlak na de zwangerschap laten de impact van hun gezamenlijke leven in de baarmoeder zien (zie hoofdstuk 26). Als ze nog baby's zijn en samen in de kinderwagen liggen, draaien ze zich naar elkaar toe en vallen dicht tegen elkaar aan in slaap. Te vroeg geboren tweelingen groeien beter in een gezamenlijke couveuse. Ze blijven beter op temperatuur en hun ademhaling wordt rustiger. Als ze beginnen met kruipen, volgt de een de ander en hetzelfde gebeurt als ze beginnen te lopen. Waar de een is, is de ander. En als iemand een van hen een snoepje geeft, vraag hij om nog een voor zijn broertje of zusje!

In de tweede helft van het eerste jaar hechten baby's zich vaak aan een speciaal voorwerp, zoals een beertje of een lapje stof. Deze knuffel helpt het kind bij de scheiding van zijn moeder: het projecteert de liefde die hij van zijn moeder krijgt op dit voorwerp. Als zij er niet is, vervangt deze haar. De knuffel is een troostobject dat hem helpt bij moeilijke momenten: het inslapen, de crèche, na een val, enzovoort.

Ook tweelingen kunnen gehecht raken aan een knuffel. Het gaat vaak om een voorwerp dat vanaf het begin dicht bij hen was, zoals een popje in de wieg. Toch hebben, volgens de onderzoeken, tweelingen over het algemeen minder vaak een knuffel dan niet-tweelingen. De reden daarvoor laat zich makkelijk raden. Ze kunnen altijd rekenen op de aanwezigheid van de tweelinghelft en daar gaat veel steun van uit. Studies tonen aan dat tweelingen onder een jaar al in staat zijn om elkaar te troosten als moeder afwezig is. Rond tien maanden wordt er ook al een zekere solidariteit gezien. Als een van de twee het moeilijk heeft, geeft zijn tweelinghelft hem een speeltje of slaakt een kreet zodat er hulp komt. Er kunnen tussen de kinderen verschillen zijn: een van de twee is zich veel meer bewust van de aanwezigheid en de gevoelens van de ander en schiet hem te hulp, terwijl deze geen krimp geeft als de situatie zich andersom voordoet.

Rond elf maanden is hun gebrabbel echt communicatief: de een 'praat' en de ander 'antwoordt'. Deze dialogen duren een paar minuten en worden de hele dag door herhaald. Bij niet-tweelingen zie je deze interactie pas rond de achttien maanden.

In deze periode zie je de eerste tekenen van jaloezie. Als de moeder haar ene kind knuffelt, wil de ander dezelfde aandacht. Deze eerste jaloezietjes steken de kop op, omdat elk van beiden de aandacht van zijn ouders voor zichzelf wil. Meerlingouders leren al snel om twee baby's in hun armen te houden of een liedje voor alle drie te zingen. En ze ontdekken dat, als ze beide baby's niet tegelijk aandacht kunnen geven, het kindje dat moet wachten, zich tevreden stelt met oogcontact of wat woordjes. Zo voelt het zich niet buitengesloten.

Je relatie als echtpaar

De komst van een meerling trekt een grote wissel op de relatie tussen ouders. Een tweeling of drieling opvoeden is allesbehalve makkelijk. Er bestaat een groot risico dat de ouders zich verliezen in de zorg om hun baby's en elkaar 'vergeten'.

Hoewel vaak de moeder degene is die het meest voor de kleintjes en het huis zorgt, zijn er steeds meer gezinnen waarin beide ouders evenveel voor de kinderen en het huishouden zorgen, vaak naast een baan. Dit betekent voor allebei een dubbele dagtaak. Na het werk wachten er andere taken, zoals eten maken en baby's in bad doen. Het is niet vreemd dat hun af en toe de moed in de schoenen zinkt. Baby's hebben bovendien tegen het eind van de middag vaak hun huiluurtje.

De meeste ouders lijden aan chronisch slaapgebrek. Sommige gezinnen hebben daarnaast ook nog financiële problemen. Van uitstapjes op zondag, een goede manier om te ontspannen, wordt afgezien in verband met de voedingen en slaapjes van de baby's. Soms ontbreekt het de ouders ook aan energie om zoiets voor te bereiden, zoals het inpakken van de benodigde spullen. Het contact onderhouden met vrienden is moeilijker geworden.

Door al deze factoren is het mogelijk dat de ouders in sociaal opzicht geïsoleerd raken, wat hun relatie als echtpaar geen goed doet. De ouders praten weinig met elkaar, vertellen elkaar alleen de dingen die met de baby's te maken hebben en rollen uitgeput in bed, in de hoop een paar uur ongestoord te slapen. Deze situatie heeft zijn weerslag op hun seksuele relatie, die voor veel echtparen onbevredigend is. Dit is niet verwonderlijk. Als jullie nauwelijks tijd hebben voor elkaar, is er ook geen plaats voor lichamelijke intimiteit. Er zal aan de relatie gewerkt moeten worden zodat de zin in seks weer opbloeit.

Suggesties
- Alle ouders beleven momenten waarop ze het liefst het huis uit zouden willen rennen om hun verantwoordelijkheden te vergeten. Meerlingouders hebben deze momenten vaker. Doe niet alsof ze er niet zijn. Praat erover en zoek manieren om af en toe even te ontsnappen, zoals naar de film, de sauna en dergelijke.
- Wees eerlijk tegen elkaar en praat over je gevoelens, teleurstellingen, twijfels, enzovoort. Het is belangrijk om een team te zijn en daarvoor is communicatie nodig. Vergeet niet dat meerlingouderschap een enorme impact op je leven heeft, dus daarom is het belangrijk dat jullie beiden over jullie ervaringen praten.

Een drielingvader vertelt: *'Ik wist niet of ik kinderen wilde en opeens had ik er drie. Het heeft me grote moeite gekost me aan deze realiteit aan te passen. Het heeft ongeveer een jaar geduurd voor ik eindelijk van ze kon genieten.'*

- Bedenk dat de seksualiteit voor ieder van jullie een andere betekenis heeft. De vrouw heeft meestal eerst intimiteit nodig, zoals het praten over haar gevoelens of het uitspreken van irritaties, terwijl de man seks wil als een manier om contact te maken. Als deze verschillen niet duidelijk zijn, kan dat voor verwijdering zorgen. Een bijkomend probleem is dat de baby's jullie intimiteit 's nachts kunnen verstoren. Sommige stellen plannen daarom een rustig moment voor overdag. Ook komt het vaak voor dat een van de twee weinig behoefte heeft aan seks. Moeheid en het zich niet aantrekkelijk voelen spelen bij de vrouw hierin vaak een rol. Dit probleem is meestal van voorbijgaande aard.
- Zorg voor goede anticonceptie. Veel vrouwen kunnen niet van seks genieten uit angst voor een zwangerschap. Dit is niet ongegrond: moeders van een twee-eiige tweeling zijn extra vruchtbaar. En gezinnen met twee tweelingen komen voor. Kies een methode waarin jullie beiden volop vertrouwen hebben.
- Organiseer een uitje samen, zoals bijvoorbeeld uit eten of een lange wandeling maken. Doe het op zijn minst één keer per maand, maar liever vaker. Met elkaar kunnen praten zonder gestoord te worden, houdt jullie relatie levendig en verhoogt jullie onderlinge begrip. Het zal jullie ook vernieuwde energie geven om het dagelijks leven aan te kunnen.
- Het is een goed idee om de baby's vanaf het begin te laten wennen aan een opas. Zorg wel voor iemand met ervaring. Een zeer jong meisje of een onervaren jongeman is in jouw geval geen goede hulp. Sommige moeders kiezen voor twee oppassen of een wat ouder iemand.
- Organiseer een etentje met vrienden bij jou thuis en vraag iedereen een deel van het menu voor zijn rekening te nemen.
- Bekritiseer elkaar niet in hoe de ander voor de baby's zorgt. Vooral moeders

hebben de neiging hun partner dingen uit handen te nemen en even snel zelf te doen. Ieder van jullie doet het op zijn eigen manier en daarbij is het allerbelangrijkste de liefde waarmee het gedaan wordt en niet de manier waarop.

→ Als je na een lange werkdag thuiskomt, bedenk dan dat de ouder die bij de baby's was, er ook een werkdag op heeft zitten. Hij/zij heeft waarschijnlijk niemand gezien of gesproken. Neem de ander het werk uit handen of neem het over, zodat je partner even naar buiten kan of een dutje kan doen. En maak tijd vrij om naar elkaars verhalen te luisteren.

→ Voor de ouder die het meest bij de baby's is: zorg dat je elke week een keer iets voor jezelf kunt doen, terwijl je partner of een oppas bij de baby's is. Deze vrije tijd kun je gebruiken om met je vriend(in) bij te praten, naar de kapper te gaan of te winkelen.

→ Zoek contact met andere ouders van meerlingen. Als je moeilijk het huis uit kunt, kun je ook met hen praten via een chat of forum. Zie Nuttige adressen.

→ Als de problemen heel groot zijn en jullie er niet uitkomen, aarzel dan niet om contact op te nemen met een psycholoog. Een aantal sessies kan al voldoende zijn om elkaar beter te begrijpen en jullie dagelijks leven met vernieuwde energie aan te pakken. Er is meer wat jullie bindt dan wat jullie scheidt.

> **Uit onderzoek**
> Terugkijkend op het eerste jaar geeft 38 procent van de tweelingmoeders toe niet voldoende genoten te hebben van hun kinderen. Ze werden te veel opgeslokt door de dagelijkse zorg voor hun baby's. Als ze het over zouden kunnen doen, zouden ze het minder zwaar opnemen en meer genieten.

17. Een-twee jaar

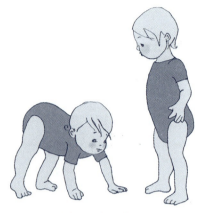

Nu breekt een lastige periode aan. De baby's, die een jaar geleden nog een groot deel van de dag sliepen, zijn echte ontdekkertjes geworden en ze kruipen en rennen overal door het huis. Zo'n 65 procent van de moeders meldt dat deze periode vermoeiender is dan het eerste jaar, want ze moeten voortdurend in de gaten gehouden worden. Op deze leeftijd willen ze de wereld ontdekken en een actie van de een, spoort de ander aan het óók te doen of ten minste van dichtbij en met grote belangstelling diens onderzoekingen gade te slaan!

De motorische ontwikkeling

Het opvallendst in deze fase is de ontwikkeling van de motoriek, en in het bijzonder het leren lopen. Na de kruipfase probeert het kind te gaan staan, vervolgens loopt het terwijl het zich vasthoudt en ten slotte loopt het helemaal los! Staande ziet het de wereld vanuit een heel ander perspectief. Dat vindt hij wonderbaarlijk. Niets is nu leuker dan opstaan, lopen, rennen, klauteren, enzovoort. Deze nieuwe vaardigheid verhoogt ook zijn socialisatie en het oogcontact. Daarnaast verfijnen zich de oog-handcoördinatie en de fijne vingermotoriek. Hij is nu in staat kleine voorwerpen met de handen te pakken. Zijn favoriete spel zal nu dan ook zijn spulletjes uit een doos te halen en er weer in te doen. Keer op keer. Rond de twintig maanden leert hij van wat blokjes een toren bouwen en krijgt hij interesse voor constructiespelletjes. Tegen de achttien maanden gaan kinderen een voorkeur ontwikkelen voor de rechter- of de linkerhand als ze speelgoed pakken of als je ze een lepeltje aangeeft. Het is niet vreemd als van een eeneiige tweeling de een rechts- en de ander linkshandig is. Dat gebeurt in geval van een late splitsing van de eicel, het zogenaamde spiegeleffect.

Het verloop van de motorische ontwikkeling hangt samen met de rijpheid van het zenuwstelsel. Het is niet goed een kind overmatig te stimuleren en het levert ook niets op aangezien de ontwikkeling zijn eigen tempo heeft. Een studie van de Amerikaanse psycholoog Arnold Gesell (1880-1961) toonde dit aan. De ene helft van een tweeling kreeg een speciaal programma om de motoriek te stimuleren.

Dit kind klom, stond en liep eerder dan zijn tweelingbroertje dat niet deelnam aan het programma. Maar na enkele maanden trokken hun niveaus gelijk. Het enige verschil was dat het kind dat níét extra gestimuleerd was, vrolijker en meer ontspannen was. Hij had alle vaardigheden ontwikkeld toen hij er fysiek klaar voor was, op het meest geschikte moment!

Adviezen
→ Geniet van de prestaties van één van de baby's, zonder je zorgen te maken over wat de ander kan. Het kan heel goed zijn dat je kinderen een verschillend ritme hebben en dat een van de tweeling bijvoorbeeld eerder loopt dan de ander. De verschillen tussen een twee-eiige tweeling zijn meestal groot, terwijl de eeneiigen een vergelijkbaar ontwikkelingsproces doormaken (zie onderstaand schema).
→ Het is opvallend dat eeneiige tweelingen meestal dezelfde ongelukken en ongelukjes meemaken binnen korte tijd na elkaar. Als de een van de trap valt, zal de ander niet lang daarna hetzelfde hachelijke avontuur beleven!

Een moeder vertelde me over haar tweeling van zestien maanden: *'Het is moeilijk dit verhaal te geloven, maar het is echt waar! Een van mijn zoontjes viel en had een gespleten tand. Op de crèche moesten ze erom lachen want voor het eerst konden ze hen uit elkaar houden. Maar de volgende dag toen ik de kinderen uit hun bedjes ging halen, zag ik dat zijn broertje ook zijn tand gespleten had! We weten niet hoe het gebeurd is en wanneer. We hebben hem niet horen huilen. Het is een groot mysterie dat me nog steeds intrigeert.'*

Het volgende schema laat de motorische ontwikkeling zien, zowel van twee-eiige als van eeneiige tweelingen:

Twee-eiig	David	Ruben
geboortegewicht	2750 gram	2490 gram
lengte bij de geboorte	48,4 cm	46,8 cm
aantal weken zwangerschap	39 weken	
zitten	7 maanden	6 maanden
kruipen	8 maanden	11 maanden
opstaan met vasthouden	6 maanden	8 maanden
opstaan zonder hulp	12 maanden	13 maanden
los lopen	12 maanden	13 maanden
met de handen eten	12 maanden	12 maanden

Eeneiig	Amanda	Sara
geboortegewicht	2490 gram	2400 gram
lengte bij de geboorte	49 cm	47 cm
aantal weken zwangerschap	38 weken	
zitten	7,5 maand	7 maanden
kruipen	7 maanden	6,5 maand
opstaan met vasthouden	6 maanden	6 maanden
opstaan zonder hulp	11 maanden	11 maanden
los lopen	12 maanden	11,5 maand
met de handen eten	10 maanden	10 maanden

De spraakontwikkeling

De ontwikkeling van de spraak gaat nu snel. De woordenschat neemt enorm toe en aan het eind van het tweede jaar kent het kind al tweehonderd woorden. Ook vormt het zinnetjes van twee woorden, zoals 'Mamma... nee?' of 'Ik... drinken'.

Gewoonlijk gaat de spraakontwikkeling van tweelingen langzamer dan van eenlingen, zoals ik al in het voorgaande hoofdstuk heb verteld. De oorzaak is duidelijk: de moeder kan niet aan elk afzonderlijk zoveel aandacht geven. Haar communicatie verloopt binnen een driehoeksrelatie: de moeder spreekt tegen twee (of meer) tegelijk. Het is niet verwonderlijk dat de linguïstische ontwikkeling langzamer gaat, als je ook nog bedenkt dat deze meerlingbaby's te vroeg geboren zijn. Vroeggeboorte op zichzelf veroorzaakt in de eerste drie levensjaren achterstand in lichamelijke en intellectuele ontwikkeling.

Uit studies blijkt dat tweelingen de achterstand op het gebied van taalverwerving later inhalen, zo rond het vierde jaar. Er is weinig bekend over drielingen wat dit betreft, omdat die tot op heden minder vaak onderwerp van studie zijn geweest.

Twee- en drielingen begrijpen elkaar dikwijls perfect en 'praten' met elkaar terwijl hun ouders er geen woord van verstaan. Ze zeggen elkaars foute woorden na en houden daardoor woorden in stand die anders gecorrigeerd zouden worden. Dit fenomeen, ook wel idioglossie of cryptofasie geheten, is men de 'geheimtaal' van de meerlingen gaan noemen. Dit is in feite een onjuiste term, want het is niet hun bedoeling om niet begrepen te worden. Ze kunnen er zelfs flink boos om worden. De term 'autonome taal' is juister voor deze imperfecte versie van de taal. Men schat dat ongeveer 40 procent van de tweelingen dit soort taal gebruikt. Het is bijna altijd een tijdelijk fenomeen. Als de meerling ouder wordt, verdwijnt dit eigen taaltje vanzelf. Als de kinderen steeds nieuwe woorden blijven leren en laten zien dat ze begrijpen wat je tegen hen zegt, is er geen reden ongerust te zijn, want dit toont aan dat de spraak zich verbetert.

Er kunnen grote verschillen in taalniveau bestaan tussen meerlingkinderen. Jan bijvoorbeeld vormde zinnetjes toen hij twintig maanden was, terwijl zijn broertje Paul alleen nog losse woorden gebruikte. Het is overigens heel gewoon dat dit bij kinderen van deze leeftijd varieert. Vooral bij jongen-meisjetweelingen kunnen de verschillen behoorlijk groot zijn, want meisjes verwerven taal sneller dan jongens. Dit wordt beïnvloed door de hersenstructuur, die van meisjes anders is dan van jongens.

Suggesties
- Veel voorlezen, liefst elk apart, is heel nuttig. Samen met het kind plaatjes kijken en het de namen van de voorwerpen leren die erop te zien zijn, is een prima manier om eventuele achterstand te compenseren. Maak oogcontact en geef je kind ruim tijd om te antwoorden.
- Stimuleer hen door het goede voorbeeld te geven en niet meteen tegemoet te komen aan hun vraag. Als bijvoorbeeld je kind naar de fles wijst, is het overduidelijk dat hij meer melk wil. Maar in plaats van het hem zonder meer te geven, kun je zijn gebaar in woorden vertalen: 'Wil je meer melk?' Dat zal het spreken bevorderen.
- Probeer ieder voor zichzelf te laten spreken: soms 'vertaalt' het meest spraakzame kind de woorden van de ander als de ouders het niet begrijpen. Zorg dat je een directe dialoog hebt met de minder spraakzame helft en voorkom dat hij zijn broertje of zusje als tolk gebruikt. Het is natuurlijk af en toe wel handig (en ontroerend) dat het ene kind uit kan leggen wat de ander wil, maar het moet niet een gewoonte worden.
- Roep elk apart bij zijn naam in plaats van 'jullie' te gebruiken. Zo weten ze tot wie je je richt. Doe dat ook als je hun wat vraagt. Als de vraag voor alle twee of drie bedoeld is, probeer dan ieder afzonderlijk te laten reageren.
- Vergelijk de vorderingen van je kinderen niet zozeer onderling maar met die van andere leeftijdgenootjes. Zo zal snel blijken of het gaat om een groot maar normaal onderling verschil of om een belangrijke achterstand. In het laatste geval moet je een logopedist raadplegen.

Petra, moeder van een drieling van twee jaar: '*Het onderwerp geheimtaal hield me bezig, maar gelukkig bemerkte ik er niets van bij mijn trio. Alle drie spreken ze als radioverslaggevers die constant in de lucht zijn. Alles wat ze doen, wordt onderling benoemd: "Anna muziek", "Jan Willem de auto" en "Lucas de trein, waar?" Ik twijfel er niet aan dat ze elkaars onjuiste benamingen snappen. Anna zei een keer "boem" tegen "bal" en vanaf dat moment is het ding een "boem", wat we er ook tegen in proberen te brengen! Ook zeggen ze iets na wat Jan Willem voor het eerst gebruikte, toen hij geen trek meer had in zijn eten: "niet meer". Nu gebruiken ze dit voor alles waar ze geen zin in hebben. Hun taalgebruik is fascinerend en elke dag leren ze woorden bij. Hier maak ik me echt geen zorgen meer over!*'

Moniek, een eeneiige tweeling van 22 jaar: '*Mijn zus en ik hadden als kleine kinderen echt ons eigen taaltje. Later verdween dat. Maar volgens mijn moeder praten we nog in dat taaltje als we af en toe weer eens samen een nacht thuis slapen.*'

Soms is **hulp bij de taalontwikkeling** nodig.

Sandra: '*Mijn eeneiige tweelingjongens, twee jaar, zeggen enkel maar een paar woordjes die dan ook nog moeilijk te verstaan zijn. Ze gaan nu ieder apart elke week naar een logopedist. Daarnaast brengen we hen nu ook af en toe apart naar de grootouders. Daarmee bereiken we dan dat ze beiden individuele aandacht krijgen.*'

Meriam: '*Vanaf hun achttiende maand viel het op dat mijn jongens (eeneiige drieling) weinig praatten. Ik werd gewezen op de peuterspeelzaal met een VVE-programma (Voorschoolse en Vroegschoolse Educatie). Vanaf hun tweede jaar gingen ze er drie ochtenden per week naartoe. VVE is niet vrijblijvend, aanwezigheid is gewenst voor minimaal 95 procent. Het is heel goed geweest voor hun taalontwikkeling. De jongens werden gevolgd door een logopedist van het consultatiebureau (VVE-verwijzing verloopt via consultatiebureau) die hun vorderingen goed bijhield. De kennis was er wel, maar moest wat meer gestimuleerd worden. Als ouders van een meerling en nog een ouder kind ben je de eerste jaren voornamelijk aan het zorgen en redderen en kom je weinig toe aan gezellig babbelen met ieder apart.*'

De ontdekking van het eigen 'ik'

In deze fase, rond de leeftijd van anderhalf, krijgen kinderen notie van zichzelf. Het ontdekken dat ze zelf dingen kunnen doen, zonder hulp: zelf eten, zelf de slab afdoen, schoenen uitdoen, knopjes aan- en uitdoen. Al deze vorderingen geven hun een 'ik-gevoel'. Door deze experimenten leren ze dat ze niet een onderdeel zijn van mamma of van hun tweelingbroertje of -zusje, maar dat ze een onafhankelijk, autonoom mensje zijn. Dit is een enorm belangrijke stap in hun ontwikkeling. Tweelingen doen hier gewoonlijk wat langer over, want het is voor hen lastiger. Een eenlingkind hoeft zich alleen los te leren zien van zijn moeder, tweelingkinderen moeten zichzelf leren kennen als een individu, los van hun moeder én van hun tweelinghelft. Zij leven elke dag samen met een ander menselijk wezen dat sprekend op hen lijkt en met wie ze een heleboel ervaringen delen. Voor eeneiige tweelingen is het ontwikkelen van de eigen identiteit moeilijker vanwege het feit dat zij qua karakter en uiterlijk, veel meer dan twee-eiigen, op elkaar lijken. Kinderen van verschillend geslacht hebben het van alle meerlingen het makkelijkst.

Tweelingen ontwikkelen eerst een 'wij-gevoel'. Als je ze naar hun naam vraagt, geven sommigen de naam van hen beiden: 'Jan-Martijn' of 'Anne-Sophie'. Anderen echter vergissen zich. Ze noemen hun zusje of broertje bij hun eigen naam en gebruiken zo één naam voor beiden. Dat gebeurde ook bij de meisjes Monica en

Henriëtte. Omdat de laatste haar eigen naam niet kon uitspreken, noemde zij zichzelf ook 'Moon'. En bij de tweeling Miguel en Noa, noemt de eerste zijn zusje ook Miguel.

Het gaat hier om normale vergissingen. In het algemeen doen ze er langer over hun eigen naam te leren en zichzelf in de spiegel te herkennen. Een eenlingkind leert rond het tweede jaar dat de spiegel hem/haar zelf reflecteert en niet een ander kind. Tweelingen leren dat ongeveer een half jaar later. Michiel en Tom, eeneiig, zien in de spiegel en op foto's het beeld van hun broertje en begrijpen niet dat zij het zelf zijn. Ze leren rond negentien maanden kusjes te geven, door hun hoofd naar hun ouders te keren. Maar als de ouders erop aandringen dat ze ook elkaar een zoen geven, door hun hoofdjes vlak bij elkaar de brengen, worden ze boos. Waarschijnlijk speelt hierbij mee dat de individualisatie nog niet volledig is.

Adviezen

- → Geef elk kind zijn eigen wieg, zijn muziekdoosje, zijn dekentje, enzovoort. Als je deze gewoonte volhoudt, zal het kind bepaalde voorwerpen als van hem of haar herkennen. Dat versterkt het 'ik-gevoel'. Een moeder vertelde me dat ze voor elk van haar drieling een ander slaapliedje zong. Later vroegen de kinderen haar hun 'eigen' liedje te zingen en niet dat van de andere.
- → Geef ze duidelijk verschillende namen: Willem en Fred, Frank en Sara of Roos en Belinda. Namen die op elkaar lijken zoals Barend en Bart of Carla en Carola, bemoeilijken het ontwikkelen van de eigen identiteit. Namen met dezelfde beginletter kunnen later problemen geven: op namenlijsten van school, in hun correspondentie, enzovoort. Zoek namen die goed klinken als je ze samen uitspreekt, maar vermijd alliteratie. Een bijkomend probleem kwam ik tegen bij een aanstaande vader die graag een van de twee zonen naar zichzelf wilde vernoemen. Hij vroeg zich echter af of de ander zich niet achtergesteld zou gaan voelen. Uiteindelijk koos hij ervoor hun de namen van de beide grootvaders te geven, waarvan er één gelijk was aan zijn eigen naam. Een vader met twee namen kan er elk zoontje één van geven. Hetzelfde geldt natuurlijk voor moeders.
- → Noem ze altijd bij hun naam en vermijd de term 'tweeling' of 'drieling'. Het zal nodig zijn er bij familie en vrienden op te staan dat ze dit voorbeeld volgen.
- → Spreek in je omgeving altijd over de verschillen tussen de kinderen, de overeenkomsten zijn immers overduidelijk!
- → Kleed ze verschillend. Je kunt ook dezelfde pakjes kopen, maar in andere kleuren of omgekeerd. Zo accentueer je zowel het tweelingaspect als hun individualiteit. Het is ook een prima optie om hen alleen op speciale dagen als een verjaardag of ander feest, hetzelfde te kleden. Meestal accepteren twee-eiigen de beslissing van hun ouders. Als die hen anders kleden, beschouwen ze dat als normaal. Eeneiigen daarentegen protesteren nogal eens als ze verschillende kleren aan moeten. Hun smaak en voorkeur zijn hetzelfde en daarom houden ze van dezelfde kledingstukken en kleuren. Menige moeder vertelde me dat als ze de een moest verkleden vanwege een of ander ongelukje, de ander óók verkleed wenste te worden.

→ Als ze naar de crèche of peuterspeelzaal gaan, is het van belang dat de leidsters hen uit elkaar kunnen houden. Het helpt als ze op de kleding hun naam geborduurd dragen of verschillend gekleed gaan. Sommige ouders kiezen voor 'color-coding': elk kind krijgt een eigen kleur toegediend wat betreft kleding en voorwerpen (speen, fles, knuffel). De crècheleiding is hier meestal heel blij mee. Het voorkomt dat ze niet weten wie wie is, wat een persoonlijke band met elk kind bemoeilijkt.

→ Maak voor elk kind een boek met zijn eigen foto's en eerste tekeningen. Het zal hen met trots vervullen als ze zichzelf zien en ze zullen zichzelf makkelijker herkennen als ze wat ouder zijn. Het is aan te bevelen hun namen meteen na het afdrukken op de achterkant van de foto's of bij de digitale mappen te noteren. Heel wat ouders hebben er later problemen mee hun kinderen op jeugdfoto's te herkennen. Ook foto's in de huiskamer van elk kind apart helpt hen zichzelf los te zien van de ander(en).

→ De beslissende, allerbelangrijkste factor in het proces van de identiteitsontwikkeling is de wijze waarop de ouders met de kinderen omgaan; belangrijker dan de verschillende kleding, gescheiden in de klas en dergelijke zaken. Het geheim is aan elk kind te geven wát het nodig heeft en wannéér het dat nodig heeft. Op die manier zal elk zich benaderd voelen als een uniek en speciaal mens.

Leren delen

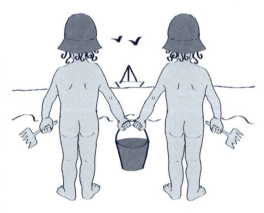

Tweelingen spelen in een vroeger stadium socialer met elkaar dan niet-tweelingen. Terwijl de laatsten nog naast elkaar spelen met nauwelijks interactie, het zogeheten 'parallelspel', houden tweelingen zich met elkaar bezig en doen zij elkaar na. Als ze ongeveer veertien maanden zijn, zie je bij hen imitatiegedrag. De een ontdekt dat je een interessant geluid hoort als je een lepel op de grond gooit en de ander zal niet lang dralen hetzelfde te doen. Echter, ook meerlingen zullen moeten leren delen. Men denkt nog wel eens dat ze ter wereld komen met een vanzelfsprekende, natuurlijke gave te kunnen delen. Dat is niet zo. Delen is een kunst die ze, net als taal en alleen eten, moeten aanleren. Wél zeker is dat ze na de rijke ervaring van het delen van de moederschoot, na de geboorte de bijna magische eigenschap hebben vredig samen te slapen, waarbij ze inspelen op de lichaamstaal van de ander en hun slaaphouding aan elkaar aanpassen.

Hoe leert een kind te delen? Alvorens in staat te zijn personen of dingen te delen, moeten alle kinderen, tweeling of niet, het 'ik-gevoel' hebben ontwikkeld. Ze gaan eerst door een fase waarin alles 'van hen' is, óók het speelgoed van hun tweelingzus of -broer. Speelgoed en andere bezittingen hebben een speciale betekenis voor het kind. Ze helpen het bij het verkrijgen van het 'ik'. Daarom protesteert het kind als het spulletjes aan de ander moet afstaan, want die maken deel uit van hemzelf. In deze periode moet je niet te veel op delen aandringen, maar ervoor zorgen dat elk zijn eigen speelgoed heeft en dingen die ze hetzelfde hebben, merken met een iets persoonlijks als een stickertje in een eigen kleur of vorm. Als ze 'van mij' hebben geleerd, volgt de 'van ons'- en 'van jou'-fase. Je zult zien dat de kinderen nu steeds meer tot delen bereid zijn. Maar voordat het zover is, zullen ze elkaar meer dan eens in de haren zijn gevlogen!

Paulien, drielingmoeder: *'Ik vind het sneu om te zien hoe een van de jongens angstvallig zijn speeltjes tegen zich aandrukt, bang als hij is dat het van hem afgepakt wordt. Met zo veel mogelijk speeltjes in zijn handen loopt hij dan rond, alleen maar bezig om ze te bewaken tegen de losse handen van zijn broer en zus.'*

Suggesties
- Accepteer dat delen op deze leeftijd nog een te moeilijke opgave is.
- Maak in de woonkamer een hoekje voor individueel spelen. Vaak storen ze elkaar en raken daardoor gefrustreerd. Ook de box of kinderstoel kan hierbij uitkomst bieden.
- Zorg ervoor dat je als moeder of vader niet een lange tijd alleen met de kinderen bent. Hulp is absoluut een vereiste, zoals bijvoorbeeld een stagiaire, een au pair of een grootouder die samen met jou en de kinderen is. Het stelt je in staat om een werkje af te maken en even iets met meer aandacht met één kind te doen. Twee of drie kinderen van deze leeftijd zitten volop in de ontdekkingsfase en willen alles onderzoeken. Dat vergt veel van je.
- Probeer regelmatig iets met een kind alleen te ondernemen zoals een wandeling naar de bakker of het posten van een brief. Als Mark thuiskomt, gaat zijn vrouw altijd met een van hun drieling fietsen. Het individuele contact is voor haar een verademing en ook het kind geniet ervan. De andere twee thuis spelen direct ook wat meer ontspannen. Deel de dag op in delen: een poosje zelf spelen, dan een verhaaltje voorlezen, een dvd kijken en een wandeling. Kinderen ontspannen in de buitenlucht en spelen in een speeltuin vaak harmonieuzer omdat ze meer ruimte hebben en meer kunnen bewegen. Ook de natuur, zelfs die van een stadspark, heeft een positieve invloed op kinderen en volwassenen.
- Wanhoop niet! Na verloop van tijd leren meerlingen het delen wel en zelfs eerder en met meer succes dan eenlingen.

Kusjes geven en bijten

De meerlingkinderen beginnen elkaar hun affectie te tonen: ze kussen, strelen en omhelzen elkaar. Een favoriet spelletje bij tweelingen is elkaar aan te raken met een gordijn ertussen. Elk bevindt zich aan een kant van het gordijn en ze amuseren zich door het silhouet van de ander aan te raken dat zich aftekent in de stof. Dit heeft een logische verklaring: in de baarmoeder raken ze elkaar aan terwijl ze gescheiden zijn door de dunne vruchtvliezen. Het gordijnspel is een zuivere imitatie van deze situatie. Een moeder van een drieling van twee jaar vertelde hoe haar kinderen 'krijgertje' speelden om de salontafel. Het deed haar denken aan haar zwangerschap toen de baby's ronddobberden in haar buik.

In het algemeen zijn ze goede maatjes. Als er een valt, geeft de ander troost of gaat op zoek naar mamma. Ze helpen elkaar met hun schoenen of trui uitdoen, een stuk van een puzzel te zoeken, enzovoort. Het is een waar genot voor de ouders om de kinderen gade te slaan en te zien hoe ze elkaar helpen en zich samen vermaken.

Nu worden de kinderen zich er ook bewust van als (een van) de andere leden van de twee- of drieling even weg zijn. Na een scheiding van slechts een half uurtje ontvangen ze de 'afwezige(n)' met groot vertoon van vreugde en geluk. Het zijn heel bijzondere momenten, een voorrecht van ouders van een meerling.

Maar ook onderlinge ruzies en vechtpartijen horen erbij. Ze willen hetzelfde speelgoed op hetzelfde moment, ze duwen en trekken aan elkaars haar. Bijten komt heel veel voor onder meerlingen, meer dan bij kinderen van verschillende leeftijd. Het kan verschillende oorzaken hebben, zoals het krijgen van tanden. Vanwege het doorkomen van de tanden, bijt het kind in een arm of been van zijn broer of zus. Als je bedenkt dat de kinderen meestal dicht bij elkaar zijn, is dat niet zo raar. Je lost het op door ze een bijtring te geven en rustig uit te leggen dat ze daarop moeten bijten en niet op hun broertje of zusje.

Vaker is het geval dat ze gefrustreerd of boos zijn. Het ene kind wil het speelgoed van de ander en als dat niet lukt, bijt het. Ze verkeren nog in het preverbale stadium en kunnen hun wensen nog niet onder woorden brengen. Het slachtoffer begint te huilen, maar het is heel goed mogelijk dat de 'aanvaller' ook in tranen uitbarst vanwege het effect dat hij heeft teweeggebracht. Je moet in gedachten houden dat dit heftige gedrag tegenover elkaar op een heel onschuldige manier begint en niet wijst op werkelijke agressie of woede, maar voornamelijk ontstaat doordat ze voortdurend in elkaars nabijheid zijn op een leeftijd dat ze 'ik' en 'jij' nog niet uit elkaar kunnen houden.

Paula, moeder van een jongen-meisjetweeling van twintig maanden: '*Hij is een stuk groter en sterker. Voortdurend pakt hij alles van haar af en soms duwt hij haar gewoon om. Ik zie haar vaak schrikken als hij op haar afkomt. Ik corrigeer hem voortdurend, maar het maakt weinig uit.*'

Toch is corrigeren en steeds maar weer uitleggen dat hij geen speelgoed van haar mag afpakken de beste remedie. Daarnaast is het gebruik van de box aan te raden waar ze om beurten in gaan. Het patroon dat zich nu tussen hen afspeelt, is tijdelijk en kan met de tijd volledig veranderen.

Suggesties
→ Besteed het eerst aandacht aan het slachtoffer. Voor het boosdoenertje is het pijnlijk om aan te zien hoe die het middelpunt van de aandacht is. Meteen daarna troost je hem ook.
→ Laat hem duidelijk je afkeuring en verontwaardiging zien. Jouw boze gezicht en een overtuigd 'Nee!' is duidelijke taal voor hem. In de loop van de tijd zal hij rekening gaan houden met dit soort ouderlijke opmerkingen. Als het bijten vaak voorkomt, is een time-out een goede strategie. Zet de stouterd één of twee minuten – één minuut voor elk leeftijdsjaar – op de gang of op een stoeltje met zijn gezicht naar de muur. Geen enkel kind vindt het leuk apart gezet te worden.
→ Leer hem zinnetjes te zeggen als 'Nu ik?' of 'Nee' in plaats van te bijten.
→ Om problemen te voorkomen, kun je de kinderen fysiek scheiden als je bijvoorbeeld gaat voorlezen door hen op schoot te nemen met een kussen tussen hen in of ieder aan een kant van jou. Of zet elk in zijn eigen kinderstoel.

Peter, vader van een drieling van twee jaar vertelt over zijn ervaringen: *'Jan Willem heeft de slechte gewoonte zijn zusjes te bijten als hij te druk wordt. Hij is dan erg geprikkeld en wil alles hebben. Elke keer als dat gebeurt, zetten we hem in de box. Hij schijnt dat niet als een echte straf te ervaren want hij vraagt ons nu soms of hij erin mag. Dan gaat hij voor de box staan met zijn armpjes in de lucht. We doen het dan omdat duidelijk is dat hij het fijn vindt en zeker ook omdat hij er rustig van wordt. Sinds we deze maatregel hebben ingevoerd, is het bijten aanzienlijk minder geworden.'*

Het gaat om een tijdelijk probleem. Als de kinderen over meer woorden gaan beschikken en zich beter kunnen uiten, verdwijnt het. In het algemeen zijn hun vechtpartijen meestal heftiger dan die tussen broertjes en zusjes van verschillende leeftijd. Het feit dat ze van dezelfde leeftijd en min of meer van dezelfde grootte zijn, speelt hierbij zeker mee. Ze hebben geen consideratie met elkaar zoals andere broertjes en zusjes wél, waarbij de grootste zich inhoudt tegenover de kleinste. Bovendien kunnen zij zich nog niet goed van elkaar onderscheiden. Ze hebben nog geen duidelijk begrip van wat hun eigen lichaam is en voelen zich deel van elkaar. Vanwege deze factoren voeren ze gewoonlijk heftige strijd en je kunt dan beter in de buurt blijven opdat ze elkaar geen pijn doen. Het zal meer dan eens noodzakelijk zijn ze te scheiden.

Wilhelmina, oma van een tweeling, vertelt het volgende: *'Ik heb twee zonen opgevoed die ook weinig in leeftijd scheelden. Natuurlijk vochten ze, maar het was niets in vergelijking met mijn tweelingkleinzonen. Ze vechten soms echt verschrikkelijk hard. Ik heb van mijn leven niet zoveel felheid tussen kinderen uit één gezin gezien. Ik schrik er vaak van. Aan de andere kant zijn ze onafscheidelijk. Ze zoeken elkaar altijd weer op.'*

Dit verhaal weerspiegelt de eigenaardigheden van een meerlingrelatie heel goed: ze vechten met grote passie, maar ook houden ze met veel passie van elkaar. Daarbij zijn ook de karakters van de kinderen van invloed. Een moeder van een twee-eiige tweeling vertelde me dat ze hen geen moment alleen kon laten, want de meisjes begonnen elkaar bij het minste geringste te krabben en te knijpen. Een andere moeder, ook van een twee-eiige tweeling van die leeftijd, had die problemen niet. Haar zoontjes speelden lekker terwijl zij bezig was met de was of telefoneerde.

Driftbuien

In deze fase beginnen gewoonlijk de eerste driftbuien zich voor te doen. Ze zijn het gevolg van de frustratie iets niet voor elkaar te kunnen krijgen. Ze zijn normaal in de eerste jaren van een kinderleven omdat ze hun gevoelens nog niet onder controle hebben. Meestal komen ze voor tot de leeftijd van vier à vijf jaar. In de meeste gevallen duren ze slechts enkele minuten maar soms wel een uur.

De driftaanval begint met geschreeuw en gesnik, vergezeld van een protest als 'Ik wil niet!' en een uiting van boosheid: schoppen, krijsen of met de deuren slaan. Op het hoogtepunt werpt het kind zich op de grond, soms bonkt het met het hoofd tegen de muur. Het kan zijn dat je ene kind dagelijks van dit soort buien heeft terwijl het andere een veel rustiger gedrag vertoont. Dan is je tweeling zeker twee-eiig. Eeneiigen lijken ook in dit opzicht meer op elkaar.

Naargelang het kind ouder wordt, leert het zijn emoties te beheersen, te zeggen wat het wil in plaats van te schoppen of te gillen, en te wachten, bijvoorbeeld op zijn beurt, op een beloning of op een goed resultaat. De driftbuien zullen dan ook afnemen. Uit onderzoek is gebleken dat bij tweelingen, en speciaal bij jongenstweelingen, de driftbuien langer voortduren dan bij eenlingen. Waarschijnlijk is dat te wijten aan het dagelijks samen zijn, wat gecompliceerder is en het proces van het vinden van de eigen identiteit moeilijker maakt. Ook speelt mee dat jongens over het algemeen later zijn met praten dan meisjes. En tot slot is hun hogere testosterongehalte ook een veroorzaker van boosheid.

Oplossingen
→ Houd je voor dat deze driftbuien niet een uiting zijn van emotionele instabiliteit, maar van onmacht zijn emoties te beheersen. Elk klein kind 'spreekt' lichaamstaal, zoals schoppen als het iets niet gedaan krijgt. Die buien gaan vanzelf over en hebben een positief effect, want ze helpen het kind om spanningen het hoofd te bieden.
→ Kom niet tussenbeide tijdens zo'n aanval en laat hem zich afreageren. Zorg er wel voor dat hij zich niet kan bezeren. Als het kind bijvoorbeeld zijn hoofd tegen de muur bonkt, plaats er dan een kussen tussen. Als het voorbij is, doe dan net of er niets gebeurd is. Doordat je er geen belang aan hecht, zal het kind begrijpen dat het niets bereikt met dit soort gedrag.
→ Een driftbui kan beangstigende aspecten hebben, vooral als het kind zijn adem inhoudt (dit fenomeen heet 'breath holding spells'). Dan verliest het enkele se-

conden het bewustzijn, misschien loopt het blauw aan, en is buiten zichzelf. Niettemin is het niet nodig iets te doen, het kind zal snel weer bijkomen. Je moet in geen geval wijken voor de kuren van je kind. Dan zullen de buien alleen maar toenemen. Het merkt immers dat ze effect hebben.
- → Maak geen punt van dingen die er niet zo toe doen; wat ze aan willen, uit welke beker ze drinken, enzovoort. Op deze leeftijd vinden ze het leuk zelf beslissingen te nemen. Het is trouwens ook prettig voor jou als je aan deze behoeftes tegemoetkomt.
- → Vermijd situaties die driftbuien oproepen. Neem de kinderen bijvoorbeeld niet mee met boodschappen doen als ze hongerig of moe zijn. Ook zijn er ogenblikken van de dag waarop driftbuien makkelijker ontstaan, zoals het eind van de middag. Als je de dagelijkse routines wat aanpast, kun je het aantal aanvallen verminderen. Je zou de tijden van eten, baden of gaan slapen wat kunnen veranderen. Overprikkeling, ze steeds van de ene naar de andere plaats meenemen bijvoorbeeld, kan zulke buien ook uitlokken. Het kind kan dan de stroom van indrukken niet verwerken.
- → Bij sommige kinderen helpt het als je ze omarmt of stevig beetpakt, zeker als ze gewelddadig of destructief zijn. Verbied het echter niet te huilen, want dat is de uitlaatklep voor zijn spanningen.
- → Geef het goede voorbeeld en verlies zelf je zelfbeheersing niet. Kinderen imiteren hun ouders en als deze schreeuwen of op luide toon spreken, zullen ze dezelfde gewoonte aannemen.

Het tweelingescalatiesyndroom (TES)

Er is nog een andere reden waarom driftbuien en ander lastig gedrag meer bij tweelingen voorkomen. Het heeft te maken met het zogeheten 'tweelingescalatiesyndroom', in het Engels 'Twin Escalation Syndrome' (TES).

Een voorbeeld: Mathijs begint te huilen en op de grond te stampen. Claudia, die meevoelt met haar broer, begint nog harder te huilen en ook met haar voeten te stampen. Dit versterkt op zijn beurt het gedrag van Mathijs. De tweeling voedt elkaar in hun reacties en de driftbui escaleert in een boze bui van allebei. Als de ouder er met zijn eigen gevoelens op reageert ('En nu is het verdorie afgelopen!'), dan loopt de situatie makkelijk uit de hand.

Dit gebeurt vaak bij driftbuien, maar doet zich ook voor bij onschuldige situaties die door dit effect hun onnozelheid verliezen. Een voorbeeld:
Hidde blaast in zijn beker met melk. Hij is verrukt over de belletjes die daardoor ontstaan. Thijs doet dit na, maar iets harder. De melk gutst over de rand. Hidde pakt zijn beker op en begint hem te schudden. Binnen een tel zit de hele tafel onder de melk.

De kinderen imiteren elkaar voortdurend. Daarnaast zijn ze empathisch en voelen ze elkaars emoties aan. Maar er speelt nog meer mee: ze proberen tegelijkertijd evenveel aandacht van moeder of vader te krijgen als hun tweelinghelft. Competitie speelt dan ook een belangrijke rol bij het tweelingescalatiesyndroom. Dit syndroom treffen we ook aan bij drielingen. Ook zij nemen elkaars buien over en versterken elkaar in hun reacties (het 'drielingescalatiesyndroom'). De volgende tips zijn dan ook voor beide groepen.

Suggesties
→ Zit je midden in een driftbui in tweevoud, blijf dan zelf zo rustig mogelijk. Haal even diep adem. Focus vervolgens je aandacht op het kind dat als eerste een driftbui kreeg. Praat tegen hem. Zeg bijvoorbeeld iets als: 'Ik zie dat je heel boos bent. Je wilde zo graag…' Richt je daarna op het andere kind.
→ Haal de kinderen uit elkaar. TES doet zich voor omdat de kinderen in elkaars buurt zijn en elkaar nadoen en versterken. Als je ze uit elkaar haalt, is het gedrag snel over. Een time-out voor ieder op twee aparte plekken.
→ Leid hun aandacht af. Dit kan soms een TES voorkomen.
→ Probeer dagelijks elk kind zijn eigen deel aandacht te geven, bijvoorbeeld bij het naar bed brengen. En zorg regelmatig voor meer individuele aandacht door met één kind iets te doen (een boodschap, de hond uitlaten, enzovoort). Dit vermindert de strijd om de ouderlijke aandacht.
→ Sommige peuters hebben de neiging om met hun hoofd op de grond of tegen de muur te bonken. Leer hun hoe ze met hun vuisten op de kussen kunnen slaan. De boosheid is niet slecht, maar wel de manier waarop ze die uiten. Corrigeer elke keer hun gedrag en laat hun de alternatieve manier van boosheid uiten zien. Die zullen ze tot slot overnemen.

Een voorbeeld uit het dagelijks leven van Evelien: '*Mijn tweelingzoons van veertien maanden, Jan en Geert, zijn speels en lief, maar de laatste tijd ontwikkelen ze een verontrustend gedrag: als een speeltje kapot is of als we niet doen wat zij willen, een deur openen om maar wat te noemen, worden ze nijdig. Jan bonkt dan met zijn voorhoofd tegen de grond of tegen iets wat hij in zijn hand heeft. En Geert, die gewoon aan het spelen was, doet het na. Dan heb ik opeens twee driftige peuters. Ik probeer ze andere manieren te leren om hun boosheid te uiten: in een kussen stompen, met een hamer op een werkbank timmeren of iets dergelijks. Gelukkig beginnen ze dit te imiteren. Vooral het kussen is een groot success.*'

Ook in het volgende geval is er sprake van een TES. Een moeder vertelt: '*Mijn eeneiige tweelingmeisjes zijn allebei nogal druk. Maar als ze samen zijn, zijn ze héél erg druk, want ze maken elkaar nog drukker. Zijn ze alleen, dan spelen ze veel rustiger. Waarom is dit?*'
Eeneiige tweelingen hebben een bijna gelijk energieniveau. Is dat hoog, dan zal hun gezamenlijke niveau nog hoger zijn. Is de een bijvoorbeeld enthousiast, dan beïnvloedt ze met haar blije humeur de ander en samen zijn ze nog enthousiaster.

Veiligheid binnens- en buitenshuis

Vanaf nu moet je heel alert zijn. Tweelingen zijn vindingrijker dan eenlingen. Bovendien helpen ze elkaar met op de tafel klimmen, deuren openen, uit het raam hangen en nog véél meer… De meeste ouders passen zich aan de situatie aan en zetten alle waardevolle spullen buiten het bereik van de kinderen, barricaderen de trap of de kwetsbare spullen zoals de geluidsinstallatie en de computer, maken gevaarlijke plaatsen ontoegankelijk en de kamer ruimer door meubels ergens anders te zetten. Dat is heel positief, want kinderen hebben ruimte nodig, ze moeten zich steeds bewegen en alles ontdekken. Het is ideaal als het hele huis bestand is tegen de meerlingen! Dat is wel wat anders dan de situatie in een gezin met één kind. Je moet dus echt op alles voorbereid zijn als je een meerling hebt!

Susan, moeder van een anderhalf jaar oude, eeneiige tweeling, vertelt ons haar ervaring: *'Ik keek ernaar uit dat ze zouden kunnen lopen, maar dat bleek veel lastiger dan ik had verwacht. Nu kon ik ze geen seconde meer uit het oog verliezen. Terwijl de een de suikerpot inspecteerde door hem op de tafel om te kiepen, onderzocht zijn broer de inhoud van de kattenbak. Of terwijl ik de kamer opruimde, waren zij bezig ergens een kast leeg te halen. Samen doen ze dingen die bij een kind alleen niet zouden opkomen. Ook gebruiken ze van alles als hamer: een vork, de autootjes, boeken… Om te voorkomen dat ik boos word, hebben ze allebei een box. 's Morgens en 's middags zet ik ze er zo'n drie kwartier in, niet langer. Zo kan ik tenminste wat huishoudelijke taken doen en zij kunnen lekker rustig spelen zonder elkaar in de weg te zitten. Deze truc geeft me wat lucht.'*

Suggesties
→ Probeer hun ontwikkeling voor te blijven. Die gaat snel! Wat ze vandaag nog niet kunnen, doen ze morgen wel. De meeste ongelukken gebeuren omdat de ouders niet op tijd hebben voorzien waartoe de kinderen al in staat zijn. Zorg er bijvoorbeeld voor een hekje te plaatsen, al voordat ze de trap op klauteren. Houd er rekening mee dat deze kinderen, omdat ze met zijn tweetjes of drietjes zijn, niet alleen méér streken uithalen, maar ook veel eerder in hun leventje dan de ouders verwachten.

→ Ruim de box (of boxen) niet te snel op (zie vorig hoofdstuk). Ze worden bij meerlingen langer gebruikt. Een speelkamer is ook een goede oplossing. Voor eenlingkinderen werkt dit meestal niet, omdat ze niet graag alleen spelen. Bij twee- en drielingen ligt dit anders. Niettemin spelen zij ook graag in de buurt van de ouders, dus als ze niet in hun speelkamer willen spelen, moet je ze niet dwingen.

→ Doe medicijnen die in de koelkast moeten worden bewaard in een plastic doos die je hermetisch kunt sluiten.

→ Sluit de voordeur van je woning overdag net zo af als je 's nachts doet. Doe de knip erop.

→ Verlies ze tijdens een bad nooit of te nimmer uit het oog, geen seconde! Ook niet om de deur open te doen als er gebeld wordt of de telefoon aan te nemen. Zet die maar even op het antwoordapparaat.
→ Gebruik tuigjes, bijvoorbeeld voor de kinderstoel, fiets en kinderwagen. Tuigjes, waaraan wandelkoordjes vastzitten, zijn ook handig voor als beide kinderen naast je lopen of als de een moet wachten terwijl je de ander uit het fietszitje tilt.

Een ander belangrijk punt wat betreft hun veiligheid is hun vervoer in de auto. Van baby af aan moeten ze in een eigen stoeltje zitten dat past bij hun lengte en gewicht. Op momenten waarop je ze erin zet of eruit haalt, moet je extra goed opletten. Als je met de auto weg wilt gaan, zou je de kinderen een voor een in de auto kunnen zetten. Het andere kind (of kinderen) kan zolang even in de box wachten. Als ze groter zijn en goed lopen, moet je ze leren dat ze op de stoep op je wachten tot ze aan de beurt zijn. Als je hen uit hun stoeltjes haalt, herhaal je de procedure: een voor een, de anderen moeten wachten op de stoep en mogen niet weglopen en zeker niet achter de auto gaan staan want door hun kleine gestalte zullen ze door andere automobilisten niet gezien worden. Zeg hun dit met autoriteit en in grote ernst, dan zullen ze het belang van dit bevel aanvoelen. Ook de kinderwagen kan voor andere weggebruikers slecht of niet zichtbaar zijn. Het is dus veiliger die ook op de stoep te zetten.

Beginnend normbesef

Het is goed nu met het bijbrengen van enkele normen te beginnen. Voor hun eigen welzijn en voor de harmonie binnen het gezin moeten ze leren dat ze sommige dingen niet mogen aanraken of er in de buurt komen. Het meest effectief is hun handje terug te trekken als ze een verboden voorwerp aanraken, vergezeld van een op duidelijke toon uitgesproken 'Nee!'. Als ze het nogmaals doen, herhaal je het 'Nee!'. Het is op deze leeftijd erg makkelijk hen af te leiden met een speeltje. De sleutelbegrippen hier zijn geduld en volharding.

Je 'nee' moet 'nee' zijn, in alle volgende situaties. Op die manier is het voor hen makkelijker te onthouden. Ze maken het zich eigen en ze zullen het in zichzelf herhalen als ze voor het verboden object staan.

Verwacht echter geen wonderen in het begin. Ze zullen zich het 'nee' herinneren als je in de buurt bent want je bent hun geweten, maar even later zijn ze het vergeten.

Tweelingen herinneren elkaar soms aan de regels. Terwijl de een iets wil aanraken, zegt de ander 'Nee!'. Het is echter ook heel goed mogelijk dat ze het allebei vergeten en gezellig samen op onderzoek uitgaan. Nummer een begint, de ander imiteert, of de een stapt op de koektrommel af en de ander sleept een stoel aan om bij het lekkers te komen.

Hoewel het prima is te beginnen met regels aan te leren, als een nieuwe gewoonte, mag je nog niet spreken over ongehoorzame kinderen tot ze twee à tweeënhalf zijn.

Het plezier van en de zin in onderzoeken en ontdekken zijn enorm sterk in deze levensfase, want alles om hen heen is fascinerend. Ze moeten aan deze innerlijke stem gehoor geven, die hen aanzet tot het steeds maar weer aanraken van allerlei dingen en er geen minuut mee te stoppen.

Suggesties
→ Probeer te voorkomen dat 'nee!' het meest gebruikte woord van de dag wordt. Dat roept een negatieve en gespannen sfeer op. Misschien kun je je huis nóg beter aanpassen aan deze speciale fase van de kinderen. Hoe minder gevaarlijke situaties er zijn en hoe veiliger de omgeving, des te meer ze de ruimte hebben om te bewegen en te leren. Zo zullen ze zich ook beter amuseren.
→ Hoe minder ze 'nee' horen, hoe minder reden er is tot verzet. Je kunt 'nee' ook vervangen door sympathiekere woorden, zoals 'stop!', 'halt!' of 'kijk hier eens!'
→ Sommige momenten van de dag zijn moeilijker dan andere wat betreft het gedrag van de kinderen. Meestal is dat zo aan het eind van de middag, als ze slaap beginnen te krijgen. Misschien is dat wel het aangewezen ogenblik voor een lekker ontspannend bad of een kinder-dvd.

Wel of niet hetzelfde speelgoed?

Veel ouders vragen zich af of ze voor de kinderen hetzelfde speelgoed moeten kopen. Ze willen hen hetzelfde behandelen en ze hebben bovendien gezien dat ze vaak vechten om een bepaald speeltje. Houd er rekening mee dat je ruzies hiermee toch niet kunt voorkomen. Een klein kind graait niet het speelgoed uit de handen van zijn broertje of zusje vanwege het ding zelf, maar omdat het hem interesseert wat de ander ermee aan het doen is. Een kind onder de twee heeft nog geen notie van persoonlijke bezittingen en hij ziet zijn broertje of zusje niet als een van hem onafhankelijke persoonlijkheid die een speelgoedje heeft. Hij ziet alleen dit object en hij wil het pakken. Het zou heel goed kunnen dat als je hem hetzelfde ding aanbiedt om het probleem op te lossen, hij het niet wil hebben.

Vanuit het oogpunt van individualiteit verdient het de voorkeur hun niet aldoor hetzelfde te geven. Het zijn verschillende kinderen met elk hun eigen voorkeuren. De ene vindt misschien boekjes leuk en de andere juist autootjes. Bij een jongen-meisjetweeling is het makkelijker doordat ze op grond van hun geslacht al verschillende interesses hebben. Ook bij twee-eiigen van hetzelfde geslacht zijn de voorkeuren meestal anders. Eeneiige tweelingen lijken ook in dit opzicht meer op elkaar. Waarschijnlijk hechten zij zich ook aan hetzelfde speeltje. Uit onderzoek door de Vrije Universiteit Amsterdam in 1996 is gebleken dat de genen een grote rol spelen bij de voorkeuren voor bepaald speelgoed, wat verklaart waarom de eeneiige tweelingen tot hetzelfde aangetrokken worden. In dit geval moet je dus een aantal dezelfde speeltjes kopen naast andere die verschillend zijn.

Het is een goed idee voor beiden dezelfde grote stukken te kopen, maar dan in verschillende kleuren: loopkarren, poppenwagentjes, fietsjes en dergelijke. Koop verder voor elk verschillend speelgoed. Hun speelplezier neemt toe als ze wat meer keus hebben. Bovendien leren ze ook te delen.

Marian, moeder van een eeneiige tweeling: *'Mijn twee dochtertjes van twee jaar maken veel ruzie als ze elk een verschillend cadeautje krijgen. Net alsof dat van de ander altijd leuker is, maar ze willen ook niet ruilen. Momenteel kiezen we ervoor steeds hetzelfde te kopen, hoewel ik hoop dat we hun later andere dingen kunnen geven.'*

Suggesties
- Speelgoed moet sterk zijn. Meerlingen maken het eerder kapot doordat ze vindingrijker zijn.
- Merk speeltjes die hetzelfde zijn met een eigen naam- of kleursticker om ze uit elkaar te kunnen houden. Heel vaak is een van de kinderen veel voorzichtiger met zijn speelgoed. Als je weet wat van wie is, voorkom je problemen als er iets stukgaat. Een drielingmoeder koos voor elk van haar drieling een symbool: een ster, een maan en een zon. Ook de kleding werd op die manier gemerkt.
- Als je twijfels hebt over welk speelgoed je moet aanschaffen, is het een goed idee eens naar een speel-o-theek te gaan. Hier mogen ze een heleboel verschillende soorten speelgoed lenen en ontdek jij wat elk van de kinderen leuk vindt.

Het belang van regelmaat

In dit jaar, en ook in de volgende, genieten de kinderen van dagelijkse gewoontes die zich dag na dag herhalen; het voorlezen voor het slapengaan, het bad op een vaste tijd, pappa of mamma opwachten bij de voordeur, enzovoorts. Ze voelen zich daar fijn en veilig bij. Ze weten wat er gaat gebeuren en wat erop volgt. Dat is ook de reden waarom ze in deze fase bij het naar bed gaan steeds vragen om hetzelfde verhaaltje en dezelfde liefkozingen. Bij twee- en drielingen is er een extra probleem.

Jan Willem over zijn tweeling: *'Elke dag wachten mijn zoontjes me op als ik uit mijn werk kom. De laatste tijd vechten ze om alles: van wie me het eerst een kusje mag geven tot wie het eerst de auto hoort. Nu is het zo dat een tot nu toe geweldig moment van de dag, ontaard is in een fel gevecht en ik weet niet goed hoe ik daarmee om moet gaan.'*

Dit is typisch iets voor deze periode waarin jaloezie makkelijk de kop opsteekt. Het beste is ze beiden in je armen te nemen en ze tegelijk tevreden te stellen. Dat is natuurlijk met een drieling wat lastiger. Rond hun derde verjaardag vermindert dit verschijnsel gewoonlijk. Het wordt in elk geval minder heftig, want het kind weet nu wie 'ik' is en weet dat hij straks aan de beurt is. Ook kun je nu al een 'ieder-een-dagsysteem' introduceren. De ene dag, maandag bijvoorbeeld, mag het ene kind pappa het eerst een kusje geven, maar dinsdag de ander, enzovoort. Bij een tweeling heeft ieder kind drie keer per week een eigen dag, bij een drieling is dat twee keer (de zondag is de dag van de ouders). Je kunt die dagelijkse handelingen toevoegen waarover kinderen altijd vechten, zoals bij het raampje van de auto zitten, de tv aandoen, boekje uitzoeken, enzovoort. Dit systeem werkt heel goed bij meerlingen want zo krijgen ze de kans in elk geval enkele keren de hoofdrol te spelen. Het vermijdt ook heel wat ruzies.

Eten

Sommige kinderen zijn goede eters op deze leeftijd, andere lijken niet veel trek te hebben. Gebrek aan eetlust heeft een verklaring. Ten eerste is de groei tijdens het eerste levensjaar enorm, zelfs de grootste gedurende heel zijn leven. De baby verdriedubbelt in gewicht en wordt 20 tot 25 cm langer. Maar dit groeitempo neemt af in het tweede jaar en gedurende de jaren daarna tot de puberteit. Nu neemt hij 2 tot 2,5 kilo in gewicht toe en zo'n 6 à 8 cm in de lengte. Het kind heeft dus daardoor minder behoefte aan voedsel. Ten tweede is het nu gepassioneerd bezig de wereld te ontdekken en te onderzoeken. Dit is een basisbehoefte die belangrijker is dan eten.

Bovendien verkeert het kind in de fase dat het zijn 'ik' ontdekt. Het vindt het nu schitterend om 'nee' te zeggen, want daarmee bevestigt hij zijn persoonlijkheid. De maaltijd is een prachtige gelegenheid om zijn willetje te tonen.

Er is echt geen reden tot bezorgdheid als ze onverwacht hun eetlust verliezen. Dat is in deze fase normaal. Daarna komt het wel weer goed.

Adviezen
→ Dring geen eten op. De weigering te eten is een van de manieren om zich 'ik' te voelen. Als je erop staat dat het kind eet, begin je een machtsstrijd die zowel voor jou als voor hem negatief uitpakt. Neem gewoon het bord weg en wacht de volgende maaltijd af.
→ Bij een kleine eter gaan kleine hapjes gedurende de hele dag er beter in dan drie volledige maaltijden. Daarom kun je naast wat hij tijdens de normale maaltijden eet, twee keer per dag een voedzaam tussendoortje geven, zoals een reepje kaas of gekookt ei, stukjes appel of een volkoren soepstengel.
→ Als de kinderen elkaar negatief beïnvloeden – de een wil niet eten en de ander aapt hem na – is het beter dat ze apart eten.

- Als je bang bent dat ze te weinig binnen krijgen, noteer dan alles wat ze eten, ook tussendoortjes. Je zult zien dat het meer is dan je dacht.
- Sommige kinderen eten beter als ze het zelf mogen doen of samen met jou. Ze vinden het vaak heerlijk om zelf een bordje met makkelijk te pakken hapjes leeg te eten, want ze willen ook etenswaren aanraken om ze te leren kennen en dan te proeven.
- Vergelijk ook op dit punt de kinderen niet onderling en stel niet de een ten voorbeeld aan de ander(en). Bij twee-eiige tweelingen is het normaal dat ze een verschillende eetlust hebben, elk eet naar wat zijn gestel nodig heeft. Bij eeneiige meerlingen komt het meer voor dat de eetlust hetzelfde is, al kunnen hun smaken wel verschillend zijn.
- De aangeraden dagelijkse hoeveelheid melk of melkproducten vanaf het eerste jaar is een halve liter (500 cc). Als het kind geen grote eter is, moet je deze hoeveelheid zeker niet overschrijden want dan stilt het zijn honger alleen maar hiermee en eet niets anders meer.
- Heb vertrouwen in het kind. Het voelt zelf wel wat het nodig heeft. Dit blijkt ook uit studies van de Amerikaanse dr. Davis in de jaren veertig. Men liet kinderen tussen één en vier jaar zelf uitkiezen wat ze wilden eten. Hoewel sommigen van hen op enkele dagen alleen groenten aten of toetjes, haalden ze dat op andere dagen weer in met vlees en peulvruchten. Over enkele weken bekeken, bleek hun dieet gezond en evenwichtig te zijn.

Soms heeft hun afwijzing van eten een merkwaardige oorzaak, hoewel voor broertjes en zusjes van dezelfde geboortedag niet echt vreemd.

Een moeder vertelt het volgende: 'Een van mijn tweelingdochters van twee jaar en zeven maanden at sinds enkele weken bijna niet. Dat moment viel samen met het tijdstip waarop haar tweelingzus opeens heel goed begon te praten. Volgens mij had afgunst daarop er veel me te maken. Of misschien een gevoel van ontevredenheid dat de dynamiek tussen hen beiden verbroken was. Tot dan toe had zij de maat aangegeven, maar met deze vooruitgang in spreken had haar zusje onze aandacht veroverd. Mijn dochtertje stopte met het eten van vast voedsel, ze nam alleen 's morgens en 's avonds een fles. Ik drong niet aan. Tijdens de maaltijden gaf ik haar altijd iets vloeibaars als soep of yoghurt. Gek genoeg begon ook zij na een dag of twaalf opeens te praten. En daarmee was het probleem opgelost, ze wees vast voedsel niet meer af.'

Ziek zijn

Heel vaak worden meerlingen bijna tegelijkertijd ziek. Eerst pikt er één een griepje op en als hij aan de beterende hand is, wordt de volgende met koorts wakker. De virussen gaan van de een op de ander over. Eeneiige tweelingen maken in het algemeen dezelfde ziektes door. Als de ene aan een liesbreuk geopereerd moet worden, is te verwachten dat ook de andere zo'n operatie zal moeten ondergaan. Ik ken een tweeling waarvan er één hepatitis opliep en haar zus binnen vijf maanden daarna dezelfde ziekte had.

Het kan voorkomen dat een van de twee wat zwakker is en vaker ziek wordt. Als ze beiden tegelijk ziek zijn, betekent dat een lange periode van zware belasting voor de ouders.

Adviezen
→ Vraag om hulp als ze ziek zijn. Al is er maar één niet in orde, meestal vraagt de andere dan extra aandacht en blijkt jaloers te zijn op de zieke. Ze willen nu ook allebei bij je op schoot! Als ze al naar de peuterspeelzaal of crèche gaan, is er geen reden ze alle twee thuis te houden. In hun speelgroepje is het veel leuker dan thuis toe te kijken hoe mamma broertje of zusje verzorgt.

→ Stel je prioriteiten. De kinderen zijn nummer één, de rest kan wachten. Blijf kalm en bedenk dat deze situatie niet eeuwig zal duren. Algauw zullen ze weer lekker met elkaar kunnen spelen en hoor je ze weer vrolijk lachen en babbelen.

→ Soms worden kinderen ziek als ze naar de crèche gaan. Als ze een continue behandeling met antibiotica nodig hebben, verdient het de voorkeur naar een andere oplossing te zoeken. Je zou bijvoorbeeld tijdelijk een oppas kunnen inhuren om ze thuis te verzorgen. Naarmate ze ouder worden, zullen ze meer weerstand tegen virussen hebben.

→ Meerlingen die te vroeg zijn geboren, zijn vatbaarder voor ziektes als astma, bronchitis, keel- en oorproblemen. Naarmate ze hun groeiachterstand inhalen, worden ze steeds minder vaak ziek.

→ Als het ene kind zwakker is dan het andere, heeft de moeder vaak last van schuldgevoelens ten opzichte van het gezonde kind. Het is natuurlijk niet te vermijden dat ze zich meer bezighoudt met de zieke. Het is nuttig met iemand anders over die gevoelens te praten. Deze situatie veroorzaakt vaak jaloezie bij de ander(en). Het is een goed idee met de gezonde kinderen dan eens apart iets te ondernemen.

Ziekte of afwezigheid van één van de kinderen, bezorgt het andere kind (of kinderen) vaak nare gevoelens.

Laura, moeder van een twee-eiige tweeling: *'Een van de meisjes moest worden opgenomen. Gelukkig was er niets ernstigs aan de hand. Haar zusje, dat bij pappa thuis was achtergebleven, was echt verdrietig. Ze zocht het hele huis af naar haar zusje en ging verschillende keren per dag in het bedje kijken, en vroeg naar haar. Het deed ons pijn te zien hoe ze haar miste.'*

Rashida, helft van een eeneiige tweeling, 28 jaar: *'Als klein kind kreeg ik een ongeluk. Ik werd door een auto aangereden en brak een been. Het was een gecompliceerde breuk en de opererend chirurg was bezorgd. Ik huilde dag en nacht, tot de arts voorstelde om ook mijn tweelingzusje op te nemen. Vanaf dat moment begon ik te herstellen. Het was absoluut een juiste beslissing want haar gezelschap was voor mij van levensbelang. We waren pas drie en nauwelijks gescheiden geweest.'*

Elk kind zijn eigen benadering

Naarmate de baby's groter worden, leren de ouders het karakter van elk van hen goed kennen en merken ze de verschillen op. Soms hebben ze er last van dat het hun niet lukt de kinderen op dezelfde manier te behandelen en evenveel aandacht te geven. Dat is echter niet nodig. Je hoeft je er helemaal niet druk om te maken om hun alles hetzelfde te geven. Met elk kind heb je een andere relatie, net als in gezinnen met kinderen van verschillende leeftijd. Probeer te accepteren dat je van elk kind afzonderlijk op een specifieke, speciale manier houdt. Er is geen verschil in 'hoeveelheid liefde' maar wel in de gevoelens en ervaringen met elk kind en diens behoeftes.

Ik ken moeders die zich uitputten in het allemaal zo correct mogelijk willen doen. Met aankleden, om maar een voorbeeld te geven: als vandaag Vincent eerst is, moet zijn tweelingbroertje morgen dit 'privilege' hebben. Maar het is echt niet nodig en ook niet zo zinvol om het zo te doen. De kinderen leren op die manier namelijk de hoeveelheid aandacht die ze krijgen te 'meten'. Meerlingkinderen leren al heel jong dat ze op hun beurt moeten wachten, eerder dan andere kinderen.

Omdat ze verschillen in karakter en behoeften – ook eeneiigen – moet je ze ook persoonlijk benaderen en regels hanteren die daarbij passen. Natuurlijk zal dat voor elk kind anders zijn. Dat kan aanleiding geven tot problemen.

André over zijn eeneiige tweeling: *'Mijn tweejarige dochtertjes zijn heel verschillend. Irene is zelfstandiger terwijl Mirte veel meer van haar moeder eist. Deze situatie heeft veroorzaakt dat wij als ouders ons elk met een van de twee bezighouden; mijn vrouw met Mirte en ik met Irene. Het bevalt ons niet, maar als we Mirte dwingen haar moeder te delen met haar zusje, hebben we uitzinnige scènes met een jammerend kind. Dus we gaan nog maar even door met deze rolverdeling.'*

Terecht dat voor deze oplossing is gekozen, want die is voor dit moment de beste. Mettertijd, als Mirte haar ik-bewustzijn heeft ontwikkeld, zal het meisje leren minder afhankelijk van de moeder te zijn.

Soms komen de problemen uit een andere hoek. Evelien, moeder van een twee-eiige jongenstweeling: *'Mijn ene zoontje is heel goedlachs en krijgt van iedereen aandacht. Zijn broertje is meer een kat-uit-de-boom-kijkend type. Hij krijgt veel minder aandacht. Ik vind dit moeilijk en ik ben bang dat hij zich op den duur minder zal gaan voelen dan zijn broertje. Wat kan ik hieraan doen?'*

Het gevoel van eigenwaarde is voor een deel aangeboren en voor een ander deel hangt het af van de ervaringen die het kind opdoet. Daarin is vooral de rol van de ouders bepalend. Er hoeft dus niet te gebeuren waar deze ouder bang voor is, want ongetwijfeld is voor hen ieder kind even aantrekkelijk.

De grootouders

Het staat buiten kijf dat grootouders een belangrijke rol spelen in het leven van gezinnen met meerlingen. Vaak genoeg bieden zij de helpende hand in de eerste maanden en blijven ze aldoor beschikbaar voor noodgevallen. Voor hen is het ook een unieke ervaring grootouders van een meerling te zijn geworden.

Gerald, opa van drielingzusjes van vier jaar, vertelt daarover het volgende: '*Het is iets indrukwekkends. Ik ben weduwnaar. Af en toe laat mijn dochter hen enkele uren bij mij. Bij mij thuis heb ik speelgoed van hen van toen ze kleiner waren. Daar was bij hen geen plaats meer voor en ze vinden het prachtig het tevoorschijn te halen. Ze gaan meteen spelen en blijkbaar gooien ze het op een akkoordje over wát ze gaan doen. Ik zie hen dan hun speelterrein verplaatsen en al de poppen van de kamer naar de badkamer slepen. Ik geniet ervan ze te horen kletsen, alhoewel ik het dikwijls helemaal niet versta. Maar zij wel! Ze zijn erg actief en als één mijn aandacht vraagt, staan ze binnen de kortste keren alle drie bij me.*'

Suggesties voor grootouders
→ Het is raadzaam om voor elk kind apart tijd vrij te maken. Met één kind iets ondernemen betekent voor hen exclusieve aandacht, wat ze in het dagelijkse leven niet vaak meemaken. Voor veel grootouders is een bezoekje van twee of drie jonge kleinkinderen een vermoeiende zaak. Dat is een andere en heel goede reden om de kinderen om de beurt te laten komen.
→ Soms kun je een zekere voorkeur hebben voor een van de kleinkinderen. Misschien omdat het spontaner is of meer lijkt op je eigen kind. In zo'n geval is het goed als je wat extra tijd besteedt aan de ander(en) omdat de onderlinge band sterker wordt naarmate je meer tijd samen doorbrengt.
→ Accepteer de regels die de ouders hanteren. Dat voorkomt irritaties.
→ Houd in gedachten dat jullie aanwezigheid belangrijk is voor kleinkinderen. Jullie hebben vast en zeker meer tijd dan hun ouders en bovendien zijn jullie de schakel tussen verleden en toekomst.

Marja, moeder van een eeneiige meisjestweeling: '*Mijn dochters van vijf hebben allebei een heel bijzondere band met elk van hun grootouders. De een gaat liever naar de oma van moederskant en de ander naar die van vaderszijde. Dat gaat zo al sinds enkele jaren. Ik vind het prima, want ze leren op die manier een tijdje gescheiden van elkaar door te brengen. Het komt ook goed uit voor onze relatie als paar. We nemen die gelegenheden te baat om samen even lekker op stap te gaan.'*

> **Uit onderzoek**
> Studies van de Vrije Universiteit Amsterdam in 1998 hebben uitgewezen dat jonge tweelingen van twee en drie jaar oud niet meer gedragsproblemen vertonen dan eenlingen. Voor wat betreft hun sociale ontwikkeling lopen ze zelfs voor omdat ze al vroeg leren delen en veel eerder een gevoel van empathie ontwikkelen.

18. Twee-vier jaar

Je kinderen zijn inmiddels echte peuters geworden: ze lopen, hollen, zeggen hun naam en die van hun tweelingbroer of -zus, ze vechten en sluiten vrede. Ze zijn nieuwsgierig en vragen zoals 'wat is dat?' en 'waarom?' klinken de hele dag door. Ze zijn meer dan eens ontroerend en grappig. Ze beginnen onafhankelijker te worden. Ze eten zelf, kleden zich uit, proberen zich aan te kleden en leren op het potje te gaan. Ze hebben een tomeloze energie en alles wat ze zien en horen vinden ze interessant. Hun 'onderzoekingen' zijn een meervoudige bron van vreugde voor de ouders.
Tegelijkertijd leren ze hun eigen 'ik' kennen, wat ze wat koppig kan maken en menige conflictsituatie oplevert. Het vraagt veel geduld en steeds weer nieuwe energie van de kant van de ouders. Elke fase heeft zijn specifieke problemen en onaangenaamheden maar kent ook heerlijke, hartverwarmende en vrolijke voorvallen.

De nee-fase

Tussen zijn tweede en derde jaar maakt het kind de 'nee-fase' door. Het is een periode waarin het zich verzet tegen zijn ouders en op zowat alle vragen en verzoeken reageert met 'Nee!'.

Wat is hier precies de reden van? Het kind is zijn identiteit aan het ontdekken. Hij beseft dat hij geen deel uitmaakt van mamma of van zijn broertje of zusje, zoals hij eerder dacht, maar een autonoom en onafhankelijk mens is. Dit is een grote stap in zijn ontwikkeling, want zo begint de vorming van zijn 'ik'. Hij heeft de rebellie nodig om zijn persoonlijkheid te verankeren, om te ontdekken wie hij zelf eigenlijk is. 'Nee' heeft nu iets magisch voor hem. Als hij het gebruikt, legt hij zijn wil op aan anderen en dat is zonder twijfel een nieuw en goed gevoel.

Maar diezelfde rebelse houding bezorgt hem ook problemen. Aan de ene kant is het heerlijk om 'nee' te zeggen, maar hij heeft aan de andere kant ook nog steeds de liefde van zijn ouders nodig, die nu regelmatig op hem moeten mopperen vanwege zijn gedrag. Dat is de oorzaak van zijn plotselinge stemmingswisselingen. Van de ene minuut op de andere kan hij omslaan van lief en aanhalig naar opstandig en lastig. Zulk extreem gedrag is normaal en komt veel voor op deze leeftijd. Het weerspiegelt zijn innerlijk conflict; zijn drang tot zelfstandigheid tegenover zijn gelijktijdige behoefte aan de ouderlijke liefde. De spanningen die gedurende de dag bij hem worden opgebouwd, reageert hij 's nachts af in een onrustige slaap en nachtmerries.

Maak je niet druk om je nee-zeggende kinderen. Dat gaat voorbij! Als ze eenmaal vier zijn, zullen ze vaker 'ja' dan 'nee' zeggen. Dan hebben ze een duidelijk beeld van zichzelf en hoeven ze zich niet meer zo nodig af te zetten. Het is wel belangrijk dat je ermee om weet te gaan. Hoe diplomatieker je je opstelt, des te beter jullie door deze fase heen komen.

Suggesties
→ Houd in je achterhoofd dat hun 'nee' geen persoonlijke confrontatie is. Ze willen het leven van pappa en mamma niet moeilijker maken, maar om zich een individu te voelen, een mens met een eigen stem en met eigen wensen, moeten ze zich verzetten. Zo ontdekken ze hun eigen persoonlijkheid.
→ Temperamentvolle kinderen beleven deze fase intenser dan kinderen met een rustiger karakter. Wederom constateren we bij het zien hoe verschillend ze deze fase doormaken, dat elk van de kinderen een eigen persoonlijkheid heeft. De een werkt meer mee dan de ander. Behandel ze in overeenstemming met hun karakter.
→ Negeer negatief gedrag. Als het mogelijk is, laat ze dan hun eigen beslissingen nemen. Wat ze aantrekken, waarmee ze gaan spelen, uit welk glas ze drinken. In andere situaties echter zwaai jij de scepter. Ze moeten een hand geven bij het oversteken, jij bepaalt wanneer ze gaan slapen en dergelijke.
→ Vermijd vragen waarop ze 'nee' kunnen zeggen. In plaats van tegen ze te zeggen 'Zullen we een broodje gaan halen?', zeg je gewoon dat het tijd is om boodschappen te doen: 'Kom, we gaan brood kopen.' Ook als je het zó doet overigens, is het goed mogelijk dat ze niet meteen overstag gaan, verdiept als ze kunnen zijn in hun spel. Het is dan moeilijk voor ze om over te schakelen naar een andere activiteit. Op deze leeftijd zijn ze nogal eens rigide. Geef ze even tijd en bereid jullie vertrek alvast voor. Pak hun jassen en schoenen, enzovoort. Als je net doet of je niets gemerkt hebt van hun weigering, gaan ze uiteindelijk huppelend met je mee.
→ Het is heel waarschijnlijk dat ze elkaar beïnvloeden. Als de een zin heeft om 'nee' te zeggen, zal de ander het ook doen. Hoe minder aandacht je eraan besteedt, hoe eerder dit spelletje afgelopen is!

De motorische ontwikkeling

Met twee jaar lopen kinderen goed. Ook kunnen ze klimmen en klauteren. In deze tijd leren ze ook traplopen met steeds één voetje op een trede in plaats van steeds een voet bij te trekken. Tegen een bal trappen, goed rennen, fietsen op een driewieler en zich omdraaien zonder te vallen lukt allemaal.

De fijne motoriek ontwikkelt zich. Als ze twee jaar zijn kunnen ze de bladzijden van een boek omslaan, torens van zes verdiepingen bouwen, hun schoenen uitdoen en grove ritsen losmaken. Ze leren uit een glas te drinken en met een lepeltje zelf te eten. Ze maken hun eerste 'tekeningen', artistieke creaties met ronde en rechte lijnen.

Waarschijnlijk verloopt de ontwikkeling van je twee-eiige tweeling niet parallel. Elk kind ontwikkelt zich in zijn eigen tempo. Ook al hebben in een willekeurige groep kinderen allen dezelfde leeftijd, toch kunnen de onderlinge verschillen in ontwikkeling enorm groot zijn. Zo is dat ook bij jouw kinderen. Dat is dus heel normaal. Eeneiige tweelingen echter gaan meer gelijk op.

Je moet vermijden dingen te zeggen als 'Kan je nou nog de bal niet wegschoppen? Je broertje wel.' Dat kan bij een wat langzamer kind veel spanning veroorzaken. Hoewel de ouders in het algemeen goed omgaan met deze verschillen, hebben familieleden nogal eens de neiging dit soort commentaar te lanceren. Pareer het met een opmerking in de trant van 'We hebben geen haast. Dat leert hij wel als hij eraan toe is.'

Bij sommige eeneiige tweelingen zie je dat de een rechtshandig en -voetig is, terwijl de ander juist alles links doet. De een is dan vast rechts en de ander links. Dit komt vooral voor als de bevruchte eicel zich in een laat stadium heeft gedeeld, de zogeheten gespiegelde tweeling. Linkshandigheid komt sowieso meer voor bij tweelingen dan bij eenlingen (14,5 procent tegenover 9,9 procent), zonder dat de reden daarvan bekend is.

Bij jongen-meisjetweelingen zie je een verschil in ontwikkelingstempo. Meisjes zijn sneller met spreken, de zindelijkheid, zich aankleden en met de fijne motoriek: tekenen, knippen en dergelijke. De jongens daarentegen hebben eerder ruimtelijk inzicht en ontwikkelen eerst de grove motoriek, rennen en klimmen bijvoorbeeld. Dit is normaal vanwege de verschillen in hersenstructuur, die bepaald worden door het geslacht.

De identiteit van elk kind

Een moeder vroeg mijn advies over het volgende. Een van haar eeneiige tweeling van drieënhalf jaar had hun gezin getekend: pappa, mamma, zusje en nóg iemand. Ze had haar zoontje gevraagd wie dat laatste figuurtje was en hij had geantwoord 'wij tweetjes', waarmee hij zijn tweelingbroertje en zichzelf bedoelde. 'Betekent dit dat hij niet zijn eigen identiteit aan het ontwikkelen is?' vroeg ze me.

De tekening gaf heel goed weer hoe tweelingen hun relatie beleven. Zij beginnen aan hun leven als een eenheid en leren in de loop van hun eerste levensjaren dat ieder een autonoom mens is, het zogenoemde 'ik-bewustzijn'. Zoals ik al in het vorige hoofdstuk vertelde, kost het tweelingen meer tijd hun 'ik' te vinden dan andere kinderen. Dit bewuste kind beleefde zijn identiteit nog als deel van de twee-eenheid. Dat is op deze leeftijd niet alarmerend, want het zit nog in de fase van de identiteitsontwikkeling. Waarschijnlijk zal hij over ongeveer een half jaar zichzelf los van zijn tweelingbroer afbeelden.

Nog een ander voorbeeld dat hetzelfde probleem aangeeft. Lidwien, moeder van tweelingmeisjes van drie jaar: *'De juf van de peuterspeelzaal vertelde me dat er een probleem was ontstaan. Toen ze de naam van één van de twee noemde, staken ze allebei hun hand op. De juf zei dat het de beurt was van degene die ze had genoemd en niet van de ander. Het zusje was ontdaan en huilde. Mijn vraag is nu hoe ik ze kan helpen bij het vinden van hun eigen identiteit.'*

Een manier om je meerling hierbij te helpen, is het maken van een poster van ieder kind. Een soort 'facebookprofiel' van papier. Knip van papier van elk kind zijn silhouet en beplak dit met persoonlijke foto's en afbeeldingen van het favoriete speelgoed, voorwerpen en knuffels van elk. Op die manier maak je voor hen heel aanschouwelijk wat hun onderlinge verschillen zijn.

Regelmatig iets met elk kind apart ondernemen is heel belangrijk, vanaf het allereerste begin van hun leven. Even alleen weg met pappa voor een boodschap terwijl de ander bij mamma blijft, zijn ervaringen die het proces van het vinden van het 'ik' ondersteunen. Momenten van eenzaamheid (dat wil zeggen zonder de ander) zijn nodig om dit gevoel te ontwikkelen. Een eenling maakt deze momenten vanzelf mee, maar bij meerlingen moeten deze gecreëerd worden. In het dagelijks bestaan is het niet altijd makkelijk daar tijd voor te vinden, je moet ze dan ook echt inplannen. Soms bedenken de kinderen zelf iets, zoals blijkt uit wat deze moeders vertellen:

'Ik heb een tweeling van tweeënhalf. Mark komt altijd aan mijn bed voordat ik opsta om naar het werk te gaan. Ik ga om zeven uur weg, dus hij wordt al vroeg wakker. Hij houdt me gezelschap als ik ontbijt. Daarna leg ik hem weer in bed en vertrek. Hij gaat weer lekker slapen, want hij is altijd nog moe. Soms wordt hij te laat wakker en komt naar me toe rennen vlak voordat ik de deur uit stap. Hij vraagt me dan nog even bij hem te blijven. Dat doe ik en dan is hij tevreden. Ik denk dat hij die momentjes met mij alleen nodig heeft en als het ware zijn innerlijke wekker zet om bijtijds wakker te worden. In het dagelijks leven lukt het me niet zo goed om voor elk apart even tijd te nemen want mijn man en ik zorgen om de beurt voor hen. Maar hij heeft zelf een manier gevonden om me even voor zichzelf te hebben.'

'Mijn jongens, een eeneiige tweeling van vier jaar, hebben bedacht dat mijn rechterhand van de een is en de linker van de ander. Daar houden ze zich altijd aan, ook als ik maar met één op stap ben. Ik vond het in het begin een beetje onzin, maar nu zie ik het als een manier van hen om mij – althans voor een gedeelte – voor zichzelf te hebben. Het schept duidelijkheid en ze hoeven minder te vechten.'

Empathie en telepathie

Uit studies is gebleken dat meerlingkinderen eerder empathische gevoelens ontwikkelen. Als een van hen verdrietig is en huilt, zal de ander waarschijnlijk ook in tranen uitbarsten. In een onderzoek moest een moeder de kamer verlaten terwijl ze een van haar tweeling meenam en de ander alleen achterliet. Die begon te huilen. Toen de moeder terugkwam, rende hij op haar af. Het andere kind, dat geen ogenblik geleden had onder de scheiding, werd ook onrustig toen hij zijn broertje zo verdrietig zag en beiden zochten ze troost bij hun moeder.

Joana, moeder van een eeneiige tweeling van vier jaar: '*Bij Thomas moesten de amandelen worden geknipt. Lorens maakte een mooie tekening voor zijn broer, die hij mee moest nemen. Toen Thomas bijkwam uit de narcose, vroeg hij naar zijn broer. Toen hij thuiskwam, omhelsden ze elkaar zo innig dat we allemaal ontroerd waren. Lorens had overal in huis ballonnen opgehangen om Thomas te verwelkomen. Toen 's middags de grootouders kwamen, vroegen ze zich af wie er nu eigenlijk geopereerd was, want Thomas speelde alsof er niets gebeurd was en Lorens zat stilletjes bij mij op schoot. Het was precies omgekeerd van wat je zou verwachten. Ik zie vaker bij hen dat ze de pijn en spanning van de ander beleven alsof ze het zelf ondergaan.*'

Ook het volgende verhaal is interessant, hoewel we hier misschien van telepathie moeten spreken: '*We waren op het strand, mijn man en ik en de twee meisjes, een eeneiige tweeling van vier jaar. Op een gegeven moment ging hij even een wandelingetje maken met een van hen. De ander bleef bij mij. Ze zat rustig naast me te spelen toen ze opeens vreselijk begon te huilen. Ik begreep niet wat er aan de hand was. Toen keerde mijn man terug met de andere, ook snikkende tweelinghelft. Ze was gestoken door een kwal en haar voetje deed pijn. Dat had haar zusje aangevoeld en daarom was ze opeens gaan huilen. Dat maakte echt grote indruk op ons.*'

Dit soort 'toevalligheden' gebeurt voortdurend tussen eeneiige twee- en drielingen. Door hun innige relatie hebben ze een heel speciale band. Deze toevalligheden kunnen ook bestaan tussen paren die al vele jaren gelukkig samenleven, maar tussen meerlingen zijn ze veel sterker en gebeuren ze vaker. Het is ook verbazingwekkend dat het al op zo jonge leeftijd voorkomt.

Het bijbrengen van regels

Het is bewezen dat het moeilijker is meerlingen regels bij te brengen dan kinderen die alleen geboren zijn. Daar is een verklaring voor: de belangrijkste reden dat een kind 'lief' verkiest te zijn, is dat het de liefde en steun van de ouders wil hebben. Deze behoefte, die hem doet gehoorzamen, is bij meerlingkinderen minder sterk, want ze steunen voor een deel elkaar. Daarnaast stimuleren meerlingen elkaar tot het uithalen van streken. Bovendien stellen ze zich als één blok op tegenover hun ouders, zelfs dusdanig dat deze de indruk hebben dat hun woorden niet doorkomen.

De volgende hulpkreet van een moeder laat dat zien: '*Onze tweeling van drieënhalf luistert niet, ook op school niet. Als ze een standje van ons krijgen, verschuilen ze zich achter elkaar en lijken zich helemaal veilig te voelen. We bereiken niets, niet met straffen en niet met beloningen. Geef ons alstublieft aanwijzingen speciaal voor tweelingen.*'

Adviezen
- Praat met elk kind afzonderlijk en niet samen als ze iets stouts hebben gedaan. Dat is effectiever. Als één de schuld heeft, geef hém dan een standje, niet alle twee of drie. Zeg op school dat ze dezelfde tactiek moeten volgen.
- Probeer consequent en vasthoudend te zijn met betrekking tot de regels: nee is echt nee, onder alle omstandigheden. Dit is nog belangrijker dan bij eenlingen. Vermijd vage mededelingen.
- Soms moet je straffen, zoals ze naar de gang of hun kamer sturen. Als slechts één van hen straf heeft, sta dan niet toe dat de ander hem gezelschap houdt. Als ze zich allebei vervelend gedragen, kan het nuttig zijn ze elk naar een andere plek te sturen. Als je dat niet doet, zal de straf een pretje worden en zullen ze er minder van voelen.
- Het hebben van twee kinderen betekent dat er steeds twee stemmetjes zijn die tegelijk proberen je over te halen. Als ze volhouden en je weet niet goed wat je ertegen in moet brengen, zeg hun dan dat je er even over na wilt denken voordat je iets besluit.
- Ieder kind heeft zijn eigen karakter en ze moeten dus verschillend behandeld worden. De ene heeft meer verantwoordelijkheidsgevoel, is ordelijker, sluwer of ondeugender. Daarom moeten jullie regels opstellen die aansluiten bij elk kind. Het is niet mogelijk en ook niet wenselijk hen hetzelfde te behandelen. Beter is dat je de opvoedkundige regels aanpast aan het karakter van elk kind.
- Als je iets zegt als 'Als je niet ophoudt je broertje te plagen, stuur ik je naar je kamer', dan moet dat ook gebeuren, en wel meteen. Als er te veel tijd verstrijkt tussen de overtreding en de strafmaatregel, heeft die geen effect omdat het kind dan al vergeten is waarom het ook al weer straf heeft gekregen.
- Onderneem geregeld individuele activiteiten met de kinderen. Dat versterkt jullie onderlinge band en dat zal op zijn beurt de wens bij hen versterken 'lief' te zijn en naar jullie te luisteren. Als er een sterke en intieme band bestaat, gehoorzamen ze makkelijker hoewel er logischerwijs ook de ogenblikken van verzet zullen zijn die bij deze fase horen.
- Voel je niet bezwaard over het straffen, zolang het gaat om het type time-out, het ontnemen van privileges en dergelijke en niet om lijfstraffen. Straffen hoort bij het ouderschap. Kinderen moeten grenzen gesteld krijgen. Het helpt hen rustig te worden en te weten waar ze zich aan te houden hebben. Heel vaak is het kind

een hele tijd veel rustiger nadat het is gestraft en ook communicatiever, wat een onbetwistbaar teken is dat de straf hem goed gedaan heeft. Straffen helpt kinderen bij het ontwikkelen van zelfcontrole. Op den duur zullen ze zich de ouderlijke aanwijzingen eigen gaan maken, wat de basis van hun geweten vormt.

Voor ouders met een jongenstweeling of -drieling is de situatie vaak nog lastiger. Het is bekend dat in jongetjes het testosterongehalte tot zes jaar heel hoog is (daarna neemt het af, hoewel het hoger blijft dan dat van de meisjes). Dit zorgt ervoor dat ze sneller vechten, meer fysiek ingesteld zijn, drukker gedrag vertonen en meer bewegen. Familietherapeut Steve Biddulph wijst er in zijn boek *Raising Boys* op dat jongens vooral behoefte hebben aan duidelijke regels. Ze moeten weten wie de baas is. Dat geeft ze rust. Zo niet, dan blijven ze lastig, omdat ze in feite aan het uitzoeken zijn wie er nu de leiding heeft, zij of de ouders.

In het algemeen moeten ouders van meerlingen een strakkere discipline aanhouden dan andere ouders. Daarbij komt nog dat kinderen die tegelijk zijn geboren samen meer herrie en meer rommel maken en meer werk geven dan kinderen van verschillende leeftijden. Voor het welbevinden van de ouders is het daarom alleen al onontbeerlijk dat er goede regels gehanteerd worden.

Meestal slagen de ouders er goed in. Het is opmerkelijk te zien op bijeenkomsten van meerlingen en hun ouders hoe goed de kinderen zich gedragen. Het is geen enkel probleem met hen in een restaurant te gaan eten of een bijeenkomst te bezoeken dankzij het feit dat ze zich zo goed weten te gedragen. Petje af voor de ouders!

Solidariteit versus strijd

Beide zijn aspecten van hun relatie. Al jong tonen ze een enorme solidariteit ten opzichte van elkaar.

Saskia: *'Als ik één een koekje geef, vraagt ze altijd of Too ook eentje krijgt. Too is haar tweelingzus. Ze zijn amper twintig maanden oud.'*

Ana: *'Mark, drie jaar, gedroeg zich op een middag heel vervelend. Ten einde raad zei ik tot slot dat als hij nu niet ophield, Sinterklaas misschien wel niets zou brengen. "Oh," zei zijn tweelingzusje, "dan krijgt hij wel mijn cadeautjes." "Kun je Sint vragen wat ik wil hebben? Je weet wel, de piratenboot…", vroeg Mark heel slim aan zijn zusje. "Ho, ho. Zo gaat dat niet. Als jij, Julie, iets voor Mark vraagt, krijg je niet wat jij wilt hebben", bracht ik snel tussenin. "Nou ja, we spelen gewoon met wat we krijgen", zei ze tot slot. Tegen zoveel solidariteit kon ik niet op.'*

Waar komt deze samenhorigheid vandaan? Misschien heeft het te maken met het feit dat meerlingkinderen zich een eenheid voelen. Als de een iets akeligs meemaakt, zoals een bestraffing, lijdt de ander (of anderen) daar ook onder.

Albert, vader van een tweeling: *'Bart wilde niet uit het bad, waar hij eerder niet in wilde. Ik had er genoeg van en pakte hem hardhandig op. Dat werd huilen. Toen ik ze later allebei een nachtzoen ging geven, zei zijn zusje heel verontwaardigd tegen mij: "Pappa, je deed stout tegen Bart. Je deed hem pijn. Dan vind ik jou niet lief." Drie jaar en nu riep ze me al ter verantwoording.'*

Ook de omgeving ontgaat deze solidariteit tussen meerlingen niet. Zo merken de verzorgsters van de crèche hoe een tweeling elkaar met hun blik zoekt of hoe één van een drieling onrustig wordt als een van de anderen huilt.

Ook het volgende verhaal van een zweminstructrice is typerend voor dit fenomeen: *'Ik had in mijn groep een tweeling van drie, Johan en Mart. Johan had het zwemmen snel onder de knie maar zijn broertje kostte het moeite. Op een dag gaf ik de groep de opdracht van de ene kant naar de andere kant van het zwembad te zwemmen. Johan kwam als een van de eersten aan. Toen hij aan de andere kant was, keerde hij zich om en zocht de blik van zijn broertje. Die was nog aan de start. Hij huilde en durfde de oversteek niet aan. Johan bedacht zich geen moment, draaide zich vliegensvlug om en ging naast Mart zwemmen. Hij duwde hem letterlijk naar de overkant, terwijl hij voortdurend op hem inpraatte. Het vertederde me.'*

Dianne Thomas, een Amerikaanse pedagoge, concludeerde in 1990 na vele jaren werken met eenlingen en tweelingen, dat de laatsten zich in sociaal opzicht sneller ontwikkelen. Daardoor reageren ze als hun tweelingbroer of -zus van streek is. Ze komen hem of haar te hulp en bieden steun. Dat doen ze ook als een willekeurig ander kind verdrietig is of hulp nodig heeft. Terwijl eenlingen doorspelen en het verdriet van de ander niet eens opmerken, tonen tweelingen zich solidair en schieten het kind dat in de penarie zit, te hulp. Al vanaf dat ze een jaar of twee zijn tonen ze een verbluffende empathie.

Maar ook hoort strijd bij hun leven. Meerlingen kunnen veel ruziën, op sommige dagen zelfs doorlopend, doordat ze aldoor samen zijn en zo sterk verbonden zijn met elkaar. Ook zijn de ruzies vaak fel, feller dan tussen broertjes en zusjes die niet even oud zijn. Een kind van twee heeft nog geen duidelijk besef van de pijn die hij de ander kan aandoen. Als die op een bepaald moment iets in zijn hand heeft dat hij wil hebben, pakt hij dat zonder meer ruw af. Hij ziet op dat moment alleen dat speelgoed. Hij trekt de ander dus ook gewoon van het fietsje af als hij erop wil. Hij is zich van dit gedrag niet bewust, dat wordt beïnvloed door geestelijke rijpheid.

Onderzoeken met kinderen die lijden aan ADHD (Attention Deficit and/or Hyperactivity Disorder) hebben duidelijk gemaakt dat de impulsiviteit van een klein kind een biologische oorzaak heeft. De hersenen van een kind van twee jaar zijn nog niet dusdanig ontwikkeld dat het deze neiging kan beheersen. Met vier jaar zijn ze veel verder gerijpt en kan het kind zijn impulsen en andere gevoelens ook steeds beter onder controle houden. Bij kinderen met ADHD is dit rijpingsproces beschadigd.

Er bereiken me meer dan eens wanhopige mails van ouders. '*Mijn dochtertjes, drie jaar, maken elkaar het leven zuur. Ze spelen amper, het loopt altijd uit op slaan, trappen, knijpen en bijten. Ze houden elkaar voortdurend in de gaten, ze zijn alleen maar met elkaar bezig, maar dan op deze negatieve manier en ze horen ons amper. Niets helpt dan ook.*'

In dit geval is het goed om in de woonkamer een hoek te maken voor het individuele spel. Ook het beginnen met de peuterspeelzaal, bijvoorbeeld ieder een eigen ochtend en een andere samen, zal dit patroon doorbreken.

Nog een moeder: '*Mijn eeneiige tweelingjongens, twee jaar, slaan elkaar en andere kinderen met wat ze maar in hun handen hebben. Het is echt verschrikkelijk, ik durf ze nauwelijks mee te nemen naar het park. Onlangs waren we op een bijeenkomst van onze meerlingenvereniging. Er waren veel ouders met hun kinderen. Ik moest vroegtijdig vertrekken omdat de jongens om de haverklap iemand sloegen of beten.*'

Wat kun je doen in zo'n geval? In de eerste plaats: houd je voor dat de kinderen het niet doen uit kwaadaardigheid. Ze kennen nog nauwelijks het gevoel van 'ik' noch van de 'ander'. Je kunt zeggen dat hun manier van omgaan met anderen nogal lomp is, maar niet meer dan dat. Wellicht waren ze ook wat uitgelaten door de aanwezigheid van zoveel kinderen en volwassenen. Naarmate ze groter worden, zullen ze leren op een andere manier met leeftijdgenoten om te gaan. In deze situatie was de beslissing om kort te blijven correct. Vast en zeker kan de moeder bij de volgende bijeenkomst over zes maanden langer blijven.

Een vader: '*Onze tweelingjongens, drie jaar, vinden het prachtig om elkaar te bevechten. Hun favoriete bezigheid is elkaar stompen, elkaar met kussens te lijf te gaan en een robbertje te vechten. Spelen doen ze niet. Als ik hen laat tekenen of plakken, duurt dat één minuut.*'

In dit geval is het aan te raden de kinderen speelgoed te geven waarmee ze hun fysieke onrust kwijt kunnen, zoals een rekstok in de woonkamer en een boksbal. Daarnaast zal een dagelijkse excursie naar de dichtstbijzijnde speeltuin een goede oplossing zijn. Op iets oudere leeftijd is een sportclub een goed idee. En ook weer hier is het nodig om voor elk kind eigen tijd te reserveren. Ik herhaal deze tip vele malen, omdat het een goede remedie is voor heel veel problemen. Ouderlijke aandacht, op individuele basis, geeft de kinderen rust. Ze voelen zich erdoor gezien als een eigen persoon. Dat maakt hen gelukkig en daardoor kunnen ze weer beter samen zijn.

Suggesties in geval van ruzies
- → De vechtpartijen zijn voor de ouders van meerlingen een moeilijk punt in het dagelijks leven. Misschien troost het enigszins als je weet dat ze een doel hebben. De kinderen moeten leren voor zichzelf op te komen en te verdedigen wat van hen is. De familiekring is een schitterend terrein om deze vaardigheden te oefenen. Eigenlijk zijn de ruzies een voorbereiding voor het leven buiten het gezin. Door de aanwezigheid van broertje(s) en/of zusje(s) leert het kind zich te meten met anderen, zijn eigendommen te beschermen en te delen. Maar natuurlijk niet zonder ruzies en vechtpartijen.
- → Leer ze al jong een woord voor pijn, zoals bijvoorbeeld 'au'. Gebruik het steeds als iemand zich bezeert en ook als de een de ander pijn doet. Zo leren ze zich in anderen in te leven. Leer ze ook kusjes te geven op de zere plek van de ander.
- → Als de strijd hevig en langdurig is, zeg dan dat het afgelopen is met de 'spelletjes'. Als je hun verbiedt samen verder te spelen, maakt dat indruk. Daarom is het als straf effectief. Bovendien is het handig om ze afzonderlijk even te laten kalmeren.
- → Als een van de kinderen veel slaat, geef hem dan een houten werkbank, een trommel of een ander stuk speelgoed waarop hij zijn agressie kan botvieren. Als het kind veel bijt, kan het nuttig zijn hem iets te geven om op te bijten zoals een rammelaar of een zacht pluchen beest. Bijten kan wijzen op een orale behoefte. Beperk daarom nog niet het gebruik van de zuigfles of de fopspeen. En elke keer als hij zijn broertje of zusje pijn doet, leg je hem uit hoe die zich voelt en dat dat niet goed is. Bij het zien van je afkeuring, leert hij ook het concept van goed en kwaad.
- → Aangezien de kinderen nog niet beschikken over een voldoende woordenschat om hun gevoelens te uiten, doen ze dat door middel van lichaamstaal: stompen, duwen, aan de haren trekken, kreten slaken of bijten. Uit onderzoeken weten we dat elkaar bijten een gewoonte is die onder meerlingen vaker voorkomt dan onder andere kinderen. Het is wel logisch want ze leven veel nauwer met elkaar samen. Behalve tegen hen te zeggen dat het pijn doet en dat je zoiets niet mag doen, bestaat er een effectieve truc: troost het kind dat gebeten is en verban de 'aanvaller' naar de gang. Het feit alleen al dat zijn broertje/zusje alle aandacht van mamma krijgt, is een goed motief het bijten te laten.
- → Houd je eigen gedrag onder controle. De beste manier om hun aan te leren geen geweld te gebruiken, is het goede voorbeeld geven en jezelf te beheersen. Als je je boosheid op een gecontroleerde manier laat zien, zonder schreeuwen of slaan, zullen je kinderen dit voorbeeld navolgen.
- → Haal ze uit elkaar als de een de ander domineert of als ze elkaar verwonden. Als ze eenmaal rustig zijn, vraag hun dan wat het probleem was. Dikwijls gaat het gevecht simpelweg over een speeltje dat ze allebei willen hebben. Reik ze ideeën aan om het op te lossen, zoals er om de beurt mee spelen. Sommige moeders gebruiken de truc van de kookwekker. Ze zetten die op bijvoorbeeld vijf minuten

en als de bel gaat, moeten ze ruilen. Als dit niet werkt, leg het bewuste speelgoed dan zolang in de kast totdat ze er wel samen mee kunnen spelen.
- → Vaak weet je niet wie er begonnen is. Dan weet je ook niet wie de straf heeft verdiend. Ze beschuldigen elkaar. Soms vormen ze één blok tegenover de moeder en zwijgen. In zo'n geval kun je hen naar hun kamer sturen met de mededeling dat ze moeten praten over wat ieder heeft gedaan. Heel vaak gaat de schuldige al door de knieën voordat hij in zijn kamer is aangekomen! Dat is het ogenblik om uit te zoeken wat er werkelijk voorgevallen is. Het kan ook effect sorteren hen samen naar hun kamer te sturen met de belofte dat ze terug mogen komen als ze vrede hebben gesloten.
- → Kies geen partij. Het beste wat je kunt doen is neutraal te blijven. Per slot van rekening hebben ze beiden schuld. Het komt soms voor dat er altijd één is die de strijd begint, maar dat op de een of andere manier, onzichtbaar, de ander dit gedrag uitlokt. Heel vaak is het al voldoende als ze allebei aan mama mogen vertellen wat de ander heeft gedaan om vreedzaam samen verder te spelen. Tot de volgende aanvaring!
- → Het kan ook zijn dat er veelvuldig strijd is omdat de kinderen te veel tijd samen doorbrengen. Onderneem activiteiten met één apart terwijl de ander bij pappa of een familielid blijft. Of regel dat een van hen bij een vriendje gaat spelen.
- → In sommige gevallen ontstaan de ruzies doordat een van twee iets onder de leden heeft en bijvoorbeeld griep krijgt. Hij voelt zich niet lekker en zijn broertje moet het ontgelden. Dan vinden ze elkaar niet in hun spel en maken overal ruzie om. Neem ze lekker even mee naar een speeltuin en laat ze er klimmen en rennen. Een uitstapje naar buiten is altijd een goede manier om die moeilijke momenten door te komen.
- → Speelgoed veroorzaakt veel ruzies. Het is handig sommige grote stukken dubbel te hebben, bijvoorbeeld voor elk een eigen kar of een driewieler. Andere dingen kunnen verschillend zijn, zoals een vrachtwagen voor de een, een tractor voor de ander en een vliegtuig voor de derde. Daarvan leren ze delen.

Soms is het spelen van een tweeling juist heel harmonieus. Een moeder van een eeneiige meisjestweeling van twee jaar vertelt: *'Terwijl ik een strijk wegwerk, redderen de meisjes om me heen. De poppen moeten verschoond worden. Ze hebben ieder hun eigen tweelingpoppen, maar nu zijn ze ieder met één in de weer. De babydoekjes worden erbij gehaald. Alles wordt verteld en meegedeeld. 'Poep euhhdaan [gedaan].' 'Nee pas [plas].' 'Noop open, majoo uit...' Ik hoor mezelf in hun zinnen terug. Ze keuvelen en spelen wel een uur lang zonder mij nodig te hebben. Ik verwonder me als moeder over deze eeneiige eenheid.'*

Dat is van mij!

Elk kind moet eerst het 'ik-gevoel' kennen eer het kan delen. Gedurende deze fase is het erg bezitterig. Alles is 'van mij' en zo verstevigt hij zijn persoonlijkheidsgevoel. Voor hem is zijn speelgoed daar onderdeel van en daardoor is het moeilijk het te delen. Anders gezegd: speelgoed helpt hem zijn 'ik' te verwerven.

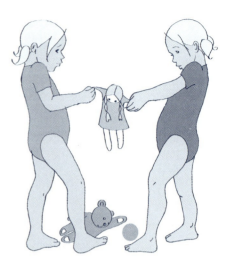

Je hoort nu vast dikwijls en in alle toonaarden dat ze roepen 'Is van mij!', 'Ikke ook!', 'Ikke eerst!' of 'Nu ik!' Dat is een aanwijzing dat je kinderen de betekenis van dit belangrijke begrip aan het leren zijn. Dit is geen makkelijk leerproces voor ze want de ander is voortdurend zíjn terrein aan het verdedigen. Dus hebben ze veel ruzies. Niettemin, dankzij de praktijk van alledag, leren meerlingen eerder dan andere kinderen samen te werken en op hun beurt te wachten.

Dit gegeven is uit diverse onderzoeken naar voren gekomen. Die hebben meer interessante feiten opgeleverd, bijvoorbeeld dat de samenwerking bij eeneiigen beter is dan die bij twee-eiigen. Dr. Nancy Segal, hoofd van het 'Twin Studies Center', Fullerton University, Californië, onderzocht in 1991 de samenwerking in beide groepen terwijl ze een puzzel moesten leggen. Ze nam hun gedrag op video op. De twee-eiigen verdeelden de stukjes in twee bergjes en elk deed zijn eigen taak. De eeneiigen legden de stukjes bij elkaar en werkten als een team samen om de puzzelstukjes op hun plek te leggen. De eersten hadden meer discussie doordat ze twee aparte hoopjes met puzzelstukken hadden en de andere tweelingen werkten meer in harmonie.

Aandacht van de ouders delen is ook moeilijk voor hen. Elk wil die voor zich alleen, vaak zonder enige rekening te willen houden met de ander. Lees de ervaringen hieronder.

'Max en Levi, een eeneiige tweeling van 24 maanden, kunnen het niet hebben als ik de ander aanhaal. Ze worden meteen ontzettend boos en werpen zich op hun broertje. Ze trekken aan de haren en bijten. Ze zijn ook heel jaloers als mijn man en ik elkaar omhelzen. Ze werken zich meteen tussen ons in.'

'Een van mijn dochtertjes – een twee-eiige tweeling – is extreem jaloers op haar zusje. Als ik haar in mijn armen neem, komt ze onmiddellijk op ons af en begint ons te slaan. Ik vind het erg moeilijk hiermee om te gaan, dus soms omhels ik de een alleen als de ander het niet ziet. Het lijkt echter wel of ze er een antenne voor heeft.'

'Ik vind het heerlijk mijn tweelingdochters voor te lezen terwijl ze gezellig bij me op schoot zitten. Maar het is onmogelijk: ze zijn nooit tevreden met hun plekje en blijven elkaar steeds duwen. Ik ben er maar bij gaan liggen en zó is er geen vuiltje aan de lucht! Het gekke is dat ze wél rustig op pappa's schoot kunnen zitten als hij voorleest.'

Suggestie

→ Houd er rekening mee dat de situatie voor je zoons en dochters lastiger is dan voor kinderen die alleen geboren worden. Ze maken tegelijkertijd dezelfde fases door met ongeveer dezelfde emotionele behoeften. Een ouder kind kan bevatten dat een kleintje extra aandacht nodig heeft, maar kinderen van gelijke leeftijd niet, die beleven de 'bezitterige fase' gezamenlijk. Als je hier begrip voor hebt, zal de situatie beter te verdragen zijn.

→ Dit soort jaloezie is in het algemeen van voorbijgaande aard. Als ze ouder worden, gaan de kinderen begrijpen dat beiden de aandacht van pappa en mamma waard zijn en dat er liefde genoeg is voor allemaal.

Elsa, moeder van een twee-eiige drieling: *'Nu mijn drieling vier is, is het geen enkel probleem meer als ik een van hen aanhaal. Als ze me bijvoorbeeld een van hen zien kussen, lachen ze. Ik denk dat ze het leuk vinden voor hun broertje of zusje. Dat was voorheen ondenkbaar. Als iemand een kus kreeg van me, kwamen de anderen er ook meteen een vragen.'*

Wij zijn een tweeling

Tussen het derde en vierde levensjaar gaan de kinderen inzien dat ze een tweeling zijn en anders dan de meeste andere mensen, want die zijn een eenling. Dit begrip is aanvankelijk moeilijk te doorgronden.

Bas, drie jaar, probeert dit begrip te bevatten, nu hij heel vaak van andere mensen de vraag krijgt of hij een tweeling is. Hardop redeneert hij als volgt: *'Mark en Bas zijn tweeling; papa en mama ook en ook opa en oma. En als Marieke (zijn oudere zus) met haar vriendinnetje speelt, is ze ook een tweeling.'*

Sommige tweelingen hebben als volwassenen nog een heldere herinnering aan het moment dat het voor het eerst tot hen doordrong dat ze een tweelingbroer of -zus hadden. Sjoerd, 30 jaar: *'Ik keek naar Sesamstraat en opeens drong tot me door dat mijn broertje altijd naast me zat, op een vaste plek. Opeens begreep ik wat het woord "tweeling" betekende. Ik weet nog dat ik er een heel blij gevoel van kreeg.'*

Dr. Nancy Segal, tweelingonderzoeker, herinnert zich ook nog hoe dit besef tot haar doordrong: *'Naast ons woonde een buurjongetje dat bij ons in de klas zat. Hij liep altijd alleen naar school, terwijl ik samen met mijn zusje ging. Als hij een verjaardagsfeestje gaf, deed hij dat ook in zijn eentje, terwijl wij samen een feestje gaven. Door naar hem te kijken, begreep ik dat wij iets bijzonders hadden wat niet alle kinderen meemaken.'*

Een meerling kan het ook niet doorhebben dat hij in bepaald opzicht speciaal is! Britta Alin-Åkerman, een Zweedse psychologe, ondervroeg een groep drielingen van negen jaar over hun ervaringen als meerling. Tot haar grote verbazing moest ze aan velen van hen eerst uitleggen wat een drieling was.

Speentjes en andere troostvoorwerpen

Zuigen is een oerinstinct waarmee elk menselijk wezen wordt geboren. In het eerste levensjaar is deze behoefte zeer aanwezig. Via de mond voelt de baby zich prettig en goed. Het is de bron van zijn voeding en vormt ook het contact met een ander menselijk wezen, vooral zijn moeder. Het zuigen krijgt voor hem een emotionele betekenis, hij wordt er rustig van en het stilt zijn honger.

De fopspeen geeft hem hetzelfde gevoel, ook op momenten van eenzaamheid, ontreddering of pijn. Niet alle baby's vinden een speen prettig, sommige hebben liever een vinger of een doekje. Maar al deze dingen hebben dezelfde functie: ze troosten.

Veel ouders vragen zich af tot wanneer ze het kunnen toestaan. In onze westerse maatschappij bestaat de neiging om van kinderen al vroeg zelfstandigheid te verwachten. Denk aan het alleen slapen van een baby, 'op tijd' van de borst af, een tweeling niet samen in klas, enzovoort. Dit alles is gefundeerd op de opvatting dat een vroege rijping positief is. Daarmee wordt echter een belangrijke voorwaarde genegeerd, namelijk dat het kind eerst een fase van afhankelijkheid moet ervaren vóór het onafhankelijk kan worden. Een kind heeft een heleboel behoeften die bevredigd moeten worden alvorens het aan andere toe is. De Amerikaanse psycholoog Maslow ontdekte in de vorige eeuw de scala van behoeften die elk menselijk wezen in zich heeft, van de meest basale fysieke tot de behoefte aan zelfontplooiing, die van het hoogste niveau is. Als je dit vertaalt naar het dagelijks bestaan van je kinderen, betekent dit dat ze als ze het zuigstadium voorbij zijn, naar een volgende fase doorgaan. Dat betekent ook dat een kind vanzelf de speen en andere troostvoorwerpen achter zich zal laten.

Het is beslist heel gewoon dat een kind in zijn eerste levensjaren een speentje nodig heeft. In het eerste jaar is de speen een grote uitkomst voor wanneer de baby huilt.

Als hij twee of drie jaar is, kent hij ook andere middelen: bij je op schoot kruipen, boos worden, tot zelfs (even) wachten. Dus het gebruik neemt langzaam af.

Tweelingen doen daar over het algemeen iets langer over, vanwege deze factoren:
- Een tweeling heeft minder gelegenheid gehad zijn zuigbehoefte te bevredigen dan een eenling. Vanaf hun eerste levensdag moeten ze aandacht delen. De beschikbare tijd voor voeden en ander contact is minder.
- Een twee- en drieling komt eerder ter wereld dan een eenling. Vroeggeboorte werkt in de hand dat ze dit soort gewoontes wat langer volhouden.

Suggesties
→ Maak geen haast met het wegdoen van de speen. Het is te prefereren dat het kind zelf deze stap zet dan het op te leggen. Zijn behoefte aan dit troostrijke voorwerp verdwijnt namelijk niet, alleen het ding zelf, en je hebt grote kans dat hij iets anders zoekt om zichzelf te troosten zoals duimzuigen of aan zijn haar friemelen.
→ Vanaf twee jaar is het verstandig dat de speen alleen op bepaalde momenten gebruikt wordt: als het kind gaat slapen, als het ziek is, enzovoort. Vaak heeft een kind nu de speen overdag in de mond als gewoonte. Is hij lekker aan het spelen, begin met hem te verwijderen. Op zo'n moment heeft hij hem niet echt nodig. Als hij ernaar vraagt, leg dan uit dat hij hem straks weer krijgt, maar dat het nu best even zonder kan. Een uitleg als 'je bent al zo groot' werkt meestal uitstekend.
→ Let erop dat hij hem loslaat zodra hij slaapt. Dat gaat meestal vanzelf, maar als dat niet het geval is, haal hem dan uit zijn mond, want het is niet goed voor de ontwikkeling van het gebit.
→ Probeer niet altijd de speen te geven als het kind huilt. Huilen is niet negatief, maar ontspannend. Bovendien, als het kind met zijn mond leeg huilt, kan het zijn verdriet beter luchten. Een flinke huilbui helpt het kind het onvermijdelijke te aanvaarden en te kalmeren.

Samenvattend kunnen we concluderen dat troostobjecten zoals speen, vinger, dekentje of speeltje belangrijk zijn omdat ze er zichzelf mee kunnen troosten. Het gebruik ervan wil niet zeggen dat ze liefde tekortkomen, want veel verschillende 'types' kinderen nemen hun toevlucht ertoe.

De taalontwikkeling

Het kan voorkomen dat de achterstand in spraak bij de meerling opvallender gaat worden, omdat de kinderen nog steeds weinig praten. Is het soms voldoende om geduldig af te wachten en het spreken te stimuleren met veel een-op-eencontact, voorlezen en het starten met de peuterspeelzaal, in andere gevallen kan het nodig zijn om hulp te zoeken.

Eveline, moeder van een eeneiige jongenstweeling: 'Toen de jongens, tweeënhalf jaar, nog steeds heel weinig spraken, ben ik hulp gaan zoeken. We hebben eerst hun gehoor laten testen. Daar was niets mis mee. Vervolgens zijn we een "Hanen-oudercursus" gaan volgen. We leerden er nuttige adviezen voor thuis, maar hun spraak ging niet vooruit. Er werd ons aangeraden om de jongens naar een dagbehandeling te sturen voor kindjes met spraak-taalproblemen. Ik schrok enorm van dit advies, maar het heeft heel goed uitgepakt. We zeiden de crèche op en de jongens begonnen, net drie jaar oud, de behandeling van Kentalis. Ze vonden het meteen geweldig. Huilden ze nog wel eens als we afscheid namen bij de crèche, daar was bij Kentalis helemaal geen sprake van. Het waren hele kleine groepjes van maximaal zeven kindjes en minimaal twee begeleidsters. Ook waren er een logopediste en een fysiotherapeute. Alles gaat spelenderwijs en aan de hand van thema's worden er woordjes geoefend en herhaald. Het was intensief, vier ochtenden, van 9 tot 14.00 uur en later toen ze vier waren, tot 15.00 uur. Eén van de jongens mocht met vier jaar naar de basisschool, gewoon het reguliere onderwijs. Zijn broertje volgde zeven maanden later. Op advies van Kentalis zitten ze in verschillende klassen, omdat anders de een voor de ander antwoordt. Ze hebben nog één keer per week logopedie. Ze praten nog niet als het gemiddelde kind op hun leeftijd maar ze kunnen zich veel beter uitdrukken en er is vooruitgang. Ik ben heel blij met de ontvangen hulp.'

De oorzaak van dit spraakprobleem is niet bekend. Deze tweeling was niet te vroeg geboren en ontwikkelde ook niet een eigen taaltje. Het meest waarschijnlijke is dat het een aangeboren afwijking betreft die, vanwege hun eeneiigheid, allebei trof.

De peuterspeelzaal

Het is raadzaam om rondom het tweede levensjaar te beginnen met de peuterspeelzaal. Voor die tijd hebben ze voldoende aan elkaars gezelschap. Maar nu, in deze fase, komt ook voor meerlingkinderen het moment om hun horizon te verbreden. Soms vragen ze er zelf om. 'We vervelen ons, we hebben niemand om mee te spelen', zeiden Johan en Mart, een tweeling van tweeënhalf jaar, vaak.

Het is ook goed voor de ontwikkeling van hun eigen identiteit. Tussen de tweeling ontstaat makkelijk een bepaald patroon (de een beslist, de ander voert uit, enzovoort). Spelen met andere kinderen helpt hen om zichzelf beter te leren kennen. Er zullen aspecten naar voren komen die zich in hun onderlinge relatie niet voordoen. Daarnaast is het prettig voor jullie, want het maakt jullie zorgtaak lichter.

Het meest ideale is om de tijd die ze buitenshuis doorbrengen langzaamaan op te bouwen. De reacties van twee-eiige tweelingen kunnen onderling erg verschillend zijn: de een past zich soepel aan en vindt het machtig om naar 'school' te gaan, terwijl de ander niet ophoudt met huilen en om zijn moeder blijft vragen. Soms neemt degene die het meest onafhankelijk is, de moederrol op zich en troost zijn broertje of zusje. Bij eeneiigen lijken de reacties meer op elkaar.

In de eerste weken blijven alle tweelingen gewoonlijk dicht bij elkaar in de buurt. De aanwezigheid van de ander is een emotioneel steuntje in de rug. Beetje bij beetje krijgen ze vertrouwen en beginnen ze relaties met andere kinderen aan te knopen. De jongen-meisjetweeling zoekt gewoonlijk zijn eigen vriendjes en het kan heel goed gebeuren dat ze zich een hele ochtend niet met elkaar bemoeien. Alleen bij groepsactiviteiten, knutselen of zingen, zoeken ze elkaar op en willen ze naast elkaar zitten. Eeneiigen spelen meestal met een gemeenschappelijk vriendje en verliezen elkaar minder uit het oog.

Adviezen
→ Het is verstandig om de kinderen in dezelfde klas of groep te plaatsen, omdat ze zo beter de scheiding van jou aankunnen. Dat geldt ook voor drielingen.
→ Als de een het naar zijn zin heeft en de ander niet, breng de eerste dan eens alleen en laat de ander thuisblijven. Waarschijnlijk gaat het veel beter als hij het na een korte poos opnieuw probeert. Tenslotte ontwikkelt elk kind zich in zijn eigen tempo en moet niet de een geforceerd worden omwille van de ander.
→ Als een van de kinderen ziek is, is het goed als de ander toch naar de peuterspeelzaal gaat. Hij raakt er dan aan gewend dat hij er soms wel eens alleen is. Het is ook voor jou handiger, je kunt je dan beter met de zieke bezighouden.

Dit laatste is niet altijd haalbaar. Meriam, moeder van een eeneiige jongensdrieling: '*Als een van de drie ziek was, merkte ik dat de andere twee het raar vonden om zonder hem naar de peuterspeelzaal te gaan. Het voelde blijkbaar niet compleet voor ze. Vaak hield ik hen dan ook maar thuis die dag.*'

Christien, moeder van een tweeling van twee jaar: '*De kinderen gaan één ochtend samen. Daarnaast gaat eentje nog een keer op woensdag en de andere op vrijdag. Zo heb ik ook tijd met elk van hen. Daar geniet ik van en zij ook.*'

Het onzichtbare vriendje

Veel kinderen hebben in hun jeugdjaren een onzichtbaar vriendje en meerlingen zijn daarop geen uitzondering. Het enige verschil is dat zij dikwijls hun fantasie delen.

Peter, vader van een driejarige drieling, twee jongens en een meisje: '*Van de ene dag op de andere deed "Joppie" zijn intrede in ons bestaan. Dat was toen ik op een keer een kapot gevallen glas melk op de vloer vond. "Dat heeft Joppie gedaan", zei een van de kinderen snel. Het verbaasde me en nog meer toen ik mijn dochtertje de volgende dag hoorde zeggen: "Kom Joppie, kom hier!" terwijl ze met haar broers aan het spelen was. Zo hadden we plotseling een vierde kind in huis, dat van al hun streken de schuld kreeg.*'

Tineke, moeder van een eeneiige jongenstweeling van bijna vier: *'Ze hebben allebei dezelfde drie fantasievriendjes. Ze nemen ze mee naar school en ze praten samen over dit drietal.'*

Zo'n figuurtje speelt een belangrijke rol bij de ontwikkeling van het geweten. Het kind begint op deze leeftijd besef te krijgen van goed en kwaad en ook van zijn eigen betrokkenheid daarbij. Bijvoorbeeld, een kind pakt een koekje terwijl het weet dat dat niet mag. De regels zijn bekend, maar zelfbeheersing is nog een zwak punt. Daarom creëert hij een fantasiepersoon dat hij de schuld kan geven. Die steunt hem in deze fase waarin hij wel weet wat verkeerd is, maar nog niet in staat is zijn impulsen onder controle te houden. Soms gaat zo'n fantasie erg ver. Het kind geeft hem een plekje aan tafel, zet een bord voor hem neer, gaat absoluut niet weg zonder hem, enzovoort. Het wijste is deze fantasie te respecteren zonder in discussie te gaan, waarbij je je kind wel laat merken dat het een spel is. Naarmate het kind ouder wordt, verdwijnt de onzichtbare vriend. Hij is overbodig geworden.

Elkaar nadoen

Het kind leert op deze leeftijd door imitatie. Hij pakt bijvoorbeeld een kam om zijn haar te kammen of hij voert een gesprek met je mobiele telefoon. Meerlingkinderen apen elkaar na. Als de ene op de po gaat zitten, doet de andere het ook. Als hun ontwikkeling ongeveer even ver is, is het heel waarschijnlijk dat ze dankzij imitatiegedrag tegelijk zindelijk worden. Soms wordt het nadoen wel eens overdreven of irritant, zoals je kunt lezen in de volgende praktijkvoorbeelden.

Christina: *'Een van mijn twee-eiige tweelingdochters van twee jaar, aapt voortdurend haar zusje na. Als die water wil of wil plassen, dan moet zij ook hoewel ze helemaal niet hoeft. Zo gaat dat met alles!'*

Het is een veelvoorkomend, normaal verschijnsel bij tweelingen. Als ze hun 'ik' beter hebben leren kennen zal het minder worden. Nu dient dit gedrag om te leren en ook – natuurlijk – levert het dezelfde aandacht op als die het zusje krijgt. Ze doen ook negatieve dingen van elkaar na.

Marja: *'Als ik een van de drieling toespreek omdat hij aan de dvd-speler zit, gaan de andere twee het ook doen! Logischerwijze moet ik hun dan ook een standje geven. Het is om radeloos van te worden!'*

Maar, gelukkig, bootsen ze elkaar ook na in het positieve. Marja: *'Het meisje geeft altijd een kusje als een van haar broertjes is gevallen (daarin doet ze mij na). En de andere twee rennen nu ook op het slachtoffer af om een kus te brengen, als die is gevallen.'*

Jaloezie

De meeste ouders zijn tevreden over de onderlinge relatie van hun kinderen. Die bestond al vóór ze geboren werden, zonder dat de ouders er iets aan hadden gedaan en is heel speciaal. Ondanks de ruzies houden ze veel van elkaar, ze zoeken elkaar op en vragen naar de ander(en) als ze van elkaar gescheiden zijn. Op een iets jongere leeftijd dan andere broertjes en zusjes beginnen ze met elkaar te spelen. Doordat ze altijd een makkertje om zich heen hebben, ontwikkelen ze hun fantasie eerder en van kleins af aan verzinnen ze leuke spelletjes; de een is de chauffeur, de ander de reiziger, of de dokter respectievelijk patiënt. Hoewel ze niet aldoor met elkaar spelen, vinden ze het prettig als ze bij elkaar in de buurt zijn. Het merendeel van de tijd zijn ze samen totdat ze beginnen aan de eerste fase van het basisonderwijs. Van de tweelingouders beschouwt 72 procent het als iets heel positiefs dat ze elkaar over en weer tot gezelschap dienen. Voor drielingouders is dit 63 procent.

Niettemin kennen ze ook jaloezie en rivaliteit. Af en toe vechten ze om de aandacht van mamma of pappa, zoals deze moeder vertelt: *'Mijn tweelingdochters van vier vechten de laatste tijd met elkaar om een plaatsje naast mij. Als ik een van hen aanhaal, probeert de ander haar weg te duwen of te plagen. Het is frustrerend want ik weet niet goed hoe ik mijn aandacht tussen hen moet verdelen.'*

Als dit zich voordoet, is het goed te proberen in het dagelijks leven voor elk kind momenten van individuele aandacht te reserveren. Met het ene dochtertje heb je 's morgens een gezellig moment samen, terwijl zusje nog slaapt, terwijl voor de ander 's avonds het moment is. Dat kunnen ze nu wel begrijpen en zelfs een naam geven, bijvoorbeeld 'mammatijd voor Sara'. Het kan ook heel goed werken hun een boekje voor te lezen over dit onderwerp (zie Literatuur).

Annet, moeder van een twee-eiige drieling: *'Ik ben echt gek op mijn drie meisjes. Mijn gevoel is voor elk van hen anders. Eén ontroert me heel erg, ze is gevoelig en knuffelig, maar ook de meest onafhankelijke. De ander verbaast me met haar creativiteit en haar talent om de andere twee te vermaken. En de derde voelt voor mij als de oudste van het trio, die haar zusjes troost als ze huilen. Met elkaar zijn ze een perfecte combinatie die elkaar aanvult. Ze vragen aandacht wanneer ze het nodig hebben en gelukkig is dat niet altijd tegelijkertijd. Dit geeft me de mogelijkheid om ieder hun eigen moment te geven. De een wieg ik 's avonds in mijn armen in slaap, met de ander lees ik een verhaaltje en voor de derde zing ik een liedje terwijl ik haar ruggetje met crème insmeer, ook al neemt dat wat meer tijd.'*

Jaloezie kan ook van andere aard zijn: Paul en Jan, een twee-eiige tweeling van vier jaar, hebben een heel verschillende aanleg. Paul is goed in sport en lichamelijk erg sterk, iets waarover hij vaak opschept tegenover zijn broertje. Jan lijdt daaronder en als hij zijn frustratie kwijt moet, maakt hij speelgoed van Paul kapot of hij verstopt het.

Adviezen
- Leer hun dat beiden hun eigen kwaliteiten hebben en dat je het niet goed vindt als ze elkaar plagen. De kinderen zullen die opvatting gaan overnemen en elkaar op den duur respecteren.
- Stel nooit de een ten voorbeeld aan de ander. Dat zal de rivaliteit slechts verhogen. Prijs ieders kwaliteiten los van de ander(en).
- Schenk speciaal aandacht aan het kind dat jaloers is en prijs het als het iets goed gedaan heeft of ergens goed in is. Vermijd het om hem aan te spreken op deze gevoelens, maar probeer te achterhalen wát hem jaloers maakt. Jaloezie is namelijk, in de meeste gevallen, een aanwijzing van dat wat hij graag zelf wil hebben of kunnen.
- Er zijn gevallen waarin een van de kinderen meer de aandacht op zich vestigt omdat het spontaner is. Dit kan afgunst opwekken bij het andere kind of bij de ouders aanleiding geven tot schuldgevoelens. Geef degene die wat verlegen is, meer aandacht en stimuleer hem zijn stem te laten horen. Leer de kinderen ook dat ze om de beurt moeten praten. Natuurlijk komt het ook voor dat er helemaal geen probleem is. Sommige kinderen zijn juist gelukkig dat de aandacht meer op het broertje of zusje is gericht dan op hen. Maak je in dat geval geen zorgen.
- Overdenk je eigen gevoelens ten aanzien van je kinderen. Het is mogelijk dat je je met de een meer op je gemak voelt dan met de ander of dat een van hen je gevoelsmatig meer aantrekt. Dit soort voorkeuren verraden zich door gebaren, woorden en gedragingen en kinderen merken dat op. Als je dit bij jezelf bemerkt, probeer dan de oorzaak te achterhalen en praat er open over met je partner of iemand anders in wie je vertrouwen stelt. Het feit dat je deze gevoelens hebt onderkend, is een goed begin om met allebei je kinderen een nauwe en bevredigende band te ontwikkelen.

Soms gebeurt het wel eens dat een van de ouders favoriet is, bijvoorbeeld dat de jongen meer naar de moeder trekt en het meisje naar de vader. Hij wil dan altijd door mamma geholpen worden en zij door pappa. Dit komt vaker voor bij meerlingen dan bij andere broers en zusjes. Het is een handige truc, want het verzekert hen van exclusieve aandacht. Maar er speelt nog meer mee: het is ook een manier om geen jaloezie te voelen. Een tweeling vindt het jaloers zijn op hun zus of broer, van wie ze zoveel houden, vaak heel akelig. Dus stellen ze alles in het werk om deze gevoelens zo min mogelijk te hebben. Door zich ieder een 'eigen' ouder toe te kennen, vermijden ze dit soort gevoelens. Ook kan zich opeens een ommekeer voordoen: nu is niet pappa favoriet maar mamma! Dikwijls is het prima rekening te houden met die wensen en eisen, maar soms moet je gewoon kiezen voor de meest praktische taakverdeling.

Het voorkeursprobleem kan zich al in een eerdere fase voordoen. Trudi vertelt: *'Bij de verzorging van onze tweeling – een jongen en een meisje – deed ik steeds de voedingen van ons zoontje en mijn man die van ons meisje. Dit ontstond doordat hij moeilijker dronk dan zij. Toch was het niet verstandig, want de kinderen wilden na een jaar nog steeds deze verdeling aanhouden. Als zij huilde, moest pappa komen; als hij viel, riep hij om mij. We hebben het met veel moeite kunnen doorbreken doordat ieder van ons zich steeds meer met het andere kind ging bezighouden.'*

Zindelijk worden

Tussen 20 en 36 maanden leert het kind zijn sluitspieren te beheersen. Bij tweelingen heeft het geen zin eerder te beginnen: een leeftijd van ongeveer twee jaar is het best. Meer nog dan hun leeftijd, is de rijpheid van de kinderen van belang. Ze moeten kunnen begrijpen waar het om gaat. Ter oriëntering zou je kunnen zeggen dat ze aan de zindelijkheidstraining toe zijn als ze:
- een zekere notie hebben van hun lichaam en interesse voor wat er uit hun lichaam komt;
- waarschuwen als ze een natte luier hebben of aandrang herkennen;
- in een fase zitten waarin ze het leuk vinden hun ouders een genoegen te doen en met hen mee te werken.

Het is handig voor ieder een potje te kopen, verschillend van kleur, en dat zet je dan neer bij de plek waar ze veel zijn. Probeer ervoor te zorgen dat je dit doet in een tijd waarin er niet veel veranderingen in hun leventje zijn, zoals een verhuizing, een nieuwe oppas of beginnen in de crèche, want dat zal het proces verstoren. En vanaf nu zet je ze gewoonweg steeds erop, op vaste momenten van de dag: na het ontbijt, midden op de ochtend, vlak voor het middagslaapje, enzovoort. Uiteraard prijs je ze uitbundig als er iets in het potje is gedaan, ook al was het een toevalstreffer. Langzamerhand zullen ze begrijpen wat de bedoeling is. Heb vertrouwen, elk kind beschikt over de aangeboren behoefte tot leren. Bovendien zullen ze goed meewerken, want ze merken dat jij dat fijn vindt. Hoogstwaarschijnlijk zal een van beiden sneller zijn dan de ander. Bij een jongen-meisjetweeling heeft het meisje het meestal het snelst door. Daarom kan het een goed idee zijn met haar te beginnen, misschien volgt de ander vanzelf. Soms moet je wachten tot het jongetje eraan toe is. Het kan

dus zijn dat de een het al perfect doet, terwijl de ander er geen enkele interesse voor toont. Het is dan ook in de meeste gevallen het handigst het ze een voor een te leren, ook bij een drieling. Tenslotte moet je ieders behoeften gedurende enige tijd in de gaten houden en dat lukt beter met één tegelijk.

Eeneiige tweelingen leren meestal ongeveer tegelijkertijd op het potje te gaan. Bij twee-eiigen kan dat verschillend zijn. De kinderen leren eerst overdag zindelijk te zijn en geen luiers meer te dragen, en pas later ook 's nachts. Bij sommige kinderen helpt het als de ouders ze rond middernacht even opnemen om te plassen.

Suggesties
→ Vergelijk de tweeling onderling niet en stel de snelste niet ten voorbeeld aan de ander. Elk heeft zijn eigen ritme. Vergelijken is erg pijnlijk voor het kind dat er meer moeite mee heeft. Het maakt dat hij zich de mindere voelt en het wakkert de competitie tussen hen aan.
→ Trek ze makkelijke kleren aan tijdens de zindelijkheidstraining. Houd altijd een verschoning bij de hand. Ongelukjes zijn niet te vermijden.
→ Als ze eenmaal gewend zijn aan de po, kun je de overstap naar de wc-pot maken. Er zijn echter kinderen die niet op de grote wc durven gaan zitten. Ze zijn bang meegezogen te worden door het spoelwater. Een kinderbril die je op de wc-pot kunt plaatsen kan dan uitkomst bieden.
→ Het kan gebeuren dat je zoon of dochter die niet meer in zijn broek plast, het weer geregeld begint te doen. Dat kan wijzen op spanningen. Het is nuttig als je kunt achterhalen wat de oorzaak is. Soms moet je een stapje terug naar de luiers en na een tijdje weer beginnen met de zindelijkheidstraining. Meestal gaat het om een tijdelijke terugval.
→ Sommige kinderen, vooral jongens, leren makkelijk hun plas te controleren, maar de ontlasting niet. Ze doen het in hun broek of alleen als je ze een luier omdoet. Dit wijst op angst. Ze hebben nog niet door dat poep iets is dat je moet weggooien. Ze zien het als een deel van hun lichaam en beleven het ontlasten als het uiteenvallen van hun lichaam. Wees begripvol en leg de lichaamsfuncties uit. Met een kinderboekje over dit onderwerp gaat dat heel goed. Het kan helpen als overgang nog even een luier aan te doen als er aandrang is, maar dan doe die elke keer een beetje lager zodat het kind op zeker moment zijn ontlasting in het potje durft te laten vallen. Alle kinderen overwinnen deze angst op den duur.

De ontdekking van de seksualiteit

Meerlingkinderen van verschillend geslacht hebben genoeg gelegenheid om de verschillen tussen de seksen te leren kennen. Op deze leeftijd kennen ze hun eigen seksuele identiteit al: ze zijn een meisje of een jongen. Ze begrijpen echter nog niet dat dit iets is voor altijd. Rond het vierde jaar denken ze nog dat geslacht iets is dat je kunt veranderen. Op hun vijfde daarentegen weten ze beter. De kinderen vergelijken hun geslachtsorganen en stellen je vragen over de verschillen. Dikwijls willen ze ze ook aanraken bij elkaar.

Marianne, moeder van een meisjestweeling van twee jaar en een zoontje van vier:
'Op een dag zag ik hoe de meiden het piemeltje van mijn zoon aanraakten terwijl ze in bad zaten. Ik zei ze dat niet te doen waarop hij vroeg: "Mamma, laat ze, ik vind het prettig." Ik wist niet wat ik moest doen.'

Het is het beste dit soort onderzoekingen op natuurlijke wijze te benaderen. Ze willen graag weten hoe de ander eruitziet, zoals ze geïnteresseerd zijn in alles wat hen omringt. Je moet er alleen wel op letten dat ze elkaar geen pijn doen of hinderen.

Het komt voor dat kinderen masturberen of zichzelf vaak aanraken. Het kan een manier zijn om zich te ontspannen, als ze tv-kijken bijvoorbeeld of voordat ze gaan slapen of om spanningen af te reageren, hoewel het soms een obsessie lijkt te worden. In het laatste geval doe je er goed aan op te letten wanneer het kind het doet en na te gaan waarom. Als hij het in gezelschap doet, moet je hem uitleggen dat dit heel intieme dingen zijn die je alleen kunt doen als je in je eigen kamer of huis bent.

Dit is ook de fase van de seksuele spelletjes: ze spelen doktertje of vadertje en moedertje, of ze 'vrijen'. Ze kussen en raken elkaar aan zoals ze dat mensen in hun omgeving zien doen. Vergeet niet dat we leven in een sterk seksueel getinte maatschappij, wat wel blijkt uit advertenties, reclames en films. De kinderen doen na wat ze zien. Deze spelletjes zijn onderdeel van de seksuele ontdekkingstocht. Ze zijn niet slecht noch veroorzaken ze fysieke of emotionele schade. De kleintjes hebben nog geen notie van de seksualiteit zoals wij volwassenen die beleven. Verbied het ze niet, maar leid ze af, stel andere spelletjes voor en lees er kinderboekjes over met hen. Die kunnen hun nieuwsgierigheid ook bevredigen.

In deze en de volgende fase vinden ze het prachtig vieze woorden te zeggen, zoals poep en pies. Ook leuk zijn nu grapjes zoals 'opa heeft een piemel'. Deze fase maken ze eveneens samen door en dus duiken in hun gesprekken dit soort woorden veel op. Dat wijst erop dat ze gefascineerd zijn door lichaamsfuncties en seksualiteit. Besteed er gewoon niet te veel aandacht aan. Als ze zes of zeven jaar zijn verdwijnt deze belangstelling. Dan kennen ze de verschillen en meisjes gaan dan liever met meisjes spelen, en jongens met jongens.

Slaapproblemen

Op deze leeftijd komen slaapproblemen vaak voor. De kinderen hebben nachtmerries of angsten of worden gedurende de nacht wakker. Overdag zijn ze heel erg actief: ze rennen, praten, vragen, ze gaan onophoudelijk door, en ze leren. 's Nachts krijgen ze die lawine aan ervaringen en indrukken niet verwerkt en zijn onrustig. Die nachtelijke angsten voor monsters, het donker, de maan en dergelijke komen ook hieruit voort. Bovendien zijn ze nog niet in staat onderscheid te maken tussen fantasie en werkelijkheid. Hun gedachten zijn voor hen realiteit en daar worden ze nog angstiger door.

Slaapproblemen manifesteren zich op twee manieren. Sommige kinderen willen niet naar bed. Als het zover is, weigeren ze naar bed te gaan en verzinnen duizend-en-een smoesjes om het uit te stellen, van dorst tot nog een keertje plassen. De angst gescheiden te worden van de ouders, beïnvloedt dit gedrag.

Suggesties
- → Wees gedecideerd én vriendelijk als het bedtijd is. Zorg voor een prettig programma van rituelen dat uitmondt in 'Naar bed!'. Dat kan er als volgt uitzien: eerst in bad, daar worden ze lekker slaperig van, dan een verhaaltje en ten slotte samen de gordijnen dichttrekken en een liedje zingen. Doordat ze dag in dag uit herhaald worden, verminderen deze rituelen de angst voor de scheiding en geven een gevoel van veiligheid. Toon geen haast en neem de tijd voor deze taak. Het is erg goed als je partner er ook aan deelneemt.
- → Als de kinderen protesteren als je de kamer wilt verlaten, blijf dan tot ze slapen. Bij een aantal werkt dit en ze zullen algauw niet meer vragen of je erbij blijft. Meer dan eens echter ontstaan problemen, ze blijven maar doorbabbelen en geven zich niet over aan de slaap. Dan kun je toch beter de kamer verlaten en in de buurt blijven. Intussen kun je wat was vouwen of de badkamer opruimen, enzovoort. Ze worden rustig van de vertrouwde huiselijke geluiden en te weten dat je vlak bij ze bent. Een ander hulpmiddel is dat je belooft na vijf minuten nog een kusje te komen brengen. Kom die belofte altijd na! Je kunt die wachttijd steeds langer maken. Ze zullen zeker in slaap gevallen zijn voordat je terugkomt.
- → In deze periode ontstaan makkelijk slechte gewoontes. Zij hebben namelijk al snel in de gaten dat je wijkt voor gejengel of boosheid. Veronderstel bijvoorbeeld dat je er niet tegen kunt dat ze huilen. Daarmee bereiken ze mogelijkerwijs dat het moment van naar bed gaan wordt uitgesteld en dat ze drukker en drukker worden. De kinderen beheersen dan dus de situatie in plaats van dat jij dat doet. Als dat eens een enkele keer voorkomt, dan is het geen probleem, maar voorkom dat het de dagelijkse gang van zaken is.
- → Mochten er toch slechte gewoontes ingeslopen zijn en je wilt die veranderen, moet je gedurende minstens twee weken een andere strategie proberen. Stem de nieuwe regels af met je partner zodat je elkaar tot steun kunt zijn.

Andere kinderen hebben geen problemen met naar bed gaan, maar geven 's nachts problemen. Ze worden enkele keren wakker, komen moeilijk weer in slaap of ze komen eruit om bij jullie in bed te kruipen. Dit is uiteraard allemaal erg vermoeiend. Als meerlingouders hebben jullie een goede nachtrust hard nodig. Maak zo snel mogelijk een eind aan die nachtelijke rustverstoringen. Achterhaal eerst hoe het komt: slapen ze licht of onrustig, worden ze verschrikt wakker? In zo'n geval hebben ze veiligheid en liefde nodig. Of wordt het een nieuwe manier om aandacht te vragen? Er is een scala aan factoren die het kindergedrag beïnvloeden. Het is echter noodzakelijk ferm en liefdevol op te treden.

Adviezen
→ Ga kijken als het kind huilt en niet vanzelf weer in slaap valt. Troost hem en praat op zachte toon met hem, zonder het licht aan te doen noch hem mee te nemen uit zijn kamer. Zo voorkom je dat het wakker worden een lolletje wordt, waardoor dit gedrag versterkt zou worden. Als hij nogmaals wakker wordt, neem hem dan bij jou in bed of slaap in een apart bed op zijn kamer. Op die manier slaapt iedereen beter. Als beide kinderen onrustig slapen en vaak wakker worden, kun je ervoor kiezen dat je partner en jij om de beurt in hun kamertje gaan slapen. Er zijn ook ouders die ze bij hen in bed laten slapen. Elk gezin moet een oplossing vinden die bij hen past. Het is een verschijnsel van voorbijgaande aard, want de kinderen raken deze angst kwijt als ze groter worden. Probeer dan ook na een periode hen weer samen in hun eigen kamer te laten slapen. Als je dit brengt als een belangrijke stap ('Jullie zijn al zó groot'), reageren kinderen meestal heel positief.
→ Voor kinderen vanaf vier jaar is er nog een doeltreffende truc, namelijk een beloning geven voor elke nacht zonder incident. Op een groot papier op de muur van hun kamer houd je de stand bij met behulp van sterretjes. Bij een bepaald aantal sterren krijgen ze een verrassing. Daarbij moet je goed onthouden dat je geen aandacht besteedt aan de nachten die fout zijn gegaan, maar alleen de goede beloont.

Verschillende slaappatronen

Bij meerlingen kunnen de onderlinge slaappatronen sterk verschillen. De een heeft meer slaap nodig dan de ander. Je doet er goed aan rekening te houden met ieders behoeften en ze op verschillende tijden in bed te leggen. Het voordeel daarvan is bovendien dat jullie dan de tijd hebben je een tijdje uitsluitend met het andere kind bezig te houden; het nadeel is dat er minder vrije tijd voor jullie zelf overblijft.

Als de slaapritmes van de kinderen sterk afwijken van elkaar en ze elkaar hinderen, is het goed hun elk een eigen kamer te geven.

Deze mogelijkheid is echter niet altijd haalbaar zoals deze moeder vertelt: '*Marja en Sophie, een eeneiige tweeling van drie jaar, delen een kamer. Marja wil altijd even kletsen voor ze in slaap valt, maar Sophie is tegen die tijd uitgeput en wil slapen. Ik heb geprobeerd ze apart te leggen, maar dat willen ze niet. Sophie verdraagt het gebabbel van haar zusje een half uur en na een tijdje zijn ze allebei diep in slaap.*'

De moeilijkheden kunnen van verschillende aard zijn. De een slaapt vast na korte tijd en zonder een enkel probleem terwijl de ander woelt en draait alvorens de slaap te vatten.

Een moeder van een driejarige drieling: '*Twee van mijn dochtertjes slapen gewoon goed. De derde dochter echter kan alleen maar in mijn armen en in mijn bed in slaap komen. Daarna leg ik haar in haar eigen bedje. Ze was de kleinste van de drie en zij bracht ook de langste tijd in de couveuse door. Volgens mij haalt zij zo de verloren tijd in. Hoewel het wel wat lastig is, maak ik me er geen zorgen over. Ik neem aan dat ook zij wel zal leren alleen te slapen.'*

Eeneiigen overkomt het wel dat zij op hetzelfde moment worden overvallen door dezelfde angst, vaak tot grote verbazing van de ouders: '*Victor en Jaap, twee jaar, werden op dezelfde dag panisch toen ik bij hen het licht uitdeed. Ze hadden altijd in het donker geslapen, dus het verbaasde me nogal, temeer daar die angst hen allebei op precies hetzelfde moment overviel. Nu slapen ze met een lichtje aan.*'

Het is in dit geval wel goed ze een lichtje te geven, maar zet er een steeds zwakker lampje in zodat ze uiteindelijk eraan wennen in het schemerdonker te slapen. Veel licht tijdens de slaap belemmert een goede nachtrust.

De meeste kinderen van deze leeftijd hebben samen een kamer, zowel twee- als drielingen. Ouders kiezen bij de laatsten vaak een bed dat 'meegroeit' met de kinderen. In het algemeen is het fijn dat kinderen een kamer delen. Ze hebben minder angsten en ze kunnen elkaar soms troosten zonder dat de ouders eraan te pas hoeven komen. Of de een helpt de ander als die naar de wc moet en bang is in het donker. Hand in hand met een ander voelt iedereen zich immers sterker tegenover de indrukwekkende schaduwen in de gang.

Je aandacht verdelen

Alle meerlingouders worden dagelijks geconfronteerd met het probleem dat ze hun aandacht moeten verdelen. Van de tweeling- en drielingouders ziet respectievelijk 42 en 52 procent dit als een negatief punt. Als ze aan één aandacht geven, eist de ander die ook op of verbreekt de intimiteit van dat moment tussen de ouder en het zusje of broertje. Het is daardoor erg moeilijk met elk van de kinderen intieme momenten te hebben. De vader en de moeder worden vaak gekweld door wroeging dat ze niet op de juiste manier aandacht geven: er is altijd een kind dat minder krijgt, hetzij door zijn karakter, hetzij door manipulatie van zijn broer of zus. Daardoor ontstaan schuldgevoelens bij de ouders.

Nu moet je bij kinderen van verschillende leeftijd ook je aandacht wel verdelen, maar omdat ze niet tegelijk in dezelfde fase zitten, zijn hun behoeften verschillend en makkelijker te bevredigen.

Een studie van de psycholoog Hugh Lytton (1921-2002) van de University of Calgary, Canada, vergeleek de situatie van ouders met een tweeling en ouders met twee kinderen van verschillende leeftijd. Hij constateerde dat er van het eerste ouderpaar dubbel zoveel gevraagd wordt met betrekking tot tijd, inzet en geduld. Met andere woorden, hun belasting is veel zwaarder dan die van willekeurige andere ouders. Voor hen is het geven van aandacht, om nog niet te spreken over het eerlijk verdelen van die aandacht, veel lastiger. Het gaat er niet slechts om dat de aandacht zo goed mogelijk verdeeld wordt, maar ook dat er genoeg aandacht gegeven wordt. De meerderheid van de meerlingouders wenst dat ze meer tijd zouden kunnen spenderen aan hun kinderen.

Helena, die een drieling van twee jaar heeft, drukt dat heel goed uit: '*Het is voor mij het pijnlijkste dat ik ze niet kan geven wat ze verdienen: ik moet mijn zorg, mijn liefde, mijn aandacht over hen verdelen. Als mijn dochtertjes hun armpjes uitsteken om opgepakt te worden, kan ik ze niet alle drie tegelijk in mijn armen nemen en dat breekt mijn hart.*'

Het hoort erbij als je een meerling hebt dat je je aandacht over hen moet verdelen. Maar met een beetje inspanning kun je wel intieme ogenblikken met elk creëren. Die zijn zowel voor de kinderen als voor de ouders heel waardevol en verminderen de schuldgevoelens.

Suggesties
→ Probeer aandacht niet te meten; je kunt het namelijk niet in gelijke partjes opdelen. Behandel de kinderen als aparte personen met eigen behoeftes. Dit aspect hoort er nu eenmaal bij en je doet er het beste aan dat te accepteren.
→ Eén kan veeleisender zijn of zwakker van gezondheid en je aandacht opeisen. Je kunt dat bij de ander compenseren door hem extra aan te halen als zijn tweelingbroer of -zusje slaapt.
→ Schep rituelen in het leven van elke dag, waarbij je mogelijkheden inbouwt om even alleen met hem of haar te zijn. Laat ze bijvoorbeeld bij toerbeurt in de keuken 'helpen' of stel een moment in vlak voor het naar bed gaan waarop je elk kind even apart neemt. Op de rand van het bed wil de een liever praten, de ander een liedje en de derde wil gekieteld worden.
→ Gebruik het ieder-een-dagsysteem (zie hoofdstuk 17). Dit creëert individuele aandacht. Een kalender waarbij de dagen met kleuren worden aangegeven (elk kind een eigen kleur) is daarbij heel handig.
→ Als een van je kinderen huilt en de ander volgt zijn voorbeeld om ook aandacht te krijgen, houd je dan eerst bezig met degene die je werkelijk nodig heeft. Pas daarna richt je je op de ander zonder in te gaan op zijn gehuil. Op die manier beloon je alleen positief gedrag.
→ Stimuleer het contact tussen je kinderen en andere volwassen verwanten, zoals grootouders en vrienden. Een warme relatie met een oom kan het gebrek aan

ouderlijke aandacht opvangen en in moeilijke tijden van groot belang zijn voor het kind. Voor de ouders is het een verlichting als hun kinderen kunnen rekenen op de liefde en steun van anderen.

→ Onderneem met elk kind apart activiteiten, ook als ze liever met zijn tweetjes of drietjes zouden willen. Het is een belangrijke mogelijkheid tot speciaal individueel contact.

> **Uit onderzoek**
> In vergelijking met eenlingen, hebben tweelingen minder behoefte aan het hebben van lievelingsvoorwerpen zoals een teddybeer of een lap. Zo'n voorwerp voorziet in de behoefte aan veiligheid en gezelschap. Voor een tweeling is die minder omdat ze altijd hun broertje of zusje dicht bij zich weten.

19. Vier-zes jaar

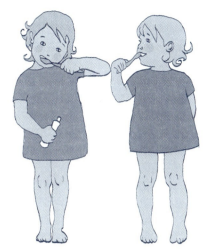

Deze periode is vol met nieuwe en belangrijke mijlpalen: de kinderen kleden zich nu zelf aan, ze wassen zich (bijna) zonder hulp, beantwoorden de telefoon, kunnen zonder hulp van volwassenen samen spelen en hun schoolleven is begonnen.

Op deze leeftijd zijn de kinderen socialer. Ze vinden het leuk om mee te helpen, kunnen zich verplaatsen in een ander en zijn minder ongeduldig. Ze begrijpen dat hun ouders niet altijd direct beschikbaar zijn of even geen tijd hebben. De driftbuien worden minder nu ze zich beter met woorden kunnen uiten. Ze zijn zelfstandiger en de periode van intensieve verzorging is voorbij. De kinderen genieten ervan om hun ouders hun ervaringen te vertellen, om hun nieuwe vaardigheden te laten zien en om gezamenlijk van alles te ondernemen.

Hun relatie: uniek en speciaal

De relatie tussen een meerling is heel speciaal en uniek. Ze helpen elkaar om de wereld te verkennen en ze leggen elkaar dingen uit die ze nog niet begrijpen.

Leonoor, moeder van een jongen-meisjetweeling: '*De tweeling was hun tassen aan het inpakken voor hun eerste kamp. Ik hoorde haar aan hem vragen: "Denk jij dat er beren in het bos zijn?" Haar broer moest daar even over nadenken en zei vervolgens: "Ik geloof van niet, maar als ze er zijn, dan klimmen we in een boom. De beren zijn veel te zwaar om te kunnen klimmen." Zijn zusje was helemaal gerustgesteld door deze uitleg. Het ontroerde me.*'

Het hebben van een tweelingbroer of -zus betekent voor beiden op veel momenten van hun leven een grote steun. De eeneiige tweeling brengt meestal het grootste deel van de tijd samen door. Als ze in verschillende klassen zitten, zoeken ze elkaar in het speelkwartier direct op en verliezen elkaar niet uit het oog. Dat is begrijpelijk, want ze zijn graag samen. Waarschijnlijk halen ze op deze manier de tijd in die ze gescheiden van elkaar hebben doorgebracht. Ze hebben meestal gemeenschappelijke vriendjes. Het kan voorkomen dat ze allebei met een ander spelen om daarna toch weer samen te eindigen. Ze voelen elkaar zo goed aan dat het voor een ander kind moeilijk kan zijn om zich in hun spel te mengen.

De twee-eiige tweeling sluit in deze periode vriendschappen met andere kinderen. Dit doet geen afbreuk aan hun onderlinge relatie, want vaak zoeken ze elkaar op een bepaald moment weer op. Maar omdat ze verschillende karakters hebben, zoeken ze allebei een vriendje bij wie ze aansluiting vinden wat betreft hun favoriete bezigheden. De verschillen in hun persoonlijkheid worden steeds duidelijker.

Leonoor: '*Hij speelt het liefst buiten: hutten bouwen, voetballen, enzovoort. Zij is liever thuis en speelt hele middagen met haar vriendinnetje vader-en-moedertje. Het is leuk om te zien hoe ze een eigen leventje beginnen te krijgen, hoewel ze nog steeds dikke vrienden zijn.*'

Een tweeling leert al jong te onderhandelen en compromissen te sluiten dankzij hun nauwe contact. Bij een jongen-meisjetweeling zie je al jong de verschillen in hun interesses, die als kenmerkend voor hun geslacht worden beschouwd (hierin hebben de genen meer invloed dan de opvoeding!).

Laura, moeder van een jongen en meisje van zes jaar vertelt: '*De kinderen spelen heel veel samen. Het is boeiend om te zien hoe ze compromissen sluiten voor hun verschillende wensen. Zij is gek op poppen en speelt dat ze een weeshuis heeft voor in de steek gelaten baby's. Hij houdt van piraten en oorlogen en bouwt het slagveld vlak naast haar weeshuis. En dan beginnen de onderhandelingen. Zij protesteert over het grote aantal legers en hij over het aantal baby's. Maar als zij het goed vindt dat er nog een leger bijkomt, staat hij het toe dat zij een nieuw weesje opneemt. En zo komen ze tot een akkoord.*'

Het leven met een meerling zit vol met bijzondere momenten die het waard zijn om op te schrijven.

Nuria, moeder van een eeneiige meisjestweeling, vier jaar: '*Het was een vrijdagavond. Bij het avondeten kreeg een van de meisjes last bij het plassen. Ik herkende de symptomen, haar zusje had een aantal weken geleden hetzelfde. Mijn man besloot om even met haar langs de dokterspost te gaan. Ik ruimde samen met Tessa de tafel af. Het duurde lang voor ze terugkwamen. Tessa wilde op haar zusje wachten, maar werd op een gegeven moment te moe. Ik legde haar in bed. "Mama, jij blijft toch wakker tot Isa komt, hé?" vroeg ze me. Ik knikte. "Zeg je dan tegen haar dat als ze terugkomt en ik al slaap, ze me nog een zoen geeft?" Dat beloofde ik.*'

Als het er drie zijn

Opgroeien als een drieling is heel speciaal. Het volgende verhaal van een moeder geeft een kijkje in hoe drielingkinderen hun identiteit vormen.

Bibi, moeder van eeneiige drielingjongens, zes jaar: '*Toen we tv-keken, zei de oudste van mijn drieling tegen mij over een jongen die in beeld was: "Kijk, mamma, hij is net als wij. Want hij is heel precies zoals ik, heeft een hartprobleem zoals Bart en is een beetje bang zoals Frank." Ik vond het heel opmerkelijk hoe hij één persoon vergeleek met drie persoontjes.*'

Een drielingkind leert zichzelf kennen door verschillen te ontdekken tussen hem en zijn broertjes en zusjes, terwijl er tegelijkertijd, vanuit hun onderlinge verbondenheid, nog steeds een besef is van een 'wij', een gezamenlijke identiteit.

Hoe is hun onderlinge relatie? Er kunnen zich vele verschillende situaties voordoen. Een daarvan is dat de drieling heel hecht is en het grootste deel van de tijd met elkaar doorbrengt.

Karina, moeder van een drieling van zes jaar (twee jongens, een meisje): '*Ze kunnen het goed met elkaar vinden. Afhankelijk van hun activiteiten spelen ze met elkaar of niet. Bijvoorbeeld, als de jongens met auto's spelen, dan zoekt hun zusje een eigen bezigheid. Dat vindt ze niet erg, want ze is gek op tekenen en haar broers juist weer niet. Op andere momenten speelt ze met één van de jongens en de derde doet iets anders. Daarnaast spelen ze ook vaak met zijn drieën, ieder met een vastomlijnde rol: de een is mechanicus, de ander constructeur en de derde brengt de creativiteit in. Ze maken gebruik van elkaars sterke punten. Er is geen leider en ze kunnen heel goed tot een compromis komen. Om een voorbeeld te geven: 's Maandags is het de gewoonte dat elke leerling iets over zijn weekend vertelt. Omdat ze bij elkaar in de klas zitten, is het voor hen moeilijk om de aandacht van hun klasgenootjes vast te houden omdat ze alle drie hetzelfde meemaken. Maar ze hebben er een oplossing voor bedacht: op zondagavond in bed – ze slapen bij elkaar op de kamer – overleggen ze wie wat vertelt. "Jij vertelt dat... en ik..." Hun juf is verbaasd, want het lijkt wel of ze alle drie een heel verschillend weekend hebben gehad.*'

Het kan ook voorkomen dat twee van de drieling het beter met elkaar kunnen vinden en veel samen spelen, terwijl de derde zijn eigen gang gaat en eigen vriendjes zoekt. Daarentegen zoeken ze elkaar weer op bij moeilijke momenten en steunen elkaar onvoorwaardelijk. Ook komt het veel voor dat de relaties wisselen. Soms is één wat meer op zichzelf, dan weer een ander. Als altijd hetzelfde kind buiten de relatie valt, kan er sprake zijn van een probleem.

Lydia, moeder van een drieling van vijf jaar vertelt: '*Mijn drieling (twee meisjes en een jongen) speelt de laatste tijd niet goed met elkaar. Mijn zoon is in lichte mate hyperactief en daardoor laten de meisjes hem niet meespelen. Ik vind het rot voor hem, want ik zie dat hij zich buitengesloten en alleen voelt. Mijn man en ik proberen dingen te doen met hem en één van de meisjes, zodat hun relatie wat verbetert. Ook nodig ik vaak vriendjes van hem uit om te komen spelen. Het helpt wel, maar de situatie blijft moeilijk.*'

In dit geval heeft één van de drieling het moeilijk omdat hij buitengesloten wordt. Deze situatie kan zich ook voordoen bij een twee-eiige drieling (bestaat uit een eeneiige tweeling en hun twee-eiige broer of zus).

Ana, moeder van een jongensdrieling, van wie twee een eeneiige tweeling: '*Het drielingbroertje lijkt fysiek helemaal niet op de tweeling. Hij is groot en stevig, terwijl de tweeling klein en slank is. Er is een periode geweest waarin hij niet wilde eten om meer op zijn broers te lijken. En ook bij het spelen zijn er verschillen: zijn broers hebben altijd dezelfde invallen en voelen elkaar feilloos aan. Hij staat er vaak buiten.*'

Van hetzelfde geslacht zijn, maar niet van dezelfde biologische afkomst (zygositeit), kan gevoelens van eenzaamheid oproepen. Het is niet makkelijk om samen te leven met twee broers (of twee zusjes), die hobby's, interesses tot en met gedachtes delen. Als het derde kind van het andere geslacht is, lijkt de situatie makkelijker.

Elsa, moeder van een drieling (een eeneiige meisjestweeling en een broertje): '*De meisjes kunnen het heel goed met elkaar vinden, maar ook de relatie met hun broer is goed. Misschien helpt wel mee dat één van de meisjes met hem in de klas zit. Hun zusje zit in een andere klas. Soms vind ik het jammer voor de meisjes dat ze niet samen zijn, maar voor hem lijkt het me een voordeel, want het versterkt hun band.*'

Drie is een moeilijk getal. Er zijn momenten waarop er harmonieus gespeeld wordt, maar ook vele andere, waarop het schreeuwen en slaan aan de orde van de dag is.

Marijke, moeder van een meisjesdrieling van vier jaar vertelt: '*Ze kunnen soms erg leuk met elkaar spelen, vooral 's ochtends vroeg. Maar als er twee samenspelen, komt er altijd het moment dat de derde zich in het spel van haar zussen gaat mengen. En dan zijn de poppen aan het dansen. Het valt niet mee om het hoofd koel te houden op dat soort momenten, maar ik heb een truc bedacht: in de huiskamer heb ik een hoekje gecreëerd voor het alleen spelen. Als een van de drie iets wil doen zonder dat de anderen haar lastigvallen, dan trekt ze zich daar terug. De anderen weten inmiddels dat het verboden is om degene die in die hoek zit lastig te vallen.*'

Als er een ouder of jonger kind in het gezin is, kan dit de situatie vergemakkelijken. Wendelien, moeder van een twee-eiige meisjesdrieling en een ouder zoontje:

'De tweeling trekt erg naar elkaar. Gelukkig lijkt hun andere zusje qua karakter erg op haar broer. Ze doen heel veel samen en zitten bijvoorbeeld allebei op hockey. Dit voorkomt dat ze zich buitengesloten voelt.'

Suggesties

→ Bij voortdurende ruzies is het een goed idee om te zorgen dat ze minder tijd met elkaar doorbrengen. Probeer het zo te regelen dat elk met eigen vriendjes speelt, bijvoorbeeld één bij een vriendje thuis en de ander in zijn eigen huis met zijn kameraadje. Op deze leeftijd kan er ook begonnen worden met een club, bijvoorbeeld sport of muziek. Een eeneiige tweeling heeft meestal dezelfde interesses; een twee-eiige niet. Kies op grond van de voorkeur van elk kind.

→ Vergelijk de tweeling zo weinig mogelijk. Opmerkingen als 'Kijk eens hoe goed je broer dat doet, nu jij nog' verhoogt hun onderlinge rivaliteit. Voorkom ook dat de een de ander moet helpen, vooral als het steeds hetzelfde kind is dat die rol krijgt. In dat geval is het beter dat de ouders een helpende hand bieden.

→ Kom tussenbeide als één van de kinderen verdiept is in een bezigheid en de ander hem lastigvalt. Ga dan iets doen met dat kind. Ook helpt het om een hoek te creëren voor rustige bezigheden. De kinderen leren dan om hun broertje of zusje niet te storen als die bezig is.

Een ander kenmerk van hun relatie is hun solidariteit. Meestal is die heel groot. Dat merk je als je één van de kinderen straft. Bijna altijd schiet de ander hem te hulp, zelfs als je hem strafte omdat hij zijn broer lastigviel!

Sandra vertelt hierover: '*Lucas en Peter, zes jaar, hebben elke dag wel een keer ruzie. Peter heeft de neiging om zijn broer te slaan, maar als ik dan hem daarvoor straf, dan schiet Lucas hem te hulp en probeert mij ervan te overtuigen om dat niet te doen!*'

Dit is heel kenmerkend voor twee- en meerlingen. Het maakt het corrigeren van gedrag niet makkelijker. Als de moeder besluit om één van de twee op de gang te zetten, huilt niet alleen dat kind hartstochtelijk, maar ook degene die nog bij haar is.

Één blok tegen de ouders

Een probleem dat meerlingouders delen is dat het moeilijk is hun kinderen gehoorzaamheid bij te brengen. Ze luisteren gewoon niet zo gemakkelijk als eenlingen. De ouders krijgen het gevoel dat hun opmerkingen niet doordringen. Vaak is dat: tweelingen luisteren beter naar hun tweelinghelft dan naar volwassenen. Hun stut en steun is hun tweelingbroer of -zus en niet de ouders. Bovendien: eendracht maakt macht, ze voelen zich samen sterk en durven hun vader en moeder te trotseren. Zinnetjes als 'Wij willen niet...' of 'Wij denken dat...' zijn bij ouders van meerlingen welbekend.

Suggesties

→ Geef ieder een eigen taak. Als ze bijvoorbeeld samen het speelgoed moeten opruimen, is het erg waarschijnlijk dat ze het niet doen of weer gaan spelen. Als ze samen de opdracht krijgen, voelt niemand zich verantwoordelijk voor het uitvoeren ervan. Verander van tactiek. Roep ze een voor een bij je en zeg tegen elk apart wat hij moet doen. Scheid de taken. Als de ene het speelgoed opruimt, moet de ander zich alvast klaarmaken om naar bed te gaan. Als die zover is, gaat de ander zich uitkleden en maakt zijn broer of zus de opruimtaak af.

→ Ga niet mee met opmerkingen in de trant van 'Wij willen niet', maar sta erop dat ieder zijn eigen mening geeft.

→ Pas je opvoedkundige regels aan het karakter van elk kind aan. Van een warhoofd kan je niet hetzelfde verwachten als van een ordelijker type. Als ze vragen naar het waarom, leg het ze dan onomwonden uit. Het zal de ontwikkeling van ieders identiteit ten goede komen en voorkomen dat er 'samenzweringen' tegen de ouders worden gesmeed.

→ Onderneem ook activiteiten met elk kind afzonderlijk. Dit is in alle fasen van hun ontwikkeling uiterst belangrijk, omdat het de relatie tussen de ouders en ieder kind afzonderlijk versterkt. Ga bijvoorbeeld apart met ieder winkelen voor nieuwe kleren. Ze kunnen dan elk naar hun eigen smaak iets uitkiezen. Verschillend gekleed gaan helpt ook bij het ontwikkelen van hun eigen persoonlijkheid en maakt het voor de omgeving makkelijker ze uit elkaar te houden. Blijf echter realist. Bij eeneiige tweelingen is het waarschijnlijk dat ze toch hetzelfde kiezen. Hun smaken verschillen immers niet veel van elkaar. Een goed compromis kan zijn dat ze dezelfde kleren kiezen, maar in verschillende kleuren. Dit kan ook lastig zijn, want hun lievelingskleur is vaak ook dezelfde.

Helena, moeder van een eeneiige meisjesdrieling, zes jaar en een dochter van twaalf: *'Ze vormen met zijn drieën een ondoorbreekbaar front. Alle drie hebben ze een sterk karakter. Met hen heb ik echt geleerd om me duidelijk op te stellen. Het is de enige manier om hen te laten inzien dat de wereld niet om hen draait. Ik ben tegen hen veel strenger dan ik ooit met de oudste was.'*

Ze hebben ons niet nodig

Door de sterke binding tussen hen voelen ouders zich soms buitengesloten. Daarover vertellen deze ouders van een eeneiige tweeling van vijf jaar: *'Onze dochters luisteren niet naar ons. De hele dag door, van opstaan tot naar bed gaan, praten ze met elkaar en verzinnen ze spelletjes. Wij lijken wel vreemden. Als we proberen deel te nemen aan hun gesprek, antwoorden ze niet en kletsen gewoon met elkaar door. Het heeft wel geholpen dat ze nu in aparte klassen zitten. Ze hebben meer vriendinnetjes, al zijn het wel dezelfde. Die mogen wel meedoen, maar ze zijn altijd samen. We maken ons zorgen over hoe dat in de toekomst moet gaan, als ze apart moeten gaan studeren of reizen of zo.'*

De moeder van deze meisjes stelt nog een ander punt aan de orde: *'Omdat zij aldoor samenspelen en zo hun tijd doorbrengen, voel ik me vaak buitengesloten. Ik zou zo graag meer deel willen uitmaken van hun leven. Terwijl ze pas vijf jaar zijn, lijken ze al genoeg aan zichzelf te hebben.'*

Tweelingen – en dan met name de eeneiige – hebben gewoonlijk een zeer sterke band met elkaar, sterker zelfs dan met hun ouders. Hoewel het goed is om dit te respecteren, schuilt er ook een gevaar in. Zoals bij deze tweeling mogelijkerwijs aan het gebeuren is, is er een kans dat de kinderen te weinig een band opbouwen met hun ouders en zich terugtrekken in hun wereld. En wat een kind normaal gesproken bij zijn ouders zoekt, zoeken zij dan bij elkaar. Dit is ongezond en staat hun zelfontplooiing in de weg. Een extreem voorbeeld hiervan is de tweeling June en Jennifer Gibbons, beschreven in het boek *The silent twins*; een triest verhaal van twee meisjes die enkel nog met elkaar praatten en met hun ouders communiceerden via briefjes, die ze onder hun kamerdeur naar de gang doorschoven. Hoe ondersteunend een tweeling voor elkaar kan zijn, de relatie met hun ouders is voor ieder van hen van fundamenteel belang.

Belangrijker nog dan aparte klassen, is het thema van een-op-eencontact met de meisjes. Onderzoek wijst namelijk uit dat niet zozeer scheiding van klas invloed heeft op de ontwikkeling van een eigen individualiteit, maar wel de opvoeding en benadering van ouders. Ik adviseerde de ouders om zich niet te laten afschrikken door zoveel innigheid, maar juist met beide meisjes samen én apart activiteiten te ondernemen. Hierdoor verschaffen ze zichzelf toegang tot het leven van hun dochters. Dit hebben ze, net als ieder ander kind, nodig en zal hen helpen om hun eigen identiteit te vinden.

Wat voor type relatie heeft de tweeling?

De Britse onderzoekster Pat Preedy, 2007, universiteit van Birmingham, Engeland onderscheidt drie types:

Closely coupled (vrijwel onafscheidelijk)
De tweeling gedraagt zich als een koppel. De omgeving behandelt hen ook op die manier. De kinderen willen samen zijn en als ze dat niet zijn, voelen ze zich on-

gelukkig. In de spiegel zien ze niet zichzelf, maar het broertje of zusje. Ze hebben een eigen taaltje, alleen voor hen te begrijpen. Ze antwoorden op dezelfde naam of gebruiken één naam voor hen beiden. Ze willen hetzelfde gekleed gaan. Ze hebben geen eigen vrienden, enkel gezamenlijke. Soms vormen ze een ondoordringbaar front, zij samen tegen de ouders of omgeving.

Mature dependents (kunnen goed met en zonder elkaar)
De tweeling stelt elkaars aanwezigheid op prijs, maar ze kunnen ook zonder elkaar. Ze hebben gemeenschappelijke vrienden en eigen vrienden. Ze steunen elkaar als het nodig is. Elk heeft een duidelijke eigen identiteit. Ze hebben een aantal hobby's gemeenschappelijk naast eigen bezigheden.

Extreme individuals (zetten zich sterk tegen elkaar af)
De tweeling voelt zich onprettig bij elkaar en gaat elkaar uit de weg. Ze zetten zich tegen elkaar af om op die manier hun eigen identiteit te verstevigen. Ze polariseren hun gedrag; de een is de verantwoordelijke, de ander de luie; de een de lieve, de ander de slechte. Als een van de twee zwart kiest, kiest de ander wit. Dit komt eerder voort uit de behoefte om zich te onderscheiden van de ander dan dat het overeenkomt met het eigen karakter. Ze spelen en brengen weinig tijd samen door en delen geen vrienden. Ze zijn zeer competitief en weigeren om gelijk gekleed te gaan. Ze proberen allebei te domineren.

Deze indeling kan jullie een idee geven hoe de tweeling zich ten opzichte van elkaar verhoudt. De meeste ouders vinden hun kinderen passen in de tweede categorie. De eerste en derde categorie zijn extremen.

De leeftijd van de kinderen en de fase waarin ze zitten, bepaalt voor een groot deel hun type relatie. Zo is het eerste type normaal voor de eerste twee à drie levensjaren. Het is de fase waarin het 'wij-gevoel' sterker is dan het 'ik-gevoel'. Om tot het tweede type te kunnen behoren, is er dus een bepaalde leeftijd nodig. Daarnaast kunnen bepaalde ervaringen meespelen in hoe hun relatie is.

Bijvoorbeeld, Martine en Julie, vijf jaar, waren behoorlijk onafhankelijk van elkaar tot hun oma overleed. Door deze gebeurtenis willen ze weer samen slapen en samen bij een vriendje spelen. Jan en Paul, acht jaar, zijn opeens ook weer veel afhankelijker van elkaar zonder dat de ouders echt de reden weten. Meestal speelt er dan een intern conflict mee. Zodra ze dat opgelost hebben, zullen ze weer losser van elkaar functioneren. En tijdens de puberteit is het normaal dat hun relatie verandert in het type van 'extreem individualistisch' omdat ze allebei proberen los te komen van elkaar. Siebe en Thomas, veertien jaar, willen opeens op aparte scholen zitten. Thomas vraagt zijn ouders met klem om hem van school te veranderen. Het heeft alles te maken met zijn wil om niet langer als een van een tweeling te worden gezien.

Het primadonna-effect

Het komt niet zelden voor dat een eeneiige meisjestweeling hun voordeel doet met hun leuke en ontroerende uitstraling. Wie wordt niet gecharmeerd door twee schattig uitziende meisjes die vrijwel gelijk lachen en zich bewegen? De tweeling merkt dit op en leert om hun gelijkenis in te zetten om aandacht te krijgen. Ze zijn vaak populair binnen een klas of bij een club. Iedereen wil met ze optrekken en hun vriendin of vriend zijn. Ze zijn vaak geboren leiders van een groep, waarschijnlijk omdat ze al van jongs af aan gewend zijn om te bemiddelen en compromissen te sluiten. Deze uitstraling wordt het 'primadonna-effect' genoemd. Het gevaar is dat ze hun overeenkomsten gaan versterken om op te vallen in plaats van hun verschillen te ontdekken. Dit staat hun autonomie in de weg. Ze worden afhankelijk van elkaar want alleen samen kunnen ze het primadonna-effect in stand houden. Als ouders is het goed hierop bedacht te zijn en te zorgen dat de meisjes regelmatig aparte speelafspraken hebben en ervaringen opdoen zonder het zusje. Ook twee-eiige tweelingmeisjes kunnen dit effect oproepen en ervan profiteren. Vooral als ze bij elkaar in de klas zitten, genieten ze niet zelden een grote populariteit. Toch heeft deze groep tweelingen meer behoefte aan aparte vriendschappen. Ze hebben, meer dan de eeneiige tweelingmeisjes, een sterke drang om op zichzelf te zijn, ook als ze het samen goed kunnen vinden.

Ook jongens kunnen van dit effect profiteren. Irene: '*Mijn drielingjongens, zes jaar, hangen vaak de clown uit als we buitenshuis iemand ontmoeten. De een begint, de ander valt in en met zijn drieën zijn ze een clownesk trio. Ik vind het niet altijd leuk.*'

Dominantie in de tweelingrelatie

Dominantie betekent dat iemand meer invloed of macht heeft dan de ander. Er wordt vaak aangenomen dat binnen een tweeling altijd één dominant is en dat dit vaak de eerstgeborene is. Wat is hiervan waar?

Helen L. Koch, emeritus hoogleraar van de universiteit van Chicago, deed een onderzoek naar dit thema in 1967 (dit is niet recent, maar haar werk wordt nog steeds als referentie gebruikt door tweelingdeskundigen). Ze bestudeerde 180 tweelingen, een- en twee-eiigen van vijf tot zeven jaar en 432 eenlingen van dezelfde leeftijd, die een ouder broertje of zusje hadden. Ze vergeleek deze groepen onderling en onderzocht de verschillen tussen de dominante en volgzame tweelinghelften. Dit zijn haar belangrijkste uitkomsten.

Dominantie bij eeneiige tweelingen (MZ, monozygotisch)
De dominantie bij de MZ-groep was niet makkelijk vast te stellen. De moeders die geïnterviewd werden, twijfelden vaak, want de dominantie wisselde nogal. In de ene fase was de ene dominant, in een volgende fase de ander. En bovendien hing

de dominantie ook nauw samen met de situatie en vaardigheden van elk. Als de een bijvoorbeeld beter was in contacten leggen, dan nam hij daarin het voortouw. Degene die beter kon plannen, regelde de zaakjes op dat gebied. De tweeling maakt op die manier optimaal gebruik van elkaars sterke punten. Je kunt zeggen dat de dominantie hier juist een ondersteunende functie heeft, want elk ontwikkelt juist dat waar hij goed in is.

Bij volwassen eeneiige tweelingen ontdekte Koch dat wel vaak een van de twee dominanter blijkt te zijn, maar dit is zelden een allesoverheersende dominantie. Ook op deze leeftijd wisselen de rollen vaak. Dominantie is voor Koch dan ook een thema waar je als ouders niet heel erg bang voor hoeft te zijn bij deze groep tweelingen.

Een moeder vertelt: '*Mijn tweelingdochters, eeneiig en vijf jaar, zaten vorig jaar in aparte klassen. In dat jaar vond ik hun relatie evenwichtig. Nu zitten ze in dezelfde klas en ik merk dat een van hen de neiging heeft om haar zusje alles te laten bepalen. Het lijkt wel of ze zelf niet kan beslissen. Steeds duikt ze weer de "comfort zone" in. Hoe krijg ik haar hier uit?*'

Het is de vraag of je je hier zorgen over moet maken en tussenbeide moet komen. Zeer waarschijnlijk hebben beide meisjes dezelfde capaciteit wat betreft besluitvaardigheid en autonomie. Dit bleek toen ze in aparte klassen zaten. Een tweeling zoekt altijd naar een evenwicht in hun relatie; een balans waardoor dagelijks gekibbel en strijd bespaard blijven. Dit geldt ook voor andere relaties, zoals tussen man en vrouw, vriendinnen en zelfs tussen landen. Koch bekijkt dominantie dan ook niet als een per definitie negatief fenomeen.

Het is heel goed mogelijk dat deze posities over een tijd volledig omgedraaid zijn. Het wordt pas een probleem als het volgzame kind er last van heeft en in de verdrukking komt (hierover later meer), iets dat Koch bij deze groep niet aantrof. In de interviews met de volgzame tweelinghelften gaven de kinderen aan dat hun broer of zus beter was in sommige situaties. Ze leken hier geen problemen mee te hebben. Ze verkozen het spelen met hun tweelinghelft boven spelen met andere kinderen. Koch vond deze groep niet minder bekwaam in het sluiten van vriendschappen en ontdekte geen opmerkelijke verschillen met andere kinderen. Vooralsnog dus geen redenen om je zorgen te maken over hun 'ondergeschikte' positie. Wat ook nogal eens voorkomt bij eeneiige tweelingen, is dat één thuis de leiding heeft en de ander buitenshuis. Niet zelden tot verbazing van de ouders zijn de rollen volledig omgedraaid.

Dominantie bij twee-eiige tweelingen (DZ, dizygotisch)
Bij de DZ-groep was het vaststellen van de dominantie makkelijker. Het karakter van de kinderen speelt hierbij een doorslaggevende rol. Hier werden grotere verschillen gevonden tussen het dominante en het volgzame kind.

Bij de groep dominante kinderen, DZSSm, (dizygotisch, same sex, masculien) vond de onderzoekster deze kenmerken: ze zijn zwaarder bij de geboorte, ze stotteren vaker, ze vertonen meer agressief gedrag, raken sneller verwikkeld in ruzies, zijn minder coöperatief en gedragen zich ongehoorzamer. Ze hebben de neiging om uitvluchten te zoeken en geven sneller de ander de schuld.

Bij een aantal andere kenmerken, zoals populariteit, competitiviteit, enthousiasme, interesses, emotionaliteit werden echter geen verschillen gevonden tussen de dominante en volgzame kinderen. En over het algemeen vond Koch ook geen verschillen tussen de tweelingen (dominante en volgzame) en andere kinderen wat betreft gedrag op school.

Bij de DZSSf-groep (dizygotisch, same sex, feminien) waren de dominante meisjes minder affectief, zwaarder bij de geboorte en minder geneigd tot treuzelen. Intelligentie bleek geen invloed te hebben op de dominantie.

In de interviews met de volgzame kinderen kwam Koch tot de volgende conclusies:
- Het volgzame kind vindt de bazigheid van de broer/zus niet leuk. Ook zou hij wel van positie willen wisselen.
- Het volgzame kind heeft meer last van de ruzies en onenigheid dan de dominante tweelinghelft. Hij ervaart ook meer ruzies dan zijn broer/zus.
- Soms speelt hij liever alleen of met jongere kinderen dan met zijn bazige tweelinghelft, die het altijd wint bij ruzies en onenigheid.
- Maar het wil wel graag bij zijn tweelinghelft in de klas zitten en als hij voor een nieuwe ervaring staat (bijvoorbeeld naar een club) dan moet de tweelingbroer/-zus mee.

Er gaat dus ook iets beschermends uit van de (bazige) tweelinghelft.

Grappig genoeg en tegengesteld aan de verwachtingen van de ouders, hebben juist de dominante kinderen het moeilijker als de tweeling van elkaar gescheiden wordt, zoals op school, bij een logeerpartij, een verjaardagsfeestje, enzovoort. Dus de functie van de beschermer zijn geeft hem/haar zekerheid. Het volgzame kind heeft het minder moeilijk in dit soort situaties en redt zich juist verrassend goed.

De dominantie bij de DZSSf-groep was stabieler en langduriger dan bij de DZSSm-groep. Bij de laatsten wisselde de positie vaker. Als bijvoorbeeld een van de twee zijn zwemdiploma eerder haalde, kan de balans veranderen. Ook plaatsing in verschillende klassen beïnvloedt deze.

Bij 61 procent van zowel de MZ- als DZ-groep was de dominantie, over het geheel genomen, stabiel en constant.

Dominantie bij jongen-meisjetweelingen (DZOS)
De tweelingen van de subgroep DZOS (dizygotisch, opposite sex) hebben de meest duidelijke vorm van dominantie. In 80 procent is het meisje de leider. Het jongetje

vindt dit allerminst leuk. Hij ziet zijn zusje als bazig. Hij wil net zo sterk zijn als zij (in psychisch opzicht, want fysiek is hij wel vaak sterker). De dominantie wordt echter niet bepaald op grond van fysieke, maar emotionele kracht. Ze is hem de baas op sociaal, emotioneel en communicatief gebied (ze is sneller en beter in taal). Dit levert bij hem stress op. Zo geeft hij aan geen nieuw broertje of zusje te willen hebben, waarschijnlijk omdat hij dit associeert met nog meer concurrentie. Hij heeft meer spraakproblemen en hij speelt het liefst met jongere kinderen. Hij houdt niet van school. Dit heeft mogelijkerwijs te maken met het feit dat hij op school ontdekt dat hij in een ondergeschikte positie zit. Hij wordt zich daar meer bewust van de traditionele jongen-meisjeverhouding en voelt zich hierdoor minderwaardig.

Dit is een belangrijke uitkomst, want het ondersteunt het idee dat splitsing van klassen voor deze groep tweelingen een goede beslissing kan zijn; ofwel bij aanvang van de basisschool of in groep 3, afhankelijk van de rijpheid van de tweeling. Daarentegen geven de jongens zelf aan wel bij hun zusje in de klas te willen blijven; ook hier zien we de beschermende rol van de dominante tweelinghelft.

Is de eerstgeborene de dominante?
In hoeverre klopt dit idee? Heeft het geboortegewicht hier invloed op? In 65 procent van de gevallen is de eerstgeborene sowieso de zwaarste. Volgens Koch was bij 58 procent van de MZ-groep de eerstgeborene de dominante. En bij de DZSS-groep was dit in 55 procent van de gevallen zo. Wat betreft gewicht, ontdekte de onderzoekster dat bij de twee-eiige meisjestweelingen en twee-eiige jongenstweelingen, respectievelijk DZSSf en DZSSm, de zwaarste ook de dominante is.

Terug naar de eerstgeborene: in de groep van de DZOS was het geheel anders. Hier is de eerstgeborene slechts in 27 procent van de gevallen de dominante. Bij deze subgroep is in 80 procent van de geboortes de jongen de eerstgeborene. Maar in 81 procent is, op vijfjarige leeftijd, het meisje de dominante.

Wat betreft het gewicht op vijfjarige leeftijd: in de DZSSm is de dominante het kind dat op vijf jaar het meeste weegt. Meestal is dat ook het kind dat bij de geboorte al meer woog. Bij de meisjes in deze groep – DZSSf – vond Koch een relatie tussen de lengte en dominantie. Hier was het meest lange meisje de dominante van de twee.

Hoewel er dus in bepaalde subgroepen wel een correlatie blijkt te zijn voor gewicht en dominantie en voor eerstgeborene en dominantie, gaat deze regel niet op voor alle tweelingen.

Dominant versus volgzaam
Koch vond geen grote problemen in de groep van de *volgzame* kinderen. Ook ontdekte ze niet dat de relatie 'dominant vs. volgzaam' de kinderen belet in andere relaties en hen minder competent maakt op sociaal gebied. Haar conclusie is dan

ook om dominantie niet als een groot probleem te bestempelen. Individueel kunnen er moeilijke relaties zijn en die hebben hulp nodig. Deze komen eerder voor bij de DZ-groep en met name bij de DZOS-groep.

Helen Koch vond op grond van haar onderzoeksresultaten geen redenen voor splitsing van tweelingen bij aanvang van school als een norm voor alle tweelingen. Hierin was haar conclusie hetzelfde als die van latere onderzoekers (Hay, Segal en Pray). Of een tweeling wel of niet bij elkaar in de klas geplaatst wordt, moet volgens haar per koppel bekeken worden.

Suggesties bij dominantie
Ouders kunnen de karakters van hun tweeling niet veranderen en die bepalen in grote lijnen de dominantie in hun relatie. Maar ze kunnen wel met een aantal tips de relatie meer in evenwicht houden:
→ Zorg dat de kinderen om beurten, bijvoorbeeld tijdens de maaltijden aan tafel hun verhaal kunnen doen.
→ Organiseer speelafspraken met verschillende vriendjes. Het is voor het dominante kind goed en leerzaam om met oudere kinderen te spelen. Daarvan leert hij luisteren en volgen. Het volgzame kind heeft baat bij het spelen met jongere kinderen. Hij kan dan de leider zijn. Hij wint bovendien aan zelfvertrouwen, als een vriendje naar hem opkijkt zoals hij dat doet bij zijn tweelingbroer.
→ Voorkom dat je een de rol van 'oudste' geeft. Vermijd ook de termen 'oudste' en 'jongste'.
→ Geef elk kind een 'eigen dag'. Dit houdt in dat het kind wiens dag het is, mag bepalen welk verhaal er wordt gelezen, wie het eerste in bad mag, enzovoort. Drie dagen zijn van de een, de andere drie dagen voor de ander en zondag voor de ouders. Doordat vastligt wie wat bepaalt, wordt veel strijd voorkomen.
→ Verdeel je aandacht zo eerlijk mogelijk. Zorg ook dat het volgzame (en stillere) kind zijn portie krijgt.
→ Het hebben van eigen hobby's en naar verschillende clubs gaan, helpt tweelingen om zonder hun tweelinghelft ervaringen op te doen.

Samen in de klas of niet?

Tweeling
Met vier jaar zullen de kinderen naar de basisschool gaan. Nu dringt zich de vraag op of het beter is ze in aparte klassen te plaatsen of niet. Veel scholen hanteren het beleid om tweelingen te splitsen vanuit het idee dat dit de ontwikkeling van hun identiteit ten goede komt. Geen enkel wetenschappelijk onderzoek heeft aangetoond dat dit werkelijk zo is! Het thema is veel complexer dan deze simpele veronderstelling doet vermoeden. Alle tweelingdeskundigen zijn het unaniem met elkaar eens dat de beslissing van wel of niet scheiden met zorg en beleid voor elk tweelingpaar

apart genomen moet worden. Wat voor de ene tweeling een prima beslissing is, kan voor een andere een trauma zijn.

Onderzoek over tweelingen op school
Lucy A. Tilly, Terrie E. Moffitt en collega's van het King's College in Londen en van de University of Wisconsin in de VS deden in 2004 een grootschalig onderzoek onder 878 tweelingparen, in de leeftijd van vijf tot zeven jaar. De basisschool in deze landen begint op vijfjarige leeftijd. Er werden drie groepen bestudeerd: een groep tweelingen die in dezelfde klas werden geplaatst (61 procent), de 'not separated group' (NS); een groep die gesplitst werd op vijfjarige leeftijd, de 'early separated group' (ES) en een groep die op zevenjarige leeftijd werd gesplitst, de 'lately separated group' (LS). Dit zijn de belangrijkste resultaten:
- De ES-groep vertoonde meer internaliserend probleemgedrag, zoals angst, onzekerheid en verdriet. Bij de eeneiige tweelingen bleef dit effect ook in de volgende schooljaren aanwezig en werd zelfs sterker; bij de twee-eiigen verdween het na een jaar.
- De ES-groep had meer leerproblemen dan de NS-groep. De LS-groep had meer leesproblemen. Ook deze groep vertoonde internaliserend probleemgedrag.
- Er was één positief effect: twee-eiigen die na het eerste schooljaar werden gesplitst, dus in hun tweede jaar, werkten harder dan wanneer ze samen bleven.

De conclusie van de onderzoekers is dat tweelingen speciale behoeftes hebben waar rekening mee gehouden moet worden. Zo blijkt een grote groep baat te hebben bij het samen beginnen. De aanwezigheid van de tweelinghelft helpt hen om zich op hun gemak te voelen. Zonder deze steun ondervindt een deel van de tweelingen problemen van het gescheiden zijn, zoals stress, angst en onzekerheid waardoor ze minder goed presteren.

Er werd een duidelijk verschil gevonden tussen de eeneiigen en de twee-eiigen: beide groepen hebben internaliserend probleemgedrag, maar bij de DZ-groep gaat dit na een jaar weg, terwijl het bij de MZ-groep aanwezig blijft of zelfs verergert.

Het onderzoek betrof uitsluitend tweelingen van hetzelfde geslacht. Een jongen-meisjetweeling is een aparte groep, waarbij splitsing vaak wel positief werkt, hoewel ook hier met zorg moet worden bekeken of de scheiding al bij aanvang moet gebeuren of wellicht na een jaar (of meer) schoolervaring.

Vele andere onderzoekers, onder wie Pat Preedy, David Hay en Marieke van Leeuwen, kwamen tot vergelijkbare conclusies: angst, onzekerheid en teruggetrokken gedrag bij tweelingen die bij aanvang van school gescheiden worden. Ook tweelingdeskundige Joan Friedman is voorstander van het samen beginnen van een tweeling, vooral als deze geen ervaring heeft in het van elkaar gescheiden zijn. Wat betreft de prestaties van de tweelingen, liet het onderzoek van T. Polderman zien dat het niet uitmaakt of de kinderen bij elkaar in de klas zitten of niet. Er is namelijk geen verschil in hun Cito-scores.

Nancy Segal, Fullerton University, Los Angeles, deed in 2006 onderzoek bij tweelingen die samen in de klas zaten bij aanvang van het schoolleven (vijf jaar), zowel een- als twee-eiige. Ze ontdekte dat de tweelingen af en toe even kijken waar het tweelingzusje of -broertje is. De eeneiigen doen dit vaker dan de twee-eiigen. Zodra ze de aanwezigheid van de ander opmerken, gaan ze verder waar ze mee bezig waren. Het broertje of zusje is duidelijk een geruststellende factor. Het betekent, aldus Segal, niet dat de kinderen voortdurend bij elkaar zijn noch dat ze samen aan één tafel moeten zitten. Ze kunnen heel goed autonoom functioneren.

Praktijkvoorbeelden
Het kan moeilijk zijn om tot een goede beslissing te komen. Bedenk dat het vinden van de eigen identiteit niet staat of valt bij gescheiden klassen. Onderzoek toont aan dat de opvoeding van de ouders hierbij een veel meer beslissende factor is. Als jullie de kinderen als aparte personen opvoeden, hebben ze de kans om tot zelfstandige individuen op te groeien. Een andere valkuil is te denken dat een van elkaar afhankelijke tweeling onafhankelijker zal worden door ze te scheiden. Het kan het omgekeerde effect teweegbrengen! Dit gebeurt als de tweeling nog niet toe is aan een scheiding en het voor hen op een te vroeg moment in hun leven komt. Ik zal een aantal gevallen bespreken die laten zien hoe de beslissing voor ieder tweelingpaar weer anders is.

Mart en Johan, twee-eiig, worden gesplitst. Hun ouders kiezen hiervoor vanwege hun tegengestelde karakters. Johan is een rustig en verlegen joch, dat graag voorgelezen wordt, veel dagdroomt en houdt van tekenen. Mart is een heel aanwezig kind dat altijd praat en voortdurend in beweging is. Hun relatie is goed, maar ze hinderen elkaar ook. Op de eerste dag gaan ze even in elkaars lokaal kijken, maar ze vinden het helemaal niet erg elk naar hun eigen klas te gaan. En na een lange dag op school, genieten ze thuis des te meer van het samenspelen. Ze waren al gewend om af en toe zonder elkaar te zijn.

Paul en Lucas, eeneiig, zitten, op verzoek van de ouders, in dezelfde klas. De juffrouw zet ze elk aan een ander tafeltje. Contact leggen met andere kinderen levert geen probleem op, maar op sommige momenten zoeken ze elkaar op. Het is overduidelijk dat het zo voor allebei goed is. Ze kunnen hun eigen gang gaan én ze kunnen op elkaar terugvallen.

Bij Marja en David wordt gekozen voor twee verschillende klassen. De ouders vinden dit niet makkelijk, maar het feit dat Marja haar broertje erg domineert, geeft de doorslag. De eerste dagen zijn moeilijk voor beide kinderen. Maar David begint al snel te veranderen. Hij bloeit op, begint beter en meer te praten en is minder afhankelijk van zijn zusje. De relatie komt meer in evenwicht.

Bij Annelies en Paul besluiten de ouders hen samen in één klas de plaatsen. De kinderen zijn erg aan elkaar verknocht en hun relatie is evenwichtig en positief. Ze wennen beiden snel en maken, apart van elkaar, vriendschappen. Ze hebben steun aan elkaar, zonder elkaar in de weg te zitten.

Om tot een goed besluit te komen, is het belangrijk met deze factoren rekening te houden:
- De zygositeit. Eeneiigen hebben een zeer innige band en daardoor een grotere behoefte om samen te zijn.
- De prematuriteit. Als de kinderen erg vroeg zijn geboren, kan het zijn dat ze op deze leeftijd er nog niet aan toe zijn om van elkaar gescheiden te worden.
- De relatie van de tweeling: is er veel strijd, competitiviteit, jaloezie, bazigheid, enzovoort.

Drieling
Bij een drieling is de keuze nog lastiger. Ook hier bestaat geen eenduidige richtlijn die voor elke drieling opgaat. Zo kan het voor een drieling die niet naar de kinderopvang is geweest, beter zijn om in één klas te beginnen. Nog meer dan bij tweelingen, speelt hier de vroeggeboorte mee. In hoeverre zijn ze klaar voor een scheiding van ouders en hun drielingbroertjes of -zusjes?

Voor andere drielingen, met ervaring wat betreft de peuterspeelzaal of het kinderdagverblijf, kan een splitsing een goede keuze zijn. Bijvoorbeeld als een van de drie erg domineert over de andere twee; als ze onderling veel vechten of erg competitief zijn (komt vaker voor bij een jongensdrieling) of als ze met elkaar heel druk gedrag vertonen omdat ze elkaar voortdurend imiteren. Zijn er drie klassen beschikbaar, dan is in dit geval splitsing een goed idee.

De belangrijkste voorwaarde is dat de drieling ook in emotioneel opzicht het aankan om gescheiden te worden. Dit kan per trio enorm verschillen.

De drieling van Ana (drie-eiig, twee jongens, een meisje) wordt door de school ieder in een eigen groep geplaatst tegen de wens van de ouders in. Waar de ouders al bang voor waren, gebeurt: de kinderen vertonen duidelijk regressie in hun gedrag, zoals problemen met zindelijkheid, slapen, eten. Van drie vrolijke kinderen veranderen ze in drie lastige kleuters, als gevolg van een te vroege scheiding. De school besluit de drieling bij elkaar te plaatsen en ze worden weer de vrolijke, zindelijke kleuters van weleer.

Onderzoek naar drielingen op school
Britta Alin-Åkerman, een Zweedse psychologe, deed in 1997 onderzoek onder zeventien gezinnen van drielingen. Ze bekeek ook de schoolsituatie. Zij merkte op dat de ouders hun kinderen het liefst bij elkaar houden, de school daarentegen niet.

Van haar onderzoeksgroep kozen slechts vijf ouderparen voor verschillende klassen, voornamelijk vanwege een verschil in niveau van de kinderen. Daarvan waren er twee gezinnen waarvan twee kinderen in één klas kwamen en een kind apart. De ouders waren tevreden over hun besluit. En de leraren meldden dat de gescheiden drielingen het goed deden. Er was geen verwarring over hun identiteit, ze wonnen aan zelfvertrouwen en ze kwamen meer los van elkaar. Ze werden ook niet met elkaar vergeleken. De twaalf gezinnen die voor samen kozen, waren ook tevreden met hun besluit, zowel voor de kinderen als voor henzelf. Het bespaarde hun veel tijd omdat het logistiek eenvoudiger was (slechts één ouderavond, hetzelfde huiswerk, enzovoort). Wel voelden de ouders veel kritiek van de buitenwereld alsof ze hun beslissing moesten verdedigen. Dat leverde hun meer stress op dan de schoolkeuze op zich.

Leraren rapporteerden in dit onderzoek dat bij een drieling vaak één wat wijzer en socialer is. Deze wordt dan al snel de spreekbuis voor de andere twee. Ook let een drieling soms erg op elkaar en kan de competitie flink zijn. Ondanks dit aspect, waren er leraren in dit onderzoek die juist de voordelen van één klas zagen. Ze begrepen de positie van de ouders en het lukte hun om de kinderen als aparte individuen te zien en te stimuleren. Zoals een leraar opmerkte: 'Als ze onderling niet erg afhankelijk van elkaar zijn, is het een uitdaging om hen alle drie in de klas te hebben, hun verschillen te zien en mee te maken hoe ze zich alle drie ontwikkelen.'

Soms is een leraar te negatief over een mogelijke plaatsing van een drieling in zijn klas, omdat hij bang is voor een blok dat de eenheid in zijn groep verstoort. Dit zegt dan meer over de leraar dan over de realiteit van een drieling. Hij heeft er zelf moeite mee om een drieling als drie losse individuen te zien.

Åkerman merkt op dat veel 'deskundigen' (schoolleiding, leraren, enzovoort) ervan uitgaan dat een drieling beter apart geplaatst kan worden (hetzelfde geldt trouwens voor tweelingen). Mijn ervaring is ook dat juist mensen die niet veel van meerlingen afweten, vaak voorstander zijn van aparte klassen. Ook Åkerman zelf was deze mening aanvankelijk toegedaan. Maar hoe meer ze leerde over de dynamiek in een drielingenrelatie, hoe genuanceerder haar oordeel werd. Zij concludeert tot slot in haar artikel op grond van haar bevindingen dat de keuze voor één klas veel positiever uitpakte dan ze verwachtte. Zowel de ouders als de kinderen waren positief. Maar, zo concludeert zij, bij heel grote verschillen in rapportcijfers en beoordelingen, kan een splitsing wel op zijn plaats zijn.

Praktijkvoorbeelden
Er zijn vele factoren die jullie in ogenschouw moeten nemen, zoals de relatie tussen jullie kinderen, hun zygositeit, mogelijke verschillen in hun intellectuele niveau en hun rijpheid (niet hetzelfde als hun leeftijd). De eerste jaren heeft een meerling elkaar meer nodig. Hier een aantal voorbeelden:

Karina en haar man besloten om hun drie-eiige drieling (twee jongens, een meisje) in dezelfde klas te plaatsen. De kinderen hebben een goede band met elkaar en er is niet één dominant. De ouders moesten er echt voor vechten om hun wens in vervulling te zien gaan. De school handhaaft het beleid van 'meerlingen scheiden'. Met zes jaar zullen de ouders hen waarschijnlijk wel splitsen. Er zijn drie klassen.

Irene en haar man kozen voor hun drie-eiige jongensdrieling een school uit met twee parallelklassen. Ze besloten om het kind dat zijn broers domineerde apart te plaatsen. Ze bereidden hem daar van tevoren goed op voor en zorgden er ook voor dat er een buurvriendje bij hem in de groep werd geplaatst. De beslissing pakte voor alle drie goed uit.

In deze situatie – een school met twee parallelklassen – besluiten sommige ouders de kinderen te splitsen op grond van intellectuele verschillen. Het kind dat minder goed mee kan en/of nog iets minder ver is in zijn ontwikkeling, gaat in een aparte groep waardoor hij niet gefrustreerd hoeft te raken doordat hij achterblijft.

Is een drieling twee-eiig en zijn er slechts twee parallelklassen, hoe kom je dan tot een goede beslissing? Plaats je in dit geval de eeneiige tweeling samen, dan kan het twee-eiige broertje/zusje zich buitengesloten voelen, iets waar hij sowieso al last van heeft, zeker als de drieling van hetzelfde geslacht is. Een eeneiige tweeling heeft immers vaak een zeer intieme band. De meeste ouders besluiten dan vaak om ze bij elkaar te plaatsen.

Wendelien: 'We konden het niet over ons hart verkrijgen om één van de drie te splitsen. Dat voelde helemaal niet goed. Dus zijn ze met elkaar de schoolfase begonnen. We zullen de volgende jaren wel zien of we dit zo moeten houden. Op dit moment gaat het prima.'

Een andere moeder, met een eeneiige meisjestweeling en een broertje besloot om hem met één van de tweeling te plaatsen. Ze is er zeker van dat hij hierdoor meer contact heeft met zijn zusjes en de kinderen lijken deze situatie te aanvaarden. Toch vindt ze het ook jammer dat de tweelingmeisjes gescheiden zijn.

Een andere moeder met ook een twee-eiige meisjesdrieling zocht net zolang tot ze een school met drie parallelklassen vond, ver van huis. Zij vond dit de enige eerlijke oplossing.

Het kan ook zijn dat de tweeling of drieling de hele basisschool in één klas zit, simpelweg omdat er geen andere keuze is. Er zijn geen studies die aantonen dat dat in het nadeel van de kinderen werkt.

Pijnlijke scheidingen
Jullie besluit, hoe goed ook overwogen, kan toch verkeerd uitpakken.

Bella vertelt hierover: 'We kozen voor aparte klassen voor onze twee-eiige tweeling van vier jaar. Voor Linde bleek het erg moeilijk zonder haar zusje te zijn. Ze sprak helemaal niet in de klas, niet met de kinderen noch met de juf. In de pauze rende ze op haar zusje af om met haar te spelen. Van een vrolijk meisje veranderde ze in een triest wezentje. Haar zusje redde zich wel, maar als ik haar vroeg of ze liever samen met Linde was, dan lichtten haar ogen op. "Kan dat ook?" vroeg ze verbaasd.'

Het is duidelijk dat dit meisje er nog niet rijp voor was van haar zusje gescheiden te worden. De ouders verzochten de school hen weer bij elkaar te plaatsen. Dat was de juiste oplossing. Het is onnodig en onverstandig onafhankelijkheid te eisen van een kind als het er nog te jong voor is. In dit geval kunnen ouders wel de zelfstandigheid van Linde stimuleren door activiteiten te ondernemen met elk kind apart en door situaties te creëren waarin ze niet samen zijn. Als je die eerst oefent in familiekring zal de individuele plaatsing in een klas minder belastend zijn.

Ook interessant is het verhaal van een school in Vizcaya (Spanje) waar men mij hun gezichtspunt over dit onderwerp uit de doeken deed: *'In onze school, waar we leerlingen hebben vanaf drie tot achttien jaar, hebben we altijd het uitgangspunt gehanteerd dat tweelingen in aparte klassen worden geplaatst. We hebben altijd twee parallelklassen per niveau. We baseerden ons eigenlijk meer op onze praktijkervaring met enkele gevallen dan op diepgaande kennis over dit onderwerp. Bij tweelingen die in één klas zaten, trad namelijk dominant gedrag op, ze werden met elkaar vergeleken en dergelijke problemen. Tot nu toe leidde dit nooit tot moeilijkheden, maar nu hebben we een tweeling van drie jaar die de scheiding van elkaar niet kan verdragen. De jongens hebben ernstige problemen met zich aan te passen, wat onder meer ertoe leidt dat ze niet spreken, terwijl de moeder zegt dat ze dat thuis wel doen, ze zijn weer gaan bedplassen, moeten elke dag overgeven, ze moeten per se in elkaars armen slapen en worden 's nachts dikwijls huilend wakker. Bovendien komen ze elke morgen huilend hun klas binnen. De moeder staat er nu op dat we ze bij elkaar zetten. We nemen dit serieus want we zien het trauma dat door de scheiding veroorzaakt wordt. Toch hebben we andere tweelingen die heel goed in verschillende klassen functioneren. Daarom vinden we dat je er als school soepel mee moet omgaan en goed moet luisteren naar de ouders alvorens een beslissing te nemen, die per geval anders kan zijn.'*

Sinds deze ervaring zie je in deze school zowel tweelingen samen in een klas als verdeeld over twee groepen. De aanpak van deze school lijkt mij de enig juiste.

Een scheiding van een tweeling (of drieling) kan soms tot gevolg hebben dat de relatie van de kinderen verandert; vaak van harmonieus naar ruzieachtig tot afstandelijk. Ik heb dit voornamelijk bij eeneiige tweelingen waargenomen. Het volgende verhaal laat zien hoe ingrijpend een scheiding op jonge leeftijd kan zijn.

Geraldien, 37 jaar, eeneiige tweeling: *'Ik wilde bij mijn tweelingzusje zijn en zij bij mij, maar het leek wel of iedereen die wens afkeurde, alsof het ongepast was in elkaars gezelschap te zijn. Vanaf dat we drie waren, werden we gescheiden. Dat beschadigde ons aanzienlijk. Wij begonnen een hekel aan elkaar te krijgen en ons van elkaar af te keren. Voordien waren we altijd speelkameraadjes geweest en daarna hadden we altijd ruzie. We zochten elk toenadering tot onze andere zussen, zij bij de oudste en ik bij de jongste. We zochten beiden een tweelingrelatie bij een zus omdat we die met elkaar kwijt waren geraakt. We herstelden dat toen we bijna volwassen waren en de invloed van onze ouders en de school verre van ons was. We ontdekten elkaar opnieuw en proberen nu de verloren tijd in te halen. We zijn getrouwd met een identieke tweeling en we wonen naast elkaar.'*

Adviezen ingeval de tweeling in dezelfde klas zit:

→ Zorg ervoor dat de leerkracht je kinderen goed uit elkaar kan houden. Praat met hem over de verschillen en geef tips over eventuele moedervlekken of littekens. Of, nog handiger, kies voor verschillende kleding of een andere haardracht, want dan kan de leraar hen ook herkennen als ze met de rug naar hem toestaan. Dit versterkt de persoonlijke relatie met elk kind apart. Meriam, moeder van een eeneiige drieling, vier jaar: *'De jongens hebben ieder een eigen kleur wat betreft hun trui of T-shirt. Hun juf is hier heel blij mee.'*

→ Vraag dubbele spreektijd aan, als je over de vorderingen van je kinderen komt praten. Vermijd dat jullie over alle twee of drie tegelijk spreken. Behandel eerst de een en dan de andere (n), zonder de informatie te vermengen. Het gaat tenslotte om verschillende kinderen.

→ Vergelijk niet hun werk en resultaten. Negeer het als ze dat zelf doen. Probeer te bereiken dat de prestaties en tekortkomingen aan ieder individueel worden toegekend. Het is ook van groot belang dat de leerkracht hen nooit met elkaar vergelijkt, en zéker niet voor de klas. Hij moet zich er goed van bewust zijn dat hij met twee individuutjes te maken heeft.

Adviezen ingeval de tweeling in verschillende klassen zit:

→ In de eerste dagen of weken kan het ze best moeite kosten de scheiding te verwerken. Vooral voor eeneiigen is het een enorme stap. Ze huilen als ze hun klas binnengaan en zodra de les is afgelopen, rennen ze naar hun broertje of zusje. Heb er begrip voor en vraag aan de leerkrachten hun toe te staan elkaar tijdens de pauzes of tussendoor even te zien. Het is ook nuttig de kinderen uit te leggen waarom jullie dit zo gedaan hebben.

→ Soms willen ze iets van hun tweelingbroer of -zus bij zich hebben, een speeltje of zo. Dat is een goed idee, het is een houvast voor ze in deze spannende tijden!

Het volgende voorbeeld geeft aan hoe tweelingen heel eigen behoeftes kunnen hebben. Anja, onderwijzeres: *'In mijn klas heb ik een jongetje van zes, Thijs. Zijn eeneiige tweelingbroertje zit in de andere klas. Om de klas te stimuleren tot goed gedrag, stelde ik een puntensysteem in. Voor goede gedragingen krijgen de kinderen een punt en bij tien punten een sticker. Ik merkte al dat Thijs er niet veel interesse voor had. Ik vroeg hem of dit zo was. Hij zei toen: "Als ik een punt verdien, wil ik het liefst even naar*

mijn broertje om dat te vertellen, maar dat kan niet. Ik hoef geen eens een sticker…"
We spraken af dat dat mag. Hij is nu zeer gemotiveerd en rent dus af en toe even de andere klas binnen. Het werkt gelukkig niet storend. Mijn collega vertelde me dat het zijn leerlingen aanzet om zich ook goed te gedragen. En zelf vind ik het een uitdaging elk kind te geven wat het nodig heeft. Bij tweelingen is dat soms net iets anders.'

Hun taal

Ouders van meerlingen maken zich dikwijls zorgen over hun taalontwikkeling. Bij tweelingen is de achterstand die vaak in de eerste twee jaar bestaat, meestal al niet meer op te merken als ze ongeveer vier jaar zijn. Volgens gegevens van de Universiteit van Amsterdam heeft 69 procent van de drielingen een lichte achterstand en 85 procent van hen krijgt logopedie.

In het algemeen kunnen kinderen met vier jaar:
- hun eigen naam en die van hun broertje(s) of zusje(s) gebruiken, alsmede hun achternaam;
- correct omgaan met de woorden 'ik' en 'wij';
- zinnetjes zeggen van vijf of zes woorden;
- aandachtig luisteren naar verhaaltjes;
- vertellen over wat hun is overkomen, waarbij ze kunnen verwijzen naar het verleden en de toekomst.

Als een van je kinderen taalproblemen heeft (of allebei) of niet voldoende voortgang boekt, ga dan naar een logopedist of naar een kinderarts voor een controle van het gehoor. Bij eventuele gehoorproblemen is het belangrijk bijtijds in te grijpen om problemen in de toekomst te voorkomen.

Er kunnen grote niveauverschillen zijn tussen de kinderen. Het is bekend dat meisjes over het algemeen taal makkelijker verwerven dan jongens. Dat komt door het verschil in hersenstructuur tussen de seksen. In plaats van je kinderen met elkaar te vergelijken, doe je er beter aan ze te vergelijken met andere leeftijdgenootjes. Zo kun je erachter komen of het gewoon gaat om een kleine variatie of om een achterstand.

Het blijft belangrijk te voorkomen dat de een voor de ander praat. Laat ze ieder zelf het woord doen en roep ze ook apart bij hun naam. Sta er ook op dat je antwoord krijgt van het kind aan wie je iets hebt gevraagd. Het is goed als je met het kind dat wat zwakker is in taal veel praat en het regelmatig voorleest.

Competitie bij meerlingen

Wanneer tussen hun tweede en derde jaar de kinderen het 'ik' en de 'ander' ontdekken, duikt gelijktijdig het gevoel van competitie op. Dat bestaat ook tussen kinderen van verschillende leeftijd, maar bij kinderen die even oud zijn, is het gewoonlijk een sterkere emotie. Ze kijken naar wat ze zelf kunnen en vergelijken zich continu met hun broer of zus. Als er grote verschillen bestaan in hun ontwikkeling – de een kan al fietsen en de ander nog niet – kan de competitiestrijd hoog oplopen. Dit komt veel voor bij twee-eiige tweelingen, omdat hun ontwikkelingstempo bijna altijd verschillend is. Ook de karakters spelen natuurlijk een rol: eerzucht gaat vaak samen met competitiegevoelens.

Jennifer, moeder van een eeneiige tweeling van vijf jaar: '*Max en Joris strijden om alles; wie het eerste opstaat, wie het eerst aan tafel zit, wie het eerst zijn veters los krijgt. Voor hen is de dag een constante wedstrijd.*'

Rita, moeder van een twee-eiige tweeling van vijf jaar: '*De meisjes houden nauwkeurig bij wat de ander leert en hoever zij is gekomen. Als er verschillen ontstaan, en natuurlijk gebeurt dat, worden ze boos en de een probeert de ander te overtroeven.*'
Soms heeft dit zijn voordelen. De vorderingen van de een zijn dan een stimulans voor de ander om hetzelfde te bereiken. In andere gevallen laten kinderen soms niet zien wat ze al kunnen om hun tweelingbroer of -zus niet in verlegenheid te brengen. Dat is de geheel tegenovergestelde situatie dus.

Wibo: '*Een van mijn twee-eiige tweelingkinderen had het lezen heel snel onder de knie. Hij demonstreerde het ons vol trots. Toen hij zich er echter rekenschap van gaf dat zijn broertje het erg vond dat hij het nog niet kon, liet hij zijn eigen vaardigheid op dit gebied niet meer zien. De juffrouw op school dacht zelfs dat hij het niet kon! Dit was een doorslaggevende reden hen in aparte klassen te zetten.*'

De situaties kunnen dus erg verschillen waarbij zowel hun zygositeit als hun karakters een rol spelen. Bij eeneiigen die niet erg competitief zijn, kan er weinig competitie zijn. Hun ontwikkeling gaat voor een groot deel gelijk op. Als de een kan zwemmen, zal het niet lang duren voordat de ander het ook kan. Dat leidt tot minder competitie onderling. Bovendien, als ze helemaal niet zo'n eerzuchtig karakter hebben, zullen ze vooral blijdschap voelen voor de ander. Zo had Eric een spreekbeurt gehouden en daarbij bepaalde fouten gemaakt. Hij vertelde zijn eeneiige tweelingbroer precies wat die moest doen om dezelfde fouten te vermijden en op die manier een beter cijfer te krijgen.

Zijn de kinderen wel ambitieus van karakter, dan kan zich een sterke strijd afspelen.
Antonio: '*Mijn tweelingdochters, eeneiig, zijn erg competitief. Ze houden veel van*

basketbal en willen graag met mij oefenen. Als een dan een mooie worp doet, weet ik soms niet of ik haar kan feliciteren, want haar zusje kan ontzettend boos worden. Toch probeer ik ze allebei, al naar gelang hun succes, te roemen, want het niet doen, is niet fair ten opzichte van degene die iets goed doet.'

Deze instelling is juist en de meest eerlijke. Een tweeling moet bovendien leren dat soms de een succes heeft en dan weer de ander. Bij erg eerzuchtige kinderen kan het kleinste gegeven al een bron van strijd zijn, tot zelfs zoiets als 'Ik heb lekker meer sproeten dan jij!'. Ze willen allebei met alles nummer een zijn en dat geeft aanleiding tot heftige discussies.

Twee- en drielingen moeten dan ook vaak al jong leren aanvaarden dat de een beter in iets is dan de ander. En dat bijvoorbeeld de een heel hard zijn best moet doen op school terwijl de ander zonder amper inspanning hetzelfde resultaat haalt. Meerlingen leren al jong dat het leven niet eerlijk is.

Agressief gedrag

Agressie tussen meerlingen is een normaal verschijnsel en vooral tussen jongens. Worden de verschillende tweelingroepen met elkaar vergeleken, dan komt agressie het meest voor bij de twee-eiige jongenstweeling. Ze zijn agressief tegenover elkaar, maar niet noodzakelijkerwijs ten opzichte van andere kinderen. Twee-eiige tweelingjongens vechten veel omdat ze allebei opkomen voor hun rechten en hun bezittingen: 'Dit is mijn auto/mijn bal!'

Een andere factor schijnt te zijn dat eeneiige tweelingen een minder hechte band met de moeder hebben, doordat ze zo sterk met elkaar verbonden zijn. Misschien dat die sterke binding juist ook de vechtpartijen veroorzaakt. Aan de ene kant hebben ze elkaar nodig en aan de andere kant verafschuwen ze die behoefte, omdat ze beiden de aangeboren behoefte hebben een autonoom mens te zijn. Daarentegen zijn er ook eeneiige tweelingjongens die heel weinig met elkaar vechten.

Adviezen
- Versterk de exclusieve relatie tussen jezelf en elk van de kinderen.
- Negatief gedrag moet je afkeuren en bestraffen. Ze mogen geen televisie kijken, ze moeten eerder naar bed of degene die is begonnen moet een poosje naar zijn kamer. Beloon goed gedrag.
- Leer ze ferm en beslist 'Nee!' te zeggen, op zijn tijd toe te geven en afspraken te maken in plaats van ruzie. Leer ze dat de zaak bespreken veel effectiever is dan erom te vechten. Prijs ze en vertel ze hoe groot ze zijn als ze deze tactieken gebruiken en niet slaan, stompen of bijten.
- Als je kinderen in een gevecht verwikkeld zijn, spring er dan niet meteen tussen. Laat ze een tijdje gaan, want het is mogelijk dat ze zelf tot een oplossing komen.

Dat is altijd beter. Het verhoogt hun zelfvertrouwen en zal zich vaker voordoen naarmate ze ouder worden. Als ze elkaar verwonden, moet je ze natuurlijk wél uiteen halen.
→ Zorg dat ze bezigheden hebben en ga geregeld met ze naar buiten. Spelen in de openlucht is altijd goed. Het bevrijdt hen van spanningen en ze ruziën minder doordat ze meer de ruimte hebben.
→ Zorg ervoor dat elk zijn eigen vriendjes heeft en dat ze niet aldoor samen zijn. Ze zijn nu al groot genoeg om eens enkele uren door te brengen bij een vriendje thuis. Regel met andere moeders het brengen en ophalen.
→ Geef elk een eigen plek om zijn speelgoed en andere spullen te bewaren. Als ze geen eigen plek hebben, geen eigen kast of geen eigen kleding en speelgoed zullen ze meer vechten, omdat ze constant proberen hun gebied af te bakenen.
→ Als altijd hetzelfde kind toegeeft, leer ze dan een munt op te gooien om te beslissen wie gelijk krijgt.

Hyperactiviteit

Als de agressie gepaard gaat met impulsief en ongecontroleerd gedrag, nervositeit en gebrek aan concentratie, kan het gaan om ADHD, 'Attention Deficit and/or Hyperactivity Disorder'. Volgens de Australische professor David Hay, die vanaf 1991 uitvoerig onderzoek doet naar tweelingen en hun gedrag, komt dit syndroom bij hen vaker voor dan bij andere kinderen. In geval van eeneiige tweelingen waarvan één het heeft, is de kans 80 procent dat de ander het ook ontwikkelt. Bij twee-eiigen ligt dit percentage tussen de 30 en 40 procent.

Het ADHD-syndroom is een ernstige afwijking die zo vroeg mogelijk opgespoord moet worden. Het is een neurologisch probleem met als oorzaak een onregelmatige productie van dopamine en noradrenaline, twee chemische stoffen die de hersenen nodig hebben voor een goede interne communicatie en die ervoor zorgen dat lichaam en geest goed functioneren.

Het heeft beslist niets te maken met de opvoeding! Dat is een hardnekkige, populaire opvatting. Het kind dat aan deze afwijking lijdt, heeft problemen met zijn aandacht ergens bij te houden en zijn impulsen te beheersen. Hij handelt voordat hij denkt. Met een populaire term wordt dit hyperactiviteit genoemd, maar deze afwijking gaat niet altijd samen met hyperactiviteit. Het kan ook zijn dat er alleen sprake is van een uitzonderlijk gebrek aan concentratie. Daarom spreekt men wel van een aandachtstekortstoornis met of zonder hyperactiviteit, ADD naar de Engelse term 'Attention Deficit Disorder'. De afwijking heeft een negatieve invloed op de contacten binnen het gezin, op school en in andere sociale kringen van het kind. Zeer tot zijn eigen verdriet, stoort het anderen, raakt het verwikkeld in ruzies, toont zich agressief en heeft weinig vriendjes. Zijn ouders hebben het gevoel niet tot hem door te dringen. Hun opmerkingen en straffen hebben geen effect.

De hoofdoorzaak van dit probleem bij tweelingen kan liggen in een voortijdige geboorte en een laag geboortegewicht. Ook kan het in de genen zitten. Een hyperactieve vader heeft een grotere kans op een kind met deze afwijking. Sommige schadelijke gewoontes tijdens de zwangerschap – roken, drinken, drugsgebruik – hebben invloed op het ontstaan van dit syndroom.

Behandeling van ADHD

Tegenwoordig kan dit syndroom worden vastgesteld in het derde of vierde levensjaar. De baby is onrustig en huilerig. Het kost moeite een ritme van eten en slapen te ontwikkelen. Het lopen gaat niet stapje voor stapje, maar deze kinderen lanceren zichzelf letterlijk het loopavontuur in. Ze vallen geregeld en hebben vaak ongelukjes. Hun motorische ontwikkeling lijkt sneller dan gemiddeld, hoewel die gekenmerkt wordt door een opvallende onhandigheid. Ze hebben meer woedeaanvallen dan andere kinderen. Als ze naar school gaan, vallen ze snel op, doordat ze niet rustig en aandachtig kunnen zijn.

Bij de minste verdenking van deze ziekte, doe je er goed aan een kinderarts te raadplegen. Deze zal je mogelijk doorsturen naar een kinderpsychiater en/of de Regionale Instelling voor Ambulante Geestelijke Gezondheidszorg (Riagg). Het meest wenselijke is dat het kind een uitgebreid specialistisch onderzoek krijgt, waarbij zowel de kinderarts als kinderpsychiater betrokken zijn. Op school zal hulp van een remedial teacher nodig zijn.

Meestal wordt voor een combinatie van behandelingen gekozen, zoals een psychologische behandeling samen met gedragstherapie. De ouders leren bovendien hoe zij thuis een gestructureerde omgeving kunnen creëren voor hun kind, door middel van duidelijke en strikte regels en een vaste dagroutine. Daarnaast wordt soms medicatie gegeven die de impulsiviteit, de hyperactiviteit en het concentratiegebrek reguleren. Ouders zijn er vaak huiverig voor, maar het kan voor hen en het kind zelf een grote positieve verandering in hun leven teweegbrengen.

Tweelingen hebben meer concentratieproblemen

David Hay ontdekte door zijn onderzoek dat tweelingen (met name jongens) meer concentratieproblemen hebben dan andere kinderen. Dat is niet zo vreemd. Zij krijgen zelden de gelegenheid zich geheel aan een activiteit te wijden. Altijd is er het broertje/zusje dat zijn bezigheden of gedachten onderbreekt. Hierdoor kunnen tweelingen de kunst van het zich concentreren veel minder goed oefenen. Het is goed als je je daar als ouder van bewust bent.

Suggesties
- → Kom tussenbeide als je ziet dat een van je kinderen verdiept is in een activiteit en de ander dat dreigt te verstoren. Een goede manier is de 'indringer' af te leiden en een andere aantrekkelijke bezigheid aan te bieden.
- → Stimuleer het kind dat zich verveelt een vriendje op te halen of lekker even op straat te gaan spelen, als je tenminste in een buurt woont waar dat mogelijk is!
- → Zorg wat betreft het dagelijks leven voor routines en duidelijke regels. Leer je kinderen strategieën gericht op zelforganisatie zoals: plannen, doen en nakijken.
- → Maak in huis een hoekje dat speciaal bestemd is om activiteiten te doen die concentratie vereisen. Daardoor leren de kinderen het spel van elkaar niet te onderbreken.

Hulp bij opvoedingsproblemen

De geboorte van twee of meer kinderen tegelijk legt een grote last op de schouders van de ouders, zowel voor elk als individu als voor hen samen als paar. Bij de komst van één kind is er meer tijd om te wennen aan de nieuwe rol van vader of moeder en aan alle andere veranderingen.

De emotionele impact is ook groter. Jullie worden niet alleen geconfronteerd met een geweldige verandering in je leven, maar ook van de ene dag op de andere staan jullie voor de taak om twee baby's op te voeden, het leren kennen van hun behoeften en karakters en de relatie tussen hen doorgronden, zoals goed omgaan met hun vechtpartijen en hun jaloerse trekjes, de onafhankelijkheid van elk kind in de gaten houden en héél veel zaken meer. Dit eist allemaal veel van de ouders en het is helemaal niet raar dat ze moeilijkheden krijgen bij de opvoeding. Vooral de eerste jaren worden door de meeste ouders als zwaar ervaren. Er sluipen makkelijk (slechte) gewoontes in, die later bijna niet meer te veranderen zijn.

In de groep die ik bestudeerde, kwam ik enkele families tegen die op de rand van de wanhoop verkeerden. Het grootste probleem was dat ze het gevoel hadden de situatie niet in de hand te hebben. In het bijzonder de ongehoorzaamheid van de kinderen, hun agressiviteit, verzet en voortdurende ruzies speelden de ouders parten.

Als je dit herkent en je beleeft elke dag weer van die momenten dat je gewoon niet meer weet wat je moet doen, zoek dan professionele hulp. Een psycholoog of familietherapeut kan je de benodigde gereedschappen aanreiken om dit soort problemen aan te pakken. Moeilijk gedrag, zoals ongehoorzaamheid of agressiviteit, heeft deels te maken met de leeftijd, maar dat wil nog niet zeggen dat het vanzelf overgaat. Sterker nog, sommige recente studies geven aan dat als een kind met vier jaar nog steeds ongehoorzaam is en zijn ouders maar blíjft tarten, dat in de jaren erna erg moeilijk te veranderen zal zijn. Met andere woorden, dit gedrag is een prima reden om hulp te zoeken. Vaak ontbreekt in dit soort gevallen een vaste lijn in de opvoeding, waardoor de kinderen niet leren zich aan de regels te houden.

Ook speelt hier een rol dat tussen de tweelingkinderen een voortdurende interactie plaatsvindt, de invloed van de ouders aantast. Meer dan eens heb ik gezien dat de ouders niet op één lijn zitten. Als de ouders het niet eens zijn over de belangrijkste regels, benadeelt dat de meerling die, meer nog dan andere kinderen, duidelijke en onveranderlijke regels nodig heeft.

Ongetwijfeld speelt vermoeidheid van de ouders ook een belangrijke rol, alsmede hun economische situatie, de lastige opgave werk en ouderschap te combineren, de zorgen om de kinderen en dergelijke. Het lijdt geen enkele twijfel dat hun psychische en emotionele belasting veel groter is dan die van ouders met kinderen van verschillende leeftijden. Of zoals een vader me eens schreef: 'Als je meerlingkinderen goed wilt kunnen opvoeden, moet je over een zeer grote emotionele rijpheid beschikken.' Daar bestaat geen twijfel over!

Behalve hulp van een psycholoog, kan contact met andere ouders van meerlingen heel nuttig zijn, zeker als die de fase waar jij nu in zit, al gehad hebben.

De Vrije Universiteit Amsterdam deed in 1993 een onderzoek onder 29 gezinnen met een drieling tussen vier en zeven jaar. De meeste ouders gaven aan een zwaar en uitputtend leven te hebben, zwaarder dan andere ouders. De situatie liep echter pas uit de hand als er zich een extra moeilijkheid aandiende, bijvoorbeeld geldproblemen of een kind met een slechte gezondheid. Enkelen zochten ondersteuning van een psycholoog. De rest was van mening dat het dagelijks bestaan met hun kinderen wel goed ging. Ook zeiden ze gelukkig te zijn. Dat ze het mochten meemaken drie kinderen tegelijk te zien opgroeien en hun onderlinge relatie waar te nemen, was voor bijna alle ouders een unieke en verrijkende ervaring.

Een relatie onder druk

Uit Engelse studies is gebleken dat het scheidingspercentage onder meerlingouders hoger is dan onder andere ouders. Door de (drie)dubbele belasting kan een scheiding zich versneld aandienen bij paren die toch al moeilijkheden hadden. In andere gevallen worden het onophoudelijke gehuil, de vicieuze cirkel van zorg, slaaptekorten en het gebrek aan tijd om aan de relatie te besteden onneembare obstakels. Er zijn echter ook ouders wier relatie zich juist verdiept, terwijl ze zich aan deze dubbele opvoedkundige taak wijden. De volgende suggesties kunnen jullie helpen de onvermijdelijke inzinkingen in de relatie te overwinnen:

Suggesties
→ Praat open en eerlijk met je partner over je gevoelens van frustratie, uitputting, wanhoop en dergelijke. Als je meer ondersteuning van de ander nodig hebt, zeg dat dan duidelijk en zeg erbij op welke momenten, met welke taken, op welke manier, enzovoort. Het is gewoonlijk niet zo dat de ander 'vanzelf' kan begrijpen wat je bedoelt, daar mag je dus niet van uitgaan.

→ Belast de relatie niet met een opeenstapeling van negatieve gevoelens als irritaties en teleurstellingen. Een goede truc daarvoor is dat de een vijf minuten lang mag praten (zeuren) zonder dat de ander hem onderbreekt. Je moet hiermee doorgaan totdat jullie allebei je hart helemaal gelucht hebben. Als het moeite kost openlijk te spreken, schrijf het dan op in een dagboek en laat het de ander lezen.

→ Bespreek je verschillen in opvatting wat betreft de opvoeding. Houd in de gaten dat iedere opvoeder zijn eigen opvoeding imiteert. Het is dus onmogelijk dat er geen verschillen zouden zijn. Het is niet nodig dat je het over alles eens bent, maar het is wel gewenst dat je samen de grote lijnen uitzet en aanhoudt bij zaken als straffen, belonen, tijd van slapengaan, gewoontes, grenzen van de vrijheid...

→ Ga niet in discussie over kleinigheden, maar geef uiting aan wat je werkelijk dwarszit of deprimeert. Giet je mededelingen in zogenaamde 'ik-boodschappen' als 'Ik zou graag...', 'Het doet me pijn dat...'. Die zijn veel effectiever dan: 'Jij vergeet altijd...', 'Wat jij doet...'. Het effect van jij-boodschappen is namelijk dat de ander zich in de verdediging gedrukt voelt en dat verhoogt het begrip over en weer niet.

→ Zoek tijd om samen te zijn. Nu de kinderen al een jaar of vijf zijn, kunnen ze best eens een paar dagen gaan logeren bij vrienden of familie. Een gezellig tripje met zijn tweeën is dan geen utopie meer. Je kunt ook afspreken geregeld met elkaar uit eten te gaan.

Speciale situaties die zich alleen bij tweelingen voordoen

De opvoeding van een twee- of meerling vereist van de ouders een grote dosis creativiteit, begrip en geduld. De volgende situaties laten dit zien.

Drie kinderen in plaats van twee

Ruth: 'Ik ben gelukkig met mijn eeneiige jongenstweeling van vijf jaar, maar ik geef toe dat het opvoeden niet makkelijk is. Eigenlijk heb ik drie kinderen in plaats van twee. In de eerste plaats hen tweeën als individuen: Karel, de verantwoordelijke en de wijste; Richard, de onbesuisde en de gevoeligste. En als ze samen zijn, is er een derde persoon: druk, niet te stuiten, fantasievol... Als ze in hun kamer spelen, die boven de woonkamer ligt, dan lijkt het of er een kudde olifanten boven mijn hoofd voorbijtrekt. Ze zijn dan heel anders dan wanneer ik met hen apart te maken heb. Dat verwart me.'

Een tweeling heeft, behalve hun eigen identiteit, ook een gezamenlijke identiteit, de zogeheten tweelingidentiteit.

Elke ouder merkt dat de kinderen, apart van elkaar, anders zijn en zich anders gedragen. Ook speelt hierbij het tweelingescalatiesyndroom een rol (zie hoofdstuk 17). Tweelingen versterken elkaar in hun reacties. Het drukke kind sleept het rustige kind mee in zijn drukte en chaos. Naarmate ze ouder worden, zal deze wederzijdse invloed minder worden, omdat ze de grenzen van zichzelf en de ander beter kunnen bewaken.

Jokken om de aandacht te trekken
Belinda: '*Mijn tweeling Jan en Silvia, zes jaar, zit in verschillende klassen. Als ik hen uit school haal, willen ze beiden hun verhaal kwijt. Jan praat het makkelijkste en kan met veel details me precies vertellen wat hij die dag gedaan heeft. Silvia wil dat ook, maar komt niet snel op woorden en ze vindt het moeilijk te onthouden wat ze ook al weer gedaan heeft. Daarom vertelt ze allerlei fantasieverhalen ("leugens" volgens haar broer) om maar mijn aandacht vast te houden. Ik wist aanvankelijk niet hoe ik moest reageren. Moest ik haar corrigeren? Ik heb met haar juf gesproken en die kwam met een goed plan: ze maakt in Silvia's schriftje tekeningen van wat ze die dag gedaan hebben. Nu kijkt Silvia daar dus snel in en weet dan precies wat ze gaat vertellen. En bovendien eis ik van de kinderen dat ze elkaar laten uitpraten. Zo zijn er elke dag weer kleine of grote problemen die opgelost moeten worden.*'

Een tweeling is creatief in het bedenken van manieren om individuele aandacht te krijgen. Elk mogelijk middel wordt daartoe ingezet, zelfs het 'jokken'. Hun leren om beurtelings praten en ook het instellen van het systeem 'ieder zijn eigen dag' helpt deze strijd te verminderen.

Het wisselen van gedrag
Lisa: '*Van onze eeneiige tweeling is Alex de meest verstandige en de rustigste. Hij doet zijn best op school en luistert als je hem iets verbiedt. Stephan, zijn broer, is onrustiger, vergeetachtig, ondeugend en houdt zich slecht aan regels. Maar plotseling, zonder aanwijsbare reden, veranderen de kinderen en degene die altijd het verstandigst was, gedraagt zich nu als zijn broer (slecht luisteren, niet meer werken op school, enzovoort), terwijl die juist gehoorzamer wordt. Wij slaan deze veranderingen met grote verbazing gade. "Wie is nu wie" vragen we ons af.*'

Een mogelijke uitleg is dat het karakter van de kinderen erg op elkaar lijkt en dat overeenkomstig de omstandigheden, of de fases die ze doormaken, de ene of de andere eigenschap naar boven komt. Zowel Alex als Stephan hebben een verantwoordelijke en een onverantwoordelijke kant, een ondeugende en een serieuze kant. Bovendien is hun gedrag altijd een reactie op dat van hun broer. Ze beïnvloeden elkaar voortdurend. Als de een zich opwerpt als leider, neemt de ander de rol van volger op zich. Ze kunnen moeilijk allebei tegelijk leider zijn. Ze passen zich voortdurend aan, hoewel ze tegelijkertijd proberen van elkaar te verschillen in hun eeuwige zoektocht naar hun eigen individualiteit. Dat is geen makkelijke opgave, want het gaat om kleine verschillen en niet om karakters die volledig tegenovergesteld zijn. Deze wisselingen van gedrag zijn te begrijpen als we het menselijk gedrag als een continuüm beschouwen waar vele karakteristieke eigenschappen in passen. Of, anders uitgedrukt, als een pendule eeuwig op zoek naar het evenwicht.

Klikken
Christien: '*Mijn dochter heeft de neiging alle slechte gedragingen van haar broer te melden. "Mama, hij heeft de kat aan zijn staart getrokken" of "Hij heeft stiekem nog een koekje gepakt." Ik vind dit vervelend.*'

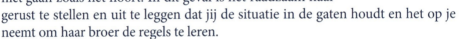

Enkele tweelingen lijken niets anders te doen dan slecht te spreken over de ander. Hoe kun je het beste op deze situaties reageren?

In de eerste plaats is het belangrijk om de reden van dit gedrag te achterhalen. Het kan zijn dat je kind klikt omdat zij juist bezig is met het aanleren van de regels. Zij schrikt als zij ziet dat haar broer het niet zo nauw neemt met de normen. Het thema obsedeert haar en ze wordt bezorgd als de dingen niet gaan zoals het hoort. In dit geval is het raadzaam haar gerust te stellen en uit te leggen dat jij de situatie in de gaten houdt en het op je neemt om haar broer de regels te leren.

Een hele andere reden is dat een van de twee klikt om de ander in een slecht daglicht te stellen. 'Hij gedraagt zich slecht' betekent 'maar ik niet'. In dit geval heeft het kind een laag zelfbeeld, voelt zich mogelijkerwijs achtergesteld en zoekt op deze manier naar complimentjes of troost ('Zie je wel hoe lief ik ben?'). Laat in dit geval je kind merken dat je altijd in hem/haar geïnteresseerd bent zonder dat het nodig is om slecht over de ander te praten. Geef het meer een-op-een aandacht en tijd. Als één voortdurend de wandaden van de ander van school vertelt, leg dan uit de onderwijzer dit wel komt melden. Soms is dit gedrag voor ouders een reden om voor aparte klassen te kiezen.

Heeft de volgorde van geboorte invloed?

In alle gezinnen met kinderen is er altijd een oudste, een jongste, enzovoort. Bij meerlingen bestaat dat niet, ze worden immers met een kleine tussenpoos geboren: van enkele seconden bij een keizersnede tot maximaal zo'n 45 minuten bij een natuurlijke bevalling. Toch hebben ouders het soms over 'de oudste' en 'de jongste', waarmee ze verwijzen naar de volgorde waarin de kinderen zijn geboren of naar wie de sterkste of de grootste was. Deze gewoonte komt voort uit de neiging van ons mensen sociaal gedrag te classificeren of te verklaren. Het eerstgeboren kind is juridisch gezien 'het oudste'. Dit recht van de eerstgeborene is oeroud. Denk maar aan het Bijbelverhaal van Ezau en Jacob. De oudste, Ezau, verkocht zijn recht aan zijn tweelingbroer voor een bord linzen. Dat veroorzaakte een breuk tussen hen.

Uit onderzoek weten we dat degene die het eerst geboren wordt, de beste plaats in de baarmoeder had. Het kind dat zich volgens de ouders langzamer ontwikkelt, is vaak de tweede. Toch zijn er geen studies te vinden die dit bevestigen. Het kan ook komen doordat de ouders subjectief zijn en de neiging hebben het gedrag van hun kinderen te vergelijken. Bij 65 procent van de tweelingen is de eerstgeborene het zwaarst en soms domineert dit kind het andere, maar niet in alle gevallen.

Sommige ouders spreken er niet over met de kinderen, totdat ze ernaar vragen. Als ze nog klein zijn, zijn ze tevreden met de informatie dat ze op dezelfde dag geboren zijn. Ouders die niet vertellen wie het eerst geboren werd, doen dat om geen 'machtsstrijd' tussen hen te ontketenen of die te versterken. Net als bij andere broers en zussen en zoals trouwens bij alle mensen, bestaat ook bij tweelingen de behoefte de eigen positie vast te stellen: wie is de sterkste, de zwakste, de grootste. Het gaat hierbij ongetwijfeld om een slimme truc, hoewel dat vergelijkingen niet voorkomt, want dat is in de menselijke natuur ingebakken.

Op een dag zullen ze wellicht vragen wie van hen het eerst ter wereld kwam. Soms verrast het antwoord hen, zoals een vijfjarige tweeling overkwam. Een van hen stelde de vraag aan haar moeder, die haar vertelde dat zij dat was. Hierop zei ze, zeer verbaasd: 'Maar mamma, dat kan helemaal niet. Weet jij niet dat ik de tweede ben en mijn zusje de eerste?' Nu was het de beurt aan de moeder om verbaasd te zijn. Ze had niet gemerkt dat het kind dat deze vraag aan de orde stelde, zich minder voelde dan haar tweelingzusje en dat verontrustte haar. Maar het dochtertje was blij met deze nieuwe informatie en het hielp haar tijdens ruzies het pleit te beslechten met het 'wapen' dat zij de oudste was. Hier waren het dus niet de ouders die in termen van oudste en jongste dachten of spraken, maar de kinderen zelf.

Elsa, moeder van een drieling: *'Bij ons werd de jongen van het drietal het eerst geboren en daarna zijn twee zusjes. Het was een keizersnee en het hing dus gewoon af van de plek waar ze zich in de baarmoeder bevonden. Toen ze kwamen vragen hoe het zat met de volgorde tijdens de geboorte, hebben we dat uitgelegd. Nu hebben ze het voortdurend over "ik ben de oudste", "ik ben de middelste" en "ik ben de jongste". Ze vinden deze verschillende rollen prachtig, maken er ook gebruik van in hun spel en gaan er prima mee om. Mijn man en ik hebben hen nooit benaderd vanuit deze optiek en we vinden het heel grappig om te zien.'*

Kinderen vinden het fijn een vaste plek te hebben in het gezinsverband en meerlingen maken daarbij gebruik van de volgorde waarin ze werden geboren. Als de ouders erin slagen in de loop van de opvoeding elk kind een gevoel van eigenwaarde mee te geven, zal het belang van die volgorde langzamerhand verdwijnen. Vandaar dat het erg belangrijk is dat je ze niet met elkaar vergelijkt en nooit de een als voorbeeld voor de ander(en) gebruikt. Hoe meer elk kind de kans krijgt zijn eigen persoonlijkheid te ontwikkelen, mag zijn zoals hij is en zijn eigen ervaringen mag opdoen, des te meer hij zich zal onderscheiden van de ander. Dan zal hij ook minder reden hebben de strijd aan te gaan om zijn specifieke plek vastgesteld te zien.

Ik raad je dus aan de etiketten 'oudste' en dergelijke zo veel mogelijk achterwege te laten. Zinnetjes als 'Zorg eens even voor je broertje, jij bent immers de oudste', frustreren en ondermijnen het zelfrespect van de jongste. Die zal zich afvragen of ze misschien toch niet op dezelfde dag zijn geboren. Het is mogelijk dat hij zich daardoor in zijn hele verdere leven 'tweede' zal voelen of 'degene die daarna kwam'.

Samen op één kamer

Op deze leeftijd deelt de tweeling meestal nog een kamer omdat ze het prettig vinden om bij elkaar te zijn. Richt deze kamer zo in, dat ze allebei een eigen hoek met een eigen kast hebben. Zijn spulletjes opbergen en veiligstellen hoort bij de privacy van een kind, iets wat zeker voor tweelingen heel belangrijk is.

Voor meerlingkinderen heeft hun kamer een andere betekenis dan voor andere kinderen. Meerlingen gebruiken hem meer als speelplek, terwijl andere kinderen juist het gezelschap van de ouders zoeken door in de huiskamer te gaan spelen.

Er zijn goede redenen om een tweeling elk een eigen kamer te geven. Ze zullen er zelfstandiger van worden en mochten ze een erg verschillend slaapritme hebben, dan bevordert het ook hun nachtrust.

In het algemeen geven de kinderen zelf wel aan of ze liever samen of alleen op een kamer willen. Ook hier is er weer een verschil tussen een- en twee-eiigen. De eersten slapen meestal jarenlang samen op dezelfde kamer en sommigen van hen zullen zelfs nooit om aparte kamers vragen. Als ze er wel twee hebben, gebruiken ze soms de ene om te slapen en de andere om te studeren. De twee-eiigen delen meestal alleen in de eerste zeven of acht jaar van hun leven een kamer.

Verjaardagen

Zoals voor elk ander kind is de verjaardag een heel speciale gebeurtenis. Zij zijn het middelpunt. Een feestje met vriendjes van school verhoogt de feestvreugde. Elk nodigt zijn eigen vriendjes uit, alhoewel dat ook dikwijls dezelfde zullen zijn. Het is ook aan te bevelen elk een eigen taart te geven.

Sommige moeders uit mijn Spaanse onderzoeksgroep maakten een speciaal feest van de naamdag van elk kind. In Spanje worden naamdagen gevierd, in Nederland kent men deze gewoonte niet zo. Ik noem het hier toch – ter inspiratie – omdat het een goede mogelijkheid biedt om elk kind een speciale eigen feestdag te geven. Hij is dan echt het middelpunt, hij alleen krijgt cadeautjes – ook van zijn tweelinghelft –, hij mag zeggen wat er gegeten wordt en dergelijke. Als enige de hoofdpersoon te zijn is iets heel speciaals voor tweelingen. Ze delen immers altijd alle aandacht. Een drielingmoeder herdacht elk jaar de dag dat haar kinderen na de geboorte naar huis mochten. Voor ieder van haar drieling was dat een andere datum en ze maakte er een speciale feestdag van voor het betreffende kind.

Contacten buiten het gezin

Op deze leeftijd krijgt je meerling steeds meer contacten buitenshuis. Ze maken vriendjes op school of op hun club. Dit is een nieuwe stap in hun ontwikkeling naar onafhankelijkheid, zowel van jullie als van elkaar. Hoe eerder ze hiermee beginnen, hoe makkelijker het later voor hen zal zijn als scheidingen onvermijdelijk zijn, zoals in de puberteit. Logeren bij opa en oma zonder de tweelingbroer of -zus is een geschikte manier om te oefenen in het gescheiden zijn. Vonden ze het voorheen misschien nog moeilijk om zonder hun tweelingbroer of -zus te gaan slapen, nu genieten ze waarschijnlijk van de aandacht die ze individueel krijgen. Dat genoegen beleven ze niet dagelijks. Vooral voor eeneiige tweelingen is het van groot belang dat ze eraan wennen tijd zonder de ander door te brengen. Breid de logeerpartijen uit naarmate ze er aan gewend raken.

Ook breekt nu de tijd aan dat ze vriendjes mee naar huis willen nemen. Dat geeft weer andere problemen.

Christien, moeder van een jongen-meisjetweeling van vier jaar: *'Als er een vriendje van Mart komt spelen, wil Maaike ook meedoen tot ergernis van haar broer. Mart wil het vriendje voor zichzelf hebben. Nu regel ik het zo dat hij zijn vriendjes meeneemt als Maaike naar haar club gaat. En hetzelfde als Mart zijn club heeft. Gelukkig hebben ze ieder een andere activiteit en op verschillende middagen. Het vraagt enige planning, maar ik vind het belangrijk dat ze ieder met eigen vriendjes kunnen spelen zonder de inmenging van hun tweelingbroer of -zus.'*

Meriam, moeder van een eeneiige drieling: *'De jongens, vier jaar, verlangen naar een eigen vriendje. Dus zijn we begonnen met af en toe een klasgenootje uit te nodigen (de jongens zitten in dezelfde klas). Dat ging niet echt soepel. Ze wilden alle drie zijn aandacht. Het arme kind werd er tureluurs van, zó werd er aan hem getrokken. Of ze gingen met zijn drieën spelen en vergaten hun gast. Nu spreken we duidelijk af dat als er een vriendje meekomt, voor wie hij dan komt.'*

Als een twee- of drieling voornamelijk met elkaar speelt, leren ze heel goed intunen op de behoeftes en wensen van de ander(en), maar missen ze andere ervaringen die ze ongetwijfeld met nieuwe vriendjes zouden meemaken. Bovendien ontstaat er tussen een meerling makkelijk een patroon (de een bedenkt, de ander voert uit) waaraan ze gewend raken, maar dat bepaalde aspecten van hun karakter niet naar voren laat komen. Dit staat hun zelfontplooiing in de weg. Ook kan het hun 'ik-gevoel' remmen. Het is dus zeker goed om contacten met vriendjes te stimuleren. Dit zal makkelijker gaan bij de twee-eiigen dan bij de eeneiigen. De laatsten spelen vaak het liefste samen (zie hoofdstuk 20).

Soms is een van de twee (of drie) er eerder aan toe dan de ander. Peter: '*Ik ging met de meisjes, vier jaar, naar de speeltuin. Ana sloot zich direct aan bij een groepje dat in de zandbak zat. Lilian huilde en riep om Ana. Ik zag haar even twijfelen, maar ik moedigde haar aan om lekker te blijven spelen. Ik hield me dus met Lilian bezig. Ana is duidelijk verder in haar ontwikkeling en wil graag met andere kinderen spelen. Ik vind dat Lilian daar niet een remmende factor in moet zijn.*'

> **Uit onderzoek**
> Onderzoek wijst uit dat 75 procent van de eeneiige tweelingen een vriendengroep deelt tegenover 55,5 procent van de twee-eiigen. Van deze laatste groep hebben de jongen-meisjetweelingen het minst gedeelde vrienden. Van de twee-eiigen van hetzelfde geslacht vindt 14,3 procent het niet leuk dat er gedeelde vrienden zijn. Hierin speelt mee dat deze tweeling heel verschillend kan zijn en dat een van hen het wel kan vinden met een vriendje en de ander niet. Dit maakt voor de tweeling het samenspelen moeilijker.

DEEL 4

KINDERTIJD EN JEUGD

DEEL 4 KINDERTIJD EN JEUGD

20 Zes–twaalf jaar 297

21 Twaalf–achttien jaar 328

20. Zes-twaalf jaar

Op deze leeftijd krijgen kinderen steeds meer belangstelling voor de wereld die hen omringt dan voor die van de fantasie. Ze zijn nieuwsgierig en willen leren en weten. Ze hebben belangstelling voor de natuur en ze zijn makkelijk ergens enthousiast voor te krijgen. Vriendschappen worden belangrijk voor hen en ze willen graag bij een groepje horen.

Rond het negende jaar ontstaat er een tweedeling. Jongens spelen liever met jongens en meisjes met meisjes. Het is belangrijk dat tweelingen niet uitsluitend met elkaar optrekken, maar ook relaties aangaan met andere kinderen. Ze leren van nieuwe contacten en van situaties die anders zijn dan ze gewend zijn.

In deze jaren worden ze onafhankelijker: ze helpen in huis, ruimen hun kamer op, doen een boodschap, spelen buiten en dat alles (bijna) zonder toezicht van volwassenen. In het algemeen vinden ze het nog steeds fijn een tweelingbroer of -zus te hebben met wie ze goed overweg kunnen en die hun steun en toeverlaat is in de contacten buiten de familiekring. Dit geldt ook voor drielingen.

Tweelingtypes

De bekende vraag aan ouders is 'Zijn ze een- of twee-eiig?' Toch kunnen we veel meer onderscheid maken. De groep tweelingen bestaat in feite uit zes subgroepen die allemaal hun eigen kenmerken hebben. Helen Koch, universiteit van Chicago, deed hier in 1967 onderzoek naar en vergeleek tweelingen, van vijf tot zeven jaar, zowel onderling als met eenlingen die een een oudere broer of zus hadden. Haar bevindingen zijn nog steeds actueel en interessant, hoewel uiteraard elke tweeling uniek is.

Eeneiige jongenstweeling – MZm (monozygotisch masculien)

Deze groep kinderen is, in vergelijking met eenlingen, nogal klein van stuk, maar niet slanker. Ze scoren laag op sociaal gedrag en agressie. Daarnaast zijn ze weinig competitief en tonen ze weinig sociaal initiatief. Van alle tweelingengroepen zijn zij de meest introverte groep, verlegener, minder spraakzaam en aarzelender in sociale situaties. Terwijl DZ-tweelingen vaak hun rechten opeisen ('Dit is mijn bal!'), doet deze groep dat veel minder. Ze zijn de meest coöperatieve groep van alle zes subtypes. Speelgoed delen is voor hen niet moeilijk. Ze bekvechten minder en geven elkaar meer emotionele steun dan de DZ-groep. Bovendien spelen zij liever met elkaar dan alleen, terwijl de DZ-groep er af en toe voor kiest om alleen te spelen. Ze zijn afhankelijk van elkaar en erg close met elkaar, meer dan de andere jongenstweelingen (DZSSm). Koch vond deze groep ook minder competitief dan de DZSSm-groep, omdat ze zich vaak als een duo opstellen. Deze zoons hebben vaak de meest hechte band met hun vaders omdat ze geen competitie voeren over wie de meeste aandacht van pappa krijgt. Wat betreft taal, scoren ze lager dan de eenlingengroep.

Eeneiige meisjestweeling – MZf (monozygotisch feminien)
Ook hier stelde Koch vast dat deze kinderen iets kleiner zijn dan de eenlingen bij aanvang van school, maar verder goed gezond. Deze groep is meer geïnteresseerd in alles wat om hen heen gebeurt dan eenlingen. Ze zijn in sociaal opzicht meer betrokken bij volwassenen en kinderen en vertonen een groter zelfvertrouwen en doortastendheid dan eenlingen. Daarin verschillen ze ook van de MZm-groep, die veel meer verlegenheid en teruggetrokkenheid aan de dag leggen. De MZf-tweelingen zijn opvallend vaak de populaire, blije meisjes van de klas die zich als ware leiders ontpoppen. In vergelijking met de DZSSf-groep is deze groep meer gericht op volwassenen. Deze groep is heel erg close, meer dan de andere groepen, met uitzondering van de MZm-groep. Ze scoren hoog op typisch meisjesgedrag en laag op jongensgedrag. Het zijn echte meisjes. In vergelijking met de DZSSf-tweelingen delen de MZ-tweelingen makkelijker speelgoed en bezittingen met elkaar en ruziën ze minder als de een iets van de ander gebruikt. Ook spelen ze liever samen dan alleen vanwege hun innige band.

Twee-eiige jongenstweeling – DZSSm (dizygotisch same sex masculien)
Van de drie jongensgroepen is dit de lichtste groep wat betreft gewicht en ook de kleinste, in vergelijking met de tweelingen en eenlingen. Ze scoren iets hoger op originaliteit in vergelijking met de MZm-groep. Ze zijn minder close dan de MZm-tweelingen. Ze spelen minder met hun broer, vinden zichzelf heel anders en kleden zich niet gelijk, omdat ze dat niet leuk vinden. De minder sterke band tussen hen leidt tot zekere spanningen waardoor zich, in tegenstelling tot de MZm-groep, deze kenmerken voordoen: minder volgzaam gedrag, meer op hun strepen staan, hogere score op leiderschap en meer betrokkenheid bij andere kinderen. Ze spelen vaker met meisjes dan met jongens. Speelt hier mee dat ze vrij klein en tenger zijn? Met de ouders is er een betere relatie dan de eenlingen laten zien, volgens de resultaten van de CAT-test ('Children's Apperception Test'). Deze groep is, in vergelijking met de MZm-groep, agressiever, competitiever, vertoont meer rivaliteit

en is in sociaal opzicht handiger en bekwamer dan de MZm-groep. Maar in vergelijking met eenlingen, is deze groep minder spraakzaam en minder goed in taal.

Ander onderzoek concludeerde dat deze subgroep thuis en op school meer ondeugend en ruziënd gedrag vertoont. Druk gedrag en ADHD komt bij de jongenstweelingen meer voor dan bij welke andere subgroep dan ook en ook meer dan bij eenlingen.

Twee-eiige meisjestweeling – DZSSf (dizygotisch same sex feminien)
Ook deze groep, net als de MZF-groep, toont grote sociale interesse en zelfvertrouwen. In tegenstelling tot de eeneiige meisjestweelingen, scoort deze groep veel hoger op taal en spreken. In vergelijking met de jongenstweelingen, vertellen ze langere en fantasievollere verhalen. Wat betreft het praten (en voornamelijk de articulatie), scoort deze groep zelfs hoger dan de eenlingengroep! En vergeleken met de tweelingsubgroepen is deze groep het meest bekwaam in taal en spraak. Ook hier worden eigenschappen gesignaleerd als levendigheid en extravert gedrag, hoewel iets minder gericht op volwassenen dan de MZf-groep. Ook minder meisjesachtig gedrag, maar vergeleken bij de eenlingen is dit niet opvallend. Uit de CAT-test komt een grotere betrokkenheid bij het gezin naar voren dan bij de MZf-groep. Terwijl de MZf-tweelingen aangeven hetzelfde te voelen over vele dingen, is dit bij de DZSSf-groep minder het geval. Ze geven aan soms niet op hun tweelingzusje te willen lijken, vaker alleen te willen spelen, meer ruzie te hebben over bezit en zich soms niet geaccepteerd te voelen door de vriendinnen van hun zusje. Er is tussen deze meisjes een grotere afstand dan tussen de eeneiige zusjes, maar het verschil is niet groot. Op emotioneel niveau zijn ze erg bij elkaar betrokken.

Deze groep kan een diepe vriendschap met elkaar ontwikkelen, maar sluit meer dan de andere tweelingengroepen, met uitzondering van de DZOS-groep, eigen vriendschappen. Deze groep beschouwt zichzelf, meer dan de andere groepen, als totaal verschillend.

Als ze in dezelfde klas zitten, genieten ze vaak een grote populariteit, meer dan de eenlingmeisjes. Ze kunnen dit uitbuiten, het zogeheten primadonna-effect. Over het algemeen zijn het sociale kinderen die makkelijk contact leggen.

Jongen-meisjetweeling (jongen) – DZOSm (dizygotisch opposite sex masculien)
Deze groep spreekt beter in vergelijking met de andere jongenstweelingen, bijna op het niveau van de eenlingen. Daarentegen zijn ze minder ondernemend dan eenlingen en de DZSSm-groep. Ze scoren lager op ondernemend gedrag, zelfvertrouwen, druk en lawaaiig gedrag, egoïsme en neiging om een ander de schuld te geven. In vergelijking met jongenseenlingen is het gedrag van deze groep gematigd. Ze neigen meer naar het spelen met meisjes. In vergelijking met de DZSSm-groep gaan de gedragingen van deze groep iets meer in de richting van meisjesachtig gedrag. Deze groep wordt beoordeeld als blijer, met meer interesses en gehoorzamer en volgzamer in vergelijking met de DZSSm-groep. En in vergelijking met de MZm-

groep zijn ze socialer. Wat betreft populariteit en betrokkenheid met kinderen en volwassenen is hun score gelijk aan die van de eenlingen.

De band met het tweelingzusje wordt als minder innig beoordeeld dan die van de DZSSm- en MZm-groep. Deze groep scoort minder hoog dan de DZOSf-groep op schoolresultaten, omdat de ontwikkeling van meisjes qua lezen en schrijven sneller gaat. De scores op de CAT-test geven aan dat het jongetje in het gezin een bepaalde spanning ervaart in verband met zijn eigen seksuele positie. Toch is dit niet afwijkend van andere eenlingjongens met een ouder zusje. Deze groep geeft blijk van waardering voor de hulp en steun van het tweelingzusje, maar voelt zich tegelijkertijd bedreigd door haar snellere ontwikkeling zowel wat betreft school als op sociaal gebied. Op fysiek gebied is hij haar de baas, met name in de eerste jaren, maar niet op het sociaal-emotionele vlak noch wat betreft het praten. De jongetjes in relatie met hun zus zijn minder kritisch over haar dan andersom. Haar commentaar en afkeuring worden als een negatief aspect genoemd door deze groep.

Jongen-meisjetweeling (meisje) – DZOSf (dizygotisch opposite sex feminien)
Vergeleken met de eenlingen, scoort deze groep laag op jaloezie, schuld geven aan een ander en agressie. Wat betreft sociabiliteit en niveau van taal zijn er geen grote verschillen met de DZSSf-groep. Wel is de band met de tweelinghelft minder hecht dan bij de DZSSf-groep. Velen klagen over het bazig gedrag van hun tweelinghelft en het zich toe-eigenen van haar speelgoed. Ze geven aan dat ze niet veel met elkaar spelen, maar meer met eigen vrienden. Deze meisjes vinden, minder dan de DZSSf-groep, dat ze op hun tweelingbroer lijken wat betreft karakter en gevoelens. Ook geven ze minder vaak aan dat ze zoals hun broer willen zijn of graag met hem in de klas willen zitten. In deze groep zijn er meer klachten over een ongelijke behandeling van de ouders. Deze groep vindt dat de vaders hun tweelingbroers voortrekken. Deze groep komt als meer afwijzend tegenover hun tweelinghelft naar voren dan andersom. Deze groep scoort hoog op dominantie wat betreft sociale contacten en controle over haar broer, wat waarschijnlijk de reden is van de negatieve beoordeling van de DZOSm-groep tegenover hun tweelingzus. De rivaliteit van de DZOSf-groep is echter lager dan die bij eenlingen waarbij het meisje een broertje van vergelijkbare leeftijd heeft.

Over het algemeen kunnen we stellen dat de MZ-tweelingen closer met elkaar zijn dan de DZSS-tweelingen. En deze laatste groep is op zijn beurt weer closer dan de DZOS-tweelingen. Dit zijn natuurlijk gemiddelden, want ik ken veel jongen-meisjetweelingen die een zeer nauwe band hebben zowel in hun jeugd als op volwassen leeftijd. Alle beschrijvingen zijn gebaseerd op gemiddelden, dus misschien herken je je tweeling er niet in, hoewel ze wel kunnen helpen om je tweeling beter te begrijpen.

Drielingtypes

Bij drielingen onderscheiden we drie groepen: trizygotisch (75 procent), dizygotisch (25 procent) en monozygotisch (5 procent).

Bij de **trizygotische drieling** kunnen de kinderen van hetzelfde geslacht zijn of van verschillende sekse. Zijn het drie jongens, dan vertoont hun gedrag veel overeenkomsten met de DZSSm-groep. Ze zijn druk, vechten veel en zoeken voortdurend de grenzen op. Bestaat de drieling uit twee jongens en één meisje, dan zien we vaak dat zij de moederrol op zich neemt. Dit patroon verandert meestal in de puberteit.

Bij de **dizygotische drieling** zijn er altijd twee kinderen van hetzelfde geslacht. Deze subgroep bestaat uit een eeneiige tweeling (MZf of MZm) en een twee-eiig broertje of zusje. De ouders hebben het voorrecht om de bijzonderheden van beide type tweelingen mee te maken. Zijn de kinderen alle drie van hetzelfde geslacht, dan kan het voorkomen dat het 'derde' kind zich buitengesloten voelt vanwege de innige band van de eeneiige tweeling. Dit schijnt vaker voor te komen als het om drie meisjes gaat dan wanneer het drie jongens betreft (in het laatste geval zoekt het jongetje vriendjes buiten het gezin). De situatie verbetert als het meisje aan de basisschool begint.

Is het 'derde' kind van het andere geslacht, dan is de onderlinge band makkelijker, omdat het kind sowieso een iets andere positie inneemt en iets geheel eigens heeft waarin het zich onderscheidt van de eeneiige tweeling. Het is wel af te raden om dit kind in een aparte klas te plaatsen. Dit verergert zo mogelijk zijn gevoel van buitengesloten te zijn. Het is dan het beste ze allemaal in dezelfde klas te plaatsen of, indien mogelijk, in drie klassen.

De **monozygotische drieling** bestaat uit drie jongens of drie meisjes. Hun band is meestal heel innig en hun situatie lijkt op die van type MZm of MZf, al is het een feit dat één kind meer weer andere situaties met zich meebrengt. Zo versterken drielingen hun specifieke karaktereigenschappen nog meer dan dat MZ-drielingen dat doen, zoals druk gedrag (driedubbel druk), verlegenheid, dominantie, enzovoort. Dit vergt van ouders een specifieke opvoedingsinstelling, zoals het hanteren van een duidelijk beleid en veel overtuigingskracht. Wat vaak wordt waargenomen is dat twee kinderen onderling meer naar elkaar toetrekken, terwijl het derde kind meer op zichzelf is. Ook kunnen deze voorkeuren veranderen, afhankelijk van de fase die ze doormaken. Er is nog weinig onderzoek naar deze subgroep gedaan.

De band tussen een drieling kan bijzonder hecht zijn, maar is in het algemeen minder hecht dan die van een tweeling. Hierbij speelt mee dat een tweeling meer op elkaar is aangewezen en vaak als een duo optreedt. Bij drielingen is er meer keuze en spelen de kinderen in verschillende samenstellingen met elkaar (dan weer het jongetje met één van de meisjes, dan weer deze twee samen, enzovoort). De afhankelijkheid van drielingen is minder groot, behalve bij de monozygotische drieling en de eeneiige tweeling van de dizygotische drieling.

Onafhankelijkheid

Tweelingouders maken zich vaak zorgen of de tweeling wel onafhankelijk van elkaar zal leren functioneren. Die zorg is niet ongegrond. Volgens onderzoek lopen tweelingen in dit opzicht meer risico. Doordat ze aldoor zo nauw samenleven met een broer of zus van dezelfde leeftijd, is de kans groter dat zich een te grote afhankelijkheid tussen beiden ontwikkelt. Dat gebeurt niet alleen bij eeneiige tweelingen, maar ook bij twee-eiige, in het bijzonder als ze van hetzelfde geslacht zijn.

Hoe kun je weten of ze zich ontwikkelen als twee autonome persoonlijkheden? Er zijn wel aanwijzingen waaraan je kunt zien dat de een te veel leunt op de ander:
- Hij zoekt meer emotionele steun bij de ander dan bij zijn ouders.
- Hij is anders als hij zonder de ander is, kan zich niet alleen vermaken en wacht vol ongeduld diens terugkomst af.
- Hij heeft geen vrienden buiten het gezin, noch hobby's of bezigheden.
- Hij durft niet zonder de ander ergens naartoe.
- Hij voelt zich vreemd en verloren als hij ergens is zonder de ander.
- Hij wedijvert sterk met de ander of heeft een totaal gebrek aan wedijver.

Als je een of enkele van dit soort gedragingen herkent bij (een van) je tweeling, zoek dan naar oplossingen die de zelfstandigheid stimuleren. Als de kinderen nooit van elkaar gescheiden zijn geweest, is het goed als je daarmee begint door bijvoorbeeld met beiden apart op stap te gaan. Waarschijnlijk zullen ze er eerst tegen protesteren, maar doe het toch. Als ze er eenmaal aan gewend zijn af en toe alleen met een van jullie op stap te gaan, zullen ze het vast heerlijk gaan vinden je aandacht helemaal voor zichzelf te hebben. Vraag ook medewerking op school opdat de leerkracht hen in de klas uit elkaar zet en in afzonderlijke groepjes laat werken. Langzamerhand breid je deze ervaringen uit totdat ze in aparte klassen zitten, hun eigen vrienden hebben en alleen op stap gaan.

In de dagelijkse gang van zaken moet je meer hun verschillen dan hun overeenkomsten onderscheiden en stimuleren dat ze die ook zelf ontdekken. Hoewel het voor ouders dikwijls makkelijker en praktischer is als de tweeling samen ergens is of naartoe gaat, is het voor de ontwikkeling van hun zelfstandigheid beter van niet. Dus is het pedagogisch gezien beter hen aan te moedigen als ze iets alleen willen gaan doen, of als de een iets wil gaan doen en de ander heeft daar geen zin in, zoals meegaan met een zomerkamp. Dat zal beslist een fantastische ervaring zijn, voor allebei.

Sonja: '*De meisjes, acht jaar en twee-eiig, wilden beiden naar eenzelfde kamp. Eentje wilde echter twee weken en haar zusje maar één. Gelukkig kon dit. Toen Mieke terugkwam, ging ze die tweede week 's ochtends naar het buurthuis waar leuke activiteiten werden gedaan. Deze planning pakte voor beide meisjes en voor ons heel goed uit.*'

Een onderzoek ontdekte dat eenlingen rond hun negende jaar hun eerste ervaringen opdoen met het alleen slapen buitenshuis (uit logeren bij grootouders, naar een kamp, enzovoort). Voor tweelingen breekt dit moment rond veertienenhalf jaar aan. Meerlingen hebben al wel vaker ergens gelogeerd, maar doen dat meestal samen. Dit toont aan dat meerlingen veel minder ervaring opdoen in het alleen zijn.

Verzorger versus verzorgde

Een tweeling kan een patroon ontwikkelen waarineen over de ander moedert. Dit kan om verschillende redenen gebeuren: de een is verlegen en de ander heel open; de een is zelfverzekerder, moediger of dominanter dan de ander of de een is lichamelijk groter en sterker.

En soms speelt een zekere handicap mee zoals deze moeder vertelt: '*Mijn zoon heeft wat achterstand met spreken waardoor hij zich moeilijk kan uiten. Dat frustreert hem en veroorzaakt soms een woede-uitbarsting. Zijn zusje helpt hem meestal, want zij begrijpt hem altijd. Als ik ze nu in aparte klassen zou zetten, vrees ik meer van die woedeaanvallen van hem, waarmee hij gepest zou kunnen worden. Na overleg met de school is het besluit genomen dat ze voorlopig bij elkaar in de klas blijven. Hij heeft spraakles en gaat met sprongen vooruit. Als die problemen voorbij zijn, is het moment aangebroken ze naar afzonderlijke klassen te laten gaan.*'

Het is altijd ontroerend om te zien hoe het ene kind voor het andere zorgt, maar het kan wel de ontplooiing van beiden in de weg staan. Het is dan ook goed dat het zusje uit dit voorbeeld in het volgende schooljaar in een andere klas komt. Dit bevrijdt haar van de verantwoordelijkheid om voor haar broer te zorgen en het is goed voor hem, omdat hij op die manier voor zichzelf leert op te komen.

Nog een voorbeeld van een tweelingrelatie die op een gegeven moment te benauwend voor een van de twee wordt. De tweeling Marieke en Jolanda zijn dikke vriendinnen, maar er is een patroon ontstaan waarin Marieke zich niet meer gelukkig lijkt te voelen. Haar zus is snel jaloers en boos. En Marieke houdt daar automatisch rekening mee. Zodra ze ziet dat Jolanda boos begint te worden, geeft ze toe en staat haar eigen speelgoed af. De laatste tijd wil ze steeds vaker alleen spelen. Dan sluit ze zich op in de badkamer. De ouders begrijpen dat Marieke, door haar neiging haar zus te helpen, te veel inlevert. De badkamer opzoeken is voor haar de enige manier om wat privacy te hebben. Voor beide meisjes is het een ongezond patroon: Marieke wordt op deze manier afhankelijk van haar verzorgende functie, die ze mogelijkerwijs ook in andere relaties op zich zal nemen. De sterkere zijn in een relatie geeft houvast, maar kan ertoe leiden dat ze niet ontdekt wat ze zelf graag wil doen. Bovendien kampt ze met schuldgevoelens als ze haar zus aan haar lot overlaat. En voor Jolanda betekent dit patroon dat ze niet leert om met negatieve gevoelens om te gaan. Ze zal in andere relaties problemen krijgen, want niemand zal zo barmhartig zijn als haar zus.

De ouders moedigen Marieke aan om aan te geven wanneer ze op zichzelf wil spelen. De ouders zien er dan vervolgens op toe dat dit mogelijk is door Jolanda bij haar weg te houden. Zo leert Jolanda dat ze niet altijd een beroep op haar zus kan doen. Met veel begeleiding en tussenbeide komen lukt het de ouders het tij te keren.

De mythe van een gelijke opvoeding

Het is onmogelijk om een meerling gelijk op te voeden. Een meerling bestaat altijd uit twee of drie verschillende kinderen die elk een eigen benadering behoeven. Toch kunnen de kinderen zelf erg bezig zijn met of iets wel eerlijk is of niet.

Fernanda, moeder van een zesjarige eeneiige tweeling, stelde een regel in dat, als de meisjes hun bed opmaakten, ze een zonnetje op de maandkalender in de keuken zou tekenen. Bij vijf zonnetjes zouden ze iets lekkers krijgen. Juliet had dit al snel voor elkaar, ze is duidelijk de meest plichtsgetrouwe van de twee. Dus vond ze op een bepaalde dag een chocoladereep onder haar kussen. Haar zusje Maaike was woedend. Ze vond geen reep onder haar kussen. Fernanda hield voet bij stuk en legde uit dat ze hen niet gelijk kon belonen. Zij had namelijk nog maar twee zonnetjes gescoord.

Thomas en Bert mogen om beurten iets langer opblijven. Als het Berts beurt is, komt er iets leuks op televisie waar hij zich al op verheugt. Thomas is woedend want dit vindt hij niet eerlijk. De ouders staan even in tweestrijd, maar houden zich toch aan de afspraak. Ze leggen de jongens uit dat soms de een een voordeeltje heeft en soms de ander.

Dat het leven niet eerlijk is, is iets dat tweelingen al jong moeten leren. Toch is dit te verkiezen dan toegeven aan hun wens om alles eerlijk te doen. Stel dat Fernanda toegeeft en Maaike dan ook maar vast een reep geeft, omdat ze ook zonnetjes (slechts twee) op haar kalender had staan. Dit is dan voor beide kinderen een slechte les: Juliet leert dan dat het niet uitmaakt wat ze doet en dat haar moeder haar inzet niet echt waardeert. Maaike leert dat ze toch wel krijgt wat ze wil, omdat de moeder de meisjes altijd hetzelfde wil behandelen.

Rechtvaardigheid bestaat juist uit consequent zijn én het aandurven dat een van de twee (of drie) zich achtergesteld voelt.

Samen in de klas of niet?

Tweelingen
Ook nu doet zich de vraag voor hen op school in aparte klassen te zetten of niet. Soms besluiten ouders om hun kinderen nu wel te splitsen. De kinderen groeien op en veranderen, waardoor nu een ander besluit op zijn plaats kan zijn. Het komt ook voor dat ouders op een eerder genomen beslissing terugkomen.

Hierbij alle overwegingen in een overzicht, grotendeels gebaseerd op de studie van David Hay, Curtin University, Australië en Pat Preedy, Sherfield School, Hampshire, Engeland.

Redenen om een tweeling in aparte klassen te zetten:
- De kinderen zijn in staat om zelfstandig en autonoom te functioneren zonder elkaar. Ook als zich problemen voordoen, kunnen ze zichzelf redden.
- De onderwijzer zal het tweelingkind vergelijken met de klasgenootjes en niet met zijn tweelingbroer of -zus. Dit voorkomt de zo nadelige vergelijkingen.
- De tweeling heeft de mogelijkheid om eigen vrienden te maken. Dit zal ertoe leiden dat ze apart op verjaardagsfeestjes uitgenodigd worden, wat weer positief is voor de ontwikkeling van hun individualiteit.
- De leerkracht zal makkelijker een persoonlijke band met elk kind kunnen opbouwen.

Redenen om een tweeling bij elkaar in de klas te houden:
- De tweeling functioneert goed in de klas, maakt eigen vriendjes, zit elkaar niet in de weg, maar geniet wel van het bij elkaar in de buurt zijn.
- De meerling is in emotioneel opzicht nog erg jong en het samenzijn helpt hen bij de aanpassing aan school. Ook kunnen eventuele moeilijkheden, zoals scheiding van ouders, overlijden van een familielid, enzovoort meespelen.
- De meerling zal niet de problemen hoeven meemaken die bij een groot deel van tweelingen werd opgemerkt in onderzoeken in leeftijd van vijf tot zeven jaar, zoals angst, onzekerheid, teruggetrokken gedrag en slechter presteren (met name bij lezen).
- Twee verschillende onderwijzers kan betekenen dat de een bevoorrecht wordt boven de ander. Dit is het geval als de een een populaire, geliefde leerkracht heeft en de ander een minder geschikte, strenge onderwijzer. Ook kan er een verschil in niveau per klas zijn waardoor het ene kind sneller leert lezen en rekenen. Als de tweeling erg ambitieus is, kan dit tot problemen tussen hen leiden.
- De leerkrachten zullen de tweelingband niet goed kennen en daardoor het individuele tweelingkind minder goed opvangen, bijvoorbeeld als het in de problemen zit en/of zijn tweelinghelft mist.
- De kinderen willen zelf niet gescheiden worden. Een gedwongen scheiding leidt vaak tot grotere afhankelijkheid.

- Voor ouders betekent één klas minder organisatie en minder stress. Denk aan ouderavonden, ouderparticipatie, huiswerk, enzovoort.

Tweelingen hebben baat bij een scheiding van klas als:
- Één kind qua intellectuele ontwikkeling sneller en verder is dan het andere. Dit kan bij het minder snelle kind tot een laagzelfbeeld en frustratie leiden.
- De tweeling hetzelfde niveau probeert te houden waardoor een zich te veel moet inspannen of de ander zich juist inhoudt.
- De tweeling lastig en druk gedrag vertoont waarbij ze elkaar versterken. Dit verstoort de orde in de klas.
- De tweeling een rolverdeling hanteert die niet gunstig voor hen is. Bijvoorbeeld, de een is de 'de verantwoordelijke' die overal aan denkt, de andere is 'de makkelijke' die aan zijn broertje vraagt wat er gedaan moet worden.
- De tweeling voortdurend kibbelt en ruziet. Hun relatie verbetert als ze meer afstand van elkaar hebben.
- De een de ander in zijn vrijheid en onafhankelijkheid remt en hem niet met rust laat. Het samenzijn belet hen om aparte contacten aan te gaan, hun sociale ontwikkeling remt.
- De tweeling erg competitief is en elkaar voortdurend in de gaten houdt. Hierdoor werkt geen van beiden geconcentreerd.
- De tweeling polariseert. Ze zoeken de extremen op om zich van de ander te onderscheiden, zoals de 'lieve' en de 'stoute', de 'stille' en de 'lawaaischopper'.
- De een over de ander moedert waardoor deze geen zelfstandigheid ontwikkelt. Dit komt veel voor bij DZOS-tweelingen waarbij het meisje de moederrol vervult.
- De een thuis voortdurend over het (wan)gedrag van de ander vertelt.
- De tweeling zelf vraagt om in aparte klassen te worden geplaatst.

Er zijn dus voor- en nadelen bij zowel scheiden als samen plaatsen. Het sleutelwoord, wat betreft het beleid van school, is dan ook flexibiliteit. En voor ouders inzicht en inleving. Of misschien beter gezegd: afweging. Er is een checklist beschikbaar op de site van Twins and Multiples, 'together or apart', die zowel ouders als leerkrachten invullen om zo tot een goed besluit te kunnen komen (zie Nuttige adressen).

Praktijkvoorbeelden
Loes, moeder van een eeneiige tweeling, vertelt: '*Mijn dochtertjes werden in groep 3 uit elkaar gezet. Zij vonden het vreselijk en begrepen er niets van. Ze vroegen me elke keer weer waarom ze toch in aparte lokalen moesten zitten. Voordat ze naar binnen gingen, moesten de klassen rijen formeren en het gebeurde geregeld dat een van hen stiekem in de rij van haar zusje ging staan. Het was dubbel zuur voor hen, omdat hun beste vriendinnetje bij een van de zusjes zat, dus de ander voelde zich verschrikkelijk verlaten. Op een dag stapte zij heel moedig bij de directeur naar binnen en zei tegen hem: "Zijn mijn zusje en ik soms niet lief en mogen we daarom niet bij elkaar in de*

klas zitten?" Dat maakte een enorme indruk op hem en hij belde me meteen om te komen praten. We namen de situatie uitvoerig door en ik zei hem dat het volgens mij helemaal niet nodig was ze te scheiden aangezien ze prima omgingen met andere kinderen en niet overdreven afhankelijk van elkaar waren. Hij begreep het en ze mochten weer bij elkaar! Ze zijn nu negen jaar en gaan nog altijd samen. Ik weet zeker dat ze het zelf wel op een keer zullen aangeven als ze die situatie willen veranderen.'

Andere eeneiigen kunnen prima zonder elkaar of de splitsing is juist goed voor ze. Dit blijkt uit het volgende verhaal.

Corien, moeder van een eeneiige tweeling van zes: 'Tussen de meisjes begon zich een patroon af te tekenen dat me zorgen baarde. Paula ontpopte zich als de lieve en zachte die steeds week voor de eisen van haar grillige en jaloerse zusje. Elisa is veel onzekerder van karakter. We besloten hen in groep 3 te splitsen in de hoop dit patroon te doorbreken. Tot onze verrassing werd Elisa veel zekerder en makkelijker. Paula vond het moeilijk zonder haar zusje. De eerste maanden was ze verdrietig en afwisselend boos. Nu, een half jaar later, gaat het heel goed met allebei. Hun relatie is meer in evenwicht. Ze willen niet eens meer bij elkaar in de klas, ze zijn vooral heel erg blij met hun eigen vriendinnen.'

In dit geval moederde het ene zusje over het andere. Vaak heeft de 'sterkere' helft het meeste problemen met de verandering. Voor iemand zorgen geeft houvast. Het is goed dat Paula uit deze rol heeft kunnen kruipen, want die zou haar op een gegeven moment gaan beperken en een patroon zijn geworden in al haar andere relaties. Deze eeneiige tweeling heeft dus baat bij de splitsing.

Ook opmerkelijk is de volgende ervaring.

Jessica, moeder van een eeneige tweeling: 'De school hield beraad over wat ze zouden beslissen voor de meisjes. Ze hadden in groep 1 en 2 bij elkaar gezeten. Ik dacht dat het me niet uitmaakte als ze nu gesplitst zouden worden, maar toen me verteld werd dat er besloten was om ze samen te houden, maakte mijn hart een sprongetje. Toen pas voelde ik dat dát was, wat ik het liefste wilde. Ik had me echter al bij voorbaat aangepast aan de norm die tegenwoordig zo sterk verdedigd wordt, namelijk het scheiden van een tweeling.'

Patricia, moeder van een eeneiige tweeling, zes jaar: 'Mijn tweeling is heel nerveus. Ze praten veel en dan ook nog in sneltreinvaart. In de klas bemoeiden ze zich continu met elkaar. Als de ene een werkje afhad en in wilde leveren, stond de andere op om het te bekijken. Hun onrust was storend in de klas. De leerkracht kon door hun toedoen weinig met zijn groep beginnen. Om deze redenen besloten we hen in aparte klassen te zetten. In het begin viel het hun zwaar. Maar ze mochten elkaar zien zo vaak als ze wilden. Dat is nu niet meer nodig. Ze hebben het allebei naar hun zin. Er is maar één minpuntje, namelijk dat ze als ze uit school komen altijd eerst een tijdje *moeten ruziemaken, alsof ze elkaar weer moeten vinden. Daarna spelen ze in grote harmonie. De scheiding is een goed besluit geweest.'*

Ilse, moeder van een twee-eiige tweeling: *'De meisjes zitten vanaf groep 3 in parallelklassen. Ze zijn namelijk heel verschillend van karakter en hebben een ander soort vriendinnen. We denken dat ze zich op deze manier makkelijker kunnen ontplooien.'*

Een van de twee wil samen, de ander niet

Het komt soms voor dat een van de tweeling graag met zijn broertje of zusje in de klas wil zitten, terwijl de ander aangeeft apart te willen. Of ouders zien dat het voor het ene kind wel goed zou uitpakken om samen te zijn, maar niet voor de ander. Dit stelt hen voor een moeilijk dilemma.

Joop: *'Leo en Alex, twee-eiig, zijn heel erg verschillend. Tot groep 3 hebben ze bij elkaar gezeten, maar Leo geeft nu aan dat hij in een eigen klas wil. Hij wil eigen vriendjes maken en niet steeds vergeleken worden. Alex is nogal stil en verlegen. Hij sluit zich altijd aan bij de vriendjes van zijn broer. We vinden het belangrijk om Leo's behoefte aan zelfstandigheid te respecteren en we zullen Alex zo goed mogelijk helpen bij deze stap.'*

Dit is een goed uitgangspunt. De drang naar onafhankelijkheid van het ene kind mag niet geremd worden door de scheidingsangst van de tweelingbroer. Er is hier sprake van 'tweelingscheidingsangst'. Er is niet alleen de angst om zonder de ouders te zijn, maar ook om zich te moeten redden zonder de tweelingbroer. Ook dit is weer een typisch tweelingenfenomeen.

De een gaat over, de ander niet

Het kan voorkomen dat de school overweegt om een van de tweeling nog een jaar langer te laten 'kleuteren'. Dit brengt ouders vaak in een moeilijke situatie. Ze vragen zich af hoe dit voor hun kinderen is. Het is moeilijk om daar een algemeen antwoord op te geven. Het hangt sterk af van het karakter van de kinderen. Zijn ze weinig competitief en behoorlijk zelfstandig, dan zullen de voordelen voor het kind dat zijn eigen tempo mag volgen, opwegen tegen de nadelen. Houden ze elkaar echter sterk in de gaten en is er veel rivaliteit, dan zal door het blijven zitten het zelfvertrouwen van het ene kind een flinke deuk oplopen. Toch speelt de houding van de ouders daarin ook een rol. Lukt het hun om de betrekkelijkheid van deze maatregel uit te dragen (er is meer in het leven dan de schoolprestaties), dan zullen zij er minder moeite mee hebben. Ze nemen de normen en waarden van de ouders over.

Gemma: *'De school raadde aan om een van onze eeneiige tweelingjongens nog een jaar te laten kleuteren. Vanwege intra-uteriene groeivertraging was hij de lichtste bij de geboorte. Het was voor beiden een moeilijk jaar, vooral voor mijn zoontje dat naar groep 3 doorging. Toen bleef hij zitten en zo kwamen ze het jaar erna weer samen.'*

Van klas veranderen tijdens de schooljaren
Op de meeste scholen blijven de kinderen van groep 3 tot het eind van de basisschool in dezelfde klas. Het is echter goed mogelijk dat wat een goed besluit leek bij aanvang van de schoolperiode, later niet meer gunstig is voor de kinderen. Tenslotte groeien en veranderen ze. Soms wordt dan alsnog voor scheiden (of samenplaatsen) gekozen.

Het heeft echter een nadeel. Een van de kinderen zal in een andere klas nieuwe vrienden moeten maken en een plaatsje zien te veroveren. Soms zal dat voor het ene kind makkelijker zijn dan voor de ander. Ook is het raadzaam dit met de kinderen te bespreken. Soms hebben ze er zelf een duidelijk idee over en besluiten ze samen wie naar de nieuwe klas gaat. Leg hun ook de reden van jullie besluit uit, want dat maakt het voor hen makkelijker om de nieuwe situatie te accepteren. Overweeg, in overleg met de leerkrachten, wie er overgeplaatst gaat worden.

Mijn ervaring door de jaren heen is dat eeneiige tweelingen het meestal niet prettig vinden in aparte klassen te moeten zitten, terwijl twee-eiige er meestal minder last van hebben. Slechts enkele eeneiige tweelingen vertelden me dat ze de scheiding nuttig hadden gevonden (zie ook hoofdstuk 22).

Houding van de leraar
Als algemene regel kun je aannemen dat je als ouders meer aandacht moeten besteden aan de vorderingen van je tweeling en aan hun relatie met de leerkrachten en klasgenoten dan andere ouders. Daarom is nauw contact tussen het gezin en school belangrijk. Leerkrachten zijn geen tweelingspecialisten en hun ervaring kan beperkt zijn. Jullie informatie over de tweeling is belangrijk. Op die manier kan de onderwijzer inzicht verkrijgen in hoe een tweeling (en drieling) in het leven staat. Zonder deze kennis kan bepaald gedrag verkeerd uitgelegd worden en kunnen er daardoor verkeerde beslissingen worden genomen.

Marieke, lerares van groep 2: '*Bas schrijft op al zijn werkjes zijn eigen naam én die van zijn broer. Ze zijn een eeneiige tweeling die ik samen in de klas heb. Een collega van mij aan wie ik dit vertelde, opperde dat ze beter gescheiden konden worden. Ik zie dit anders. Ze doen het goed in de klas en zijn heel sociaal. Het is een uiting van hoe Bas zichzelf ziet. Wel raadde ik de ouders in het oudergesprek aan om meer een-op-eencontact te organiseren. Ze waren blij met deze tip.*'

Eeneiige tweelingen presteren vaak verrassend identiek. Ook dit kan aanleiding geven tot een verkeerde inschatting.

Rudolf, leraar van groep 7: '*De tweeling had in een proefwerk precies dezelfde fouten. Ik dacht meteen dat ze bij elkaar hadden afgekeken tot ik besefte dat dit helemaal niet kon. Ze zitten heel ver uit elkaar. Ik zie nu dat ze bijna identieke capaciteiten hebben. Ook stellen ze me vaak, als de klas in stilte aan iets werkt, dezelfde vraag vlak na elkaar. Dan roept eerst de een me bij zich, vervolgens de ander. Terwijl ik naar de tweede loop, weet ik de vraag al! Het is boeiend om hun wereld te leren kennen.'*

Een school die het beleid had om tweelingen te scheiden, vertelde me dat ze ontdekten dat een eeneiige meisjestweeling, acht jaar, zich expres slecht gedroeg in de hoop uit de klas gestuurd te worden. Wat bleek? Ze spraken dit met elkaar af en zo troffen ze elkaar op de gang. Hieruit blijkt hoe groot de behoefte kan zijn om elkaar even te zien. Een andere volwassen tweeling vertelde me hoe ze vroeger op de basisschool met elkaar afspraken om op hetzelfde moment naar het toilet te gaan. Dat moment gebruikten ze om elkaar even vast te houden en samen een gebedje op te zeggen. Ze vonden het alle twee vreselijk om gescheiden te zijn.

Drielingen en school

De keuze voor drielingouders is ook in deze levensfase verre van eenvoudig. De afwegingen die voor tweelingen gelden (zie vorige bladzijden) zijn ook van toepassing in jullie geval. Alleen speelt hier de moeilijkheid mee dat weinig scholen drie parallelklassen hebben. Als ouders dan voor scheiding zijn, dan zal er altijd één alleen zijn.

Praktijkvoorbeelden
Helena, moeder van een eeneiige meisjesdrieling: '*Op onze school zijn maar twee parallelklassen en ik wist echt niet wie van de drie ik apart zou moeten zetten. Ze zitten dus in één klas, maar ze gedragen zich onafhankelijk. Het is ook niet zo dat er één domineert. Ik ben blij dat ik het zo heb gedaan. Als we hadden gekozen voor twee klassen, had een van hen zich vast buitengesloten gevoeld. Ook organisatorisch gezien zitten er voordelen aan: ik hoef maar met één leerkracht te spreken en ze komen met hetzelfde huiswerk thuis.'*

Een moeder van een drie-eiige drieling: '*Niels, David en Mirjam zaten op de peuterschool bij elkaar. In groep 1 van de basisschool kozen we voor drie aparte klassen. Dat beviel goed. Maar in groep 3 zijn er maar twee parallelklassen. Dus staan we nu voor de keuze wie bij wie zal gaan. Alle drie bij elkaar is geen optie, want ze bemoeien zich veel met elkaar en worden druk. Niels is een sociaal kind dat makkelijk leert. David is vrij angstig, emotioneel snel uit balans en ontwikkelt zich het langzaamst van de drie. Mirjam is een heel gemiddeld kind. Het is voor David heel vervelend om steeds te moeten opboksen tegen Niels, die alles beter en sneller kan. Dit maakt hem heel onzeker. De jongens willen we daarom sowieso splitsen. De vraag is nu bij wie we Mirjam zullen plaatsen. Voor haar zelf maakt het, naar ons idee, niet veel uit. Zou zij voor David een steun kunnen zijn? Het feit dat ze eerder competitief naar hem is dan ondersteunend, heeft bij ons de doorslag gegeven om David alleen te plaatsen. Zo zal hij alle ruimte hebben om zich in zijn eigen tempo te ontwikkelen. Het feit dat hij alleen in een nieuwe klas komt, proberen we te verzachten. We hebben de school gevraagd om twee van zijn vriendjes bij hem te plaatsen. De school staat hiervoor open. Na lang wikken en wegen zijn we eruit. Nu afwachten hoe het uitpakt.'*

Karina, moeder van een drie-eiige drieling, twee jongens en een meisje: '*Vanaf groep 3 zitten de kinderen ieder in een eigen klas. Het bevalt ons en hun goed. Het grappige is wel dat ze nog steeds graag één kamer delen. Ze mogen ieder een eigen kamer, maar dat willen ze niet. Ze zijn graag bij elkaar.*'

Ana: '*Onze twee-eiige drielingjongens zitten vanaf groep 3 in twee klassen. Een van de tweeling zit bij het twee-eiige broertje en hun andere broertje zit alleen. Hij vindt dit niet leuk. Het liefst had ik hen in drie verschillende klassen geplaatst, maar die zijn er niet. We hebben gekozen voor deze opstelling omdat de tweeling erg competitief is naar elkaar, maar niet naar hun andere broertje. Van alle mogelijkheden was dit de minst slechte.*'

Verlegenheid

Verlegenheid is een aangeboren karaktertrek die onder invloed van opvoeding of omgeving erger of minder kan worden.

Bij twee-eiige tweelingen kan de een er meer last van hebben dan de ander, net zoals bij broertjes en zusjes van verschillende leeftijden. Het hoeft helemaal geen probleem te zijn. Het kind dat het meest open is, omringt zich met vriendjes en vriendinnetjes met wie de ander ook bevriend kan raken. Eeneiige meerlingen echter hebben het meestal beiden in dezelfde mate. Dat kan moeilijk zijn omdat ze deze eigenschap bij elkaar versterken, wat het voor hen lastig maakt vriendschappen te sluiten met leeftijdgenootjes. Het is goed om als ouders hierop bedacht te zijn.

Een vader van een zevenjarige meisjestweeling vertelt hierover: '*Mijn dochters zijn extreem verlegen. Ze zitten in de derde klas van het basisonderwijs, maar tot nu toe hebben ze nog met geen enkel ander kind vriendschap gesloten. Het zijn goede leerlingen, maar elke dag zeggen ze tegen ons dat ze niet naar school willen. Een klasgenootje heeft een van hen gevraagd met haar van plaats te wisselen. Omdat ze geen nee durfde te zeggen, stemde ze toe. Nu heeft ze nóg meer moeite met naar school te gaan. Thuis zijn ze ontspannen en ongedwongen zolang ze alleen zijn. Zodra er andere mensen zijn, maakt niet uit of het familie is of onbekenden, verandert hun gedrag radicaal.*'

De bezorgdheid van deze vader is terecht. De meisjes versterken elkaars gedrag. Door als tweeling op te treden hoeven ze hun verlegenheid niet onder ogen te zien. In het algemeen overwint een kind zijn verlegenheid gedeeltelijk door positieve ervaringen mee te maken die ervoor zorgen dat het zelfvertrouwen krijgt. Bij tweelingen is het echter waarschijnlijk dat ze veel minder met mensen in aanraking komen omdat ze zich tot elkaar wenden.

Ik stelde de ouders het volgende stappenplan voor:
- De ouders gaan wekelijks activiteiten met elke dochter apart doen, iets dat voorheen amper gebeurde. Zodra de meisjes eraan gewend zijn en ervan kunnen genieten, is het moment aangebroken voor de volgende stap.
- De ouders nodigen een ander kind uit om te komen spelen, zoals een nichtje of buurkind, bij voorkeur van dezelfde of jongere leeftijd. Dit leert de meisjes om in een vertrouwde omgeving met een ander kind te spelen. Ook raad ik de ouders aan regelmatig andere familieleden uit te nodigen en ontmoetingen met andere tweelingen te arrangeren, omdat die elkaar intuïtief begrijpen, wat het contact versoepelt. Daarom geef ik hun het advies naar excursies van de Vereniging van Ouders van Meerlingen te gaan. De stap erna is het uitnodigen van klasgenootjes.
- Ik stel voor dat ze in de klas aan aparte tafeltjes geplaatst worden met medewerking van de leerkracht. Een volgende stap is om de meisjes in aparte klassen te plaatsen, maar dit kan alleen als ze inmiddels met de andere klasgenootjes contact hebben. Als dat niet zo is, bereik je het tegendeel: ze zullen meer dan ooit in hun schulp kruipen en de verlegenheid zal erger worden.

Het plan werkte. De ouders overwegen nu hen in aparte klassen te plaatsen als ze naar de groep 4 gaan. Ze zullen dan ieder met een vriendinnetje in de nieuwe klas starten.

Verlegenheid is een eigenschap die meestal niet verdwijnt. Persoonlijkheidsstudies tonen aan dat het in de loop van een leven niet erg verandert. Vooral eigenschappen als verlegenheid, depressie, introversie of extraversie blijven constant. Probeer dus een verlegen kind niet te veranderen! Eis ook niet dat het zich anders gaat gedragen. Je doel zou moeten zijn het te leren zich open te stellen voor andere mensen en te genieten van het menselijk contact. Belangrijk is ook dat je het kind aanmoedigt en prijst als het toenadering tot iemand anders zoekt, met een blik of een gebaar bijvoorbeeld. Vermijd opmerkingen en commentaar in de trant van 'Wees niet zo verlegen'. Als je deze eigenschap van het kind respecteert en begrip toont, voelt het zich gesterkt. Je zou kunnen zeggen: 'Ik weet wel dat je het moeilijk vindt om met oom Willem te praten.' De tijd, het rijpingsproces van het kind en positieve ervaringen helpen bij het overwinnen van deze karaktertrek.

Competitie

Het is volstrekt logisch dat kinderen die tegelijk geboren zijn, zich onderling vergelijken. Het is niet zo dat meerlingen op zich competitiever zijn dan eenlingen, maar hun situatie nodigt er wel meer toe uit om te vergelijken. Als de een wel kan zwemmen en de ander nog niet, kan dat rivaliteit en jaloezie opwekken. Kinderen van verschillende leeftijden binnen een gezin vergelijken zich met elkaar, maar hun competitiegevoel is minder, omdat een verschil altijd te verklaren is door het verschil in leeftijd. 'Je hebt gewonnen, maar jij bent ook ouder!' Helaas kunnen tweelingen zich niet met dit excuus troosten, hoewel sommigen dat gek genoeg tóch doen: 'Jij hebt gewonnen omdat jij het eerste bent geboren!' Dit doen met name de MZ- en DZ-kinderen, terwijl bij de jongen-meisjetweeling meer het geslacht meespeelt: 'Je hebt gewonnen omdat je een jongen bent.'

Ook het tweelingtype speelt mee: de MZ-kinderen zijn het minst competitief van alle subgroepen (uitzonderingen daargelaten).

Ook speelt het geslacht en leeftijd van het kind een rol. Het is bekend dat jongetjes, met hun hogere gehalte aan het agressiviteitshormoon testosteron, zich meestal meer moeten bewijzen dan meisjes. Op sommige leeftijden is het testosteronniveau hoger dan gemiddeld en daardoor ook de competitiedrift groter. Het is dus echt niet raar dat je zonen van zes zich nog steeds bij elke aanleiding met elkaar moeten meten. Geleidelijk aan zal het in de komende jaren afzwakken en weer toenemen in de puberteit.

Suggesties
→ Vergelijk hun kwaliteiten niet met elkaar. En als zij dat zelf doen – 'Ik ken lekker de tafel van één en jij niet' – laat ze dan zien dat iedereen zijn kwaliteiten heeft en in zijn eigen tempo leert. Als de een het op school beter doet dan de ander, leg ze dan uit dat je ook op veel andere gebieden dan de intellectuele mooie prestaties kunt leveren, zoals met handvaardigheid, muziek en andere creatieve bezigheden of wat betreft het aangaan van vriendschappen.
→ Streef er niet naar hen geheel gelijk op te voeden. Dit is sowieso onmogelijk en het bevordert dat ze alles onderling gaan afmeten. Geef ze elk waar ze nodig hebben, wat ook inhoudt dat de een wel eens een 'gelukje' heeft en de andere niet. Gaandeweg leren ze dat accepteren.
→ Onderzoek wijst uit dat zulke gevoelens hardnekkig blijven bestaan als ouders ze niet toestaan aan hun kinderen ('Wees nou niet zo jaloers zeg, hij is je broertje'). Ze blijven binnen in de kinderen opgesloten. Het is juist goed als ze geuit worden. Moedig hen aan erover te praten. De lucht wordt gezuiverd als een jongen tegen zijn broertje kan zeggen dat hij het rot vindt dat hij betere cijfers haalt en dat hij

zich dan slecht voelt. Achter deze gevoelens gaan vaak een slecht zelfbeeld en gebrek aan zelfvertrouwen schuil. Lees hun kinderboekjes voor die hierover gaan.

→ Leer hun een team te vormen waarbij de een de ander kan ondersteunen in zijn zwakkere kanten. Nummer een kan nummer twee leren tekenen terwijl nummer twee de eerste helpt met zijn sommen.

→ Zie competitiedrang als een positieve eigenschap. Het strijdbare kind is meestal energiek en begiftigd met de drang tot leiderschap. Geef hem ook eens de gelegenheid zich op een gezonde manier met anderen te meten. Organiseer een wedstrijd of een concours. Ook de leerkracht moet hem uitdagen en de lat hoog leggen. Als de tweeling erg competitief is, moet je ze leren niet tégen elkaar, maar mét elkaar te strijden, in concoursen en dergelijke. Er zijn heel wat tweelingsporthelden die het samen ver hebben geschopt. Denk maar aan de voetballers Frank en Ronald de Boer en de schaatsers Bob en Michel Mulder.

→ Als de onderlinge competitiedrang tot dagelijkse discussies en ruzies leidt, kies dan voor afzonderlijke klassen. Dat verbetert de sfeer zowel thuis als op school aanzienlijk.

Yvonne, moeder van een twee-eiige tweeling van zeven: '*De jongens waren onderling heel competitief. De een presteerde veel beter dan de ander en was bovendien beter in sport. Dat vond de ander heel vervelend en hij verzon buikpijnklachten om onder de sportlessen uit te komen. Toen we dat doorkregen, lieten we hen in aparte klassen zetten. Nu zien we dat ze zich veel prettiger voelen.*'

Je houdt meer van hem!

Alle kinderen binnen een gezin strijden om de aandacht van de ouders en dat is bij meerlingen natuurlijk niet anders. Dat blijkt ook uit de volgende praktijkverhalen.

Janet, moeder van een negenjarige, twee-eiige tweeling: '*Johan heeft hulp nodig bij zijn schoolwerk, maar zijn tweelingbroer Mart niet. Ik besteed dus dagelijks tamelijk veel tijd aan Johan terwijl Mart in dezelfde kamer rustig aan het spelen is. De laatste tijd begint hij zich vervelend te gedragen en is gauw boos. Op een gegeven moment vroeg ik hem wat er aan de hand was. Hij snikte: "Jij houdt meer van Johan dan van mij. Je bent altijd met hém bezig!" Het verbaasde me, ik dacht dat hij wel begrepen had waarom dat zo was. Vanaf die dag lees ik elke avond met hem alleen en houdt Johan zichzelf bezig. De balans is weer hersteld.*'

Claartje, moeder van een eeneiige tweeling van zes jaar: '*Mijn zoontjes zijn erg verschillend. Degene die het eerst is geboren, past zich makkelijk aan en wijkt voor de ander. Zijn broertje is veeleisend, onzeker en erg afhankelijk van ons. Er is een soort rolverdeling bij hen ontstaan: de ene is "de gehoorzame", de andere "de dwarse", iets wat zelfs doorspeelt in hun spel. Maar ik moet de dwarsligger meer straffen, want hij haalt meer streken uit. Hij verwijt me dat ik alleen hem aanpak en denkt dat ik minder van hem houd. Ik moedig hem aan waar ik kan om zijn zelfvertrouwen te versterken en ik gebruik nooit de termen "de goede" en "de dwarse". Ik heb er zelfs een gewoonte van gemaakt alleen de goede kwaliteiten van beiden te benoemen.'*

De volgende opmerkingen (twee daarvan komen in de genoemde voorbeelden voor) zijn een bewijs dat je tweeling met elkaar rivaliseert:
- de kinderen klagen erover dat je één liever vindt of beter behandelt. Ze komen met 'bewijzen' die dit gedrag aantonen;
- ze vechten om wie de meeste aandacht krijgt;
- ze worden boos als de een iets van de ander gebruikt;
- ze vechten om goedkeuring en aandacht van de ouders.

De moeders uit deze voorbeelden pakten het goed aan. Ze onderkenden de gevoelens van de kinderen en probeerden ieder te geven wat hij nodig had. Claartje besloot haar tweeling in aparte klassen te plaatsen. Dat doorbrak het patroon van de 'slechte' en de 'goede' tweelinghelft.

Maar in het volgende geval kun je zien dat de tweeling zelf totaal niet begrijpt dat een individuele aanpak hun allebei ten goede komt. Ze willen dat ze allebei precies gelijk behandeld worden.

Lilian, moeder van twee jongens van zes: *'Ik had besloten dat we de naamdag van elk van de twee zouden vieren. De eerste was de naamdag van Michel. Het ging perfect. Ik had met tweelingbroertje Ruud een cadeautje gekocht en ook opa en oma brachten een cadeautje mee. Alles verliep harmonieus. Toen het de dag van Ruud was, verzette Michel zich tegen alles. Hij hield geen ogenblik op, eiste óók cadeautjes en kon het niet uitstaan dat het deze feestdag alleen om zijn broertje draaide. Hij was vreselijk jaloers en verweet me dat ik meer hield van zijn broertje dan van hem.'*

Dit is zeker een lastige toestand. De reactie van een van de twee is geen aanmoediging om nogmaals activiteiten voor elk apart te organiseren. Toch moet je je daar niet door laten beïnvloeden. Meestal is het zo dat het kind dat zich beklaagt zich onzeker voelt en weinig zelfvertrouwen heeft. Laat merken dat je het begrijpt en als je zijn goede gedrag aanmoedigt, zal hij uiteindelijk leren dat hij net zo geliefd is als zijn tweelingbroer.

Het is wel mogelijk dat dit kind altijd wat gevoeliger blijft voor 'onrecht'. Bovendien, het is niet te vermijden dat een kind zich zo af en toe buitengesloten zal voelen, zoals de volgende moeder heel goed uitlegt: *'Toen Peter, tien jaar, uit school kwam, leek hij ergens mee te zitten. Hij was stil en verdrietig, helemaal niet vrolijk en levendig zoals anders. Ik wist dat er iets mis was, maar hij ontweek mijn vragen totdat hij naar bed ging. Toen begon hij te huilen en vertelde me dat een kind van school hem had gepest. Ik wilde hem de gelegenheid geven vrij met me te spreken en stelde voor dat we even beneden in de keuken zouden gaan zitten. Ik gaf hem een bekertje warme melk. Op dat moment stormde zijn tweelingbroer de keuken in, schreeuwend "Nou ja zeg! Het is bedtijd hoor en als hij naar beneden mag, dan kom ik ook!" Ik voelde me een beetje schuldig omdat ik Peter had "voorgetrokken" maar wist wel dat het in dit geval terecht was. Dus ik zei: "Peter heeft me nu even nodig, dus nu mogen we even van de regels afwijken." Hij was het er niet mee eens, maar op een dag zal híj dit zelf even nodig hebben en dan zal hij het wel begrijpen.'*

Ruzies

Ruzies horen bij hun dagelijkse leven. Soms vechten ze om hun territorium en bezittingen. Het komt ten dele doordat ze zoveel tijd samen doorbrengen waardoor irritaties ontstaan. Aan de ene kant hebben ze elkaar nodig en zoeken ze elkaar op, maar te directe nabijheid is soms weer te veel.

Nora: '*Mijn tweeling vecht veel. Dan zeg ik dat ze apart moeten gaan spelen. Dat doen ze dan wel, maar na korte tijd zitten ze toch weer bij elkaar.*'

Die ruzies betekenen niet dat ze niet met elkaar kunnen opschieten. Ze hebben meestal een nauwe en intieme band met elkaar. De strubbelingen zijn een dagelijks verschijnsel waarmee ze leren van zich af te bijten, te onderhandelen en compromissen te sluiten. Jongens hebben bovendien die fysieke vechtpartijtjes nodig om hun spanningen en energie af te reageren. Het gaat daarbij dus niet altijd om woede of boosheid.

Silvia, moeder van een jongenstweeling: '*Mijn tweeling van elf is erg impulsief en ze vechten veel. Aanvankelijk kon ik het niet aanzien dat ze zoveel vochten. Ikzelf heb alleen zussen en ik had zulke agressie nooit meegemaakt. Af en toe was ik bang dat ze elkaar wat aan zouden doen, maar ik heb geleerd om me erbuiten te houden. Ik haal ze alleen uiteen als ze elkaar pijn doen. Dan moeten ze naar hun kamer en dan praat ik met hen. Het is heel gek om te zien hoe zij het met elkaar goedmaken: na een tijdje gaat de een naar de kamer van de ander en vraagt dan iets onbelangrijks, bijvoorbeeld "Mag ik je rode pen even lenen?" De ander vraagt dan iets als "Hoe laat is het?" En dat is dan het teken dat het allemaal weer oké is!*'

Ruzies kunnen ook wijzen op een onderliggend probleem. Martin en Paul, twaalf jaar, zijn dagelijks verwikkeld in heel heftige ruzies, met blauwe plekken als gevolg. Tussen hen woekert een probleem waar aandacht aan besteed moet worden. In het gesprek met de ouders valt me op dat Martin als de lieve, verantwoordelijke, slimme en oudere zoon wordt beschreven en Paul als de impulsieve, agressieve en jongere tweelinghelft, die qua intelligentie niet kan tippen aan zijn broer. De beschrijvingen gaan enkel om de verschillen tussen de kinderen. Vergelijkingen tussen tweelingkinderen doen nooit recht aan het kind in zijn totaliteit. Ieder kind is meer dan alleen de tegenpool van zijn tweelingbroer of -zus en heeft zijn eigen gaven en tekortkomingen.

Het vele vechten tussen deze jongens was een uiting van beiden vanwege de frustraties niet als twee aparte individuen te worden gezien. Ook hier was een patroon ontstaan van de 'goede' en de 'slechte' tweelinghelft waar beiden last van hadden. Paul voelde de teleurstelling van zijn ouders omdat hij nooit aan het gedrag van zijn broer zou kunnen tippen. Dit zette hem aan tot slecht en lastig gedrag. Door middel van gesprekken leerden de ouders de kinderen als verschillende personen te zien. Paul bleek een heel creatieve kant te hebben. Toen hij die kon uiten, werden zijn woede en impulsiviteit minder. De relatie met zijn ouders verbeterde en ook die tussen de broers.

Het is goed aan aantal regels op te stellen met betrekking tot ruzies:
- Het is verboden met spullen te gooien of in het gezicht te slaan.
- Sommige (kwetsende) scheldwoorden zijn uit den boze.
- Stompen mag niet.
- Het gevecht moet stoppen als een van de twee een tevoren afgesproken teken geeft, bijvoorbeeld: STOP!
- Er zijn grenzen: als ze het niet eens kunnen worden (wie mag de tablet gebruiken?), dan mag gedurende een afgesproken tijd niemand met het betreffende speelgoed spelen.

Als het altijd dezelfde is die wint met vechten, die beslist over wat er op de tv te zien is, of die altijd voorgaat, is het verleidelijk de 'zwakste' in bescherming te nemen. Dat is een valkuil! Deze zal zich namelijk al te makkelijk vastklampen aan de rol van slachtoffer. De houding die hij in de familiekring aanleert, wordt de basis voor hoe hij zich daarbuiten opstelt. Leer hem welke mogelijkheden hij heeft het gedrag van zijn broer of zus te beëindigen: weggaan van de plaats waar ze spelen of simpelweg het spel stoppen als de ander agressief of beledigend is. En biedt ze ook een manier aan om eerlijker te bepalen wie er eerst mag. Een muntje opgooien bijvoorbeeld.

Als een van de kinderen erg dominant is bij het spelen, dan zal je hem moeten leren onderhandelen of een compromis zoeken om zijn doel te bereiken in plaats van de baas te spelen. Het is in dit soort situaties ook erg nuttig als er klasgenootjes of buurtvriendjes komen spelen met wie ze andere gedragspatronen kunnen ontwikkelen.

Ruzies bij drielingen

Helena, moeder van een eeneiige meisjesdrieling van acht jaar: *'Er waren altijd ruzies, vanaf hun geboorte zou je kunnen zeggen. Ze hebben alle drie een pittig temperament en elk van de drie wilde altijd als eerste geholpen worden. De rust en het evenwicht in het gezin waren hierdoor geheel verstoord. Mijn man en ik hadden een harmonieus leven samen tot de geboorte van de kinderen. Onze relatie leed eronder omdat we dit op den duur niet meer aankonden. Bovendien gebruikten ze onderling een voor ons onbegrijpelijk brabbeltaaltje. Ik vroeg me bezorgd af of ze dit buitenshuis ook zouden gebruiken maar gelukkig was dat niet zo. Op een dag, toen ze zagen hoe wanhopig ik werd van hun voortdurende ruzies, vroeg een van hen: "Maar mammie, waarom word je nou boos, zie je niet dat we spelen?" Wat voor mij zo afschuwelijk was, was voor hen slechts een spelletje! Vanaf die dag probeerde ik hun aanvaringen goed in te schatten. Nog steeds maken ze ruzie, maar wel minder vaak dan vroeger. Nu ze groter zijn, kan ik tussenbeide komen en proberen door te praten hen tot overeenstemming te laten komen.'*

Zeker is dat meerlingen zo tussen zes en negen jaar een rustige en harmonische periode doormaken. Maar tussen negen en twaalf jaar neemt het aantal ruzies toe, wat veroorzaakt wordt door hormonale veranderingen die typisch zijn voor de aanloop naar de puberteit.

Esther, moeder van een twee-eiige meisjesdrieling van elf jaar: *'Tegenwoordig ruziën ze meer dan eerst. Eén is erg prikkelbaar en de anderen provoceren haar door haar uit te lachen, wat heel vaak tot ruzie of zelfs vechten leidt. Dan stuur ik ze naar hun kamer tot ze kalmeren. Het was een goede beslissing hun elk een eigen kamer te geven!'*

Het is niet altijd makkelijk met een meerling onder een dak te leven, maar dankzij het feit dat je elke dag in die situatie zit, zul je een uitstekende vredesrechter worden, discussies in goede banen weten te leiden en leren een zoen of een straf uit te delen al naar gelang de situatie. Daarnaast word je een kei in improvisatie.

Marjon, moeder van een drieling: *'Ik heb de gewoonte leuke gebeurtenissen en opmerkingen van mijn trio op te schrijven. Als de kinderen zich misdragen en niet willen meewerken, trek ik dat boekje tevoorschijn en lees hun een of andere anekdote voor. Dat breekt de spanning en na enige tijd liggen ze met elkaar te rollen van het lachen.'*

Humor is altijd een sterke bondgenoot bij het opvoeden.

Grapjes en beledigingen

Zoals alle eenlingen schelden ook tweelingen elkaar wel eens uit of maken flauwe grappen ten koste van de ander. Dat is een manier van contact die normaal is bij mensen die veel tijd met elkaar doorbrengen. Het is ook een bedekte manier om frustraties kwijt te raken. Het draagt echter niet bij tot een harmonieuze leefomgeving. Grappen kunnen misbruikt worden om er uiterst onaangename, zelfs zeer kwetsende opmerkingen mee te ventileren. Grappen en beledigingen horen bij het sociale leven van (bijna-)pubers. Ze kunnen ook een signaal zijn van affectie en vertrouwen. Maar de scheidslijn tussen leuke en nare grappen is erg smal en daarom moeten ouders ingrijpen om het in de hand te houden.

Suggesties
→ Leg aan de dader uit dat dit verbale geweld uit den boze is. Stuur hem naar zijn kamer als hij ermee doorgaat. Je kunt daarbij een opmerking maken als 'Ik zou het heel erg vinden als iemand tegen jou zou zeggen wat je nou net tegen je broer zei.' Dat kan hem helpen zich te verplaatsen in de ander.
→ Doe tegenover het slachtoffer dit soort zaken niet af als onbelangrijk omdat hij overgevoelig zou zijn. Bagatelliseer het niet met een opmerking als 'Het is allemaal niet zo erg' of 'Dit gebeurt nou eenmaal'. Luister naar hem en accepteer zijn gevoelens. Door niet van hem te vragen dat hij beledigingen negeert of doet alsof ze hem niet raken, leer je hem zijn gevoelens serieus te nemen. Stel hem voor dat hij deze met zijn broer (of zus) deelt.
→ Wees bondgenoot van het slachtoffer en leer hem enkele trucjes waarmee hij het kan afkappen, zoals te zeggen 'Ja, nu is het genoeg!' of de situatie om te keren door er met humor op te reageren.

Nature of nurture

Psychologen zoeken al decennialang naar antwoord op de vraag of ons menselijk gedrag voornamelijk wordt beïnvloed door onze genen of meer door onze opvoeding en omgeving. Deze kwestie wordt met een Engelse term 'nature versus nurture' genoemd, oftewel aangeboren versus aangeleerd.

Eeneiige tweelingen vormen een heel interessant studieobject voor wetenschappers, omdat ze de enige menselijke wezens zijn met dezelfde genen. Alle andere mensen hebben een verschillende genetische kaart. Als we bijvoorbeeld kunnen waarnemen dat bij MZ homoseksualiteit bij beiden vaker voorkomt dan bij DZ, kunnen we concluderen dat bij de seksuele voorkeur een genetische component een rol speelt. Inderdaad wordt dat in diverse studies bevestigd. De mogelijkheid dat beiden homoseksueel zijn, is groter bij MZ, hoewel het voorkomt dat slechts een van de twee deze seksuele voorkeur heeft. Dat betekent dat er ook andere factoren meespelen, zoals minimale verschillen in hun hersenstructuur ten gevolge van prenatale invloeden.

Genetische aanleg en omgeving beïnvloeden elkaar ook over en weer. Daarom spreken we tegenwoordig meer van 'nature ánd nurture'. Het volgende voorbeeld toont dit aan. Het gaat hier om een tienjarige, eeneiige tweeling waarvan één heel angstig is. In principe hebben beiden deze karaktereigenschap ('aanleg'), maar slechts bij een van hen komt het naar buiten. Zoals we zullen zien, beschermt de moeder ('omgeving') hem te veel en versterkt daarmee dit gedrag.

De moeder vertelt: *'Paul is "de oudste". Hij speelt graag op straat. Het is een spontane jongen en heeft een heleboel vriendjes. Hij speelt ook graag met zijn tweelingbroer Nico. Die speelt liever in huis en heeft maar één vriend. Nico wordt meteen kwaad als hem iets niet lukt en heeft woedeaanvallen. Hij vindt het vervelend ergens alleen naartoe te gaan, zoals bij een vriendje gaan spelen. Dan moet Paul mee. Ook wil hij niet alleen slapen. Zijn broer moet hem steeds bij van alles helpen. Nico gedraagt zich als de "kleinste" van de twee.'*

Het gaat hier om twee jongens met dezelfde genen, dezelfde ouders en dezelfde omgeving, die in dezelfde klas zitten. Toch zijn ze heel verschillend. Alhoewel ze beiden dezelfde genetische aanleg hebben om bepaalde trekken te ontwikkelen, angstig zijn bijvoorbeeld, zie je dat slechts bij één terug. We weten dat angstig zijn een zeer erfelijke eigenschap is. De ene is veel ondernemender en socialer dan de andere. Als we hun opvoeding analyseren, zien we dat de houding van de moeder tegenover 'de kleine' heel anders is dan tegenover 'de oudste'.

De moeder beschrijft dat als volgt: *'Ik heb Nico altijd als "de kleine" beschouwd. Hij had een lager gewicht bij de geboorte en huilde meer dan Paul. Hij hing meer aan mij en zijn angsten herinneren mij aan mijn eigen jeugd. Ik was ook helemaal geen durver en had ook zulke angsten. Omdat Paul zo anders was en zoveel sterker, heb ik hem altijd aangemoedigd zijn broertje te helpen, hem te begeleiden als hij ergens heen moest en dergelijke.'*

De aanpak van de moeder heeft de onafhankelijkheid die de ene zoon vertoonde versterkt, maar ook de afhankelijkheid van de ander. Ieder kind weet haarscherp hoe het aandacht moet opeisen. Nico deed dat door zich afhankelijk op te stellen en daarmee is zijn afhankelijkheid toegenomen. Bij deze kinderen ontstond een heel strikte rolverdeling waardoor hun volledige ontwikkeling werd belemmerd. Dit maakte ingrijpen noodzakelijk en de moeder vroeg mijn hulp daarbij. Om de rolverdeling te doorbreken, maakten we het volgende plan:

- Woedeaanvallen van Nico moeten genegeerd worden. Na zo'n aanval praat een van de ouders met hem en biedt alternatieven aan. Zo moet hij bijvoorbeeld leren

- hoe hij kan zeggen wat hij wil in plaats van zich boos te maken.
- Nico moet alléén naar vriendjes gaan. Hij mag niet meer aan zijn broer vragen mee te gaan. Alleen zijn moeder mag hem vergezellen, maar alleen de eerste keren.
- Aan Paul wordt uitgelegd waarom het beter is om zijn broer niet meer te helpen. Hierbij heeft Paul wat steun nodig, zodat hij zich niet tekort voelt schieten ten opzichte van zijn broer.
- Elke uiting van zelfstandig en onafhankelijk gedrag van Nico wordt nadrukkelijk geprezen. Zo zal hij aangemoedigd worden kleine stapjes te nemen: alleen naar het huis van een vriendje en naar de winkel op de hoek.
- De moeder krijgt ondersteuning door middel van enkele persoonlijke gesprekken om te leren haar eigen angsten niet te projecteren op haar kind. Als ze zich zo sterk identificeert met hem, belemmert ze onbewust zijn zelfstandigheid.
- De woorden 'kleine' en 'oudste' worden niet meer gebruikt.

Dit voorbeeld laat zien hoe de opvoeding een aangeboren karaktertrek kan versterken of afzwakken. Paul had dezelfde angst als zijn broertje kunnen ontwikkelen, wat niet gebeurde omdat zijn ouders hem als 'oudste' verantwoordelijk maakten voor zijn kleine broertje. Hij ontwikkelde daarentegen eigenschappen als zelfstandigheid, verantwoordelijkheid en dergelijke. Ongetwijfeld beschikt ook Nico over die kwaliteiten, maar in hem werden geheel tegengestelde eigenschappen gestimuleerd. Dankzij de therapie leerden de ouders de kinderen op een andere manier te behandelen en de afhankelijkheid te doorbreken. Zoals te verwachten was, had nu Paul extra aandacht nodig. Omdat van hem niet meer werd geëist dat hij de sterkste was, kon hij ook eindelijk zijn angsten en onzekerheden tonen. Na een maand of zes was de relatie tussen de twee jongens veel meer in evenwicht.

De relatie met elk kind afzonderlijk

Nog steeds brengt een twee- en drieling van tussen de zes en twaalf jaar veel tijd samen door en is hecht met elkaar verbonden. Ondanks ruzies en strubbelingen zoeken ze elkaar op en spelen veel samen. Ze vinden het fijn samen naar het huis van een vriend of verjaarspartijtjes te gaan en met elkaar dingen te ondernemen. Ze hebben vaak gemeenschappelijke vrienden en maken deel uit van dezelfde groep, zeker als ze van hetzelfde geslacht zijn. Dat geldt zowel voor eeneiige als twee-eiige tweelingen. Jongen-meisjetweelingen hebben als gevolg van het verschil in sekse meestal meer hun eigen vrienden, net als meereiige drielingen. Ze zijn heel erg bij elkaar betrokken: als de ene iets naars overkomt, verdedigt de ander hem of lijdt mee. Als de ouders één van hen een standje geven, komt de ander (of anderen) voor hem op. Voor dit laatste kan ik je enkele tips geven:

- Als een van hen iets verkeerd doet, moet alleen die gestraft worden en niet allebei (alle drie). Kies een strafmaatregel die hij voelt, bijvoorbeeld alleen naar zijn kamer of hij mag niet tv-kijken. Dus straffen moeten niet hetzelfde voor de kinderen zijn, maar bij hen passen.
- Als je er niet achter komt wie van hen de boosdoener is omdat ze elkaar dekken, moet je met elk apart praten. Als er één schuld bekent, is het beter zijn oprechtheid te prijzen dan hem te straffen. Blijven ze koppig, dan moeten ze allebei of alle drie straf krijgen. Dan mogen ze bijvoorbeeld een dag niet buitenspelen. Dit is van belang om hun te leren dat het belangrijkste is schuld te bekennen en altijd eerlijk te zijn.
- Als je boos bent op één van de kinderen, praat dan met hem en leg uit wat je voelt. Dat vind je wellicht moeilijk, zeker als de ander in de bres springt voor hem en jou je boosheid kwalijk neemt. Dat hoort erbij en mag nooit reden zijn níet te straffen als het nodig is. Beter is nog de tussenkomst van het andere kind (of kinderen) te vermijden door met de schuldige afzonderlijk te praten.
- Vermijd hen veel te bekritiseren, want dat ondermijnt het zelfvertrouwen. Als je verandering wilt brengen in bepaalde gewoontes zoals rommel opruimen, netjes zijn, mamma helpen, bereik je meer door goed gedrag nadrukkelijk te prijzen. Een doeltreffend middel om hun medewerking te verkrijgen is het volgende: Hang een briefje op in de keuken met daarop de taakverdeling: wie ruimt de vaat op, wie dekt de tafel, wie laat de hond uit, enzovoort. Zorg ervoor dat elk zijn eigen taken heeft. Om ze aan te moedigen kun je bij elke dag dat het goed gaat een ster tekenen. Als ze een tevoren afgesproken aantal sterren hebben verzameld, krijgen ze een beloning. Dat kan een uitstapje met het gezin zijn, een keertje naar de film of iets anders wat ze leuk vinden.

Het blijft belangrijk, zoals ik al eerder aangaf, met ieder kind apart activiteiten te ondernemen. Dat maakt je relatie met elk van hen sterker, persoonlijker en vollediger. Dat is niet altijd makkelijk, want de kinderen zijn hecht met elkaar verbonden en willen soms liever gezamenlijk uitgaan. Daarnaast vergt het organisatie en tijd. Toch loont het de moeite die inspanning te doen. En soms zit het hem in een eenvoudige oplossing, zoals de regeling dat ieder kind één keer per week langer mag opblijven dan de ander. Een gezin regelde het als volgt voor hun drieling: Paul blijft 's maandags langer op, Marja op woensdag en Christien op vrijdag. De ouders kunnen nu lekker ongestoord kletsen met een van hen, wat niet zelden leidt tot heel persoonlijke gesprekken.

Helena, moeder van een eeneiige drieling van acht jaar: 'Ik wilde het systeem invoeren om regelmatig iets met een van de drie te gaan doen. Het kwam er echter niet van. Ze spelen het liefste thuis. Als ik dan voorstelde om met één een boodschapje te gaan doen, hadden ze daar helemaal geen zin in. Wel heb ik ingevoerd dat ze om beurten bij mij mogen slapen. Dat vinden ze fantastisch. Ik geniet er ook van, want ik heb *dan 's morgens als we wakker worden, altijd leuke gesprekjes met ze. Ze hebben ieder een eigen dag hiervoor. Hun oudere zus doet hierin niet mee, ze gaat liever af en toe alleen met mij de stad in.'*

Andere problemen

Het kan gebeuren dat de een zich minder aantrekkelijk voelt dan de ander(en), of minder slim, of minder geliefd… Ze worden niet alleen door volwassenen met elkaar vergeleken, maar ze doen het zelf ook. Dat komt zowel voor bij tweelingen van hetzelfde als van verschillend geslacht. Het valt niet mee te leven in de schaduw van iemand anders die alles duidelijk beter kan en doet. Hoe een kind daarop zal reageren, hangt af van zijn karakter: hij kan zich terugtrekken in zichzelf of zich tegendraads gaan gedragen. Neem die gevoelens vooral serieus. Praat onder vier ogen met het kind dat het moeilijk heeft en zoek manieren om het te helpen zijn eigen kwaliteiten te ontwikkelen.

Marijke, moeder van een dochter van twaalf en een jongen-meisjetweeling van zeven: *'Ik vond het dagboek van de jongste en kon de verleiding niet weerstaan het te lezen. Ze had erin geschreven dat ze nergens goed in was en dat niemand van haar hield. Haar zusje was het lievelingetje van pappa en mamma en haar tweelingbroer kon alles beter dan zij. Ze zou liever niet meer leven. Ik schrok enorm. Ik houd van alle drie evenveel en wist van deze gevoelens helemaal niets af. Sindsdien zorg ik ervoor dat ik haar meer aandacht geef, dingen met haar alleen doe, haar veel prijs en haar vriendinnetjes mee naar huis laat nemen. Ik probeer te voorkomen dat haar broer steeds kritiek op haar heeft. Dat gebeurde erg vaak. En in het volgende schooljaar gaan ze naar aparte klassen.'*

Ook kan het probleem zich voordoen dat één van de kinderen heel makkelijk contact maakt maar het andere niet.

Amanda: *'Mijn twee dochters van elf, een twee-eiige tweeling, verschillen als de dag en de nacht. Esther heeft een hele sleep vriendinnen en is nooit alleen. Laura is nogal verlegen en heeft maar één vriendin. Ze zitten in verschillende klassen en Esther wordt geregeld uitgenodigd voor verjaarspartijtjes. Laatst was ze helemaal opgetogen want ze was door een vriendin uitgenodigd een dagje mee te gaan naar een pretpark. Toen ze het gezicht van haar zus zag, vond ze het sneu voor haar en besloot de uitnodiging af te slaan! Toen ben ik ertussen gesprongen en heb haar gezegd dat ze wél mee moest gaan en dat ik me wel om Laura zou bekommeren. Ik overtuigde haar en ze ging. Laura bleef thuis, in een rothumeur. Eerst dacht ik erover haar vriendin te bellen om te vragen of ze kwam spelen, maar later besloot ik dat het beter was als ze dat zelf zou doen. Toen ik het haar voorstelde, zei ze dat ze dat niet durfde. Ze wachtte een tijdje zonder iets te doen. Uiteindelijk belde ze, het vriendinnetje kwam en ze hadden een heerlijke middag samen. Doordat ze alleen was, overwon ze haar verlegenheid. Ik was erg blij dat ik het probleem niet voor haar had opgelost.'*

Het is niet altijd gemakkelijk deel van een tweeling te zijn. Elk tweelingkind wordt geconfronteerd met pijnlijke situaties en met eigen grenzen. Laura uit bovenstaand voorbeeld wilde graag als haar zus zijn en een kring van vriendinnen om zich heen hebben. De moeder deed er heel goed aan te wachten totdat het kind zelf haar angst om te bellen had overwonnen. Haar frustratie over de situatie maakte dat ze zo reageerde en haar slechte bui kon afschudden. Dit voorbeeld maakt ook duidelijk dat het positief werkt als je elk kind zijn eigen beslissingen laat nemen.

Verjaardagspartijtjes

Ook verjaarspartijtjes kunnen bij meerlingen specifieke problemen met zich meebrengen. Dat is het geval als de één een uitnodiging krijgt en de ander niet, wat gebruikelijk is als ze in verschillende klassen zitten. Hoewel het heel logisch is, vinden ze het zelf meestal erg pijnlijk.

Esther legt uit: *'Mijn dochters van zeven zitten in verschillende klassen. Doordat we bevriend zijn met verschillende ouderparen in de ene klas, nodigen die bijna altijd beiden uit. Maar dat gebeurt niet met de ander en dat begrijpt ze niet. Dat is moeilijk voor haar en daarom doen we met haar dan iets leuks.'*

Vooral bij twee-eiige tweelingen is vaak de een populairder dan de ander. Die wordt dan ook vaker geïnviteerd. Dat is niet makkelijk voor het andere kind, maar een goede aanleiding met hem iets speciaals te gaan doen. Soms is het trouwens net zo heerlijk om lekker thuis te blijven met pappa en mamma en te genieten van hun exclusieve aandacht.

Voor sommige kinderen is het trouwens helemaal geen probleem omdat ze individualistischer zijn. Daarentegen lijden andere kinderen er wel onder. Is dat bij jullie zo, praat dan met hem of haar en leg het uit dat ieder kind nou eenmaal anders is en dat als je minder populair bent, dat nog niet wil zeggen dat er niet van je gehouden wordt.

Sommige ouders van jarige kinderen voelen zich verplicht tweelingen (of drielingen) samen uit te nodigen of zijn er onzeker over. Praat er open over als je zoiets merkt. Het kan inderdaad pijnlijk zijn als slechts één van de twee of drie mag komen, maar enige tijd alleen doorbrengen is een goede ervaring op weg naar onafhankelijkheid. In de praktijk blijkt dat eeneiige tweelingen vaker samen naar een partijtje gaan dan twee-eiige.

Als ze hun eigen verjaardag vieren, is het het eerlijkst als elk hetzelfde aantal vriendjes mag vragen. Toch omzeil je daarmee niet alle problemen.

Marianne: *'Ik zei tegen mijn dochters van zeven dat ze elk zeven vriendinnetjes mochten vragen, één voor elk levensjaar. Ze begonnen meteen met een lijst aan te leggen. Maar ze hadden een probleem: ze hebben drie gemeenschappelijke vriendinnen en op wiens lijst moesten die? Bijna tot op de laatste dag werd er geruild en heftig geruzied.'*

Intellectuele ontwikkeling

De intellectuele ontwikkeling van tweelingen gaat hetzelfde als bij eenlingen. Wel blijven ze gemiddeld een aantal punten achter bij andere kinderen volgens Engelse studies, maar dat is dermate gering dat er geen reden tot bezorgdheid is.

Er zijn twee oorzaken die deze lichte verschillen kunnen verklaren: ten eerste komen vroeggeboorte en een laag geboortegewicht meer voor bij tweelingen dan bij eenlingen. Deze factoren kunnen leerproblemen veroorzaken. Op de tweede plaats, en niet minder van belang, kunnen ouders van een tweeling minder individuele tijd aan hun kinderen besteden dan ouders van een eenling. Hierdoor wordt vooral het verschil in de taalontwikkeling verklaard. Je moet je dus terdege bewust zijn van deze ongunstige omstandigheden. Wat de taalverwerving betreft, kunnen de houding van de ouders en hun belangstelling voor het schoolwerk een goede aanvullende steun zijn.

Een onderzoek over drielingen van Britta Alin-Åkerman bekeek de ontwikkeling van deze groep meerlingen in de leeftijd van vier tot acht jaar en wel specifiek bij de groep lichtgewichten. Ze werden vergeleken met hun zusjes en broertjes die een normaal geboortegewicht hadden. De test, Griffiths' Mental Development Scales, meet verschillende aspecten van de ontwikkeling bij kinderen zoals motoriek, sociabiliteit, het spreken en de taal, hand-oogcoördinatie, rekenen en intelligentie. De kinderen met een laag geboortegewicht (SGA, 'small for gestacional age') scoorden lager op de cognitieve taken en haalden ook een lagere totaalscore. Een vergelijking tussen drielingen en tweelingen van hetzelfde geboortegewicht gaf geen verschil wat betreft de intellectuele ontwikkeling. Er werd echter wel een verschil gevonden in taal, spreken en sociale ontwikkeling. Volgens Åkerman heeft dit vooral te maken met de omgeving waarin een drieling opgroeit. Een drieling moet, nog meer dan een tweeling, vechten voor aandacht, stimulans en liefde. Het vroege praten met de ouders en het een-op-eencontact is anders. Ook hier is het dus belangrijk om de minder gunstige start van deze kinderen te bestrijden door middel van speciale aandacht en extra oplettendheid. In hoeverre deze achterstand doorwerkt op latere leeftijd, is nog niet onderzocht.

Lichamelijke ontwikkeling

Bij meisjes beginnen de lichamelijke veranderingen vanaf ongeveer tien jaar en bij jongens vanaf elf of twaalf jaar. Vooral bij een jongen-meisjetweeling kunnen er dus in deze fase grote verschillen optreden. Soms verwarren buitenstaanders de tweelingbroer met het kleine broertje, tot grote ontsteltenis van de betrokkene. Ook bij twee-eiige tweelingen van hetzelfde geslacht kunnen de verschillen groot zijn. Het is helemaal geen uitzondering dat de een enkele maanden vóór de ander een groeispurt doormaakt. Zo is bijvoorbeeld Maaike met elf jaar 1,55 meter lang en weegt 38 kilo. Ze heeft schoenmaat 40. Haar tweelingzus is 1,40 meter, weegt 25 kilo en heeft schoenmaat 36. Zij wordt als 'de kleine' beschouwd. Tot haar grote ergernis, want uiteindelijk schelen ze maar vijf minuten!

Bij de eeneiige tweelingen echter gaan de ontwikkelingen gewoonlijk gelijk op. Groei en stilstand doen zich bij hen min of meer op dezelfde tijd voor. Ook bij drielingen kunnen grote verschillen optreden, behalve bij de eeneiige.

Hobby's

Het leven dat zich buitenshuis afspeelt, wordt steeds belangrijker. De kinderen brengen veel tijd door op school en met vrienden. In deze fase van hun ontwikkeling ontdekken ze hun hobby's en talenten en het is heel goed voor hen om op een club of vereniging te gaan.

Eeneiige tweelingen hebben meestal dezelfde liefhebberijen en voorkeuren. Als ze van voetballen houden, of van ballet, gaan ze vaak naar dezelfde vereniging. Bij twee-eiigen is dat in de regel niet zo, ook al omdat hun voorkeuren uiteenlopen. De een kan judo leuk vinden en de ander pianospelen. Dat is een voordeel omdat ze dan elk spelenderwijs kennismaken met andere kinderen.

Dit gebeurt minder bij de eeneiigen. Toch, ook al gaan ze naar dezelfde club, is het misschien zo te arrangeren dat ze in verschillende groepjes terechtkomen. Soms is dat echter niet te doen omdat ze dan op verschillende tijdstippen moeten komen en het halen en brengen te lastig wordt. Bovendien vinden deze tweelingen er vaak niks aan als ze zonder hun broer of zus naar een club moeten, omdat ze meer genieten als ze de dingen samen doen. Forceren is meestal geen goed idee. Als ze verder zijn in de puberteit zullen ze er wellicht meer aan toe zijn in hun eentje activiteiten te ondernemen. Mocht echter blijken dat ze graag naar afzonderlijke verenigingen willen, ondersteun dat dan en maak het mogelijk. Het is een belangrijke stap op weg naar zelfstandigheid.

Elsa, moeder van een twee-eiige drieling, twaalf jaar: '*De meisjes, eeneiig, begonnen samen met tekenles. Maar een vond dat de ander veel meer aandacht kreeg van de lerares en weigerde nog langer te gaan. Ik vond voor haar een cursus in animatieteke-*

nen. Dit vindt ze geweldig. En ik ben blij dat ze nu allebei een eigen activiteit hebben zonder dat de competitie opspeelt. Het grappige is dat ze elkaar thuis leren wat ze ieder op hun cursus krijgen, want dat gunnen ze elkaar wel weer.'

> **Onderzoek**
> Uit mijn onderzoek is gebleken dat deze onderwerpen tweelingouders het meest bezighouden: of ze wel voldoende tijd doorbrengen met hun kinderen (52 procent), gevolgd door de zorg om het ontwikkelen van hun eigen persoonlijkheid (36 procent) en de angst een voorkeur voor de een of de ander te laten zien (34 procent). Bij drielingen zijn die percentages respectievelijk 59, 26 en 21.

21. Twaalf-achttien jaar

Zo rond de twaalf jaar begint een turbulente periode in het leven van kinderen, dus ook voor meerlingen, zowel voor de ouders als voor henzelf. Ouders zijn bezorgd om de toekomst van hun kroost, ze zijn bang voor slechte cijfers, slechte vriendjes, alcohol en drugs… Uit mijn onderzoek bleek dat ouders van tweelingen zich ook nog steeds druk maken om de ontwikkeling van de eigen identiteit. Al deze ouders willen graag dat hun meerlingkinderen onafhankelijk van elkaar hun weg in het leven vinden. De bezorgdheid daarover is niet geheel onterecht: zeker als een tweeling eeneiig is of van hetzelfde geslacht, komt het nogal eens voor dat het losmakingsproces problemen geeft. Het is ook de meest voorkomende hulpvraag waarmee ouders bij een therapeut komen.

Toch wijst onderzoek ook uit dat deze periode niet per se moeilijker is voor meerlingen dan voor eenlingen. Er zijn voordelen verbonden aan het feit dat de twee- en drieling altijd elkaar heeft om hun moeilijkheden te delen. Daar staat tegenover dat ze tegelijkertijd strijd moeten leveren om los te komen van elkaar. Het is een dubbel losmakingsproces: van ouders en van elkaar.

De veranderingen zijn zowel lichamelijk als emotioneel. De lichamelijke ontwikkeling brengt hen in verwarring. Een tijdlang voelen ze zich vervreemd van hun eigen lichaam. In emotioneel opzicht nemen ze afstand van de ouders. Ze ontwikkelen hun eigen ideeën en opvattingen en verzetten zich tegen het ouderlijk gezag. En ze nemen afstand van hun tweelingbroer of -zus. Dit is een pijnlijke stap die echter nodig is om zich te ontwikkelen tot een autonome persoonlijkheid.

Vanwege de hormonale veranderingen beleven ze ook een periode van vele ups en downs. Pubers vertonen meestal de volgende gedragingen:
- Ze zijn onzeker van zichzelf, van hun uiterlijk, van hun capaciteiten, hun plannen en hun toekomst. Sommigen zijn bezorgd over wat ze later moeten worden, ze weten niet wat ze moeten kiezen en anderen zijn bang voor werkloosheid.
- Hun humeur kan van de ene seconde op de andere omslaan. Het ene ogenblik lijken ze gelukkig, maar het volgende zijn ze opeens in een vreselijke bui. Ze zijn

bovendien overgevoelig en reageren overdreven sterk op onbelangrijke tegenslag of kritiek.
- Ze maken ruzie over hun spullen. Ze worden weer heel bezitterig! 'Míjn cd', 'míjn trui', enzovoort.
- Ze willen goedkeuring krijgen. Het is echter wel moeilijk ze dat te geven, want tegelijkertijd trekken ze complimenten van de kant van de ouders in twijfel. Eigenlijk verlangen ze vooral naar de goedkeuring van leeftijdgenoten.

Lichamelijke veranderingen

Het woord 'puber' komt van het Latijnse woord *pubere* (zich bedekken met haar). Ook het woord 'adolescent', dat we gebruiken als de puber wat ouder is geworden, komt uit het Latijn, namelijk van het woord *adolesco*, dat 'ik groei' betekent.

De puber groeit niet alleen in lichamelijke zin, maar ook geestelijk. Hij voelt steeds sterker de behoefte zijn eigen beslissingen te nemen. Dit is een onderdeel van de ontdekkingstocht naar zijn eigen identiteit. Aan de ene kant demonstreert hij dat hij heus niet afhankelijk is van zijn vader en moeder, aan de andere kant heeft hij hen en hun meeleven nog net zo nodig als vroeger en misschien zelfs nog wel meer. Deze tweespalt veroorzaakt de plotselinge humeurwisselingen.

Elk kind van een meerling groeit in zijn eigen tempo, waardoor flinke verschillen kunnen ontstaan. Zoals ik in het vorige hoofdstuk al vertelde, zie je bij een jongen-meisjetweeling meestal dat het meisje zich eerder ontwikkelt dan de jongen. Zij kan wel twee jaar op hem vooruitlopen. Je ziet soms wel dat zo'n meisje met dertien jaar al lichamelijk rijp is, terwijl haar tweelingbroer nog steeds een jochie is. Twee-eiige tweelingen van dezelfde sekse en eeneiigen kunnen een verschillend tempo in hun ontwikkeling doormaken, hoewel bij de laatsten de verschillen kleiner zijn.

Een verschillend ontwikkelingstempo heeft diverse consequenties:
- Degene die het langzaamst gaat, lijdt eronder en voelt zich vaak onzeker of minderwaardig aan de ander. Dit komt vooral voor bij jongenstwee-eiigen.
- Een van de twee voelt zich minder knap of lelijker dan de ander, vooral als hij/zij ook nog eens acne heeft. Dit veroorzaakt jaloezie en rivaliteit. Op deze leeftijd is het uiterlijk van enorm belang.
- De behoefte aan privacy en een eigen kamer neemt toe, wat toe te schrijven is aan die verwarrende lichamelijke veranderingen. Vaak voelen pubers zich een vreemde in hun eigen lijf.

Belinda, moeder van een twee-eiige tweeling, twaalf jaar: *'Jolanda wordt al een echte jongedame. Ze draagt een beha en krijgt een ronder lichaam. Ze trekt nu naar een ander soort meisjes, dat ook al wat verder is in de ontwikkeling. "Hoe kunnen we nu een tweeling zijn? Ik heb nog niet eens een sportbeha nodig", vroeg haar zusje mij, op een boze toon. Voor haar is het moeilijk. Ze voelt zich minder en 'gedumpt', nu Jolanda haar niet meer meevraagt. Toch zie ik ook dat Jolanda het akelig vindt.'*

De moeder heeft haar dochter Janet uitgelegd dat ook zij laat in de puberteit kwam en dat deze afstand tussen de meisjes normaal is, maar niet definitief. Jolanda heeft het nodig om met andere meisjes om te gaan, nu ze zelf zo verandert, terwijl haar zusje nog een kind is. Het uit de tweelingrelatie stappen is niet makkelijk voor haar en roept ongetwijfeld schuldgevoelens bij haar op. Het is goed als ouders dit proces vanuit beider perspectief begrijpen en er met hun kinderen, samen of apart, over praten.

Veranderingen in de relatie met de ouders

In deze fase worden de ouders zich ervan bewust dat ze hun manier van opvoeden moeten aanpassen. De kinderen willen meer inspraak en nemen niet alles meer aan. Er ontstaan meer conflicten doordat ze een vinger in de pap willen bij alles wat het familieleven betreft. Veel discussies gaan over onderwerpen als de televisie, computer, zakgeld, uitgaan, huiswerk, het tijdstip van thuiskomen, de scooter en vriendjes.

Onderzoek van de universiteit van Oulu, Finland, wijst uit dat tweelingen, zowel de jongens als de meisjes, zich minder van hun ouders distantiëren dan eenlingen. Het kost hun, aldus onderzoek, meer moeite om waarden en normen van hun ouders in de wind te slaan. Voor hen betekent het tegen deze waarden ingaan, ook ingaan tegen elkaar en veel meerlingen kiezen ervoor om dit niet te doen. De blokvorming, waarover ik in hoofdstuk 19 vertelde, werkt in deze periode van hun leven in het voordeel van de relatie met de ouders.

Ander onderzoek van dezelfde universiteit toont aan dat tweelingen minder alcohol drinken en minder roken dan eenlingen van dezelfde leeftijd. In dit onderzoek werden 284 tweelingen van zwangerschap tot adolescentie gevolgd. De conclusie was dat de tweelingrelatie de kinderen in zekere mate beschermt, want het is voor hen makkelijker om verleidingen het hoofd te bieden. Daarnaast blijkt dat tweelingen fysiek actiever zijn dan eenlingen en vaker aan sport doen. Dit is op zich al een beschermende factor tegen risicogedrag, zoals gebruik van drugs en alcohol. Het feit dat een tweeling makkelijker 'Nee, dank je' zegt, komt omdat ze met zijn tweeën ook een sociale groep vormen. De druk om erbij te horen is bij hen kleiner. Ze hebben tenslotte altijd nog elkaar.

Deze resultaten zijn voor meerlingouders ongetwijfeld een hele geruststelling. Dat neemt niet weg dat er ander lastig gedrag is. Van ravottende 'boomklimmers' veranderen de kinderen in luilakken die op de bank hangen of op straat slenteren met vrienden. Deze verandering is niet hormonaal, maar komt vanuit de hersenen. Gedurende de puberteit verandert ook daar het een en ander. Er is werk in uitvoering! Verbindingen in het zenuwstelsel die nauwelijks of niet meer in gebruik zijn, verdwijnen terwijl andere, meer dynamische, worden voorzien van een laagje myeline, opdat binnen de hersenen boodschappen sneller kunnen worden doorgegeven. In de frontale kwab bevinden zich de eigenschappen als autonomie, de vaardigheid tot organiseren en de controle over impulsen. Daar vindt het merendeel van deze veranderingen plaats. Het is dus niet zo raar dat de puber/adolescent zich minder verantwoordelijk gedraagt of gebukt gaat onder een slecht humeur.

Suggesties
- Luister naar de argumenten die elk heeft en bespreek ze met hen. Zo help je hen met het dragen van verantwoordelijkheid en het bepalen van hun eigen normen. Houd er rekening mee dat het op deze leeftijd normaal is dat ze op alles kritiek hebben. Op die manier leren ze hun eigen ideeën te vormen. Daarom is hen laten praten en goed luisteren zo belangrijk, tot zelfs het onderhandelen. De regels met betrekking tot huishoudelijke taken kun je met elkaar vaststellen in een familieberaad. Zo leren ze vrijuit te spreken binnen het gezin, suggesties aan te dragen en lucht te geven aan irritaties. Evalueer van tijd tot tijd hoe elk met die regels omgaat. Hoe mooi de afspraken ook zijn en hoe groot hun bereidwilligheid, de dagelijkse praktijk is weer een ander verhaal.
- Wees niet autoritair. Als je hun bepaalde regels oplegt, zullen ze meer effect hebben als dat vergezeld gaat van een uitleg: 'Wij kopen geen scooter voor je, want we zijn bezorgd om je veiligheid.' Eigenlijk zijn ze best bereid normen te accepteren, want dat geeft houvast. Ze vragen echter wel dat die helder en duidelijk zijn.
- Doe een beroep op hun gevoel van verantwoordelijkheid en redelijkheid.
- Denk nog eens aan je eigen puberteit en verplaats je in hen. Discussieer veel met ze en wees flexibel. Ze stellen dat op prijs, want ze beseffen dat ze met je kunnen praten over meningsverschillen.
- Ondanks hun toenemende zelfstandigheid is niet alles onderhandelbaar. Je moet je als ouders ferm opstellen als het gaat om onderwerpen die jij belangrijk vindt, zoals hun veiligheid als ze uit willen. Het blijft belangrijk af en toe NEE te zeggen! Het is niet gemakkelijk om de balans te vinden tussen hen vrij(er) te laten en ruimte te geven hun eigen fouten te maken en aan de andere kant de teugels strak te houden. Andere ouders of leraren kunnen soms een grote steun zijn als je hierbij twijfels hebt.
- Probeer bij irritaties en ruzies vrede te sluiten voordat ze gaan slapen. Een moment met ieder alleen op de rand van hun bed kan wonderen doen. Praat over wat er gebeurd is. Meestal waarderen ze zo'n gebaar enorm. Als je gekwetst bent door een opmerking van je kind – kritisch als ze zijn op deze leeftijd kunnen ze je flink raken – zeg het dan. En omgekeerd, als de schuld bij jou lag, erken dat dan. Het zal je kind doen inzien, dat ook jij een mens bent met kwaliteiten en fouten. Bovendien toon je hiermee je betrokkenheid bij het kind en dat zal een positieve invloed op hem hebben.
- Probeer niet via het ene kind uit te vinden wat het andere kind heeft uitgespookt. 'Vertel eens, wat heeft je broer gisteravond eigenlijk gedaan?' Daarmee schep

je een ernstig loyaliteitsconflict tegenover zijn tweelingbroer of -zus. Vraag het rechtstreeks aan het betreffende kind, ook al verwacht je een nietszeggend antwoord. Er is maar één uitzondering: als je denkt dat je kind in gevaar is (wat betreft drugs en verkeerd gezelschap). Dan is het wel legitiem van zijn broer (of zus) te eisen dat hij je informeert opdat je kunt handelen.

De relatie tussen hen beiden

De tweeling moet afstand nemen van de ouders om zichzelf te ontdekken. Dat geldt voor elk kind. Echter, een tweelingpuber moet ook nog afstand nemen van zijn tweelingbroer of -zus en dat hoeven andere kinderen niet door te maken. Gedurende de puberteit verandert de relatie tussen hen en verliest gewoonlijk aan intimiteit. Dit proces vindt overigens niet bij alle tweelingen plaats en ook niet altijd precies in deze fase. Sommigen hebben dat pas als ze volwassen zijn of als ze trouwen.

Helena, moeder van een eeneiige meisjesdrieling: '*Mijn eeneiige drieling van twaalf jaar heeft een hele sterke band onderling. Ze weten precies van elkaar hoe de ander zich voelt en welke opmerking of ervaring een teleurstelling is. De strubbelingen die één van de drie meemaakt, pikken ze direct op en ze laten het thema niet met rust tot het zusje weer blij is. Ze lijden met elkaar mee. Het betekent niet dat ze altijd harmonieus met elkaar zijn. Ze kunnen enorm kibbelen en vechten, fysiek en verbaal. Ze hebben alle drie een sterk karakter. Voor een deel zijn ze erg gevoelig voor de mening van elkaar, aan de andere kant zie ik dat ze daar nu losser van proberen te komen. Dat proces loopt niet synchroon. Dan trekt de een zich wat terug, dan een ander.*'

In deze jaren hebben ze meestal meer ruzies en irritaties onderling. Ze maken ruzie over kleren, vrienden, muziek, hun spullen, hun kamer, enzovoort. Ze delen minder elkaars geheimen, leuke gebeurtenissen of ervaringen zoals ze tot nog toe wel deden. Daarnaast kan de tweelingbroer of -zus de personificatie van een kritische blik zijn. 'Hij vindt dat ik er stom en lelijk uitzie', meestal een projectie van eigen gevoelens is. Maar als de ander inderdaad problemen heeft of er slecht uitziet, schaadt dat bij tweelingen ook hun eigen vertrouwen. 'Als mijn zus geen succes heeft of er slecht uitziet, dan kan het met mij ook niet goed gaan', vertelde een eeneiige meisjestweeling mij. De nauwe betrokkenheid bij elkaar eist zijn tol en verwart hen. Vanwege deze complexe gevoelens neemt een tweeling afstand van hun relatie. 'Ik ga vanmiddag alleen de stad in, ik wil niet dat je meekomt', deelt de een de ander mee. Een paar weken later kan het weer omslaan. Hetzelfde kind zegt dan: 'Als jij naar de stad gaat, wil ik met je mee, oké?' Dit proces van in en uit hun relatie stappen, loopt meestal niet synchroon en zet hun relatie onder spanning.

In deze fase hindert het hen nog meer als mensen uit de omgeving hen met elkaar vergelijken. Ze willen meer dan ooit niet gezien worden als 'een van een tweeling', maar een autonoom en uniek mens zijn. Het is niet uitzonderlijk dat ze zich willen onderscheiden door zich heel verschillend te kleden. De een hult zich bijvoorbeeld in slobberige lange hippiekleren, terwijl de ander zich in merkkleding vertoont. Of ze kiezen totaal verschillende kapsels. In het algemeen willen ze er niet langer hetzelfde uitzien en dat geldt voor zowel een- als twee-eiige tweelingen.

Elsa: *'De tweeling, twee meisjes, heeft lang haar. Een van hen overweegt nu om het kort te laten knippen. Ze vroeg haar vader en mij wat we ervan vonden. We juichen het beiden toe. We zien het ook als een manier van haar om zich van haar zusje te onderscheiden. Haar zusje wil het absoluut niet kort knippen. We zijn benieuwd naar deze stap die verder gaat dan alleen het esthetische.'*

Marja, moeder van twee dertienjarige dochters, vertelt hoe ze hen zag veranderen: *'Ze maken overal ruzie over en lopen de hele dag te discussiëren. Het is dermate onaangenaam dat ik niet met ze aan het ontbijt wil zitten, want al zo vroeg op de dag die twistgesprekken te moeten aanhoren (wie heeft als eerste de melk, de muesli en dergelijke) brengt me meteen in een slechte bui. Als ik ze wakker heb gemaakt, duik ik terug in bed. Ik sta op als ik de deur achter ze hoor dichtslaan. Momenteel noem ik ze "het gescheiden paar". Voordien waren ze het levende symbool van "volmaakte eenheid".'*

In het algemeen krijgen twee-eiige tweelingzusjes in deze fase een lossere band en meer behoefte aan privacy. Niet zelden veranderen ze van vriendinnen in rivalen. Het is goed als ze de ruimte krijgen om meer apart van elkaar te zijn.

Soms schrikken ouders van de veranderingen die zich in de tweelingrelatie voltrekken. Toch is dit een normaal verschijnsel dat helpt bij het vinden van hun identiteit. De dochters van Marja voelen zich waarschijnlijk voor het eerst van hun leven gehinderd door de continue aanwezigheid en controle van de ander. Zij zijn zichzelf aan het zoeken en hebben het nodig af en toe alleen te zijn. Tegelijkertijd zijn die gevoelens bedreigend voor ze, want ze zijn er immers niet erg aan gewend in hun eentje bepaalde situaties het hoofd te bieden. Achter al die ruzies gaat vaak een grote emotionele afhankelijkheid schuil. Het volgende verhaal kan duidelijk maken welke problemen dat kan veroorzaken.

'Ik ben een meisje van zestien en heb een tweelingzus. Het kost ons moeite van elkaar gescheiden te zijn. We zaten altijd samen in de klas totdat zij op de middelbare school de tweede klas moest overdoen. De scheiding voelde voor ons als het begin van het einde. Wij waren altijd een eenheid geweest en vulden elkaar aan. Opeens moesten we alles alleen doen. Voor mijn zus, die de jongste is, was het erg moeilijk want ik onderhield altijd de contacten. Ze zonderde zich af van haar klasgenoten. Zonder haar voelde ik me incompleet en minder zeker. In de uren na school zaten we nog meer bij elkaar

dan vroeger. De situatie is inmiddels wel wat verbeterd, maar ik merk aan mezelf dat ik aldoor zoek naar iemand als vervanging voor haar. Het jaar daarna bleef ik zitten en hadden we weer bij elkaar in de klas kunnen komen, maar de school weigerde het verzoek van mijn moeder. Ze zeiden dat het beter voor ons was als we apart zouden zitten. Misschien was dat zo, maar wij voelden het niet zo. We hebben gelukkig een andere meisjestweeling ontmoet met wie we over onze moeilijkheden praten. Dat is heel fijn, zij begrijpen ons tenminste.'

Bovenstaande ervaring toont aan dat het feit dat een tweelingkind altijd kan rekenen op zijn tweelingmaatje, de contacten met anderen kan bemoeilijken. Samen voelen deze pubers zich sterk, zelfverzekerd en kunnen ze de hele wereld aan. Maar o wee als de situatie drastisch verandert en ze zich alleen moeten redden. Dan wordt het een heel ander verhaal.

Het komt voor dat de een er meer behoefte aan heeft zich los te maken dan de ander. Meestal is dat de rustigste, niet dominante van het stel. Degene die altijd de touwtjes in handen had, heeft het daar niet makkelijk mee. Hij wordt er onzeker van en mist het gezelschap van zijn maatje. Dat zagen we ook in het verhaal hierboven. Bij meisje-jongentweelingen heeft de laatste meestal een beschermende rol aangenomen, hij is de 'lijfwacht' van zijn zusje. Dat heeft zo zijn voordelen. Haar ouders laten haar makkelijker vrij omdat ze altijd haar broer bij zich heeft. Dit is trouwens wel een punt van overweging: al dan niet samen uitgaan? Soms wil de tweeling zelf liever samen gaan, in andere gevallen dringen de ouders daarop aan. Logischerwijs zijn ze minder snel ongerust als ze weten dat de kinderen samen uit zijn. Maar toch, dit stimuleert niet de onafhankelijkheid noch respecteert het ieders individualiteit.

Er zijn ook wel andere redenen waarom een tweeling met elkaar wil uitgaan. Ik ken een meisjestweeling waarvan de een een enorme hekel heeft aan discotheken en liever thuis blijft bij haar ouders en kleine zusje. Toch gaat ze elke zaterdagavond met haar tweelingzus mee om haar dat plezier te doen en ook om de eenzaamheid zonder haar te ontvluchten. Ouders zouden zich bewust moeten zijn van zulke verborgen motieven en hen aanmoedigen toch hun eigen voorkeuren te volgen.

Een andere volwassen meisjestweeling vertelde me dat ze altijd samen thuis moesten komen. Vanuit de ouders gezien een logische wens, maar voor hen allesbehalve goed: de een wilde altijd al snel naar huis, de ander juist niet. Behalve de ruzies (wie geeft toe?), heeft dit ze ook geremd in hun zelfstandigheid. Ze kregen later beiden problemen om los van elkaar te komen.

Ook zie je soms dat de een het leuker vindt deel van een tweeling te zijn dan de ander. Lilia, vijftien jaar, stelt haar zusje aan nieuwe vrienden altijd vol trots voor als 'mijn tweelingzus', terwijl die dat nooit vermeldt en er zelfs een beetje stiekem over doet, wat Lilia natuurlijk kwetst.

Dit kan van voorbijgaande aard zijn, getuige het verhaal van Christian: '*Nu ben ik achttien. Toen ik zestien was, wilde ik beslist niet vergeleken worden met mijn broer. Ik begon die cliché-opmerkingen die we altijd kregen te haten, zoals "Wie is de aardigste, knapste, intelligentste?" Ik was er zo klaar mee dat ik mijn ouders vroeg me naar een andere school te laten gaan. Ik wilde mijn broer niet tegenkomen in de gangen, in de kantine en de bus. Ik deed mijn eindexamen dus op een andere middelbare school. Het was een heel positieve ervaring voor me: opeens was ik niet langer "de tweelingbroer van". Het was ook wel eens moeilijk, want ik moest mijn hoofd erbij houden en kon niets met hem overleggen. Ik denk wel dat het me heeft geholpen volwassener te worden. Nu zijn we beiden net begonnen met dezelfde studie aan dezelfde universiteit en we zien elkaar dus weer in de gangen. Maar dat maakt me nu niet meer uit. Integendeel zelfs, we kunnen uitstekend met elkaar opschieten.*'

Deze fase is makkelijker voor tweelingen die eraan gewend waren af en toe dingen los van elkaar te doen dan voor hen die altijd alles samen deden. Deze laatsten valt de emotionele scheiding heel zwaar. Ze merken dat ze niet meer dezelfde meningen hebben en dat de relatie begint te veranderen. Ze beleven dat alsof ze verlaten worden. In sommige gevallen hebben ze ernstige problemen om hun eigen identiteit te vinden.

Adviezen
- De emotionele ondersteuning van de ouders is nu van groot belang omdat die van de andere tweelinghelft nu minder beschikbaar is. Luister naar hen en leg uit dat wat er nu gebeurt, normaal is en voor beiden wellicht een bevrijding. Tweelingen moeten een keer uit elkaar en hoewel pijnlijk, is het ook een positief proces. Je kunt ze verzekeren dat ze na een tijdje weer intieme vrienden zullen zijn. Hun band is immers heel sterk en kan veel hebben.
- Stimuleer dat ze met elkaar praten over irritaties en uitleggen waar ze mee zitten. Dan kunnen ze leren met elkaars eigenaardigheden rekening te houden.
- Laat ze deelnemen aan activiteiten buiten de deur, zoals sport, muziek, een hobby. Door actief te blijven, kan voorkomen worden dat ze depressief worden.
- Waak ervoor dat de een niet het huiswerk van de ander maakt en ook dat die niet alle verantwoordelijkheid op zich neemt.
- Kies geen partij als ze ruzie hebben, maar probeer te zien wat de rol van ieder hierin is.
- Verdeel huishoudelijke werkjes gelijkelijk. Het is niet goed als slechts één van de twee moet helpen, zoals nogal eens gebeurt bij een jongen-meisjetweeling. Of de een doet altijd meer, omdat hij/zij plichtsgetrouwer is.
- Het komt vaak voor dat ze nu elk een eigen kamer willen vanwege behoefte aan privacy. Ze willen nu zonder de aanwezigheid van de ander bellen, muziek luisteren of hun vrienden ontvangen. Probeer in deze behoefte te voorzien en als dat niet mogelijk is, laat ze dan bij toerbeurt over hun kamer beschikken of zoek ergens in huis een oplossing. Ik hoorde van een moeder dat ze haar kantoor

deelde met een van de tweeling. Die kon er lekker naar zijn muziek luisteren in de uren dat zij niet hoefde te werken.
→ Stimuleer hen activiteiten afzonderlijk te doen. Dit is logistiek gezien niet altijd makkelijk, maar het zal hun zelfvertrouwen ten goede komen. Vanaf nu zullen ze steeds meer alleen gaan doen. Daardoor verlies je iets van je status van 'tweelingouder', maar het is een gezond proces.
→ Niet alleen nemen de kinderen afstand van de ouders, de ouders moeten hen ook laten gaan. Dat valt niet mee, zeker niet omdat het er twee of drie tegelijk zijn. Praat erover met ouders die het al hebben meegemaakt en luister naar wat zij je adviseren. Dan zal het je allemaal wat makkelijker vallen.

Marijke, moeder van een drieling vertelt: *'Deze fase heeft me nogal overvallen. Opeens wil geen van de drie nog ergens met me naartoe! Ze gaan alleen maar met hun eigen vrienden. Ik begrijp wel dat het erbij hoort, maar omdat ze dat opeens alle drie tegelijk zijn gaan doen, voel ik me totaal verloren. Altijd was ik omringd door hen, dus dit is wel een erg grote overgang.'*

Tweelingpubers en hun sociale contacten

Tweelingen hebben vaker een grotere vriendenkring dan eenlingen. Misschien is het wel hun speciale band die andere kinderen aantrekt. Daarnaast komen ze in contact met de vrienden van de ander en vormt zich niet zelden een grote gemengde vriendengroep. In een grootschalig onderzoek werd aan elf- en twaalfjarige tweelingen, type MZ, DZSS en DZOS, en klasgenootjes (eenlingen) gevraagd om elkaar te beoordelen op leiderschapskwaliteiten, sociaal gedrag, populariteit, controle over emoties, inschikkelijkheid en extraversie. De tweelingen scoorden hoger op sociaal, inschikkelijk en constructief gedrag dan eenlingen. De jongen-meisjetweelingen scoorden hoger dan andere tweelingen en eenlingen op leiderschap, populariteit en sociale interactie.

Dit is een verrassende uitslag. Terwijl er bij de jonge tweelingen, tussen twee en vier jaar, minder bereidheid werd gevonden om met onbekende kinderen te spelen in vergelijking met eenlingen, is dit effect op twaalfjarige leeftijd weg. De tweeling is in sociaal opzicht zekerder geworden, waarschijnlijk juist door hun tweelingband. Ze hebben veel oefening gehad om zich in te leven in de positie van een ander kind van hun leeftijd en die ervaring hebben ze leren inzetten in contacten buitenshuis.

Hoewel pubertweelingen dus populairder en meer sociaal bekwaam zijn dan eenlingen van dezelfde leeftijd, toont onderzoek ook aan dat tweelingen van negen tot zeventien jaar minder intieme relaties met hun vrienden aangaan dan andere kinderen. Dit heeft ongetwijfeld te maken met het feit dat voor een tweelingkind zijn broertje of zusje zijn beste maatje is. Die sterke band staat een intieme relatie met een ander kind in de weg.

Problemen in het dagelijks leven

Meer dan ooit is het gesprek van onschatbare waarde wanneer je een pubertweeling in huis hebt, maar toch blijven ook heldere regels, die niet ter discussie staan, van groot belang. Het kan gebeuren dat de ene zich er wel aan onderwerpt, maar de andere niet. Ruben laat zich bijvoorbeeld thuisbrengen door een vriend die gedronken heeft, iets wat tegen de regels van zijn ouders is, terwijl zijn zus blijft overnachten. Logischerwijs moet alleen hem nu een strafmaatregel worden opgelegd, bijvoorbeeld dat hij het volgende weekend niet uit mag.

De rijpheid van je kind is een veiliger uitgangspunt dan zijn leeftijd. Als de een verantwoordelijker is dan de ander, is het redelijk ze verschillend te behandelen. Het is dan beter te kiezen voor regels die bij elk passen en die kunnen dus verschillend zijn.

Zo heeft Ruben bijvoorbeeld een prepaid mobiele telefoon en zijn zus eentje met een abonnement. Aanvankelijk hadden ze beiden een mobiel met abonnement onder de voorwaarde dat ze niet meer dan een bepaald bedrag zouden verbellen. Omdat Ruben dat aldoor overschreed, kreeg hij een prepaid. Voor zijn zus was dat niet nodig want die houdt de kosten prima in de hand.

De ontwikkeling en belangstelling gaan bij eeneiige tweelingen meestal meer gelijk op dan bij twee-eiige. Toch zullen ze allemaal, de drielingen inclusief, in de loop van deze levensfase hun individualiteit gaan ontwikkelen. Heel vaak hebben ze ambivalente gevoelens ten aanzien van dit proces. Ze zijn er enthousiast over, maar tegelijk ook angstig. Ergens op afgaan en vrienden maken zonder de ander en zich anders kleden, zijn emotionele ervaringen die niet vrij zijn van angsten.

Het losmakingsproces kan zich plotseling voordoen, op een totaal onverwacht moment. Een voorbeeld van een eeneiige tweeling. Laura heeft haar talent voor toneel ontdekt en opeens zit ze elke middag bij toneelrepetities. Daarmee krijgt ze een heel nieuw sociaal leven zonder Susan, die alleen en 'verlaten' thuisblijft, waardoor Laura zich weer schuldig gaat voelen. Na enkele weken vindt ook Susan een leuke activiteit: ze gaat helpen in de kinderbibliotheek waar ze verhaaltjes voorleest aan de kinderen. Als er een week lang geen repetities zijn en Laura haar zus niet thuis vindt, is het haar beurt zich 'verlaten' te voelen!

Suggesties
→ Accepteer dat ze ieder hun eigen weg gaan. Dwing ze niet bijeen te blijven, want dat verhindert het noodzakelijke individualiseringsproces. Anderzijds moet je ze ook niet tegenhouden als ze dezelfde interesses hebben of zich opgeven bij dezelfde club.
→ Geef ze steun en leiding, maar probeer niet hun problemen op te lossen. Als je ziet dat je tweeling een onderling afhankelijke relatie blijft houden – geen van de twee heeft eigen vrienden – moedig ze dan aan een eigen activiteit te zoeken. Als

ze daarentegen langzaam maar zeker uit elkaar groeien, stel dan een bezigheid voor die ze allebei leuk vinden. Dat kan iets heel eenvoudigs zijn, zoals samen een dvd kijken.
- → In deze fase willen ze elkaar nogal eens wreed behandelen. Ze weten precies hoe ze de ander kunnen raken. Wees beslist op zulke momenten en grijp in. Ze moeten begrijpen dat zoiets niet mag gebeuren. Zulke scherpe kritiek, zoals 'Je bent niet meer mijn tweelingbroer', komt meestal voort uit de behoefte aan meer vrijheid en ruimte voor zichzelf en het verstikkende gevoel dat de nauwe band hun geeft. Help hen waar mogelijk met het vinden van momenten voor zichzelf.
- → Een-op-eentijd voor elk kind blijft belangrijk. Juist die momenten geeft de meerling de kans om zich uit te spreken over de verwarrende gevoelens wat betreft het twee- of drieling zijn.

Marjolein: *'Eens in de maand ga ik met allebei apart op stap. Ze mogen zelf kiezen wat ze willen. Was dat vroeger een bezoek aan de speeltuin, nu is de keuze heel anders. Mijn zoon wil met me naar een popconcert, mijn dochter wil eindeloos kleren kijken. En beiden kiezen voor een pizza als afsluiting. Het zijn mijn mooiste dagen met ze.'*

Wie ben ik?

Het vinden van de eigen identiteit is voor tweelingen moeilijker en zeker voor hen die een erg nauwe band hebben en/of weinig individuele ervaringen hebben opgedaan. In het algemeen kan gezegd worden dat de jongen-meisjetweeling er de minste problemen mee heeft, omdat zij zich vanwege het sekseverschil al vroeg in hun jeugd van elkaar onderscheiden. Meisjestweelingen, zowel type MZ als DZ, ondervinden de meeste obstakels als zij zich van elkaar moeten gaan losmaken, gevolgd door de MZm-groep. Allen noemen de eenzaamheid, het aangaan van nieuwe contacten, het gemis van een 'deel van zichzelf' als ze zonder de ander zijn, niet 'ik' van 'jij' kunnen onderscheiden.

Zoals hieronder beschreven wordt door een jongere die op de middelbare school gescheiden werd van zijn tweelingbroer: 'Om met mijn eigen leven te kunnen beginnen, moest ik eerst alle leegten opvullen die mijn broer had achtergelaten. Ik moest me eerst een heel mens voelen voordat ik verder kon met mijn leven.'

We bekijken twee gevallen, elk met hun eigen problemen vanwege het tweeling-zijn: Lisa en Tanja, een eeneiige tweeling van vijftien jaar. De gynaecoloog had de ouders gezegd dat ze twee-eiig zijn, maar een enkele blik op deze twee leuke meiden volstaat om te constateren dat ze identiek zijn. Ze lijken als twee druppels water op elkaar. Ze komen uit een warm, liefdevol nest. De moeder geniet enorm van hen. De meisjes doen alles samen, je ziet ze ook altijd samen. Zij vinden dat fijn zo. Op de vraag wat Tanja betekent voor Lisa, antwoordt ze: 'Zij is alles voor me, zonder haar zou ik niet gelukkig zijn. Ik moet er niet aan denken dat er iets met haar zou kunnen gebeuren. Eigenlijk sta ik doodsangsten uit als ze ergens alleen heen gaat. De gedachte dat haar iets kan overkomen zonder dat ik bij haar ben, maakt me panisch.'

En Lisa beantwoordt die vraag als volgt: 'Ze is mijn alles. Ik vertel altijd alles eerst aan haar. Soms, als we samen op onze kamer zijn, vraag ik haar waaraan ze denkt en dan zegt ze precies wat ik op dat moment zit te denken.'

Uit deze antwoorden kun je afleiden dat zij zich enorm met elkaar vereenzelvigen. Er is ook veel angst. Zij weten gewoon niet wat ze moeten zonder de ander. Het zal ze niet makkelijk vallen hun eigen identiteit te vinden en zich een weg te banen in het leven zonder de ander. Hun ouders hebben er nooit bij stilgestaan hen hun eigen ervaringen te laten beleven. Waarom? Ze waren immers twee-eiig. Ze twijfelden niet aan de diagnose van de gynaecoloog. Een vreemde toestand, maar absoluut niet zeldzaam!

De tweeling Annemarie en Esther van achttien is twee-eiig. Ze lijken helemaal niet op elkaar. Annemarie herinnert zich van hun jeugd vooral de eeuwige ruzies met haar zus, maar toch vond ze het leuk om tweeling te zijn. Zij was de intelligentste van de twee en nooit had ze het idee dat ze zoals haar tweelingzus zou moeten zijn. Voor Esther was de toestand moeilijker. Zij zat niet goed in haar vel, omdat zij minder intelligent was dan Annemarie en niet kon genieten van dezelfde dingen zoals studeren en gedisciplineerd bezig zijn. Zij speelde liever buiten of handwerkte of dagdroomde. Zoals zij zegt: 'Annemarie was doorlopend een voorbeeld voor mij van hoe ik zou moeten zijn, zonder dat ik maar ooit aan haar kon tippen. Ik voelde me doodeenzaam.'

Volgens haar is dat niet de schuld van hun ouders. Het was iets wat zij zich verbeeldde als ze zich steeds maar weer vergeleek met haar zusje. Het begon pas te veranderen toen ze elk aan een andere universiteit gingen studeren. Toen pas kon Esther zichzelf vinden en gelukkig zijn met hoe ze is.

Deze verhalen tonen aan hoe verschillend relaties tussen tweelingen kunnen zijn.

Voor veel meerlingen is de puberteit een periode van ups en downs. Wat betreft het loskomen van de ouders maken ze hetzelfde mee. Dat schept een band en het is een steun voor ze. Dat maakt ook dat eenzaamheidsgevoelens waar jongeren in deze fase zo vaak last van hebben, in elk geval gedeeld kunnen worden.

Liefdesrelaties

In het algemeen leggen tweelingen gemakkelijk contact met leeftijdgenoten, zoals ik al vertelde. Ze genieten vaak een zekere populariteit. Toch wijzen verschillende onderzoeken uit dat ze enkele jaren later dan andere jongeren liefdesrelaties aangaan. Misschien komt dat doordat ze minder behoefte hebben aan een exclusieve relatie met iemand anders. Die hebben ze immers al. Als de liefde zich echter aandient, roept dat mogelijkerwijs jaloezie op bij de ander, niet vanwege de 'verovering' zozeer, maar meer omdat ze nu hun maatje moeten delen met iemand anders. Het is logisch dat de vriend of vriendin tijd in beslag neemt die anders voor de tweelingbroer of -zus geweest zou zijn. Ook kunnen competitiegevoelens een rol spelen: wie heeft het eerst een vriendje/vriendinnetje? Anderzijds kan het ook hun band versterken want ze hebben elkaar immers nóg meer geheimen te vertellen. Hoe het ook zij, dit nieuwe facet zal hun relatie veranderen en zal het voor menigeen tot een turbulente periode in hun leven maken.

De middelbare school

En weer moeten jullie de keus maken voor een school en of de kinderen in aparte klassen te plaatsen of niet. Voor hen die al eerder kozen voor aparte klassen verandert er meestal niets. Ouders die hun kinderen in de basisschooljaren bij elkaar hebben laten zitten, vragen zich opnieuw af of het in deze volgende fase anders moet. De kinderen zelf hebben daar ook een mening over en het is goed daar rekening mee te houden. Hieronder zie je de mogelijkheden en de consequenties ervan.

Dezelfde klas
Sommige tweelingen gaan liever samen naar één klas. Als ze zich onafhankelijk gedragen, zal het hen niet belemmeren in het vinden van hun eigen identiteit. Bedenk dat er meer factoren van invloed zijn, zoals hoe er thuis en op school tot dan toe mee is omgegaan. In het algemeen genieten ze van elkaars gezelschap, hun schoolresultaten worden erdoor gestimuleerd en ze onderhouden goede contacten in de klas.

Frans en Mark, 30 jaar, vertellen: '*We zaten altijd bij elkaar in de klas en dat had een goede invloed op onze prestaties. Als de ene een vraag had, was er de ander om het op te lossen. We hielpen en stimuleerden elkaar. Bij de toelatingstesten voor de universiteit kwam de een er direct door, maar de ander pas in september. Daardoor belandden we op verschillende faculteiten, want er waren geen twee plaatsen meer in de studierichting van onze voorkeur. We hebben het beiden niet gehaald. We zijn ervan overtuigd dat het wél gelukt was als we de studie samen hadden kunnen doen.*'

Enkele aandachtspunten:
→ Zorg ervoor dat de leraren hen uiteen weten te houden. Er is niets ergers dan die voortdurende verwarring, zowel voor de kinderen als voor de leerkrachten.
→ Leg aan de leraren de bijzondere omstandigheden van eeneiige tweelingen uit. Meer dan één moeder vertelde me dat leraren dachten dat ze het huiswerk van elkaar overschreven. Er was eens een leraar die een meisjestweeling een standje gaf omdat ze hetzelfde werk inleverden, met inbegrip van dezelfde spelfouten! Toch hadden de meisjes het werk zelf gemaakt, elk in hun eigen kamer en zonder

met elkaar te overleggen. Een andere tweeling moest zelfs een klas overdoen, omdat de leerkracht meende dat ze niets anders deden dan van elkaar overnemen. Leraren moeten ervan op de hoogte zijn dat eeneiige tweelingen vaak precies dezelfde werkjes inleveren.
→ Als ze steeds elkaars cijfers en andere schoolresultaten vergelijken, leg hun dan uit dat niet alles in het leven hierom draait. Er zijn zoveel meer aspecten waarin iemand kan uitblinken en/of bijzonder kan zijn. Zwak competitie af en waardeer elk van hen om wie hij is.
→ Dring erop aan dat de tweeling niet in dezelfde groep terechtkomt als er in groepjes wordt gewerkt.
→ Houd de vinger aan de pols, zowel wat de prestaties op school betreft als hun welbevinden. Meer dan bij eenlingen doen zich problemen voor die echt opgelost moeten worden, zoals een gevoel te falen bij het kind dat niet zulke mooie cijfers haalt, of gevoelens van rivaliteit of afhankelijkheid. De ene is de 'verantwoordelijke', de andere vertrouwt op hem.

Aparte klassen
Voor veel ouders van meerlingen is dit het ideale moment de kinderen in aparte klassen te zetten. Emotioneel gezien hangen ze minder aan elkaar, behalve de MZ-groep in sommige gevallen. Ook ruzies en irritaties kunnen een scheiding gewenst maken. In aparte klassen of op aparte scholen zitten, helpt hen hun eigen persoonlijkheid te ontwikkelen en goede relaties te hebben met klasgenoten en leraren. Het voorkomt bovendien de problemen van het zich met elkaar vergelijken en rivaliteit. Overigens is het merkwaardig dat veel tweelingen (vooral eeneiigen) die naar afzonderlijke klassen gaan, op de universiteit voor dezelfde richting kiezen.

Nienke, 32 jaar, vertelt: *'Onze ouders hadden het plan om in overleg met de school ons in verschillende klassen te zetten. Dat leek hun goed voor ons (we zijn een eeneiige tweeling). Mijn zus en ik hebben toen samen overlegd. We hadden inderdaad wel veel meer ruzie in die tijd, maar we wisten ook dat we in dezelfde klas wilden blijven. Dat hebben we toen aan onze ouders uitgelegd. Ze accepteerden onze wens en we hadden een goede middelbareschooltijd. Daarna wilden we beiden medicijnen studeren en werden allebei uitgeloot. Toen hebben we bewust ieder een andere richting gekozen: ik heb een jaar psychologie gedaan en zij farmacie. Dat pakte heel goed uit. We kregen ieder onze eigen vriendenkring en dat bleef zo, ook toen we het jaar erna beiden inlootten voor medicijnen.'*

Enkele aandachtspunten:
→ De tweelinghelft die de spreekbuis is voor beiden kan het wel eens moeilijk krijgen met de nieuwe situatie, terwijl de ander het fijn vindt en zich onafhankelijker opstelt. De eerste voelt zich onzeker zonder zijn tweelingbroer of -zus. Soms is het een probleem dat de een met de vriendenkring verder kan en de ander opnieuw

vrienden moet maken. Hij kent namelijk niemand in zijn nieuwe klas. Het is te hopen dat leerkrachten mee willen werken om de groepen goed in te delen.
- → Hoewel de rivaliteit tussen hen minder wordt als ze apart zitten, moet je er toch attent op blijven dat ze geen nare kritiek op elkaars prestaties leveren. Stel niet de een als voorbeeld voor de ander, dat verhoogt de wedijver. Hoe minder je ze vergelijkt, hoe beter ieders zelfbeeld zal zijn. Benadruk de positieve aspecten van elk zonder de een hoger te waarderen dan de ander.
- → De afhankelijkheid kan blijven bestaan ondanks dat de tweeling in verschillende klassen zit. Het is dus geen garantie voor onafhankelijkheid.

Mireille: *'Marjolein en Laura, twaalf jaar, eeneiig, zitten mijns inziens braaf de uren uit, wachtend op het moment dat ze weer samen zijn. In de klas hebben ze ieder een eigen vriendin, een soort vervangster van hun tweelingzus. Na schooltijd verkiezen ze elkaars gezelschap. Ik denk soms dat het beter was geweest om hen toch samen te houden. Wellicht hadden ze dan een wat intiemere vriendschap gesloten met meisjes uit hun klas.'*

Huiswerk, proefwerken en cijfers

Het huiswerk van de meerling en hun examens bezorgen heel wat ouders hoofdpijn. In het algemeen is het aan te bevelen dat ze elkaar niet onderling helpen, maar dat de ouders een handje toesteken bij de schooltaken als dat nodig is, zeker als de niveaus erg verschillend zijn of als ze erg kritisch zijn op elkaar. Er zijn echter ook tweelingen die elkaar prima kunnen helpen en stimuleren bij hun huiswerk. De goede resultaten van de een sporen de ander aan om die te evenaren. Het is een goed voorbeeld van hoe een tweeling elkaar onderling kan uitdagen om boven zichzelf uit te stijgen. Dit komt vooral voor bij eeneiigen met een gemiddeld intellectueel niveau, zoals beschreven in het voorbeeld van Frans en Mark. Je moet als ouders inschatten wat voor jouw tweeling het beste is en daarbij rekening houden met de aard van de relatie tussen hen beiden.

Een ander aandachtspunt is hoe je moet omgaan met commentaar op cijfers. Wat doe je als de een met prachtige resultaten thuiskomt, maar de ander niet? Het eerlijkst is hen beiden te prijzen voor hun inzet, toewijding en werk. Maar je moet niet nalaten complimenten uit te delen voor de cijfers van de een, omdat je de ander wilt ontzien! Dat zou niet juist zijn. Wees eerlijk: prijs mooie prestaties en uit je bezorgdheid als ze slecht zijn. Kijk niet alleen naar de eindresultaten, maar ook naar de inzet waarmee die tot stand zijn gekomen. Het is goed als je gesprekken hierover met elk apart voert.

Schoolresultaten zijn maar één facet van het leven. Het is voor het kind dat niet zo goed gaat op school belangrijk om te horen dat je ook zijn positieve aspecten ziet, zoals zijn karakter, zijn artistieke begaafdheid, zijn hulp in huis. De liefde van zijn ouders hangt niet af van zijn schoolresultaten. Het verhaal van Annemarie en Esther, eerder in dit hoofdstuk, laat zien hoe de minst intelligente kan lijden onder zo'n situatie.

Omdat de puberteit een periode van grote veranderingen is, heb ik hier enkele speciale opmerkingen voor je:
- → Kijk naar de positieve kanten van hun geharrewar. Het duidt er namelijk op dat ze zich beginnen los te maken. Je moet commentaar als 'Ik zou blij zijn geweest als ik een tweeling was en me niet zo beklagen' vermijden. Als de hectiek van deze fase voorbij is, zullen ze elkaar weer gaan waarderen.
- → Geef ze verantwoordelijkheid door ze bepaalde werkzaamheden te laten verrichten: iets schilderen in huis, oppassen op kleine kinderen, in de supermarkt werken, enzovoort. Dat zijn positieve ervaringen en versterken het zelfvertrouwen.
- → Het zou kunnen dat ze hun verjaardag apart van de ander willen vieren. Zo kan elk het feestje bouwen dat hij wil en met wie hij wil. Ze kunnen nu ook verschillende smaken gaan ontwikkelen. Laat de gedachte los dat ze alle twee dezelfde dingen leuk zouden vinden.
- → Waarschijnlijk zal er wel een bij je komen klagen dat het leven onrechtvaardig is. Bijvoorbeeld de dochter die hard studeert en desondanks met lagere cijfers thuiskomt dan haar zus die er veel minder voor hoeft te doen. Gelijk heeft zij, en geef het haar ook. Het leven is nou eenmaal zo en dat zal zij moeten leren accepteren. Maar leg haar ook uit dat zowel je inspannen als optimaal van het leven weten te genieten, bijdraagt aan de vorming van de persoonlijkheid en op de lange duur altijd weer beloond wordt.

> **Uit onderzoek**
> Studies wijzen uit dat tweelingen die bij de geboorte werden gescheiden qua karakter meer op elkaar lijken dan zij die onder hetzelfde dak opgroeiden. Het staat vast dat het feit dat ze niet samen de puberteit doormaakten – de fase waarin ze zich tegen elkaar afzetten – veroorzaakt dat elk zich ontwikkelt zoals hij echt is. Als ze samen opgroeien is hun gedrag juist vaak aangepast of is een reactie op het gedrag van hun tweelinghelft, méér dan dat het voortkomt uit eigen karakter.

DEEL 5

ACHTTIEN JAAR EN OUDER

DEEL 5 ACHTTIEN JAAR EN OUDER

22   Achttien jaar en … 347

22. Achttien jaar en …

Een eigen weg zoeken

Inmiddels is de periode aangebroken waarin de tweelingen hun eigen weg moeten zoeken. Sommigen gaan studeren, anderen zoeken een baan of besluiten een jaar in het buitenland te gaan wonen. De tweeling maakt zich steeds meer los van de ouders en hun zelfstandigheid wordt groter. Deze periode brengt soms de eerste echte 'scheiding' met zich mee.

Sommige tweelingen vinden het moeilijk om een keuze te maken en het heft in eigen handen te nemen. Sommige keuzes houden voor hen een scheiding in en omdat ze daartegen opzien, stellen ze de beslissing uit. Eeneiige tweelingen hebben vaak dezelfde interesses en maken daardoor dezelfde beroepskeuzes. Dat vergemakkelijkt meestal hun beslissing. Of, als ze veel onderlinge strijd voeren, juist niet.

De tweelingen die al in hun jeugd periodes hebben gekend zonder hun tweelingbroer/-zus, hebben over het algemeen minder moeite met de scheiding dan diegenen die nog nooit alleen waren. Deze laatsten kunnen zich werkelijk verloren en vervreemd voelen als ze voor het eerst zonder hun tweelingbroer of -zus zijn.

Voor een minderheid van de tweelingen betekent de scheiding een opluchting. Elk van hen kan zich ontwikkelen zoals hij werkelijk is zonder de voortdurende aanwezigheid en kritiek van de ander.

Zo beleefde deze (eeneiige) tweelinghelft het toen hij naar het buitenland ging: '*Het studeren in het buitenland betekende een keerpunt in mijn leven: een periode van "voor" en "na". In de periode van "voor" leefde ik in de schaduw van mijn broer, die in alles beter was: langer, slimmer, leuker. Maar tijdens mijn verblijf in Engeland begon voor mij een nieuwe periode. Zonder hem aan mijn zij begon ik facetten in mezelf te ontdekken die totaal nieuw voor me waren. Bijvoorbeeld, in onze vriendenkring was mijn broer altijd de gangmaker en degene die praatte, ik was de "stille". Maar nu in mijn eigen vriendenkring, waarin ze alleen mij kenden, was ik het die de vrienden onderhield en honderduit sprak. Het was een belangrijke ervaring voor me en mijn leven erna was absoluut anders.*'

Het tweelingeffect

In bovenstaand geval leerde de ene tweelinghelft zichzelf kennen door een periode zonder zijn dominante broer te zijn. Vaak is het gedrag van de ene tweelinghelft een reactie op dat van de ander; als de tweeling gescheiden van elkaar is, gedragen ze zich zoals ze werkelijk zijn. Dit heeft te maken met het fenomeen dat voor het eerst beschreven is door René Zazzo, een psycholoog en tweelingdeskundige (1910-1995), als 'het tweelingeffect': tussen hen bestaat een perfecte verdeling van taken en rollen. Daardoor kunnen ze in een verbazend tempo bepaalde taken verrichten en dingen voor elkaar krijgen. De een bedenkt de plannen, de ander voert ze uit, de een is de 'denker' en de ander de 'doener'. Of een is de boekhouder en de ander de verkoper, een onderhoudt de contacten, de ander werkt solitair. Of zoals bij het eerder vermelde voorbeeld, een is de gangmaker en de ander de 'stille'. In extreme gevallen zou je zelfs, volgens Zazzo, kunnen spreken van *une identité à deux,* één identiteit van hen samen: hun persoonlijkheden zijn zo met elkaar verweven dat de tweeling het gevoel heeft één ziel te hebben in twee lichamen. Het nadeel van zo'n elkaar aanvullende persoonlijkheid is dat ieder voor zich niet in staat is om dezelfde vaardigheden te ontwikkelen.

Boris: *'Toen we 23 waren, zijn we voor het eerst een tijd van elkaar gescheiden geweest. Mijn broer moest voor zijn werk naar de VS. Ik bleef alleen achter. Dat jaar heb ik mijn identiteit ontdekt. Ik merkte dat ik zonder hem anders was en dat ik bijvoorbeeld geen deel van hem ben. Ik ben echt anders dan hij. Maar ik kreeg ook te maken met situaties die ik niet kon oplossen, omdat hij die altijd voor zijn rekening nam. We vullen elkaar aan en we hadden een zekere verdeling, net zoals echtparen die al jaren getrouwd zijn. Om die situaties op te lossen, moest ik me in hem verplaatsen en nadenken hoe hij dat zou doen. Zo vond ik de manier om het op te lossen. Voor hem gold hetzelfde. Dat jaar zonder hem heeft me goed gedaan, hoewel ik eerlijkheidshalve moet zeggen dat ik de dagen tot zijn terugkeer aftelde.'*

Jezelf vinden

Het kan voor tweelingen moeilijk zijn om hun eigen identiteit te vinden, vooral voor de eeneiigen. Hun relatie is intens en intiem. Emotioneel hangen ze aan elkaar. Het lastigste is het voor de eeneiige vrouwelijke tweelingen, omdat vrouwen over het algemeen intiemere banden met elkaar hebben dan mannen.

Moniek, een eeneiige tweeling van 21 jaar vertelt: *'Ik maakte een tweede adolescentie mee. Vanaf mijn zevende had ik wel altijd in een andere klas dan mijn zus gezeten, maar we waren toch op dezelfde school. Toen we ons studentenleven begonnen, was ik voor het eerst echt van haar gescheiden. Zij koos namelijk voor een andere universiteit.*

Ik voelde me heel erg verloren in de massa studenten. Op academisch niveau had ik geen enkel probleem, maar wel op het sociale en emotionele vlak. Gelukkig was er een docente die me erg steunde en me hielp om zonder mijn zus te leven. Ze stimuleerde me om colleges te blijven volgen en om niet weg te lopen voor mijn problemen. Haar persoonlijke aandacht was heel belangrijk voor me.'

De relatie binnen een twee-eiige tweeling kan ook heel intiem zijn en daarom niet gevrijwaard van een zekere afhankelijkheid. Helena, 21 jaar, vertelt: *'Mijn tweelingzus en ik, twee-eiig, kunnen het heel goed met elkaar vinden. We zijn elkaars beste vriendinnen. Toen ik de universiteit begon zonder haar, miste ik haar enorm. We hebben onze hele middelbareschooltijd bij elkaar in de klas gezeten. Ik ben erg verlegen, zij is veel opener. Ik moet me nu dus echt over mijn verlegenheid heen zetten en contacten maken. Ook voor haar is het niet makkelijk. Ze steunde altijd erg op mij, omdat ik de meest verantwoordelijke van de twee ben. Toch hebben we bewust voor verschillende universiteiten gekozen, want we vonden dat het tijd werd om deze stap in ons leven te nemen.'*

Jongens die een twee-eiige tweeling vormen, vinden over het algemeen zonder al te veel problemen hun eigen weg vanwege hun verschillende karakters en interesses. Dit sluit echter een zekere competitiviteit en rivaliteit niet uit, die bij sommige tweelingen een heel leven lang voortduurt. Vragen als 'Wie haalt de beste cijfers?' of 'Wie studeert het eerste af?' zijn niet uitzonderlijk.

Het vinden van de eigen individualiteit is het minst moeilijk voor de jongen-meisjetweeling. Dankzij hun verschillende geslacht verliep hun adolescentie al verschillend.

Het kan voorkomen dat de tweeling (of een van hen) zich zeer verantwoordelijk voor elkaar voelt. Dan laat bijvoorbeeld de een een prachtige baan in een andere woonplaats schieten om zijn tweelingbroer of -zus niet alleen te laten. Daarom is het goed dat de ouders hen helpen de juiste keuzes te maken. Het is verstandig om na te gaan of een genomen beslissing voortkomt uit echte interesse of dat zij genomen wordt om een scheiding te voorkomen. Kiest de een dezelfde studie als zijn tweelinghelft om zo de eenzaamheid te ontlopen, of omdat hij/zij op die manier zeker is van de steun van de ander? Aan de andere kant, als beiden dezelfde opleiding kiezen vanwege hun voorkeur en interesse, dan moet hun beslissing gerespecteerd worden. Dit komt veel voor bij eeneiige tweelingen (beroepskeuze is voor 40 à 50 procent genetisch bepaald).

Emma, moeder van een eeneiige tweeling van negentien jaar vertelt: *'Na hun eindexamen kwamen de jongens maar niet tot een keuze, tot op een dag Emile tegen Daniël zei dat hij zich ingeschreven had voor Communitatieve Wetenschappen. En dat bij een universiteit in een andere stad, op 600 km afstand. Zijn broer werd heel boos en haastte zich om zich bij dezelfde universiteit voor dezelfde opleiding in te schrijven. Wat gebeurde er tot onze grote verbazing? Daniël werd ingeloot en Emile niet. Dit betekent dat de jongens voor het eerst van hun leven van elkaar gescheiden zijn. Daniël woont op kamers en Emile nog thuis. Hun telefoonrekeningen zijn gigantisch. Ze missen elkaar vreselijk. Ik ben er zeker van dat ze er alles aan zullen doen om volgend jaar op dezelfde universiteit te komen.'*

Trees, moeder van een drieling van negentien jaar, een jongen en twee meisjes, vertelt: *'Dit jaar begon elk van het drietal een eigen studie in verschillende steden. Een van de meisjes voelde zich echter erg alleen en verhuisde naar de woonplaats van haar broer. Er was nog een kamer vrij in zijn flat, dus voorlopig woont ze bij hem.'*

Het is logisch dat meerlingkinderen, na jaren van samen opgroeien, elkaars nabijheid of die van andere vrienden opzoeken, zoals in dit voorbeeld.

Zonder elkaar

Vanaf achttien jaar worden de periodes waarin de tweeling van elkaar gescheiden is, steeds frequenter en normaler. Dit roept een conflict op tussen het verlangen naar nabijheid en de drang naar afstand. Dit beleeft een tweeling ook ten opzichte van de ouders en andere broers en zussen. Het gevoel is heftiger als het hun tweelinghelft betreft.

Het is het goed dat ze het meemaken en vooral op deze leeftijd, waarop ze inmiddels emotioneel opgewassen moeten zijn tegen deze situaties. Hierover vertelt ons een eeneiige tweeling van 23 jaar, beiden toekomstige wegenbouwingenieurs. Een van hen ging een half jaar naar het buitenland:

Cootje: *'Toen zich de mogelijkheid voordeed een beurs voor Finland te bemachtigen, heb ik geen moment getwijfeld. Ik voelde al langer de uitdaging alleen ergens heen te gaan. Tot nog toe waren mijn zus en ik altijd heel close geweest. We hebben onze hele schoolperiode in dezelfde klas gezeten, ook op de universiteit zaten we in dezelfde groep. We hebben dezelfde vriendenkring en we zitten in hetzelfde orkest. Ik wilde deze stap zetten. Mijn zus stelde voor om met mij mee te gaan en zelfs mijn ouders drongen daar op aan, maar ik hield voet bij stuk. Ik wilde alleen gaan. Het werd een goede ervaring. Ik moest alles zelf doen zonder iemand aan mijn zijde. Maar het lukte me en het was minder moeilijk dan ik had verwacht, behalve op enkele dagen en momenten. Ik ben zelfstandiger dan ik dacht. Ik kan het haast nog niet geloven, maar het is echt zo. Door deze ervaring heb ik mezelf leren kennen.'*

Haar zus Roos voegt hieraan toe: *'Voor mij was het ook goed. Aan de ene kant miste ik haar, vooral nadat we gebeld hadden of elkaar hadden gezien via de webcam. Aan de andere kant genoot ik ervan om de dingen op mijn manier te doen, zonder discussie of rekening te houden met haar. Een ander voordeel is dat ik nu onze relatie veel meer waardeer. Toen ik haar in Finland opzocht, waren de avonden onze mooiste momenten. Vlak voor het slapengaan, vertelden we elkaar de dingen die we ieder apart hadden meegemaakt. Het deed me denken aan onze jeugd, als we vriendinnetjes te logeren hadden. Omdat ik zag dat mijn zus het zo naar haar zin had en alleen kon zijn, durf ik het nu ook aan. Ik ga binnenkort voor een periode naar een universiteit in Spanje.'*

Er zijn ook tweelingen die niet zonder elkaar kunnen. Leontien en Saskia, allebei actrices, van 60 jaar, vertellen erover: *'Als we apart van elkaar werkten, werden we beiden ziek. Allebei hoge koorts. Zodra we weer bij elkaar waren, verdween de koorts. Op een gegeven moment besloten we alleen rollen aan te nemen als we samen konden zijn. Dat was wat we het liefste deden.'*

Tijdens het gescheiden zijn, kan de een bezorgd zijn om de ander. Soms is deze bezorgdheid wederkerig.

Esther vertelt hierover: *'Ik haalde altijd de kastanjes uit het vuur voor mijn zus. Ik durf meer en zij is pure goedheid. Ze laat zich echt de kaas van haar brood eten. Dus vroeg ik me af hoe het zonder mij met haar zou gaan. Ik belde haar iedere avond. Ze werd boos op me en ze zei dat ik haar niet zo moest controleren.'*

Het kiezen van een beroep

Ook een beroep kiezen kan voor een tweeling problemen met zich meebrengen, zoals uit de volgende voorbeelden blijkt.

Een eeneiige tweeling neigt er vaak toe om hetzelfde te kiezen, gezien de overeenkomsten in hun interesses. De genen bepalen voor een groot deel onze beroepskeuze, dus is het niet verwonderlijk dat eeneiigen hetzelfde kiezen. Toch kan dit voor hen problematisch zijn als ze juist van elkaar willen loskomen en niet op elkaar willen lijken.

Michiel vertelt hierover: *'Ik wist niet welke opleiding ik zou kiezen. Ik wilde in ieder geval niet hetzelfde gaan doen als mijn broer, dus verpleging, wat hij koos, viel automatisch af. Ik begon met een technische opleiding, maar na een jaar switchte ik over op toerisme. Dat was het echter ook niet. Uiteindelijk zei mijn broer: "Waarom kies je niet voor de verpleging?" Hij had gelijk. Ik begon er direct aan en inmiddels werken we beiden alweer meer dan twintig jaar met veel plezier in dit vak, in verschillende ziekenhuizen van dezelfde stad.'*

Dit is het verhaal van Albert: *'Mijn broer begon aan de universiteit. Mij werd aangeraden om een hogere beroepsopleiding te doen, maar ik wilde op hetzelfde niveau als mijn broer studeren. Dat werd een ramp, want ik ben geen studiehoofd. Ik ben veel meer praktisch ingesteld. Vanwege pure trots heb ik twee jaar verprutst.'*

De problemen kunnen zich ook door andere omstandigheden voordoen, zoals in het volgende geval: Damian en Koos zijn een eeneiige tweeling. Damian is ingenieur en Koos is chirurg. Op een dag weigerde een patiënte vlak voor de operatie geholpen te worden. Wat was het geval? Ze kende de ingenieur en verwarde de chirurg met zijn broer. Logischerwijs wilde zij niet door een ingenieur geopereerd worden. Er moesten verschillende personen aan te pas komen om de verwarring uit te leggen.

Hun liefdesleven

Tweelingen gaan over het algemeen iets later hun eerste liefdesrelatie aan, zoals ik in het vorige hoofdstuk al aangaf. Ook stappen ze op latere leeftijd in het huwelijksbootje. Soms zijn hun relaties met de andere sekse enigszins 'speciaal':

- Ze wisselen van vriendjes (of vriendinnetjes) en vinden het leuk om deze voor de gek te houden. Vooral voor de eeneiigen heeft dit speciale voordelen: als een van de twee geen zin heeft in zijn afspraakje, dan vervangt de ander hem of haar.
- Soms worden ze verliefd op dezelfde persoon.

Een tweeling vertelt: '*We hadden constant ruzie omdat we dezelfde jongen leuk vonden. Hij "ging" met mijn zus, maar verbrak de relatie al snel, want hij was ons gekibbel meer dan zat.*'

Voor anderen is dit geen probleem: een van de twee ziet ervan af ter wille van zijn tweelinghelft. Soms gaat zelfs hun tweelingrelatie vóór die van een verhouding, zoals Jan Willem vertelt: '*We gingen allebei heel leuk met hetzelfde meisje om. Ik begon langzamaan verliefd op haar te worden. Voor ik iets met die gevoelens deed, belde ik mijn broer. Ik wilde eerst zeker weten wat zijn gevoelens voor haar waren. Toen hij ontkende dat hij verliefd was (ze was voor hem enkel een goede vriendin), voelde ik me vrij. Inmiddels zijn we alweer vijf jaar getrouwd.*'

Het vriendje of vriendinnetje van één van de tweeling moet goed kunnen opschieten met zijn (of haar) tweelinghelft. Als dat niet zo is, kan dat de relatie van het verliefde stel bemoeilijken.

Jaap, een eeneiige tweeling, vertelt hierover: '*Voor mij is het belangrijk dat mijn vriendin goed met mijn broer kan opschieten. Als dat niet zo is, dan weet ik dat de relatie geen toekomst heeft. Het is voor mij een soort graadmeter.*'

Is het huwelijkse leven van tweelingen anders dan dat van eenlingen? Onderzoek wijst uit dat tweelingen vaker getrouwd zijn en ook langer getrouwd blijven. Ze zijn niet minder gelukkig met hun levenspartner dan eenlingen. Wel worden ze in hun partnerkeuze beïnvloed door hun tweelingrelatie. Niet zelden zoeken ze een partner met een vergelijkbaar karakter en een even hechte relatie als die ze met hun tweelinghelft hebben.

Het liefdesleven van eeneiige tweelingen lijkt vaak verrassend veel op elkaar. Als een van de twee scheidt van zijn partner, is er 45 procent kans dat de andere tweelinghelft hetzelfde lot treft. Bij twee-eiigen is deze kans 30 procent. Dit verschil doet veronderstellen dat er een genetische factor meespeelt bij het risico op een scheiding. Het heeft weinig te maken met de omgeving waarin de tweeling is opgegroeid. De overeenkomsten waren namelijk even groot bij eeneiigen tweelingen die bij hun geboorte van elkaar waren gescheiden en door verschillende families geadopteerd waren, zoals blijkt uit het onderzoek van Thomas Bouchard, universiteit van Minnesota in 1986 (zie hoofdstuk 27). Bij een scheiding spelen vele karaktereigenschappen een rol, die voor een deel genetisch zijn bepaald, zoals impulsiviteit en emotionele (in)stabiliteit.

Als zich de situatie voordoet dat één van de twee trouwt en de ander niet, dan is het niet te vermijden dat de getrouwde tweelinghelft het gevoel heeft zijn broer of zus alleen achter te laten.

Josefien, een eeneiige tweeling zegt hierover: *'Ik moest steeds aan mijn zus denken. Ik voelde me niet alleen verdrietig omdat ik haar alleen liet, maar ik miste haar ook. We waren bijna altijd samen geweest. Ik vond het zelfs vreemd zonder haar te slapen. Ik kroop dicht tegen mijn man aan, precies zoals ik dat met haar gewend was.'*

Toch is dit niet voor alle tweelingen zo. Sommigen genieten van de nieuwe 'vrijheid' en beleven het huwelijk van hun tweelinghelft als een opluchting. Paul beleefde het als volgt: *'Toen mijn broer trouwde, was ik blij voor hem. Ik had er geen enkel probleem mee.'*

Tweelingen gaan goed voorbereid het huwelijk in. Ze hebben, als geen ander, ervaring in het samenleven met een andere persoon. Maar als ze bij hun levenspartner niet dezelfde verbondenheid vinden als bij hun tweelinghelft of wanneer het hun moeite kost om elkaar te begrijpen, kan het ook een nadeel zijn. Zoals Bart, deel van een eeneiige tweeling van 33 jaar, me vertelde: *'Bij mijn vrouw heb ik veel woorden nodig om uit te leggen wat ik bedoel of hoe ik me voel. Bij mijn tweelingbroer is één blik voldoende.'*

In de verbintenis met een levenspartner zoekt een tweelinghelft vaak naar een vergelijkbare positie als in de tweelingrelatie, wat soms tot problemen leidt. Marieke was in haar relatie tot haar eeneiige tweelingzus de 'afhankelijke' en degene die verzorgd werd. Ze zette dit patroon in haar huwelijk voort, wat na verloop van tijd ging wrikken. Toen ze met haar man in therapie ging, moest ze eerst haar tweelingrelatie onder de loep nemen voor ze met haar huwelijk aan de slag kon.

Het kan voorkomen dat een tweeling geen liefdesrelatie nastreeft. Dit vindt vooral bij eeneiigen voor. Ze vinden zoveel bij elkaar dat ze geen behoefte voelen aan andere mensen in hun leven.

Dit vertelden Leontien en Saskia, 60 jaar, mij: '*We hebben verschillende relaties gehad en ook periodes met onze partners samengewoond, maar bij geen van ons beiden was het wat we ervan verwachtten. We hebben besloten er niet meer aan te beginnen en we zijn samen gaan wonen. We hadden geen van tweeën een kinderwens. Dat maakte de beslissing makkelijker. Samen zijn we veel gelukkiger dan met een man. De mensen begrijpen dit niet, maar wij genieten ervan om een tweeling te zijn.*'

Soms kan het tweeling zijn een liefdesrelatie bemoeilijken, zoals blijkt uit dit relaas van Annemiek: '*Voor mij is de ideale partner iemand die is als mijn twee-eiige tweelingzus. Onbewust zoek ik altijd iemand die op haar lijkt. Met haar ben ik heel erg op mijn gemak. Ik weet dat ik dit niet moet doen, want waar vind ik een man die op haar lijkt? Het is in ieder geval goed dat ik doorheb wat ik doe. Ik probeer nu bewust dat beeld los te laten.*'

Een man of vrouw die een relatie aangaat met iemand die deel uitmaakt van een tweeling, moet de consequenties daarvan begrijpen en accepteren. Dat is fundamenteel voor het slagen van de relatie. Dit blijkt wel uit de volgende verhalen.
Jan en Mieke, 32 jaar, hebben vanaf hun jeugd al een nauwe band. Als Jan een nachtmerrie had, riep hij om zijn zus en als Mieke viel, riep ze om hem. Toen ze 21 waren, overleden hun ouders. Dit maakte hun relatie nog inniger. Nu hun ouderlijk huis was weggevallen, besloten ze samen te gaan wonen. Toen Jan vriendinnetjes kreeg, ging het mis. De eerste maakte het uit, met de woorden: 'Van jou houd ik, maar tegen je zus kan ik niet op.' Jan heeft nu weer een vriendin en probeert een zekere afstand tot zijn zus te houden. Deze vriendin is zelfs zeer resoluut; ze houdt de deur van haar huis dicht voor Mieke. Toch mist Jan zijn zus en ze spreken vaak stiekem af om elkaar te kunnen zien en bij te kunnen kletsen. Uiteraard is deze situatie voor geen van allen positief.

Sandra, getrouwd met de helft van een eeneiige tweeling: '*Mijn partner heeft met zijn tweelingbroer een heel intieme band. Ze brengen elke zaterdagmorgen met elkaar door. Die ochtend is van hen. Zijn broer is onlangs vader geworden (wij hebben nog geen kinderen). Ik dacht dat ze elkaar minder zouden gaan zien, maar er gebeurt precies het tegenovergestelde. Het lijkt wel of ze er nog meer behoefte aan hebben! Ook bellen ze elkaar elke dag op het werk en thuis met de computer. Ik ben niet jaloers van aard en ik respecteer hun relatie zo veel mogelijk. Ik zal bijvoorbeeld niet snel zeggen: "Spreek morgen niet met je broer af, want we moeten..." Dat zou me met een andere partner die geen tweeling is, meer moeite kosten, hoeveel broers of vrienden die ook zou hebben. Aan de andere kant is het heel mooi om te zien hoe hun relatie is, zo sterk en zo vrij van eigenbelang. Ik ken geen andere relatie die daarop lijkt. Mensen zeggen wel eens: een tweeling, daar kom je nooit tussen! Dat moet je ook niet willen. Zijn broer en ik staan allebei op een eerste plaats maar op een andere manier.'*

Sommige vrouwen, getrouwd met tweelingen, vertelden me dat ze moeite hebben met de intimiteit die de broers met elkaar hebben. Of met gewoontes die voor hen heel normaal zijn, maar niet voor een eenling.

Luna: *'We zaten net aan tafel toen de telefoon ging. Ik nam op en zei dat hij later terug moest bellen. Mijn man vroeg wie het was. Ik vertelde hem dat het zijn broer was en dat hij later terug zou bellen. Hij werd woedend op me. Ik had hem aan de telefoon moeten roepen. Wist ik dan niet dat zijn broer altijd mocht bellen?'*

De partners van tweelingen voelen zich jaloers op deze relatie, die hen op een bepaalde manier buitensluit. Dit komt ook voor bij mánnen die trouwen met een tweeling.
Arend zegt hierover: *'Haar zus is hier vaak en als ze weggaat, hangt ze even later weer aan de telefoon. Ik begrijp gewoon niet wat ze allemaal te bespreken hebben.'*

Heel vaak hebben de echtgenoten van eeneiige tweelingen verschillende eigenschappen met elkaar gemeen, soms zelfs de naam.
Dit overkwam Jan Willem: *'Mijn broer en ik zijn beiden getrouwd met een vrouw die Roos heet. We moesten erg lachen toen hij mij zijn latere vrouw voorstelde. Ik was toen namelijk al getrouwd met "mijn" Roos. Het fijne is dat ze niet alleen hun naam delen, maar ook veel hobby's en interesses. Het zijn dikke vriendinnen.'*

Het is niet verwonderlijk dat een tweeling soms met een andere tweeling trouwt. Alle vier begrijpen perfect de bijzondere relatie van tweelingen. Als eeneiige tweelingen met elkaar trouwen, dan zullen hun kinderen genetisch broers of zussen van elkaar zijn.
Over het algemeen hebben de kinderen van tweelingen onderling intiemere relaties met elkaar dan de neefjes en nichtjes van gewone broers en zussen. Dit is niet zo vreemd. Genetisch zijn er immers meer overeenkomsten.

Ana, negentien jaar vertelt hierover: *'Ik heb met mijn broer helaas niet zoveel contact. Hij is erg gesloten en zo heel anders dan ik. Daarentegen heb ik een neef die eigenlijk veel meer als een broer voor me voelt. We doen graag dingen samen en we kunnen eindeloos praten. Onze respectievelijke vaders zijn eeneiige tweelingbroers. We zijn dus feitelijk halfbroer en -zus. Het is dus niet zo vreemd dat ik het met deze neef zo goed kan vinden. En zijn vader is absoluut mijn lievelingsoom. Hij voelt gewoon heel vertrouwd, bijna net zoals met mijn eigen vader.'*

Hun relatie als volwassenen

Na jaren van studeren, reizen en de eerste baantjes, breekt er een periode van stabiliteit aan. Zo rond hun dertigste jaar vinden tegenwoordig de jongeren hun plek in de samenleving, zowel wat betreft hun werk als hun relatie (dat is later dan in de vorige eeuw). Tweelingen onderscheiden zich hierin niet van andere jongeren en ondervinden niet meer moeilijkheden met zich te settelen. Wel kan het zijn dat als een van de twee eerder een succesvolle baan vindt en eerder trouwt dan de andere, er een zekere verwijdering tussen hen optreedt. Maar dit hoeft niet zo te zijn: bij sommige tweelingen wordt hun band hierdoor juist hechter. De een vindt steun bij de ander.

Natuurlijk bestaat er niet één soort relatie tussen tweelingen. De relaties kunnen heel erg verschillend zijn. Er zijn tweelingen die elke dag ruziën en toch niet zonder elkaar kunnen. Voor sommigen is de relatie met hun tweelingbroer of -zus niet anders dan die met andere broers of zussen. Dit komt het meeste voor bij de twee-eiige tweelingen. Volgens een onderzoek gehouden door *Psychologie Magazine* in 2000 vindt 85 procent van de tweelingen, zowel eeneiige als twee-eiige, het leuk om tweeling te zijn. Een tweeling, achttien jaar, vat het als volgt samen: 'Het is het beste dat me in het leven had kunnen overkomen.'

De volgende verhalen laten iets van de bijzondere band tussen tweelingen zien. Rosemarie en Helena zijn een twee-eiige tweeling van 21 jaar. Allebei zijn ze blij met hun tweelingzus.

Rosemarie beschrijft het als volgt: '*Het is leuk om met iemand van dezelfde leeftijd in hetzelfde huis op te groeien. Je voelt je gewoon nooit eenzaam, want je weet dat zij er is en om je geeft.*'

Helena zegt: '*Voor mij voelt mijn tweelingzus als een deel van mezelf.*'

Ze kennen weinig jaloezie, noch concurrentiestrijd, waarschijnlijk omdat hun moeder, zelf een tweeling, hun altijd individuele aandacht heeft gegeven (ook speelt hun karakter hierin mee). Beide meisjes beschrijven hun jeugd als een gelukkige periode waarin ze veel samenspeelden met een nichtje van dezelfde leeftijd, die een dochter is van de eeneiige tweelingzus van hun moeder. Met haar hebben Rosemarie en Helena veel contact, iets wat je vaak ziet in gezinnen waar ouders de helft van een tweeling zijn. Wel hangen ze enigszins te veel aan elkaar.

Helena: '*Zij steunt op mij omdat ik serieuzer en verantwoordelijker ben. Dus vooral wat betreft school en huiswerk ben ik de raadgever. Maar ik leun op haar wat betreft onze contacten; zij is veel opener en maakt de vriendinnen. Misschien was het beter geweest als we op de middelbare school in verschillende klassen hadden gezeten. We proberen nu echt om los van elkaar te komen en niet op elkaar te leunen.*'

Susan en Moniek zijn een eeneiige tweeling van 32 jaar. Ze vertellen me om beurten hoe ze hun relatie ervaren.

Moniek: 'Bij een tweeling is er altijd één die het voortouw neemt. Bij ons is dat Susan. Ik ben degene met de ideeën en zij voert ze uit. Ze is veel assertiever dan ik. Ik ben verlegener. Dit zijn onze verschillen. Wat we gemeenschappelijk hebben, is dat we beiden nieuwsgierig zijn, avontuurlijk, spontaan en enthousiast. Samen vormen we de ideale persoon. De extreme en minder gunstige aspecten van de een worden door de positieve aspecten van de ander gecamoufleerd.'

Susan voegt eraan toe: 'Ik ben heel blij dat ik een tweeling ben. Ik zou niet graag als eenling door het leven gaan. Ik word heel blij als ik bedenk dat er iemand bestaat die op me lijkt. Toen we twaalf waren, stuurde onze moeder ons naar verschillende middelbare scholen. Ze wilde niet dat we de onafscheidelijke tweeling zouden worden. In die jaren werden de verschillen tussen ons duidelijk. We gingen met heel verschillende vrienden om.'

Moniek: 'Maar zij bleef altijd mijn beste vriendin, ook in die jaren. We konden haast niet wachten tot de lessen afgelopen waren om elkaar weer te zien en onze respectievelijke ervaringen uit te wisselen. Na het eindexamen ging ik de verpleging in. Tot mijn schrik koos zij voor hetzelfde, in dezelfde plaats. Ik was boos! Ik wilde niet weer als "de tweeling" gezien worden. Het werd de enige periode in ons leven waarin we het niet goed met elkaar konden vinden. Tot we op een dag op dezelfde afdeling moesten werken. We hadden het zo goed samen, de samenwerking verliep perfect. Toen begreep ik dat ik fout was geweest en ik had spijt van mijn houding. Het is stom als je ruzie hebt met je tweelingzus, want dat betekent dat je het niet goed kan vinden met een deel van jezelf. Net zoals ik niet helemaal gelukkig kan zijn als haar iets overkomt.'

Susan: 'Maar we hebben verschillende levens. Ik ben getrouwd en heb twee kinderen. Ik werk parttime op een kantoor. Zij is ambitieus en is hoofd van een afdeling in het ziekenhuis. Voor het eerst in ons leven moeten we elkaar dingen uitleggen, omdat we niet hetzelfde meemaken. Vroeger begrepen we elkaar zonder woorden.'

Jaap, ook deel van een eeneiige tweeling vertelt: 'Tweeling zijn is een voordeel. Op vele gebieden hebben we een voorsprong. Veel mensen zijn bang voor intimiteit, maar wij zijn daaraan gewend al vóór onze geboorte. Een ander voordeel is dat je al jong leert wat gelijkwaardigheid is. Je probeert niet voor je tweelingbroer of -zus onder te doen, maar ook niet je boven hem te plaatsen. Je leert al heel jong aan te voelen wat een ander voelt. Dat maakt je empathischer en socialer, eigenschappen waar je de rest van je leven plezier van hebt.'

Erik, 40 jaar: 'Ik ben een eeneiige tweeling, maar tot mijn zeventiende jaar wist ik dat niet. We werden namelijk door verschillende gezinnen geadopteerd en niemand informeerde ons over het bestaan van een tweelingbroer. Onze adoptiefouders wisten het wel, maar vonden nooit het geschikte moment om het ons te vertellen. Via een gemeenschappelijke vriend kwamen we erachter. Toen mijn broer me voor het eerst opzocht, was dat een heel rare ervaring. Het was alsof ik mezelf zag, maar het gevoel van een familieband was er niet. De eerste jaren zagen we elkaar weinig, maar *langzaamaan veranderde dat. Nu zien we elkaar wekelijks en we bellen dagelijks. We delen veel dingen. Toen ik klein was, zei ik vaak tegen mijn ouders dat ik graag een broertje wilde. En dan komt het later ook nog uit!*

Ik ben bij de Raad van de Kinderbescherming geweest om te vragen waarom ze ons hebben gescheiden. De beweegreden was dat het per definitie slecht is om als tweeling samen op te groeien. Schandalig en onvoorstelbaar! De verloren tijd kunnen we nooit meer inhalen. Ik vind het fantastisch om een tweelingbroer te hebben. Als de telefoon gaat, weet ik precies wanneer hij het is.'

Manuel en Markus, een eeneiige tweeling van 37 jaar: '*Een tweelingbroer hebben is ongetwijfeld het mooiste cadeau dat je je kunt wensen. Stel je voor, een reisgenoot die altijd aan je zij staat, aan wie je niets hoeft uit te leggen en met wie je alles deelt. Altijd iemand om mee te spelen. Vanaf dat we ons kunnen herinneren, waren we er voor elkaar. De lagere school hebben we in dezelfde klas doorgebracht. We deden wedstrijdjes om te kijken wie er het eerste zijn werk inleverde. We herinneren ons vele gelukkige momenten en ook heel heftige ruzies. Op de middelbare school bleven we het eerste jaar zitten. Onze ouders vonden het moment gekomen om ons in verschillende klassen te zetten op een andere middelbare school. Dat viel tegen. Een nieuwe school, nieuwe leraren, leerlingen... en we waren al zo verlegen. Maar onze wereld verbreedde zich. We kregen het dubbele aantal vrienden. De uren na school – en soms momenten tussen de lesuren in – gebruikten we om elkaar op de hoogte te houden van alle belevenissen. Toen kwam de universiteit: hij koos voor Rechten en ik voor Journalistiek. We deelden de campus. Vijf jaar lang bezochten we elkaars bibliotheek, cafetaria en collegezalen en we kenden elkaars vrienden. Toen brak de periode van werk zoeken aan. Voor het eerst waren we gescheiden. We belden elkaar elke dag en dat doen we nog steeds. De moeilijkste periode was wellicht toen een van ons vijf jaar eerder dan de ander trouwde. Een zekere verwijdering leek onvermijdelijk. We besloten om de zaterdagmorgen voor ons samen te reserveren. En zo staan we die dag vroeg op om elkaar te zien, elkaar te vertellen wat we al weten en alles te delen om het van ons samen te maken.*'

Afhankelijkheid en strijd

Een van de moeilijkste aspecten van het tweeling zijn is de wederzijdse afhankelijkheid, die zo sterk kan zijn dat geen van beiden in staat is om een eigen leven te leiden.

Daarom is het zo belangrijk dat ouders hun tweeling al van jongs af aan stimuleren af en toe alleen iets te ondernemen. Dat versterkt het 'ik-gevoel'. Het is zeker niet altijd makkelijk, want een tweeling – en zeker een eeneiige – doet graag veel samen. De kunst is om ze het leuke van alleen zijn en zelf ergens op afstappen te laten beleven. Dit gebeurde niet bij Lidia en Marlous, een eeneiige tweeling.

Lidia vertelt: '*Onze ouders hebben er ongewild aan bijgedragen dat onze levens volledig parallel lopen. Ons dagelijks leven was precies hetzelfde: dezelfde kleren, dezelfde klas, hetzelfde speelgoed, dezelfde hobby's, absoluut alles hetzelfde. Dit vergemakkelijkte de organisatie in huis, maar leidde tot een extreme afhankelijkheid tussen ons. Deze was zo sterk dat als de beslissingen aan ons waren, we ze liever samen namen. Zo besloten we om dezelfde studie te gaan doen, omdat we dan op elkaars steun konden rekenen.*

Nu we 26 jaar zijn en beiden een baan hebben bij verschillende bedrijven, merken we deze afhankelijkheid pas op. We proberen namelijk ieder ons eigen leven te leiden parallel aan dat van de ander. We zijn namelijk niets anders gewend. Dit schept echter problemen, want onze situaties zijn verschillend en onze dagritmes lopen niet gelijk. Daar hebben we moeite mee.

Als we onze situatie analyseren, beseffen we dat we op een punt zijn beland waarbij we ons moeten inspannen om los van elkaar te komen, want zonder die onafhankelijkheid zullen we niet kunnen genieten van de bijzondere band die we altijd gehad hebben.'

Deze tweeling beschrijft de symbiose waar ze van jongs af aan in geleefd hebben. Nu, inmiddels volwassen, willen ze ieder voor zich kunnen functioneren, maar daarvoor hangen ze te veel aan elkaar. Ze wonen samen en zien elkaar 's avonds. Dan doen ze niets dan ruziën! We kunnen niet zonder en niet met elkaar, vat Lidia samen. Als ik haar voorstel in therapie te gaan, zegt ze dat te overwegen als Marlous het ook wil. Het is voor hen nog steeds gewoner samen dan individueel een beslissing te nemen.

Concurrentie

De concurrentiestrijd tussen tweelingen kan tot in hun volwassenheid doorwoekeren, bijvoorbeeld ten aanzien van hun werk, woning en zelfs de schoolresultaten van hun kinderen. Over het algemeen zijn deze gevoelens heftiger bij tweelingen van hetzelfde geslacht dan bij een jongen-meisjetweeling. Uiteraard speelt ook het karakter een rol. Sommige tweelingen zijn, net als niet-tweelingen, meer competitief van aard dan andere.

Bernard: '*Mijn twee-eiige tweelingbroer en ik zijn heel close met elkaar, maar we beconcurreren elkaar ook. Die eigenschap hebben we allebei en het haalt het slechtste in ons naar boven. Van elkaars beste vrienden veranderen we dan in elkaars ergste*

rivalen. We willen allebei domineren. Omdat we dit van elkaar weten, hebben we besloten ieder een eigen weg in te slaan. We wonen mede daarom in verschillende steden en we werken allebei in een ander beroep. Zo voorkomen we dat we elkaar maandenlang niet willen zien.'

Deze concurrentiestrijd komt zowel bij twee- als bij eeneiige tweelingen voor. Toch leren vooral de laatsten al jong om met andere personen buiten het gezin te concurreren en hun krachten te bundelen om samen de concurrentiestrijd aan te gaan. De volgende verhalen vertellen hierover.

Albert: *'We waren zeer eerzuchtig, maar niet ten opzichte van elkaar, wel tegenover de rest. We wilden altijd winnen en we hielpen elkaar daarbij. Bijvoorbeeld op weg naar school op de fiets spraken we met elkaar af om die en die in te halen. We gingen er dan als een speer vandoor en we hadden de grootste pret. De anderen hadden het niet eens in de gaten en snapten niet waarom we zo hard fietsten.*

We deden dezelfde studie en we studeerden beiden op dezelfde dag af. We waren trots op elkaar.'

Lydia: *'Je zou kunnen denken dat we ieder de beste wilden zijn, maar dat is niet zo. We zijn blij voor de ander. Van haar houd je bijna meer dan van jezelf.'*

Hoewel veel tweelingen zich hierin kunnen vinden, is het niet voor allen zo. Bij één tweeling, beiden professionele zwemsters, was er altijd één die won, terwijl de ander tweede werd. Zij verliet de sport, want ze verdroeg het niet om altijd op de tweede plaats te eindigen en steeds van haar zus te verliezen.

Zwanger zijn en ouderschap

Eeneiige tweelingen maken bij hun zwangerschap en bevalling vaak bijzondere ervaringen mee. Paula is bijvoorbeeld zwanger en heeft nergens last van, maar haar zus heeft, nog voor ze over de zwangerschap hoorde, last van misselijkheid. Mieke vertelt dat iedere keer als haar zus een wee had, zij pijn in haar buik kreeg. Ze kon zelfs de intensiteit van de wee voelen.

Zwanger zijn is voor iedere vrouw een bijzondere gebeurtenis en als je die kan delen met je tweelingzus, is dat natuurlijk helemaal fantastisch. Dit overkwam Nienke en Annelie, een eeneiige tweeling van 32 jaar.

Nienke: *'Mijn tweelingzus woonde al twee jaar in Australië toen ik voor de eerste keer zwanger werd. Op het moment dat ik het haar wilde gaan vertellen had zij al een paar dagen een onrustig gevoel. Op een gegeven moment zei ze, achter op de fiets bij haar man ineens uit het niets: "Nienke is zwanger." De onrust verdween en de volgende dag belde ik haar om te vertellen dat ik zwanger was.*

Bij mijn tweede en haar eerste zwangerschap wisten we niet van elkaar dat we ermee bezig waren. Tot onze grote verrassing waren we twee dagen na elkaar uitgerekend. Het was een grandioos gevoel dat we zo op hetzelfde moment zwanger waren geworden. Het voelde eigenlijk alsof we een soort tweeling gingen krijgen, maar dan samen. We konden alles met elkaar vergelijken en we herkenden heel veel, zowel fysiek als mentaal. Onze buiken groeiden op dezelfde manier, we hadden dezelfde kwaaltjes op hetzelfde moment zoals misselijkheid en maagzuur en we hadden allebei geen idee of het een jongen of meisje zou worden. Dat wilden we geen van beiden weten. We wonen bij elkaar om de hoek, dus in deze periode en helemaal tijdens ons zwangerschapsverlof zagen we elkaar ongeveer dagelijks. Twee tot drie keer per week gingen we fietsen of zwemmen met onze dikke buiken. Dat leidde iedere keer tot bijzondere reacties.

Voor de zekerheid checkten we op het eind van de zwangerschap wel met behulp van het aantal letters of we niet dezelfde namen hadden gekozen. Dat bleek van niet, maar we kregen wel allebei een zoon, die we beiden als tweede naam Johannes hadden gegeven. We hadden van tevoren niet het gevoel op dezelfde dag te gaan bevallen en dat klopte ook. Zij beviel twee dagen eerder dan de uitgerekende datum en ik ook. Dit was perfect: Annelie had de primeur met haar eerste kind en we hadden allebei een zoon. Dus toch ook echt een beetje dat speciale gevoel van een tweeling.'

Positieve en negatieve kanten van het meerling zijn

De (volwassen) tweelingen benoemen de volgende positieve punten van een tweeling te zijn:
- begrip, vriendschap en samenhorigheid. Een zielsverwant in de meest letterlijke zin van het woord;
- bescherming. Veel tweelingen vertelden me hoe ze elkaar op school of in dienst te hulp kwamen;
- populariteit. Tweelingen (ook drielingen) zijn vaak populair binnen hun vriendengroep;
- speciaal zijn. Enkele tweelingen vertelden me dat ze aanvankelijk teleurgesteld waren toen ze bij een meerlingfestival aankwamen. Opeens waren er zoveel tweelingen dat zij niet meer opvielen. Later ontdekten ze hoe leuk het is om met andere tweelingen op te trekken en hun speciale 'tweelingervaringen' te delen;
- praktische voordelen, zoals elkaars kleding gebruiken, elkaar helpen met huiswerk en vrienden delen;
- positieve concurrentiestrijd: de uitdaging om de ander en jezelf te overtroeven. Voor veel, al dan niet professionele, sportliefhebbers is het een voordeel altijd een maatje te hebben om mee te oefenen, zoals bij zwemmen, dansen, voetballen, enzovoort.

Er zijn ook nadelen. De tweelingen noemen de volgende:
- Onbegrip bij ouders, familieleden, leraren en in de samenleving. Hun speciale manier van in het leven staan, wordt niet altijd begrepen. Dit kan leiden tot het nemen van verkeerde beslissingen, zoals het scheiden van een tweeling bij adoptie of op school, of hen verkeerd beoordelen, zoals hun identieke fouten in schoolwerk opvatten als afkijken.
- De aandacht die ze ongewild trekken. Tweelingen roepen altijd nieuwsgierigheid op. Ze willen opgemerkt en gewaardeerd worden om hoe ze zijn en niet als bezienswaardigheid.
- De vergelijkingen. Opmerkingen als 'Wie is de slimste/de liefste/de meest verantwoordelijke?' zijn kwetsend. De een wordt dan beoordeeld in het licht van de ander.
- Het gevoel van verantwoordelijkheid jegens de ander.
- Sterke onderlinge afhankelijkheid.
- Het gevoel niet gewaardeerd te worden als eenling. Esther legt dit als volgt uit: 'Als iemand boos is op mijn zus Claudia, dan is die vaak ook boos op mij. Alsof we één persoon zijn!'
- Materiële nadelen, zoals het moeten delen van een kamer en de laptop.
- Het gebrek aan persoonlijke aandacht van de ouders. Vanaf het begin van hun leven moeten ze de aandacht delen.

Ik beschik niet over informatie over hoe volwassen drielingen het ervaren om een meerling te zijn. Britta Alin-Åkerman ondervroeg jonge drielingen van negen jaar naar hun ervaringen. Ze noemden deze positieve aspecten:
- We zijn nooit alleen.
- Als we bang zijn, is er altijd wel iemand bij ons.
- We hebben altijd iemand om mee te spelen.
- Als ik op school problemen met iemand heb, dan is er altijd iemand die me verdedigt.
- Het is niet moeilijk om thuis te zijn zonder onze ouders, want we zijn altijd met elkaar.
- We vervelen ons nooit, want een van ons heeft altijd wel een idee.

De volgende aspecten werden als negatief ervaren:
- Er is bij ons thuis altijd veel lawaai.
- Altijd beslissen de anderen wat we gaan doen.

Tweelingen die het niet met elkaar kunnen vinden

Bijna alle tweelingen beleven het tweeling zijn als iets positiefs. Het onvoorwaardelijk op de ander kunnen rekenen is voor velen een groot voordeel. Maar er zijn ook tweelingen die een slechte relatie hebben.

De volgende factoren kunnen daarbij een rol spelen:
- Het tweeling zijn belemmert hen in hun zelfstandigheid. Ze hebben moeite om hun eigen weg te vinden of te gaan. Dit treft vooral tweelingen die erg afhankelijk van elkaar zijn. De een volgt steeds de ander, zoekt zijn goedkeuring en steun, wat voor beiden frustrerend is.
- Beiden hebben dezelfde extreme karaktertrekken, zoals bijvoorbeeld onverdraagzaamheid. Twee intolerante mensen hebben veel wrijvingen. Ook zeer individualistische mensen zullen elkaars voortdurende aanwezigheid niet als prettig ervaren.
- Ze voelen zich door hun tweeling zijn altijd een uitzondering. Tenslotte zijn de meeste mensen geen tweeling.
- Een van de twee lijdt onder gevoelens van zich minder voelen. Hij of zij voelt zich minder slim, minder mooi, minder sportief, enzovoort. Onbewust speelt er in het gezin een patroon waarbij de ene helft van de tweeling als de 'succesvolle' wordt beschouwd en de andere als de 'loser', een rol waar ze de rest van hun leven moeilijk onder uitkomen. Het is dan niet verwonderlijk dat ze het verafschuwen een tweeling te zijn. Ook kan een heftige concurrentiestrijd tot verwijdering leiden.
- Een van de twee wordt voorgetrokken. Een is het lievelingetje van de ouders en de ander leeft in zijn schaduw.

De tweelingen die een van deze situaties meemaken, hebben het niet makkelijk. Ze ontmoeten overal mensen die ervan uitgaan dat ze het goed met elkaar kunnen vinden en die hen altijd naar hun tweelinghelft vragen. Volgens Joan Friedman, therapeute en tweelingspecialist, wordt dit veroorzaakt door het fenomeen 'the twin mystique'. De algemene gedachte is dat tweelingen een bijzondere, bijna mystieke band hebben, als twee mensen met één ziel. Dat de werkelijkheid veel complexer is, wordt over het hoofd gezien. Zij pleit er in haar boek *Emotionally Healthy Twins* voor dat ouders zich bewust zijn van dit fenomeen, want juist daardoor kunnen ze er het hoofd aan bieden.

Sommige tweelingen vinden het niet fijn dat ze op elkaar lijken. 'Waarom zien wij er identiek uit? Is niet ieder mens een uniek wezen?' zei een tweeling eens tegen mij. Sommigen besluiten vanwege deze gevoelens ver van elkaar te gaan wonen, soms zelfs in verschillende continenten.

Ook komt het voor dat voor een van de twee het tweeling zijn belangrijker is dan voor de ander.

Rietje, 57 jaar: '*We werden als laatsten van een groot gezin geboren. Toen we zes jaar waren, werd mijn tweelingbroertje opgenomen in het ziekenhuis vanwege zijn oren. Dit bracht een verwijdering tussen ons. Tot die tijd waren we altijd samen geweest. Als zusje mocht ik niet op bezoek in het ziekenhuis. Ik kreeg een foto van hem te zien met zijn hoofd in het verband met grote bloedvlekken en een pyjama die ik niet kende.*

Ik dacht dat hij dood zou gaan en ik was heel bang. Toen hij weer thuiskwam, mocht hij niet meer met mij op de kamer slapen zoals anders. Hij moest bij zijn broers en ik bij mijn zusjes. Op school gebeurde hetzelfde. We begonnen de lagere school en hij ging naar de jongensschool. Wij werden gewoon broertje en zusje en niemand had het meer over "de tweeling".

Als ik nu terugkijk op mijn leven, zie ik dat ik veel vrienden heb gehad, geen liefdesrelaties, maar maatjes. Die vriendschappen waren heel belangrijk voor me. Maar het ging weleens mis, als bijvoorbeeld een vriendin van hem mij niet accepteerde. Dat raakte me dan diep, het sloeg in als een bom en ik was er wekenlang kapot van. Nog niet zolang geleden ontdekte ik, in een gesprek met een psychologe, dat dit alles met mijn tweelingbroer te maken heeft. Eigenlijk zocht ik in al die contacten naar hem. We hebben wel contact, maar niet diepgaand. Ik zou graag echt met hem willen kunnen praten en vertrouwelijk zijn. Maar ik ben voor hem gewoon een zusje, net als de andere, terwijl hij voor mij wel speciaal is. Hij is iemand die ik dicht bij me voel, niet zozeer zijn persoon, maar een kracht, een band die er altijd is. Gelukkig hebben we dezelfde hobby, namelijk vogels. Dat verbindt. Ik heb nog twee broers, met wie ik eigenlijk beter contact heb, maar mijn tweelingbroer is degene naar wie ik het meeste verlang.'

Soms komt het nog goed

Soms verzoent een tweeling zich naarmate ze ouder worden. Als ze ieder hun eigen leven hebben opgebouwd, zijn de spanningen rond het zoeken naar hun eigen identiteit verminderd. Dan komt er weer ruimte voor positieve gevoelens. Of met de jaren wordt het verlangen naar de ander sterker en de hindernissen zwakker.

In het geval van Simon en Karel laat dit lang op zich wachten. Deze eeneiige tweeling heeft een innige band zolang ze thuis wonen. Daarna zoekt ieder een eigen weg en hoewel ze allebei een technisch beroep kiezen, doen ze dan op heel verschillende manieren. Simon, van kleins af aan de meest verantwoordelijke, vindt een plek in een bedrijf waar hij langzaamaan opklimt door hard te werken. Karel, altijd de minst serieuze, verandert voortdurend van bedrijf en start tot slot zijn eigen bedrijf. Als ze een paar jaar later met twee heel verschillende vrouwen trouwen, scheiden hun wegen zich. De vrouw van Karel zet zich af tegen de familie van haar man en daardoor wordt het contact nog minder. Simon legt zich erbij neer, hij kiest voor zijn vrouw. Er volgt een lange periode waarin ze elkaar nauwelijks zien en als ze elkaar spreken is dat zeer oppervlakkig. Simon legt het als volgt uit: 'We lijken niets gemeenschappelijks te hebben, onze levens zijn heel verschillend.' Hij zegt er geen verdriet van te hebben; het is nu eenmaal zo. Hun kinderen ontwikkelen niet die innige onderlinge band die je vaak ziet bij neven en nichten van tweelingbroers of -zussen.

Als Karel twintig jaar later van zijn vrouw scheidt, zoeken de broers elkaar weer. Als hij ziek wordt, nog meer. Als Simon een groot feest voor zijn zestigste verjaardag geeft, is ook Karel van de partij. Voor het eerst sinds jaren zijn ze op hun geboortedag weer samen.

Een verwijdering zoals bij deze broers, komt niet vaak voor bij tweelingen. Er zijn verschillende factoren die een rol spelen: zij zijn beiden erg individualistisch en hun partnerkeuze was totaal verschillend. Wanneer ze in hun laatste levensfase belanden, neemt de behoefte aan contact weer toe, iets wat je ook bij gewone broers en zussen vaak ziet.

Ook het verhaal van Gerrie en Jannie, 48 jaar, laat zien hoe een tweelingrelatie nog ten goede kan veranderen.

Gerrie: *'Wat mijn gevoel over het tweeling zijn het beste beschrijft, is deze herinnering: samen met Jannie loop ik naar school. Het voelt niet fijn. Al die verwonderde blikken over onze gelijkenis. "Wat lijken jullie toch op elkaar, net twee druppels water. En wie is nou de liefste/leukste/knapste…?" Vreselijk! Ik ging achter haar lopen, in ganzenpas. Dat was ook weer stom. Dat gevoel van ongemak typeerde voor mij onze relatie. Een andere herinnering uit mijn jeugd is dat we thuiskomen met onze rapporten. Mijn vader legt ze naast elkaar en gaat tellen. Ik blijk het hoogste puntenaantal te hebben. Ik begrijp op dat moment dat goed in iets zijn blijkbaar belangrijk is. En zo ontwikkelde ik me tot concurrent van mijn zus. Ik ging er heel ver in om de beste te zijn. Onze relatie was verre van harmonieus. Ik zocht steun bij mijn oudere zus. Zij werd mijn bondgenoot. Alhoewel ik van Jannie hield en wist dat als het erop aankwam, we altijd bij elkaar terecht konden, was onze relatie vooral complex en moeizaam. Zo hebben we jarenlang geleefd. Ik klaagde over het tweeling zijn en over Jannie. Zij hield afstand. Vlak voordat ik 45 werd, deed ik een meditatie-avond. Ik praatte daar over het tweeling zijn. Opeens hoorde ik mezelf diezelfde riedel weer afdraaien en opeens had ik er zo genoeg van. Dat gevoel kwam uit mijn tenen. Ik besloot dat het tijd was om op te houden met zeuren over mijn zus en over het tweeling zijn. Ik wilde alleen nog maar van haar houden en dat deed ik al. Zo eenvoudig was het. Gewoon ophouden met zeuren. Ik vertelde het niet aan haar. Ik was bang dat ze me niet zou geloven. Maar er veranderde wel wat. Ik werd het aardige mens dat ik ook ben. Ze moet de verandering hebben gevoeld want ze stemde ermee in om onze 45e verjaardag samen te vieren. Ons contact veranderde, ook met de oudere zus. Pas twee jaar later heb ik aan haar deze bekentenis gedaan. Toen was ik geloofwaardig, ze had het allang gemerkt. Sindsdien is het er alleen maar beter op geworden, we zijn zussen die een speciale band met elkaar hebben. Want tweeling zijn dat is gewoon speciaal en ik ben er trots op.'*

Jannie: *'Het eerste besef dat ik een tweeling ben, kwam toen we de lagere school begonnen. We liepen samen over het schoolplein. Ik voelde me verlegen en ik was blij dat Gerrie naast me liep. Alleen zou ik me verloren hebben gevoeld.*

Maar er was ook veel strijd. We zetten ons beiden af tegen het tweeling zijn. Ik denk omdat we voortdurend vergeleken werden als twee-eenheid en niet als individu werden gezien. Met verjaardagen kregen we regelmatig van bezoekers één cadeau *voor ons beiden; we hadden samen één speelgoedla, terwijl onze oudere zus er een voor zichzelf had. Onze rapporten werden vergeleken. En ja, Gerrie was de intelligentste. Ik vond dat gedoe om een paar punten flauwekul en ik nam er afstand van. Op de middelbare school werd de situatie grimmiger. Gerrie was gehaaid en ik hing er meestal als het vijfde wiel aan de wagen bij. Ook thuis gebeurde dat; mijn moeder en mijn zussen vormden vaak een front tegen mij. Mijn vader speelde hierbij geen rol. De verhouding tussen mijn ouders was niet harmonieus. Ik heb me in die tijd erg alleen gevoeld. Het werd beter toen ik op mijn zestiende jaar een hartsvriendin kreeg. De lucht vanbinnen klaarde weer op. Thuis liet ik zo veel mogelijk voor wat het was. In de 1^e en 2^e brugklas zaten we bij elkaar. In de 3^e ging Gerrie naar het atheneum en ik bleef op de havo. Ik was er blij mee. Zij was toch de intelligentste en nu kon ik me ongecompliceerd lekker voelen zonder haar kritische blik, alleen in een eigen klas met klasgenoten en vriendinnen. Maar in de 4^e klas kwam ze weer terug naar de havo en zat ze weer bij mij in de klas! Toen heb ik doelbewust en stilletjes een plan gemaakt: blijven zitten. Dat lukte. Zij ging dus over en ik niet. Dat klopte, want ze was toch de intelligentste?*

Daarna brak er een nieuwe fase aan waarin we allebei het ouderlijk huis verlieten. Nu kregen we de kans om met elkaar om te gaan zonder de belasting van thuis en de patronen die daar hadden gegolden. Onze relatie veranderde. Ik was er blij mee en ik voelde me dankbaar vanwege het hebben van een tweelingzus. Dat gevoel heb ik naar Gerrie uitgesproken. Ze antwoordde dat "we nou eenmaal een tweeling waren", iets dat zij helaas niet kon veranderen. Dat was een klap in mijn gezicht. Ik was blij met haar, zij niet met mij. Mijn gevoel kon ik niet met haar delen. Het zou dus niet verder uitgroeien, want daarvoor had ik haar nodig en zij deed niet mee. Ondertussen voelde ik dat ze verwachtingen ten opzichte van mij had waar ik nooit aan voldeed. Ik voldeed überhaupt niet in haar ogen, zo voelde ik dat. Ik nam opnieuw afstand. Ik ging me weer richten op mijn eigen leven. Toen ik 41 werd, heb ik een vriendinnenfeestje gegeven. Gerrie, mijn oudste zus en mijn moeder (mijn vader was al overleden) heb ik daar nooit over verteld, laat staan dat ik ze uitnodigde. Het voelde heerlijk, de ultieme onafhankelijkheid.

Ongeveer vier jaar geleden kreeg ik op mijn verjaardag een kettinkje van Gerrie. Er zat een kaartje bij waarin ze haar proces ten aanzien van het tweeling zijn in een notendop beschreef. Het was prachtig. Ze had haar kritische blik afgezet en ik mocht zijn wie ik ben. Ze schreef zelfs dat ze van me houdt. Ik had al wel een verandering opgemerkt, maar wist niet dat het zo diep ging. Sindsdien is er een ontwikkeling van meer vertrouwen en blij zijn met elkaar. We hebben een lange weg afgelegd. Ik voel me opnieuw dankbaar dat we tweeling zijn. En nu is zij het ook. Prachtig!'

Pas na meer dan 40 jaar kon deze tweeling genieten van hun tweeling zijn. Hierin spelen een aantal factoren een rol, zoals het niet benaderd, gezien noch opgevoed zijn als twee aparte individuen. De ouders, zelf gevangen in een onharmonieus huwelijk, konden hun niet de speciale aanpak geven die een tweeling nodig heeft, en speelden hen tegen elkaar uit ('Wie is de slimste?'). Maar mogelijkerwijs speelde ook hun karakter een rol, dat op zijn beurt het type relatie bepaalt ('extreem individualistisch', zie hoofdstuk 19). In plaats van een te nauwe band, die we vaak bij tweelingen zien, ontwikkelden zij een te losse band. Ze zochten ieder een eigen steunpunt (de een een oudere zus, de ander een vriendin) als vervanging van de tweelinghelft, wat aangeeft dat ze beiden het gemis voelden.

Zijn we eeneiig?

Dit is een vraag die bij veel tweelingen speelt. Ze zijn onzeker of ze wel echt twee-eiig zijn (het omgekeerde komt veel minder vaak voor). Het motief van deze onzekerheid gaat vrijwel altijd terug naar hun geboorte. De gynaecoloog heeft na de bevalling gezegd dat ze twee-eiig zijn, omdat ze ieder in een eigen vruchtzak zaten. Hun ouders hebben hun baby's dus als een twee-eiige tweeling beschouwd en als zodanig opgevoed.

In de loop der jaren is mij deze vraag vaak gesteld, met name op tweelingenfestivals. De situatie is dan als volgt: voor me staat een tweeling die als twee druppels water op elkaar lijkt en die mij vraagt naar hun zygositeit. Deze vraag ontroert me altijd zeer en maakt me nieuwsgierig.

Dit vertelden Paula en Maria mij, 34 jaar oud: *'We voelen ons eeneiig. We lijken veel op elkaar en iedereen haalt ons altijd door elkaar. Zijn we echt twee-eiig? We zouden het heel leuk vinden als we eeneiig waren.'*

Om een goed antwoord te kunnen geven, baseer ik me niet uitsluitend op hun uiterlijk, want dat kan misleidend zijn. Bijvoorbeeld, een tweeling die met een zeer verschillend gewicht wordt geboren door een vertraagde intra-uteriene groei of het TTS-syndroom, kan hun hele leven verschillen in lengte en gewicht. Daarentegen kunnen twee-eiigen veel op elkaar lijken. De medische achtergrond, zoals de eerste menstruatie of baardgroei op vrijwel hetzelfde moment, een ontwikkeling van vaardigheden die gelijk opgaat, zoals praten, lopen, zindelijk worden, het samen meemaken van niet-virale ziektes en het hebben van dezelfde smaak, interesses en hobby's, wijzen alle in eenzelfde richting: eeneiigheid.

Bij Paula en Maria was het niet moeilijk om een uitspraak te doen. Ze hadden hun eerste ongesteldheid bijna op dezelfde dag, beiden waren geopereerd aan de blindarm. Op school haalden ze vrijwel dezelfde cijfers. Ze waren goed in talen en slecht in wiskunde. Ze waren in hetzelfde jaar veel aangekomen en vervolgens weer afgevallen. Ze hadden dezelfde studie gekozen en waren in hetzelfde jaar getrouwd. Fysiek waren ze moeilijk te onderscheiden. Beiden hadden een rond en vriendelijk gezicht, bedekt met vele kleine sproetjes. Ik had er geen twijfel over dat ze eeneiig waren, iets dat ze zelf altijd hadden gevoeld.

Ook bij drielingen is er soms onduidelijkheid over de zygositeit. Vaak bestaat er dan de twijfel of de drieling drie- of twee-eiig is. Het is belangrijk dat meerlingen hun zygositeit weten, zowel voor hun fysieke als voor hun geestelijke gezondheid. Wat betreft het eerste, ze kunnen bloeddonor van elkaar zijn en elkaar een orgaan afstaan. Dat het ook belangrijk is voor hun psychische gezondheid, toont het volgende verhaal aan:

Op het meerlingenfestival dat jaarlijks in Mexico wordt gehouden, ontmoet ik een drieling van zeventien jaar. Het zijn drie meisjes van wie twee als druppels water op elkaar lijken; de derde heeft een andere lichaamsbouw. Er is geen twijfel over mogelijk dat ik een twee-eiige drieling voor me heb. Oftewel: een eeneiige tweeling met hun twee-eiige zusje. Ze vertellen me hoe ze het drieling zijn ervaren. Het meisje dat het minst op haar zusjes lijkt, vertelt me dat ze zich vaak buitengesloten voelt. 'Zij zijn heel innig met elkaar en willen altijd samen zijn. Met mij voelen ze niet dezelfde band. Ze houden van me, maar ik voel dat ik anders ben. Ik weet niet of dat door mijn karakter komt of omdat ik fysiek niet op hen lijk.'

Ik leg hun uit dat hun biologische oorsprong anders is en dat dat hun relatie beïnvloedt. Ze kijken me zeer verbaasd aan en ze verzekeren me dat ze alle drie verschillend zijn, omdat ze ieder in een eigen vruchtzak zaten. De typische vergissing van altijd! Ik vraag naar meer bijzonderheden over hun leven en ontwikkeling en het wordt snel duidelijk dat het een triamniotische dichoriale zwangerschap (zie hoofdstuk 1) betreft. Vooral voor het twee-eiige drielingzusje is het een opluchting. Ze begrijpt nu waarom ze zich anders voelt en zoekt de schuld niet meer bij zichzelf. Ze begrijpt zichzelf en haar zusjes beter.

In geval van twijfel – op welke leeftijd dan ook – is het goed om een DNA-test te laten doen (zie Nuttige adressen).

Veranderingen in het DNA

Zoals bekend, hebben eeneiige tweelingen dezelfde genen. Hun DNA is identiek. Toch is uit internationaal onderzoek, een samenwerking tussen Zweden, Amerika en Nederland in 2008, gebleken dat hun DNA niet altijd volledig identiek is. Zoals bekend ontstaan eeneiige tweelingen als een bevruchte eicel zich in tweeën deelt. Tussen deze eerste deling en de geboorte vinden nog heel veel celdelingen plaats. Tijdens die delingen kunnen er foutjes optreden bij het kopiëren van DNA. Stukken ervan worden weggelaten of juist twee keer of vaker gekopieerd. Dit noemt men 'copy number variation' (copynumbervariatie, CNV). Hoe groot het effect is van CNV, hangt af van het moment in de celontwikkeling waarop de verandering plaatsvindt. Gebeurt het kort na de bevruchting, bijvoorbeeld bij de derde of vierde celdeling, dan is het effect groter dan bij een vijftigste celdeling. Ook de grootte van de CNV speelt een rol. De verdubbelingen of weglatingen kunnen stukken van duizenden tot miljoenen basisparen betreffen waar één of meer genen op liggen.

CNV's kunnen verklaren waarom sommige aandoeningen als Alzheimer, Parkinson, diabetes, depressie, kanker of hart- en vaatziektes niet altijd beide leden van een tweelingpaar treffen.

We kunnen dus concluderen dat een eeneiige tweeling niet met een identiek DNA wordt geboren. De term identiek is onjuist. Het is beter om van eeneiige tweelingen te spreken oftewel monozygotisch. De wetenschap bevestigt wat ouders altijd al aangaven: 'Het zijn twee heel verschillende kinderen.' De genen zijn hetzelfde bij eeneiige twee- en drielingen als de bevruchte eicel zich splitst, maar op zijn minst vier factoren kunnen de ontwikkeling van de baby's beïnvloeden: de copynumbervariaties, verschillen in bloedcirculatie en zuurstofvoorziening, infectieuze componenten en chemische veranderingen.

De copynumbervariaties treden niet alleen op bij het begin van het embryonale leven, maar tijdens het hele leven, omdat het lichaam voortdurend zijn DNA kopieert, waarbij mutaties kunnen optreden. De genen ondergaan veranderingen onder invloed van omgevingsfactoren, levensstijl en eetgewoontes. De wetenschap die dit bestudeert, is de epigenetica (epi betekent rondom, erbij). De resultaten van een Spaanse studie van het nationale centrum voor kankeronderzoek, CNIO, in Madrid in 2005, onder leiding van Manel Esteller, tonen aan hoe de omgeving ertoe bijdraagt dat er genetische veranderingen in het DNA plaatsvinden. Bij dit onderzoek waren tweelingen van een aantal maanden oud tot tweelingen ouder dan 65 jaar betrokken. Hoe jonger de tweelingen, hoe meer hun DNA op elkaar lijkt. Het onderzoek toonde aan dat bepaalde factoren, zoals roken, eetgewoontes, stress en woonplaats invloed hebben op de genen.

De epigenetica kan bijvoorbeeld helpen bij het ontdekken waarom de ene helft van een eeneiige tweeling schizofrenie krijgt en de andere niet en welke invloed de genen hierbij spelen of juist de levensstijl van een persoon, zoals zijn voeding of gewoontes.

Vroeger dacht men dat de verschillen tussen de eeneiigen te maken hadden met hun verschillende ligging in de baarmoeder. Inmiddels is aangetoond dat de manier van leven en andere omgevingsfactoren een veel grotere invloed hebben op de genen. Daarnaast helpen deze studies bij MZ-tweelingen om een ziekte als kanker beter te begrijpen.

Het volgende voorbeeld toont aan hoe de medische achtergrond van een eeneiige tweeling heel anders kan zijn, zoals bij Simon en Karel, 60 jaar. Karel kreeg enkele jaren geleden darmkanker waarvoor hij geopereerd werd. Twee jaar geleden kreeg hij een klein herseninfarct, waarvan hij zich goed herstelt. Wel moet hij, vanwege een hoog cholesterolgehalte en hoge bloeddruk, op zijn dieet letten en stress zo veel mogelijk vermijden. Zijn broer Simon is vanaf het moment dat zijn broer kanker kreeg onder medische controle. Hij is echter gezond en ook zijn zijn cholesterolgehalte en bloeddruk goed.

Beiden hebben heel verschillende levens geleid: Karel is een verstokte roker en drinker. Hij is gescheiden en had een eigen zaak, wat veel stress gaf. Simon is getrouwd en werkt al veertig jaar in hetzelfde bedrijf. Ook rookt hij sinds zijn 27^e niet meer. Hij drinkt met mate, sport regelmatig en let goed op zijn gewicht. Ongetwijfeld hebben deze verschillende levensstijlen invloed op hun gezondheid en hun respectievelijke genetische patronen.

Bestaat telepathie?

Toevalligheden tussen tweelingen komen heel vaak voor: hetzelfde zeggen of eenzelfde liedje neuriën op hetzelfde moment, de ziekte of het verdriet van de ander aanvoelen, hetzelfde voor elkaar kopen, enzovoort. Het is soms zó verrassend en zó frequent, vooral bij eeneiigen, dat je het niet meer aan het toeval kan toeschrijven.

Het verschijnsel te weten wat er met de ander aan de hand is zonder het écht te kunnen weten, noemen we telepathie. Het is een vorm van buitenzintuiglijke waarneming, ook wel ESP genoemd ('extrasensory perception'). Het is zintuiglijke waarneming die onafhankelijk van de zintuiglijke processen gebeurt. Oftewel buiten de vijf zintuigen om. Het wordt daarom ook wel 'het zesde zintuig' genoemd.

In de loop der jaren hebben tweelingen en met name de eeneiigen mij talloze voorgevoelens en 'toevalligheden' verteld. Ik noem er hier slechts twee:

Luis, 50 jaar: *'De dag dat mijn broer een ongeluk had, voelde ik het. Ik wist dat hem iets was overkomen. Opeens voelde ik me heel slecht. Zodra ik thuiskwam, vroeg ik aan mijn vrouw of er iemand gebeld had. We hadden toen nog geen mobiele telefoons. Om mij geen verdriet te doen, zei ze van niet. Toch wist ik dat er iets was.'*

Adriana, 30 jaar, vertelt het volgende in het tijdschrift *Múltiples*[*]: *'Op mijn achttiende besloot ik in Londen te gaan studeren. Ik had er genoeg van om altijd met mijn zus vergeleken te worden. Ik hield het 24 uur vol om niet naar huis te bellen. Ik miste haar zo! Daarna belde ik toch en ik praatte met mijn vader. Hij zei dat hij voorzien had dat dit zou gebeuren en hij beloofde me dat mijn zus in een paar dagen bij me zou zijn. Ongeduldig wachtte ik haar komst af. Op een dag, toen de intercom van de huisbel klonk, riep ik direct: "Hai Sonja, kom naar boven!" Mijn zus kwam helemaal bleek bij me aan. "Hoe wist je dat ik beneden stond?" vroeg ze mij. Ik zei tegen haar dat ze toch gebeld had, maar ze vertelde dat ze niets eens tijd had gehad om de toets in te drukken, want toen had mijn stem al geklonken!*

Een aantal jaren later besloten we hoe we het zouden gaan doen: ik zou teruggaan en zij wilde in Londen blijven. En dat gebeurde. Op een avond toen ik iets aan het drinken was in een bar, begon ik opeens heel hard te huilen. Ik kon niet meer ophouden. Ik wist dat haar iets ergs was overkomen zonder dat ik daar een reden voor had. Het was zo. Mijn buurman stond om drie uur 's nachts voor mijn deur vanwege een

---

[*] Driemaandelijks tijdschrift van de Vereniging voor Ouders van Meerlingen van Madrid.

dringend telefoontje uit Londen. Mijn zus was overvallen precies op dat tijdstip dat ik begon te huilen.

Tweeling zijn is iets fantastisch en wonderlijks. Zij heeft inmiddels vier kinderen en ik wilde er drie. Maar in mijn laatste zwangerschap bleek ik een tweeling te verwachten en nu heb ik ook vier kinderen. Echt weer iets voor ons!'

Bij het televisieprogramma *Wie is de meest identieke tweeling?*, dat in Spanje in 2005 werd uitgezonden, had een proef tot doel om uit te zoeken of telepathie werkelijk bestond. Een van de tweeling werd naar een aparte kamer geleid. De ander moest een vervelende proef ondergaan: hij/zij moest zijn hand in een bak met wormen steken, een muis aanraken, enzovoort. Van de tweelinghelft die niet wist wat de ander op dat moment deed, werd de bloeddruk gemeten. De hypothese was dat als telepathie bestaat, de bloeddruk van de een zou stijgen op het moment dat de ander iets akeligs meemaakte. Bij twee van de acht paren was dit inderdaad zo. Een van de deelnemers beschreef zijn gevoel heel duidelijk: 'Ik begon me opeens slecht te voelen zonder dat er een reden voor was.'

Er bestaan meer studies die suggereren dat er een zekere basis is om de verhalen te geloven die de tweelingen over hun telepathische communicatie vertellen. Zelf heb ik er geen twijfel over dat telepathie bestaat, niet alleen tussen tweelingen maar ook tussen andere mensen die een sterke onderlinge band hebben. Bij tweelingen komt het vaker voor doordat hun band heel innig is. Toch zie je het niet bij alle tweelingen. Sommigen hebben het meer dan anderen, afhankelijk van hun intuïtieve vermogen, net als bij niet-tweelingen.

Het volgende verhaal werpt misschien nog meer licht (of vragen) op dit interessante verschijnsel. Een eeneiige meisjestweeling van twintig jaar studeert voor een biologie- examen waarvoor ze maar liefst twaalf boeken moeten lezen. Omdat de tijd dringt, besluiten ze ieder de helft te bestuderen. Tijdens het examen krijgen ze natuurlijk allebei vragen over het deel dat ze niet hebben bestudeerd. Toch hebben ze geen moeite met de vragen. De antwoorden komen vanzelf bij hen op. Wanneer de leraar hun examens nakijkt, roept hij ze bij zich. Hij beschuldigt hen ervan afgekeken te hebben, want ze hebben dezelfde fouten. Maar de tweeling legt uit dat dat onmogelijk is, want ze zaten in verschillende lokalen. Dat was inderdaad zo, dus hij moet hun wel gelijk geven, al neemt dat niet zijn gevoel van verbazing en ongeloof weg.

Nog intrigerender is de vraag hoe ze de antwoorden wisten op de vragen uit het deel dat ze niet gelezen hadden. Misschien heeft het te maken met het feit dat hun hersenen en zenuwstelsel identiek zijn. Zo zijn de EEG's van een eeneiige tweeling niet van elkaar te onderscheiden. Misschien kunnen de gedachtes of informatie van de ene persoon naar de andere overvloeien, alsof de hersenen van een tweeling een soort draadloze verbinding hebben los van het lichaam. De cardioloog Pim van Lommel, die onderzoek doet naar bijna-doodervaringen, concludeert op grond van zijn bevindingen dat het bewustzijn los kan staan van de hersenen en dat het brein een soort radiostation is dat het kan ontvangen. Hoe valt anders te verklaren dat mensen die geen hersenactiviteit hebben, zoals te zien op de monitoren, toch tijdens deze momenten ervaringen beleven? Er zijn meer studies nodig om zo'n interessant gegeven verder te verklaren.

Onverklaarbare gebeurtenissen

Behalve telepathie zijn er nog andere ervaringen die moeilijk te verklaren zijn. De tweeling Bart en Jaap trouwde in verschillende jaargetijden en op verschillende plaatsen die niet hetzelfde klimaat hebben. Toch regende het pijpenstelen en hagelde het op hun beider trouwdagen, ongewoon voor beide gebieden.

Een tweeling vertelde me het volgende: '*Op een dag rijd ik met mijn auto tegen een lantaarnpaal. Mijn auto loopt een lelijke deuk op aan de rechterkant. De volgende dag ga ik bij mijn zus langs en terwijl ik mijn auto parkeer, zie ik dat die van haar ook een deuk heeft aan precies dezelfde kant. Blijkt dat zij op dezelfde dag als ik ook tegen iets opreed! Dit soort toevalligheden komen in ons leven zoveel voor dat we er soms bang van worden.*'

Irene, zestien jaar, liet een piercing op haar kin aanbrengen. Haar eeneiige tweelingzus Ana kreeg op hetzelfde moment een wondje, precies op de plek waar haar zus de piercing had. Haar klasgenoten vroegen haar wat er met haar piercing was gebeurd, ze zagen wel het wondje, niet de piercing zelf. 'Maar ik heb geen piercing laten zetten, ik heb alleen maar een wondje!' moest ze tot haar grote ongenoegen vele malen uitleggen. Het genas, maar toen bij Irene haar piercing ontstak, kreeg Ana weer een wondje op haar kin. Ze smeekte haar zus om van de piercing af te zien.

Hebben we het goed gedaan?

Deze vraag stellen vele ouders zich als ze terugkijken op de jeugdjaren van hun kinderen. Ouders van tweelingen vragen zich dit met meer bezorgdheid af, omdat voor hen de opvoeding in vele situaties moeilijker was.

De meeste tweelingen zijn tevreden en vinden hun plek in de maatschappij. Een onderzoek van het Nederlandse Tweelingen Register van de Vrije Universiteit Amsterdam, in 2008, heeft aangetoond dat tweelingen niet vaker hun toevlucht tot hulpverlening zoeken dan niet-tweelingen. Andere onderzoeken gaven echter wel aan dat onder tweelingen het percentage volwassenen dat psychologische hulp zoekt, iets hoger is dan onder de niet-tweelingen. Meestal heeft het te maken met het zoeken naar de eigen individualiteit. De hulp van een psycholoog kan daarbij heel nuttig zijn.

Tweelingen die van jongs af aan gewend zijn om zonder hun tweelinghelft te zijn en dingen te ondernemen, ondervinden minder problemen om hun weg te vinden. De gesprekken die ik met volwassen tweelingen heb gevoerd, leveren interessante gegevens op die in grote lijnen overeenkomen met de eerder gegeven opvoedingsadviezen. De volwassen tweelingen raden ouders van meerlingen het volgende aan:

→ Vergelijk de kinderen niet onderling en stel nooit de een als voorbeeld voor de ander. Het kan het kind een half leven of meer kosten om aan te tonen dat hij/zij even goed of bekwaam is als de tweelingbroer of -zus.

→ Stimuleer hun onafhankelijkheid. Als ze gelukkig zijn terwijl ze apart van elkaar functioneren (in aparte klassen, met eigen hobby's en dergelijke), dan is de maatregel juist. Maar als ze er blijvend door van slag raken of triest, dan is oplettendheid vereist. Het is goed om hun zelfstandigheid te steunen, als tegelijkertijd hun speciale en intieme band gerespecteerd wordt. Het verstandigste is de beslissingen steeds bij te stellen, afhankelijk van de fase waarin de tweeling verkeert.

→ Voed ze als twee aparte kinderen op in plaats van als een eenheid. Het verstandigst is om hen als twee individuen met een speciale onderlinge band te zien.

→ Zorg ervoor dat het voor iedereen duidelijk is wie wie is. Hoewel ze het soms leuk vinden om mensen voor de gek te houden en van persoon te wisselen, stoort het hen om aldoor voor de ander aangezien te worden.

Samen oud worden

Vele tweelingen worden samen oud. Soms brengen de omstandigheden hen weer samen, bijvoorbeeld als beiden hun partner verliezen.

Ana, eeneiige tweeling van 91 jaar: *'We trouwden vlak na elkaar en we werden beiden, na 45 jaar, met slechts een paar maanden verschil, weduwe. Het was net of het zo moest zijn, want waar konden we beter troost vinden dan bij elkaar? We zochten elkaar heel veel op en op een gegeven moment besloten we om samen te gaan wonen. De eenzaamheid werd een stuk minder. De aanwezigheid van de ander hielp ons beiden door de periode van rouw heen. We zagen het aan elkaar als de ander een mindere dag had... een blik, een knuffel. Dat scheelt zóveel. Het werd eigenlijk weer net als in onze jeugd toen we nog thuis woonden. Ik ben gelukkig met mijn zus en zij met mij. Soms denk ik wel eens dat ieder mens een tweelingzus of -broer zou moeten hebben.'*

Ook Jan en Eric, 78 jaar, zijn weer samen gaan wonen, nadat ze allebei hun levenspartner verloren. Jan: *'Ik trok eerst bij mijn zoon in. Elke dag ging ik met Eric wandelen. Hij was ook alleen en het deed ons goed om, zonder veel te zeggen, samen te zijn. Toen Eric op een van die wandelingen vroeg waarom ik niet bij hem kwam wonen, leek me dat direct een goed plan. Erics kinderen wonen ver weg. We hebben ons inmiddels ook voor een bejaardenhuis ingeschreven.'*

Met de ouderdom komt ook de angst voor de dood van de ander. Gerard: '*Ik ben niet bang voor de dood, maar wel om mijn broer achter te laten. Wat ik misschien nog wel het meeste vrees, is mijn broer te overleven. Dat lijkt me erg moeilijk. Naarmate we ouder worden, neemt die angst toe.*'

De dood van de tweelingbroer of -zus is voor tweelingen de meest traumatische ervaring die ze mee kunnen maken (zie hoofdstuk 26). Hiervoor bestaan geen adviezen of oplossingen, hoogstens het commentaar van een tweeling uit mijn onderzoeksgroep die net zijn broer had verloren: '*Ondanks het enorme verlies dat de dood van mijn tweelingbroer voor me betekent, ben ik dankbaar voor het feit dat ik als tweeling geboren ben. Hij heeft mij veel geluk gegeven en ik begrijp dat het verdriet dat ik nu voel, daar een deel van is.*'

Er is lang gedacht dat tweelingen, met name de eeneiigen, een vergelijkbare levensverwachting hebben. Er zijn vele verhalen bekend van eeneiige tweelingen die vlak na elkaar, in enkele uren of dagen, overlijden. Dit overkwam een Mexicaanse tweeling. Een van hen woonde in het noorden en de andere in het zuiden van het land, duizenden kilometers van elkaar. In een tijdsbestek van amper twee uur overleden ze, beiden door een hartstilstand. Dit overkwam ook de franciscaner monniken Julian en Adrian Riester die, 92 jaar oud, beiden op een dag in juni, de een 's morgens de ander 's avonds, een natuurlijke dood stierven in een klooster in Florida.

Toch is de levensverwachting van een persoon niet simpel een genetisch gegeven zoals lengte of haarkleur. Wetenschappers zijn al jaren bezig om uit te zoeken óf en in hoeverre erfelijkheid een rol speelt bij de levensverwachting. James W. Vaupel, directeur van het Max Planck-instituut voor demografisch onderzoek in Rostock, Duitsland, is van mening dat de levensduur van de ouders slechts voor 3 procent die van hun kinderen beïnvloedt. Op grond van de levensduur van de ouders is weinig te voorspellen over die van hun nageslacht. Zelfs eeneiige tweelingen sterven op verschillende momenten, met een gemiddeld verschil van tien jaar, aldus deze onderzoeker. Toch is dat verschil bij eeneiige tweelingen kleiner dan bij twee-eiige, wat toch weer wijst op een erfelijke invloed.

> **Uit onderzoek**
> De studies van de psychologen Stella Chess en Alexander Thomas van de universiteit van New York, in 1991, tonen aan dat de persoonlijkheid en het karakter van de mens in de loop van zijn leven behoorlijk constant zijn. Bovendien wordt de invloed van de erfelijkheid met het klimmen der jaren voor een aantal karaktereigenschappen steeds sterker. Dit houdt in dat de overeenkomsten tussen de eeneiigen toenemen naarmate ze ouder worden. Bij twee-eiigen gebeurt het omgekeerde. Bij hen worden de verschillen juist groter.

DEEL 6

LEVEN MET TWEELINGEN

DEEL 6   LEVEN MET TWEELINGEN

23	De meerling in het gezin	377
24	Dagritmes van verschillende gezinnen	385
25	Moeilijke situaties	392
26	De dood van een van de tweeling	396
27	Studies over tweelingen	408

23. De meerling in het gezin

Als er meer kinderen in het gezin zijn, neemt een tweeling of drieling vaak een speciale plek in, anders dan broertjes en zusjes die alleen geboren worden. Ook betekent hun komst voor de eerstgeborene een enorme verandering in zijn leven.

Het oudste kind en de tweeling

De komst van een tweeling zorgt voor veel opschudding in een gezin en met name voor de oudste. Het is geenszins makkelijk voor hem en gevoelens van jaloezie zijn onvermijdelijk. Zeer waarschijnlijk zal hij ambivalente gevoelens hebben: aan de ene kant is hij verrukt van de baby's en voelt zich trots de oudste te zijn. Aan de andere kant vindt hij deze 'indringers' helemaal niet leuk.

De eerstgeborene (of eerstgeborenen) zal de komst van een tweeling beter verwerken als hij van tevoren weet wat er gaat gebeuren. Het is dan ook een goed idee om hem op de gebeurtenis voor te bereiden.

Adviezen
- Vertel hem het nieuws vanaf ongeveer de vijfde maand om het wachten niet nodeloos lang te maken. Betrek hem bij de voorbereidingen, zoals de uitzet, het kamertje en dergelijke. Neem hem een enkel keertje mee naar een zwangerschapscontrole. Hij zal het prachtig vinden om de hartjes te horen of de baby's op de echo te zien. Ook kan hij de kinderen voelen door je buik aan te raken. Dat zal een hele belevenis voor hem zijn.
- Lees met je kind boeken over dit onderwerp (zie Literatuur).
- Geef hem twee dezelfde poppen of knuffels. Zo kan hij de aanstaande situatie in zijn spel verwerken. En vooral na de geboorte zal hem dit helpen, omdat hij daarmee de dagelijkse ervaringen kan naspelen. Een uitstekende uitlaatklep voor jaloezie en andere gevoelens.
- Ken je een gezin met een jonge tweeling, breng het dan samen met je kind een bezoekje. Zo kan het zich beter een voorstelling maken van hoe het leven met

twee baby's eruitziet. Laat je kind ook foto's zien van toen hij klein was. Vertel het alvast dat je het straks heel druk zal hebben, maar dat je van hem evenveel blijft houden.
- → Zorg dat er rondom de geboorte van de tweeling in het leven van je oudste geen andere veranderingen zullen plaatsvinden. Als je er bijvoorbeeld over denkt om hem in een groot bed te laten slapen of met de peuterspeelzaal te beginnen, doe dat dan in de eerste maanden van je zwangerschap of ruim na de bevalling. Zo zal je kind zich niet door de tweeling verdrongen voelen.
- → Vertel je kind vlak voor de bevallingsdatum over wat er gaat gebeuren: jouw opname in het ziekenhuis en de persoon bij wie hij zal verblijven. Leg hem uit wanneer hij je weer zal zien, bijvoorbeeld in het ziekenhuis of erna. Ook een klein kind van nog maar twee jaar begrijpt zo'n uitleg en het zal hem helpen de situatie beter aan te kunnen.

Sommige oudste kinderen zijn jaloers nog vóór de tweeling geboren is. Ze willen niet naar bed, huilen om alles, zijn eisend en lastig. Hoe kan dat nou, vraag je je misschien af. De baby's zijn nog niet eens geboren! Maar het kind voelt de verandering aan. Hij merkt dat jouw aandacht niet meer volledig voor hem is. Daarnaast ben je sneller vermoeid en kun je minder van hem hebben. Probeer zijn gedrag te begrijpen. Zeg hem vaak hoeveel je van hem houdt en verzeker hem steeds opnieuw dat dit niet zal veranderen met de komst van de baby's, want dat er in jouw hart plaats is voor iedereen.

De komst van de baby's

Als de baby's er eenmaal zijn, zal de oudste waarschijnlijk enthousiast zijn. Hij is nieuwsgierig naar ze, hij observeert ze nauwlettend en kijkt hoe ze eten en slapen. Hij voelt zich trots de 'oudste'. Tegelijkertijd is hij jaloers, want niets is meer hetzelfde en hij moet opnieuw zijn plekje binnen het gezin veroveren.

Sommige kinderen uiten hun jaloezie openlijk. Ze praten slecht over de baby's en geven te kennen dat ze weer alleen met hun ouders willen zijn. 'Wanneer breng je ze weer terug naar het ziekenhuis?' vroeg Karel aan zijn moeder. Ook zijn er kinderen die de baby's openlijk of stiekem pijn doen.

De oudste kan zijn jaloezie op de volgende manieren uiten:
- Hij huilt om alles.
- Hij verliest zijn eetlust.
- Hij wordt ongehoorzaam, eisend en/of boos.
- Hij valt terug in vroeger gedrag. Hij wil weer de speen, heeft moeite met alleen inslapen, wordt weer onzindelijk of wil niet meer naar de crèche. Ook kan hij het gedrag van de baby's nabootsen in de hoop op hetzelfde soort aandacht. Hij wil weer gewiegd worden, aan de borst of ook de fles.

- Hij wijst zijn moeder af en wil niet meer door haar opgetild worden.
- Hij heeft algemene angsten voor allerlei situaties of voorwerpen.

Al deze gedragingen hebben een en dezelfde oorzaak: hij voelt zich van zijn plek verdreven en is bang om jullie liefde te verliezen. Deze ervaring heeft een grote impact op hem, zelfs zodanig dat de oudsten van een gezin meestal emotioneel onzekerder zijn dan tweede of derde kinderen. Aan de andere kant zijn oudste kinderen degenen met het grootste verantwoordelijkheidsgevoel en zijn ze zeer plichtsgetrouw. Onder ministers en presidenten zijn er verrassend veel eerstgeborene of enig kind. Een recent onderzoek uit Zweden, 2008, toonde aan dat oudsten een iets hoger IQ hebben, vanwege het feit dat ze hun broertjes en/of zusjes vaak dingen uitleggen.

Suggesties
→ Wees begripvol. De moeder van Karel antwoordde het volgende: 'Je zou het liefst willen dat de baby's weer weggingen, hé? Dan zou je weer alleen met ons zijn. Ik begrijp het, ze vragen heel veel aandacht.' Het doet een kind goed om te voelen dat het begrepen wordt en dat er niet van hem verwacht wordt dat hij zonder meer de baby's in zijn hart sluit. Zo krijgt hij de kans om een band met ze op te bouwen. Langzaamaan zal hij ze leren kennen en ze gaan waarderen. Het kan zijn dat hij voorkeur voor een van de baby's voelt. Maak je daar geen zorgen over. Naarmate hij ze beter leert kennen, zal hij van allebei gaan houden, hoewel de relatie met ieder kind anders zal zijn.
→ Laat hem zo veel mogelijk 'meehelpen' met de verzorging van de baby's. Ook al is hij nog klein, bijvoorbeeld twee jaar, leg hem uit hoe je een baby vasthoudt en geeft hem de baby's een voor een op schoot. Dit schept een band. Als je oudste al een jaar of zes is, zorg er dan voor dat je hem niet te veel belast met het letten op de kleintjes. De hulp wordt dan een last voor hem en ontneemt hem tijd om te spelen. Dit creëert gemakkelijk negatieve gevoelens, wat het accepteren van de baby's weer moeilijker maakt.
→ Reserveer elke dag een momentje alleen voor je oudste, het liefst op een vast tijdstip. Je zult dat moeten organiseren met hulp van je man of iemand anders, maar het loont de moeite. Doe iets leuks samen, bijvoorbeeld als de baby's 's avonds slapen, zoals tekenen of voorlezen. Dit moment is voor hem. Geef het een naam, zoals 'onze tijd'. Als hij overdag je aandacht vraagt en je bent te druk, zeg hem dan dat jullie dat in jullie tijd zullen doen. Het kunnen rekenen op deze exclusieve aandacht van jou vermindert zijn jaloezie.
→ Houd zo veel mogelijk vast aan de gewoontes uit de tijd vóór de komst van de tweeling, zoals het verhaaltje voor het slapengaan, met pappa naar de markt op zaterdag, enzovoort. Dat geeft hem het gevoel dat het leven, ondanks de grote verandering, toch gewoon doorgaat. En geef hem een aantal voorrechten, zoals langer opblijven 's avonds of met jullie mee uit eten, terwijl de baby's bij de oppas blijven. Marijke vertelt: '*Mijn dochters waren vijf en zes jaar toen de tweeling*

kwam. Met hen heb ik een speciale afspraak: de vrijdagavond is van hen. We bakken lekkere koekjes met elkaar, we doen spelletjes en ze mogen langer opblijven. Het werkt heel goed, ik bespeur weinig jaloezie bij ze.'

→ De voedingen van de tweeling zijn vaak het moeilijkste moment van de dag. De oudste, jaloers op de intimiteit van dat moment, vraagt dan juist aandacht of wordt lastig. Bedenk een activiteit die hem in beslag neemt, zoals kleien of zijn tweelingpoppen voeren. Een moeder bedacht een doos die alleen tijdens de voedingen tevoorschijn kwam. Ze stopte daar allemaal speeltjes in waar hij gek op is, zoals figuurtjes, stickers, een balletje en ze deed er altijd iets lekkers in. Hij was er dan een tijd mee zoet.

→ Het bezoek besteedt meestal veel aandacht aan de tweeling en te weinig aan de oudste. Vraag hun of ze ook iets voor hem mee willen nemen. Een ander goed idee is dat híj de baby's laat zien. Zo neemt hij deel aan het gesprek. Ook tijdens het wandelen gebeurt het vaak dat iedereen op de baby's afkomt en de oudste ongeduldig naar de wandelwagen staat, in de hoop snel weer met mamma verder te kunnen lopen. Betrek hem bij het gesprek ('Kijk eens hoe groot hij al is') of laat hem ook iets vertellen. Probeer, voor zover mogelijk, ook eens alleen met hem op stap te gaan.

→ Let niet te veel op de terugval in zijn gedrag. Het is natuurlijk lastig (hij plast bijvoorbeeld weer in zijn broek), maar bedenk dat het tijdelijk is. Toegeven aan zijn verlangens om bijvoorbeeld weer gevoerd te worden helpt vaak het beste. Al snel zal hij ontdekken hoe leuk het is om niet enig kind meer te zijn. Hij kan van nu af aan altijd rekenen op twee trouwe bewonderaars.

Het oudste kind en de drieling

De komst van een drieling is nog indrukwekkender voor een oudste kind dan die van een tweeling. Onderzoek toont aan dat het voor een oudste zoon moeilijker is om een relatie op te bouwen met de baby's dan wanneer de oudste een meisje is. Dit heeft te maken met het feit dat meisjes al van jongs af aan een moederrol op zich nemen en zich dus betrokken voelen bij de baby's (dit gaat ook op wanneer er een tweeling komt). Het is aan te raden dat de oudste zijn drielingbroertjes of -zusjes zo snel mogelijk kan zien. Dit versterkt de band. Maar zo'n bezoek in het ziekenhuis moet niet te lang duren en het is verstandig dat iemand hem weer naar huis kan brengen zodra zijn belangstelling daalt. De adviezen die ik eerder noemde voor de oudste, als er een tweeling komt, zijn ook hier van toepassing.

Na de eerste turbulente tijd kan een oudste een bijzondere band opbouwen met de drieling. Hij is voor hen hun grote voorbeeld. Soms vormen zich groepjes van twee kinderen, waarvan de samenstelling vaak verandert. Is de drieling twee-eiig, dan ontstaat er vaak een nauwe band tussen de oudste en het twee-eiige broertje of zusje. De oudste is voor dit drielingkind vaak een grote steun en voorkomt dat hij zich buitengesloten voelt.

Helena, dertien jaar, zus van een eeneiige drieling van acht jaar: '*Toen ze nog baby's waren, mocht ik vaak meehelpen met een flesje geven of luiers verschonen. Ik vond dat leuk, want ik hield nog genoeg tijd over om te spelen. Ik heb me nooit alleen gevoeld want als ze sliepen, deden mijn ouders met mij een spelletje. We deden dan wel zachtjes zodat ze niet wakker werden. Ze hebben een sterke band met elkaar. Als ik met één ruzie heb, komen de andere twee me vertellen dat ik de schuld heb. Dus het is wel drie tegen een. Maar ik vind het niet zo erg, ik heb mijn eigen vriendinnen en mijn eigen kamer. Ik ben graag op mezelf, ik zou geen tweeling willen zijn. Ik voel me de grote zus, want nu ze ouder worden, willen ze dingen van me leren, zoals hoe ze zich moeten opmaken of ze willen dat ik een bepaald kledingstuk bewaar voor als ze groter zijn. Dat vind ik leuk.*'

Wendelien, moeder van een twee-eiige meisjesdrieling en een oudere zoon: '*De [eeneiige] tweeling speelt het meeste met elkaar. En mijn zoontje, drie jaar ouder, kan het heel goed vinden met het twee-eiige zusje. Ze zitten samen op hockey en zelfs fysiek lijken ze meer op elkaar dan op de tweeling.*'

De meerling en een jonger kind

Een twee- of drieling kan jaloers zijn als er nog een kindje in het gezin komt. Toch zijn deze gevoelens vaak minder heftig dan in de eerder beschreven situatie, omdat de meerling elkaar heeft en minder de eenzaamheid kent. Natuurlijk is ook de leeftijd van belang. De jaloezie is heftiger op twee- of driejarige leeftijd dan op een latere leeftijd. Vanaf vier jaar heeft een kind al een zekere emotionele onafhankelijkheid.

Patricia, moeder van een meisjesdrieling (vier jaar) en een zoontje (één jaar): '*Over het algemeen accepteerden de meisjes de komst van hun broertje goed. Er was echter een periode waarin twee van hen 's nachts wakker werden met buikpijn. De dokter kon echter niets vinden en dacht dat het jaloezie was. Hij adviseerde me ze een pilletje te geven als ze wakker werden. Dat deed ik en de "buikklachten" verdwenen.*'

Voor het jongste kind in een gezin is de aanwezigheid van de meerling normaal, want hij is dat vanaf zijn geboorte gewend. Toch kan dit kind ook problemen met de situatie krijgen, als bijvoorbeeld de tweeling vanwege hun tweeling zijn extra veel aandacht trekt zowel binnen als buiten het gezin. Ieder kind wil uniek en speciaal zijn. Hierbij speelt jullie houding als ouders een grote rol. Als jullie het unieke van elk kind benadrukken zonder speciale aandacht te geven aan de twee- of meerling, zal de situatie voor de kinderen makkelijker zijn. Het is dan ook verstandig, voor alle kinderen, om zo'n houding na te streven.

Een ander probleem dat een jonger of ouder kind met de tweeling kan hebben, is dat deze hem niet mee laten doen in hun activiteiten. Dit gebeurt vooral veel bij eeneiige tweelingen. Zij begrijpen elkaar perfect en spelen liever samen. Het broertje of zusje wordt als indringer beschouwd. Dit is niet te vermijden, maar een zekere diplomatie is aan te bevelen. Onderneem regelmatig iets met een van de tweeling en zijn broer of zus. Ook is het goed om de tweeling te stimuleren in het onderhouden van individuele vriendschappen. Zo zal het broertje of zusje ook af en toe met een van de tweeling alleen thuis zijn en heeft hij/zij meer kans om een band op te bouwen met ieder van de tweeling. Een gezin waarin de verschillende leden onderling met elkaar omgaan, vormt meer een eenheid dan wanneer er 'groepjes' ontstaan. Toch is dit in een gezin met een meerling moeilijker te realiseren.

Beatrijs, moeder van een meisjesdrieling van zeven jaar en een dochter van zes vertelt haar situatie: '*Mijn jongste dochter begon opeens allerlei fantasieën te vertellen. Zo was ze, volgens haar verhaal, op excursie geweest met school en had ze ijsberen gezien. Ook begon ze spullen van haar zussen te verstoppen. Ik heb hulp ingeroepen van een kinderpsycholoog, want het werd steeds erger. Zij liet me inzien dat zij zich als eenling niet geïntegreerd voelde binnen het gezin. De drieling trekt ongewild veel aandacht naar zich toe. Ik geef haar nu elke dag een-op-eencontact. Ik noem dit "onze tijd". Dit vindt ze fantastisch en ze herinnert me er regelmatig aan. De zusjes werken goed mee en betrekken haar meer bij hun spel, want ze zagen in dat de jongste een probleem had. Het gaat nu een stuk beter en het jokken is voorbij.*'

Hoe voelt een eenling zich in een gezin met een meerling?

Jan, zes jaar verwoordde het heel duidelijk: '*Ana en Sofie hebben elkaar, pappa en mamma ook, maar ik ben alleen. Ik wil ook nog een broertje.*'
Zijn positie is niet makkelijk. Daar kan nog bijkomen dat de tweeling het liefst samenspeelt en hem niet mee laat doen. Dit gebeurt nogal eens als de tweeling eeneiig is. Bij een drieling en een eenling, is er een even getal. Dit maakt vaak dat er twee groepjes kinderen ontstaan. Dat maakt de situatie voor de eenling makkelijker.

Suggesties
- → Ontken zijn gevoelens niet. 'Je hebt ons toch', antwoordde Jans moeder. Maar dat bedoelde hij niet. Zijn gevoelens zijn reëel. Hij voelt zich gesteund als je deze gevoelens erkent. 'Ik snap dat jij je alleen voelt, je zou ook graag iemand willen hebben die bij jou hoort.' Je kunt de situatie voor hem niet veranderen, maar hem begrijpen helpt zeker. Misschien kan hij ook bij de tweeling slapen of kunnen ze met zijn drieën afwisselen.
- → Als je eenling een speciaal vriendje heeft, laat deze dan vaak mee-eten of blijven slapen. Ook een neefje/nichtje kan uitkomst bieden.
- → Vermijd het om de term 'de tweeling' of 'drieling' te gebruiken. Het is voor hem niet prettig om altijd zinnen te horen, als 'Ja, ze komen, de tweeling en Jan.' Kies er voor om de namen van de kinderen te gebruiken.

→ Vind je het leuk om je tweeling of drieling hetzelfde te kleden, denk dan ook aan de eenling. Leg de focus op je hele gezin, niet alleen op de meerling.
→ Maak ook tijd voor je eenling vrij, net zoals je dat doet voor je twee- of drieling.

Sommige eenlingen proberen dit op te lossen door een substituut te zoeken, zoals een innige vriendschap met een klas- of buurtgenootje. Niet altijd begrijpt de ander die behoefte en dat kan dan tot een breuk leiden. Of de eenling ontwikkelt een hechte band met de moeder, terwijl de eeneiige tweelingbroertjes altijd samen spelen (zoals Nel uit hoofdstuk 26).

De situatie is vaak makkelijker als de tweeling niet eeneiig is en het leeftijdsverschil klein. Cécile: '*Mijn twee-eiige jongenstweeling en mijn dochtertje van een jaar jonger, kunnen het prima met elkaar vinden. Ze spelen altijd samen en ze hebben vaak discussies over wie er nou met wie in mijn buik heeft gezeten...*'

Soms helpt het als de tweeling en een eenlingbroer eenzelfde hobby hebben. Helena, moeder van een twee-eiige jongenstweeling en een oudere zoon: '*Mijn drie jongens zijn gek van voetballen en ze gaan met elkaar naar een club. Elke zaterdag brengen we gezamenlijk door, we gaan naar wedstrijden en dergelijke. Dankzij deze hobby is de oudste niet geïsoleerd. Logischerwijze spelen zijn broers wel wat meer samen, maar hij hoort ook bij het groepje. Dat de tweeling onderling erg verschilt, is hierbij vast ook van invloed. Het is zelfs zo dat één van de tweeling beter overweg kan met zijn oudere broer dan met zijn tweelingbroer.*'

De eenlingen kunnen kampen met ambivalente gevoelens ten opzichte van hun tweelingbroers of -zussen. Ze willen er graag bij horen en deel uitmaken van hun verbond, maar voelen soms tegelijkertijd ook sterke jaloezie en zelfs haat. Daarover voelen ze zich vervolgens weer schuldig.

Daniëla, 23 en oudste van een gezin, vertelt hierover: '*Mijn tweelingbroers, drie jaar jonger dan ik, hebben een unieke band. Dat heb ik vanaf het begin kunnen zien. Ik vind het iets heel moois, ik had eigenlijk zelf ook een tweeling willen zijn. Dan had ik ook zo'n band met iemand gehad. We hebben ook nog een jonger zusje, maar die verschilt te veel met mij in leeftijd om dagelijks mee op te trekken. Ik heb me vaak alleen gevoeld.*'

Deze gecompliceerde gevoelens (liefde, jaloezie, schuldgevoel) kunnen ook weer meespelen in relaties buiten het gezin, zoals bij vrienden of partners.

Het dagelijkse leven met een meerling en één of meer eenlingen is een grote uitdaging. Er zijn zoveel situaties om rekening mee te houden en er spelen zoveel factoren een rol. Het is dan ook niet eenvoudig om een goede harmonie te bewaren, maar als het lukt, is dat een heel rijk gevoel. En dit gezin is een fantastisch oefenterrein voor het toekomstige leven in de maatschappij.

> **Uit onderzoek**
> De meeste tweelingen verkiezen een oudere zus boven een oudere broer. Oudere broers voelen zich vaak overrompeld door hun tweelingbroertjes of -zusjes, terwijl oudere meisjes vaak genieten van hun rol als oudere zus en daardoor extra aandacht naar zich toe trekken, als hulpje van pappa en mamma. De oudere of jongere broer/zus van een meerling voelt zich enigszins buitengesloten, wat soms tot een hechtere band met de ouders leidt.

24. Dagritmes van verschillende gezinnen

Hoe ziet een gewone dag van een meerlingfamilie eruit? Hier een kijkje in het leven van verschillende gezinnen, drie met een tweeling en een met een drieling.

Stephanie en Markus met Paul en Lukas

Stephanie en Markus zijn de ouders van een eeneiige tweeling van vier maanden en wonen in Rotterdam. De jongens werden na een voorspoedige zwangerschap in week 37 geboren. Hoewel de zwangerschap monochoriaal was, deed zich niet het tweelingtransfusiesyndroom voor. De baby's wogen bij de geboorte ieder vijf pond. Stephanie geeft borstvoeding en bijvoeding, maar in flesjes, omdat ze aan de borst niet goed dronken. Ze groeien goed en wegen inmiddels al ruim zes kilo.

7.00 uur: Ik hoor een van de jongens. Ik maak zo snel mogelijk de flesjes klaar en begin te voeden. Als ik nog niet klaar ben met het voeden van de eerste en de tweede wordt wakker, probeer ik hem met een speen zoet te houden. Na de voeding slapen de heren tot 8 uur en heb ik nog even de tijd voor mezelf. Als Markus thuis is doen we de voeding samen.

8.00 uur: Paul en Lukas worden wakker. Nu begint de dag echt: de gordijnen gaan open en ik verschoon en kleed ze aan. Tijd om te knuffelen en te 'spelen'. Vervolgens leg ik de jongens op hun deken onder de babygym, zodat wij kunnen ontbijten. Daarna gaat Marcus naar zijn werk en doe ik wat huishoudelijke klussen.

10.00 uur: Tijd voor de voeding. Ik begin vrijwel altijd met het voeden voordat Paul en Lukas honger hebben, anders begint diegene die nog niks te eten heeft te schreeuwen. Als het mooi weer is ga ik daarna meestal wandelen. De voeding van 13.00 uur doe ik vaak onderweg, bijvoorbeeld in de Bijenkorf, daar kan ik de jongens makkelijk verschonen. Zo ben ik er ook even uit. Als ik met de kinderen op stap ga, moet ik eerst kolven, omdat ik geen twee keer kolven wil overslaan. Als we thuis blijven, slapen ze nog een tijdje.

12.00 uur: Nu moet ik snel koken en zelf eten voordat de tweeling wakker wordt.

16.00 uur: De jongens zijn op dit tijdstip vaak huilerig, ik moet opschieten met voeden en verschonen en probeer ervoor te zorgen dat ze na het spelen nog even slapen. Aan het einde van de dag is het moeilijk om tijd te vinden voor het kolven. Als de kinderen heel onrustig zijn en huilen, ga ik met het kolfapparaat naast ze zitten en probeer ik ze met speen en praten rustig te houden.

18.30 uur: Tijd voor het bedritueel. Ik doe de gordijnen dicht, verschoon ze en doe ze hun pyjama's aan. Ze mogen nog even lekker met hun beentjes trappelen, daarna doe ik ze hun slaapzakjes aan. Om deze tijd is Markus vaak thuis. We voeden ieder een baby rond 7 uur en daarna leggen we hen in bed. Eerst nog even kolven, daarna is het onze tijd om te eten en bij te kletsen.

23.00 uur: We voeden de kinderen meestal in schemerlicht. Meestal vallen ze tijdens de voeding weer in slaap en kan ik eindelijk een keer rustig kolven.

3.30 uur: Zodra de een wakker wordt, maak ik het flesje klaar. Markus verschoont de baby's, we voeden, en leggen ze terug in hun bedjes. Gelukkig slapen ze meestal probleemloos weer in. Voordat ik weer naar bed mag, moet ik kolven! Als ik alleen ben, met Markus op reis, ben ik zeker drie kwartier bezig.

Commentaar van de moeder

'Al bij de eerste echo bleek dat ik in verwachting was van twee kinderen. Het was best even schrikken, maar na een tijdje waren we er heel blij mee. Wat een geschenk, twee kinderen! Ik vond de zwangerschap heel spannend en heb me ook best veel zorgen gemaakt over mogelijke complicaties vanwege maar één placenta. Markus was gelukkig altijd heel positief en heeft me veel gesteund. Mijn gynaecoloog gaf me met 30 weken al zwangerschapsverlof door me "ziek" te verklaren. Dat gaf veel rust. Hoe ik het moeder zijn van een tweeling ervaar, wisselt nogal, soms per dag. Ik ben ontzettend dankbaar voor mijn twee gezonde kinderen, iets wat niet vanzelfsprekend is en zeker niet met een eeneiige tweeling die samen in het buitenste vruchtvlies zat. Het was een perfecte zwangerschap, gevolgd door een natuurlijke bevalling. De kinderen hadden beiden een mooi gewicht, ze waren nagenoeg even zwaar. Op moeilijke dagen, als eerst de een en dan de ander huilt, ben ik jaloers op vriendinnen die "maar" één baby hebben. Dat lijkt me net vakantie. Maar als ik zie hoe Lukas en Paul elkaar beginnen te ontdekken, als ze lachen en samen vrolijk zijn, ben ik weer erg ontroerd en blij. Soms mis ik wel mijn werk, de collega's, het gewone leven... maar ik zou niet willen dat ze nu al naar de crèche gaan. Het is maar een heel korte periode dat ze zó klein zijn en daar probeer ik van te genieten, ook al is het soms moeilijk vanwege alle drukte en te weinig slaap.'

Michiel en Janet met Mart en Johan

Michiel en Janet zijn de ouders van een twee-eiige tweeling van zestien maanden. Ze wonen in Utrecht. De jongens werden met een keizersnee geboren in week 37. Janet heeft hun borstvoeding gegeven, aan een van de twee gedurende zes maanden, tot hij voorkeur aan de fles gaf, en aan zijn broertje veertien maanden. Janet heeft een eigen vertaal- en schrijfkantoor, waar ze parttime werkt. Het eerst half jaar heeft ze vrij genomen. Sinds die tijd werkt ze dankzij hulp van een oppas aan huis. Michiel heeft een baan buitenshuis.

7.30 uur: Michiel en ik staan op en we ontbijten samen. Michiel gaat naar zijn werk.

8.15 uur: Ik maak de jongens wakker. Zo kan ik nog even met hen knuffelen en hun de ochtendpap geven voor de oppas komt.

9.00 uur: De jongens begroeten de oppas enthousiast en ik neem afscheid van ze. Ik ga naar mijn kantoor, dat zich aan de voorkant van het huis bevindt. De afspraak is dat de oppas me alleen voor 'noodsituaties' van mijn werk haalt. Zij kleedt hen aan en speelt met ze.

11.00 uur: Tijd voor hun ochtendslaapje. De oppas doet lichte huishoudelijke klussen.

12.30 uur: De kinderen worden wakker. Tijd voor een boterham en daarna een wandeling. Vaak bezoekt ze met de kinderen een park waar de eendjes uitgebreid gevoerd worden of ze doen een boodschap.

14.00 uur: Naar huis, tijd voor hun middagslaap.

16.00 uur: Ik kom 'thuis' en neemt de zorg over. De kinderen worden wakker en vragen aandacht. Een mooi moment om even met ze te spelen voor het eten gemaakt moet worden.

18.00 uur: Michiel komt thuis en we gaan aan tafel. Dit is voor mij een moeilijk moment, want de jongens zijn beiden slechte eters.

19.00 uur: Tijd voor het bad. De jongens vinden dit prachtig en protesteren luid als ze afgedroogd moeten worden. Meestal neemt Michiel deze taak op zich, terwijl ik de keuken opruim.

19.30 uur: We leggen de jongens samen in bed. Ieder van ons leest een van hen een verhaaltje voor en dan... slapen! De rest van de avond is om bij te praten, een was te draaien en soms voor mij om nog even wat te werken.

Commentaar van de moeder
'Ik geniet erg van de jongens. Het is druk maar mijn werk zorgt voor de nodige afleiding en energie. Vrijdags werk ik niet zodat ik drie dagen achter elkaar bij ze kan zijn. 's Maandags vind ik het dan echt prettig om weer te werken. Deze combinatie vind ik perfect, meer werken wil ik op het moment nog niet. Ik vind het leuk om te zien hoe verschillend ze zijn. Een is heel rustig en geduldig, de ander is druk en zenuwachtig. Dat verschil was al te merken toen ze nog in de buik zaten. Ik kan steeds meer met ze praten en doen. Eigenlijk wordt het alleen maar leuker.'

Ed en Natalie met Cherelle, Daniël en Jason

Ed en Natalie zijn de ouders van dochter Cherelle (negen) en een eeneiige tweeling (drie jaar en vijf maanden). Ze zijn na een voorspoedige zwangerschap van 38 weken met een keizersnede ter wereld gekomen. Beide ouders werken: Ed werkt veertig uur per week in de automatisering en Natalie werkt twee dagen in de week als medewerkster personeelszaken bij een aannemer. De tweeling gaat op de dagen dat Natalie werkt naar de crèche. De andere dagen zijn ze thuis.

6.30 uur: De jongens worden wakker en een van beiden roept dan vanuit hun slaapkamer naar pappa dat ze klaar zijn met slapen. Als ik [Ed] antwoord, komen de twee mannetjes naar onze slaapkamer gerend om ons van de nodige knuffels te voorzien. Het bed wordt omgedoopt tot springkussen en het is over met de nachtrust. De ochtend is begonnen.

7.00 uur: Ik neem ze mee naar beneden en nadat de verwarming hoger gezet is en de sloffen zijn aangedaan gaan we het ontbijt maken. Beiden krijgen een broodje met een beker sojamelk, een erfenis van koemelkallergie. Ze mogen het voor de televisie opeten, lekker rustig met een kinderprogramma op het beeldscherm.

7.30 uur: Lang boeit de tv hen niet. De jongens zoeken de treinbaan op, momenteel hun favoriete bezigheid. Mamma en hun zus komen ook beneden. Als iedereen zijn ontbijt opheeft, is het tijd om aan te kleden. Met de dag gaat dat beter en de jongens doen steeds meer zelf.

8.15 uur: Natalie brengt per bakfiets met de jongens erin Cherelle naar school. Zij rijdt al zelf en mag steeds vaker alleen naar school. Daardoor neemt de druk af wat betreft heen en weer fietsen.

8.30 uur: Als de schoolbel gaat, krijgt de grote zus een kus en gaan de jongens verder met Natalie boodschappen doen. Dit is handig want ze zijn nu toch onderweg.

9.15 uur: Terug naar huis en spelen met de treinbaan of auto's.

10.30 uur: Tijd voor koffie. Daniël en Jason drinken sap en een lekker koekje of fruit, met de tv aan. Meestal een dvd die op dat moment favoriet is, maar de belangstelling duurt zolang tot het bakje fruit of het koekje op is.

11.45 uur: Weer op de bakfiets om Cherelle te halen van school. Af en toe komt ze alleen thuis en dan wachten ze gezellig op haar en zetten de borden alvast klaar voor het broodje.

12.30 uur: Met z'n vieren aan tafel een broodje eten en vaak in gezelschap van een vriendinnetje van school van Cherelle. Daniël en Jason vinden de vriendinnetjes matig interessant en andersom ook. Na het broodje eten kunnen ze bijna meteen weer op de fiets om Cherelle naar school te brengen.

13.45 uur: Weer thuis. Er is even tijd om in de tuin of op het pleintje voor huis te spelen. Of ze doen een spelletje, hoewel ze daar niet echt veel geduld voor hebben. Er is niet veel tijd; om 15.15 weer op de fiets om hun zus op te halen.

15.30 uur: De school van Cherelle gaat uit. Daniël en Jason mogen nog even op het schoolplein spelen en dat is elke keer weer feest. Tegen kwart over vier zijn ze dan thuis en dan is het wat drinken en koken. Soms helpt Jason met koken, dat vindt hij interessant. Daniël kijkt liever nog even wat tv of speelt met zijn treinbaan. Samen helpen ze met de tafeldekken. Dat gaat tegenwoordig best aardig.

17.30 uur: Klaar om te eten. Pasta is erg favoriet maar aardappels, vlees en groente gaan er ook goed in. Als afsluiter vla of een toetje. Daarna nog even spelen met of zonder Cherelle. Pyjama's aan, tanden poetsen (door pappa want die kan dat zo goed). De ene dag mogen ze zelf poetsen, de andere dag doe ik het.

19.00 uur: Bedtijd voor de tweeling. Ze worden voorgelezen of ze mogen nog even zelf lezen met het grote licht aan en – niet vergeten – de deur halfopen. Rituelen zijn belangrijk voor ze. Het allerlaatste wat Natalie of ik altijd zeggen, is: 'Love you tot de sterren… en weer terug.' Voldaan en zonder tegensputteren vallen ze in slaap. En dan zit de dag er weer op.

Commentaar van de vader
'Een tweeling opvoeden is de eerste jaren druk maar niet erg. Ik geniet elke dag weer en ben er trots op. Ze spelen gemakkelijk met elkaar en ik denk dat dat een voordeel is in deze levensfase. Het lijkt me moeilijker als ze naar school gaan. Hoe gaan ze dan hun eigen identiteit ontwikkelen? Ze zijn nu 24 uur per dag bij elkaar en dat zal moeilijker worden naarmate ze opgroeien. We zijn niet bewust bezig om ze apart dingen te laten doen maar we willen wel graag dat ze straks twee losse individuen worden. Tegelijkertijd moet je beseffen dat ze nu eenmaal het geluk hebben dat ze een tweeling zijn en dus altijd met elkaar verbonden blijven. Zo voorzichtig aan zijn we nu dan ook bezig om ons te informeren over de opvoeding in de volgende fase.'

Leendert en Willeke, ouders van Fenne, Luuk en Noah

Leendert en Willeke hebben een drie-eiige drieling van acht maanden; een meisje en twee jongens die na een goede zwangerschap met ruim 34 weken zijn geboren door middel van een keizersnede. Bij de geboorte wogen ze 1800 gram (Fenne), 2000 gram (Luuk) en 1840 gram (Noah). Ze hebben nog tweeënhalve week in het ziekenhuis gelegen voordat ze naar huis mochten. Dat was vooral een tijd waarin ze groeiden, leerden drinken en zichzelf warmhouden. Willeke heeft ze zes weken borstvoeding gegeven, daarna flesvoeding. Ze zijn er prima van gegroeid want ze zijn inmiddels respectievelijk zeven kilo, zevenenhalve kilo en acht kilo.

06.30 uur: De dag begint. Leendert staat op. Meestal is Luuk als eerste wakker. Als hij begint te huilen haalt zijn vader hem uit bed. Soms zijn Fenne en Noah dan ook wakker, maar als ze nog niet protesteren, laten we ze nog even liggen.

7.00 uur: Ik sta ook op. Tijd voor wassen en aankleden. Rond half acht ben ik beneden en zijn Noah en Fenne ook wakker. Ik zet ze alle drie in hun wipstoeltje en maak mijn eigen ontbijt. Ze zijn dan nog rustig zodat ik even kan eten. Na mijn ontbijt maak ik drie papflessen klaar. Noah is de enige die nog op zijn zij gelegd kan worden met een rolletje onder zijn fles om te drinken. Ik leg hem dus op de bank en laat hem zelf drinken, terwijl ik de andere twee, die in hun wipstoeltje zitten, de fles geef. Na de fles verschoon ik ze en kleed ik ze aan. Daarna is het tijd om te spelen in de box. Ik heb dan even tijd om op te ruimen en met ze te spelen. Als ze het zat worden gaan ze nog even in de wipper of in een schommelstoeltje.

9.15 uur: Tijd voor een ochtendslaapje. Ze slapen nu meestal een uur. Ik doe dan wat huishoudelijke dingen en maak vast een fruithapje klaar.

10.30 uur: Ik haal de baby's uit bed en zet ze in de kinderstoel voor een fruithap. Daarna ga ik meestal even naar buiten voor een wandeling en wat boodschappen.

12.30 uur: We zijn weer terug en ze krijgen een boterham en een flesje melk. Dat gaat op dezelfde manier als 's morgens met de papfles.

13.00 uur: Zo rond deze tijd gaan ze weer slapen. Meestal slapen ze twee uur, maar vaak is Luuk na een uur al weer wakker. Ik leg hem dan in een campingbedje op een andere kamer zodat hij de andere twee niet wakker maakt. Soms gaat hij dan nog slapen en anders haal ik hem naar beneden. In de tijd dat ze 's middags slapen doe ik vaak wat dingen in huis of kook ik voor de kids. Dat doe ik een paar keer per week voor een aantal dagen tegelijk.

15.30 uur: De baby's zijn alle drie uit bed en krijgen wat thee uit de fles en een broodkorst of iets dergelijks. Als het mooi weer is ga ik dan soms nog een keer naar buiten en anders blijven we thuis en spelen ze in de box of wipstoeltje. Aan het einde van de dag zijn ze vaak wel wat vermoeider en heb ik mijn handen vol om ze te vermaken. Gelukkig komt meestal tussen 16.00 en 16.30 uur Leendert al thuis.

17.00 uur: Tijd voor warm eten. Dat doen we vaak samen of ik begin vast met koken (voor onszelf). Leendert geeft dan alleen de kids hun avondeten. Wij eten zo rond zes uur. Als het meezit zijn de kids rustig. We kijken dan vaak met z'n allen babytelevisie.

18.30 uur: De baby's krijgen een fles melk en gaan naar bed.

19.30 uur: De rust is meestal weergekeerd en onze avond begint. De nachten worden steeds rustiger, al moeten we er altijd nog wel een paar keer uit om een speen te geven of een neus te sprayen. Gelukkig slapen ze daarna altijd snel weer in en zijn de onderbrekingen kort.

Commentaar van de moeder
'We kwamen er bij de eerste echo al achter dat ik in verwachting was van een drieling. Ik kon me eigenlijk niet voorstellen dat dit echt gebeurde. Het voelde heel onwerkelijk en het heeft denk wel twee weken geduurd voordat ik aan het idee gewend was. Een drieling! Vanaf het begin hebben we er positief in gestaan. We gingen ervoor. Ik heb een heel goede zwangerschap gehad met weinig klachten. De kids hebben het ook altijd goed gedaan en daarom waren we best wel zorgeloos. Uiteraard was er veel voor te bereiden. In week 25 kon ik stoppen met werken. De eerste periode was pittig en

fysiek zwaar na de zwangerschap en keizersnede, maar ook heel mooi. Iedere dag kreeg ik meer energie. We genieten echt van ze en het is heel bijzonder om drie kleintjes te zien opgroeien, ieder op zijn eigen wijze. Ze zijn echt alle drie uniek. Sinds een aantal weken ben ik weer aan het werk gegaan. Ik werk nu anderhalve dag per week en heb een oppas aan huis die voor de kinderen zorgt. Ik laat ze met een gerust hart achter en dat is fijn. Voor mij zijn de werkdagen heerlijk. Zelf mijn dag bepalen en mijn hersens laten kraken. Na zo'n dag is het heerlijk om weer thuis te komen. Drie blije gezichtjes die naar me lachen. Voor mij is het werken goed te doen in combinatie met de kinderen, vooral omdat ik een goede oppas heb. En een dag werken is zeker niet meer vermoeiend dan een dag thuis.'

25. Moeilijke situaties

Als een van de tweeling gehandicapt is

Gelukkig worden de meeste twee- en drielingen in goede gezondheid geboren. Desalniettemin is het aantal kinderen met fysieke en/of psychische problemen groter onder de meerlingkinderen dan bij eenlingen ten gevolge van groeiachterstand in de baarmoeder en/of vroeggeboorte.

Dit betekent voor ouders een grote belasting. Naast het vele werk dat de verzorging van een meerling met zich meebrengt, komt daar de extra zorg bij voor het gehandicapte kind. Veel hangt af van de ernst van de handicap. Soms zijn aangeboren problemen op te lossen door een chirurgische ingreep, zoals in het geval van een jongen-meisjetweeling uit mijn onderzoeksgroep. Zij werd geboren met een hartgebrek. Een van de hartkleppen sloot niet goed. Haar broertje was helemaal gezond. De artsen konden haar vóór haar eerste verjaardag succesvol opereren. Bij een andere jongen-meisjetweeling werd het jongetje gedeeltelijk doof geboren. Dankzij een gehoorapparaat gaat hij naar een gewone school.

Bij een drieling van vier jaar uit mijn onderzoeksgroep, is een van de kinderen vanaf de geboorte doof. Hij heeft sinds kort een gehoorapparaat geïmplanteerd en leert nu, mede met hulp van zijn broertjes, praten. Er zijn ook minder ernstige afwijkingen: bij een jongen-meisjetweeling heeft het jongetje spraakproblemen waarvoor hij logopedie krijgt, tot grote jaloezie van zijn zusje, dat ook naar spraakles wil.

Als een van de tweeling extra aandacht nodig heeft, bestaat de kans dat de ander zich slecht gaat gedragen om aandacht te krijgen.

Rachel: *'Een van onze twee-eiige tweeling werd met een aangeboren hartafwijking geboren en moest geopereerd worden. Nu, tweeënhalf jaar oud, is ze geheel gezond en is er geen verschil meer tussen haar en haar zusje. Wel ging in deze eerste jaren al onze aandacht naar haar uit. Ik denk dat dat ertoe geleid heeft dat haar zusje haar vaak slaat.'*

Helena, moeder van twee-eiige tweelingjongens van acht jaar: 'Een *van de jongens werd geboren met de ziekte van Perthes (een probleem van de heupkop, vermoedelijk veroorzaakt door een verstoorde bloedvoorziening). Hiervoor moest hij jarenlang een orthopedisch apparaat aan zijn linkerbeen dragen. Onlangs mocht het er voorgoed af en iedereen was blij voor hem, behalve zijn tweelingbroer. Die deed niets anders dan hem eraan herinneren dat hij niet mocht rennen en springen, want dan zou hij opnieuw het apparaat moeten dragen. Ook zit hij steeds op hem te vitten. Hij gedraagt zich ronduit slecht. Hoe we hem er ook op wijzen dat zijn houding niet in de haak is, hij blijft het doen.*'

Suggesties:
→ Maak tijd vrij voor het kind dat niet ziek is of geen handicap heeft. Natuurlijk gaat er veel aandacht uit naar het kind met de handicap en het is belangrijk dit op een of andere manier te compenseren.
→ Voor het gezonde kind is het niet makkelijk om een tweelinghelft te hebben die gehandicapt is. Het kan om die reden verstandig zijn ze in verschillende klassen te plaatsen. Dit geeft de gezonde tweelinghelft de kans om onbezorgd kind te zijn en even de problemen van zijn broer of zus te vergeten.
→ Het gezonde kind kan zich schuldig voelen over de handicap van zijn wederhelft. Hij stelt zich vragen als 'Waarom ben ik gezond en hij niet?'. Het is belangrijk hem daar eerlijk en uitgebreid antwoord op te geven. Probeer hem verder niet te veel verantwoordelijkheid te geven, zoals zorgen voor zijn broer of zus. Hij heeft het nodig kind te zijn.
→ Vraag en accepteer hulp. Zorgen voor een meerling van wie één speciale hulp nodig heeft, is een enorme last. Alleen al de bezoeken aan het ziekenhuis of artsen vragen veel tijd. Daarom is het belangrijk dat je hulp hebt, eventueel iemand die gespecialiseerd is in de omgang met gehandicapte kinderen.
→ Beschouw de kinderen als aparte individuen en stimuleer elk naargelang zijn niveau en mogelijkheden.

Eenoudergezinnen

Sommige moeders (en in mindere mate vaders) bevinden zich in de moeilijke situatie alleen hun meerling op te moeten voeden. Soms komt het door de komst van de meerling dat een relatie, die al niet goed zat, stukloopt.

Mariël: '*Mijn zwangerschap was niet gepland. Toen we hoorden dat er een tweeling op komst was, verliet mijn partner me. Twee baby's dat was hem te veel. Het was een enorme dreun voor me. Met hulp van mijn ouders bereidde ik me voor op het ouderschap zonder partner.*'

In andere gevallen gaan echtparen uit elkaar vanwege de zware taak die het meerlingouderschap inhoudt. Het vraagt veel toewijding, opoffering en uithoudingsvermogen om twee of drie baby's groot te brengen, die vaak te vroeg geboren worden. Sommige relaties worden sterker vanwege de gezamenlijke verantwoordelijkheid, maar andere redden het niet.

Ruth: 'We zijn gescheiden toen de kinderen vier jaar waren. Om een drieling op te voeden moet je sterk zijn, zowel als persoon als wat betreft je relatie. Wij hebben het niet gered. Ik stortte me helemaal op de kinderen en mijn partner kon dat niet aan. Het is heel triest want we zijn veel kwijtgeraakt. Het is ook heel zwaar om het alleen te doen. Ik raad alle meerlingouders aan om regelmatig tijd vrij te maken voor elkaar en hulp te zoeken zodra er serieuze problemen zijn. Mijn situatie wens ik echt niemand toe.'

Zoals deze moeder aangeeft, is het belangrijk om op tijd professionele hulp te zoeken. De statistische gegevens wijzen aan dat het scheidingspercentage hoger ligt bij ouders van meerlingen dan in gezinnen met kinderen van verschillende leeftijden. Dit heeft alles te maken met de stress en zware belasting die het opvoeden van een meerling met zich meebrengt, met name in de eerste jaren.

Echtscheiding van ouders en de tweeling

Als de scheiding definitief is, moet er met de kinderen gepraat worden. Het is belangrijk dat ze begrijpen dat ze geen schuld aan de situatie hebben. Kinderen denken tot een jaar of tien magisch: als ik niet die boze fantasieën over papa had gedacht, dan was hij niet weggegaan. Of meer praktisch: ik had minder moeten ruziën met mijn broer, dan was dit nooit gebeurd. Bovendien beseffen oudere tweelingen wel degelijk dat hun komst een enorme invloed op het gezin had, waardoor de kans dat ze zich schuldig voelen, groter is.

Jongere tweelingen, onder de tien jaar, hebben er vooral behoefte aan om te weten hoe hun dagelijks leven er na de scheiding uit gaat zien. Hoe eerder er weer een routine in hun leven komt, hoe beter. Dit voorkomt echter niet dat de meeste tweelingen een moeilijke periode meemaken.

Suggesties
→ De relatie van een tweeling lijkt in zekere zin op die van een echtpaar. Soms hebben tweelingen zelfs een zekere rolverdeling. De een gedraagt zich als de 'moeder' en de ander als de 'vader'. Dit komt bij jongen-meisjetweelingen voor, maar ook bij hen van hetzelfde geslacht. Als ouders scheiden, kan de tweeling bang zijn dat hun onderlinge relatie ook uiteenvalt. Het is goed om uit te leggen dat een tweelingband anders is en minder kwetsbaar.
→ Respecteer hun onderlinge band zowel wat betreft de voogdij als de bezoekregeling. In de meeste gevallen en zeker bij jonge tweelingen is het het beste als ze bij elkaar blijven. Ze kunnen elkaar troosten en helpen. Adolescenten beslissen

soms om ieder bij een van de ouders te gaan wonen. Dit kan echter ook weer tot problemen leiden.

Jennifer: '*Onze ouders gingen scheiden toen we zeventien jaar waren. Mijn tweelingzus en ik besloten ook uiteen te gaan, zodat noch mijn vader noch mijn moeder alleen zou zijn. Maar we misten elkaar vreselijk! Na een paar maanden zijn we samen op kamers gegaan, veel eerder dan we ooit van plan geweest waren.*'

Hanneke: '*Mijn man en ik gingen uit elkaar toen onze tweeling vijf jaar was. We kozen voor het co-ouderschap en wel op een speciale manier, het zogeheten "bird nesting". In plaats van dat de kinderen van de ene ouder naar de andere gaan, veranderen mijn ex en ik van huis. De ene week woon ik dus opnieuw in het huis dat eens onze gezamenlijke woning was. De tweeling heeft niet van huis hoeven te veranderen. Dit systeem werkt voor ons tot nog toe heel goed.*'

Een tweeling alleen opvoeden geeft niet alleen praktische problemen, zoals altijd alleen de kinderen verzorgen, maar ook emotionele. Er is niemand om twijfels en beslissingen mee te delen, met name als de relatie met de ex-partner slecht is. Alles komt op één persoon neer. Het is dan ook belangrijk om voor een goed vangnet van familie en vrienden te zorgen. Dit is niet alleen voor de moeder (of vader) een uitkomst, maar ook voor de tweeling zelf, die bij een bepaald familielid, zoals een oom, opa of tante, emotioneel steun kan vinden.

Loes, moeder van een drieling: '*Vlak na de geboorte verliet mijn partner me. Hij ging terug naar zijn geboorteland, Cuba, want het dagelijkse leven met drie te vroeg geboren baby's was te veel voor hem. Ik had het geluk dat ik dicht bij mijn ouders woonde. Samen met mijn moeder verzorgde ik mijn baby's. Ik weet nog niet waar ik de kracht vandaan haalde, want slapen deed ik amper. Ik heb vele moeilijke momenten gekend. Het is heel zwaar om altijd alleen te zijn en geen partner te hebben met bij wie je te rade kunt gaan. Toen de jongens opgroeiden, miste ik een man in huis die orde op zaken stelde. Met drie jongens was dat absoluut nodig. Af en toe heb ik gesprekken met een psycholoog en dat helpt me. Nu staat de puberteit voor de deur en dat zal ook niet makkelijk zijn. Maar nu ik al zo ver gekomen ben, denk ik dat ik deze periode ook wel zal overleven.*'

> **Uit onderzoek**
> Uit verschillende Engelse onderzoeken blijkt dat het risico van een scheiding groter is bij gezinnen met een meerling, vooral in het geval van een grotere meerling, zoals een drieling of meer. De opvoeding van de kinderen is zo'n zware belasting voor de ouders dat hun relatie eraan onderdoor gaat.

26. De dood van een van de tweeling

Tijdens de zwangerschap of rondom de geboorte

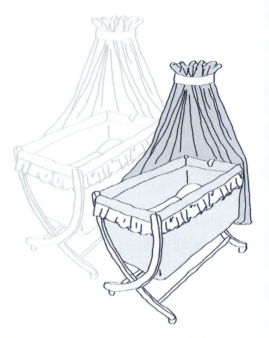

Soms overlijdt een van de baby's tijdens de zwangerschap of vlak na de geboorte. Dit is heel traumatisch voor de ouders. Ze verwachtten twee of meer baby's en zien hun wens niet in vervulling gaan. Het kost tijd en tranen om dit te verwerken. Deze situatie is extra moeilijk voor hen. Ze hebben nauwelijks tijd om te rouwen – er is een baby die hun aandacht opeist – en ze ontvangen niet dezelfde aandacht als andere ouders die een kind verliezen. De omgeving, zoals familie of artsen, gaat vaak van de onjuiste veronderstelling uit dat het geluk van ten minste één gezond kind het verlies van het andere compenseert. Dat is niet zo. De ouders hielden van de kinderen die ze verwachtten en keken uit naar hun beider komst in het gezin. Daarom hebben de ouders van meerlingen meer problemen om het verlies te accepteren en meer fysieke klachten dan andere ouders die één kind verwachtten en verloren. Hun periode van rouw is sociaal-maatschappelijk gezien meer gedefinieerd.

Een onderzoek wees uit dat de moeders die één van hun meerling hadden verloren, een jaar later met meer emotionele en psychische problemen kampten dan anderen die één kind verwachtten en verloren.

Voor sommige ouders is het moeilijk om een relatie op te bouwen met het overgebleven kind. Het doet hen denken aan het kind dat ze missen en zonder het te willen, hebben ze gedachten als: zou hij er ook zo uitgezien hebben? Daarnaast moeten ze accepteren dat ze geen ouders van een tweeling zullen zijn zoals ze hoopten en dat ze het opgroeien van twee kinderen van dezelfde leeftijd – iets heel bijzonders – niet zullen meemaken. Soms leeft in de ouders, onbewust en ongewild, een stil verwijt tegenover het gezonde kind, alsof dat op een of andere manier schuld heeft aan de dood van het broertje of zusje.

Het is belangrijk dat ouders steun en begrip van familie en het medisch personeel krijgen. Ze moeten hun verdriet niet wegstoppen, maar juist over de overleden baby praten, het een naam geven en, indien mogelijk, het begraven.

Een moeder vertelt: *'Ik ben moeder van een meisjestweeling. Een van mijn baby's stierf plotseling in de baarmoeder door gebrek aan vruchtwater. Haar hartje hield op met kloppen. Ik werd in het ziekenhuis opgenomen, opdat haar zusje nog door kon groeien. Drie weken later begonnen de weeën. Eerst werd het dode meisje geboren. Ik durfde niet te kijken, maar de verpleegsters namen foto's van haar. Het andere meisje werd gezond geboren en is nu drie maanden. Er gaat geen dag voorbij waarop ik niet denk aan mijn overleden kind. Elke keer als ik haar zusje zie, denk ik aan haar en ik heb het gevoel dat ik nooit gelukkig zal worden zonder haar.'*

Suggesties voor ouders die een van hun baby's hebben verloren:
→ Geef het overleden kindje een naam. Als het ziekenhuispersoneel er niet naar vraagt, praat er dan zelf over. De baby is een deel van de familie en er zal nog heel wat keren over hem gepraat worden.
→ Neem afscheid van je baby. Ouders die het niet deden, vertellen dat ze er later spijt van kregen, want ze hebben geen herinnering aan hun baby. Het kindje bij je hebben, zijn naakte lichaampje zien en aanraken, tegen hem praten en hem bij zijn naam noemen, helpt bij het verwerken van het verlies. Vraag aan het ziekenhuis om tijd te krijgen om alleen met de baby te zijn.
→ Het is belangrijk iets tastbaars van je overleden kind te hebben als herinnering. Bewaar bijvoorbeeld zijn polsbandje met zijn naam erop, een plukje haar of een hemdje. Neem foto's van de baby en ook een samen met zijn tweelingbroertje of -zusje. Voor jullie is dit een herinnering aan de tweelingzwangerschap en voor jullie gezonde kind is het belangrijk voor later, wanneer hij vragen gaat stellen over zijn geboorte.
→ Leg het bezoek uit dat jullie gelukkig zijn met jullie gezonde kind, maar intens verdrietig vanwege de dood van het andere kindje. Door eerlijk te zijn, wordt het voor familie en vrienden makkelijker om jullie ambivalente gevoelens te begrijpen.
→ Het is zeer waarschijnlijk dat ieder van jullie op een verschillende manier met de dood van de baby omgaat. Over het algemeen spreken vrouwen hun gevoelens uit terwijl mannen die voor zich houden en zich op hun werk storten. Als er een verwijdering tussen jullie ontstaat, kan het belangrijk zijn om professionele hulp te zoeken.
→ Neem contact op met een rouwverwerkingsgroep (zie Nuttige adressen). Het delen van ervaringen met andere ouders die hetzelfde hebben meegemaakt is belangrijk en werkt vaak helend.

De invloed van de dood van een van de tweeling op het andere kind

Niet alleen de ouders beleven de dood van een van de tweeling, maar ook zijn broer of zus. Ook al is de periode die ze samen waren relatief van korte duur geweest, de dood van één beïnvloedt altijd het leven van de ander zoals blijkt uit de beschrijving van deze man, 51 jaar:

'Ik ben de jongste van vier broers. Als kind speelde ik altijd dat ik een tweelingzusje had. Ik praatte met haar, ik speelde de baas over haar, ik maakte ruzie met haar en sloot ook weer vrede. Ze was mijn trouwe speelkameraadje. Ik zei vaak tegen mijn ouders dat ik een tweelingzusje had. Mijn ouders begrepen mijn fantasie niet en antwoordden dat ik alleen ter wereld was gekomen. Enkele jaren geleden moest mijn moeder geopereerd worden vanwege een gynaecologisch probleem. Ze haalden haar baarmoeder eruit. Na de ingreep vertelde de gynaecoloog haar dat in haar uterus resten van een gemummificeerde baby waren aangetroffen. Dit betekende dat ze in haar laatste zwangerschap een tweeling had gedragen, van wie één, mijn zusje, was overleden. Mijn kinderspel was geen fantasie, maar de werkelijkheid van de eerste maanden van mijn prenatale leven.'

De ongeboren baby is zich bewust van zijn omgeving en in veel grotere mate dan tot nog toe werd aangenomen. Studies van de pre- en perinatale psychologie, die het leven in de baarmoeder en rondom de geboorte bestudeert, tonen het aan. Deze bewijzen namelijk dat de baby in de buik ervaringen opdoet, dingen onthoudt, leert en zich bewust is wat er gebeurt. Wat hij in zijn prenatale leven beleeft, heeft invloed op zijn latere leven. Dankzij video's, gemaakt van twee- en drielingen in de buik, weten we tegenwoordig meer over hun relatie. Ze raken elkaar aan, ze sabbelen op elkaars duim, ze duwen elkaar weg en ze nestelen zich tegen elkaar aan. Terwijl ze dezelfde ruimte delen, dezelfde geluiden horen en dezelfde emoties van hun moeder waarnemen, groeit er tussen hen een zeer intieme band. Het is niet uitgesloten dat ze een vaag idee ontwikkelen van zichzelf en van de ander.

Als de ander dan plotseling ophoudt met ademen en geen tekenen van leven meer geeft, raakt het broertje of zusje van slag zonder te begrijpen wat er gebeurt. Hij beleeft een gevoel van verlies, verwarring en eenzaamheid. Volgens de psycholoog John Bowlbly, die het belang van de moeder-kindrelatie bestudeerde, is de tweeling voor elkaar een hechtingspersoon. Daarom is hun band in emotioneel opzicht voor hen net zo belangrijk als de band met hun moeder en misschien zelfs nog belangrijker. Het samenleven en groeien in de baarmoeder schept een intieme band, een verantwoordelijkheid én een besef van gemeenschappelijkheid. Ook leidt het tot negatieve gevoelens, zoals belangenconflicten – wie heeft de beste plek? –, jaloezie en wedijver. Dat vormt deel van de intieme relatie die ze met elkaar opbouwen.

Het kind dat alleen ter wereld komt, bouwt tijdens zijn prenatale leven een band op met zijn moeder en, in mindere mate, ook met zijn vader, maar de band tussen een tweeling in hun prenatale fase is veel intensiever. De ander is deel van het 'ik-gevoel'; als dat verdwijnt, tijdens de zwangerschap of later in zijn leven, voelt de overgebleven tweeling verwarring (wie ben ik?), verdriet en een besef van niet compleet te zijn. Dit besef wordt een deel van zijn 'ik-gevoel' en veroorzaakt onbewust het eeuwige zoeken naar de ander. Alle tweelingen die hun tweelingbroertje of -zusje verloren hebben, kennen deze gevoelens heel goed.

Een groot deel van de informatie waar we tegenwoordig over beschikken, komt van de beschrijvingen van volwassen tweelinghelften die overbleven. Velen van hen hoorden over het bestaan van hun tweelingmaatje op latere leeftijd. Opeens begrepen ze waarom ze zich altijd zo diep eenzaam hadden gevoeld. Het weten van het bestaan van de tweelingbroer of -zus was voor hen als het vinden van een belangrijk puzzelstukje dat opeens zin aan hun leven gaf. Eindelijk begrepen ze zichzelf en konden ze de onbegrijpelijke gevoelens die ze tot dan toe gehad hadden, plaatsen.

Ton, negentien jaar, vertelt over zijn ervaring: '*Ik ben een van een drieling. Mijn zusjes overleden vlak na de geboorte. Er is mij verteld dat wij na de geboorte bij elkaar waren gelegd, ogenschijnlijk alle drie gezond. Toen zij vier uur later overleden, was er niemand bij ons. Toen ik opeens begon te huilen, kwamen de artsen aangesneld. Terwijl ik steeds harder ging huilen, zagen ze dat de meisjes stervende waren. Iedereen was totaal verbouwereerd. Op mijn zevende vertelden mijn ouders me pas dat ik als een van een drieling ben geboren. Ik herinner me die situatie nog als de dag van gisteren. Ik weet nog precies wat ik aanhad, wat mijn vader zei en waar we ons bevonden. Ik was helemaal ondersteboven van wat hij me vertelde. Ik kreeg het heel koud en ik begon me fysiek akelig te voelen. Ik begreep dat een van een drieling zijn iets slechts was, want zij overleden en ik leefde! Mijn moeder zag mijn reactie en zei boos tegen mijn vader dat hij zijn mond moest houden. We hebben er nooit meer over gepraat. Het thema was taboe geworden en de bekentenis van mijn vader een trauma. Ik verwijt het hun niet. Ik geloof dat ze de situatie niet aankonden en ze wisten niet dat het drieling zijn zo'n invloed op mijn leven had.*

Voordat ze het mij vertelden, wist ik wel dat er iets was, althans dat vermoedde ik. Ik voelde een droefheid in me die me altijd vergezelde. Niet het soort droefheid van gedeprimeerd zijn en nergens zin in hebben. Ik was triest vanwege een gevoel diep in mij dat ik iets miste, wat me verdrietig maakte en me slecht deed voelen over mezelf. Die nooit aflatende triestheid overviel me op vele momenten, bijvoorbeeld tijdens een dagje op het strand waar ik erg van genoot. We waren met velen, mijn ouders, neefjes en nichtjes, ooms en tantes... Iedereen genoot. Plotseling trok ik me terug en ging ik, ver van de familie, in het zand liggen, omdat ik ontzettend moest huilen. Dan overviel me zo'n intens gevoel van triestheid dat ik niet begreep. Ik dacht dat ik een huilebalk was, een slappeling. Mijn ouders noemden me ook wel eens zo, omdat ik niet alleen op stap durfde. Ik was een bang en een onzeker kind. Als ik ergens naartoe moest, wilde ik altijd dat iemand met me meeging. Anders ging ik niet. Met iemand naast me voelde ik me sterk. Vele jaren lang begreep ik mezelf niet en ik voelde me anders dan andere kinderen, een buitenstaander.

Twee maanden geleden voelde ik dat ik zo niet verder wilde leven. Ik had de bodem bereikt. Ik vroeg mezelf af waarom ik geen dingen alleen durfde te doen, zoals andere mensen. Iets in me zei dat ik mijn gevoelens onder ogen moest zien. Dat was moeilijk, want het drieling zijn kwam weer terug in mijn gedachten en dat wilde ik juist niet. Dat had ik ver weg gestopt als in een kistje met een stevig slot. Dat wilde ik niet zomaar openen. Ik was bang voor mijn eigen gevoelens, maar ik zette door. Ik begon op internet te zoeken naar informatie over twee- en drielingen en ik praatte met tweelingen die hun broer nog hadden. Ik had als kind altijd al interesse voor hen gevoeld en nu praatte ik voor het eerst met hen. Ik vertelde hun over mijn gevoelens en tot mijn verbazing begrepen ze mij. Ik schaamde me erg voor wat ik hun vertelde en wat ik schreef. Ik was zo bang dat ze me raar zouden vinden, dat ik met een andere naam schreef. Maar ze vonden me niet raar.

Het delen van deze gevoelens was een enorme opluchting voor me en ik begon in te zien dat veel van mijn problemen te maken hadden met wat er rond de geboorte was gebeurd. Mijn zusjes, Anna en Beatrijs, leven niet meer, maar vormen een deel van mij. Ze zijn altijd in mij aanwezig en dat is mijn hele leven al zo geweest. Ik kan dat niet ontkennen. Sinds ik er zo tegen aankijk en me niet meer verstop voor dit levensfeit, voel ik me veel gelukkiger. Ik ben zelfs besluitvaardiger en moediger. Ik doe nu dingen die vroeger onmogelijk waren. Het is haast niet te geloven, maar het is zo. Ik denk niet langer dat een van een drieling zijn iets slechts is.

Ik heb nog steeds niet met mijn ouders gepraat. Ik wil hen geen pijn doen, maar ik hoop het nog wel een keer te doen. De mensen die me belangrijk voor me zijn weten het. Ik denk nog steeds heel veel aan mijn zusjes, maar nu op een andere manier. Een drieling zijn is mooi, Anna en Bea zijn mijn steun en ze verdienen het herdacht te worden, al was het alleen maar door mij. Daarom doe ik voortaan op onze geboortedag iets speciaals voor hen.'

Tips voor ouders

→ Vertel jullie kind over het bestaan van zijn tweelingbroer of -zus. Een moeder die een van haar tweeling verloor vlak na de geboorte praatte hier vaak over tijdens het badje van het gezonde kind: '*Je bent een van een tweeling. Je had een broer die samen met jou geboren werd. Je hebt vele uren met hem in mijn buik doorgebracht. Jullie raakten elkaar aan en speelden met elkaar. Maar zonder dat jij of ik er iets aan konden doen, overleed hij. Daarom ben ik verdrietig. Maar ik ben ook gelukkig, want ik heb jou. Ik houd veel van je, al is alles heel verwarrend.*' Op deze manier kon ze uiting geven aan haar dubbele gevoelens; haar liefde en blijdschap met de ene baby en haar verdriet om de andere. Een baby voelt intuïtief de emoties van zijn moeder aan. Haar woorden helpen hem om de situatie te begrijpen. Hij zal ze niet letterlijk begrijpen, maar wel haar toon.

→ Als het kind naar zijn geboorte begint te vragen, is het een goed moment om hem foto's te laten zien van hem en zijn broertje of zusje, een bepaald voorwerp dat aan het overleden kind herinnert zoals een naamplaatje en samen met hem

het grafje te bezoeken. Dit zal het proces van het zoeken naar zijn identiteit vergemakkelijken.
- → Het is belangrijk om de oorzaak van de dood te weten. Zo kun je aan je kind beter uitleggen wat er gebeurd is. Dit voorkomt bovendien dat hij zich dingen in zijn hoofd haalt als 'ik nam te veel ruimte in beslag' of 'ik pikte al het eten van hem af'. Een overgebleven tweeling kan een enorm schuldgevoel ontwikkelen over de dood van zijn tweelinghelft, ook zonder dat ouders daar aanleiding toe geven.
- → Probeer de zygositeit van de tweeling te achterhalen. Als je het snel vraagt, kan de gynaecoloog het via de placenta te weten komen. Deze informatie is belangrijk voor je kind.
- → De achtergebleven tweeling mist het fysieke contact met zijn broer of zus. Dit kan de oorzaak zijn van zijn huilen in de eerste periode na de dood. Het helpt om hem dicht bij je te houden, bijvoorbeeld in een draagzak.
- → Het is heel goed mogelijk dat de overgebleven tweeling af en toe verdrietig of angstig is. Ook kan hij moeilijk gedrag vertonen. Hem veel knuffelen en extra aandacht geven is erg belangrijk voor hem.

Alessandra Piontelli, een Italiaanse arts, beschrijft in 1992 het geval van een baby die door zijn ouders bij haar werd gebracht omdat hij dag en nacht onrustig was en amper sliep. Ook in haar kliniek vertoonde hij hetzelfde gedrag. Het leek alsof hij iets zocht wat hij niet kon vinden. Af en toe pakte hij een voorwerp en schudde dat hard door elkaar, alsof hij het een reactie wilde uitlokken. De informatie van de ouders was veelzeggend: hun baby was een van een tweeling, maar zijn broer was twee weken voor de geboorte overleden. Piontelli interpreteerde het onrustige gedrag van de baby als een zoeken naar zijn tweelingbroer en zijn obsessie om voorwerpen door elkaar te schudden als een wanhopige poging om zijn broer tot leven te brengen.

De dood van een van de tweeling in de jeugdjaren

Het hele gezin rouwt. De ouders zijn diep bedroefd over het verlies van hun kind. Ze betreuren het ook hun tweeling niet samen te zullen zien opgroeien. Voor de overgebleven tweeling is de situatie buitengewoon zwaar. Hij heeft een aantal jaren samen met zijn tweelingbroertje of -zusje geleefd. Er zijn overal in huis foto's waar ze samen op staan en andere herinneringen die veel tastbaarder zijn dan bij een dood rond de bevalling.

De vroegste herinneringen van een kind gaan ongeveer terug tot het derde jaar, zoals een verjaardagsfeest met twee taarten en het samen in één bed slapen. De overgebleven tweeling mist zijn broer of zus op een heel diep niveau. Hij zal hierop reageren met verdriet, depressie, opstandigheid, scheidingsangst, nachtmerries, gebrek aan eetlust of mogelijk een terugval in zijn ontwikkeling. Een niet zichtbare, maar wel aanwezige reactie, is de emotionele verwarring waaraan hij ten prooi valt. Hij voelt zich niet meer compleet. Zijn 'ik-besef' is namelijk gebaseerd op een wij-gevoel. Hij weet niet goed meer wie hij is en maakt een identiteitscrisis door. Hij beleeft een diep gevoel van eenzaamheid en hij voelt zich anders dan andere kinderen.

Ook kan het vertrouwen in zijn ouders beschadigd zijn. Een kind tot ongeveer tien jaar beschouwt zijn ouders als almachtig, ze beschermen hem tegen kwaad en gevaar. Het feit dat ze de dood van zijn tweelinghelft niet hebben kunnen voorkomen, schokt hem. Het geeft hem het gevoel niet beschermd te zijn.

Het is ook mogelijk dat hij zich schuldig voelt over de dood van zijn broer en zich afvraagt waarom niet hij overleden is in plaats van hem. Deze gevoelens kunnen zo heftig en deprimerend zijn dat hij ernaar verlangt bij zijn overleden broer te zijn in plaats van alleen in het leven.

Het zal nodig zijn hem met veel liefde en zorg te omringen. Ook is het belangrijk dat het overleden tweelingkind deel blijft uitmaken van het gezin. Over hem praten, zijn grappige invallen, gewoontes en belevenissen ophalen, foto's van hem in de huiskamer. Dit alles helpt bij het proces van afscheid nemen. Volwassen tweelingen die nog kampen met de dood van hun tweelinghelft in de jeugd, beginnen vaak met het bezoeken van zijn graf als eerste stap bij het verwerken van het verlies. Ook is het een goed idee om met je kind boekjes te lezen over de dood en de gevoelens die erbij horen (zie Literatuur).

De studies van de psychologe Joanne Woodward in 1987 tonen aan dat het uiten van het verdriet en het praten erover binnen het gezin helpt bij de verwerking ervan. Deze psychologe, zelf een tweeling, verloor haar eeneiige tweelingzus op driejarige leeftijd. Zij deed een onderzoek onder 200 overgebleven tweelingen om de gevolgen van deze ervaring op te tekenen. Van de ondervraagden beschrijft 80 procent het verlies als traumatisch. Het onderzoek toonde aan dat het moment waarop de dood plaatsvond geen invloed heeft op het trauma. Het verlies van een tweelingbroer of -zus tijdens de zwangerschap of rondom de geboorte heeft een even grote impact als een latere dood. Ook de eiigheid heeft geen invloed. De pijn is zowel bij twee-eiigen als bij eeneiigen even heftig. Het lijkt er zelfs op, aldus het onderzoek van Woodward, dat de pijn van het verlies van een tweelinghelft sterker is dan die van ouders of andere broers.

Het is belangrijk dat je, ondanks eigen verdriet, de emoties van je kind begrijpt. Voor hem is zijn meest trouwe maatje heengegaan, die altijd aan zijn zijde stond. Voor hem was het een zeer belangrijke hechtingspersoon. Hij kent het leven niet zonder hem. Soms kan het goed zijn professionele hulp te zoeken.

Suggesties
→ Het komt voor dat ouders moeite hebben om zich aan het overgebleven kind te hechten. Dit komt ten dele omdat ze bang zijn hem ook te verliezen. Ook kan

meespelen dat het kind hen doet denken aan het overleden broertje of zusje. Het contact is dus pijnlijk geworden. In al deze gevallen is het goed hulp te zoeken, want het tweelingkind heeft meer dan ooit de steun en liefde van zijn ouders nodig.

- → Probeer een te beschermende houding ten opzichte van het overgebleven tweelingkind te vermijden. Het risico op sterfte is niet hoger bij tweelingen dan bij andere kinderen. De enige uitzondering hierop is de wiegendood (zie hoofdstuk 15). Een tweeling die zijn broertje verloor tijdens zijn jeugdjaren, vertelde me dat zijn ouders hem uit bezorgdheid nooit meer met een schoolexcursie of -kamp mee lieten gaan. Zo namen zijn eenzaamheid en het verlangen naar zijn broer alleen maar toe.
- → Neem contact op met een organisatie als een rouwverwerkingsgroep (zie Nuttige adressen). Zowel voor jullie als voor het tweelingkind is het goed om met anderen over het verlies te praten.

De dood van een van de tweeling in de adolescentie

Ook in deze fase zijn de tweelingen nog steeds belangrijke hechtingspersonen voor elkaar. Wel is dit de periode waarin ze zich van elkaar los beginnen te maken, net zoals van hun ouders. Maar dit losmakingsproces met de bijbehorende irritaties en verwijdering, bevestigt in feite hun innige band.

Als een van de twee overlijdt, mist de ander zijn belangrijkste steunpilaar. Hij heeft zich altijd een van twee gevoeld. Hij kent het leven niet als een eenling, in tegenstelling tot bijvoorbeeld een weduwe die herinneringen heeft aan haar leven vóór het huwelijk. Het is voor de overgebleven tweeling heel moeilijk om een identiteit als eenling op te bouwen. Hij moet een heel nieuw leven beginnen in een fase die op zich al gekenmerkt wordt door emotionele en hormonale veranderingen. Bij de verwarring over zijn identiteit (wie ben ik?), normaal in deze fase, voegt zich de existentiële en pijnlijke twijfel 'ben ik nog een tweeling?'. Alle reacties die ik eerder beschreven heb, komen ook voor bij de adolescent die zijn tweelinghelft verloren heeft: verdriet, eenzaamheid, een gevoel van leegte, schuldgevoelens, verwarring over zijn identiteit en depressie.

Er kan een verandering in zijn gedrag optreden. Niet zelden hebben de tweelingen een soort rolverdeling: de een is 'de clown', de ander 'de serieuze'; de een is 'de public relations', de ander 'de stille'. Het is mogelijk dat de adolescent nu de rol van zijn broer op zich neemt. 'Is hij nog wel zichzelf?' vragen de ouders zich verontrust af. Jazeker, maar hij kan nu de karaktertrekken die hij óók in zich had, laten zien. Het is echter ook mogelijk dat hij deze kant laat zien gedreven door een diep verlangen zijn broer terug te winnen.

Het is mogelijk dat hij het moeilijk vindt vertrouwelijke relaties aan te gaan met andere jongeren, misschien omdat hij het als verraad voelt aan zijn broer, of omdat het pijnlijk voor hem is. Hij realiseert zich namelijk hoe vertrouwd en op zijn gemak hij met hem was, iets dat hij moeilijk bij zijn vrienden kan vinden. Ook kan hij ervoor terugdeinzen een relatie met iemand van het andere geslacht aan te gaan uit angst weer een dierbare persoon te verliezen.

Het verlies van een tweelingbroer of -zus blijft het hele verdere leven van de overgebleven tweeling voelbaar. Het boek van Joan Woodward, *The Lone Twin* is een getuigenis van hoe overgebleven tweelingen worstelen om hun leven opnieuw vorm en betekenis te geven.

Enkele suggesties
→ Het thema van de dood van de tweeling moet nooit taboe zijn. Erover praten in het gezin is een grote steun voor de overgebleven tweeling en de andere familieleden.
→ Wanneer iemand zijn leven als tweeling begint, blijft hij altijd een tweeling. Die start bepaalt zijn basisgevoel. Dit is zelfs zo voor hen die alleen maar enkele maanden van hun prenatale leven samen waren. Hun biologische oorsprong is namelijk die van een tweeling. Het is belangrijk om dat te begrijpen en te respecteren. Denken dat dit feit er weinig toe doet, is een vergissing.
→ Zijn verjaardag vieren zal voor de overgebleven tweeling nooit meer alleen feestelijk zijn. Het gaat altijd vergezeld met een gevoel van verdriet. Het is goed om met het hele gezin een ceremonie te vieren ter nagedachtenis van de overleden tweeling, zoals met elkaar naar de kerk gaan of zijn graf bezoeken. Dat versterkt de onderlinge band binnen het gezin en creëert ruimte om daarnaast zijn verjaardag te vieren.
→ Het geloof kan voor de overgebleven tweeling een belangrijke steun zijn.
→ Zoek contact met andere ouders die hetzelfde hebben meegemaakt. Dit zal niet alleen jullie steunen, maar ook jullie kind. Tussen overgebleven tweelingen is vaak een goed en intuïtief contact. Zonder veel woorden voelen ze elkaar aan. Er bestaat rouwbegeleiding voor overgebleven tweelingen, in het leven geroepen door een vrouw die haar eeneiige tweelingzus verloor. Zie Nuttige adressen.
→ Een enkele tweeling heeft het gevoel dat zijn overleden tweelinghelft nog bij hem is. Hij voelt zijn steun en medeleven, vooral op moeilijke momenten in zijn leven.

Nel, 59 jaar: '*Samen met mijn zus Angela kwam ik ter wereld. Toen we zes maanden oud waren, werden we beiden ziek. Men wist niet precies wat we hadden, misschien hersenvliesontsteking. Mijn zusje overleed en de dokter zei tegen mijn moeder dat ik dezelfde nacht nog zou overlijden. We waren namelijk identiek. Mijn moeder hield mij de hele nacht in haar armen, al biddende om ten minste één baby te mogen houden. Toen de volgende morgen de arts kwam, zag hij dat het gevaar geweken was. Ik had het gered. Door de verwarring wisten mijn ouders niet meer goed wie van de twee overleden was. We leken zóveel op elkaar! Mijn vader besloot toen dat ik Nel was.*

Vier jaar later werden mijn tweelingbroers geboren, ook eeneiig. Dat was heel moeilijk voor me. Ze waren erg close en lieten me niet in hun spel delen. Ik voelde me vaak alleen en ik vroeg me af waarom mijn zusje niet bij me was. Ik werd heel close met mijn moeder. De afwezigheid van mijn zusje doet nog altijd pijn. Een jaar geleden moest ik aan een tumor in mijn hoofd geopereerd worden. Tijdens de operatie, die moeilijk en risicovol was, had ik een droom: ik voelde iemand aan mijn zij. Het was een heel duidelijk fysiek gevoel en heel prettig. Toen ik wakker werd, dacht ik aan haar. Misschien was zij het. Ze wilde dat ik nog een keer gered werd.'

Het verlies van een van de tweeling op volwassen leeftijd

De band tussen tweelingen is heel hecht en waarschijnlijk een van de meeste intieme die er tussen mensen bestaat. 'Ik kan me mijn leven zonder hem niet voorstellen', is een veelgehoorde uitspraak. Of: 'Met haar is een deel van mezelf heengegaan.' Of: 'Onze levens begonnen samen en moeten ook samen eindigen.' Niet zelden gebeurt dit ook: de ene helft van de tweeling overlijdt en enkele weken later, soms slechts enkele uren later, sterft ook de ander.

Het verlies van een tweelinghelft is altijd een grote schok voor de ander, op welk moment van hun leven dan ook. We hebben immers gezien dat de dood van een van de baby's in de baarmoeder het leven van de andere beïnvloedt. De dood van de een, wanneer die ook maar plaatsheeft, annuleert niet hun tweelingschap. Veel overgebleven tweelinghelften voelen zich de rest van hun leven incompleet. Ook is het waar dat enkelen zich positief gestimuleerd voelen om facetten in zichzelf te ontwikkelen die 'van de ander' waren en waarover hij geen beschikking had. Dit kan een nieuwe kans betekenen, zelfs soms een zekere opluchting, hoewel het de pijn om het verlies niet wegneemt.

Soms leidt de dood van de een ertoe dat de ander gered wordt of zijn leven op zijn minst verlengd. Eeneiige tweelingen kunnen een erfelijke ziekte hebben, zoals bepaalde hartklachten of sommige types van kanker. Als de een dan plotseling overlijdt, is de ander 'gewaarschuwd' en kan hij op tijd maatregelen nemen. Dit overkwam David en Michiel, 48 jaar. Michiel stierf zeer plotseling aan een hartaanval. Op grond hiervan en aangemoedigd door zijn vrouw, besloot David zich medisch te laten onderzoeken. Bij hem werd een angina pectoris geconstateerd waar hij op tijd aan geholpen werd.

Sommige tweelinghelften vertelden mij dat ze dankbaar waren voor het feit dat ze een groot deel van hun leven met hun tweelingbroer of -zus hadden gedeeld, zoals uit de volgende brief blijkt.

Eric, 56 jaar: *'Het is zonder twijfel zwaar om zonder mijn beste vriend en maatje alleen verder te gaan. We waren een identieke tweeling en het grootste deel van ons leven zeer nauw bij elkaar betrokken. Toch denk ik vaak: het is beter om een tweeling bemind en verloren te hebben dan om nooit een tweelingbroer gehad te hebben, hoe hoog de prijs van zijn dood ook is.'*

Twee vrouwen, die hun tweelinghelft op volwassen leeftijd verloren, vertellen hoe deze ervaring hun leven veranderde.

Diny, 44 jaar: 'We leken veel op elkaar, mijn tweelingzus en ik; in stem, in manier van vertellen, gebaren, humor, plannen maken. We werden dan ook vaak nagekeken, iets wat ik maar raar vond. Pas later begreep ik hoe gelijk we waren. Toch was ik "ik" en was zij "zij", dacht ik. We deden veel samen. Ik sprak dan ook altijd over onze moeder, onze hond en onze buren. Dat was zo vanzelfsprekend. In de puberteit kregen we meer ruzie. We zochten ieder onze eigen identiteit. We hebben een periode ver van elkaar gewoond. Daardoor kwam er meer ruimte en daarmee ook weer de interesse voor elkaar. We werden beiden moeder en we beleefden samen deze nieuwe fase in ons leven. Ik was bij haar toen haar dochtertje werd geboren. Ik weet nog goed dat ze, nog maar net bevallen, tegen me zei: "Ze heeft al bijna net zo'n plekje in mijn hart als jij." Ik had nog geen kinderen, maar begreep toen hoe moeder zijn zou kunnen voelen.

Toen werd ze ziek en het ging steeds slechter met haar. Ergens voelde ik dat het helemaal niet goed was. Tijdens een moeizame wandeling met haar in de duinen besefte ik dat dit de laatste keer zou zijn dat we daar samen zouden wandelen. Toen kwam daar, op onze verjaardag, de uitslag dat ze zou sterven aan een hersentumor. Ik was bij haar toen ze stierf. Haar dood gaf me in eerste instantie een gevoel van rust. Ze hoefde niet meer te lijden. De onrust die ik al zolang bij haar voelde was verdwenen.

Tijdens de begrafenis en vooral tijdens de condoleance drong opeens tot me door dat ik de overgeblevene was en helemaal alleen. Ik moest alleen de condoleances in ontvangst nemen van zoveel mensen uit ons gezamenlijk verleden. Daarna kwamen de leegte en de verwarring. De basis waar ik op had geleund, was wankel geworden of was weg. Waar ik zekerheid uit had gehaald, was onzeker geworden. Langzaamaan begreep ik dat dit kwam door het gemis van mijn tweelingzus. Het "samen sterk" was er niet meer. Ook die makkelijke herkenning, het aan één blik of woord genoeg hebben, ontbrak. Mijn referentiekader was weg. Ik moest opnieuw gaan uitvinden wie ik was.

Het voelde alsof ik in een nieuwe wereld was terechtgekomen, die ik opnieuw moest ontdekken. Zo was het ook. Ik kende de wereld enkel als tweeling en niet als eenling. Opnieuw moest ik allerlei vaardigheden aanleren, nu als eenling. Het was een moeilijk en pijnlijk proces.

Door mijn persoonlijke ervaring ben ik me gaan interesseren voor de rouw en dan met name die van lotgenoten. Ik ben cursussen gaan volgen bij de Landelijke Stichting Rouwbegeleiding waarna ik "Eenling na Tweeling" heb opgericht. Hiermee wil ik een contactpunt zijn voor tweelingen die te maken krijgen met de dood van hun tweelinghelft. Ook organiseer ik gespreksgroepen en bijeenkomsten voor lotgenoten. Het is fijn om te merken dat dit initiatief in een behoefte voorziet. Ikzelf voel me nu, vijf jaar na haar dood, sterker geworden. Maar ook heb ik ontdekt dat ik in het diepst van mijn ziel altijd een tweeling zal blijven.'

Rinny, 64 jaar: 'Wicher en ik waren een twee-eiige tweeling. We werden als nakomertjes geboren in een gezin waar al drie jongens waren. Ik voelde me nooit alleen. Er was een *diep gevoel van "wij samen". We speelden heel veel met elkaar en ook toen er wederzijdse vrienden en vriendinnen in ons leven kwamen, bleef er nog genoeg tijd over voor ons tweeën. Toen ik een vaste vriend kreeg, was Wicher heel kritisch: hij wilde er zeker van zijn dat ik een goede keuze had gemaakt. We trouwden negen maanden na elkaar. Helaas hield zijn huwelijk geen stand en moest hij alleen met zijn kinderen verder. We woonden dicht bij elkaar, dus heb ik hem veel kunnen helpen. De kinderen groeiden op en gingen uit huis. Wicher kreeg een fijne vriendin. Maar de zaterdagochtend was van ons. Dan dronken we koffie en praatten we over alles wat ons bezighield. We konden moeiteloos onze diepste gevoelens met elkaar delen. Soms draaiden we muziek, zoals ook die laatste morgen. Wicher overleed totaal onverwachts aan een hartstilstand, 59 jaar oud. Het was heel onwerkelijk en diep pijnlijk, alsof zich een ijzeren ring om mijn hart sloot. Een niet te omschrijven gevoel maakte zich van mij meester. We waren vanaf de moederschoot samen geweest en met elkaar verbonden met talloze onzichtbare draadjes. We waren er altijd voor elkaar. Bij zijn graf sprak ik deze woorden:*

"Samen geboren – samen horen
Lachen en huilen – troosten en schuilen
Zonder dat ik het vroeg – aan een half woord genoeg
Een band heel bijzonder – uniek als geen ander
Voor het eerst apart – voor altijd in mijn hart."

Er volgde een periode van intense rouw. Ik voelde me als een Siamese tweeling die na een pijnlijke operatie van elkaar gescheiden was. Vooral de zaterdagmorgen mis ik het meest, het nooit meer ons samenzijn beleven. Zijn afwezigheid geeft me een diep gevoel van eenzaamheid. Mijn eerste verjaardag zonder hem was heel zwaar. Ik was nog nooit alleen jarig geweest. Bij de tweede verjaardag dwong ik mezelf om te genieten. Mijn dochters opmerking: "Mams, wij weten van jouw verdriet, maar zijn blij dat jij nog in ons midden bent" heeft me daarbij gesterkt. Ik ben nu een eenling, maar het tweelinggevoel zit in mijn bloed, in mijn hoofd en in mijn hart. En ik denk dat dat nooit anders zal worden.'

> **Uit onderzoek**
> De studies van Joan Woodward laten zien dat het voor overgebleven tweelingen goed is als er in het gezin over de broer of zus gepraat wordt en dat hun bijzondere band herkend wordt. Dit maakt het voor de overgebleven tweelinghelft makkelijker zichzelf te hervinden en het verlies te accepteren. Ook als de dood op een vroeg moment in hun leven plaatsvond, moet dit feit niet ontkend worden.

27. Studies over tweelingen

Carla en Ana, een eeneiige tweeling van 30 jaar, runnen samen een publiciteitsbureau. Allebei zijn ze getrouwd. Carla heeft een baby van zeven maanden en Ana wordt binnenkort moeder. Hun echtgenoten hebben hetzelfde beroep: advocaat. De tweeling deelt hun liefde voor Ierland en voor surfen op zee. Ze stemmen op dezelfde politieke partij. Allebei slapen ze nog met het kussen uit hun jeugd. Ook hebben ze eenzelfde gewoonte. Als ze in een hotel slapen, bedekken ze het hotelkussen met een handdoek van thuis; met die vertrouwde geur vallen ze sneller in slaap. Verder zijn ze beiden dol op een bruine boterham met kaas en mosselen.

De volgende vraag dringt zich op: zijn deze overeenkomsten in hun leven, hun zelfde voorkeuren en gewoontes resultaat van het lange samenwonen of spelen de genen hier mee?

Studies van sir Francis Galton

Eeuwenlang bestaat er al de controversie over de vraag of de mens een gevolg is van zijn genen of van zijn opvoeding, oftewel de kwestie 'nature versus nurture' (aangeboren versus aangeleerd). Tweelingen bieden de wetenschap de fantastische gelegenheid om meer licht op dit vraagstuk te werpen en met name de eeneiigen, omdat zij dezelfde genen hebben.

Het was de wetenschapper sir Francis Galton, een neef van Charles Darwin, die, voor zover bekend, begon met de eerste serieuze studie over tweelingen. In 1876 deed hij een longitudinaal onderzoek onder tweelingen om antwoord te kunnen geven op de vraag welk van beide ('nature' of 'nurture'*) de grootste invloed heeft op de persoon. Galton ontdekte dat veel eeneiige tweelingen dezelfde interesses hebben, dezelfde voorkeuren en hobby's, dezelfde of vergelijkbare talenten, dezelfde ziektes doormaken en dat ze vaak hetzelfde denken, zodanig dat de een de zin die de ander was begonnen, kan afmaken.

Op grond van zijn gegevens concludeerde hij dat in vele opzichten de invloed van de genen groter is dan die van de opvoeding. Hij was de oprichter van de gedragsgenetica, de wetenschap die de genen een grotere invloed toekent dan de opvoeding.

---

* Opvoeding houdt ook in de omgeving waarin iemand opgroeit, zoals school, buurt, vriendjes, etc.

Deze wetenschappers worden 'gedragsgenetici' genoemd. Daartegenover staan de wetenschappers die ervan uitgaan dat de omgeving ons maakt tot wie we zijn. Volgens hen lijken de tweelingen zoveel op elkaar omdat ze in dezelfde omgeving opgroeien. In de jaren zestig werd er vooral gedacht vanuit deze gedachtegang.

Maar in 1976 werd er een onderzoek gepubliceerd dat deze theorie onderuithaalde. Er deed zich namelijk een prachtige gelegenheid voor om eeneiige tweelingen te bestuderen die bij hun geboorte gescheiden waren en door verschillende gezinnen waren geadopteerd. Zij deelden dus wel dezelfde genen, maar niet dezelfde omgevingsfactoren. Het was Thomas Bouchard, hoogleraar in psychologie van de University of Minnesota, die een uitgebreid onderzoek deed onder 81 eeneiige tweelingen en 56 twee-eiige. Daarnaast bestudeerde hij evenveel een- en twee-eiigen die wel samen waren opgegroeid om zijn gegevens mee te kunnen vergelijken. De jongste deelnemers waren 11 jaar en de oudste 79. Hij liet hen uit alle delen van de wereld komen en onderwierp hen een week lang aan psychologische en lichamelijke tests.

Meestal haalde hij hen zelf van het vliegveld (de meesten woonden in het buitenland), wat hem voor veel verrassingen stelde. De tweelingen kenden elkaar meestal niet. Ze wisten zelfs niet van het bestaan van een tweelinghelft en toch droeg de tweeling Dorothy en Bridget hetzelfde bruine jasje, ieder twee armbanden en hetzelfde aantal ringen aan hun vingers, beide zeven. Barbara en Daphne dronken ieder hun koffie met melk en koud. Allebei hadden ze eenzelfde rare gewoonte: ze duwden hun neus naar boven. Dit deden ze beiden van jongs af aan en ze hadden er dezelfde zelfbedachte naam aangegeven: 'squidging'. Allebei vielen op hun zestiende van de trap en hadden sinds dat ongeluk zwakke enkels. Beiden hadden ze hun man leren kennen in een discotheek. Zowel Barbara als Daphne kregen in de eerste zwangerschap een miskraam en daarna twee zoons en een dochter, in dezelfde volgorde. De overeenkomsten waren onthutsend.

Dorothy en Bridget hielden beiden in 1960 een dagboek erop na, maar alleen in dat jaar. De dagboeken waren precies gelijk wat betreft model en kleur. Ook de dagen waarin ze erin hadden geschreven, kwamen overeen. Ze hadden allebei een zoon die ze respectievelijk Richard Andrew en Andrew Richard hadden genoemd. Beiden hadden een poes, Tijger genaamd.

De tweeling Jim Lewis en Jim Springer (hun respectievelijke adoptieouders hadden hun dezelfde naam gegeven) waren allebei getrouwd met een vrouw die Linda heette. Na hun scheiding trouwden de beide Jims met een vrouw ook met dezelfde naam (Betty). Ze reden in hetzelfde type auto en rookten hetzelfde merk sigaretten. De lijst van overeenkomsten is onuitputtelijk.

In 1986 kwam Bouchard met een onderzoeksverslag dat in veel opzichten de conclusies van sir Francis Galton van een eeuw eerder bevestigde: 73 procent van de tweelingen had hetzelfde IQ, 60 procent had dezelfde levensfilosofie en 60 procent een vergelijkbaar sociaal gedrag. De fantasie, gevoeligheid voor stress, de hang naar avontuur en het leiderschap kunnen voor 50 à 60 procent aan de genen worden toegekend. Ook de religieuze instelling heeft een erfelijke basis.

Bouchard vergeleek de uitslagen van de eeneiige- en twee-eiige tweelingen die gescheiden waren opgegroeid met die van beide groepen die hun jeugd samen hadden doorgebracht. Hij kwam tot de conclusie dat de eeneiigen die gescheiden waren opgegroeid net zoveel op elkaar leken – en in sommige gevallen zelfs meer – dan de eeneiigen die samen waren geweest. Bovendien vond hij geen enkele karaktertrek waarin de twee-eiige tweelingen met een gezamenlijke jeugd meer op elkaar leken dan de eeneiigen die apart waren opgegroeid. Hoe valt dat te verklaren? De enig mogelijke uitleg is dat de invloed van de omgeving niet erg groot is, of althans niet voor veel karaktertrekken. Dit toont ook het volgende verhaal aan.

Verschillende omgeving, maar gelijke persoonlijkheden

Amy en Beth, een eeneiige Amerikaanse tweeling, werden vlak na hun geboorte gescheiden en ter adoptie gegeven. Er werd in de jaren zestig door enkele deskundigen gedacht dat tweeling zijn een last was, zowel voor de ouders als voor de tweeling zelf, zodat men voor een tweeling twee gezinnen zocht. De ouders werden niet geïnformeerd over het bestaan van de andere tweelinghelft. Wel werd hun gevraagd of de meisjes in hun ontwikkeling gevolgd mochten worden, omdat ze 'deel uitmaakten van een pedagogisch onderzoek'. Een staaltje van pure manipulatie waar een tiental tweelingen de dupe van werd. De kinderen werden alleen maar gevolgd omdat ze tweelingen waren. De gezinnen stemden logischerwijs meestal toe, blij als ze waren met hun baby.

Amy werd geadopteerd door een middenklassegezin. Haar moeder was een moeilijke vrouw met een laag zelfbeeld en weinig zelfvertrouwen, die zich bedreigd voelde door de schoonheid van haar dochter. Het gezin dat Beth adopteerde, was vermogend. De moeder van dit meisje was vrolijk, vriendelijk en zeker van zichzelf. Beth verkeerde in een veel harmonieuzer en evenwichtiger omgeving. De vader van Amy was weinig liefdevol en gedroeg zich afstandelijk ten opzichte van zijn dochter. Daarentegen was de vader van Beth heel open en warm. Hoe ontwikkelden deze meisjes zich die in een zo verschillende omgeving opgroeiden?

Bij Amy deden zich al snel problemen voor. Ze was een gespannen en veeleisend kind dat op haar duim zoog. Ook beet ze op haar nagels, plaste ze tot vier jaar in bed en had veel angsten en nachtmerries. Daarnaast had ze een leerstoornis en was ze voor haar leeftijd erg kinderlijk.

Ondanks dat Beth in een veel gunstiger omgeving opgroeide, vertoonde ze dezelfde problemen. Ook zij zoog op haar duim, beet nagels, plaste in bed, was bang in het donker en had leerproblemen. Wel was haar relatie met haar adoptiemoeder veel hechter van die van Amy met de hare. Toch bleek uit de psychologische test dat Beth, net als haar zusje, een sterk verlangen koesterde naar moederlijke zorg.

Ondanks de verschillende omgevingen waren hun problemen praktisch gelijk. Nu kunnen we concluderen dat de genen een enorme invloed hebben, ongetwijfeld waar is. Maar we moeten er ook rekening mee houden dat tweelingen, met name de eeneiige, een sterke connectie met elkaar hebben, ook wanneer ze niet van elkaars bestaan weten. In hoeverre hebben de problemen van het ene meisje die van het andere kind beïnvloed?

Na jarenlange studie en op grond van vele onderzoeksgegevens, concludeerde Bouchard, net als Galton in zijn tijd, dat de invloed van de genen op de persoonlijkheid van een persoon duidelijk aantoonbaar is.

Andere onderzoeken, zoals die van de psychologe Canter (Glasgow), zijn niet minder verrassend. Ook Canter vergeleek tweelingen die apart waren opgegroeid met andere die samen waren geweest, wat betreft de karaktereigenschap extroversie. Ze ontdekte dat de gescheiden tweelingen in 85 procent hierin op elkaar lijken. Je zou denken dat tweelingen die samen zijn opgegroeid, in dit opzicht meer op elkaar zouden lijken. Niets bleek minder waar. Ze leken maar in 29 procent op elkaar. Het gezamenlijke leven van tweelingen lijkt juist de effecten van de erfelijkheid te verbloemen. Slechts één van de twee kan aanspraak op zijn ware aard maken. In hun drang om verschillend te zijn, gedraagt de ander zich dus anders. Dit is waarschijnlijk één van de oorzaken van het verschijnsel van 'wisselen van gedrag' waar veel ouders van jonge tweelingen me over vertellen (zie hoofdstuk 19). De tweelingen die samen opgroeien verschillen dus meer van elkaar vanwege hun behoefte om zich van elkaar te onderscheiden. Bij hen die apart opgroeien speelt dit niet en elk ontplooit zich zoals hij werkelijk is.

Een derde factor

Bouchard heeft met zijn werk de aandacht gevestigd op tweelingstudies. Daardoor zijn vele ideeën gewijzigd. Alcoholisme en hartziektes werden tot die tijd voornamelijk beschouwd als ziektes die gerelateerd waren aan een bepaalde levensstijl. Schizofrenie en autisme werden gezien als het resultaat van een verkeerde en van affectie verstoken opvoeding. We weten nu veel meer over de erfelijkheid van een aantal ziektes en psychiatrische stoornissen.

Deze twee lijnen van onderzoek (naar de verschillen tussen type MZ om de invloed van de omgeving buiten te sluiten en de vergelijking tussen type MZ en type DZ om de invloed van de genen te meten) zijn zeer essentieel geweest om de interactie tussen 'nature' en 'nurture' te begrijpen in relatie tot de persoonlijkheid van de mens en zijn gevoeligheid voor ziektes.

Maar nieuw onderzoek toont dat 'nature' en 'nurture' niet de enige krachten zijn. Er speelt een derde factor mee, die soms als een brug functioneert tussen de omgeving en genen en soms zelfstandig opereert om te bepalen wie we zijn. Dat is de epigenetica.

Reed, deskundige op het gebied van de erfelijkheidsleer, van het Centre Monell, Philadelphia University, verwoordt het als volgt: 'Moeder Natuur schrijft sommige dingen met potlood en andere met inkt. Wat met inkt geschreven is, kan niet worden veranderd, maar het met potlood opgetekende wel. Dat is de epigenetica. Nu we het DNA kunnen bestuderen en kunnen ontdekken wat met potlood is geschreven, treden we een nieuwe wereld binnen.'

Oftewel: het DNA verandert niet zomaar. Maar wat wel kan veranderen, is de mate waarin lichaamseigen moleculen – zogeheten methylgroepen – een laagje vormen op de genen in het DNA. Dit laagje bepaalt of genen actief worden of niet. Hoe dikker de laag methylmoleculen, hoe minder actief het gen dat eronder ligt. Het gen wordt als het ware minder leesbaar. De activering van een gen bepaalt in hoeverre sommige eigenschappen tot uitdrukking komen. Een eeneiige tweeling heeft hetzelfde genoom (25.000 genen die het DNA vormen), maar een verschillend epigenoom (de chemische 'stempelaars' van het DNA die genen activeren of deactiveren). De omgeving waarin iemand woont, de manier waarop iemand leeft zijn factoren die in staat zijn om ons genetisch materieel te veranderen. Zo kan een eeneiige tweeling, van wie de een haar hele leven rookte en veel dronk en de ander niet, op zestigjarige leeftijd helemaal niet meer zoveel op elkaar lijken. De eerste heeft een veel oudere huid dan de tweede.

De studies gaan door

Veel landen, waaronder Nederland, houden een registratie bij van alle meerlinggeboortes. Dit stelt hen in staat om longitudinale onderzoeken te doen waarin de ontwikkeling van tweelingen in de verschillende fases van hun leven gevolgd wordt. Dit soort onderzoek helpt veel aspecten van de mens op te helderen, zoals bijvoorbeeld het geluksgevoel. Men dacht altijd dat het je gelukkig voelen afhing van factoren als getrouwd zijn, geld, gezondheid, enzovoort.

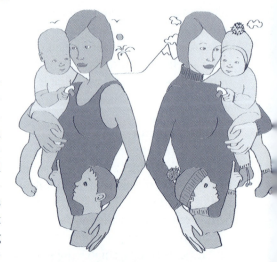

Tweelingonderzoek toont aan dat het geluksgevoel voor een groot deel genetisch is bepaald: bij eeneiigen is het vrijwel identiek, ook al zijn hun levenscondities totaal verschillend. Bijvoorbeeld in het geval dat de een getrouwd is, goed werk heeft en een mooi huis en de ander geen van deze omstandigheden, dan is hun geluksniveau toch praktisch hetzelfde. Dit geldt ook voor de eeneiige tweelingen die gescheiden zijn opgegroeid. Deze correlatie is minder hoog bij twee-eiige tweelingen. Dankzij deze studies komt men steeds meer te weten over het menselijk gedrag.

Uit onderzoek

Volgens een studie van de Vrije Universiteit Amsterdam in 2002 is optimisme voor 49 procent genetisch bepaald; het geluksgevoel voor 53 procent, het volgen van een gezonde levensstijl voor 31 procent, het gebruik van alcohol voor 44 procent en het rookgedrag voor 33 procent.

DEEL 7

BIJLAGEN

DEEL 7 BIJLAGEN

Verklarende woordenlijst	417
Literatuur	419
Nuttige adressen	423
Uitzet voor tweeling en drieling	426
Register	429

Verklarende woordenlijst

Amnion: het binnenste vruchtvlies dat het kind in de baarmoeder omhult
Cardiotocografie (CTG): apparaat dat de harttonen van de baby in de buik registreert
Chorion: het buitenste vruchtvlies
Chromosoom: een brokje celkernmateriaal dat genetische informatie bevat
Cervix: baarmoedermond
DNA: de afkorting van Desoy-Ribo-Nucleïnezuur. Hiermee wordt bedoeld het genetische materiaal dat in elke celkern opgeslagen ligt in de vorm van chromosomen. Een eeneiige tweeling heeft hetzelfde genetische materiaal, een twee-eiige niet. Dit kan met een DNA-test vastgesteld worden.
Dichoriaal diamniotisch: zwangerschap met twee buitenste en twee binnenste vruchtvliezen
DZ: dizygotisch, twee-eiig
DZSS: dizygotisch same sex
DZSSf: dyzigotisch same sex, feminien
DZSSm: dizygotisch same sex, masculien
DZOSf: dizygotisch opposite sex, feminien
DZOSm: dizygotisch opposite sex, masculien
Echoscopie: (ook echografie genoemd) het bekijken en registreren van beelden die met behulp van ultrageluid zijn verkregen
Embryo: het nieuwe individu in de baarmoeder gedurende de eerste tien weken van de zwangerschap
Foetus: het kind in de baarmoeder vanaf de tiende week
Genetica: erfelijkheidsleer
HELLP-syndroom: acute vorm van zwangerschapsvergiftiging
Hypertensie: hoge bloeddruk
In-vitrofertilisatie (ivf): reageerbuisbevruchting
Kangoeroeën: je couveusebaby een poosje bloot tegen je borst koesteren en warmhouden
Meerlingen: geboorte van meerdere baby's tijdens één bevalling
Monochoriaal diamniotisch: zwangerschap met één buitenvruchtvlies en twee binnenvruchtvliezen, altijd eeneiig
Monochoriaal monoamniotisch: zwangerschap met één buiten- en één binnenvruchtvlies, altijd eeneiig

MZ: monozygotisch
MZm: monozygotisch, masculien
MZf: monozygotisch, feminien
NICU: neonatale intensivecare-unit
Oedeem: vochtophoping
Ovulatie: eisprong, het vrijkomen van een rijpe eicel halverwege de cyclus van de vrouw
NTR: Nederlands Tweelingen Register
Placenta: moederkoek, het orgaan dat de baby voedt
Pre-eclampsie: een aandoening die optreedt als hoge bloeddruk samengaat met eiwit in de urine
Premature baby: een baby die vóór week 37 wordt geboren
Siamese tweeling: een tweeling die een orgaan of een deel van hun lichaam deelt ten gevolge van een late splitsing van het bevruchte eitje
Striae: zwangerschapsstrepen door toedoen van scheurtjes in het onderhuidse bindweefsel
Triamniotisch dichoriaal: zwangerschap waarbij elk van de drieling een eigen binnenvruchtvlies heeft en twee baby's het buitenste vruchtvlies delen. Er zijn dus in totaal twee buitenvruchtvliezen.
Triamniotisch monochoriaal: zwangerschap waarbij elk van de drieling een eigen binnenvruchtzak heeft, maar de buitenste vruchtzak delen. Het betreft een een-eiige drieling.
Triamniotisch trichoriaal: zwangerschap waarbij elk van de drie baby's een eigen binnen- en buitenvruchtvlies heeft.
Trizygotische zwangerschap: een drie-eiige zwangerschap
Tweelingtransfusiesyndroom (TTS): bij eeneiige tweelingen die één of twee vruchtzakken delen, kunnen hun bloedvaten met elkaar in verbinding staan waarbij de baby's niet goed groeien. Komt ook bij drielingen voor.
Uterus: baarmoeder
Zygoot: cel die ontstaat bij bevruchting van een eicel door een zaadcel
Zygositeit: eiigheid, oorsprong van de tweeling of drieling

Literatuur

Geraadgpleegde boeken

Bernstein, P. en Schein, E., *Ik was niet alleen*, Arena, Amsterdam 2008
Boomsma, G., *Dubbelspoor*, Nieuw Amsterdam Uitgevers, Amsterdam 2007
Boomsma, D. (red), *Tweelingonderzoek*, VU Uitgeverij, Amsterdam 2008
Bowers, N., *The multiple Pregnancy Sourcebook*, Contemporary Books, Illinois 2001
Bryan, E., *Mellizos, trillizos o más*, Ediciones Urano, Barcelona 1995
Buenen, W. en E. en J., *Drie versies van mij*, De Fontein, Utrecht 2009
Cooper, C., *Twins and Multiple Births*, Vermilion, Londen 2004
Croon, M., *Zwanger worden*, Thoeris, Amsterdam 2004
DiLalla, L.F., Mullineaux, P.Y., 'The effect of classroom environment on problem behaviors: A twin study', *Journal of School Psychology*, 2007
Duivelaar, L. en Geluk, A., *Het tweelingenboek*, Kosmos Uitgevers, Utrecht 2010
Friedman, J.A., *Emotionally Healthy Twins*, Da Capo Press, Cambridge 2008
Friedman, J.A., *The same but different*, Rocky Pines Press, Los Angeles 2014
Friedrich E. y Rowland, Ch., *The parent's Guide to Raising Twins*, St. Martins' Press, 1990
Gardner, K. en Thorpe, K., 'Twins and their friendships', *Twin Research and Human Genetics*, feb. 2006
Gemert, M.J.C. van, e.a., 'Eeneiige tweelingzwangerschappen en het tweelingtransfusiesyndroom', *Meerlingen Magazine*, NVOM nr. 1, 1999
Hay, D.A. en Preedy, P., 'Meeting the educational needs of multiple birth children', *Early Human Development* 82, 397-403, 2006
Hayton, A., *Untwinned*, Wren Publications, Engeland 2007
Heyden, Z. van der, *Vanuit de couveuse de wereld in*, Kosmos Uitgevers, Utrecht 1992
Jongh, R. de, 'Het testosteron-effect', *Psychologie Magazine*, Amsterdam, juni 2005
Koch, H.L., *Twin and twin relations*, The University of Chicago Press, Chicago 1966
Leeuw, R. de en Bakker, L., *Te vroeg geboren*, Kosmos Uitgevers, Utrecht 1995
Lyon Playfair, G., *Twin Telepathy*, Vega, Londen 2002
Maxwell, P. en Poland, J., *Ser padres de gemelos, trillizos y más*, Oceano, Barcelona 2000
Mollema, E., *Tweelingen*, BZZTôH, Den Haag 1986
Neut, D. van der, 'Hoe verklaart de wetenschap deze ervaringen?', *Psychologie Magazine*, Amsterdam november 2008
Pohl, P. en Gieth, K., *Ik mis je, ik mis je*, Querido, Amsterdam 2001

Pearlman, E. en Ganon, J. A., *Raising twins*, Harper Collins Publishers, New York 2000
Piontelli, A., *From fetus to child*, Brunner-Routledge, New York 2002
Rietbergen, T. van, *Alles in 3-voud*, Unieboek bv, Houten/Antwerpen 2005
Ruiz Vega. J., *Nueve meses bien alimentados*, Temas de Hoy, Madrid 2006
Sandbank, A., *Twin and Triplet Psychology*, Routledge, Londen 1999
Segal, N.L., *Entwined Lives*, Plume, New York 2007
Segal, N.L., *Indivisible by two*, Harvard University Press, Massachusetts 2007
Segal, N.L., *Someone else's twin*, Promotheus Books, New York 2011
Segal, N.L., *Born together – reared apart*, Harvard University Press, Masachusetts 2012
Smulders, B., Croon, M. & Croon, M., *Veilig Zwanger*, Kosmos Uitgevers, Utrecht 2007
Smulders, B., *Veilig Bevallen*, Kosmos Uitgevers, Utrecht 2010
Tinglof, C.B., *Parenting school-age twins and multiples*, McGraw-Hill, New York 2007
Tully, L.A., Moffit, T.E., Caspi A., Taylor, A., Kiernan, H., en Andreou P., 'What effect does classroom separation have on twin's behavior, progress at school and reading abilities?', *Twin Research and Human Genetics*, 7, 115-124, 2004
Wallace, M., *The silent twins*, Random /Vintage, 2002
Waard, F. de, *Over tweelingen gesproken*, Aspekt, Baarn 2000
Wit, S. de, 'Het nature-nurture debat', *Meerlingen Magazine*, NVOM nr. 1, 2002
Woodward, J., *The lone twin*, Free Association Books Limited, New York 1998
Wright, L., *Gemelos*, Paidós, Barcelona 2001

Romans waarin tweelingen voorkomen

Bakker, G., *Boven is het stil*, Cossee, Amsterdam 2010
Lansens, L., *De zusjes*, De Bezige Bij, Amsterdam 2006
Loo, T. de, *De tweeling*, De Arbeiderspers, Amsterdam 2013
Setterfield, D., *Het dertiende verhaal*, Mouria, Amsterdam 2006

Aanbeloven literatuur

Zwangerschap en bevalling
Roney, C., *Zwanger van een tweeling*, Deltas Centrale Uitgeverij, Oosterhout 2013

Vroeggeboorte
Costa, S. da en Berg, H. van den, *Bijzondere zorg voor baby's*, Gorcum, Assen 2009
Costa, S. da en Berg, H. van den, *De vroege ontwikkeling in handen*, Stafleu van Loghum, Houten 2000
Vos, C. de, *Vroeggeboorte*, Unieboek, Houten 2002

Opvoeding
Acredolo, L. en Goodwyn, S., *Babygebaren*, Terra, Houten 2004
Biddulph, S., *Jongens, hoe voed je ze op?*, Elmar, 2007
Eeden, E. van en Gerritzen, D., *Hoe noem ik mijn kind?*, Spectrum, 2005
Faber, A. en Maslish, E., *How2talk2kids*, 2007
Hallowell, E. en Jensen, P., *Opvoedwijzer ADD & ADHD*, Hogrefe Uitgevers, Amsterdam 2009
Solter, A.J., *Baby's weten wat ze willen*, De Toorts, 2009
Solter, A.J., *De taal van huilen*, De Toorts, 2000

Literatuur voor kinderen

Angsten
Roca, N., *Ik ben bang*, Altiora Averbode, Best 2002
Spangenberg, B., *Ridder Tim verjaagt de spoken*, Christofoor, Zeist 2005
Stein, M. en Hout, M. van, *Bang mannetje*, Lemniscaat, Rotterdam 2005

Dood
Hooft, M. van, *Dag Oma*, Christofoor, Zeist 2014
Varley, S., *Derk Das blijft altijd bij ons*, Lemniscaat, Rotterdam 1995
Velthuys, M., *Kikker en het vogeltje*, Leopold, Amsterdam 2011

Gevoelens
Birgham, J., *Beetje verdrietig*, Corona, Amsterdam 2009
Hendrikx, R.-M., *Ik-ben-lekker-boos-boekje*, Acco Uitgeverij, Leuven 2012
Pudney, W. en Whitehouse, E., *Een vulkaan in mijn buik*, Nieuwezijds bv, Amsterdam 2012
Hout, M. van, *Vrolijk*, Lemniscaat, Rotterdam 2011
Velthuys, M., *Kikker is bedroefd*, Leopold, Amsterdam 2003

Jaloezie (nieuwe baby)
Bijlsma, I. en Maas, M., *Bobbie wordt grote broer*, Kluitman, Alkmaar 2007
Delfos, M.F., *Jaha, ze is liehief*, Niño, Amsterdam 2008

Jaloezie in het algemeen
McBratney, S., *Allemaal de liefste*, Lemniscaat, Rotterdam 2004
McBratney, S., *Raad eens hoeveel ik van je hou*, Leminiscaat, Rotterdam 2014

Rivaliteit
Lorenz, P. en Schärer, K., *Wie is hier het dapperst?*, Gottmer Uitgevers Groep, 2007

Scheiding
Minne, B. en Elliott, L., *Heks en tovenaar*, De Eenhoorn, Wielsbeke (B) 2002
Smet, M. de en Talsma, N., *Ik woon in twee huizen*, Clavis, Amsterdam 2008
Weninger, B. en Maucler, C., *Dag papa, tot volgende week*, De Vier Windstreken, Rijswijk 2008

Seksualiteit
Boulard, D., *Het wonder van de zwangerschap*, Deltas, Oosterhout 2009
Hollander, V. den en Stam, D., *Beschuit met heel veel muisjes*, Van Holkema & Warendorf, Houten 2004

Tweeling zijn
Bruna, D., *Fien en Pien*, Mercis Publishing bv, Amsterdam 1997
Busser, M. en Schröder, R., *Hoera, we gaan naar de dierentuin*, The House of Books Kids, Vianen 2014
Haar, J. ter, *Het grote boek van Saskia en Jeroen*, Ploegsma, Amsterdam 2014
Dragt, T., *Verhalen van de tweelingbroers*, Leopold, Amsterdam 2013
Westera, B., *De vrolijke tweeling*, Gottmer Uitgevers Groep, 2012

Nuttige adressen

Artikelen voor meerlingen
www.babyrent.nl
www.luierinfo.nl
www.nuunkidsdesign.com/en/ (meubels voor tweelingen)

Meerlingwagens en vervoer meerling
www.adventurebuggycompany.com
www.easywalker.nl
www.bakfiets.nl
www.fietsonline.com/duo-dubbelzitter
www.grootgezin.nl
www.kidcar.com
www.meerlingwagen.nl

Borstvoeding
Vereniging Borstvoeding Natuurlijk: www.vbn.borstvoeding.nl
La Leche League Nederland: www.lll.borstvoeding.nl
Nederlandse Vereniging voor Lactatiekundigen: www.nvlborstvoeding.nl
België: Borstvoeding Natuurlijk VZW: www.vzwborstvoeding.be

DNA-onderzoek
www.ampligen.es
www.consanguinitas.nl

Hulp bij opvoeding
ADHD Stichting: www.adhd.startpagina.nl
Balans, Landelijke Vereniging van Ouders van Kinderen met: leer- en/of gedrags-
    stoornis: www.balansdigitaal.nl
NVOM Opvoedadvieslijn: 0900-63375464 of 0900-meerling, www.opvoedadvies.nl
Stichting Opvoeden: www.opvoeden.nl
Centrum voor Jeugd en Gezin: www.cjg.nl

Medische problemen tijdens zwangerschap
Stichting HELLP-syndroom: www.hellp.nl
Stichting voor Bekkenproblemen: www.bekkenproblemen.nl
Stichting Dilemma. Helpt en bemiddelt bij problemen rondom leven en dood bij pasgeborenen en ongeborenen met ernstige afwijkingen: Utrecht, tel. 030-2871900

Premature baby's
Vereniging Ouders van Couveusekinderen (VOC): www.couveuseouders.nl
Vlaamse Vereniging voor Ouders van Couveuse Kinderen (VVOC): www.vvoc.be

School
www.twinsandmultiples.org (met o.a. vragenlijsten die de keuze 'samen of niet' vergemakkelijken)
youtube: video over kwestie 'samen of niet' :https://www.youtube.com/watch?v=5vd-sxu29H8

Spraakproblemen
www.kentalis.nl
www.meeaz.nl/cursussen/hanen-oudercursus

Prenataal onderzoek
Stichting Erfocentrum, Nationaal Informatiecentrum Erfelijkheid: www.erfocentrum.nl
www.lumc.nl/verloskunde (o.a. TTS-syndroom)

Veiligheid in huis
Stichting Consument en Veiligheid: www.veiligheid.nl/homepage/kinderenveiligheidnl
www.babyveiligheid.info: commerciële site met checklists voor babyveiligheid
www.gifwijzer.nl: over giftige stoffen en wat te doen als je kind ze heeft ingeslikt
www.ehbo.nl: met onder meer informatie over cursussen

Veilig slapen
www.babyday.de
www.veiligslapen.info
www.wiegedood.nl

Verlies van een tweeling
Stichting Lieve Engeltjes: www.lieve-engeltjes.nl
Vereniging Ouders van een Overleden Kind: www.vook.nl
NVOM-werkgroep 'Overleden Meerling': e-mail: overledenmeerling@nvom.net

Verlies van een tweelingbroer of -zus
www.eenlingnatweeling
www.tweelingalleen.nl

Tweelingorganisaties
Nederlandse Vereniging voor Ouders van Meerlingen (NVOM): www.nvom.nl
Nederlandse Tweelingen Register (NTR), Vrije Universiteit Amsterdam: www.tweelingenregister.org

Tweelingsites
www.christinabaglivitinglof.com
www.coksfeenstra.info
www.nvom.nl
www.twinspiratie.nl
www.9maand.be/twee-en meerlingen

Uitzet voor tweeling en drieling

KLEDING	TWEELING	DRIELING
Rompertjes maat 44 en 50	4 à 6	6 à 9
Rompertjes maat 56	4 à 6	6 à 9
Kledingsetjes maat 50-56	6	9
Mutsjes	4	6
Sokjes	8	12
Jasje of vestje	2	3
Omslagdoek	2	3
Slabbetjes	8	12
Spuugdoekjes	10	15
Luiers New Born, maat 1	Aantal pakken	Aantal pakken

KINDERKAMER	TWEELING	DRIELING
Commode	1	1
Aankleedkussen	1 à 2	2
Waskussenhoes	3 à 4	4
Wieg/ledikant	2	3
Matrasje	2	3
Aerosleep bovenmatrasje (eventueel)	2	3
Bedzeiltje	2	3
Molton onderlaken	2	3
Hoeslaken	4	6
Bovenlaken	4	6
Deken (wol, katoen)	2	3 à 4

Kruik (met kruikzak)	2 à 3 (3)	4 (6)
Slaapzak zomer	4	6
Slaapzak winter	4	6
Luieremmer	1	1
Schommelstoel	1	1
Nachtlampje	1	1
Babyfoon	1	1

BORSTVOEDING		
Elektrische kolf (huren)	1	1
Zoogcompressen, weggooi	2 pakken	2 à 3 pakken
Zoogcompressen van stof	4 à 6	6 à 8
Flesjes of bakjes om melk in te bewaren	4	6
Voedingskussen (met hoes)	1 (2)	1 (3)
Voedings-bh (eind zwangerschap en 1 maat groter)	2 à 3	2 à 3

FLESVOEDING	**TWEELING**	**DRIELING**
Fles 125 ml	4	6
Fles 250 ml	4	6
Flessenborstel	1	1
Flessensterilisator	1	1
Flessenwarmer	1	1
Maatkan	1	1 à 2
Speentje	2	3

VERZORGING	**TWEELING**	**DRIELING**
Badje met standaard	1	1
Billendoekjes	2 pakken	3 pakken
Spuugdoekjes	10	15
Hydrofiele doeken/luiers	30	40
Hydrofiele washandjes	9	12

Hydrofiele handdoeken	12	15
Badcape	3	4
Billencreme en babyolie	1	1
Talkpoeder	1	1
Vaseline	1	1
Badolie	1	1
Neuspeertje	1	1
Nagelschaartje met ronde punt	1	1
Digitale thermometer	1	1
Haarborsteltje en kam	1	1

BABY IN HUIS	TWEELING	DRIELING
Box met kleed	2 of 1 grote	3 of extra grote
Wipstoel	2	3
Kinderstoel	2	3
Speelkleed	1 grote	1 à 2

BABY ONDERWEG	TWEELING	DRIELING
Kinder-/wandelwagen	Tweelingwagen	Drielingwagen
Regenhoes en klamboe	1	1
Maxi-cosi met voetenzak	2	3
Luiertas	1	1 à 2
Draagzak (buik of rug)	1 à 2	1 à 2
Bakfiets of bolderkar	Eventueel	Eventueel
Autostoeltje (0-9 maanden)	2	3
Campingbed (weekendbed)	1 à 2	2 à 3
Buggy voor 1 kind	1	1

Register

A
aambeien 51, 73, 74, 117
aangeboren afwijkingen 39, 42, 98
achtmaandsangst 200
ademhalingstechniek 85, 122
adoptie 357, 362, 409, 410
affectie 199, 217, 271, 319, 411
afhankelijkheid 200, 246, 301, 305, 320, 321, 333, 358, 362
agressie 218, 242, 283, 284, 316
alcohol 21, 58, 160, 178, 328, 330, 411, 413
allergie 140, 154, 180, 388
ambivalente gevoelens 32, 82, 106, 132, 337, 377, 383, 397
amnion 24, 28, 417
angst 401, 404, 410
antibiotica 117, 229
anticonceptie 208
antidepressiva 168
antistoffen 114, 140, 141, 143
anus 73, 101, 116, 190
apneu-aanvallen 123
astma 23, 229
au pair 33, 165, 217
auto 224
autonomie 269, 270, 331

B
baarmoederhals 63, 77, 121
baarmoedermond 48, 63, 78, 81, 98, 100, 104, 110, 417
baarmoederwand 70, 102, 109, 114, 117, 136, 179
babygymnastiek 129, 137
bandenpijn 62
bedrust 77, 122
beenkrampen 76
bekken 31, 53, 190, 424
bekkenbodem 62, 119
bevruchting 22, 24, 27, 29, 45, 368
bijnierschorshormoon 127
bijten 217, 218, 219, 283
bijtring 204, 218
bilirubinegehalte 122
blaas 56, 66, 78, 85, 104
blaasontsteking 56, 66, 109
bloedarmoede 61, 116
bloedcirculatie 40, 67, 75, 76, 118, 369
bloeddruk 35, 36, 37, 38, 57, 63, 65, 66, 70, 72, 75, 113, 369, 371
bloedgroep 22
bloedtransfusie 103, 109
bloedvat 56, 64, 67, 68, 70, 71, 74, 83
bloedvatverbindingen 69
bloedverlies 31, 55, 63, 71, 103, 105, 116, 117, 121
bonding 132
borstontsteking 153
borstvoedingskolf 114
Bouchard 353, 409
box 137, 176, 180, 192, 193
bradycardie 127
breath holding spells 220
bronchitis 229
bronchopulmonale dysplasie 126

buikspieren 62, 118, 190
buikwand 40, 41, 70, 119

C
cadeautjes 239, 292, 315
cardioloog 123, 371
cardiotocografie 37, 95, 417
carpale-tunnelsyndroom 67
celdeling 368
celdelingen 52
Celina Cohen 89
Chess 374
cholesterol 369
chorion 24, 27, 98, 137
chromosoomafwijkingen 39, 40
chromosoom Y 89
clitoris 81
CNV 368
co-bedding 91, 178
colostrum 56, 114, 118, 143, 148, 150
competitie 199, 222, 254, 268, 276, 277, 282, 298, 306, 313, 314, 340, 341, 359
concentratieproblemen 285
concurrentie 272, 356, 359, 361, 363
consultatiebureau 136, 184, 200, 214
corticosteroïden 76, 127
cortisolhormoon 88
couveuse 29, 35, 36, 106, 112, 113, 120, 122, 123, 124, 125, 129, 131, 134, 142, 143, 258
crèche 183, 201, 202, 216, 229, 240, 378, 386, 388
cryptofasie 212

D
dagritme 204, 359, 385
darmen 40, 79, 107
depressie 33, 78, 97, 106, 107, 166, 186, 188, 369, 401, 403
diabetes 66, 369
diarree 121, 135, 140, 154

dieet 38, 66, 228, 369
dizygoot 22, 30
DNA 25, 28, 40, 368, 412
dorst 150, 151, 180, 204, 256
downsyndroom 39, 40
draagzak 134, 164, 180, 184, 401
driftbuien 221, 261
drugs 285, 328, 332
duimzuigen 247
duizeligheid 56, 57
dysmaturiteit 120

E
echoscopie 31, 41, 46, 71, 87, 89, 90, 99, 102
eclampsie 36, 66
eerstgeborene 90, 112, 269, 272
eicel(len) 22, 24, 26, 29, 44, 45, 103, 210, 235, 368
eisprong 21, 23, 26, 30, 44
elektrode 99
embryoreductie 48, 49
emotie(s) 82, 130, 160, 166, 168, 181, 202, 220, 282, 336, 398
empathie 237, 240
endorfinen 100

F
foetus(sen) 22, 41, 46, 47, 49
foliumzuur 57, 61
fototherapie 122
fysiotherapeut 55, 181, 200, 248

G
Galton 408, 409, 411
geboortegewicht 35, 77, 121, 137, 138, 140, 141, 146, 157, 177, 195, 211, 272, 285, 325
geboortekanaal 90, 96, 101, 104
geheimtaal 212, 213
gehoor 121, 136, 248, 281
gehoorapparaat 392

genen 351, 368, 408, 410, 411
Gesell 210
geslacht 22, 25, 28, 30, 72, 81, 87, 89, 198, 199, 214, 225, 235, 254, 264, 294, 301, 313, 323, 349, 404
geweten 224, 239, 250
groeiretardatie 120
groeivertraging 71, 72
gynaecoloog 49

H

hartproblemen 40
hartritme 123, 124
hartstilstand 374, 407
harttonen 84, 88, 99
Hay 273, 274, 284, 285, 305
HCG 51, 85
HELLP-syndroom 65
hemoglobinegehalte 61
hersenstructuur 89, 198, 213, 235, 281, 320
hoofdligging 108, 109, 110
hoofdpijn 64, 342
hormonale veranderingen 52, 64, 85, 328, 403
hormonen 23, 44, 54, 56, 66, 67, 68, 100, 131, 143, 166
hormoonbehandeling 21, 44, 45
huidsmeer 91
huiduitslag 135
huilbaby 134, 172, 181, 182, 184
huilmomenten 181
huiswerk 277, 306, 310, 330, 335, 340, 342, 356, 361
hulp in huis 165, 167, 342
hyaliene membranenziekte 126
hyperactiviteit 121, 129, 284
hypertensie 35, 64
hypertonie 135
hypotonie 137

I

ICSI 45
ijzer 57, 61, 114, 151
inbakeren 173, 178, 180
individualiteit 196, 215, 225, 267, 289, 305, 334, 337, 349, 372
inenting 144, 200
infectie 35, 42, 46, 66, 78, 117, 118, 125, 128, 140, 183, 195
infuus 100, 103, 108, 110, 113, 114, 122, 127, 131, 149, 183
inscheuren 102
intellectuele ontwikkeling 195, 212, 306, 325
intracytoplasmatische sperma-injectie 45
intra-uteriene inseminatie 45
in-vitrofertilisatie 45, 47
inwendig onderzoek 101, 102
IRDS 127

J

jaloezie 175, 189, 207, 227, 229, 245, 251, 252, 276, 300, 313, 329, 340, 356, 377, 378, 381, 398
jeuk 56, 73, 76

K

kangoeroeën 123, 135
katheter 118
kinderarts 98, 111, 122, 136, 174, 176, 181, 200, 281, 285
kinderdagverblijf 150, 201, 202, 276
kinderpsychiater 136, 285
kinderwagen 177, 181, 184, 185, 206, 224
kolfapparaat 85, 148, 149, 150, 386
kolven 117, 127, 128, 131, 133, 143, 147, 149, 150, 152, 386
koorts 117, 118, 135, 154, 161, 228, 351
kortademigheid 44, 75

krampen 31, 42, 55, 70, 74, 76, 101, 180
kruipen 192, 212
kunstmatige beademing 126
kunstmatige inseminatie 45

L

lactatiedeskundige 123, 141
lever 64, 66, 148
logopedie 197, 248, 281, 392
longen 64, 70, 75, 123, 126, 127, 183
lopen 234, 285, 367
losmakingsproces 328, 337, 403
loyaliteitsconflict 332
luier 145, 161, 253, 254
Lytton 259

M

maag-darmkanaal 127
maagsonde 127, 128
massage 62, 68, 110, 123, 129, 133, 135, 144, 154
meconium 144
menstruatie 55, 90, 121, 367
mineralen 58, 140, 143, 166
miskraam 41, 42, 44, 46, 48, 55, 60, 409
misselijkheid 32, 34, 44, 51, 52, 64, 82, 85, 101, 106, 360
moedermelk 117, 118, 127, 128, 131, 139, 140, 141, 147, 148, 149, 152, 154
monozygotisch(e) 25, 27, 28, 29, 269, 297, 298, 301, 369
motoriek 89, 136, 199, 210, 235
muziek 53, 79, 88, 131, 161, 168, 193, 265, 313, 335, 336

N

nachtvoeding 115, 134, 146, 158, 172, 174, 178, 188, 203, 205
navelstreng 24, 28, 68, 95, 102, 105, 110, 112
naweeën 106, 114, 117
neonatologische intensive care 95
neonatoloog 49, 98, 122, 131

O

oedeem 35, 36, 37, 59, 64, 65
oestrogeen 78, 89, 198
ontlasting 144, 159, 254
ontsluiting 97, 99, 100, 101, 104, 108, 109, 111
oppas 189, 200, 201, 202, 208, 209, 229, 253, 379, 391
orgasme 81
overstimulatie 44, 46
oxytocine 81, 100, 101, 103, 108, 143, 154

P

peuterspeelzaal 194, 202, 214, 216, 229, 236, 241, 247, 249, 276, 378
Piontelli 401
placenta 23, 25, 27, 35, 36, 37, 38, 41, 42, 47, 61, 63, 64, 66, 68, 71, 75, 98, 103, 104, 109, 114, 117, 126, 386, 401
postnatale depressie 166, 167
pre-eclampsie 64, 65
progesteron 57, 65, 67, 73, 166, 168
prostaglandine 81
proteïnen 140
puberteit 90, 227, 268, 293, 301, 313, 318, 326, 330, 331, 339, 343, 406

R

regeldagen 178
regels 224, 230, 231, 237, 239, 250, 256, 266, 285, 286, 290, 331, 337
reiswieg 134, 176, 184, 185, 186, 187
rijpheid 210, 240, 253, 272, 277, 287, 337
rivaliteit 192, 199, 251, 252, 265, 298, 300, 308, 313, 329, 341, 349

roken 21, 58, 177, 285, 330, 369
rooming-in 133
rouwverwerkingsgroep 397, 403
RS-virus 134, 183
ruggenprik 97, 105, 109, 112, 155
rugpijn 61, 79
ruzie 193, 218, 225, 227, 240, 242, 243, 251, 265, 271, 283, 284, 286, 291, 299, 306, 314, 316, 317, 318, 321, 332, 341, 352

S
scheidingsangst 201, 203, 308
schuldgevoelens 48, 132, 229, 252, 258, 304, 330, 403
seksualiteit 208, 254, 255
Siamese tweeling 25, 98
slaaphouding 67, 85, 216
slaapproblemen 175, 203, 255
slapeloosheid 74
sociaal gedrag 290, 336, 409
sociale ontwikkeling 191, 306, 325
solidariteit 207, 239, 240, 265
speelgoed 89, 193, 199, 210, 216, 218, 225, 236, 240, 241, 242, 243, 266, 284, 298, 317
speen 142, 152, 157, 178, 180, 182, 216, 242, 246, 247, 378
spiegeleffect 210
spijsverteringssysteem 180
sport 205, 241, 251, 265, 314, 330, 335, 360, 370
straffen 238, 283, 284, 288, 315, 322
striae 68, 84
stuitligging 96
stuwing 144
superfecundatie 91

T
taakverdeling 252, 322
taal 194, 195, 197, 212, 214, 247, 268, 272, 281, 298, 300, 318, 325

taalachterstand 195
tepelhoedjes 153
tepelhof 144, 145, 153
tepelkloven 153
tepels 56, 81, 118, 153
thuismonitor 133
thuiszorg 33, 134, 149
toeschietreflex 124
trizygotisch(e) 26, 27, 301
tweetaligheid 197, 198

U
urineonderzoek 66
urinewegenstelsel 40
urineweginfectie 66, 78, 118

V
vaginale afscheiding 61, 117
vaginale infectie 78
vakantie 85, 173
vanishing twin 31, 49
verdoving 45, 71, 97, 98, 105, 106, 112, 155
vergelijken 164, 254, 281, 291, 305, 313, 341
verjaardag 191, 215, 227, 271, 292, 305, 324, 343, 365, 401
verlegenheid 298, 301, 311, 312, 324, 349
verloskundige 98, 109, 111
vernix caseosa 91
verstopping 51, 140
vierlingzwangerschap 28
vijfling 29, 120
virussen 150, 228
vitaminen 57, 58, 140, 151, 166
vitrofertilisatie 26
vlokkentest 39, 41
voedingsproblemen 127
voedingsschema 148, 152, 156, 158
voorkeur 163, 164, 379
voorlezen 196, 213, 217, 219, 226, 247, 379

voorwee 38, 78, 79, 98, 100
vriendjes 249, 250, 263, 265, 273, 284, 292, 293, 301, 305, 308, 311, 317, 321, 324, 328, 352
vruchtvliezen 24, 25, 28, 98, 218
vruchtwater 24, 38, 40, 41, 42, 66, 69, 71, 80, 99, 118, 121, 144, 397

W

wandelwagen 184, 380
wedijver 302, 342, 398
weeënactiviteit 80
weeënremmers 80, 109
wiegeliedjes 131
wiegendood 174, 176, 177, 178, 403
wipstoeltje 157, 158, 171, 180, 182, 187
wisseltransfusie 122
woede 218, 285, 303, 304, 316, 317, 320, 355
Woodward 402, 404, 407

Z

zaadcel 22, 23, 29, 45
Zazzo 195, 348
zelfvertrouwen 273, 276, 284, 298, 299, 308, 312, 314, 315, 322, 336, 343
zenuwstelsel 40, 123, 127, 136, 210, 330, 371
zesling 22, 29
zindelijkheid 235, 253, 254, 276
zuigbehoefte 144, 247
zuigeling 127, 128, 129, 135, 140, 183
zuigen 128, 142, 143, 144, 145, 147, 149, 152, 153, 156, 180, 246
zuigkracht 153
zuigreflex 123, 127, 143, 148, 153
zuurstof 58, 61, 64, 75, 112, 120, 122, 124, 126, 133, 135, 183, 369
zwangerschapscontrole 33, 63, 377
zwangerschapscursus 38, 97

zwangerschapsduur 72, 77, 95, 108, 120
zwangerschapsuitslag 76
zwangerschapsvergiftiging 104, 111, 113
zwangerschapsverlof 73, 141, 361, 386
zygoot 22, 27, 29
zygositeit 25, 27, 39, 59, 90, 103, 264, 276, 277, 282, 367, 401